기철학(氣哲學) 연구

Studies in Ki-Philosophy

기철학(氣哲學) 연구

Studies in Ki-Philosophy

이현수 지음

한국학술정보㈜

기(氣) 철학(哲學) 연구에 대하여

  이 문헌은 대학원의 한 학기 강의 과목인 '기철학 연구'의 텍스트로 쓰인 것이다. 아직은 기학(氣學)과 이와 관련된 학문이 정립(定立)되어 있지 않은 상태이고 이에 대한 텍스트도 부족한 상태이다. 성리학(性理學)이나 동양의학(東洋醫學) 등을 통하여 접할 수는 있지만 기학(氣學)을 개별학문으로 정리한 텍스트는 거의 없는 편이다. 대학원에서 기학과 관련된 많은 강좌가 있음은 실로 다행스러운 일이다. 강의를 하는 교수진이나 강의를 통하여 관련분야를 연구하는 대학원생들은 마땅히 강의와 연구를 기초로 하여 문헌을 체계 있도록 정리해 나가야 할 것이다. 필자의 견해로는 더 나갈 길이 없다고 단언한 스티븐 호킹 박사의 이론 물리학에 의한 우주론에 대한 선언이나, 양자이론으로 달려가는 현대의학은 결국에는 그들의 종착지로서 기학(氣學)을 발견하고 동·서의 대통합에 이르게 될 것이라고 예측한다. 기학(氣學)에 대한 학문적인 체계의 정립은 시급한 문제이자 중요한 문제라고 아니할 수 없다. 기학(氣學)의 깊은 통찰을 통해서 우주의 근원적(根源的)인 본체론(本體論)을 확정 지을 수 있으며, 원자력(原子力)의 다음 단계로서 인류의 새로운 환경과 에너지 문제 등에 도달할 수 있을 것이다.

  철학(哲學)의 가장 명료한 의미는 '밝은 공부', 즉 투명한 공부 내지는 틀림이 없는 공부, 곧 진리를 밝히는 학문을 뜻하고, 학문으로서 철학의 근대적 의미는 '총체(總體)학' 또는 '근본학(根本學)'이라고 할 수 있다. 따라서 본고의 제목인 '기철학'은 기(氣)

에 대한 투명하고 밝은 공부로서 학문의 한 분야로서 총체적이고 근본적인 개념을 세우는 것이라고 하겠다. 기(氣)를 한마디로 정의하기는 그 범위가 매우 넓다. 기(氣)는 동양에서의 근본적인 학문인 철학, 과학, 의학, 인간학 등 모든 학문과 관계를 가진 주요 개념이라고 할 수 있다. 일찍이 동양에서는 고대로부터 기(氣)에 대하여 많은 연구와 통찰이 있었던 것이 사실이다. 우주변화의 원리를 설명하는 역학(易學)은 기(氣)의 변화를 생성 발전과 유기적인 관계로 우주를 연구하는 학문이고, 지금도 한 글자의 수정도 없이 의학의 임상에서 활용되어지는 '황제내경(黃帝內經)'은 기론(氣論)적 바탕 위에 세워진 의학(醫學)의 고전이고, 현대에 이르러 동·서양을 망라하여 각광을 받고 있는 요가, 태극권, 선도(仙道) 등이 모두 인체의 기(氣)를 수련하는 전통적인 양생(養生)법이다.

기(氣)에 대한 논의가 철학적 문제와 연결되는 것은 기공(氣功)이나 역학(易學), 그리고 새로운 과학(科學) 등의 거시적(巨視的)인 문제들이 연관되어 있기 때문이다. 이러한 의미에서 기(氣)에 대한 철학적 접근은 단순히 과거의 철학사(哲學史)를 정리하는 작업에 그치지 말아야 한다. 동양의 전통 철학의 개념 가운데 '氣'만큼 오늘날 널리 알려지고 계속해서 문제가 되는 개념은 그리 흔치 않다. 이러한 현상의 원인에 대해 여러 이유를 말할 수 있겠지만 먼저 그 개념을 충실하게 이해해야 한다고 생각된다. 중국을 중심으로 한 동양의 전통철학은 크게 보아 '自然學'과 '人間學'의 두 측면으로 나눌 수 있다. 두 학문에는 모두 기(氣)가 관련되어 있다. 근대 이전의 철학의 주류를 이끌어 온 것은 '人間學'이다. 다시 말하면 '仁'을 중심으로 한 유학(儒學)의 발전과 본격적인 학문의 체계를 갖춘 성리학(性理學)도 선(善)의 가치를 갖는 이(理)가 주도하여 왔다. 그 때문에 동양은 서양에 비해 자연과학(自然科學)의 발달에 불리한 결과를 가져왔다고 할 수 있다. 전통적인 동양의 기론(氣論)이 자연과학(自然科學)과 과학기술(科學技術)보다는 정치와 윤리, 인격수련과 양생이론과 연관되어 큰 비중을 두어왔다고 할 수 있다.

그리고 중요한 것은 자연학(自然學)이나 인간학(人間學)에서의 기(氣)에 대한 강조점이 달랐다는 것이다. 그 두 가지 강조점으로 송대(宋代)의 기(氣)에 대한 인식론은 맹자(孟子)의 주제인 도덕(道德)론에 초점을 맞추는 부류와 장자(莊子)의 주제인 자연(自然)

의 기(氣)로 나누어 볼 수도 있는 것이다. 그러나 혼란을 초래하는 것은 기(氣)라는 개념을 사용하면서도 개념 정의를 따로 하지 않았다는 것이다. 그러므로 개념(概念)과 논리(論理)를 중요시 여기는 요즈음의 학문에서 기(氣)에 대한 토론에는 어려움이 따른다. 이는 기(氣)를 중심으로 학문이 발전하지 않고, 기(氣)를 각자의 입장에 따라 보조학문으로 사용하여 왔기 때문이다. 기학(氣學)에 대한 학문적 정립(定立)은 시급하다. 총체적(總體的), 그리고 근본학(根本學)으로서 기학(氣學)과 이와 관련된 여러 분야의 하위(下位) 학문이 정리되어 미래 동·서양을 모두 포섭할 수 있는 학문의 큰 물줄기로서 기학(氣學)이 정립되어야 한다. 예를 들어 상대성이론, 카오스이론, 양자이론 등이 기학(氣學)의 범주에 편성될 수 있을 것이다.

기(氣)의 이론과 현대과학의 물질세계에 대한 설명 방식은 서로 다른 계통의 세계 이해이고 지금 우리는 이 두 계통에 대한 세계 이해를 융합할 방도를 찾아야 하는 지점에 서 있다는 인식이다. 물론 이러한 논의는 '과학' 개념에 대해서도 새로운 이해가 필요한 것이다. 끝으로 마지막 교정으로 원고의 흠결을 지적해주고, 그릇된 학문의 해석을 바로 잡아준 이병희 박사님께 깊은 감사의 뜻을 전한다.

서기 2011년 9월에
연구소에서

:: CONTENTS

제1장 기(氣) 개념(槪念)의 탐구 · 17

제2장 기학(氣學)의 철학적 탐구 · 179

제1절 기(氣)의 개념(槪念)과 존재론(存在論) ■ 181

제3장 기(氣)와 우주론(宇宙論) · 343

제1장

기(氣) 개념(概念)의 탐구

제1절 기철학(氣哲學)에 대하여

1. 기(氣)에 대한 동·서양의 인식론

기론(氣論)은 기(氣)라는 개념으로 우주(宇宙)를 해석하는 방법론이다.

기(氣)는 이(理)와 함께 동양학에서 우주론과 인간학을 구성하는 두 가지의 가장 근본적인 개념이다. 서양 근대철학의 시발점이라고 할 수 있는 데카르트에 의하면, 학문은 크게 형이상학(形而上學: Metaphysics)과 물리학(物理學: Physics)의 두 분야로 나눌 수 있다고 하였다. 이러한 관점에서 동양의 학문을 형이상학에 해당하는 이학(理學)과 물리학에 해당하는 기학(氣學)으로 나눌 수 있다. 만약 서양의 과학주의를 위주로 하는 학문이 동양으로 들어와 보편화되지 않았다면 동양의 모든 학문과 사유(思惟)에 대한 근본적 개념은 이(理)와 기(氣)의 두 가지의 인식론(認識論)을 바탕으로 구성되어 있었을 것이고, 따라서 기(氣)라는 개념이 지금처럼 길을 잃고, 비과학적(非科學的), 미신적(迷信的), 신비적(神秘的) 지탄을 받지 않았을 것이다. 이제 우리는 바른 학문적 접근을 위해서 동양학을 바로 이해할 필요가 있다.

서양에서 우주의 시작이라고 하는 빅뱅(Big-Bang)은 동양에서 태초(太初)의 태극(太極)과 같다. 아주 작은 초밀도(현재까지 분자 정도의 크기라고 밝혀짐)의 우주 알이 폭발하여 우주가 생성되었다는 서양 우주론의 이론이 빅뱅설이다. 이에 비하여 동양은 태초의 태극이 분화하여 그 태극 속에 혼돈(渾沌)의 상태에 있던 음양(陰陽)의 두 기(氣)가 운동 변화를 일으켜 우주가 생성되었다고 한다. 조선 중기의 학자 서경덕은 이 태초 분화하는 모습을 '양고음취(陽鼓陰聚)'라고 표현하였는데, 마치 북소리와 같이 큰 고동소리가 울리고 만물이 생성되었다는 표현이다. 이는 빅뱅 순간의 동양적 표현으로 이해할 수 있다. 동양과 서양에서의 우주는 같은 것이다. 서양의 우주와 동양의 우주가 별개로 존재하는 것은 아니다. 다만 그 인식(認識)의 바탕이 되는 문화와 언어가 다를 뿐이다.

서양은 17세기에 활동한 데카르트에 의해서 우주는 정신과 물질이라는 이원론(二元論)적 사상의 바탕 위에 우주론과 관련된 사상적 체계가 세워졌다. 데카르트는 정신의 영역에 형이상학을 물체에 관해서는 자연학(Physica)으로 세계를 구분하였다. 이로 인해 인간의 정신을 제외한 일체의 외적 대상은 기계론적 자연과학의 대상으로 해방되었다. 다시 말하면 데카르트의 이원론은 물질과 정신을 별개의 존재로 보았다고 할 수 있다.

이에 비하여 동양은 서양의 정신과 물질에 해당하는 이(理)와 기(氣)는 동전의 양면과 같이 일원체(一元體)를 구성하는 상호 의존적 존재로 보았다. 동양은 이기론(理氣論)을 바탕으로 학문이 정립되고 발전하였다. 서양과 같이 물질과 정신적인 면이 각각 정립되고 발전한 것이 아니다. 이(理)와 기(氣)를 별도로 논(論)하는 예가 거의 없다. 동양에서 이기(理氣)의 관계를 불상리(不相離), 불상잡(不相雜)이라 하여 서로 떨어질 수도 없지만 서로 뒤섞을 수도 없는 불가분의 관계로 보았다.

서양이 미시적(微視的)인 분석을 통하여 우주의 근본과 존재의 가장 작은 기본에 접근하여 과학이라는 놀라운 꽃을 피워 물질의 풍요와 생활의 편안함을 가져왔다면, 동양은 거시적(巨視的)으로 전체와 존재 간의 관계를 중요시하여 인류의 정신문화를 꽃 피웠다고 할 수 있다. 세계의 4대 종교가 전부 동양에서 발생하고, 자연 그대로의 친화적인 생활문화를 발전시켜 왔다고 할 수 있다.

우리는 이글에서 동·서양의 상호 다른 것을 틀렸다고 단정하는 인식의 틀을 깨고 다만 다를 뿐이라는 관점에서 같은 대상세계에 대한 분석과 해석을 어떻게 하였는지를 살펴보고 상대의 사고(思考)가 우리의 무엇에 해당하는지를 살펴보아야 한다. 먼저 우리 자신들은 현상적 우주로서 기(氣)를 어떻게 이해하고 발전시켜 왔는지를, 그리고 기(氣)와 우주(宇宙), 기(氣)와 인간(人間), 기(氣)와 과학의 관계를 바르게 바라봄으로써 동서양에서 바라보는 대상으로서 세계는 같은 것임을 밝혀나가고자 한다.

2. 철학(哲學: Philosophy)

철학(哲學)이란 간단하게 정의하면 지혜를 탐구하는 학문이라고 할 수 있다. 여기서 철학(哲學)의 철(哲)은 밝다는 의미로 슬기로운 재치나 지혜를 의미하는 중국어 또는 일본식 한자 표현이다. 우리말로는 지혜학(智慧學)으로 이해해도 무방하다. 그리스어로 필로소피아(Philosophia)란 말은 피타고라스 학파에 의해 쓰였다고 하는데, 이것은 Philo=사랑(愛)과 Sophia=지혜(智)가 합쳐서 된 말로 일반적으로 지적(知的) 탐구를 표현하고 있다.

철학이란 말을 해석해 보자. 영어로 Philosophy, 즉 '지(知)를 사랑'하는 것이다. 앎에 대한 사랑이다. 무엇에 대해서 아는 것인가? 그 대상은 나와 내가 아닌 어떤 것이다. 또한 사랑은 감정이다. 감정이란 느끼는 것이다. 나와 나 아닌 어떤 것들은 다름 아닌 세상이다. 정리하자면 철학이란 세상을 느끼는 방법이다. 살아있는 내가 유연하고 탄력적으로 세상을 느끼는 방법이 철학이다.

책을 읽는다고 철학하는 게 되진 않는다. 그것이 하나의 방법임에는 틀림없지만 그 것만으로는 오직 철학의 시체만을 볼 수 있다. 좀 더 풍부하게 세상을 느끼고 그것을 불려 나가는 것. 도박에서 이기고 짐에 연연하지 말아야 한다. 이길 수도 질 수도 있다. 우연의 엄청난 무게에 짓눌려 있을 필요는 없다. 던져진 주사위가 땅 위에 떨어질 때까지의 긴장감! 그것을 즐기기 위해서 철학을 한다.

1) 철학의 개념

철학은 인식론(認識論)적으로 보편적 진리를 추구하는 학문으로서 '개념(槪念)들에 의한 이성(理性) 인식 체계'라고 할 수 있고, 존재론(存在論)적으로 모든 존재(存在)에 대한 바른 탐구(探究)라고 할 수 있다. 따라서 철학은 모든 존재의 바른 탐구에 대한 인간의 인식 체계를 구축하는 학문이라고 할 수 있다. 철학을 이루는 두 줄기는 존재론(存在論)과 인식론(認識論)이며, 하나는 대상의 실체에 관한 것이고, 다른 하나는 그 실체에 대한 인간의 바른 자기화(自己化) 과정을 말한다. 그래서 결국 존재론과 인식론은 같다고 보는 것이다. 이러한 것을 종합하고 통찰하면 결국 철학은 지혜에 대한 사랑이 되며, 이것은 철학(哲學)이라는 한자(漢字)가 의미하듯이 밝은 학문, 즉 모든 존재를 밝게(바르게) 밝히는 것이라고 할 수 있다.

2) 철학의 두 부분

학문으로서 철학을 첫째, 이성(理性), 즉 자신의 형식에 대한 인식들로 이루어진 논리학(論理學: Logica)과 둘째는 순수하고 원리적이되, 대상의 실질[實在] 내용에 대한 인식들로 이루어진 형이상학(形而上學: Metaphysics)의 두 부분으로 나눌 수 있다. 따라서 논리학은 '형식철학', 형이상학은 '실질[實在]철학'이라고 부를 수 있다.

3) 데카르트의 철학 원리

철학을 하나의 나무에 비긴다면 그것의 뿌리는 형이상학(形而上學)이요, 줄기는 물리학(物理學: 自然學)이며, 가지들은 의학(醫學), 역학(易學), 윤리학(倫理學)과 같은 여타 학들이라고 하였는데 이는 철학을 학문의 일반으로 지칭할 때의 견해이다.

4) 현대적 의미

   현대의 철학사상은 이미 19세기 중엽의 헤겔 철학에 대한 반동에서 서서히 태동하였고, 1930년대를 전후하여 그 전체적인 윤곽을 드러내었다. 현대철학의 특징은 아인슈타인의 상대성이론과 플랑크의 양자물리학을 비롯한 현대과학의 성과들로 근대철학이 기반으로 삼았던 뉴턴 물리학에 도전하게 된 것이라고 할 수 있다. 실체개념이나 절대시공(絶對時空)의 관념 위에 세웠던 근대철학의 절대이념이 흔들리게 된 것이다. 또한 생물학의 발전은 인간 이해에 대한 새로운 측면을 제시하였고, 특히 S.프로이트나 C.G.융의 심리학은 인간의 무의식 세계의 탐구를 토대로 지금까지 신뢰해 왔던 이성의 절대적 권위에 대한 의심을 가지게 하였다. 자연과학의 발달과 함께 새로운 수학의 발전은 철학의 대상과 방법에 대한 반성을 불러일으켰다. 현대철학 형성에 영향을 끼친 다른 요인은 정치 사회적인 변동이라고 할 수 있다. 제1, 2차 세계대전은 인간존재의 생존에 대한 불안을 가중시켰을 뿐만 아니라 이데올로기의 양극현상을 심화시켰다. 이에 따른 철학적 논의의 대상이 좀 더 구체적인 인간문제와 사회문제로 집중되어 갔다.

   이와 동시에 산업혁명 이후 가속화된 공업화는 현대사회에 필연적인 부조리를 안겨주어 이 문제의 극복이 철학적 관심의 주제로 부상하게 되었다. 이러한 여건 아래 현대철학은 근대철학에서와는 전혀 다른 자기 모습의 새로운 전개가 요청되었다. 그러므로 현대의 철학사상을 일목요연하게 설명하기란 힘든 일이다. 그 이유로서는 현대의 철학사상들이 점진적으로 유럽 중심에서 탈피하여 지역적인 특성에 따라 발전해가고 있다는 점을 고려해야 하며, 또 모든 철학사상 간의 상호영향 관계가 밀접하게 이루어져 한 철학사상을 어떤 뚜렷한 철학사적인 입장에 고정시켜서 이해할 수만은 없게 된 점을 들 수 있다. 그러나 현대철학의 유형은 대체로 지역에 따라 유럽 철학과 영미 철학(英美哲學) 및 동유럽 철학으로 나누어 이해하는 한편 동양의 통일적, 상대적, 관계적 철학 사상에 대두되는 특징을 갖고 있기도 하다. 유럽 철학에는 삶의 철학과 실존철학, 구조주의철학과 네오 마르크스주의(비판이론)를 포함시켜 논의하고, 영미 철학 영역에는 실용주의와 논리실증주의 그리고 분석철학과 신실증주의(비판적 합리주의)철학 등을 포함시킨다. 동유럽 철학은 국가철학이 되어버린 마르크스주의 철학을 의미한다. 그리고 동양철학은 우주를 하나의 거대한 생명체로 보고 그 구조와 기능이 인간과 다르지 않다는 유기론적 생명사상 위에 인간과 인간의 관계를 중요시하는 물질보다는 정신적 사유를 중요시한다.

종합적인 판단으로는 현대적 의미의 철학은 총체학(總體學) 또는 근본학(根本學)으로 과학(科學)은 철학을 전제로 한 분과학(分科學)으로 분류하는 추세라고 보아야 한다.

5) 철학의 방법

칸트는 "철학을 배우지 말고, 철학함을 배우라"라고 하였다. '내용 없는 개념'을 농으로 하고 '흉내 내어 얘기'하는 것을 경계했으며, '스스로 생각하고', '제 발로 설 것'을 요구하였다. 이것을 철학하는 사람에게 있어서는 최소한의 철학하는 자세라고 하였다. "진정으로 스스로 철학하는 방법은 '사변(思辨: Speculatio)'이다"라고 하며, '자연과 인간 만상(萬象)의 궁극적 원리를 찾는 학적 작업이다'라고 하였다. 그것이 수학적인 방법으로도 과학적인 방법으로도 달성할 수 없는 것이라 한다면, 철학적인 문제들은 그 성격상, 자명한 진리를 전제하고 거기에서부터 연역(演繹: Deductio)하는 방법으로나 개별적인 사태들에 대한 관찰을 토대로 보편성을 추리해 가는 귀납(歸納: Inductio)의 방법으로는 해결할 수 없는 것이겠다. 그러하니 결국 우리가 할 수 있는 일은 현상(現象)을 진상(眞相)으로 간주하고, 이 진상을 가능하게 하는 필요충분조건들을 사변적(思辨的)으로, 환원(還元: Reductio)적으로 추궁해 들어가는 일이다. 그래서 철학의 본래적 방법은 예나 지금이나 '사변(思辨)'뿐이라 하는 것이다.

사변(思辨: Speculation)은 경험에 의하지 않고 사유(思惟)를 통해서 인식하는 것으로 실천의 수단으로서의 사유가 아니라 인식하고 설명하는 일을 목적으로 하는 사유이다. 이 경우에서의 이성(理性)은 직관적이다. 헤겔(G.W.F. Hegel)은 사변을 지적직관(知的直觀)과 같은 의미로 보았다.

6) 철학함의 학문

사람이 '지혜'를 갖는다는 것은 그 자체로 최상의 상태에 이르는 것이라고 할 수 있지만, 사람은 기껏해야 '지혜'를 찾는 도정에 있다고 보겠다. 이런 의미에서 우리는 '지혜를 사랑하는 자'를 철인(哲人)으로 이해하고 그들을 통하여 배움과 익힘이라는 과정을 통하여 '지혜'에 가까워진다면 이러한 철인의 추구함을 눈여겨보아야 할 필요가 있다. 즉 철인(哲人)의 학문을 철학(哲學)이라 할 수 있다면 그것은 'Philosophy'의 원래 뜻과 크게 어긋남이 없다고 하겠다. 동서양 대표적인 철인의 철학함을 소개한다.

우주 삼라만상의 원리(Arche)를 통찰하고 있는 자(者), 고(故)로 "마음 내키는 대로 행해도 어긋남이 없는 자"(論語 爲政4: "子曰, 吾十有五而志于學 三十而立 四十而不惑 五十而知天命 六十而耳順 七十而從心所欲不踰矩")

"天命之謂性(천명지위성), 率性之謂道(솔성지위도), 修道之謂敎(수도지위교)", 하늘이 명하신 것을 본성(本性)이라 하고 본성을 따르는 것을 도(道)라 하며 도를 닦는 것이 교(敎)라 함이다.

"너 자신을 알라"는 고대 그리스 델포이의 아폴론 신전(神殿) 현관 기둥에 새겨졌다는 유명한 말이다. 디오게네스 라에르티오스는 이것을 그리스 7현인(賢人)의 한 사람인 탈레스가 쓴 것이라고 하였지만, 같은 7현인[1]의 한 사람인 스파르타의 킬론이 한 말이라고도 하고, 다른 현자의 말이라고도 하여 일정하지 않다. 소크라테스는 인간의 지혜가 신(神)에 비하면 하찮은 것에 불과하다는 입장에서, 무엇보다 먼저 자기의 무지(無知)를 아는 엄격한 철학적 반성이 중요하다고 하여 이 격언을 자신의 철학적 활동의 출발점에 두었다. 사람에게 어려운 일이 무엇이냐는 질문을 받고 탈레스는 자기 자신을 아는 것이 어려운 일이며, 쉬운 일이라면 남을 충고하는 일이라고 대답하였다 한다. 이와는 반대로 희극작가 메난드로스는 오히려 '남을 알라'라고 하는 쪽이 더 유익하다고 비판하였다. 키케로는 소크라테스와 마찬가지로 외적인 신체가 아닌 자기의 마음을 아는 것이라고 해석하였다. 플루타르코스가 전하는 데모크리토스도 신의

---

1) 그리스 시대의 일곱 현인을 말한다. 현존하는 가장 오래된 7현인의 명부는 플라톤의 《프로타고라스: Protagoras》에 나오는데, 그 후로 4세기경까지 7현인으로 꼽힌 사람은 20여 명에 이른다. 7현인의 명부가 생긴 것은 B.C. 6세기 후반경으로 여겨지는데, B.C. 1세기 말의 역사가 디오도로스와 2세기의 여행가 파우사니아스 등에 의하면, 탈레스·비아스·피타코스·클레오브로스·솔론·킬론·페리안드로스(플라톤에서는 뮤손)라는 거의 동시대(B.C. 7~6세기)의 일곱 사람이다. 7이라는 숫자는 7수 숭배에 따른 것이며, 정치적 혼란에 시달린 후세 사람들이 일찍이 사회적·정치적 활동과 업적에서 탁월한 사람 7명을 골라 이상적 인물로 뽑았다고 한다. 따라서 명부 작성자에 따라 7현인은 달라지나, 탈레스·비아스·피타코스·솔론의 4명은 거의 확정되어 있었다. 7현인의 일화나 명구(名句)는 그리스인의 정신적 지주로서 전승되어 왔다.

어려운 명령이라고 해석하였다.

"나는 생각한다, 고로 나는 존재한다"라는 프랑스의 철학자 R.데카르트가 방법적 회의 끝에 도달한 철학의 출발점이 되는 제1원리이며, 근대철학으로 들어가는 선언적인 말이기도 하다. 라틴어로 "코지토 에르고 숨(Cōgitō ergo sum)"이라고 한다. 그의 주저 ≪방법서설(方法敍說) Discours de la méthode≫(l637)에 전개된 근본 사상을 나타내는 말이다. 학문에서 확실한 기초를 발견하기 위해 데카르트는 모든 인식을 뒤엎고 처음부터 다시 시작하기로 결의하고, 의심할 이유가 있는 모든 사물의 존재를 의심하여 연구한 끝에 최종적으로 의문을 중지해야 할 일점(一點)에 도달하였다. 즉, 다른 모든 사물은 의심할 수 있어도 그와 같이 의심하고 있는 나의 존재는 의심할 수 없다. 의심하고 있는, 다시 말해서 사유(思惟)하고 있는 순간에 내가 존재하지 않는다고 할 수는 없다. "나는 생각한다, 고로 나는 존재한다." 이것이야말로 확실하다고 믿고 그는 이 명증적(明證的)인 제1원리에서 출발하여 모든 존재인식(存在認識)을 이끌어 내려고 하였다.

7) 철학의 기본과제

철학의 기본과제는 이성(理性: Reason)에 대한 해명이라고 할 수 있다. '이성(理性)은 인간 및 세상 만물의 보편적 질서'로서의 원리로, 달리 로고스(logos)라고도 한다. 한편 동양에는 이에 해당하는 개념으로 도(道), 이(理), 성(性)을 들 수 있다. 칸트에 의해서 정립된 이성(理性)은 동양의 도(道), 그중에도 천도(天道)와 가깝다고 할 수 있다. 이성(理性)과 도(道)는 모두 인간과 관계를 갖는 근본적 개념이다.

(1) 이성(理性: Reason)

일반적으로 보고 들어서 아는 감각적 능력과 구별되는 개념(槪念)에 의한 사유능력(思惟能力)을 이성(理性)이라 한다. '인간은 이성적 동물이다'라는 말은 바로 이런 뜻에서 나온 말이다. 그러나 인간이 이성적 동물이라고 불리는 까닭은 단순히 개념적 사유를 할 능력을 갖췄다는 의미에서만이 아니라 다른 동물이 오직 본능적 충동에 의해서만 행동하는 데 비해서, 인간은 의무의식(義務意識)에 의해서 행위를 하는 것이 본질적 특질이며 따라서 인간의 행위가 어떤 이성적인 힘에 의해서 지도를 받고 있다는 사실 때문이다. 요약해서 말하면, 개념적 사유능력을 갖출 뿐만 아니라 이성적 명령에 따르는 행위를 하기 때문에 이성적 동물이라고 부르는 것이다.

칸트(I. Kant)의 실천이성(實踐理性)은 이와 같은 이성의 활동을 학문적으로 규정한 것이다. "네가 마땅히 해야 할 일이므로 행할 수 있다(Du kannst, denn du sollst)"라는 칸트의 유명한 말이 명시하고 있듯이 단순히 자율적으로 도덕법(道德法)을 세우는 데 그치지 않고, 나아가서 행위를 스스로가 정한 도덕법칙에 합치되게끔 이끌어 가는 의지의 힘을 가졌다는 사실 때문에 인간은 이성적 동물이라고 불리는 것이다. 한편 이성을 오성(悟性)과 구별하여 그와 대립시켜 사용하는 경우가 있다. 그중에서도 철학사상 중요한 역할을 한 것은 개념적·논리적 인식 능력인 오성에 대해서 최고의 실재(實在)를 직관적으로 인식하는 오성보다 한층 더 높은 인식을 가리킨 경우다.

즉 플라톤(Platon)은 누스(Nūs)[2]를 감성(感性)과 개념적·논증적(論證的) 능력인 로고스(Logos)와도 구별하여 참다운 실재인 이데아(Idea)를 예지적으로 직관(叡知的直觀)하는 능력이라고 규정하였다. 신(新)플라톤학파 그중에서도 특히 플로티노스(Plotinos)에게도 이 사상은 계승되었으나 스콜라 철학 시대에 이르러서는 이성의 활동능력을 그리스 철학에서의 노에시스(Noesis) 혹은 누스(Nūs)를 뜻하는 인텔렉투스(Intellectus)와 논증적 인식을 뜻하는 라티오(Ratiō)로 구별하였다. 이 사실은 근세의 야코비(F. H. Jacobi)와 셸링(F. W.J. Schelling) 그 밖에 동일철학자(同一哲學者)들에게까지 계승되었으나 이를 가장 독특한 방법으로 발전시킨 사람은 칸트와 헤겔(G.W.F. Hegel)이었다.

칸트는 오성(悟性)을 범주(範疇)의 능력으로 보고 이성은 이념의 능력이라고 하는 새로운 구별을 하였다. 그에게 있어서는 양(量)·질(質)·관계(關係) 등의 범주를 사용하여 인식의 대상을 구성하는 것이 오성의 능력이며, 이에 비하여 이념에 의해서 오성의 작용에 통일과 체계를 주는 것이 이성의 능력이다. 다시 말하면 오성은 개념에서 원칙을 만드는 제약된 인식 능력인 데 비해서, 이성은 개념에서 그와 같은 오성의 원칙에 최종적 기초를 부여하는 원리(Prinzipien)를 만들어 내는 무제약적인 인식 능

---

2) 마음(心)이라는 의미, 또는 마음의 본질로서의 이성이라고도 한다. 그리스 철학 용어로 그 사용에 몇 가지 차이가 보인다. 최초로 이 말을 사용한 사람은 유물론자인 아낙사고라스(Anaxagorās)로, 그는 세계를 구성하는 '스페르마타'(Spermata, 種子)를 움직이는 힘으로 보았다. 플라톤은 이데아의 세계에 대응하는 마음(心)의 부분을 누스라고 하였고, 아리스토텔레스도 인간의 영혼을 다른 동식물로부터 구별시키는 본질적 부분이 누스라고 하여, 누구에게 있어서나 이성을 의미하고 있었다. 신(新)플라톤학파에 이르면, 누스는 세계의 근원적 원리가 된다.

력이다.

헤겔은 오성에는 추상적 개념의 능력을, 이성에는 구체적 개념의 능력을 부여함으로써 양자를 구별하였다. 그에게 있어서 이성은 오성에 의해서 구별되고 고정된 것, 또는 부분적으로 상호 유리된 경험적 인식 내용을 유동화(流動化)시키거나 용해시킴으로써 생동하는 전체성과 대립의 통일을 이룩하는 변증법적 사유 기능을 담당하는 역할을 지닌다. 이것을 사회사상사적 맥락에서 보면, F. 베이컨과 R. 데카르트로부터 헤겔, 포이에르바하에 이르기까지 이성 개념의 철학적 역할은 언제나 신흥 부르주아지의 세계관 형성을 뒷받침하는 것에 있었다.

즉 각기 다른 철학체계가 어떤 중심문제를 통해서 생성, 발전되었건 간에 이 모두는 결국 이성 개념에서 출발하여 다시 그곳으로 돌아가는 양상을 빚어 왔다. 이성 개념의 발굴과 그것의 현실적 역할은 기존의 전승된 체계나 사상으로부터 스스로 탈피하고 해방되기 위한 본래적인 인간의 비판 능력과도 일치한다. 이와 동일한 맥락에서 이미 칸트는 '계몽'의 의미를 규정하여 '스스로 저질러 놓은 미숙성으로부터의 인간의 탈피'라고 하면서 이성적 자아의 발견을 부채질한 바 있다. 이런 점에서 특히 헤겔에 의한 관념론적 이성 철학은 이 철학의 개념 자체를 총체적 현실 일반의 인식을 위한 이론으로 구성했다.

그리하여 헤겔에 있어서는 제반 경험과학의 독자성이 부인되면서 오직 철학적 반성(Reflection)을 통해서만 모든 학문의 이성적 성격이 보장될 뿐이므로, 오직 사변적 논리만이 이성적이며 합리적인 철학적 인식의 절대적, 전체적 통일성을 갖는 변증법적 사유의 자기 운동과 매개 작용을 수행하고 완성하게 된다. 마르크스주의 철학에서는 이성은 감성에 기초하여 객관적 사물의 변화·발전으로서의 운동을 파악하는 사고의 작용, 바꾸어 말하면 객관적 존재의 변증법적 운동을 반영하여 파악하는 변증법적 사고의 작용으로 이해한다.

이 이성은 호모 사피엔스라는 인간관에서 보이는 것처럼 인간에게 이미 부여된 불변적인 특성이 아니라, 인간의 사회적 생활에 기초한 요구에서 출발하여 자연이나 사회에 작용해 가는 인간의 활동에 의해 발전하여 온 것이다. 거기에서 이성은 감성이나 소위 오성으로부터 분리된 것이 아니라, 인간이 대상에 작용하는 과정으로, 감성을 기초로 하여 오성이라 불리는 단계를 통해 전면적인 전개로 나아간다.

  (2) 도(道)

  도(道)란 길과 같다. 이 글자를 명명한 이유는 도로(道路)라는 의미로 쓰인 것이다.
모든 사람이 다 함께 통행하는 곳을 길이라 하므로, 한 사람만이 홀로 걷는 곳은 길이
라고 말할 수 없다. 도(道)의 대강(大綱)이란 일상생활, 인류 사물에 있어서 마땅히
행하여야 할 이치요, 많은 사람들이 다 함께 말미암은 것이기에 바야흐로 도(道)라
말한다.
  계사전의 '一陰一陽之謂道'는 우주의 근원적(根源的) 존재(存在)자로서 도(道)와 이 도
(道)에 의해서 만물이 생성되는 이치를 나타낸 말이다. 도(道)란 본래가 양적(量的)으로
완성된 존재이며, 질적(質的)으로 완전한 존재이다. 이러한 절대성(絕對性)을 본질(本質)
로 하는 도(道)가 한 번은 음(陰)으로, 또 다른 한 번은 양(陽)으로 자신을 드러낸다는
것이다. 도(道)가 음(陰)으로 나타날 때 이것은 완전한 존재의 음적(陰的)인 현상이며,
또 동시에 양(陽)으로 나타날 때에도 완전한 존재의 양적(陽的)인 현상이 된다. 이때 동
시에 라는 말은 물리적 시간의 동일점을 지칭하는 것이 아니라, 동일한 사물을 두고
서도 동시적으로 두 가지 대립(對立)되는 개념이 모순(矛盾)되지 않고 적용될 수 있음
을 의미한다. 그러므로 존재적 차원에서 음(陰)과 양(陽)이란 서로를 기다려야 완성되
는 것이 아니라, 그 자체가 이미 완성된 도(道)의 자기(自己) 시현(示顯)일 뿐이며, 다만
이를 인간이 현상적으로 인식함에 있어서 음(陰), 또는 양(陽)으로 구분해서 표현함을
말한 것이다.
  또, 계사전에 "一陰 一陽之謂道"라고 한 것은 우주 내의 모든 존재에 대한 생성과 변
화 법칙, 즉 이치를 말한 것이다. 장재(張載: 橫渠)는 '태허(太虛)로 말미암아 하늘이란
이름이 있고, 기화(氣化)로 말미암아 도(道)라는 이름이 있다'라고 하니 이는 하늘이란
곧 이치이다. 옛 성인들은 대부분 하늘을 이치로 말하였다. 이치란 형상이 없는 것이
며, 자연으로서 이루어진 것을 천(天)이라 한다. 하늘의 형체로 논한다면 이 또한 아득
하게 쌓여 있는 대기일 뿐이다. 실제로 어떤 형질(形質)이 있겠는가? 횡거가 말하는 하

늘은 이치를 말한다. 이치란 활동이 정지된 사체(死體)가 아니다. 바로 여기에서 일원(一元)의 기운이 유출되어 사람이 만물을 낳아주는 것이며, 여기에 하나의 맥락이 있으니, 이것이 바로 사람과 만물이 모두 행하는 길이다. 이는 조화에 의한 사람과 만물의 시종(始終)이 되는바, 이와 같음을 추원(推原)한 것이다.

중용에 본성(本性)을 따르는 것이 도(道)라는 말은 인(人) 물(物)이 이미 받아온 것으로 말함이다. 부여받은 바의 본성(本性)을 따르면 마땅히 행하여야 할 길이 있을 뿐, 인간의 안배에 의한 것이 아니다. 도(道)라는 명제(命題)는 반드시 사람이 통하는 것으로 말한다. 이는 일상생활상의 인사(人事)에 있어 당연한 이치이며, 고금에 공공연하게 말미암는 길이다. 그러므로 이를 도(道)라 이름 한다.

동양철학에서 도(道)는 근본적인 원리 또는 이치이며 사람의 본성(本性)을 가리키기도 한다. 본성은 불교에서 말하는 본래면목(本來面目)과 비슷한 말이다. 유교 경전인 ≪중용≫에서는 "천명지위성(天命之謂性) 솔성지위도(率性之謂道) 수도지위교(修道之謂教)"라 하여 하늘이 명한 성(性)을 따르는 것을 도(道)라고 하였다.

도(道)는 인간이 지켜야 할 도리로, 동양 사상의 전통에 있어서 우주의 궁극적인 실재로 생각되기도 한다. 도는 천지만물에 선행해서 존재한 것으로, 천지만물을 창조해 내는 근원이며, 우주를 지배하는 대조화(大調和)의 이법(理法)이라고도 하였다.

동양인의 윤리 도덕의 근저에는 이 우주의 궁극적 실재 내지 우주의 이법이 새겨져 있는데 유교(儒教)와 도교(道教), 불교(佛教)에서는 서로 다른 결론을 내놓고 있다.

도교(道教)는 도(道)란 인간의 지각(知覺)을 초월한 영묘한 것이고, 그 존재 형태는 무위자연(無爲自然)이라고 한다. 따라서 인간도 인위적인 일을 하지 않고 인지(人智)의 소산인 현상 세계의 차별(差別: 制度規範·生死 등)을 넘어서 마음의 평안을 유지하는 것이 대우주의 조화에 이르는 길(道)이라고 설명한다.

도교가 일체의 인위(人爲)를 피하려고 하는 것에 대해서 유교는 '도'라는 대우주의 이 법은 대우주와 똑같은 구조의 '인간'이라는 소우주에도 잠재해 있으며, 이 인간 내부의 도(道理)를 찾아내어서 이에 따르는 것이 대우주의 조화='천(天)의 도(道)'에 따르는 일이라고 생각한다. 그리하여 도가가 '대도(大道)가 쇠퇴함에 인(仁)·의(義)가 출현했다'라고 비판하는 인(仁)·의(義)·예(禮)·지(智)·신(信)이라는 윤리 덕목의 실천이야말로 대우주의 조화＝천의 도에 이르는 '인(人)의 도'라 설파하고 있다.

또한 현상세계를 설명하기 위하여 음·양의 2원소를 드는 음양설(陰陽說), 목·화·토·금·수의 5요소를 드는 오행설(五行說)이 있다. 이것은 각기 들고 있는 원소나 요소로써 도의 존재를 그 현상에 따라 설명하는 입장이다.

불교(佛教)에서의 '도(道)'는, 열반(涅槃)에 오르기 위한 여덟 가지의 수행(修行)[3]을 의미한다.

8) 철학의 본질적 탐구(존재론/인식론/가치론)

18세기에 칸트가 "무엇이 존재하는가", "우리는 무엇을 알 수 있는가", "우리는 무엇을 해야 할 것인가", "우리는 죽은 후 무엇을 희망할 수 있는가"라는 네 가지 철학적 물음으로 분류한 이후, 네 번째 물음을 신학(神學)에 돌리고, 철학은 존재론(Ontology), 인식론(Epistemology), 가치론(Axiology) 등의 세 분야로 나누어 탐구되었다. 존재론과 가치론이 각각 있는 것과 귀중한 것, 즉 대상과 가치에 관련해서 생기는 문제들에 대한 탐구라면, 인식론은 인간이 무엇인가를 안다고 할 때 제기되는 여러 가지 문제에 대한 탐구이다.

철학의 본질적 탐구는 우주(宇宙)의 모든 존재(存在)와 그 존재(存在)의 근원(根源)을 밝히는 철학의 제1원리로서 존재론(存在論), 그 존재에 대한 인간의 바른 앎의 과정과 방법인 인식론(認識論), 그리고 그 존재의 목적과 존재 간의 관계를 밝히고 윤리(倫理)와 진선미(眞善美)를 탐구하는 가치론(價値論)을 들 수 있다. 이들 세 이론에 관한 철학적 물음으로 존재론은 무엇인가를 묻는 what? 그 존재를 어떻게 인식(認識)하는가? 즉 자기화(自己化)하고 나타내는 how?와 그 존재의 가치가 무엇인지를 묻는 why?라고 할 수 있다. 철학함이란 이 세 가지의 본질적인 물음에 대하여 밝고 바른 해답을 찾아나가는 것이다. 마치 불교에서 "이 뭐꼬?"라는 화두(話頭)를 통하여 깨달음에 이르고자 하는 것이 불교철학의 가장 중요한 실천방법론이라고 할 수 있는 것과 같은 것이다.

---

3) 정견(正見), 정사(正思: 正思惟), 정어(正語), 정업(正業), 정명(正命), 정근(正勤: 正精進), 정념(正念), 정정(正定)의 여덟 가지 수행법, 팔정도(八正道)라고 한다.

(1) **존재론**(存在論)

존재의 원리와 인식의 원리에 대한 철학적 이론을 각각 '존재론', '인식론'이라고 부른다. 그러나 보기에 따라서는 인식의 원리가 곧 존재의 원리가 되므로, 그런 경우 존재론과 인식론은 내용적으로는 차이가 없고, 다만 관심과 관점의 면에서 구별이 있을 뿐이다. 어떤 것이 존재하는 한에서, 바로 그 존재하는 것(本質)이 존재하는 까닭(이유, 원인, 근거, 목적)이다.

아리스토텔레스는 "존재로서의 존재자(to on he on)와 이것에 자체적으로 귀속되는 학문이 있다"라고 하면서 이 학문을 "제일철학(Prote Philosophia)"이라고 하였다. 여기서 말해진 존재자로서의 존재자와 이 존재자에 본래적으로 속하는 것은 '존재자의 있음(존재, oti esti)과 무엇임(본질, ti, esti)'으로 해석되어 중세와 근세 초의 형이상학의 핵심문제가 된다. 그러나 '존재자로서의 존재자'란 어떤 특정한 존재자를 말하는 것이 아니라, 단적으로 '존재한다(있다)'라는 술어가 속할 수 있는 일체의 것을 지칭하는 것으로, 존재론의 탐구대상은 곧 어떤 것이 존재하는 한에서, 바로 그 존재하는 것이 존재하는 까닭(이유, 원인, 근거, 목적)이다.

존재자를 존재자로 만드는 근원적인 존재자를 '신(神: Theos)'이라고 이름하였고, 그래서 제일철학의 문제는 신학(神學: Theologia)으로 전이되었다.

① 본질과 존재 일반의 근거 혹은 원리

존재자의 무엇임과 있음의 규정은 존재자의 존재 방식이며, 그 방식은 근원적인 존재자로부터 유래한다는 견해가 있는 반면에, 존재자의 존재 규정 일반은 존재자를 파악하는 인간 의식의 사고방식이라는 견해도 있다.

모든 존재자는 본질의 면에서나 존재의 면에서 그 존재자가 그러한 원인을 가지며, 그 원인은 그 존재자 자신 안에 혹은 밖에 있으되, 그 원인 역시 어떤 형태의 존재자여야만 한다. 왜냐하면 아무것도 아닌 것(無)은 어떤 것을 무엇이게도, 있게도 할 수 없을 것이니까 말이다. 이러한 존재의 근원에 대하여 두 가지 견해가 있고, 이 두 견해 가운데 어느 것이 진실인지는 아직 밝혀지지 않은 상태이다. 다시 말하면 신(神)의 존재에 대한 증명은 과학적으로 규명되지 않았음을 뜻한다.

가. 이신론(理神論: Deism)~존재자의 유래를 자연 발생적으로 파악한다

세계는 그 자체의 법칙에 따라 전개된다는 사상으로 합리적인 유신론이라고도 한다. 신이 자연법칙을 통해 이 세상을 창조했으며, 창조 후 세계에 대해서는 직접 관여하지 않는다. 이신론을 자연신교, 자연종교라고도 하며, 17~18세기의 계몽사상가의 신관(神觀)인데, 그 특징은 첫째, 신의 존재를 인정하며 둘째, 신에 의한 세계 창조를 인정하지만, 신은 세계와는 이질(異質)의 비물질적·초월적 존재로서 세계 밖에 있으며 셋째, 세계는 일단 창조된 후, 스스로 합리적 자연법칙에 따라 움직인다고 하는 것이다. 이신론은 특히 영국에서 보급되었다. 그것은 가톨릭주의와는 독립된 자연종교라는 성격을 갖고, 종교를 근대의 과학적 합리성과 조화시키려 한 것이었다. 그 대표자로는 틴달 (M. Tindal), 콜린스(J. A. Collins), 뉴턴, 볼테르, 루소 등을 들 수 있다.

'하나(一者, to hen)'로부터 세계의 발생을 유출(流出)로 설명하면서, 그 '하나'를 단지 순서에 있어서 앞서는 것으로 보고 세계의 내재적(內在的)인 것으로 보면, '자연과학적'인 세계 생성의 설명이 된다. 그리고 이런 세계 생성의 설명에는 "그 '하나'는 어디에서 유래하는 것일까?"라는 질문이 여전히 제기될 수 있지만, 이신론은 이 질문 자체를 그 '하나'는 궁극의 원인이므로 더 이상 그 유래를 물을 수 없다고 배제한다. 그러니까 '존재하는 것은 반드시 그 원인을 가진다'라는 존재 근거율에 단 하나의 예외가 인정되는 셈이다. 이 점 이외의 유출설의 구성은 '논리적'이므로 이신론에서는 '신의 존재 증명'과 같은 작업은 불필요한 것으로 생각된다. 모든 사물(존재자)의 본질에 존재 방식은 그 원인에 따라 규정되며, 그 원인은 자연 안에 있다. 이 원인의 계열, 즉 존재자의 전 계열 자체가 자연(自然)이다.

이러한 생각으로부터 나온 것이 모든 존재자의 존재 규정이 그로부터 유래하는 시원(始原), 근원적인 존재로서의 신(神: Theos)의 개념이다.

(도가 하나를 낳고 하나가 둘을 낳으며 둘은 셋을 낳고 셋이 만물을 낳는다.
道生一 一生二 二生三 三生萬物: 老子 道德經 42장)

나. 유신론(有神論: Theism)~존재자의 유래를 의지적인 창조(創造)의 결실로 파악
한다.

존재자의 유래를 의지적인 창조의 결실로 파악한다. 세계의 시원(始原)으로서의 '하
나'는 의지(意志)와 지혜(智慧)를 가진 존재자이며, 그 '하나'의 의지와 지혜의 질서에
따라 만물의 본질과 존재의 양이 정해진다고 파악한다. 이런 '하나'를 신(神)이라고 부
를 때, 그런 견해는 유신론(有神論)이라고 일컬어지며, 이때 신은 인격성(人格性)을 가
지므로 보통 '인격신'이라 불리고, 인격신으로부터 만물의 유래를 '창조(Creatio)'라고
일컫는다. 그래서 그 '하나'는 '하나님(하느님)' 혹은 '창조주(創造主)'라고 불리며, 그
것이 바로 모든 존재자의 존재 원리로 이해된다.

창조주로서 '하나'는 모든 존재자들의 본질과 존재를 규정한다. 그리고 선(善)을 사
랑하고 악(惡)을 미워하며, 악의 회개(悔改)를 기뻐하고, 선에 대해서는 상(償)을 내리
고, 간절한 소원에는 응답한다. 그것은 사람들이 가지고 있는 모든 성질들을 완전한
형태로 가지고 있다. 이를테면 '완전한 인격체'이다. 인격신으로 '하나'는 또한 자연
만물의 근원이면서도 자신의 피조물과는 위격(位格)에서 완전히 구분되어, 자연의 존
재자들의 계열에 있지 않다. 말하자면 '초월자'이다.

초월적 인격체로서의 신의 존재 설명에는 초 논리적 요소가 불가피하게 개입되므
로, 계시(啓示)에 의한 확인이나 신앙(信仰)이 요구되고, 따라서 그것은 과학적이라기
보다는 '종교적(宗敎的)'이다. 그러나 많은 신학자들은 신의 존재를 이론적으로 증명하
려고 노력하였다. 이것이 신(神)의 존재 증명이고 여러 학자에 의해서 여러 이론이 나
오고 있다.

② 존재자의 존재와 본질의 관계

존재자의 본질과 존재의 관계 문제는 유한자의 성격 반성에서 대두되었다고 볼 수

있다. 많은 존재자들은 일정 기간만 존재하다가 사라진다. 현실적 존재자는 그 '무엇', 즉 본질(本質: Essence)과 그 존재(存在: Existence)의 결합체(結合體: Composition)이며, 이때 본질과 존재는 실질적인 차이(Distintio realis)를 갖는다는 견해가 토마스 아퀴나스에 의해서 제기되었다. '무엇인 것'이 반드시 존재하는 것은 아니니, 존재란 무엇인 것의 우연적 속성에 불과하다. 존재 유무와 상관없이 어떤 것은 여전히 무엇인 것이므로, 존재와 본질은 전혀 별개의 것이다. 이렇게 생각하는 사람들은 이런 구별을 통하여 단지 기능적이었던 것이 현실적인 것으로 되고, 현실적으로 실재하던 것이 소멸되기도 하는 사태를 분명히 설명할 수 있다고 보았다.

이에 반해서 둔스 스코투스(Duns Scotus, 1266~1308)는 존재와 본질은 실질적인 구별이 아니고, '존재'란 무엇인 것의 양태(樣態: Modus)라 하고, 수아레즈(Suarez, 1548~1617)는 '존재'는 그 자체로 무엇과 실질적으로 구별되는 것도 아니고 무엇인 것의 양태도 아니며, 무엇이 '있다', '없다'라는 것은 단지 개념상의 구별일 뿐이라고 생각했다. 수아레즈가 말하는 '개념'이 인간의 의식작용의 일종으로 해석된다면, 있음과 없음은 실질적인 것도 아니고 실질적인 것의 양태도 아니고 한낱 의식 작용이 됨으로써, 그의 생각은 '존재'가 사고의 형식이라는 칸트의 사상으로 연결되어 진다. 그리고 이 문제 역시 실재론과 관념론의 갈등에 포섭된다.

③ 개별자와 보편자의 관계

공자는 사람이다. 소크라테스는 사람이다. 원효는 사람이다.

- 공자, 소크라테스, 원효~개별적 존재자
- 사람~보편적 존재자

금강산은 아름답다. 대금 소리는 아름답다. 이사도라 던컨의 손끝은 아름답다. 고야의 '마야'는 아름답다.

위와 같은 예들에서 우리가 생각할 수 있는 개별자들과 보편자의 관계에 관해서, 이른바 보편자는 개별적인 것들의 공통 징표에 의한 한낱 개념 내지는 이념[이상]인가, 아니면 개별적인 것들은 보편자라는 원본(原本)을 다소간에 닮았거나 본뜬 것인가 하는 물음이 제기된다.

- 개별자들~끊임없이 발생하고 소멸~실재를 닮았으나 명멸~모상(模像), 현상(現像)
- 보편자~그 개별자들에 공통인 보편적 성질들은 존속한다.~영구불변적 실재
- 플라톤~보편자를 개별자의 이데아로서 절대 불변적인 참된 것으로 파악 ~ 이데아론
- 아리스토텔레스~개체만이 실재하는 것이며, 실재하는 것으로서 개체들은 고정불변적인 것이 아니라 변화 중에서 자기 자신을 발전시키고 완성시켜 나간다고 본다.~실체론(實體論: Ousia)~보편자는 개별자들의 종(種)이나 류(類)의 표상으로 이해한다.

개별자와 보편자의 관계 문제는 중세에 논리학과 그리스적 형이상학과 기독교 신앙이 뒤섞여 하나의 격렬한 철학적 논쟁을 일으켰는데, 이를 보통 '보편 논쟁(普遍論爭: Controversy of Universal)'이라고 부른다.

- 이성주의(Rationalism)~보편자의 실재를 주장
- 감각주의(Sensualism)~개별자만이 실재를 주장
- 개별자에 대한 인식은 언제나 감각 경험에서 성립하는 반면, 보편자는 결코 감각적으로는 포착되지 않는 데서 기인한다.
- 무차별주의(Indifferentism)~절충적 견해
- 보편자는 그 자체로서 실재하는 것은 아니지만 그러나 개체 안에 내재한다(Universalia in re)고 본다 (Adelard, 1099~1160).
- 개념주의(Conceptualism)~보편자는 실재하는 것일 수 없고, 그렇다고 한갓

공기운동으로서 말소리일 수만도 없다. 보편자란 개별자들이 공유하고 있는 본질 규정, 즉 개념이다.

보편 논쟁에서 문제가 되었던 보편자와 개별자는 주로 피조물로서의 자연 존재자를 지시하는 것이라고 볼 수 있다.

④ 유한 존재자와 무한 존재자의 구별
 - 무한 존재자~자기 원인적 존재자, 자기로부터의 존재자, 존재의 시작과 끝이 없음
 - 유한 존재자 ~ 존재가 타자에 의존되어 있음, 타자로부터의 존재자
   ** 궁극적인 타자 ~ 신(神), 자연이 신

⑤ '있음[존재]'의 의미(意味)의 문제
 - 존재론에 얽힌 많은 문제들은 '있음[존재]'의 의미(意味)를 분명히 하지 않은 데서 유래한다.
 - 존재자에서 비 존재자, 비 존재자가 존재자로 전환되는 논리적으로 모순 관계인 이 두 항에 대한 대답으로 고려될 수 있는 것
   가. 발생, 소멸은 오직 모든 존재자를 주재(主宰)하는 자의 창조(創造)에 의해서 가능
   나. 발생 소멸이란 '있다', '없다'의 기준은 인식하게 되는 것으로 대체된다. 용(龍)은 상상의 동물로 있고, 하나님은 초월적으로 존재하고, 삼각형은 칠판 위에 그리면 있다가 지우면 없어지는 것이 아니고, 어느 경우에나 우리의 생각 속에만 있다.

 - 칸트의 사고하는 의식이 무엇인가 '있음'의 세 가지 양태(樣態)
   가. 공간·시간상에 나타나고 수량으로 헤아릴 수 있고, 다른 것과 서로 영향을 미칠 수 있는, 즉 힘을 주고받을 수 있는 것은 가능적으로 있다. 그런 것은 있을 수 있는 것이다. 말하자면 가능적 존재자이다.

나. 감각적으로 포착할 수 있는 것은 실제로 있다. 그런 것은 말하자면 현실적 존재자이다.

다. 어떤 현실적인 것과의 관련이 인과관계나 상호 관계적으로 규정되는 것은 반드시 있다. 그런 것은 이를테면 필연적 존재자이다.

여기서 제시되는 '있다'의 기준에 따라 존재자의 개념을 가지게 되면 영혼이나 신(神)과 같은 것은 '존재자'라고 일컬어질 수 없는 것이다. 존재는 '있음'의 문제로 환원되었다.

(2) **인식론**(認識論: Epistemology, Theory of Knowledge, Erkenntnislehre)

① 인식론의 개념
  – 반성적으로 문제의 근원을 밝혀가는 작업인 철학의 한 분야가 인식론이다.
  – 인식의 가능 원리를 탐구한다.
  – 인식에 대한 이론~인식에 대한 반성의 결실: 반성은 인식을 인식이게끔 해주는 토대, 그것도 참된 인식, 즉 진리를 진리이도록 만들어주는 의심할 여지없는 확실한 기초를 추궁하고, 어떤 인식이 참이기 위한 조건들을 성찰한다는 뜻이다.
  – 인식론은 '논리학의 철학'이라 볼 수 있다.
  – 칸트의 구분
      ① 논리학~일반 논리학 또는 형식 논리학
      ② 인식론~초월 논리학, 인식 논리학

인식=지식~'인식'은 '인식하다'라는 동사를 갖는 데 반하여 '지식'은 그렇지 못한 관계로 통상 '인식'이라는 말이 사용되는 것으로 보인다. 그러니까 '인식론' 또는 '인식이론'을 '지식론' 또는 '지식이론'이라고 일컬어도 무방하다.

② 인식론의 형성

- 인식론이라는 말은 유럽 철학계에서 19세기 중반에 생긴 것으로 조사되어 있다.
- 한국 철학계에서도 20세기 초 서양철학이 유입되면서 여타의 철학 용어와 함께 사용되었다.
- 흔히 서양의 근대 철학을 '인식론 중심의 철학'이라고 일컫는 데서 알 수 있듯이 인식론의 탐구는 '인식론'이라는 용어가 생기기 훨씬 이전, 적어도 데카르트부터는 시작되었다고 보아야 한다.

나는 어릴 적부터 얼마나 많이 거짓된 것을 참인 것으로 인정해 왔으며, 그것들을 바탕으로 해서 세운 것이 얼마나 의심스러운 것인가를 이미 여러 해 전에 깨닫고, 따라서 내가 앎들에서 언제라도 확고부동한 지주점(支柱占)을 정립하고자 한다면, 인생에 한 번은 이제까지 내가 받아들였던 모든 것을 근본적으로 뒤엎고, 최초의 토대에서부터 다시 시작하지 않으면 안 된다는 것을 지적하였다(데카르트: 제1철학에 관한 성찰에서 1641).

'인식'이란 우리 인간에게 가능한 인식이라는 점이다. 고대 그리스 철학이나, 중세 스콜라 철학에서도 인식에 관한 많은 논의가 있었으나, 그때 참된 인식의 원본 내지 척도로 고려된 것은 신체 없는 인간에게나 가능한 순수 오성적(悟性的) 인식, 계시(啓示)나 신통력에 의한 직관적 인식 내지 신(神)적 인식이었다. 그러나 근대 인식론에서 문젯거리가 되는 인식은 수학적 인식이라든지 자연적 인식처럼 인간에 의해서 수행된다고 간주될 수 있는 인식이다. 그래서 데카르트가 이런 모든 인식의 토대는 '나'라는 점을 분명히 하였고, 로크 역시 이 점을 깨달음으로서 비로소 인식론적 작업이 착수되었던 것이다. 이런 인식론의 문제가 부상하게 된 사정을 우리는 로크가 '인간지성론'의 서두에서 '독자에게 부치는 글'에서 읽을 수 있다.

[나는 모든 지적 작업에 앞서 무엇보다도] 먼저 우리 자신의 능력을 심사하고 우리의 지성이 어떤 대상들을 다루기에 적합하고 적합하지 않은가를 고찰할 필요가 있다는 것을 깨달았다. 이 점을 나는 동료들에게 제안하였고, 그들은 기꺼이 동의하였다. 그

리고 그 자리에서 이 점이 바로 우리가 첫 번째로 연구해야 할 문제라는 데 합의를
보았다(1690).

    – 현대의 거의 모든 인식론적 쟁점의 출발점으로 여겨지고 있는 칸트의 '순수
      이성비판(1781)'도 이 로크적 합의에 동참한 결과이다. 칸트 역시 참된 인식
      을 거론하기에 앞서, 도대체 "나는 무엇을 알 수 있는가?"라는 물음이 물어
      지고 대답되어야 한다고 보고, 이 작업을 우선적으로 수행한다. 그의 '이성
      비판'은 곧 인식하는 '나', 즉 이성 스스로 자신이 인식할 수 있는 인식 대
      상, 인식 범위, 인식 한계를 규정함이다. 이런 문제에 연관에서 오늘날 인식
      론은 '인식비판(Erkenntniskritik)'이라고도 일컬어진다.

(3) 가치론(價値論)

철학적으로 가치(價値)는 윤리학(倫理學)과 미학(美學)으로 나누어진다. 윤리학은 윤
리적 가치, 곧 선(善)의 의미와 원천을 밝히고, 선(善)이 표현된 윤리적 규범들, 곧 도덕
법칙들을 찾아내고, 그것들 위에 서 있는 '도덕(道德)의 나라'를 추구하는 철학의 분야
이다.

    – 윤리학을 도덕철학(道德哲學: Philosophia Moralis)라고도 한다.
    – 윤리학을 덕이론(德理論: Tugendlrher)이라고도 한다. 이는 윤리(倫理)란 실천
      하는 힘(Virtus), 곧 실천하는 덕(德)으로 인해 현실 세계에서 비로소 실현될
      수 있는 것이라는 이해가 놓여 있다.
    – 윤리는 인간 삶의 질서이고, 윤리학은 인간적인 것에 관한 철학이다.
    – 물리학(物理學)은 자연의 법칙을 다루고, 윤리학은 자유(自由)의 법칙들을 다
      룬다.

① 윤리(倫理)와 도덕(道德)

윤리(倫理)란 '사람과 사람이 살면서 마땅히 행하여야 할 도리(道理)'이다. 사람과 사람이 함께 사는 마당을 '사회(社會)'라고 하는데 윤리는 사회생활을 하는 데 마땅히 행해야 할 도리이다. 도(道)란 인륜을 성립시키는 도리로서 윤리와 대략 같은 뜻이고, 그것을 체득하고 있는 상태를 덕(德)이라고 한다. 도덕은 윤리와 같은 뜻으로 쓰이면서도 덕(德)이라는 의미를 강하게 함의한다. 도덕(道德)이 '마땅히 행하여야 할 도리(道理)'라는 것은 당위(當爲)의 규범임을 뜻한다. 도덕의 규범은 대부분 '명령' 형으로 나타난다. 이는 인간이 그 명령을 수행할 수 있는 능력을 갖추고 있음이 전제되어야 한다.

자연적 경향성을 제압하고 당위적 명령을 수행할 힘을 '자유(自由)'라고 한다. 따라서 도덕 법칙의 근거를 밝히는 도덕철학의 문제는 그 근본에 있어서 곧 인간 의지의 '자유(自由)' 문제가 된다.

② 윤리 도덕과 예의범절(禮儀凡節)

윤리 도덕은 일반적으로 표현 형식을 갖는데 예의범절이라고 한다. 윤리 도덕이 '本'이라면 예의범절은 그것의 '末'이다. 예의범절이 반듯한 것이 곧 도덕성이 높은 것은 아니다.

③ 윤리의 보편성(普遍性)

윤리와 도덕은 상대적 가치가 아니다. 진리, 미(美)의 가치도 그러하다. 상대적 도덕이란 둥근 사각형처럼 자가당착적이고, 윤리와 도덕은 절대적, 보편적이어야 한다.

④ 윤리적 가치로서 선(善)

가. 선(善)의 개념

선(善)은 '좋음'의 일반이 아니라, '도덕적 좋음', '착함'에 국한된다. 선(善)이란 우리가 보통 인간의 의식 작용을 그 성격에 따라 지(知), 정(情), 의(意)로 분별하며, 그것들의 궁극적으로 지향하는 가치를 진(眞), 선(善), 미(美)라고 말할 때의 바로 그 가치 중의 하나이다. 이에 반하여 '악(惡)'은 선(善)의 반(反) 가치로서 '진(眞)'에 대한 '위(僞)'나 '미(美)'에 대한 '추(醜)'와 마찬가지이다. 가치(價値)란 추구하는 것이고, 반가치란 우리가 회피하거나 제거하고자 하는 것이다.

선(善)은 행위를 통해 실현하고자 하고, 실현해야만 하는 가치이고, 악(惡)은 우리의 행위에 들어 있어서는 안 되고, 오히려 행위를 통해 제거해야만 하는 반(反) 가치이다. 선(善)은 당위적(當爲的) 가치이고, 인간 행위의 당위적 규범을 '윤리' 또는 '도덕'이라고 일컫는 한에서 '선(善)'은 윤리 규범의 가치인 것이다.

진리(眞理)가 인식(認識)의 참가치라면, 선(善)은 실천의 참가치이다. 노동(勞動) 행위와 도덕(道德) 행위에 있어서 노동 행위는 사물과 관계하면서 사물 내지 물품의 가치[品格]를 높이는 것이고, 도덕 행위는 사람과 관계해서 사람의 가치[人格]를 높이는 것이다. 따라서 도덕 행위는 사람과 사람 사이에서 일어나는 실천 행위이다.

나. 선(善)의 원천에 대한 물음과 반성(反省)

인간 행위의 근거는 다음과 같이 네 가지로 구분된다.

① 선하다(性善).
② 악하다(性惡).
③ 선하지도 않고, 악하지도 않다(性無善無不善).
④ 선하기도 하고, 악하기도 한다(性善性惡).

위의 문제는 그 성격이 서로 다른 두 본성, 곧 이성(理性)과 감성(感性)에서의 선(善)

의 원천을 보아야 한다. 이런 시각의 차이는 결국 윤리적 가치관의 차이라 하겠다. 서로 상충하면서도 오늘날 한국 사회 윤리의 저류를 형성하고 있는 주요한 가치관을 넷꼽을 수가 있는데, 그것을 우리는 자연주의적, 초자연주의적, 이성주의적, 감성주의적이라 이름 붙일 수 있다. 유교와 기독교적 선악관(善惡觀)은 각각 앞의 두 가지를 대변하는 것으로 이것들을 종교적 가치관이라고 일컫는다면, 뒤의 두 가지를 각각 대변하는 것은 (이성) 법칙주의와 공리주의 윤리관으로 이를 인간학적 가치관이라 일컬을 수 있겠다.

3. 기철학(氣哲學)

기철학은 우주 만물의 궁극적 실체를 기(氣)로 보고, 모든 현상세계는 기의 운동과 작용에 의해 이루어진다고 보는 철학체계를 말한다. 학자에 따라 내용은 약간씩 차이가 있으나 다음 몇 가지의 공통성을 가진다. 먼저 이 세계의 궁극적 실체를 기(氣)로 규정하고 만물의 현상적 전개는 기(氣) 운동의 소산이라 본다. 또한 기(氣) 운동과 작용의 원인을 기(氣) 자체에 있다고 보는 기(氣) 일원론적 견해와 형이상학적인 이(理)로 보는 이기(理氣) 이원론적 견해가 있다. 근원적인 기(氣)는 영원히 소멸되지 않는다고 주장한다. 기(氣) 일원론의 견해는 이(理)는 기(氣)의 내재적 법칙성 내지 속성으로 보고 독립적 실체성이 부정되지만 이기(理氣) 이원론의 견해는 이(理)와 기(氣)는 섞일 수도 없지만 떨어질 수도 없다고 한다. 보통 이(理)에 대하여 기(氣)를 우위에 두는 사상을 기철학이라 하는 것이 보통이다. 그러나 기(氣)에 대한 바른 탐구를 하는 학문을 또한 기철학이라고 할 수 있다. 대표적인 기철학자로 중국은 장재(張載)를 꼽으며, 한국은 서경덕(徐敬德)·임성주(任聖周)·최한기(崔漢綺) 등을 들 수 있다. 서경덕은 주리철학(主理哲學)이 강조되던 16세기에 기철학을 전개한 대표적인 철학자이다.

그는 천지만물이 생성되기 이전의 우주원형을 태허(太虛)라 하고 그것은 맑고 형체가 없다고 한다. 그것은 크기가 끝이 없고 그 먼저 됨이 시작이 없다. 맑고 허(虛)하고 고요한 것이 기의 근원이다. 끝없이 넓은 우주에 꽉 들어차서 빈틈이 없다. 그러나 그 것을 끌어당기려면 허(虛)하고, 잡으려면 잡을 것이 없다. 그런데도 사실은 차 있으니 없다고 말할 수 없다. 기(氣)는 비록 형태도 없고 감각할 수도 없으나 우주공간에 가득 차 실재하는 것이다. 그런데 어떻게 만물이 구체적으로 생성되는가? 이를 기(氣)의 모 임과 흩어짐으로 설명한다. 한결같이 맑고 허한 기(氣)가 끝없이 공간에 가득 차 있는 데, 이것이 크게 모여 하늘과 땅을 이루고 작게 모여 만물이 된다. 즉 한결같이 맑고 허한 기가 움직여 양(陽)을 낳고 고요하여 음(陰)을 낳은 처음부터 점차적으로 모여 한 없이 넓고 두터워짐으로써 하늘·땅이 되고 인류가 된 것이다. 여기에서 만물이 생기 기 이전 형이상(形而上)의 본체세계는 선천이 되고, 만물이 생긴 이후의 형이하(形而下) 의 세계는 후천이 된다. 다시 말하면 일기(一氣)의 미발(未發)한 본체가 선천인 것이고 이발(已發)한 현상이 후천이라 하겠다. 그는 선천에서 후천으로 전개되는 과정을 이렇 게 설명한다. 움직임과 고요함, 닫힘과 열림이 없을 수 없거니와 그것은 무슨 까닭인 가? 기틀이 스스로 그런 것이다. 이것이야말로 기묘한 것이니 갑자기 뛰기도 하고 갑 자기 열리기도 한다. 도대체 누가 그렇게 시키는 것일까? 스스로 그렇게 할 수 있는 것이요 또 스스로 그렇게 하지 않을 수 없는 것이니 이것이 바로 이(理)의 때라는 것 이다. 이란 무엇인가? 기 밖에 따로 있는 것이 아니요, 이는 기의 주재이다. 이른바 주 재라 함은 밖으로부터 와서 주재하는 것이 아니라, 그 기의 작용을 지시하여 그렇게 되는 근본의 바름을 잃지 않게 하는 것을 의미한다. 이는 기보다 앞서는 것이 아니요, 기가 시작이 없는 것이므로 이도 본래 시작이 없는 것이다. 만일 이가 기보다 앞서는 것이라면 기가 시작이 있게 된다. 따라서 그에 있어서의 이란 기 자신의 운동법칙으 로서 기와 대립하는 별개의 실체이거나 외부로부터 와서 기의 운동을 제어하는 주재 자가 아니다. 기가 스스로 그 소이연(所以然)의 정당성을 잃지 않고 바르게 작용하도 록 자율규제하는 내재적인 조리(條理)를 말하는 것이다. 즉 이는 기의 내재 속성으로 기의 운동이 시작되기 이전 선천의 영역에서 다만 소질로서 잠자고 있을 뿐이고, 기 의 운동을 기다려서야 비로소 나타나는 것이다. 따라서 서경덕의 이는 전통적인 성리 학에서 말하는 이와는 다른 것으로 기 속에 내포된 이라 하겠다. 그는 또 구체적인 사물은 소멸되어도 그것을 구성하고 있는 기는 흩어질 뿐 소멸하지 않는다는 기불멸론을 주장하였다. 사람이 낳고 죽는 것, 인간·영혼 같은 것은 모두가 기의 뭉침과 흩어짐에 불과하다. 모이고 흩어짐은 있어도, 있고 없음은 없다. 그것은 기의 본질이 그런 것이다. 한 포기의 풀, 한 그루의 나무 같은 미미한 것일지라도 그 기는 마침내 흩어지지 않는데 사람의 정신·지각 같이 크고 또 오래 걸려 뭉쳐진 것은 어떠하겠는가? 형체의 흩어짐을 보면 다 없어짐에 돌아가는 것 같다. 이와 같이 기의 작용은 천차만별의 차이가 있을지라도 그 기는 영원히 불멸한다 하여 기의 항존성(恒存性)을 주장하였다.

이러한 기철학에 대해 이황(李滉)은 서경덕의 학문이 기수(氣數) 일변에 치우쳐 이(理)를 기(氣)로 잘못 알고 있으며, 또한 기의 불멸을 주장하여 불교적 병폐에 빠졌다고 비판하였다. 그러나 이이(李珥)는 이황과 마찬가지로 서경덕이 이를 기로 알고 있는 병폐를 비판하지만, 그의 철학적 독창성과 함께 기의 지극히 오묘한 경지를 깊이 이해하고 있음을 높이 평가하였다.

임성주는 서경덕의 기철학을 계승 발전시킨 18세기의 대표적인 기철학자이다. 그는 세계의 근원을 기(氣)라 하고 그것은 무한한 공간에 충만되어 있으며 시공적으로 한계가 없다고 하였다. 근원의 원기(元氣)는 장재(張載)가 말한 태허(太虛)·태화(太和)요, 서경덕이 말한 태허와 같다. 그는 모든 사물과 모든 현상, 오상(五常)과 오행(五行), 양의(兩儀), 태극(太極), 원기(元氣) 등 모든 것은 기에 붙어서 이름 지은 것이라 하였다. 따라서 덕(德)·원(元)·도(道)·건(乾)·신(神)·명(命)·제(帝)·태극(太極)이 모두 원기(元氣)·태허의 다른 이름에 지나지 않는다고 한다. 만물은 기의 운동변화에 따라 생성되며, 기의 운동은 그 자체에 원인을 가지고 있다. 따라서 이는 전통 성리학에서 말하는 독립적 실체가 아니라 기에 내재하는 법칙성 내지 속성으로 이해된다. 그는 이일분수(理一分殊)를 이기묘합(理氣妙合)의 관계에서 보면 곧 기일분수(氣一分殊)와 같다고 주장한다. 즉 만일 일(一)에 대해 논한다면 다만 이(理)만 일(一)이 아니라 기(氣)도 역시 일(一)이고, 만일 만(萬)에 대해 논한다면 기(氣)만 만(萬)이 아니라 이(理)도 역시 만(萬)이라는 것이다. 이는 그가 기밖에 이가 없다는 기철학적 관점에서 기일분수의 이론을 전개했음을 의미한다.

최한기는 전통적인 성리학의 형이상학적 사변철학 내지 주리적(主理的) 전통과 결별하고 기(氣) 중심의 철학을 전개하였다. 그는 이기설(理氣說)의 기가 아닌 신기(神氣)라는 실체개념을 독자적으로 설정하여 그의 기철학을 전개한다. 신기는 천지만물의 근원적 실체로서 활동·변화하는 한 덩어리의 활물(活物)이며, 본래 순수하고 담박하여 맑은 바탕을 갖고 있다. 비록 소리와 빛과 냄새와 맛에 따라 변하더라도 그 본성만은 변하지 않는 것이다. 기는 또 천지를 꽉 채우고 물체에 푹 젖어 있어 모이고 흩어지거나, 모이지도 않고 흩어지지도 않는 것은 어느 것이나 모두 기 아닌 것이 없는 것이다. 그에 의하면 기는 천지의 용사(用事)하는 바탕이고 신(神)은 기(氣)의 덕이다. 또 신과 기를 함께 말하면 신은 기 가운데 포함되고, 신 하나만을 말하면 기의 공용(功用)으로 뚜렷이 드러난 것이므로 기가 바로 신이고 신이 바로 기인 것이다. 이처럼 그에 있어서 천지·인간·만물의 생성은 오직 기로써 설명된다. 최한기는 천(天)에 대해서도 전통적 성리학의 해석을 거부하고 기에 의해 형성된 자연으로 이해한다. 그는 말하기를 천(天)은 곧 기이고 기는 곧 천이라 한다. 또 천이란 기가 쌓인 것의 총칭이라 하였다. 그러므로 천은 뜻 없이 만물을 낳는 것이니 만물은 스스로 발생하는 것이며, 땅은 뜻 없이 만물을 성장시키는 것이니 만물은 자기 스스로 성장하는 것이다. 천지의 의지·주재성 등을 부정하고 오로지 기의 소산인 자연으로서의 천지로 이해하는 것이다.

그는 만물의 차별성을 기와 질(質)의 결합에서 찾는다. 기가 견고하게 엉키어 질이 된다. 우주의 다양한 사물이 존재하는 것은 기와 질이 서로 결합되어 있기 때문이다. 또 기를 천지의 기와 형태의 기로 구별한다. 천지의 기는 근원적인 기로서 무궁무진(無窮無盡)하여 불멸하나, 형체의 기는 질과 결합하여 만물을 이룬다. 기는 하나이지만 사람에 품부(稟賦)되면 사람의 신기(神氣)가 되고, 물건에 품부되면 물건의 신기가 된다. 따라서 형체의 기는 만물의 생성소멸에 따라 생성소멸하며 소멸되면 천지의 기로 환원된다. 아울러 형체의 기는 변화무상(變化無常)하지만 천지의 기는 영원불멸하는 것이어서 서경덕과 같이 기의 불멸을 인정하고 있다. 그러면, 이(理)란 무엇인가? 그는 이를 실체개념으로 보지 않고 기(氣)의 조리(條理) 내지 내재적 속성 정도로 파악하고 있다. 따라서 그는 기가 있으면 반드시 이가 있고 기가 없으면 반드시 이가 없다 하여 이를 기(氣) 속에서 이해하였다.

　최제우는 지기일원(至氣一元)을 만물 생성의 근원적 실체로 규정하고 모든 만물은 지기(至氣)의 현현(顯現)에 불과하다 하였다. 그에 의하면 신도 자연도 그리고 인간의 심신(心身)도 지기의 조화로 설명된다. 기는 허령창창(虛靈蒼蒼)하여 무슨 일에나 간섭하지 아니함이 없고 무슨 일이나 명령하지 않음이 없다. 모양이 있는 것 같으나 형상하기 어려우며, 들리는 듯하되, 보기가 어려운 것이니 또한 혼원(渾元)한 일기(一氣)이다. 지기는 천(天)·인(人)을 관통하는 우주의 생성력이며 만물의 조화력이었다.

　북한 학계에서는 기철학을 유물론으로 해석·이해하는데, 기가 곧 물질만을 의미하는 것이 아니라는 점에서 재고되어야 할 것이다.

1) 형이상·형이하(形而上形而下)

　형이상과 형이하는 주역의 계사전상(繫辭傳上) 중 형상(形象) 이전의 것인 도(道)와 형상 이후의 것인 기(器)에서 유래된 개념이다. 주역(周易)의 계사전상 중 "형상(形象) 이전의 것을 도(道)라고 한다", "형상 이후의 것을 기(器)라고 한다"에서 유래한 것이다. 형이상은 인간의 감각기관을 초월한 정신(精神), 이(理), 도(道)를 가리키고 형이하는 형상을 가진 물질 또는 그런 속성 자체를 가리키는 말이다. 데카르트가 두 개의 큰 흐름으로 분류한 학문체계에 비해 보면 형이상학에 해당하는 것은 형이상의 이(理), 물리학에 해당하는 것은 형이하의 기(氣)에 해당된다.

　형이상은 사물이 형체를 갖기 이전의 근원적인 본 모습이며, 형이하는 감각할 수 있는 구체적인 사물(事物)을 뜻한다. 송대(宋代)의 주희(朱熹)는 "형이상자(形而上者)는 형체도 없고 그림자도 없다"라고 하고 도(道)를 이(理), 성(性)이라고 해석하였고 "형이하자(形而下者)는 실상도 있고 모양도 있다"라고 하여 기(器)를 기(氣)라고 해석하여 철학적으로 중요한 개념이 되었다. 또한 그는 인간과 사물이 생성될 때 이(理)를 먼저 받은 후에 본성을 갖게 되고 기(氣)를 받은 후에 형태를 갖추게 된다고 하였다. 이전에는 형이상인 이(理)가 형이하인 기(氣)보다 논리적으로 우선한다고 하였으나 이기의 관계는 분리해서 생각할 수 없는 것[不相離]이라 주장하였다.

그러나 이(理)는 형이상적인 존재이고 기(氣)는 형이하적 존재로서 본질이 다르기 때문에 양자의 관계는 불리부잡(不離不雜)에 있지만 현상적 실재 물에서는 이(理)를 따라서 기(氣)가 있고 기(氣)를 떠나서 이(理)가 있는 것은 아니라고 하였다. 기(氣)가 운동성을 갖는 데 반하여 이(理)는 무위(無爲)이고 기(氣)의 운동에 따르며 거기에 질서를 부여할 뿐이라고 하였다.

형이상자와 형이하자는 이(理)와 기(氣)로 해석되며 서로 불가분의 관계인 동시에 통합될 수 없는 관계로, 그 관계를 파악하는 이해방법의 차이에 따라 다양한 학설들의 전개와 발전이 이루어져 왔다.

2) 기(氣)

기(氣)는 만물 또는 우주를 구성하는 기본 요소(要素)로 물질의 근원(根源) 및 본질(本質)을 말한다. 서양 철학에서 형이상학과 두 원류를 이루는 물리학(物理學)의 모든 존재와 그 근원(根源)적 요소(要素)를 동양적 인식론(認識論)으로 기(氣)라 한다. 물리학의 근본은 우주의 가장 근원이 되는 물질을 찾아 밝히는 것이며, 미시적(微視的) 분석 방법론에 물질의 구성을 분자, 원자 등으로 물질적인 본질을 찾아가는 것이라면, 기(氣)는 단순한 물질이 아닌 생명의 기본 요소로서 음양(陰陽)이라는 상대적인 두 요소에 의하여 부단히 운동하며 변화 발전하는 근거로서 출발한다. 동양의 기(氣)가 살아 있는 생명의 근본을 밝히는 학문이라면 서양의 물리학은 그 생명의 본질적인 물질을 밝혀나가는 학문이라고 할 수 있다. 우주의 가장 근원이 되는 물질을 따라서 모든 존재 현상은 기(氣)의 취산(聚散), 즉 기(氣)가 모이고 흩어지는 데 따라 생겨나고 없어지는 것이며, 생명(生命) 및 생명(生命)의 근원(根源)으로 보기도 한다. 원래는 호흡을 하는 숨[息], 공기가 움직이는 바람[風]을 뜻하는 가벼운 의미에서 시작하였으나 도가(道家)인 노자·장자가 우주의 생성 변화를 기(氣)의 현상이라고 하는 데서부터 철학용어로 쓰이게 되었다.

한(漢)시대에는 음양오행(陰陽五行)으로 기(氣)의 이론이 광범위하게 전개되면서 우주 자연의 운행 천문 지리, 그리고 양생(養生) 의학 및 길흉화복과 관련되는 일상생활에까지 기(氣)를 적용하여 모든 것을 설명해 나갔다. 송(宋)대에 와서는 유가(儒家)에서 이(理)의 존재를 생각하게 됨으로써 그 이(理)와 대치되는 개념으로 기(氣)를 다루어 나간다. 모든 존재의 원인 또는 이치(理致)로서 형이상(形而上)의 보편자를 이(理)라 하였고, 기(氣)는 형이하(形而下)의 구체적인 개체의 존재현상으로 생각하여 이기(理氣)철학의 중요 개념으로 다루었다.

이 이기(理氣) 철학이 한국에 들어와서는 주요 심성론(心性論)으로 전개되는데, 도덕적 근거가 되는 선악(善惡)의 문제를 마음속의 성정(性情)에서 찾고 있어 이(理)와 기(氣)를 주로 가치론적(價値論的)으로 다루는 것이 그 특색이라고 할 수 있다. 사칠(四七)논변과 인물성논쟁(人物性論爭)은 바로 여기에서 비롯된 것이라고 할 수 있다. 대체로 성(性)을 이(理), 정(情)을 기(氣)로 보는 데 그치고 있으나 한국철학에서는 성론(性論)을 다시 이기(理氣)문제로, 그리고 정론(情論) 또한 이기(理氣)와 관련하여 문제 삼으면서 선악 및 모든 가치(도덕적 가치)의 근거를 마련하려는 데서 이(理)와 기(氣)를 가치론적으로 보려는 특색이 있다.

이(理)는 선(善)의 근거, 그리고 기(氣)는 악(惡)의 근거로 삼았다고 하겠으나 이(理)는 언제나 선한 존재요, 기(氣)는 선한 것도 악한 것도 아니라고 하는가 하면, 선(善)과 악(惡)을 함께 하는 것이라고도 하여 어려운 의미를 가지게 되었다. 그러나 이(理)의 선(善)도 기(氣)를 통해서만 구현되는 것이므로 선과 악이 모두 구체적 현실로 드러나는 것은 기(氣)라고 보고 가장 실질적인 요소로 문제 삼는다. 그러므로 실질적인 것에서 진리를 찾아 들어가는 조선 후기의 실학(實學)은 바로 이 기(氣)에 바탕을 두고 일어난 것이다.

또, 기(氣)의 의미는 "이 산세(山勢)는 기(氣)가 세다"라고 할 때와 같은 형세·기운·조짐과 같이 우주 내의 모든 존재가 상반된 이원론적 음양(陰陽)의 근본적인 두 기(氣)와 상호 상생(相生)하며 상극(相剋)하여 제어해서 생성 발전하고 질서가 유지되는 관계로서 오행(五行)의 작용을 모두 기(氣)의 운동으로 본다. 그리고 양생(養生)과 관련하여 신체상의 생명력·힘·정기(精氣) 및 생체에너지와 구조도 모두 기(氣)로 본다.

3) 이(理)

　이(理)는 원래 기(氣) 혹은 차별적 사상을 초월해서 존재하는 것이 아니며, 형이상적·초감각적이기는 하지만 차별적 사상에 내재현시(內在顯示)하여, 보편적 일자(一者)이면서 자신을 무한히 특수화한다. 그래서 만물에는 일리(一理)가 있는 동시에 모든 각각의 존재인 일물(一物)에 일리(一理)가 있다고 하는 것이다. 이는 이(理)는 기(氣)의 존재적 근원으로서 형이상학적 존재이다. 나중에 주자는 정이를 계승하여 기(氣)에 대한 이(理)의 형이상적 존재성을 더욱 명확히 하여 '소이연(所以然)'과 '소당연(所當然)'[4]으로 분석하고, 이(理)의 존재론적 성격과 도덕적·법칙적 성격을 밝혔다.

　육상산(陸象山)[5]은 우주에 충색(充塞)하는 것은 일리(一理)뿐이라고 주장하고 이일원론(理一元論)을 내세웠으며, 명대(明代)의 왕양명(王陽明)은 기(氣)에 중점을 두고 이(理)를 기(氣)가 구비하고 있는 조리(條理)라고 보았다. 또한 정주학에서는 '물(物)에 대하여 이를 구명(究明)하는 것'이 특히 중요한 의의를 가졌다.

4) 이기론(理氣論)

　이(理)와 기(氣)의 원리를 통해 우주·자연·인간·사회의 존재와 운동을 설명하는 이론체계를 말한다. 동양에서는 일찍부터 기(氣)의 개념을 사용하여 사물의 존재와 운동을 설명했는데, 기(氣)라는 포괄적 개념이나 음양(陰陽)·오행(五行)이라는 좀 더 구체적인 개념으로 사물의 발생과 변화를 설명하고 다양한 사물을 분류, 체계화했다. 송나라 때 성리학이 성립하면서 이(理) 개념이 이러한 설명에서 중요한 자리를 차지하

---

4) 모든 사물은 현상적 개체로 생성될 때 그 생성을 가능하게 하는 원인 또는 이유를 가지고 있는데, 이러한 사물 생성의 원인·이유를 소이연(所以然)·소이연지고(所以然之故)라고 부른다. 소이연이란 '그렇게 되는 까닭'이라고 풀이할 수 있는데, 모든 사물은 생성 원인·이유에 의해 생성된다고 할 때 사용되는 용어다. 그런데 이는 사물 생성의 필연적인 원인을 나타낼 뿐 아니라, 사물 존재에 있어서 한 사물이 그 사물로 형성되도록 하는 기준 또는 표준을 뜻하기도 한다. 이렇게 한 사물이 마땅히 따라야 할 기준 또는 표준에 해당하는 말을 이른바 소당연(所當然)·소당연지칙(所當然之則)이라고 부른다. 소당연이란 '마땅히 그래야 하는 것'이란 의미다. 예를 들면 '무릇 배가 마땅히 물 위로 가야 하고, 수레가 마땅히 육지로 가야 하는 것과 같은, 수레가 수레 구실을 하게 하고 배가 배 구실을 하게끔 하는' 당위 원리를 말한다. 한 사물이 따라야 할 이러한 표준으로서의 당위 원리는 사물 생성의 필연적 근거로서의 소이연과 구별하여 사용될 때도 있지만, 인간을 포함한 모든 사물을 '지배하는 원리(主宰)'라는 근원적 의미에서 동일한 개념으로 사용하기도 한다.

5) 육상산(陸象山, 1139~1192) 중국 남송(南宋)의 유학자. 주자와 대립하여 중국 전체를 양분하는 학문적 세력을 형성하였다. 주자는 객관적 유심론을 주장한 반면, 상산은 주관적 유심론을 주장하였다. 상산의 학문은 양자호 등에 의해 계승되었다. 주요 저서에 ≪상산선생 전집≫(36권)이 있다.

게 되었고, 이에 따라 이(理)와 기(氣)를 유기적(有機的)으로 결합한 이기(理氣)론이 확립되었다. 유교적인 관점에서 이(理)의 개념을 정립하고 이(理)와 기(氣)를 결합한 이론체계를 세우기 시작한 인물로는 주돈이(周敦頤)를 들 수 있으며, 실제로 성리학에서 이(理)라는 개념을 정립하고 이(理)를 바탕으로 이기(理氣)론을 체계화한 사람은 이정자(二程子: 정호·정이 형제)라고 할 수 있다.

정호(程顥)는 '천리(天理)'라는 개념을 통해 한편에서는 이(理)가 자연법칙을 가리키며 또 한편에서는 정치적 질서 및 윤리도덕을 가리키는 것이라고 하였다. 정이(程頤)는 '이일분수(理一分殊)', '성즉리(性卽理)' 등의 명제를 통해 이기론적(理氣論的) 세계관의 기본 틀을 확립했다. 주희(朱熹)는 이러한 철학적 성과를 계승하는 한편 장재(張載)의 기(氣) 철학과 인성론을 재해석하여 이기(理氣)론에 바탕을 둔 성리학(性理學)의 이론체계를 완성했다.

성리학(性理學)은 자연·인간·사회의 존재와 운동을 이(理)와 기(氣)의 개념으로 설명한다. 기(氣)가 모이고 흩어지는 것에 의해 우주만물이 생성·소멸하며, 그런 점에서 기(氣)는 만물을 구성하는 요소이다. 한편 이(理)는 만물생성의 근원이 되는 정신적 실재로서 기(氣)의 존재근거이며, 동시에 만물에 내재(內在)하는 원리로서의 기(氣)의 운동법칙이 되기도 한다. 성리학(性理學)에서 이(理)와 기(氣)의 상호관계를 설명하는 대표적인 명제로 '이(理)와 기(氣)는 서로 떠날 수 없으나, 서로 섞이지도 않는다(理氣不相離 理氣不相雜)'라는 말을 들 수 있다.

우리나라에서는 고려 말 주자학의 영향으로 이기(理氣)론이 등장한 이후 조선시대에 서경덕(徐敬德)의 태허(太虛)설, 이언적(李彦迪)의 태극(太極)설을 거쳐 이황(李滉)·이이(李珥) 등에 의해 보편적 사회사상으로 자리 잡았다. 특히 이를 더욱 중요시한 이황은 이(理)와 기(氣)의 차별성, 즉 이기불상잡(理氣不相雜)을 강조하는 주리론(主理論)을 편 데 반해, 이이는 이(理)를 객관적 실재라기보다는 기(氣)의 법칙성으로 이해하여 이(理)와 기(氣)의 통일성, 즉 이기불상리(理氣不相離)를 강조하는 주기론(主氣論)을 전개하여, 이후 성리학의 커다란 두 흐름으로 계승·발전되었다.

5) 이기이원론(理氣二元論)

만물의 존재가 이(理)와 기(氣) 두 요소로 이루어졌다고 설명하는 이론을 말한다. 정이(程頤)가 주창하였고 주희(朱熹: 주자)가 완성하였다. 성리학의 발생 시기는 불교의 폐해가 노출되어 여러 가지 사회문제를 야기(惹起)시켰던 당나라 말기였다. 한유(韓愈)는 오륜(五倫) 등을 강조하는 유교의 사회철학적 입장에서 사회성이 결여된 불교의 폐단을 지적하고 배척하였으며, 이고(李翶)는 불교의 장점인 해탈의 논리를 유교의 이론으로 재구성함으로써 불교의 필요성을 부정하였다. 이고가 재구성한 유교적 해탈의 논리는 인간 속에 내재해 있는 초월적이고 불변적인 요소인 성(性)을 회복하는 것이었다. 그런데 성(性)을 회복하기 위해서는 먼저 성(性)을 인식하는 것이 중요하지만 성(性)은 자신의 마음속 깊이 존재하는 주관적인 것이어서 인식하기 어렵다.

이고를 계승한 송나라의 주돈이(周敦頤)는, 바깥의 사물에 존재하는 불변자와 자신의 성(性)이 일치한다는 전제하에, 자신의 성(性)을 인식하기 위하여 바깥 사물에 내재하는 불변자를 객관적으로 인식하는 방법을 전개하였다. 그 결과 주돈이는 음양오행으로 구성된 만물의 내면에는 무극(無極)과 태극(太極)이라고 하는 불변자가 있음을 확인하였고, 뒤를 이은 장재(張載)는 기(氣)가 잠시 모여서 형성된 형태가 만물의 현 상태이고 기(氣)가 흩어진 상태인 태허(太虛)가 만물의 본질태(本質態)라 파악함으로써 만물의 불변적인 본질을 확인하였다.

그 뒤 정이는 만물의 현 상태인 음양오행 등을 기(氣)로 수렴하고 무극(無極), 태극(太極), 태허(太虛) 등의 불변하는 만물의 본질을 이(理)로 수렴함으로써 이기(理氣)론을 완성하였는데 이 이기(理氣)론은 주희에게 그대로 계승되어 성리학(性理學)의 중심적인 이론이 되었다. 정이와 주희에 의하여 완성된 이기(理氣)론은 원래 인간의 불변적 본질인 성(性)을 인식하기 위한 수단으로 전개된 것이므로 만물의 변하는 요소인 현 상태를 대변하는 기(氣)와 불변하는 요소인 본질태(本質態)를 대변하는 이(理)를 이원적으로 파악하는 이원론적 성격을 갖는 것이다.

만물의 물질적 존재와 삶의 작용, 인간의 감정 등 인식 가능하며 시간과 공간의 제약을 받는 모든 요소는 기(氣)이다. 기(氣)의 존재를 가능하게 하는 존재의 본질로서 시간과 공간을 초월하며 인식의 직접적인 대상이 아니며 궁극적으로 하나로 귀일되는 요소는 이(理)이다. 따라서 인간이 자신의 존재의 본질이 '이(理)'라는 사실을 확인하여 '이(理)'의 입장에서 삶을 영위할 수 있다면 불교에서 말하는 해탈이 유교철학을 통하여 실현되는 것이다.

한국의 성리학에서는 기본적으로 이기이원론(理氣二元論)을 수용하지만, 퇴계 이황(李滉)을 중심으로 하는 수양(修養) 철학에서는 존재의 본질을 회복하여야 하는 입장 때문에 이(理)를 중시하였고, 율곡(栗谷) 이이(李珥)를 중심으로 하는 실천(實踐) 철학에서는 현실을 개혁해야 하는 입장 때문에 존재의 현실적 요소인 기(氣)를 강조하였다.

6) 이기일원론(理氣一元論)

이기(理氣)론에서 만물의 본질적 존재인 이(理)와 만물의 현상적 존재인 기(氣)가 분리되어 따로 존재하는 별개의 것이 아니라 하나로 연결되었다고 주장하는 이론을 말한다. 이기(理氣)론에서는 일반적으로 이(理)와 기(氣)의 관계를 "이(理)와 기(氣)는 서로 뒤섞이지 않으며(理氣不相雜), 이(理)와 기(氣)는 서로 분리되지 않는다(理氣不相離)"라는 말로 정리한다. 존재의 본질 회복을 목적으로 하는 수양철학에서는 이(理)를 중시해야 하므로 전자의 입장에 비중을 두는 경향이 있고, 현실의 개혁에 치중하는 실천철학에서는 기(氣)를 중시해야 하므로 후자의 입장에 비중을 두는 경향이 있다. 전자에만 치중하면 이기이원론(理氣二元論)으로 발전하고 후자에만 치중하면 이기일원론(理氣一元論)으로 발전한다.

이기일원론(理氣一元論)적 입장에서는 이(理)가 기(氣)보다 먼저 존재하며 이(理)가 기(氣)를 낳는다고 하는 이기이원론(理氣二元論)적 주장을 거부한다. 명나라 때의 학자 나흠순(羅欽順)은 이기일원론(理氣一元論)적 입장을 강화하였고, 청나라 때의 학자 대진(戴震)은 "이(理)는 기(氣)의 조리에 불과한 것"이라고 명언함으로써 이(理)의 초월성과 불변성을 부정하였다.

한국의 성리학에서는 이기일원론(理氣一元論)의 입장이 일부 수용되었다. 서경덕(徐敬德)은 "기(氣) 밖에 이(理)가 없으며 이(理)는 기(氣)를 주재(主宰)하는 것"이라 하여 이

기일원론(理氣一元論)적 입장을 취하였다. 이이(李珥)는 기본적으로는 이기이원론(理氣二元論)을 계승하면서도 "이(理)와 기(氣)는 혼연(渾然)하여 사이가 없고 서로 떨어지지 않으므로 다른 물건이라 할 수 없다"라고 함으로써 이기일원론(理氣一元論)적 입장에 비중을 두었다.

제2절 기(氣)의 자의적(字意的) 탐구

　기(氣)는 동양학의 중요한 존재론이며 인식론이다. 동양의 한자는 그 글자마다 철학적 함의가 있는 뜻글자이다. 따라서 동양학의 연구가 한자로 표시된 것이라면 그 문자에 내재된 철학적 함의를 잘 살펴보아야 한다. 모든 동양학의 핵심 주제인 기(氣)를 바로 탐구하기 위해서는 우선 기(氣)라는 한자와 관련된 모든 것을 파악하는 것으로부터 시작해야 할 것이다.

1. 동양학의 인식론과 한자(漢字)

　한자(漢字)는 뜻글자, 또는 표의문자(表意文字)이다. 우리의 한글과 같이 단순하게 소리(音)를 표현하는 것이 아니다. 한자는 글자 하나하나마다 그 글자가 의미(意味)하는 뜻을 가지고 있다. 다시 말해서 한자는 그 글자 자체가 철학적의미를 담고 있다고 할 수 있다. 한자는 그 발생(發生)처인 중국뿐만 아니라 동양 전체에 영향을 미쳤다. 특히 동아시아의 문화적, 과학적, 경제적의 세 축이라고 할 수 있는 우리 한국을 비롯한 중국과 일본은 한자문화권의 대표적인 나라이며, 한국과 일본은 독자적인 문자(文字)가 있지만 언어의 체계가 한자를 시작으로 이루어졌기 때문에 한자를 무시하고는 언어가 갖는 뜻을 헤아리기가 어렵다. 특히 한국, 일본은 바른 철학을 하기 위해서는 한자라는 굴레가 반드시 따른다는 것을 인식해야 한다. 따라서 동양학을 바로 이해하고 이어지는 실천적 삶을 위해서는 한자에 대한 이해가 필수적이다.

1) 한자의 역사

약 5,000년 전 중국 황제(黃帝)의 사관(史官) 창힐(蒼頡)이 새와 짐승들의 발자국을 보고 창안(創案)하였다는 설이 있다. 그러나 다른 민족들과 마찬가지로 그전에 먼저 결승(結繩)6)을 사용(使用)하고 이어서 서계(書契)7)·회화(繪畵) 등으로 발전한 것으로 추정된다. 현재 알려진 가장 오래된 한자는 은허(殷墟)에서 출토된 귀갑(龜甲)이나 짐승의 뼈(獸骨)에 새겨진 갑골문자(甲骨文字)로 B.C. 1500년 무렵의 것이다. 그 뒤 주(周)나라 선왕(宣王) 때 태사(太史)인 사주가 주문(大篆)8)을 만들었다. 춘추전국시대에는 각국에서 서로 다른 자체(字體)가 쓰이다가 진(秦)나라 시황제(始皇帝) 때 승상(丞相) 이사(李斯)가 대전을 정리하여 문자의 통일을 이루었는데, 이것을 소전(小篆)이라 한다. 또한 진나라 옥리(獄吏) 정막(程邈)이 실무에 편리한 예서(隷書)를 만들었으며, 한(漢)나라 때에는 이것을 계승한 한예(漢隷)가 통용문자로 쓰였다. 이를 금문(今文)이라 하고, 선진(先秦)의 죽간(竹簡)에 쓰인 과두문자와 종(鍾)·정(鼎) 등에 쓰인 금석문자(金石文字)를 고문(古文)이라 총칭한다. 후한(後漢)에 이르러 왕차중(王次仲)이 한예(漢隷)를 다시 개량하여 해서(楷書)를 만들었고, 그 뒤 이것을 정체(正體)라 하여 표준 자체로 삼았다. 이로써 이사가 소전을 제정하여 문자의 혁신을 이룩한 뒤 300여 년이 지나 한자는 해서로서 정립되게 되었다. 삼국 이후에는 목간(木簡)·죽간을 대신하여 붓·먹·종이에 쓰기 편리한 초서(草書)·행서(行書)가 생기고, 육조(六朝)시대·당(唐)나라 때에는 서도

---

6) 새끼와 그 매듭으로 사물을 기록하는 일종의 문자. 중국 고대에 문자 대신에 새끼를 매어 정령(政令)의 부호(符號)로 했던 것을 <결승의 정치>라고 불렀는데, 문자가 없는 문화에서 이 수(數)의 표기법을 사용한 예는 남북아메리카·오스트레일리아·일본·한국 등에서 발견된다.
7) 글자로 사물을 표시하는 부호
8) 大篆은 진시황이 중국을 통일하기 이전에 7국(진, 초, 연, 제, 한, 위, 조)에서 각자 사용했던 조금씩 다른 글자 전체를 말한다. 현재 남아 있는 것으로는 석고문(石鼓)文이 유일하며 현존하는 최고의 석각(石刻) 문자이다.

(書道)가 행해지게 되었다. 한자 양식의 변천을 자형(字形)에 따라 살펴보면 갑골문자·금석문자·전서·예서·해서의 다섯 시대로 나뉘며, 해서 후로는 오랜 시대에 걸쳐 변화하지 않았다. 다만 서체로서 조형예술적인 면에서 다양한 작풍이 나타났을 뿐이다. 이렇게 일찍이 고대에 발생하여 성립된 한자는 중국 본토를 넘어 인접한 한국·일본·베트남 등에 전파, 이들 나라의 언어를 표기하는 문자로 통용됨으로써 한자 문화권을 형성하였다.

2) 한자의 특성과 구조

한자는 한 글자가 한 단위의 뜻을 나타내는 동시에 그 뜻에 해당하는 소리까지도 아울러 나타내는 대표적인 표의문자(表意文字)로 특히 표어(表語)문자라고도 하는데, 이 말은 <단어를 표기하는 문자>라는 뜻이다.

중국어는 대부분 한 음절(音節)로 된 단음절어(單音節語)이다. 즉 한자는 한 글자가 한 음절인 동시에 한 단어(單語)가 된다. 한자의 구조 및 조자(造字) 원리에 대해서는 여러 가지 설이 있다. 후한 때의 허신(許愼)은 그의 저서 '설문해자(說文解字)'[9]에서 문자의 구조용법을 상형(象形)·지사(指事)·회의(會意)·형성(形聲)·가차(假借)·전주(轉注)의 6가지로 나누었는데, 이것을 육서(六書)라고 한다. 전한 말의 유흠(劉歆), 후한 초의 반고(班固) 등은 상형·상사(象事)·상의(象意)·상성(象聲)·전주·가차로 나누었고, 정중(鄭衆)·가공언(賈公彦) 등은 상형·회의·전주·처사(處事)·가차·해성(諧聲)으로 나누었다.

그러나 일반적으로 허신의 분류에 따르며, 현행 통설로는 상형·지사·회의·형성을 그 구성 원리로 보고, 전주·가차를 따로 운용의 원리로 보고 있다. 한자의 조자(造

---

9) 중국 후한(後漢) 때의 자전(字典). 15편으로 되어 있다. 허신(許愼)이 지었으며, A.D. 100년에 쓴 서문이 있다. 글자형에 따라 분류된 가장 오래된 자전이다. 저자가 진(秦)나라(B.C. 3세기) 이전의 문자를 널리 수집하여 기본이 되는 9,353자 및 이체자(異體字) 1,163자를 육서(六書)의 원리로 분석하고, 540부(部)로 분류하여 한자마다 설명과 해석을 달았다. 기본자는 소전체(小篆體)이고, 이체자는 소전 외에 그 이전의 자체를 포함하였다. 육서는 지사(指事)·상형(象形)·형성(形聲)·회의(會意)·전주(轉注)·가차(假借)를 말하는데, 앞의 넷은 글자의 구성요소 분석에 이용되며 뒤의 둘은 문자의 운용법에 이용된다. 이 책의 540부는 후세에 점점 정리, 합병되어 ≪강희자전(康熙字典)≫에서는 214부가 되었으나, 분류 원칙은 바뀌지 않았다. 단지 소전체는 자획을 셀 수가 없으므로 이 책의 부에 들어 있는 문자는 의미의 관련을 기준으로 하여 늘어놓은 것이다. 이 책은 북송(北宋) 초에 서현(徐鉉)이 교정(校訂)하였는데, 이에 앞서 동생인 서개가 교정, 주석을 달았다. 이 형제의 업적이 후세에 전해져 청(淸)나라 때는 진(秦)나라의 문헌해명에 필수적인 책으로 중시되었고, 많은 주석이 나타났다. 그중에서 단옥재(段玉裁)의 ≪설문해자주(說文解字註)≫가 가장 유명하다. 최근에는 갑골문자가 발견되고 나서 이 책의 분석이 완전하지 않았음이 지적되기도 하였다.

字) 원리를 그 분류에 따라 살펴보면 다음과 같다.

(1) 상형(象形)

  '물형(物形)을 그린다'라는 뜻으로, 이 세상 존재하는 물질의 형상을 그려내 그것으로 글자를 삼으며 육서 중 가장 기본적인 방법이다. 그림으로 그려낸 물체의 모양이 차츰 간략해져 일(日)·월(月)·산(山)·수(水)·목(木)·천(川)·인(人)·목(目)·마(馬)·조(鳥) 등과 같이 지시물에서 멀어져 글자로 형성되고, 그림의 원형은 글자 속에 단순화되어 남게 된다. 상형(象形)이 육서의 기본이나 상형만으로 모든 글자를 만들 수는 없으며 사실상 상형만으로 만들어진 글자는 그리 많지 않다. 송(宋)나라 정초(鄭樵)의 통계에 의하면 그가 분류한 한자총수 2만 4,235자 가운데 상형자(象形字)는 608자에 지나지 않는다고 하였다.

(2) 지사(指事)

  '일을 가리킨다'라는 뜻으로, 추상적 개념을 나타내기 위한 글자이다. 예로 들면, 상(上)·하(下)·일(一)·이(二)·삼(三)·오(五) 등과 같다. 一조(一條) 위에 일점(一點)을 찍어 (上), 一조 아래에 일점을 찍어 (下)로 표시하여 어떠한 것이 어떠한 것 위·아래에 있음을 가리킨다. 또는 一조를 그어 일(一)이 되고, 이(二)·삼(三)은 一자를 2번·3번 거듭한 것이다. 이러한 지사자(指事字)는 만들기 어려워 글자 수가 많지 않다.

(3) 회의(會意)

  상형·지사 방법만으로는 수없이 많은 지시물을 표시할 수 없으므로 둘 이상의 문자를 합성하는 방법을 생각해낸 것이 회의이다. 무(武)라는 문자는 <과(戈)>와 <지(止)>가 결합된 것으로, 간과(干戈: 전쟁)를 그치게 하는 일(止)이라는 것이 본래의 뜻이다. 또 <신(信)>이라는 문자는 <인(人)>과 <언(言)>이 합쳐진 글자로, 인간의 말은 믿음을 바탕으로 삼는다는 뜻에서 생겨났다. 여기서 <人>은 상형문자이고 <言>은 형성자이다. 이와 같이 회의(會意)자의 분류는 그 구성요소로 쓰인 글자가 육서 중의 어떤 것들과 합쳐졌느냐에 따를 수도 있고, 또 이들 구성요소들의 동이(同異)에 준하여 동체(同體: 同文)회의·이체(異體: 異文)회의·변체(變體)회의·겸성(兼聲)회의로 나눌 수도 있다. 동체회의란 임(林)·간(姦)·굉(轟) 등과 같이 그 구성요소들이 같은 글자들로 이루어진 것이며, 이체회의란 위(位)·간(看)·명(鳴)·호(好) 등과 같이 구성요소들이 서로 다른 글자들로 이루어진 것을 말한다. 변체회의는 구성요소들의 자획에 가감이 있는 것으로, 예를 들면 노(老)와 자(子)로 효(孝)를 만들고 침(寢)과 미(未)로 매(寐)를 만드는 것과 같은 방법이다. 겸성회의란 구성요소 중 하나가 의미와 음성을 겸하여 가진 경우이다. 예를 들면 <반(叛): 半反也, 半反, 半亦聲>, <취(娶):取婦也, 女人取, 取亦聲> 등과 같은 것이다.

(4) 형성(形聲)

한자를 이루는 구성요소의 한쪽이 뜻을 지시하고, 나머지 한쪽은 음(音)을 지시하는 것이다. 이 형성은 한자 구성법 중 가장 널리 쓰이는 것으로 문자 총수의 80~90%가 이 방법으로 이루어졌다. 이것은 부수(部首)로 글자를 찾아보는 자전(字典)이나 옥편을 보면 쉽게 알 수 있다. 똑같은 부수 아래 많은 글자가 모여 있으며 이들 부수는 대개 뜻을 나타내는 요소인 형부(形符)이기도 한데, 여기에 음(音)을 나타내는 요소인 성부(聲符)가 결합되어 하나의 글자로 표시되어 있다. 예를 들면 강(江)·하(河)와 같은 것은 왼쪽 수부(水部)가 형부이고, 오른쪽의 공(工)·가(可)가 성부로 되어 좌형우성(左形右聲)으로 결합된 글자이다. 같은 이치로 구(鳩)·압(鴨)은 우형좌성, 초(草)·조(藻)는 상형하성(上形下聲), 파(婆)·사(娑)는 상성하형(上聲下形), 포(圃)·국(國)은 외형내성(外形內聲), 문(問)·문(聞)은 외성내형(外聲內形)이다. 목부(木部) 아래 수록된 글자는 대개 나무와 관련된 글자이며, 공(工)을 성부로 가진 글자는 그 음이 공(工)과 같거나 가까운 것들이다. 송(松)·백(柏)·매(梅)·이(梨)는 나무 이름이고, 강(江)·홍(紅)·공(貢)·공(空)은 음이 서로 비슷하다.

(5) 전주(轉注)

동일한 글자를 파생적인 용법으로 사용하는 방법으로, 어느 문자를 그것이 나타낸 말과 뜻이 같거나 또는 의미상 관계가 있는 다른 말을 나타내는 데 사용된 경우를 말한다. 예를 들면 <악(樂)>의 경우 본래 <음악>의 뜻이었으나 음악은 사람의 마음을 즐겁게 해주는 것이므로 <즐겁다>의 뜻으로도 쓰이고 음(音)도 <락>으로 바뀌었으며, 또 음악은 사람이 좋아하는 것이므로 <좋아하다>의 뜻으로 쓰여 음(音)도 <요>로 바뀌었다. 또 <악(惡)>의 경우 나쁘다는 <악>과 미워한다는 <오>로 전용되어 쓰인다. 전주(轉注)에 대한 해석은 전주(轉注)를 구성(造字法)으로, 또는 운용(用字法)으로 보느냐에 따라 2가지 설로 요약된다. 가령 <고(考)·모(耄)·기(耆)> 등은 <노(老)>라는 같은 부수를 취해 같은 유(類)가 되므로 그 뜻도 <노(老)>와 더불어 <늙다>는 같은 뜻을 가진다는 것이 전주를 문자 구성의 한 방법으로 본 견해이다. 한편 도(途)가 길[道(도)]을 나타내게 되는 것과 같이 같은 뜻을 지시하면서 그 자형과 음이 동일하지 않은 대동소이한 문자(異字同義나 一義數文)가 둘 이상 있을 수 있다는 것을 문자 운용의 한 방법으로 해석한 것이다. 이 방법이 일반적인 견해이다.

(6) 가차(假借)

한자 운용법에서 일자수용(一字數用)의 방법을 가리킨다. 앞서 설명한 전주가 동일한 뜻에 여러 글자가 있어서 서로 호훈(互訓)의 운용을 보이던 것과 대조적이다. 말하자면 동일한 글자가 몇몇의 동일하지 않은 뜻으로 쓰이는 경우이다. 이미 만들어진 글자 중에서 그 말과 음이 같거나 비슷한 글자를 빌려 쓰는 것이 바로 가차이다. 예를 들면 <만(萬)>은 본래 전갈을 상형한 문자였으나 그와 동음이었던 수의 만(萬)을 가리키게 된 경우, <혁(革)>은 본래 <짐승 가죽>의 뜻이지만 개혁·혁신·변혁 등에서는 <고치다>의 의미로 쓰이는 경우, <구(求)>는 본래 가죽옷을 뜻하는 상형문자였으나 이 말과 음이 같은 말로서 <구하다>의 뜻에 가차되었다. 무리[群(군)]를 가리키던 붕(朋)이 <벗>의 뜻으로 가차되고, 까마귀를 가리키던 오(烏)가 감탄의 뜻으로 가차된다. 그 본래의 뜻대로 쓰이지 않고 다른 뜻을 지시할 때 가차가 사용된다.

3) 한자의 발전

　　한자를 표기수단으로서의 문자로 볼 때 몇 가지 단점이 있다. 한자는 표의(表意)문자이므로 글자 수가 단어 수만큼 있어야 하는 불편이 생긴다. 새 단어는 새 문자를 다시 필요로 한다. 또 만들어진 많은 글자를 모두 기억하여 쓰기란 매우 어려운 일이다. 더욱이 컴퓨터시대를 맞아 한자의 기계화는 대단히 어려운 작업이다. 따라서 중국인들은 그들의 문자를 개혁하려는 노력을 해왔다. 1892년 노공장의 ≪중국제일쾌절음신자(中國第一快切音新字)≫, 1900년 왕조(王照)의 ≪관활합성자모(官活合成字母)≫, 1907년 노내선(勞乃宣)의 ≪간자전보(簡字全譜)≫ 등과 같이 정자(正字)를 간략화하여 표기하려는 시도가 계속되었다. 1935년 8월 중국의 국민정부는 약자 324자를 정식으로 승인하였는데, 이것은 종전부터 민간에 널리 쓰이던 1,200자 중에서 제1회분으로 선정한 것이다. 제2차 세계대전 후 중화인민공화국 정부가 수립되고 나서 1952년 6월에 <상용자> 2,000자가 정부에서 발표되어 학습의 기준이 되었고, 뒤이어 정부 직속의 중국문자개혁위원회에 의해 이 상용자에 대한 약자표(略字表: 簡化表)가 만들어져서 1955년 1월 <한자간화방안초안(漢字簡化方案草案)>이 발표되었다. 중국에서는 약자를 간자(簡字) 또는 간체자(簡體字)라고 하는데, 이 초안에는 798자의 <간화한자>와 폐지하려고 한 이체자(異體字) 400자, 붓으로 쓸 때 간략화하려 한 변(邊)과 방(旁)에 해당하는 251자가 들어 있다. 그러나 이에 대해 많은 비판이 따르자 1956년 1월 수정안을 공표하였고 이것이 현재 사용되는 <한자간화방안>이다. 이것은 한자의 복잡한 획수를 간략화하여 쓰기에 편리하도록 한 것이다. 1964년에는 간화변방(簡化邊旁)의 사용범위에 관한 규정이 발표되었고 아울러 간화자 2,252자가 수록된 ≪간화자총표(簡化字總表)≫가 출간되었다.

4) 한자의 전파

한국에 한자가 들어온 시기는 정확히 알 수 없으나 B.C. 2세기 위만조선으로 짐작된다. 한자가 본격적으로 유입·전파된 것은 삼국이 자리 잡은 6~7세기 무렵으로 중국과 외교문서가 오간 기록이 있고, 한자로 기록된 명문(銘文)·탑기(塔記) 등이 현존하여 이 무렵에는 이미 지배층 사회에 한자가 일반화되어 있었던 것으로 여겨진다. 이 시기의 한자사용에 대해 알 수 있는 예로는 414년(장수왕 2) 건립되어 현재까지 남아 있는 광개토왕비문(廣開土王碑文), 신라 왕호를 거서간(居西干)·차차웅(次次雄)·이사금(尼師今)·마립간(麻立干) 등으로 한자의 음을 빌려 표기한 것 등이다. 이와 같이 한자의 음훈을 빌려 한국어를 표기하는 이른바 차자표기법(借字表記法)이 일찍이 창출되었고, 이것이 더욱 확대되어 경서(經書)의 독법에 따른 현토(懸吐)·구결(口訣) 표기 및 서리(胥吏)의 사무(事務) 용어인 이두(吏讀) 등이 발달하게 되었다. 이 한자의 한국적 사용법은 독특한 글자를 만들어냈는데 속자(俗字) 또는 한국 한자가 그것이다. 예를 들면 이두에서 전용된 <조(召)> 등과 같은 한자뿐 아니라, 관부(官簿)·군적(軍籍)·공사문부(公私文簿)에 쓰이던 <태(太: 콩)·끝(巴)·도(刀)·답(畓)> 등과 같은 한자가 있으며, 고유명사를 표기하기 위해 만들어진 <돌(乭)·쇠(釗)·갈(乫)> 등과 같은 한자가 있다. 삼국시대·고려시대·조선시대를 거쳐 세종대왕이 훈민정음으로 한국 고유 문자인 한글을 창제하기 이전에는 한자가 한국인의 사상·감정을 표현하거나 행정·사무상 쓰인 유일한 문자였고, 그 뒤 오늘날까지도 한글과 함께 한국 언어표기의 중요한 수단이 되고 있다. 갑오개혁을 전후하여 한글 사용이 크게 늘었으나 한자 사용은 여전히 줄지 않았으며, 1945년 8·15 이후에는 한자폐지론과 한글전용론이 여러 차례 제기되었다. 1957년 10월 18일 문교부(지금의 교육부)에 의해 1,300자가 상용한자로 선정되고, 1967년 12월 18일 한국신문협회가 상용한자 2,000자를 선정하였다. 1970년에는 모든 공문이 한글로만 쓰이게 되고 초·중·고등학교 교과서도 한글화되었다. 1972년 8월에는 다시 1,800자가 중·고등학교용 한자로 제정되어 오늘에 이른다. 한편 일본에 한자가 전파된 것은 285년 백제의 왕인(王仁)이 ≪천자문(千字文)≫과 ≪논어(論語)≫ 10권을 가지고 건너가 전한 것이 최초의 기록이다. 당초에는 표음적·

표의적으로 쓰이다가 그 뒤 일본 고유어를 표기하기 위하여 한자를 모태로 <가타카나[片假名(편가명)]>와 <히라가나[平假名(평가명)]>를 만들어 800년대부터 한자와 병용하기 시작하여 오늘에 이른다. 베트남도 후한(後漢)에서 삼국시대에 걸쳐 문자생활에 한자와 한문이 쓰여 14세기부터 한자로 베트남어를 표기하였고, 한자의 구성 원리를 이용하여 새로운 문자를 만들어 썼다. 그러나 16세기 무렵부터 차츰 로마자화되기 시작하여 19세기에 프랑스 식민지가 되자 로마자가 베트남 국자(國字)가 되면서 한자에 의한 표기가 점차 폐지되었다. 한자는 이 밖에 거란·여진·서하(西夏)·묘족(苗族) 등 인접 국가들의 문자에 많은 영향을 미쳤다.

2. 기(氣)의 자의적(字意的) 탐구

1) 기(氣) 문자적 구성

'氣'는 한자의 구조로 볼 때 '气'와 '米'로 되어 있다. '气'는 무언가가 날아 올라가는 형상을 하고 있고, '米'는 동양 주식(主食)의 대표적인 '쌀'을 의미한다. 이로 보아 한자의 구조적인 분석(分析)에 의한 기(氣)는 음식을 통한 에너지의 발생이라고 볼 수 있다. 이것은 동양, 특히 한국에서 기(氣)가 단어(單語)에서 사용되는 예에서 가장 많은 것이 기운(氣運), 즉 에너지와 힘을 지칭하는 경우에서도 알 수 있다.

또 다른 견해는 '米'를 공간적인 방향성으로 해석하여 기(氣)가 시공간(時空間) 적으로 다양함을 나타낸다고 추론할 수 있다. '米'가 음식인 경우 이는 인간(人間) 중심적이라고 할 수 있고, '米'를 공간적인 경우는 범 우주적(宇宙的)이라고 해석할 수 있다. 이는 동양에서 기(氣)가 인간과 우주를 아우른 폭넓은 의미에서 사용된다고 할 수 있다.

'氣'자를 갑골문자에서 인용하면서 ≋으로 표시했다. 석 삼(三)자와 같은 이런 표시는 땅에서 김이 하늘로 올라가 구름과 같은 형상(形象)이라 하여 운기(運氣)라고 하였다. (≋ ≋ ≋ ≋ ≋) 이러한 형태로 변형되어 氣자가 되었다고 하는 설문해자의 이견이 있다.

2) 설문해자(說文解字)[10]의 견해

'氣'字는 설문해자에서 '米'부(部)(권7 上)에 속해 있다.

> 氣 饋客芻米也 從米氣也
> 春秋傳曰 齊人來氣諸侯 許旣切
> (춘추전에서 가로되 齊人이 와서 諸侯에게 氣하다)
> 餼 氣或從食(旣)

라고 된 것인데 여기서의 氣의 의미는 손님에게 '芻米'를 올린다는 의미 또는 보낸
다는 의미이다. 추미(芻米)는 꼴과 쌀을 의미하는데 손님에게 음식과 짐승의 사료를
같이 보냈다는 뜻인데, 설문해자에서 기(氣)의 의미는 역시 음식을 섭취함으로써 발생
하는 생명력을 의미한다고 할 수 있다. 위에서 '氣하다'도 역시 추미(芻米)를 보냈다는
의미이다. 춘추전(春秋傳)에는 이러한 의미로 쓰인 예가 여러 번에 걸쳐서 나온다.
  또 다른 의미로는 '气'를 구름의 움직이는 모양으로 해석하는 경우이다.

> 气 雲气也 象形 气之屬 皆從气(去旣切)

여기서 气는 구름의 형상이라는 것이다. 氣는 본 글자인 '气'에 곡기(穀氣)를 의미하
는 '米'(쌀 미)자를 덧붙여 만들어진 글자이다. 따라서 그 정확한 어원을 알기 위해선
본 글자인 '气'에 대해 알지 않으면 안 된다. '气'는 사람('气'의 맨 밑 선은 '人'의 오

---

10) 중국 후한 때의 자전. 15편으로 되어 있다. 허신이 지었으며, A.D. 100년에 쓴 서문이 있다. 글자형에 따라 분류된 가장 오래된 자
전이다. 저자가 진(秦)나라(B.C. 3세기) 이전의 문자를 널리 수집하여 기본이 되는 9,353자 및 이체자(異體字) 1,163자를 육서(六書)
의 원리로 분석하고, 540부(部)로 분류하여 한자마다 설명과 해석을 달았다. 기본자는 소전체(小篆體)이고, 이체자는 소전 외에 그
이전의 자체를 포함하였다. 육서는 지사(指事)・상형(象形)・형성(形聲)・회의(會意)・전주(轉注)・가차(假借)를 말하는데, 앞의 넷
은 글자의 구성요소 분석에 이용되며 뒤의 둘은 문자의 운용법에 이용된다. 이 책의 540부는 후세에 점점 정리, 합병되어 ≪강희자
전(康熙字典)≫에서는 214부가 되었으나, 분류 원칙은 바뀌지 않았다. 단지 소전체는 자획을 셀 수가 없으므로 이 책의 부에 들어
있는 문자는 의미의 관련을 기준으로 하여 늘어놓은 것이다. 이 책은 북송(北宋) 초에 서현(徐鉉)이 교정(校訂)하였는데, 이에 앞서
동생인 서개가 교정, 주석을 달았다. 이 형제의 업적이 후세에 전해져 청(淸)나라 때는 진(秦)나라의 문헌해명에 필수적인 책으로 중
시되었고, 많은 주석이 나타났다. 그중에서 단옥재(段玉裁)의 ≪설문해자주(說文解字註)≫가 가장 유명하다. 최근에는 갑골문자가
발견되고 나서 이 책의 분석이 완전하지 않음이 지적되기도 하였다.

른쪽 선임)이 힘을 쓸 때 입에서 숨을 토해내는 모습을 그린 것으로 '힘[力], 숨(breath)'의 뜻을 나타낸다. '내뿜는 숨'이 기(气)이며, 기(气)는 곧 힘이다. 힘을 쓸 때 숨을 한 번에 토해내게 되는데 바로 이것이 기(气)이다. 한편, 날씨가 차가운 겨울철에는 입에서 내뿜는 숨이 구름과 같은 모양의 김이 되어 나오게 된다. 그래서 후한의 문자 학자 허신(許愼)[11]은 그의 저서 <설문해자>에서 '气'를 '雲氣也(구름의 기운을 상형한 것이다)'라고 풀이하였다.

그러나 구름과 같은 '입김'은 겨울철 외에는 거의 눈으로 볼 수가 없다. 그래서 고대의 성인들은 에다 米(쌀 미)자를 덧붙여 氣자를 새로이 제작하였다. 즉 '气'를 보강한 것이다. 氣는 밥을 지을 때 모락모락 솥뚜껑에서 피어오르는 蒸氣(증기)를 그린 글자로 (气)와 같이 '기운, 공기, 숨[호흡]'의 뜻을 나타낸다.

3) 기(旣)와 기(旡)

(1) 기(旣)

설문(說文)에서는 '气'와 旣'가 같은 뜻으로 쓰인다고 하며, 이는 인간의 원시적(原始的) 생활기능의 하나인 식(食)과 관계가 깊다고 하였다. 그리고 '氣'와 '旣'를 시간적으로 비교하면 '旣'의 쪽이 '氣'보다 훨씬 일찍 나타난다고 하면서 시간이 지나면서 '旣'를 대신하여 '氣'로 쓰이게 되는 것은 '氣'가 의미하는 것이 음식에 국한되지 않고 점점 광범위해지기 때문이라고 설명한다. 논어(論語)에도 '旣'와 관련된 주석이 나오는데, 논어(論語)의 향당(鄕黨)에 '肉雖多不使勝 食氣'라는 구절이 나오고 주자(朱子)는 이것을 '食以穀爲主 故不使肉勝食氣'라고 주석(註釋)하였다. 이 구절의 의미는 고기(肉)를 많이 먹지 말고, 곡식(穀食)을 위주로 식생활을 하라는 공자의 가르침이다. 이것을 설문(說文)에서는 '食氣'를 '食旣'라고 썼다. 그리고 중용(中庸)의 朱子本 第20章에 '旣讀爲餼

---

11) 중국 후한(後漢) 경학자(經學子)·문자학자. 자는 숙중(叔重). 허난성[河南省(하남성)] 루난[汝南(여남)] 출생. 고전학자 가규(賈逵)에게 고문경학(古文經學)을 배워 유가의 학문에 정통하였으므로 <오경무쌍(五經無雙)의 허숙중>으로 유명해졌다. 학파로는 선진(先秦)의 고서체에 의한 원전을 중요시하는 고문가(古文家)에 속한다.
    저서로 오경에 대한 이설(異說)을 비교·검토한 《오경이의(五經異義)》 10권이 있었으나 전하지 않고, 《설문해자(說文解字)》 15편은 한자를 자형(字形)에 의해 체계적으로 분석한 가장 오래된 문서로 후세의 학문발전에 크게 이바지하였다.

餼稟稍食也'라고 되어 있는 것을 鄭註에서는 '旣'는 '餼'라고 읽으며 '餼稟'은 '稍食'이라고 하였는데 여기서 '稍食'이란 관리에 대한 적은 녹봉(祿俸)을 의미하고, '旣'가 음식과 관련된 '氣'로 쓰였음을 알 수 있다.

(2) 기(炁)

통상적으로 '炁'는 '氣'의 고어(古語)로 이해한다. 그러나 여기서 말하는 고어(古語)의 의미는 문자의 발달과정에 따르는 것이 아니고 그 의미의 변화라는 측면에서 본 것이라고 사료된다. '炁'는 '旡'와 '火'가 합성된 글자이다. 이를 한국상고사학회장을 역임한 율곤(律坤) 이중재는 다음과 같은 논지를 펴고 있다.

> 없을 무(無)자에 점을 4개 찍은 것이 기운 기(炁)자이다. 기운 氣자의 옛글자이다. 기운 기(炁)자는 없을 무자와는 하늘과 땅을 고리로 연결하고, 밑에 4개의 점은 우주의 기운을 상징한 뜻을 담고 있다. 즉 불의 기운이다. 불 화(火)자는 옥편을 보면 불 화(灬)자와 같은 뜻이다. 다시 말해 하늘과 땅이 아무것도 없는 깜깜한 암흑세계일 때 불기운과 같은 기운이 나타나는 것이 기운 기(炁)자이다. 옥편을 보면 불 화(火)와 불 화(灬)는 같은 뜻으로 되어 있음을 알 수 있다. 기운 氣자는 후세에 와서 변형된 글자임을 알 수 있다. 따라서 기(炁)자는 하늘과 땅 사이에 불과 같은 기운이 생기는 과정을 글자로 표현한 것이다. 그리고 기(炁)자는 없는 가운데 어떤 기운이 이리저리 허한 공간을 돌고 돈다는 뜻이며, 돌고 도는 가운데 빠르게 일렁이고 회전하는 가운데 뜨거운 기운이 생긴다는 의미이다. 이 기운은 없는 가운데 일어나므로 보이지도 볼 수도 없는 뜻을 담고 있다. 그래서 없을 무(无)자와 비슷함을 나타낸 것이다. 이 얼마나 훌륭한 철학적 두뇌를 가진 한민족이라 아니하리오. 정말 번뜩이는 도학(道學)의 지혜가 훤히 보이는 것 같다.

다음은 청(淸)의 강희(康熙) 38년에 장계종(張繼宗)이 편저한 <역대신선통감>의 처음에 나오는 우주론(宇宙論)에 대한 기술이다. 여기서 최초의 기(氣)를 기(炁)로 기록된 것이 보인다.

夫有形者生於無形 無形爲無極 有形爲太極
故易有太易有太初有太始有太素

太易者未見炁也　太初者炁之始也

太始者形之始也　太素者質之始也

形炁質雖具而猶未離　是曰渾淪

視之不見　聽之不聞　循之不得　是謂易也

易變而爲一　太初也　一變爲七　太始也

七變而爲九　太素也　九者炁變之究也

一者形變之始也　清輕者　騰爲天　濁重者　凝爲地

天地既分　含精絪縕　而化生萬物　故物亦有始有壯有究

皆取法天地　天地者　陰陽之根本　萬物之祖宗

物之最靈者爲人　與天地並立爲三才

然亦不越乎　陰陽五行也

奧自陰陽互交　五行錯綜時　在天地中央

濕熟相蒸處　産出一人

대저 형체 있는 것이 형체 없음에서 생겨나니

형체가 없는 것이 무극(無極)이다.

형체가 있게 되는 것이 태극(太極)이다.

그러므로 역이 생겨나 태역(太易), 태초(太初), 태시(太始), 태소(太素)가 있게 된다.

태역(太易)에는 아직 그 기(炁)를 볼 수 없다. 기(炁)가 보이지 않는다.

태초(太初)라는 것은 기(炁)가 처음 나타나는 것이다.

태시(太始)라는 것은 형체가 처음으로 나타나는 것이다.

태소(太素)라는 것은 그 물질을 구별 짓는 알갱이가 처음으로 생겨나는 것이다.

그러나 그 형체와 기질이 물질로 갖출만한 본질을 가지고는 있으나, 아직 물질이 완전한 형태를 취하지 못했다.

말하자면 혼돈한 상태이다.

보고자 해도 볼 수 없고, 듣고자 해도 들을 수 없다.

순환하고자 해도 잘되지 않는다. 그러나 기(氣)의 힘으로 뭔가 움직이려고 하는 상태를 말하는데, 이것을 역(易)이라고 한다.

역(易)의 단계에서 하나(一)가 나타나게 되는데, 이것을 태초(太初)라고 한다.

하나(하늘, 태극)는 일곱(七)으로 변하는데, 이것을 태시(太始)라고 한다.

일곱(七)은 다시 아홉(九)으로 변해 가는데, 이것을 태소(太素)라 한다. 물질의 태동이 시작됨을 말한다.

아홉은 기(炁)가 무궁무진하게 변한다.

하나(一)라는 것은 형체가 나타나 변해가는 처음이다.

맑고 가벼운 것들은 가벼우므로 위로 올라가 하늘을 이루고, 탁하고 무거운 것들은 아래로 내려와 엉켜 땅을 이루게 된다.

그리하여 하늘과 땅이 비로소 나누어지게 된다.

땅에서는 정기를 머금게 되어 지기(地氣)가 따뜻하게 된다.

이에 만물이 화생하게 된다.

그리하여 물질의 시초가 있게 되고, 번성하게 되어, 영구히 존속하는 것이다.

이 모든 것은 천지(天地)로부터 법(法)을 취했다.

천지는 음양(陰陽)의 근본이요, 만물이 시발(始發)되는 근본이다.

만물 중에서 제일 뛰어난 것은 사람이 되니, 하늘과 땅과 더불어 삼재(三才: 天人地) 가 된다.

그런즉 이 모든 것은 음양오행(陰陽五行)을 벗어날 수 없다.

음(陰)과 양(陽)이 서로 교합하고, 오행이 이리저리 뒤섞여 천지 중앙이 있게 되었다.

그리고 서서히 땅의 기운이 무르익게 되자 한 사람이 태어나게 되었다.

현재 일부 학계에서는 선천(先天)의 원기(元氣)를 나타날 때는 '炁'를 사용하고, 후천 (後天)의 자양(慈養)되거나 수련되어진 기(氣)를 나타낼 경우에는 '氣'를 사용하는 경우 도 있다.

제3절 고전(古典)에 나타난 기(氣)의 탐구

1. 시경(詩經)

시경(詩經)에는 직접적인 기(氣)의 사용례는 없다. 그러나 기(氣)와 밀접한 관계가 있다고 판단되는 '燦'가 나타난다. 즉, 下泉(卷 第七 曹 國風)에 '燦我寝歎'이다. 이는 '눈 뜨면 절로 탄식'이라는 의미인데, 비록 '氣'가 직접 사용된 예는 없지만 여기서의 '燦'는 한숨이나 태식(胎息)을 의미하는 것으로 원 글자인 기(氣)의 의미를 갖고 있다고 해야 할 것이다.

2. 논어(論語)

논어(論語)에는 네 군데에 걸쳐서 기(氣)가 쓰여 있다.

1) 사기(辭氣)

첫째는 秦伯(第8)으로 '辭氣'라는 단어(單語)이다.

> 君子所貴乎道者三 動容貌 斯遠暴慢矣 正顔色 斯近信矣 出辭氣
> 斯遠鄙倍矣 籩豆之事則有司存
> 군자가 소중히 여길 바 禮道에 세 가지가 있으니 몸을 예절에 맞게 움직여 난폭을 멀리할 것이며, 안색을 예절에 맞게 바르게 하여 信義를 가까이할 것이며, 말을 예절에 맞게 하여 억지와 賤俗을 멀리할 것이다. 籩豆를 다루는 일은 그것을 맡아보는 전담자가 있으니 맡겨야 한다.
> *** 鄙는 賤俗, 倍는 사리에 맞지 않음, 籩豆는 祭器의 일종으로 籩은 죽제품 豆는 목제

여기서 사용된 '辭氣'는 '말을 예절에 맞게 하라'라는 의미로 사용되었는데 '辭'는 언어(言語)를 의미하고 '氣'는 '氣로 소리하다'의 뜻으로 사용되었다. 이로 미루어 보아 이곳에서의 氣는 호흡과 관련된 기에 대한 몸의 작용을 의미한다고 보인다.

2) 병기(屛氣)

'屛氣'는 鄕黨(第10)에 나온다.

> 孔子於鄕黨恂恂如也…… 攝齊升堂 鞠躬如也 屛氣似不息者 出降一等逞顔色怡怡如也
> 공자께서 자기 마을에 계실 때에는 공손 성실하셨으며…… 옷자락을 잡고 층계를 밟고 堂에 오를 때에도 절하는 듯 송구스러운 모습으로, 숨을 죽여 호흡을 하지 않는 듯하셨다. 堂에서 내려올 때에는 층계를 하나만 내디뎌도 안색을 펴 화락한 얼굴을 지으셨고

여기서 사용된 '屛氣'는 숨을 죽이다. 숨을 죽이는 의미는 조심스러움을 의미한다. 예(禮)를 바로 지켜 인류의 사표가 된 공자의 마음과 행동 가짐을 엿볼 수 있다.

3) 식기(食氣)

'氣'는 위와 같은 향당(鄕黨) 편에 나온다.

食不厭精 膾不厭細 食饐而餲 魚餒而肉敗不食 色惡不食 臭惡不食 失飪不食 不時不食
割不正不食 不得其醬不食 肉雖多不使勝食氣 唯酒無量不及亂 沽酒市脯不食

밥은 정미된 흰 쌀밥을 좋아하셨고, 고기는 가늘게 썬 것을 좋아하셨다. 밥이 쉬어 변
한 것과 고기가 뭉크러져 살이 썩은 것은 먹지 아니하였다. 빛깔이 나쁘면 먹지 아니
하고 냄새가 나쁘면 먹지 아니하며 알맞게 익지 아니하면 먹지 아니하고 덜 익은 과
일도 먹지 아니하였다. 바르게 자르지 않은 고기는 먹지 아니하며 음식에 간과 양념
이 맞지 아니하면 먹지 아니하였다. 비록 고기가 많더라도 과식하지 아니하며 오직
술만 量을 정하지 아니하되 亂飮하지 아니하였다. 시장에서 사온 술과 포는 먹지 아
니하며

위의 내용을 보면 성인(聖人) 공자(孔子: B.C. 551~B.C. 479)의 음식에 대한 사상(思
想)과 평소 실천(實踐) 의지가 잘 나타나 있다. 음식을 대함에도 마땅함과 지나침을 지
키고 있는 교훈을 얻을 수 있다. 여기서 사용된 '食氣'는 음식과 관련된 기(氣)로 역시
인간의 생명과 관계가 깊다.

4) 혈기(血氣)

'血氣'는 季氏篇(第16)에 나온다. 유명한 가르침이다.

君子有三戒 少之時血氣未定 戒之在色 及其長也血氣方剛 戒之在鬪 及其老也血氣既衰
라 戒之在得

누구에게나 세 가지 경계할 것이 있으니 청년의 때에는 혈기가 안정되지 않았으므로
여색을 경계해야 하며 젊었을 때에는 혈기가 강하니 싸움을 경계해야 하고 노년에
이르러서는 혈기가 쇠약한지라 대가 없는 것을 바라는 탐욕에 경계하여야 한다.

혈기(血氣)는 인체의 생리작용을 나타낸 말이다. 논어 전체에서 사용된 기(氣)는 인
간의 생명력과 관련된 호흡과 음식, 그리고 생리적인 현상에 대하여 언급하였다.

3. 맹자(孟子)

맹자(B.C. 372~289)는 논어에 비하여 여러 곳에 기(氣)의 사용례가 나온다. 맹자를 구성하는 전체 3장에 모두 19번이 사용된다. 논어에 비해서 많아 복잡한 것 같지만 어느 것이나 신체(身體)에 기초를 둔 지기(志氣), 용기(勇氣) 등의 심리적(心理的)인 것이 주를 이룬다. 호연지기(浩然之氣)를 논함에 있어 그의 논지(論旨)는 마치 성리학(性理學)의 주리론(主理論)자와 같이 인간의 본성(本性)을 중요시하며 기(氣)를 함부로 기르지 말라고 한바가 엿보인다. 맹자 역시 기(氣)를 인간의 생명현상과 관련지어 사용하고 있다. 대표적인 것 몇 가지와 그 의미를 살펴보고자 한다.

(公孫丑) 旣曰 志至焉 氣次焉 又曰 持其志無暴其氣 者何也
(志는 지극한 것이고 氣는 이에 다음간다고 말씀하시고 또 志를 지니고도 氣를 해치는 일이 없도록 하라는 말씀은 무엇인가?)

(孟子) 曰 志壹則動氣 氣壹則動志 今夫蹶者趨者是也 而反動其心
(志가 한결같으면 氣를 움직이고, 氣가 한결같으면 志를 움직인다. 달려가다가 엎어지는 것이 바로 氣이다. 이것이 도리어 그 마음을 움직이게 한다.)

志心所念慮也 氣所以充滿形體爲喜怒也志帥氣而行之 度其可否也
(志는 마음이 염려하는 바요, 氣는 형체에 충만하여 喜怒가 되는 所以이다. 志는 氣를 거느리고 이를 쓰며 가부를 헤아린다.)

(公孫丑) 敢問 夫子惡乎長
(감히 여쭙니다. 선생님은 어느 면을 잘하십니까?)
(孟子) 曰 我知言 我善養吾浩然之氣
(맹자가 대답하기를 나는 남이 하는 말을 안다. 나는 내 浩然之氣를 잘 기른다.)
(公孫丑) 敢問 何謂浩然之氣
(감히 여쭙니다. 무엇을 浩然之氣라고 합니까?)
(孟子) 曰 難言也 其爲氣也 至大至剛 以直養而無害 則塞於天地之間 其爲氣也
配義與道 無是餒也 是集義所生者 非義襲而取之也 行有不慊於心則餒矣 我故曰
告子未嘗知義 以其外之也 心有事焉而勿正 心勿忘 勿助長也
(말로 설명하기 힘들다. 그 氣는 지극히 크고 지극히 굳센 것이니, 곧은 것을 가지고 길러서 해치지 않으면 天地 사이에 가득 차서 막히게 하는 것이다. 그 氣는 道義에

並行하는 것이므로 이것이 없으면 氣가 虛脫해진다. 이것은 內心의 義를 모아서 길러지는 것이지 밖에서 義가 엄습해 와서 얻어지는 것이 아니다. 行動하여 良心에 快하지 않은 點이 있다면 氣가 虛脫해지는 것이니, 그러므로 "나는 告子가 義를 알지 못한다"라고 하는 것이다. 그것은 그가 義를 外在的인 것으로 여기기 때문이다. 사람이 養氣를 하는 데는 반드시 義를 행하는데 두되, 갑자기 어우러지기를 豫期하지 말라. 마음으로는 잊지 말고 그렇다고 無理하게 기르려고도 하지 말라.)

위의 마지막 단락에서는 맹자(孟子)의 그 유명한 호연지기(浩然之氣)에 대하여 맹자가 직접 설명하며, 해석하는 글이다. 사람 몸에는 물적 생명요소인 기(氣)와 생명력·정신·심령을 의미하는 기가 있어 매우 크고 강하며 곧게 기름으로써 하늘과 땅 사이를 가득 채우게 될 것이라고 하였다. 또 기(氣)를 통일적 의지와 상호 보충되는 도덕적 실천의 문제로 보고, 그것은 밖에서 오는 것이 아니라 정의와 도에 맞는 의(義)가 안에서 모여 생겨나는 것이라고 하였다. 유가에서는 이를 실천적 자기수양의 실현으로 삼고, 이상(理想)을 추구하려는 사상으로 승화시켰다. 후에 존양설(存養說), 문천상(文天祥)의 정기(正氣)로 발전하였다.

4. 순자(荀子)

순자(荀子: B.C. 298?~B.C. 238?)[12]에는 기(氣)의 사용이 22곳이나 된다. 그 용례(用例)가 광범위하고 다양해져서 기(氣)에 대한 관심이 현저히 증진되었음을 알 수 있다. 순자(荀子)의 기(氣)에 대한 사상(思想)을 다음과 같이 요약할 수 있다.

---

12) B.C. 3세기경의 중국 사상가. 이름은 황(況). 조(趙)나라 사람으로, 50세 무렵에 제(齊)나라에서 유세(遊說)하여, 직하(稷下)에 모였던 학자들 사이에서 장로(長老)로 존경받았다. 그러나 모략으로 인해 초(楚)나라로 옮긴 후 춘신군(春申君)에 의해 등용되어 난릉(蘭陵: 현재의 山東省 남부)의 지사(知事)가 되었다. 그러나 B.C. 238년 춘신군이 암살당하자 관직에서 물러나, 난릉에서 여생을 마쳤다. 순자는 공자(孔子)·맹자(孟子)를 잇는 유가(儒家)로, 《순자》 20권 32편의 저작이 남아 있다. 그의 중심사상은 끊임없는 노력을 중시하며, 노력주의라고도 할 수 있는 이러한 기본적인 사고에서 맹자의 성선설에 대치되는 성악설이 나왔다. 그는 사람의 본성은 악(惡)하지만, 후천적으로 열심히 노력하면 성인(聖人)이 될 수 있다고 하였다. 그리고 고대 중국에서는, 재해는 하늘의 뜻으로 생각하였는데, 인간의 후천적 노력을 중시하는 순자는 이를 부정하였다. 또한 고대의 신화적 천자, 즉 선왕(先王)을 군주의 이상형으로 삼는 전통적인 사고방식에 반대하여, 현재의 정치는 현재와 가장 가까운 곳에 있고 현실에 노력한 왕, 즉 후왕(後王)이 정한 정책이나 제도에 당연히 복종해야 한다는 후왕사상을 주장하였다. 그러나 현실 및 현실을 변화시키려는 노력을 중시하는 순자의 주장은, 이상론을 원칙으로 삼는 유교에서는 이단시되어 오다, 18세기에 접어들어 주목받기 시작하였다.

1) 혈기(血氣)에 속하는 것

2) 생기(生氣)이기는 하지만 정신적(精神的)인 것~順氣, 逆氣, 邪汚의 氣

3) 治氣(養生)에 관한 것

4) 물질적 원소(元素)의 의미

凡用血氣志意知慮 由禮則治通 不由禮則 勃亂提僈(修身)
(무릇 血氣의 뜻과 생각을 활용함에 禮로 말미암으면 다스림이 통하고, 禮로 말미암지 않으면 어긋나고 혼란한 것으로 점점 이르게 된다.)

凡姦聲感人而逆氣應之 逆氣成象而亂生焉 正聲感人而順氣應之 順氣成象而治生焉(樂論)
(무릇 간사한 소리가 사람을 감동시키면 逆氣가 이에 應한다. 逆氣가 形象을 이루면 生이 어지럽다. 바른 소리가 사람을 감동시키면 順氣가 이에 應한다. 順氣가 形象을 이루면 生을 다스린다.)

使其(聲音)曲直, 繁省, 廉肉, 節奏, 足以感動仁지 善心 使夫邪汚之氣無有得接焉
是先王立樂之方也(樂論)
(그 소리 가락의 曲直과 繁省, 廉肉과 節奏가 충분히 사람의 착한 마음을 감동시킴으로써 저 邪惡하고 더러운 기운이 가까이할 수 없도록 한 것이다.)

扁善之度 以治氣養生 則後彭祖 以修身自名 則配堯舜(修身)
(善한 것을 분별하는 방법은 氣質을 다스리는 養生하는 것이다. 후에 彭祖[13]가 修身을 자기 이름으로 하였으니 그 壽命이 堯舜에 달했다.)

水火有氣而無生 草木有生而無知 禽獸有知而無義 人有氣有生有知亦且有義
故是爲天下貴也
(水火는 氣가 있되, 生이 없고, 草木은 生이 있되, 知가 없고, 禽獸는 知가 있되, 義가 없으나, 사람은 氣가 있고, 生이 있으니 知가 있고 또한 義가 있으니 그러므로 天下의 貴가 되는 것이다.)

---

13) 莊子에 나오는 800년을 살았다고 하는 전설상의 神仙

5. 노자(老子)

노자(老子)는 B.C. 6~5세기의 공자(孔子)와 동시대의 인물로 간주된다. 공자는 인간의 생명력과 관련된 의미의 기(氣)라는 글자를 사용하였고, 노자는 자연적이고 우주의 근원적인 의미로 사용하였다고 할 수 있다. 도덕경 42장에 나오는 기(氣)의 의미를 살펴보자.

> 道生一. 一生二. 二生三. 三生萬物. 萬物負陰而抱陽, 沖氣以爲和
> (道는 하나를 낳고 하나는 둘을 낳고 둘은 셋을 낳는데 셋은 만 가지를 낳는다. 만물(萬物)은 음기(陰氣)를 등에 업고 양기(陽氣)를 끌어안아 충기(沖氣)로서 조화(調和)를 이룬다.)

여기서 충기(沖氣)는 "음양(陰陽)이 서로 조화(調和)되게 하는 화순(和順)한 기운(氣運)으로서, 비어 있는 것 같으나, 가득 차 있는 장재(張載)의 기론(氣論)에서 나오는 태허(太虛)의 '虛'의 의미와 같다고 할 수 있다. 노자는 4장에서도 '道沖'이라는 말을 사용하고 있는데, '道沖, 而用之或不盈', 즉 도(道)는 텅 비어 있지만, 그 쓰임의 영역은 끝이 없다고 할 수 있는데 여기서 '沖'은 비어 있는 것 같지만 가득 차 있다는 의미이다. 그래서 '아무리 써도 다함이 없다'라고 한 것이다. 이러한 노자의 기(氣)에 대한 견해는 도가(道家)를 중심으로 한 기론(氣論)적 생명사상을 낳게 하였으며 의학(醫學)적으로는 기론(氣論)을 바탕으로 하는 황제내경의 이론적 근거가 되었으며, 인간 스스로를 유지하고 관리하는 수련(修煉)의 요소인 정기신(精氣神)의 근거 이론이 되었다.

6. 장재(莊子)

장자(莊子: B.C. 369~B.C. 289?)는 노자(老子: 공자와 비슷한 시기 B.C. 6세기경)와 더불어 도가(道家)를 대표하는 인물이다. 노자가 공자와 비슷한 시기인 것과 같이 장자는 맹자와 비슷한 시기에 활동한 중국의 사상가이다. 순자(荀子)보다 100여 년을 앞서

지만 장자에서 기(氣)를 사용한 예는 39건에 달한다. 특히 지락(至樂) 18편의 우주론은 현대 동서양의 보편적인 우주론과 다르지 않다는 것은 실로 놀라운 일이라 아니할 수 없다.

1) 혈기(血氣)라고 사용한 경우 1건(在宥)이지만

혈기(血氣)에 가까운 기(氣)라고만 사용한 경우는 7건

2) 기식(氣息: 人間世), 익기(嗌氣: 齊物)
3) 지기(志氣: 盜跖), 신기(神氣: 天地, 田子方), 분류지기(忿溜之氣: 達生) 이 밖에 순기(純氣: 達生), 인기(人氣: 人間世), 빙기(憑氣: 盜跖), 흉기(凶氣: 人間世)

이상 인간적으로 사용된 예가 18건

4) 천지지기(天地之氣: 大宗師), 천기(天氣: 在宥), 지기(地氣: 在宥)
5) 운기(雲氣: 逍遙遊, 齊物, 在宥, 天運)
6) 음양지기(陰陽之氣: 秋水, 大宗師, 則陽)
7) 춘기(春氣: 庚桑楚)

이상 순자연적(純自然的)으로 사용된 예가 13건이다. 이외에도 비슷한 내용이 사용된 경우는 매우 많다. 장자(莊子)의 기(氣)에 대한 인식은 인간의 생명과 함께 우주적이고 자연적인 것에도 사용되었다는 특색을 들 수 있다. 그중에 대표적인 것 몇 가지를 예로 든다.

夫大塊噫氣 其名爲風 是惟無作 作則萬窺怒呺 而獨不聞之翏翏乎(齊物)
(무릇 대지가 뿜어내는 氣體를 바람이라고 한다. 이것이 일어나지 않으면 별일 없으되 그 큰 바람이 일기만 하면 지상의 모든 구멍은 모두 울부짖으며 소리를 내는데 너는 혼자 그 윙윙거리는 소리를 들어본 적이 없었는가?

天地者形之大者也 陰陽者氣大者也(則陽)
(天地는 形體가 큰 것이요, 陰陽은 氣가 큰 것이다.)

天氣不和 地氣鬱結 六氣不調 四時不節 今我願合六氣之精 以育群生(在宥)
(하늘의 기운은 조화를 잃고 땅의 기운은 답답하게 엉클어져 있고 게다가 六氣는 고르지 않고 사철 또한 무질서하다. 이래서 지금 나는 六氣의 精粹를 모아 모든 만물을 養育하려 합니다.)

察其始而本無生 非徒無生也 而本無形 非徒無形也, 而本無氣 雜乎芒芴之閒 變而有氣
氣變而有形 形變而有生 今又變而之死(至樂)
(始初를 살펴보면 본래 생명이 없었던 것이다. 한갓 생명이 없었을 뿐 아니라 本來 形體도 없었고 形體만 없었을 뿐 아니라 陰陽의 氣도 없었다. 따져보면 混沌한 상태 속에 섞여 變化를 따라 氣가 생겼고 다시 그 氣가 變하여 形體가 생겼고 形體가 생명으로 變했다가 이제 또 죽음으로 가는 것이다.)

7. 여씨춘추(呂氏春秋)

여씨춘추(呂氏春秋)는 전진(前奏)의 여불위(呂不韋: B.C. 292~235년)가 편찬한 일종의 백과전서이다. 그에게는 3,000여 명의 식객(食客)이 있었다고 하는데, 그들 각자에게 견문을 쓰게 하고 여러 학설과 설화를 모은 것이다. 처음에는 8람(覽)·6론(論)·12기(紀) 순으로 구성되어 <여람(呂覽)>이라고도 했는데, 오늘날에는 12기·8람·6론 순으로 되어 있다. 이 책은 20여 방언으로 되어 있고, 편찬목적은 <12기> 마지막편인 <서의편(序意篇)>에 <사람들을 통해서 자연의 이치를 알고, 인륜 실천의 규범을 깨닫도록 하는 것을 목적으로 한다>고 되어 있다. 12기는 맹춘(孟春)·중춘(仲春)·계춘(季春)·맹하(孟夏)·중하(仲夏)·계하(季夏)·맹추(孟秋)·중추(仲秋)·계추(季秋)·맹동(孟冬)·중동(仲冬)·계동(季冬)의 각 기 5편과 서의편을 합한 61편이며, 8람은 유시(有始)·효행(孝行)·신대(愼大)·선식(先識)·심분(審分)·심응(審應)·이속(離俗)·시군(恃君)의 각 람 8편으로 합계 63편(유시는 7편)이고, 6론은 개춘(開春)·신행(愼行)·귀직(貴直)·불구(不苟)·사순(似順)·사용(士容)의 각 론 6편의 합계 36편으로 구성되어 있다. 또한 유가(儒家)·법가(法家)·도가(道家)·묵가(墨家)·음양가(陰陽家)·병가(兵家)·

농가(農家) 등 제자백가의 학설도 포함되어 있어 진(秦)나라 때의 사상사연구에 유일한 자료가 되고 있다. 26권으로 되어 있다.

여씨춘추(呂氏春秋)에서의 기(氣)의 견해는 많은 제자백가들이 쓴 백과사전적이기 때문에 당시의 보편적인 사상과 다양한 쓰임을 엿볼 수 있는 것이 특징이다. 특별히 눈여겨볼 것은 오행(五行)에 대하여 언급되었다는 것이다. 이 당시에는 이미 음양과 오행론이 보편화되었음을 알 수 있다.

凡 帝王者之將與也 天必先見祥乎下民 黃帝之時 天先見 天先見大螾大螻 黃帝曰 土氣勝 土氣勝 故其色尙黃 其事則土 及禹之時 天先見草木 秋冬不殺 禹曰 木氣勝 木氣勝 故其色尙靑 其事則木 及湯之時 天先見金刃生於水 湯曰 金氣勝 金氣勝 故其色尙白 其事則金
及文王之時 天先見火 赤鳥銜丹書 集於周社 文王曰 火氣勝 火氣勝 故其色尙赤 其事則火 代火者必將水 天且先見水氣勝 水氣勝 故其色尙黑 其事則水 水氣至而不知不備 將徙 于土(有始覽, 應同, 應同作名題)

(모든 제왕들이 장차 일어나려 할 때에는 반드시 하늘이 먼저 그 조짐을 아래 백성에게 보이나니, 黃帝 때에는 큰 개미와 큰 청개구리가 보였다. 黃帝가 말하기를 土氣가 勝하니 그 빛깔은 黃을 崇尙하고 그 일은 土를 이용할 것이다. 하였고 禹의 시대에는 草木에 먼저 보여 秋冬에도 草木을 肅殺시키지 않았다. 禹는 이르기를 木氣가 勝함이로다. 木氣가 勝하는 까닭으로 그 빛깔은 靑을 崇尙하고 그 일(政事)은 木을 이용할 것이다. 하였고 湯의 시대에는 (하늘의 조짐은) 金刃이 물에서 生함을 먼저 보았다. 湯은 이르기를 金氣가 勝함이로다. 金氣가 勝한 까닭으로 그 빛은 白을 崇尙하였고 그 일은 金을 이용할 것이라 하였고 文王의 시대에는 불을 먼저 보여 붉은 새가 丹書를 물고 주나라 社壇에 보였다. 文王이 이르기를 火氣가 勝함이로다. 火氣가 勝한 까닭으로 그 빛은 赤을 崇尙하고 그 일은 火를 이용할 것이라 하였다. 火를 대할 것을 반드시 물이니 하늘이 먼저 水氣를 보인다. 水氣가 勝한 까닭으로 그 빛은 黑을 崇尙하고 그 일은 水를 이용할 것이다. 水氣가 닥치되 그 數備를 모르면 또 土에로 옮겨 간다.)

8. 회남자(淮南子)

전한(前漢)의 회남왕(淮南王) 유안(劉安: B.C. 179~122)이 저술한 책으로 21권이다. 유안이 빈객과 방술가(方術家) 수천을 모아서 편찬한 것으로, 원래 내외편(內外編)과 잡록(雜錄)이 있었으나 내편 21권만이 전한다. 처음에 원도편(原道編)이라는 형이상학이 있으며, 그 뒤 천문·지리·시령(時令) 등 자연과학에 가까운 것도 포함하고, 일반 정치학에서 병학(兵學), 개인의 처세훈(處世訓)까지 열기하고, 끝으로 요략(要略)으로 총정리한 1편을 붙여서 복잡한 내용의 통일을 기하였다.

사상적 성격은 노장도가(老莊道家)와 음양오행가(陰陽五行家)·유가·법가 등의 혼합으로 매우 복잡하며, 그 인식론은 정신·물질의 이원론(二元論)에서 관념적 도(道)의 일원론에 귀착한다는 복잡한 양상을 나타내고, 중세의 재이미신(災異迷信) 사상의 계보에 이어져 있다. 또, 그 정치론은 봉건통치를 위해 법을 절대화하고 군주를 통치권의 최고 독재자로 하는 극도의 중앙집권체제를 반영하고 있다. 회남자(淮南子)에서는 180여 회에 걸쳐서 기(氣)가 사용되었다. 생명과 자연에 관련된 여러 의미가 골고루 사용되었다.

> 夫心之 五臟之主也 所以制四肢流行血氣馳騁于是非之境而出入 于百事之門戶者也(原道訓)
> (대저 마음이라고 하는 것은 五臟의 主人이다. 사지를 부리고 유통시키기도 하고 是非의 경우에는 달려가기도 하고 百事의 門戶에 드나들기도 한다.)

> 陰陽者 承天地之和 形萬殊之體 合氣化物 以成垺類 垺形也(本經訓)
> (陰陽은 天地의 和를 떠받고 萬殊의 體를 形成하며 氣를 含有하고 萬物을 化育하여 그 形類를 이루었다.)

> 甲子氣燥濁 丙子氣燥陽 戊子氣溼濁 庚子氣燥寒 壬子氣淸寒(天文訓)
> (갑자일은 氣가 건조하며 탁하고, 병자일은 氣가 건조하며 덥고, 무자일은 氣가 습하고 탁하며 경자일은 氣가 건조하고 차갑고 임자일은 氣가 맑고 차갑다.)

제4절 기(氣)의 역사적(歷史的) 탐구

기(氣)는 인류의 시작과 함께 인간을 비롯한 인간을 둘러싸고 있는 모든 환경과 더불어 존재해 왔다. 그리고 기(氣)는 아직까지도 명쾌하게 그 개념을 똑 부러지게 확정시키지 못하기도 하였다. 이는 거시적(巨視的)인 안목에서 통일적으로 접근하려는 동양적 사고(思考)와 반대로 미시적(微視的)이고 분석적(分析的)인 서양의 합리적(合理的), 과학적(科學的) 사고(思考)가 아직 화해를 하지 않은 결과라고도 할 수 있다.

이 책의 주제인 기(氣)에 대하여 이미, 자의적(字意的)인 탐구와 동양의 고전(古典)을 통하여 탐구하였다. 이제 이를 정리하는 의미에서 기(氣)에 대하여 인류의 시작과 함께 시간적(時間的)인 패턴에서 그 하나는 중국의 역사를 중심으로, 다른 하나는 이기론(理氣論)으로 인간(人間)과 우주(宇宙)를 심도(深度) 있게 논(論)한 한국 조선(朝鮮)의 기(氣)에 대하여 살펴보고자 한다.

1. 중국(中國)

1) 선진시대(先秦時代: B.C. 221 이전)

중국역사에서 선진시대(先秦時代)라 함은 진시황이 중국을 통일하기 전까지의, 즉 B.C. 221년 이전을 말한다. 이 시기는 은(殷)과 서주(西周)를 거쳐 춘추시대(春秋時代: B.C. 771~403)와 전국시대(戰國時代: B.C. 403~221)에 해당한다. 이 시기에 중국은 문자(文字)가 생기고 이른바 춘추전국시대를 거치면서 제자백가를 통하여 사상과 학문이 본격적으로 태동하고, 중국사상의 두 기둥인 유가(儒家)와 도가(道家)가 등장하게 되고 기(氣)의 개념도 발생하고, 그 범주(範疇)가 인간과 자연으로 확대된 시기이다. 이 시기의 시대적 특성으로 보아 계통적인 학문의 체계는 세워지지 않았지만 제자백가를 통한 다양한 학문과 사상의 실마리가 열린 시대라고 할 수 있다.

이 시대의 기(氣)와 관련된 특징이라고 할 수 있는 것은 공자(孔子)와 노자(老子)의 등장이다. 공자는 혈기(血氣)라는 말을 사용하였고, 노자(老子)는 충기(沖氣)라는 말을, 그리고 장자(莊子)는 두 개의 원기(元氣)인 음양(陰陽)을 논하였다.

2) 진한시대(秦漢時代: B.C. 221~A.D. 220)

진(秦)은 춘추전국시대의 혼란을 통일한 국가로서 만리장성을 쌓고, 중앙집권의 강력한 통치체제를 이룩하였으나 20년도 안 되는 짧은 시기 동안 국가를 유지하고 다시 분열하여 한초(漢楚)의 다툼을 통하여 한(漢)으로 통일되었다. 진(秦)왕조는 진시황에 의하여 통치되었으나 그가 학문과 학자들을 몰살하는 분서갱유(焚書坑儒)의 커다란 사건을 일으켜 중국은 당분간 학문적인 암흑의 시기에 들어가고 이를 복원하려는 학문으로 훈고학(訓詁學)이 등장하기에 이르러 송대(宋代)에 가서 다시 학문의 부흥기를 맞는다. 이 시대 기(氣)의 개념에 대한 특징을 정리하면 다음과 같다.

첫째, 기론(氣論)적 사상을 바탕으로 쓰인 고전의학서인 황제내경(黃帝內經)이 등장한 시기이다. 황제내경은 인체를 기론(氣論)적으로 인식하고 음양의 운동법칙과 오행의 유기적(有機的)인 방법론을 의학(醫學)에 적용하여 지금도 동양의 의학 이론과 임상(臨床) 분야의 중요한 근거가 되고 있다.

둘째, 회남자(淮南子)에 의하여 기(氣)가 우주 만물을 구성하는 정미(精微)한 원시물질이며, 기는 본체인 도(道)에 의해 낳아진다고 보았다. 기(氣)는 만물을 변화 생성한다고 하여 기가 만물을 생성하는 구체적인 과정을 묘사하려고 시도하였다. 회남자에서는 조화(調和)를 기의 운동에 내재(內在)된 가장 큰 영향으로 보아 만물 생성의 근원적인 두 기, 즉 음양이 조화하는 법칙으로 천지인과 사회를 하나의 전체로 연결시키고 이것으로 자연, 사회와 인류가 정상적으로 존재하고 운동하며 발전하는 공통적인 기초와 보편적인 법칙으로 삼았다. 회남자는 도(道), 기(氣), 물(物)이라는 선진시대 도가의 우주 생성관을 계승하였다.

셋째, 진한시기 각 학파의 철학은 기(氣)를 천지인 전체 체계 속에 놓고 인식하여 지역 사회 인생에 대해 총체적으로 연구하였으며, 이런 이유로 원기와 사회 인생의 관계를 특별히 중시하였고, 원기의 운동 법칙을 심성 수양과 국가와 백성을 다스리는 법칙으로 규정하였다.

3) 위진(魏晉) 남북조(南北朝) 시대(A.D. 220∼589)

이 시기에는 달리 새로운 이론이나 학설이 등장하지는 않았으나, 갈홍(葛洪)을 통하여 신선사상(神仙思想)이 부각되었으며, 달마에 의한 불교와 도교의 기적(氣的)인 교류가 시작되는 시기이다.

첫째, 이 시기에 317년 동진의 갈홍(葛洪)이 포박자{抱朴子}를 지었다. 내 편·외 편·자서로 나누어 지은 책이다. 내 편은 불로장생의 선술(仙術)과 구체적인 이론을 직관적(直觀的) 지식에 의해 논하고, 경전(經典)·계율(戒律)·금기(禁忌) 등을 기술하였다. 외 편은 유교적 정치론으로 정치·처세의 이해득실이 논술되어 있다. 총 8권으로 내편 20편, 외 편 50편만이 전한다. 갈홍은 여기서 현(玄: 元氣)은 우주와 천지의 신비한 본체이므로 사람 몸은 우주의 기(氣) 안에 존재하고 기(氣)도 사람 몸 안에 존재한다고 보았다. 또 그는 기(氣)를 생명의 근원으로 보았고 기(氣)를 잘 보전하고 관리하여 천리(天理)를 보전할 수 있는 것으로 보아, 기(氣)를 생명 물질의 기초로, 리(理)는 생명의 자연법칙이라는 뜻으로 보았다. 이 책의 신선사상(神仙思想)은 여러 방법론을 제시하였는데, 후에 수은과 납을 정제하여 복용하는 등의 외단(外丹)에 의한 피해가 나타나기도 하였지만 인간 스스로의 생명력을 단련하는 기공(氣功) 수련으로서 내단(內丹) 이론이 발달하게 된다.

둘째, 중국 남조(南朝) 때의 양(梁)나라 본초학자(本草學者) 도홍경(陶弘景, 456~536)은 양성연명록(養性延命錄)을 지었는데, 이는 그 당시로부터 300년 전의 화타(華陀) 이후 화타사상에 가장 많이 근접하는 의서(醫書)로 여기에는 전통 기공법의 하나인 다섯 동물의 동작을 참고하여 만든 오금희(五禽戱)가 수록되어 있다. 그는 의·약학자이며 도교의 수련에도 조예가 깊은 것으로 알려져 있다.

셋째, 6세기 초 서역(西域)에서 온 달마(達磨)가 낙양(洛陽)을 중심으로 활동하였는데, 달마는 중들의 양생(養生)과 호신(護身)을 위한 불가공법을 창안한 것으로 알려져 있다. 역근경(易筋經)은 중들이 정신수련을 중심적으로 수련하여 육체가 허약해지고 틀어지고 쏠리는 현상을 해결하기 위하여 그가 만든 역근경(易筋經)은 현재에도 많은 사람이 수련하는 기(氣) 수련법이다.

4) 수당(隨唐) 시대(A.D. 589~907)

이 시기의 특징으로 들 수 있는 것은, 첫째 중국에 불교(佛敎)가 정착된 시기이고, 둘째 중국의 유학(儒學)을 학문적으로 완성한 신유학(神儒學)이 시작되었다는 것이다. 따라서 선(禪)을 비롯한 불교의 수련법이 널리 전파된 시기이기도 하다. 수당(隨唐)시기의 유학자들은 도가의 원기(元氣) 사상을 계승하였으며, 기(氣)를 윤리도덕의 영역으로 끌어들여 인간의 타고난 기(氣)를 다루었다. 종밀(宗密, 780~841)[14]을 대표로 하는 불교학자들은 심식(心識)이 드러낸 경으로 기(氣)를 해석했고, 이 시기의 성현영(成玄英)을 비롯한 도교학자들은 생명의 근원과 양생도술로 기(氣)를 해석하고 활용하였다.[15]

5) 남·북 송(宋)시대(A.D. 960~1279)

송대(宋代)는 신유학인 성리학(性理學)이 완성된 시기이고, 우주론을 비롯한 인간의 이원적(二元的) 존재인 이기(理氣)의 개념이 학문적으로 정립되었다. 대표적인 학자로 우주론의 본체를 기(氣)로 보는 장재(張載: 橫渠)와 이(理)로 보는 주희(朱熹: 朱子)를 들 수 있다.

(1) 장재(張載)~태허(太虛)가 곧 기(氣)이다

장재는 중국 북송(北宋) 때 사상가이다. 자는 자후(子厚). 봉상미현(陝西省 眉縣) 횡거진(橫渠鎭) 출신으로 횡거 선생이라고 일컬어졌다. 정호(程顥)·정이(程伊)의 외숙이다. 이(異) 민족의 침입이 잦은 곳이어서 청년 시절에 군사에 대해 논하기를 즐겼으나, 범중엄(范仲淹)과의 만남을 계기로 명교(名敎: 儒敎)에 뜻을 두게 되었고 불로(佛老)의 책에도 관심을 가지면서 연구하였다. 38세에 정호 등과 함께 과거에 급제한 뒤, 지방관

---

14) 중국 당(唐)나라 승려. 과주(果州: 四川省) 서충(西充) 출신. 화엄종(華嚴宗) 제5조(第五祖)로, 규봉종밀(圭峰宗密)·초당선사(草堂禪師)·규산대사(圭山大師) 등으로 불렸다. 속성(俗姓)은 하씨(何氏)로, 소년 시절에 유학(儒學)을 배웠고 유교와 도교 등에 정통하여 《원인론(原人論)》을 저술했다. 《원각경(圓覺經)》을 읽고 여러 주석서(註釋書)를 저술해서 《원각경》의 연구를 완성했으며, 또 하택신회(荷澤神會)를 파조(派祖)로 삼는 하택종(荷澤宗)에 속한다고 주장함으로써, 선종 내의 북종(北宗)과 우두종(牛頭宗)·홍주종(洪州宗)의 구별을 분명하게 했으며, 《선원제전집도서(禪源諸詮集都序)》, 《배휴습유문(裴休拾遺問)》을 저술했다. 징관(澄觀: 華嚴宗 第四祖)에게 화엄교학(華嚴敎學)을 배우고 선과 화엄을 통합하여 교선일치설(敎禪一致說)을 만들어냈다. 시호는 정혜선사(定慧禪師).

15) 唐初 道士이며 도교학자. 字는 子實이며 陝州(治所在今河南陝縣)人이다. 東海(今屬江蘇)에 은거했다. 貞觀 五年(631)에 召하여 京師에 오게 하여 .西華法師라고 加號했다. 永徽 年間에 郁洲(今江蘇連雲港市雲台山)에 유배되었다. 成玄英은 《道德經》과 《莊子》를 추숭하여 모두 註疏 작업을 했다. 《道德經》에 나오는 "道者, 萬物之奧"를 疏하기를 "道者, 虛通之妙理, 衆生之正性也"라고 했으며, "玄之又玄"를 해석하기를 "有慾之人, 唯滯於有: 無慾之士,又滯於無. 故說一玄,以遣雙執. 又恐行者, 滯於此玄, 今說又玄, 更祛後病. 旣而非但不滯於滯, 亦乃不滯於不滯. 此則遣之又遣, 故曰玄之又玄"라고 했다. 요컨대 "以一中之玄, 遣二偏之執", "二偏之病旣除, 一中之藥還遣, 唯藥與病.一時俱消"라고 했다. 그는 "重玄之道"의 思想을 계승 발전시키고 불교의 雙遣法을 흡수하는 한편 三業 六根之說을 버무리려 했으니 당시 道釋 融合의 傾向을 잘 보여준다. 저작으로는 《老子道德經註》 2卷, 《開題序訣義疏》 7卷이 있었으나 모두 망실되었다. 《南華眞經註疏》 30卷은 《正統道藏》에 수록됐고 《度人經註》가 있어 陳景元의 《度人經集註》에 그 개요가 인용됐다.

으로서 특히 변경의 민정군사면(民政軍事面)에 견식을 나타냈다. 신종(神宗)에게 소환되어 삼대(三代) 치(治)의 부활을 진언했고, 고례(古禮)를 설명하면서 정전제(井田制)를 주장했으나 결국 왕안석(王安石)과 뜻이 맞지 않아 고향에 돌아와 강학(講學)에 힘썼다. 산시[陝西(섬서)], 즉 관중(關中)에서 강학을 했기 때문에 이 학파를 관학(關學)이라고 했다. 장재는 특히 사상적으로 불교와의 대립을 꾀했고, 환망설(幻妄說)의 배격을 의도하여 <태허즉기론(太虛卽氣論)>을 주장했다. 또한 불교의 심성설(心性說)에 대항할 기(氣)의 존재론과 심성론(心性論)의 통일을 시도했다. 허무(虛無)와 공무(空無)를 부정하고, 기(氣)가 모이면 만물(萬物)이 생기고 기(氣)가 흩어지면 태허(太虛)가 된다는 생각과, 인간의 인식 여하에 관계없이 만물의 변화는 기(氣)에 의한다는 사실을 분명히 했다. 이 사상은 우주의 총 질량이 변하지 않는다는 질량불변의 법칙과 들어맞는다.

물질의 생성을 둘러싼 기(氣)와 음양의 관계, 기질(氣質)이라는 개념의 제기는 천지의 성(性)과 기질의 성이라는 성론(性論) 및 기질을 변화시킨다는 수양론(修養論)과 함께 주자학(朱子學) 형성에 크게 관여하게 된 결과를 가져왔다. 또 명(明)나라·청(淸)나라 때 왕정상(王廷相)·왕부지(王夫之)·대진(戴震) 등 이른바 기(氣)의 사상가들에게 큰 영향을 끼쳤다. 저서에는 ≪정몽(正蒙)≫, ≪서명(西銘)≫, ≪역설(易說)≫ 등이 있는데 ≪장씨전서(張氏全書)≫에 수록되어 있다. 1978년 중국에서 보다 완비된 ≪장재집(張載集)≫이 간행되었다.

(2) **이정**(二程: 程明道, 程伊川)~**리**(理)**는 근본, 기**(氣)**는 운동 변화**

이정(二程)의 철학체계에 있어서 리(理)는 우주의 본체이자 최고 범주이며, 기(氣)는 만물을 생성하는 재료로서 기(氣)의 변화 과정 중에서 만물을 생성한다. 그렇지만 음과 양 두 기(氣)의 운동 변화와 만물의 생성은 그 근원이 기(氣) 자체에 있지 않고 기(氣) 위에 존재하는 리(理)에 있어서, 기(氣)는 리(理)에 종속되는 까닭에 리(理)를 그 존재의 근원으로 삼는다. 비록 이정은 리(理)가 근본이고 기(氣)는 운동 변화한다(理本氣化)는 이론 체계 속에서 장재(張載)가 모이고 흩어지는 것으로 기(氣)를 말한 형식을 흡수는 하였지만, 사물이 흩어진 후에 그 기(氣)는 소멸되고 말아 다시 본원으로 돌아가지 않는다고 생각하였다. 이정은 기(氣)를 만물을 생성하는 재료로 보아 기(氣)가 만물을 생성한 뒤에 기화(氣化)의 형식은 사라지며, 그것에 이어 형화(形化), 곧 형질(形質)이 있는 사물이 발생하는 변화가 나타나게 되므로 형화는 기화의 바탕 위에 생겨난다고 보았고 음양(陰陽)이 사라지고 자람에 있어 기(氣)는 같지 않으나 리(理)는 일정하다고 보아 기(氣)가 모이고 흩어짐이 리(理)에 의해 결정된다고 보았다. 이정은 리(理)와 기(氣)의 관계를 형이상(形而上)과 형이하(形而下)로 규정지었다.

(3) 주희(朱熹: 朱子)~리(理) 근본(根本), 기(氣) 말단(末端)

주희는 송대 리학(理學)의 집대성자로 장재(張載)의 기본리화론(氣本理化論)을 흡수하고 개조한 기초 위에서 이정(二程)의 리본기화론(理本氣化論)을 계승 발전시켜 우주의 본체로서의 리(理)와 만물을 구성하는 재료로서의 기(氣)라는 리본기말론(理本氣末論)을 제시하였다. 주희는 기(氣)가 우주에 충만해 있어서 모든 사물을 이루는 근원적 물질과 기능으로서의 요소이며, 인간과 만물은 모두 기(氣)에 의해서 생겨난다고 생각하였고 기(氣)는 상호 대립하고 상호 작용하는 음기(陰氣)와 양기(陽氣)의 상대적 존재이며, 음(陰)과 양(陽) 두 기(氣)의 상호 감응(感應)하는 운동성이 곧 사물이 생성되는 원인으로 보았다. 그는 취산(聚散)을 통해 기(氣)를 설명하는 장재(張載)의 관점을 흡수하였으나 기(氣)가 흩어지면 다시 태허(太虛)로 돌아가며, 태허(太虛)의 기(氣)가 모여 만물을 생성한다는 장재의 관점을 받아들이지 않았다. 기(氣)가 흩어져 사물이 소멸된 후에는 기(氣)도 곧 소멸된다고 보았다. 또 그는 기(氣)에는 취산(聚散)이 있으나 리(理)는 취산(聚散)이 없다고 말하였다. 주희는 호연지기(浩然之氣)와 혈기(血氣)의 관계를 설명하여 호연지기는 단지 혈기의 기(氣)일 따름이므로 양자를 두 개의 기(氣)로 분리해서는 안 되며 사람이 말하고 행동하는 것이 우리 몸 가운데 충만할 수 있는 것은 이 기(氣) 때문이며 단지 점차 의(義)를 집적하고 충만하게 되었을 때 하늘을 우러르나 땅을 내려보나 부끄러움이 없게 되면, 그 기(氣)가 곧 호연(浩然)할 수 있는 것이라고 하였다. 주희는 리(理)와 기(氣)의 관계에 대해 우주의 본원이라는 각도에서 볼 때 리(理)가 먼저 존재하고 그 이후에 기(氣)가 존재한다고 생각하였고, 만물의 품부(稟賦)라는 측면에서 보면 기(氣)가 존재한 이후에 리(理)가 존재하게 된다고 하였다. 이때의 리(理)는 기(氣)가 많으면 리(理)도 많고 기(氣)가 적으면 리(理)도 적다고 하여 주로 사물의 법칙을 뜻한다. 또 리기(理氣)는 함께 존재하는 것으로 '이미 리(理)가 있으면 곧 기(氣)가 있고, 이미 기(氣)가 있으면 리(理)가 또 기(氣) 가운데 존재한다'라고 하였다. 이렇게 주희는 '리(理)와 기(氣)는 본래 선후(先後)를 말할 수 없다'라고 하여 리기(理氣)가 서로 떨어질 수 없음을 말하였다. '리(理)가 존재하면 반드시 기(氣)가 존재하니 나누어 발할 수 없다. 모든 것이 리(理)이고 모든 것이 기(氣)이다. 어떤 것이 리(理)가 아니고 어떤 것이 기(氣)가 아니던가'라 하였고 '사물을 말하면 기(氣)와 리(理)가 모두 그 가운데 존재한다'라 하여 리기(理氣)의 불리(不離)를 강조하였다. 리기(理氣)의 본말에 관해 리(理)는 형이상(形而上)이라 형질(形質)이 없고 기(氣)는 형이하(形而下)라 형질이 있다고 하였고, 리(理)는 근본이고 기(氣)는 말단(理本氣末)이라는 설을 내세워 리(理)는 형이상의 도(道)이고 사물을 생성하는 근본이고, 기(氣)는 형이하(形而下)의 그릇(器)으로 사물을 생성하는 도구로 보았다. 그러므로 리(理)는 본체와 본원의 뜻을 지니고, 기(氣)는 작용 파생 현상이라는 의미를 지녀 주희 철학에서 리(理)가 최고의 범주(範疇)가 되며 기(氣)는 리(理)에 종속되는 물질적 범주가 된다. 그는 장재(張載)를 비판하여, 형이하의 기(氣)를 형이상의 본체로 생각했다고 하였고, 육구연(陸九淵, 1139~1192)[16]을 비판하여, 기(氣)를 말하지 않고 기품의 사물을 심 속의 리(理)로 보아 형이상과 형이하의 구별을 혼동하였다 하였고, 맹자를 비판하여, 성(性)만 논하고 기(氣)를 논하지 않았다고 하였다.

---

16) 중국 남송(南宋)의 사상가. 자는 자정(子靜), 호는 존재(存齋)·상산(象山). 장시성[江西省(강서성)] 진시[金溪(금계)] 출신. 형인 구령(九齡)과 함께 장시의 이륙(二陸)으로 일컬어졌으며 주자(朱子)와 사상적으로 대립했다. 그의 사상은 인간의 본심인 덕성을 굳게 유지하고 사리사욕에 현혹되지 않는 것을 제일로 쳤다. 주자가 경서(經書: 유교의 고전)를 열심히 읽고 지적으로 심화되는 것을 강조한 것과는 달리, 그는 인간의 본심에 바탕한 도덕적 실천을 중시했다. 사람은 모두 태어나면서부터 성인과 같은 마음을 가지고 있고, 더욱이 도덕적인 판단력과 감각, 즉 이치를 가지고 있다. 마음이 이치를 갖추고 있는 것을 <심즉리(心卽理)>라고 했으며, 마음에 내재하는 천리(天理)를 믿고, 이에 따라 행동할 것을 강조한 결과, 유교의 고전인 육경(六經)에서조차도 <내 마음의 주각(註脚)>이라고 보게 되었다. 경서에 주석을 다는 일에 힘쓴 주자와는 이 점이 대립된다. 그와 주자는 수시로 서신으로 논쟁을 벌였다. 1175년 장시성 어후호[鵝湖(아호)]에서 회견했지만 끝내 의견일치를 보지 못했다. 주자는 그를 학문을 가볍게 여기는 실천주의자라고 평하고, 그는 주자를 실천을 경시하는 지적 박학주의자(博學主義者)라고 평했다. 그의 제자인 양간(楊簡)은 이윽고 정좌주의자(靜坐主義者)가 되어 점차 선사상가(禪思想家)가 되어 갔다. 원(元)나라 때는 주자와 육구연의 사상을 절충한 학풍이 일어났지만, 명(明)나라 중기에 왕양명(王陽明)은 그의 <심즉리> 사상을 인정하고, 거기에서 <치량지(致良知)>라는 새로운 사상을 생각해냈는데, 이것이 주자학을 비판하는 양명학(陽明學)이 되었다.

6) 원명(元明)시대(A.D. 1271~1662)

원명시대 기(氣) 범주(範疇)와 기론(氣論) 사상은 송대 기론(氣論)을 계승하면서도 비판적 경향을 명확히 드러냈다.

첫째, 기(氣)의 음양 청탁이 서로 전화(轉化)한다는 사상을 명확히 제시하고, 그것으로 품부(稟賦) 받은 기(氣)가 고르지 않다는데서 형성된 사람의 지우선악(智愚善惡)도 상호 전화(轉化)할 수 있다는 것을 논증하였다.

둘째, '리(理)는 기(氣)를 주재(主宰)한다'라는 것을 주장하였지만 '리기(理氣)가 서로 떨어질 수 없고', '기(氣)가 있으면 리(理)가 있고', '리(理) 밖에 기(氣)가 없고', '기(氣) 밖에 리(理)도 없다'라는 것을 더 강조하여 리(理)는 앞서고 기(氣)는 뒤따른다는 송대 철학의 사상을 뛰어넘었다.

셋째, 송대 장재(張載)의 기(氣) 본체론을 계승 발전시켜 기(氣)를 최고의 범주(範疇)로 삼아 기(氣) 본체론 철학을 명대의 강력한 사조로 형성시켰으며, 기(氣)를 물질 일반에 더욱 접근하도록 하였다. 대표적으로 왕수인(王守仁)과 왕정상(王廷相, 1474~1544[17])을 살펴본다.

(1) 왕수인(王守仁: 陽明, 1472~1529)~기(氣)는 양지(良知)가 운행하는 것이다(良知流行)

왕수인은 명대 심학(心學)의 집대성자이다. 왕수인은 양지(良知)[18]설을 제시하여 마

---

17) 중국 명(明)나라 사상가. 자는 자형(子衡), 호는 평애(平厓)·준천(浚川). 허난성[河南省(하남성)] 란카오현[蘭考縣(난고현)] 출신. 왕양명(王陽明)·나흠순(羅欽順) 등과 같이 환관 유근(劉謹) 때문에 유배되었으나 뒤에 차차 지위가 올라 병부상서(兵部尙書)가 되었다. 저서에 《왕씨가장집(王氏家藏集)》, 《신언(愼言)》, 《아술(雅述)》 등이 있다. 《횡거이기변(橫渠理氣辨)》을 써서 송(宋)나라 장횡거(張橫渠)의 <기(氣)의 철학>을 높이 평가하였고, 스스로도 이기론(理氣論)을 깊이 사색하여 하당(何瑭)과 논쟁했다. 주자학이 <이(理)의 철학>인 데 비하여 <기>를 더 중시하여 독자적인 이기론을 구축하였다. 그러나 기를 지나치게 중시한 나머지 그것을 초극하는 보편적 입장을 수립하는 데 성공했다고 볼 수는 없고, 오히려 기의 세계에 파묻혀버려 사회정책론·경세론(經世論)의 운명론에 빠졌으므로, 부패하는 현실사회에 대항할 수 있는 실천주체를 확립할 사상체계를 수립할 수 없었다. 그는 개인을 세우기보다 예제(禮制)를 부흥시켜 사회규범을 강화하여 밖에서부터 인간 및 사회의 부패를 교정하려고 하였다.

18) 인간의 마음에는 선천적으로 천리(天理)로서의 도덕성이 갖추어져 있음을 전제하고, 그것에 의하여 옳고 그름을 바르게 깨닫는 마음 작용을 <양지>라 한다. 양명학의 독특한 인식론이다.

음의 양지로써 기(氣)를 논하는데 '원기(元氣), 원정(元精), 원신(元神)'은 삼위일체(三位一體)이며 모두 양지의 구현이라고 생각하여 기(氣)는 양지(良知)가 운행한 것이라는 사상(思想)을 이룩했다. 양지(良知)는 사람의 마음속에 있는 것으로 신묘하게 작용하는 측면에서 신(神)이라 하고, 운행하는 측면에서 기(氣)라 하고, 엉겨 뭉치는 측면에서 정(情)이라 한다고 하였다. 이렇게 왕수인은 자연의 천지의 기(氣), 음양의 기(氣)를 주체화하여 사람 마음의 양지의 표현으로 변화시키고 사람의 원기 정신으로 만들었다. 또 왕수인은 원기에는 음양이 있지만 음양은 두 기(氣)가 아니라 하나의 기(氣), 즉 사람의 양지에서 통일된 기(氣)라고 생각하였다. 양지는 본래 혼연일체(渾然一體)여서 음과 양, 안과 밖의 구분이 없고 음과 양이 각각 하나의 사물이 되는 것이 아니라 하나의 기(氣)가 굴신영축(屈伸盈縮)하고 운동 변화하는 특징을 말한 것이다. 또 그는 원기는 양지가 운행하는 것이므로 뜻은 기(氣)를 통솔하고 뜻이 이르면 기(氣)가 뒤따른다고 보았다. 그는 마음의 본체를 성(性)으로 보았고 기(氣)의 영묘함이 사람의 성(性)을 형성하므로 성(性)은 곧 기(氣)라고 하였다. 또 리(理)는 비록 다양하게 나누어지지만 모두 내 마음에 갖추어져 있으며 리(理)란 기(氣)의 조리(條理)이고 기(氣)는 리(理)의 작용이라 하였다.

(2) 왕정상(王廷相)~기(氣)는 조화(調和)의 핵심이다

왕정상은 명대 중기의 유명한 기(氣) 본체론 사상가로 원기(元氣)위에 도(道)와 리(理)는 없고, 도(道)와 리(理)는 기(氣)에 종속되어 기(氣) 위에 독립해서 존재하는 정신적인 본체는 없다고 하였다. 그는 기(氣)는 천지가 형성되기 전에 존재하는데 형질이 있는 만물의 본체이며, 하나의 기(氣)가 왕성하게 운동하여 만물을 낳는다고 하여 장재(張載)를 계승하고, 뒤로 왕부지의 기(氣) 본체론을 열었다. 나아가 '기(氣)는 조화(調和)의 핵심이니 어찌 있다고 말하지 않을 수 있겠는가?'라고 하여 기(氣)는 사물의 생성과 조작 변화의 근원이라고 생각하였다. 기(氣)가 근본이라는 기초 위에 기(氣)의 변화를 논하여 기(氣) 본체론과 기(氣)의 변화를 결합시킨 것은 정주(程朱~二程과 朱子)가 다만 기(氣)의 변화만을 얘기하고 기(氣)의 근본을 이야기하지 않은 것과 선명한 대조를 이룬다. 또 그는 기(氣)는 형체가 없지만 실제로 존재하며, 기(氣)에는 음양이 있고 동정 (動靜)할 수 있다고 하여 장재(張載)의 사상을 계승하였다. 그는 태극(太極)은 천지가 나 누어지기 전의 태시(太始)의 혼돈(混沌) 상태의 맑고 빈 기(氣)라고 보아, 주희가 리(理) 를 태극으로 간주한 것을 비판하였다. 성(性)과 기(氣)의 관계에 있어 성(性)은 기(氣)에 서 생겨나며, 둘은 서로 떨어질 수 없다고 생각하였고, 성(性)은 기질(氣質)에서 나오는 것이므로 성(性)에는 반드시 악(惡)이 있다고 함으로써 성(性)은 다만 선(善)할 뿐 악(惡) 이 없다는 관점을 비판하였다. 그는 기(氣)와 신(神)에 관해 '어느 기(氣)이든 변화하지 않겠으며, 어느 변화든 신묘(神妙)하지 않겠는가? 어찌 신령(神靈)함이 없다고 말할 수 있겠으며, 또한 의식이 없다고 말할 수 있겠는가?'라고 하여 기(氣) 속에 정밀하고 세 밀한 부분이 신(神)과 영명(靈明)함을 낳는다고 생각하였다. 신(神)과 기(氣)의 관계는 기(氣)가 본체이고 신(神)은 작용이라고 하여 기(氣) 일원론적 관점을 견지하였다.

7) 청(淸) 시대(A.D. 1644〜1911)

이 시기(時期) 사상가들의 기(氣) 범주(範疇)에 대한 측면은 다음과 같다. 원명시대와 청대, 그리고 근대의 특징은 실용적인 면과 과학적인 사상과의 접합이 끊임없이 시도 되고 있다는 것이다. 이는 서구(西歐)의 과학을 앞세운 문화의 유입(流入)에 따른 자연 적인 현상이라고 할 수 있다.

첫째, 역사상 기론(氣論)의 성과를 종합 정리하였다.

둘째, 과거 이론(理論)의 오류(誤謬)를 비판하고 기(氣) 본체론 철학의 권위를 세웠다.

셋째, 기(氣) 범주(範疇)의 철학적 의미에 대한 한걸음 발전된 추상적 개괄을 하려고 애썼다.

(1) 방이지(方以智, 1611〜1671)~기화(氣火)는 한몸이다

방이지는 기(氣)의 시간 좌표(座標)인 무시(無始)와 공간 좌표인 양간(兩間: 時空)이 모두 기(氣)라고 하여 허공과 실체가 모두 기(氣)임을 강조할 뿐 아니라 소리 빛 등과 같은 모든 현상도 기(氣)의 표현이라고 여겼다. 그는 기(氣)에 만물 존재의 근거 본체라는 의미와 만물을 구성하는 질료라는 의미를 두었고 나아가 허공과 형체 있는 물체를 기(氣)의 서로 다른 표현형식으로 보았다. 또 기(氣)는 탄생과 소멸이 없는 최고의 존재로 보았으며 모든 사물의 탄생 발전 소멸은 기(氣)의 일시적인 표현형식으로 보았다. 그러나 방이지는 선(禪)으로 도피한 후 '萬法唯識 一切唯心'의 이론으로 나아갔다. 그는 음양(陰陽)과 기(氣)의 관계에 대해 음양은 규정된 질(質)이 없어 특정한 다른 상황 아래서 음양 분별은 기(氣)의 서로 다른 특성을 규정한다고 하여 음양이 기(氣)에 대한 종속성을 말하였다. 또 기(氣)와 형(形)은 본원적 의미에서 기(氣)는 형체를 결정하고 생성하며, 기(氣)와 형체(形體)는 같은 사물의 다른 표현 양식이기 때문에 이 둘은 대립 통일의 관계를 가진다고 보았다. 기(氣)와 리(理)의 관계에 관해서는 초기에는 리(理)가 사물의 법칙으로 기(氣) 가운데 존재하는 것으로 보았으나 불교에 빠진 후 리(理)를 객관 정신을 초월하는 것으로 보아 기(氣)를 결정하는 주재(主宰)고 본질이라 보았다. 또한 이것이 설명을 위한 개념일 뿐으로 모두 잊어도 된다고 했다. 그는 기(氣)는 음양을 가지고 있으나 기(氣) 가운데 음양의 지위와 작용은 대등하지 않다고 보았다. 그는 '천도(天道)는 양기(陽氣)로써 중심을 삼고, 사람의 신체도 양기(陽氣)로써 중심을 삼는다'라고 하였고, 기(氣)라는 글자가 '无'와 '火'를 따라 화(火)가 기(氣)의 고유한 속성이며 나아가 화(火)가 곧 기(氣)라고 하였다. 그는 화(火)는 '氣火一體'로 건조한 기(氣)이고 참된 양기(陽氣)이고, 만물의 본원이며, 운동하는 특성을 지니고 있다고 하였는데, 이러한 사상은 그의 가학(家學)에서 연유된 바가 크다. 이러한 '氣火一體'의 사상은 현대 물리학에서 밝힌 모든 물체는 에너지로 전환된다는 이론과 같은 견해이다. 아인슈타인의 유명한 상대성 이론의 방정식 $E=MC2$이 이를 입증한다.

(2) 왕부지(王夫之, 1619~1692)~기(氣)는 인온(絪縕)의 본체이다

전통 철학의 기(氣) 범주(範疇) 발전사에서 왕부지는 종합 정리자이다. 그는 태허(太虛)는 곧 우주 공간이며, 그것은 아무것도 없는 허공이 아니라 음양의 기(氣)로 꽉 차 있으며 다른 사물이 없다고 하였다. 이는 두 상대적인 개념으로 인식하는 동양의 존재론을 의미한다. 또 기(氣)는 우주에 가득 차 있는 것으로 유형(有形) 무형(無形)의 구별이 있을 뿐 유무(有無)의 구분은 없다고 하였으며, 기(氣)가 모이고 흩어지는 변화는 그 자체의 내부 교환이며, 결코 양(量)의 증감을 일으키지는 않아, 기(氣)가 한 사물을 생성해도 본체는 결코 그 때문에 감소하지 않는다는 물질 불멸 사상을 내어 놓았다.

만약 완전히 흩어져 남는 것이 없다고 한다면 이 태극(太極)의 혼돈(渾沌) 속에서 어느 곳이 소멸하여 되돌아가는 것을 흡수하는 장소가 되겠는가? 또 조화(調和)는 날로 새로운 기(氣)를 만들고 옛 기(氣)를 이용하지 않는다고 한다면, 또한 이 태허(太虛) 속 어디에서 이 무진장한 저장물을 얻어 끊임없이 소멸해가면서도 영원히 없어지지 않을 수 있겠는가? 또 그는 기(氣)를 만물의 질료이며 본질로 보았고, 기(氣)를 사용하여 복잡한 사회 현상을 설명할 때, 사회 발전은 세 가지 요소, 즉 '氣·理·勢'로써 결정된다고 생각하였다. '氣·理·勢'는 서로 긴밀하게 연결되어 있으며, 공통의 사회 심리나 가치 경향 속에 깃들어 있는 어떤 객관적 필연성이다. 또 왕부지는 기(氣)의 성질과 상태 기능에 대해서도 논술하였다.

기(氣)는 음양 모순의 통일체로 음양은 재능과 쓰임이 틀리며, 음양은 서로 포함하고, 음양은 교감하고 상호 작용하며, 음이 양일 수도 있고 양이 음일 수도 있어 양자는 서로 전화(轉化)한다고 하였다. 음양은 음양이 극도로 왕성하여 대립(對立) 면으로 전화할 수 있고, 음양이 제각기 자체 내의 다른 측면에 의해 음은 양이 될 수 있고, 양은 음이 될 수 있는 것이라 보았다. 이와 같이 음양은 독립적인 실체가 아니고 실체의 속성인 것을 왕부지는 '음양은 일정한 본성(本性)은 있으나 일정한 실질(定質)은 없다'고 표현했다. 또 그는 음양의 모순 대립은 기(氣)의 운동 변화를 형성하니 운동은 기(氣)의 중요한 특성이라고 하였다. 동정(動靜)은 기(氣)의 기미(幾微)라고 하였고, 음양은 동정(動靜)을 가지고 있으며 동정(動靜)은 음양을 드러낸다고 하여 동정은 음양의 본질적 속성으로, 음양은 동정에 의하지 않고서도 있는 것이지만, 동정에 의해 나누어지고 드러난다고 하였다. 그래서 '태극(太極)이 동정(動靜)하여 음양을 생성한다'라는 관점이 음양과 동정의 관계를 뒤집어 놓았다고 비판하였다. 또 동정은 분리되지 않는 것으로, 동하면서 정(靜)하고 정(靜)하면서 동(動)한다고 하여 동정(動靜)이 서로 떨어져 있지 않고 실질적으로 각기 상대방의 요소와 메커니즘을 포함하고 있음을 지적했다. 또 정(靜)은 고요한 움직임으로 움직이지 않는 것이 아니라고 하여 정지(停止)는 다만 잠시적인 상황이며 운동의 특수한 형식으로 동(動)은 절대적인 것이며 정(靜)은 상대적인 것이라 하였다. 또 그는 취산(聚散) 통일로 기(氣)의 존재 형식을 규정하였다. 모임과 흩어짐(聚散)은 기(氣)의 서로 다른 존재 형식이라 하였다. 모인 기(氣)는 형체를 가지고 불투과성(不透過性)을 가진다. 기(氣)의 모이고 흩어짐은 기(氣) 자체의 음양 모순(矛盾)에 의해 결정되어 '그 가운데에서 양(陽)의 성질은 흩어지고, 음(陰)의 성질은 모인다. 음은 양을 안고 모이며, 양은 모이는 것에 안정할 수 없어 반드시 흩어진다'라고 하였다. 또 모임과 흩어짐은 서로 없애니(蕩), 흩어진 것을 모으고 모인 것을 흩어 버리며, 둘은 상호 전화(轉化)하고 상호 작용한다고 하였다. 또 모임은 잠시의 모습이고 흩어짐은 본래 모습이며 기(氣)는 여전히 기(氣)라고 하였다. 또 왕부지는 이와 같은 취산(聚散)의 전환(轉換)이 흩어진 사물의 소멸이고, 새 사물의 탄생이라고 하여 취산(聚散) 변화가 새로운 창조이며 발전임을 밝혔다.

왕부지의 철학체계에서는 태허(太虛) 태극(太極) 태화(太和)는 다른 이름이지만 실체는 같은 범주(範疇)이며, 본체의 기(氣)에 대한 다른 각도의 개념 규정이다. 태허(太虛)는 기(氣)로써 절대 허무(虛無)를 배제하는 존재이고, 만물의 본체 및 세계의 물질성을 긍정하는 것이고, 태극(太極)은 본체의 기(氣)가 음과 양으로 아직 나누어지지 않은 통일체라는 것을 강조함으로써 구체적인 유형(有形)의 기(氣)와 구별함과 동시에 기(氣)의 최고의 지위를 나타낸 것이다. 태화(太和)라는 것은 본체인 기(氣)의 모순 통일이 고도의 안정성과 조화성을 가지고 있음을 강조한 것이다. '합해지면 태극(太極)이고 나누어지면 음양이 되는데, 억지로 같게 하지 않으나 서로 어그러지고 해침이 없으면 태화(太和)라 일컫는다'라고 하였다.

왕부지의 도(道)는 두 가지 의미가 있는데 하나는 모든 사물이 근거로 삼는 본체라는 의미와 사물이 공통으로 통과하는 법칙이란 의미이다. 또 왕부지는 실유(實有)라는 용어를 사용했는데 이것은 중용의 성(誠) 개념을 개조한 것으로 성(誠)은 실제로 있는 존재이다(實有). 그는 허무와 대립되는 물질적 존재를 총괄하여 실유(實有)로 파악하였다.

왕부지의 기론(氣論)에서 태허(太虛) 태극(太極) 태화(太和)는 본체적 기(氣)의 내재적 모순 통일 상태를 말하는 것이고, 도(道)는 본체와 현상의 의존적인 관계를 규정한 것이며, 실유(實有)는 본체와 현상의 물질적 통일의 개괄이다. 이것이 바로 실유(實有)가 기타 범주(範疇)보다 높은 점이다. 왕부지는 기(氣)와 리(理)의 관계를 규정하여, 기(氣)는 리(理)가 의지하는 바로 리(理)가 기(氣)의 속성이라 하였고, 리(理)와 기(氣)는 서로 포함(包含)하며 서로 붙어 떨어지지 않아 기(氣)가 리(理)를 얻는 것을 일컬어 리(理)라 한다고 하였으며, 기(氣)가 리(理)를 어겨도 리(理)가 어그러진 것이 아니라 기(氣)가 법칙을 벗어난 것 또한 기(氣)의 리(理) 속에 있는 것이라 하였다.

또 왕부지는 주자의 관점에 반대하여 기(氣)가 구별된 후에 리(理)가 구별되므로 기(氣)가 리(理)를 결정한다고 하여 만물 각각의 천차만별은 만물 각각에 각 기(氣) 갖추고 있는 다른 이치 때문으로 이치의 다름은 사물의 질적인 차이를 규정하며, 또한 기(氣)의 차이를 반영한다. 또 왕부지는 인성은 기(氣)에 근본하고 인성을 곧 기질지성(氣質之性)이라 하고 기(氣)와 질(質)에 대해 세밀하게 구분했다. 그는 기(氣)는 인간 생명의 근원이며 질(質)은 기(氣)가 인간의 몸에 응결(凝結)한 것이라 하였다. 기질(氣質)이라는 것은 기(氣)가 질(質)을 이루고, 질(質)은 다시 기(氣)를 생성하는 것이다. 기(氣)가 질(質)을 이루니 기(氣)가 응집(凝集)하여 형체에 제한되고(局), 그 대상(物)에서 재료(資)를 얻어 그 질을 자라게(滋) 함이다. 질(質)이 기(氣)를 생성하니 친화와 배척(同異攻取)을 통하여 각기 그 동류(同類)를 모방한다.

8) 청(淸)의 말기와 근대(1911년 이후)

근대 기론(氣論)은 중국 전통 기(氣) 범주 발전과 변천의 최후의 시기이다. 강유위의 만물 근본으로서의 기, 엄복의 질점이 있고 애력과 거력이 있다는 규정, 담사동의 공기. 몽기는 바로 기 범주의 끊임없는 과학화의 과정을 반영해주었다.

(1) 강유위(康有爲: 1858~1927)[19]~기(氣)가 갈려서 만물을 발생한다

그는 근대사상가로서 서양 과학문화의 지식을 적극적으로 흡수하였고, 그것을 이용하여 전통의 기(氣) 범주(範疇)를 보충하고 개조하였다. 그의 기론(氣論)은 곧 서로 다른 동서 문화 간의 충돌과 결합의 산물이었다. 기(氣)는 만물의 근본이다. 원기(元氣)가 천지를 만들었으며 우주만물의 근원이다. 기(氣)는 전기(電氣)로서 과학실험을 통해 증명할 수 있는 물질적 존재이다. 기(氣)는 지기(志氣)로서 도덕적 의미를 가지고 있는 객관적 정신이다. 기(氣)와 여러 범주(範疇)의 관계, 양(陽)은 뜨겁고 음(陰)은 차갑다는 이론은 다르다. 하늘은 양을 근본으로 하고 양은 뜨거운 기운이 된다. 열은 운동을 발생시키고 운동은 빛을 발생시키는 까닭에 해와 별을 드리운다. 땅은 음으로 음은 차가운 기운이 되고 차가움은 응결된다. 기(氣)와 리(理)란 법칙으로 기(氣)의 속성이며 기(氣)와 떨어져 독립적으로 존재할 수 없다고 생각했다. 기(氣)와 성(性)은 기(氣)와 떨어질 수 없으며, 성(性)은 곧 기(氣)의 성(性)으로 기(氣)가 성(性)을 결정한다.

(2) 엄복(嚴復: 1854~1927)[20]~기(氣)는 원소(元素)이다

만물은 모두 기(氣)로 변화할 수 있다. 기(氣)는 특정한 물리적(物理的) 성질을 갖춘 것으로 사람들에게 인식될 수 있는 물질적 실체이다. 기(氣)는 우주의 가장 기본적인 물질형태로서 만물을 구성하는 모든 종류의 원소(元素)들은 모두 기(氣)로 귀결(歸結)될 수 있다. 기(氣)는 우주만물의 근원이다. 기(氣)와 리(理). 성(性)의 관계 리(理)와 기(氣)는 서로 떨어질 수 없지만 각각의 작용과 기능이 다르기 때문에 사람들은 그것들에 대해

19) 중국 사상가·정치가. 자는 장소(長素), 호는 남해선생(南海先生). 광동성[廣東省(광동성)] 난하이현[南海縣(남해현)] 출생. 청(淸)·프 전쟁 패배에 충격받아 학문과 사상을 형성시켰다. 공양학(公羊學)을 공부하고 ≪신학위경고(新學僞經考)≫, ≪공자개제고(孔子改制考)≫, ≪춘추동자학(春秋董子學)≫ 등을 저술하였으며, 유교 경전을 새로이 해석할 가능성을 열어 사대부층의 큰 반향을 불러일으켰다. 청·일전쟁 패배로 더욱 위기감을 느껴 동지들을 모아 정치개혁을 청원하고, 학회를 조직하여 사대부계층 계몽에 힘썼다. 진사시험에 합격한 뒤 광서제(光緖帝)와 알게 되어 정체개혁·부국강병·인재등용·교육개혁·공자교(孔子敎) 설립 등을 상주(上奏)하였고, 광서제는 이 내용을 받아들여 이른바 <무술변법(戊戌變法)>으로 개혁을 추진하려 하였다. 그러나 이 개혁은 조정 내에서 압도적 세력을 가진 서태후(西太后)와 보수파 관료들의 반대에 부딪혀 무술정변 쿠데타에 의하여 좌절되었으며, 캉유웨이는 제자 량치차오[梁啓超(양계초)]와 함께 일본으로 망명하였다. 캉유웨이의 변법론은 공양학과 대동사상(大同思想)을 근간으로 유럽의 진화론과 정치사상 및 불교를 결합한 독자적인 사상인데, 뒤에 ≪대동서(大同書)≫에 거의 집대성되었다. 그 뒤에도 캉유웨이는 공자교 설립을 열심히 주장하여 청나라 말 개혁운동과 중화민국 초의 신지식층의 신문화운동과 대립하였다.

20) 중국 청(淸)나라 말기의 사상가. 양무운동(洋務運動)의 일환으로 세워진 푸저우 선정학당[福州船定學堂]에서 공부하고 영국에 유학하였다. 청일전쟁 이후 서유럽의 학술·사상을 번역 소개했다. 변법운동(變法運動)을 비롯해 청 말기 개혁운동에 많은 영향을 미쳤다.

분별적으로 고찰하나 의의(意義) 상에서, 또는 그들 본질의 관계에 따라서 말한 것을 보면, 리(理)는 기(氣)로서 기(氣)를 떠나 독립적으로 존재할 수 없다고 생각하였다.

2. 한국 조선조의 기(氣)에 대한 탐구

1) 개관(槪觀)

조선 유학자들의 기(氣)의 개념을 그들의 자연관과 결부하여 검토하는 것이 목적이다. 여기에는 조선 유학자들이 자연을 인식하는 태도나 그 인식의 체계가 변화된 모습을 보였고, 따라서 기의 개념 역시 변화되었으리라는 가정이 전제되어 있다. 자연현상을 기에 근거해서 설명하는 자연이해는 고대 이래로 동양인들의 오랜 전통이었고, 조선 유학자들도 그러한 전통선상에 있었다. 리기이원론(理氣二元論)의 틀로 자연을 설명하고자 했던 주자학(朱子學)이 500여 년 동안이나 줄곧 조선 사상계를 지배했다고는 하지만, 기에 대한 조선 유학자들의 이해가 한결같았다고 할 수는 없을 것이다. 왜냐하면 그 500여 년 동안 수많은 정치적 굴곡은 물론이고 생산력의 발전 및 그것에 기반을 둔 생산 관계상에서의 변화가 있어 왔기에, 자연을 이해하는 방식에 아무런 변화가 없었다고 생각한다는 것은 상식적으로 납득하기 어렵기 때문이다. 특히 조선 후기에 들어서면서부터 서양의 자연관이 유입됨에 따라 우리의 전통적인 자연관에는 변화의 조짐이 일기 시작했고, 이에 따라 존재의 세계에 대한 총괄적인 설명을 시도하는 존재론(存在論), 즉 이기론(理氣論)에서 변화가 있었다는 것은 분명한 사실이다.

후한(後漢) 시대를 거치면서 동양의 지배적인 존재론으로 자리 잡은 기(氣)의 존재론은 이 세상의 모든 존재자와 그 존재자의 운동 변화를 기(氣)로 설명한다. 이때 기(氣)는 현상 세계의 물질, 생명, 정신이라는 세 가지 요소의 존재 또는 현상을 담보해주는 근원적 존재이다. 다시 말해 현실 세계에서 있을 수 있는 모든 것을, 이를테면 귀신의 영역까지도 기(氣)에 의거해서 설명한다는 것이다. 결국 기(氣)는 동양의 전통

사회에서 모든 존재와 현상을 설명하는 요체인 셈이다. 이러한 경향은 기(氣)의 세계 이전에 무(無) 또는 도(道)의 세계를 설정했던 도교적(道敎的) 존재론이나 리(理)로서의 태극(太極)을 궁극적 존재로 설정했던 주자학적(朱子學的) 리기이원론(理氣二元論)에서도 그대로 관철되었다고 해야 할 것이다. 이것은 형이하(形而下)의 세계에 대한 주희(朱熹)와 장재(張載)의 설명 방식 사이에 별반 다를 것이 없다는 데서 간접적으로 입증된다.

서경덕(徐敬德), 임성주(任聖周)로 대표되는 이른바 성리학적 기일원론(氣一元論)의 철학이나 이황(李滉), 이이(李珥) 등에 의해서 정착된 리기이원론(理氣二元論)의 철학에서 기(氣)는 현상 세계의 시원(始原)이자 구성 요소라는 이중적인 의미가 있다. 조선 성리학에서 기(氣)는 천지와 만물로 이루어진 현상 세계가 생겨나기 이전의 근원적인 물적(物的) 존재인 동시에 현상 세계의 다양한 존재자들을 구성하고 있는 현실적인 물적 존재이기도 하다. 다만 주자학에서는 형이상학적(形而上學的) 본체로서 리(理) 또는 태극(太極)을 설정했다는 점에서는 차이를 보이는데, 이것은 역설적으로 형이상학적 본체가 결정적인 의미를 갖지 않는 자연학, 그리고 그에 근거한 자연 철학의 영역에서 기일원론과 리기이원론의 차이점을 찾아내기가 쉽지 않다는 의미가 된다. 이것이 조선 성리학자들의 기 개념을 발전사적 관점에서 이해하기 어렵게 만드는 점이다.

이와 같은 어려움은 주자학적 자연관에서 탈피된 모습을 보여 주고 있는 홍대용(洪大容), 정약용(丁若鏞), 최한기(崔漢綺) 등의 실학자들의 기(氣) 개념을 검토하는 데서도 발견된다. 이들 실학자(實學者)들의 기(氣)와 주자학자들의 기(氣) 사이에 발견되는 결정적인 차이는 음양오행과 관련해서이다. 그러므로 리(理)와 음양오행(그리고 귀신론을 포함해서)을 제외하고 기(氣)만을 따로 떼어 독립적으로 논할 경우 조선 유학자들의 이론 체계 속에서 규정된 기(氣) 개념의 차이를 도출하는 작업은 쉽지 않을 것이다. 그러므로 기(氣) 개념의 변천에 대한 고찰은 기(氣) 개념 그 자체보다는 학자들의 이론 체계 안에서 기(氣)가 차지하고 있는 위상을 검토하는 쪽으로 초점이 맞추어져야 할 것이다.

2) 조선 초기의 기(氣) 개념

(1) 이기이원론(理氣二元論)의 기(氣) 개념

① 정도전(鄭道傳)

정도전(鄭道傳: 1342~1398)의 철학 이론은 불교 및 도교와의 이론 투쟁 속에서 형성되었다고 해도 과언이 아니며, 그의 자연관도 여기에서 크게 벗어나지 않는다. 그러므로 정도전은 항상 도학(道學)을 밝히고 이단(異端)을 물리치는 것을 자신의 임무로 삼았다는 권근(權近)의 평가는 정당하다고 해야 할 것이다.

그의 자연관에서 먼저 지적해야 할 것은 자연 세계를 비실재적인 것(假幻)으로 보는 불교의 자연관에 대한 비판이다. 일시적인 것(假)은 잠시 있는 것이어서 천만 년 오래 있지 않고 환상적인 것(幻)은 한 사람을 속일 수 있으나 천만인을 속일 수는 없는 것이므로 천지(天地)의 유구함(常久)과 만물의 영원한 생성(常生)을 가라고 하고 환이라고 할 수 없다는 것이다. 천지는 오래도록 있어 왔고 만물은 끊임없이 생겨난다는 것이 자연에 대한 정도전의 일차적인 이해이다. 이것은 자연에 대한 실재론적 인식이라고 할 수 있다.

두 번째, 자연에 대한 정도전의 인식은 자연의 근원이 태극(太極)이라고 보는 것이다. 천지 만물이 있기 전에 태극이 먼저 있어 천지 만물의 이치가 그 가운데 갖추어져 있었는데, 온갖 변화가 이것으로부터 나온다는 것이다.

세 번째, 인식은 자연의 움직임은 필연적이라는 것이다. 태극으로부터 만물이 생겨나는 것은 인간의 능력으로 할 수 있는 것도 아니고 막을 수 있는 것도 아니다. 해와 달, 추위와 더위가 가고 오는 것은 일정한 질서가 있다는 것이다.

네 번째, 인식은 자연의 질서는 실재하는 리(實理)가 지배하는 것이라는 인식이다. 자연은 실리(實理)가 지배하고 있음에도 불구하고 불교는 그 리(理)를 탐구하는 궁리의 학문이 없다고 정도전은 비판한다.

다섯 번째는 자연과 인간의 상호 관계에 대한 견해이다. 그는 「심문천답(心問天答)」

에서 인간의 행위와 그 행위로 인한 결과가 도덕적으로 서로 부합하지 않는다는 비판에 대해서 인간의 잘못 때문에 풍우한서(風雨寒暑)의 질서가 어그러지고 해와 달이 가려지는 이변이 일어난다고 답한다. 이러한 현상은 인간의 그릇된 행위가 초래한 것으로 하늘의 뜻과는 상관이 없다는 것이다. 그러므로 인간은 하늘을 책망할 것이 아니라 그 올바름을 지켜 하늘이 본래의 상태로 돌아가기를 기다려야 한다는 것이다. 이것은 정도전의 도덕적 천관(天觀)에 기반한 것으로 여기에는 이중적인 의미가 있다. 그에 따르면 선한 사람에게 복(福)을 주고 악한 사람에게 화(禍)를 주는 것이 하늘의 도(道)이다. 자연의 운행은 질서 정연하며 그 질서 정연함 속에는 선한 사람에게 복을 주고 악한 사람에게 화를 주는 도덕성이 내재해 있다는 것이다. 하지만 그 질서 정연함은 인간의 행위에 의해 일시적이긴 하지만 깨뜨려질 수 있는 것이기도 하다.

이와 같은 자연관 속에서 기(氣)는 어떻게 규정되고 있는지 살펴보자. 첫째, 그는 자연의 생성과 소멸의 과정을 기화(氣化)의 과정으로 이해한다. 즉 태어난다는 것은 바로 기화(氣化)의 자연에서 얻어지는 것이지 원래 정신이 태허(太虛)의 가운데 서려 있던 것이 아니며, 죽음이라는 것은 기(氣)와 같이하여 함께 흩어지는 것이니 다시 형상이 아득한 공간(冥漠) 속에 남는 것이 아니라는 것이다. 이것은 불교의 영혼불멸설(靈魂不滅說), 즉 윤회설(輪廻說)에 대한 비판으로, 모든 존재는 기(氣)의 합으로 생겨났다 기(氣)의 흩어짐으로 사라진다는 기론적(氣論的) 존재론이다. 둘째, 음양오행의 운행이 고르지 않으므로 기에는 통색(通塞)·편정(偏正)·청탁(淸濁)·후박(厚薄)·고하(高下)·장단(長短)의 다름이 있다. 그리하여 바르고 통한 기(正通)를 얻은 것은 사람이 되고 치우치고 막힌 기(偏塞)를 얻은 것은 사물이 된다. 그리고 사람은 맑은 기(淸)를 얻으면 지혜롭고 어진 사람이 되며, 흐린 기(濁)를 얻으면 어리석고 불초한 사람이 된다. 이것은 사물의 다양성을 기의 차별성으로 설명하는 것이다. 셋째, 그는 태극의 동정(動靜)으로부터 음양오행이 생겨나고 이 태극의 진(眞)과 음양오행의 정(精)이 묘합하여 사람과 만물이 생겨난다는 주돈이의 생성론을 수용하고 있다. 여기서 태극이란 리(理)이다. 이것에 대해서 정도전은 "아름답다, 리(理)여. 천지보다 앞서 있었다. 기(氣)가 리(理)로 말미암아 생겨났고 마음(心) 또한 품부(稟賦)되었다. 마음이 있는데 리(理)가 없으면 이해(利害)에 얽매이게 되고 기(氣)가 있는데 리(理)가 없으면 혈육의 몸일 뿐이다"라고 하고 있다. 그리고 권근에 따르면 그는 "사람이 생겨남에 천지의 리(理)를 받아 성(性)이 되었고 형체를 이룬 것은 기이며 리(理)와 기(氣)를 합하여 능히 신(神)하고 명(明)할 수 있는 것이 심(心)이다"라는 말을 하고 있는데, 이것은 전형적인 주자학적 이기이원론이다.

② 권근(權近)

권근(權近, 1352~1409)이 일종의 성리학 개설서인 '입학도설(入學圖說)'을 쓴 해는 1390년인데, 이것은 정도전의 '심기리편(心氣理篇)'(1394)과 '불씨잡변(佛氏雜辨)'(1398) 보다 앞선다. 물론 정도전이 이보다 훨씬 앞선 해인 1375년에 '심문천답(心問天答)'을 쓰긴 했으나 이 저술은 본격적인 성리학 이론서라고 하기는 어렵다. 그리고 권근이 언급하고 있듯이 정도전에게는 「학자지남도(學者指南圖)」라는 저술이 있긴 했지만 그 내용을 자세하게 알 수 없다. 이렇게 보자면 우리나라의 성리학 이론은 권근에 의해서 그 체계가 완비되었다고 해야 할 것이다.

권근의 자연관은 정도전과 별다를 바가 없는데, 그 이유는 정도전의 자연관을 권근이 리기이원론적(理氣二元論的) 틀로 다시 해석했기 때문이다. 권근에 따르면 풍우와 한서는 하늘의 기(氣)가 되고 해와 달은 하늘의 눈이 되며, 사람은 천지의 마음이 된다. 그러므로 사람이 하는 일이 한 가지라도 바른 것을 잃으면 하늘의 풍우와 한서가 반드시 어그러지고 해와 달이 반드시 가려지는 데에 이르게 된다는 것이다. 이와 같이 권근은 인간과 자연의 감응(感應) 관계를 인정하고 있을 뿐만 아니라 주희의 이론을 수용하여 그 관계를 마음과 기(氣)를 매개로 설명하고 있다. 천지와 만물이 본래 한 몸과 같으므로 사람의 마음이 바르면 천지의 마음 또한 바르고 사람의 기(氣)가 순조로우면 천지의 기(氣) 또한 순조롭다는 것이 그것이다. 결론적으로 천지의 재앙과 상서(祥瑞)는 진실로 인간 행위의 잘잘못에서 말미암는다는 것이다. 그는 이러한 자연관을 다음과 같이 리(理)와 기(氣)로 설명하기도 한다.

재앙과 상서의 바르지 않은 것은 모두 기(氣)가 그렇게 하는 것이다. 이것은 그 기수(氣數)의 이상(變)이 비록 그 리(理)의 정상(常)을 이길 수 있다고 하더라도 이것은 다만 하늘이 안정되지 않았을 때의 일이다. 기(氣)는 쇠하고 성함이 있으나 리(理)는 변하지 않는 것이니, 오랜 시간이 지난 후 하늘이 안정되면 리가 반드시 그 정상을 얻게 되고 기 또한 바르게 되는 것이니, 복선화음(福善禍淫)의 이치가 어찌 소멸되겠는가?

하늘은 결코 자의적(字意的)이거나 전지전능(全知全能)한 존재가 아니다. 하늘 그 자체도 한계가 있고 인간의 행위에 의해서 그 질서가 파괴될 수도 있다. 하늘은 인간의 그 질서 파괴적인 행위 앞에서 무력하기까지 하다. 왜냐하면 하늘은 의지적인 존재도 아니고 그 의지를 실행할 수 있는 힘도 없기 때문이다. 그것은 그저 자연의 질서 그 이상이 아니며, 따라서 천은 곧 리(理)이라고 말할 수 있다. 그럼에도 불구하고 권근은 인간의 자연 질서의 파괴는 일시적인 것이며 자연의 질서가 궁극적으로 안정된다는 신념을 가지고 있었다. 자연은 도덕적 원리가 지배하고 그 원리는 비록 일시적으로 어그러지는 경우가 있지만 그것은 자연의 본 모습이 아니라는 것이 그의 믿음이었다.

권근의 생성론은 주자학적 이론 틀을 그대로 수용하고 있다. 리(理)가 있은 연후에 기(氣)가 있고, 이 기(氣)가 있은 연후에 양기(陽氣)의 가볍고 맑은 것은 위로 올라가 하늘이 되고 음기(陰氣)의 무겁고 탁한 것은 아래로 엉켜 땅이 되었다. 사계절이 여기에서 유행하고 만물이 여기에서 화생하니, 사람이 그 사이에서 천지의 리(理)를 온전히 얻었고 또 천지의 기(氣)를 온전히 얻어 만물보다 귀하고 천지와 더불어 참여하게 되었다.

권근의 존재론의 기초가 되는 것은 주희의 "하늘이 음양오행으로 만물을 화생함에 기(氣)로서 형체를 이루니 그 속에 리(理) 또한 부여되었다"라는 언급이다. 이것은 만물이 리(理)와 기(氣)의 합으로 이루어졌다는 리기이원론적인 견해이다. 사람과 만물이 생겨남에 그 리(理)는 같지만 기(氣)에는 통색편정(通塞偏正)의 다름이 있어, 바르고 통한 기(氣)를 얻은 것은 사람이 되고 치우치고 막힌 기(氣)를 얻은 것은 사물이 된다. 이와 같이 기(氣)의 차별성에 의해 인간과 사물의 다름을 설명하는 것 역시 전형적인 주자학적 설명이다.

한편 권근은 만물이 각자 하나의 리(理)를 갖추고 있다고 보는데, 그 개별적인 리(萬理)가 하나의 근원, 즉 태극에서 흘러나왔다고 본다. 반면에 기(氣)는 형이하자여서 반드시 형이상의 리(理)가 있은 연후에 이 기(氣)가 있게 된다. 기(氣)를 말하고 리(理)를 말하지 않는 것은 그 끝이 있는 것만을 알고 그 근본이 있다는 것을 알지 못하는 것이다. 그리고 그는 리(理)를 무위(無爲)한 것으로 기를 유위(有爲)한 것으로 본다. 아울러 리(理)를 선(善)한 것으로 기(氣)를 악(惡)의 가능성이 있는 것으로 이해한다. 이상을 통해서 권근이 리일분수(理一分殊), 리선기후(理先氣後), 리무위기유위(理無爲氣有爲), 리기(理氣)의 선악 문제 등 주자학 이론의 기본 원리를 체계적으로 수용하고 있음을 확인할 수 있다.

(2) 기일원론(氣一元論)의 기(氣) 개념

① 김시습

김시습(金時習: 1445~1493)의 자연관은 오늘날 이른바 미신(迷信)으로 통칭되는 신비주의적 자연관을 비판하는 데서 그 특징이 두드러진다. 이것은 그가 자연 현상을 경험적 사실로서 설명하고자 하는 합리적인 자연 인식 태도를 가졌다는 것을 의미한다. 그의 이러한 자연관은 열자(列子)와 장형(張衡: 78~139)[21]의 기론적(氣論的) 자연관에 근거한 것이다. 그는 「천형(天形)」에서 천(天)에 대한 자신의 견해를 밝히면서 "하늘은 쌓인 기일 뿐이다. 해와 달과 별은 쌓인 기(氣) 속에서 빛을 내는 것이다"라는 열자의 말과 "별이라는 것은 체(體)는 땅에서 생겨나고 정(精)은 하늘에서 이루어져 여기저기 흩어져 있으나 각각 속하는 바가 있다"라는 장형의 말을 인용하고 있다. 김시습은 하늘이 형체가 있고 기(氣)가 있는 것으로 이해한다. 둥글지만 물체가 없는 것이 형체(形體)이고 해와 달과 별들이 번갈아 나타나고 추위와 더위, 밤과 낮이 왕래하는 것이 기(氣)라는 것이다. 좀 더 구체적으로 말하자면 기(氣)로 가득한 하늘은 더없이 높

---

21) 중국 후한(後漢) 문인·과학자. 자는 평자(平子). 남양(南陽) 서악현(西鄂縣: 河南省南陽縣) 출신. 사부(詞賦)에 능했다. 장안(長安)과 뤄양[洛陽(낙양)]의 풍속을 그린 ≪서경부(西京賦)≫, ≪동경부(東京賦)≫(합해서 ≪이경부(二京賦)≫)를 지었는데, 여기서 사람들의 사치를 풍자했다. 자신과 광무제(光武帝)의 출신지 남양을 찬미한 ≪남도부(南都賦)≫와 ≪사현부(思玄賦)≫, ≪귀전성(歸田城)≫ 등과 함께 ≪문선(文選)≫에 수록되어 있다. 천문(天文)·역산(曆算)과 기계제작에도 능했고, 안제(安帝)·순제(順帝) 때에 태사령(大史令: 國立天文臺長)이 되었으며, 혼천설과 혼천의에 관한 ≪혼천주(渾天注)≫와 ≪영헌(靈憲)≫ 등 천문서를 저술했다. 수력(水力)으로 자동 회전하는 혼천의(渾天儀)·천구의(天球儀)·지남차(指南車)·목조(木雕: 스스로 날아가는 나무로 만든 새) 등을 만들었다. 132년 제작한 후풍지동의(候風地動儀)는 진원지(震源地)의 방향도 알 수 있는 지진감지장치였다. 도참(圖讖) 등 미신을 없애고 권력자에게도 엄격했기 때문에 하간왕(河間王)의 보좌역에 전출되었지만, 그곳에서도 치적을 올려 3년 만에 다시 소환되어 상서(尚書)가 되었다. 말년의 ≪사수시(四愁詩)≫는 최초의 칠언시(七言詩)로 수작(秀作)이다.

고 크며 둥글게 회전하는데, 그 운행은 굳건하여 쉬지 않는다. 그리고 거기에는 해와 달과 별들이 매여 있으나 붙박이처럼 고정되어 있는 것은 아니다. 바람과 비와 서리와 이슬은 기화로 인해서 내리는 것이지 어떤 의지의 결과가 아니다. 대지와 산천은 하늘이 회전하는 가운데 떠 있고 풀과 나무, 사람과 사물은 일정한 법칙(性命) 속에서 움직인다.

그가 이해한 자연의 운행은 인간의 의지와 무관한 기(氣)의 운행이다. 그러므로 "귀하고 천함, 오래 살고 일찍 죽는 것은 천명에 매여 있고 가난하고 부유함, 길하고 흉함은 운수에 달려 있으며, 소멸하고 성장하는 것 그리고 차고 비는 것이 때를 따라 유전하는 것이니, 진실로 빌어도 면할 수 없고 물리쳐도 막아낼 수 없는 것임을 알아야 한다"라고 말하고 있다. 다시 말해 자연의 질서를 인간이 자의적으로 바꿀 수 없다는 것이다. 하지만 그가 인간의 영역과 자연의 영역을 완전히 분리한 것은 아니다. 자연과 인간은 도덕성(道德性)이라는 매개(媒介) 고리를 통하여 서로 긴밀하게 연결되어 있다. 그래서 그는 호안국(胡安國: 1074~1138)[22]의 말을 인용하여, "하늘의 경계를 잘 삼가면 비록 재앙이 있더라도 당하지 않으나, 하늘을 두려워하지 않으면 재앙과 변고가 왔을 때 그것을 물리칠 수 없다"라고 하고 있다. 결국 김시습이 이해한 자연 운행의 귀결은 선한 사람에게 복을 내리고 악한 사람을 징벌하는 것이다. 김시습이 말하는 자연은 도덕성이 내재되어 있는 자연인 셈이다. 그래서 김시습이 기론자(氣論者)로 알려져 있긴 하지만, 그렇다고 해서 자연을 이해하는 방식이 다른 성리학자들과 근본적으로 다른 것은 아니다.

김시습은 천지자연을 끊임없이 운동 변화하는 것으로 이해하고, 그 운동변화의 과정을 생(生)으로 규정한다. "생생(生生)하는 것은 천지의 대덕(大德)이고 생(生)하고자 하는 것은 만물의 본성(本性)"이라는 것이다. 그래서 그가 본 우주는 생명의 전개 과정이라고 할 수 있다. 이때 우리 인간이 해야 할 일은 "만물이 생하고자 하는 본성을 통

---

22) 중국 송(宋)나라 학자. 자는 강후(康侯). 푸젠성[福建省(복건성)] 출생. 무이(武夷) 선생이라고도 한다. 1097년 진사·태학박사가 되었고 고종 때 급사(給事)에 이르렀으나 관직에서 물러났다. 송나라 남도(南渡) 후 송학(宋學)본류의 2정자(二程子: 程明道·程伊川) 중 정이천을 사숙하여 독자적 학풍을 세웠다. 정문(程門)의 학문을 명확히 규명하는 데 힘써 왕안석(王安石)이 ≪춘추(春秋)≫를 폐한 것에 불만을 품고 이 책을 20년 동안 연구하여 ≪춘추호씨전(春秋胡氏傳)≫ 30권을 저술하였다. 남송(南宋) 초기에 완성된 이 책은 양이복수론(攘夷復讐論)의 논조가 강해 청(淸)나라 때 폐해졌으나 원(元)나라·명(明)나라에서는 ≪춘추≫ 3전(左氏傳·公羊傳·穀梁傳)에 버금가는 경전으로 중요시되었다. 그 밖에 ≪자치통감거요보유(資治通鑑擧要補遺)≫, ≪문집(文集)≫ 등이 있다.

해 천지의 생생(生生)하는 본질을 체득하여 만물로 하여금 각각 그 본성을 이루게 하고 깊은 인(仁)과 후한 은택 속에서 자라나게 하는 것"이라고 하였다. 이처럼 인간을 자연의 과정과 조화시키려는 관점은 인간과 자연을 대립 관계가 아니라 연속 관계로 파악하려는 유가의 전통적인 사고이다. 김시습은 이러한 사고를 장재(張載)의 말을 빌려 "사람과 만물은 함께 천지의 대화(大化) 사이에서 났으므로, 백성은 나의 동포요 만물은 나와 더불어 살아가는 존재이다"라고 표현한다. 사람과 자연의 터전인 천지의 대화(大化)란 곧 기(氣)의 운동 변화가 아닐 수 없다. 여기서 그가 인간과 자연의 연속성 내지는 통일성을 기(氣)에 의해서 확보하고자 했음을 볼 수 있다. 이것은 "사람과 만물이 천지의 기(氣)를 균등하게 품부(稟賦) 받고 일원의 묘를 똑같이 키워내니, 비록 기질(氣質)에 치우침이 있다고 할지라도 지각의 성은 다른 적이 없었다"라는 언급에서도 확인된다.

김시습의 철학 체계 속에서의 기(氣)는 다음과 같은 특징을 보이고 있다.

첫째, 우주는 기(氣)로 충만(充滿)되어 있다. 천지 사이를 가득 채우고 있는 것은 모두 기(氣)이며, 천지 사이에는 오직 한 기(氣)의 풀무가 있을 뿐이다. 둘째, 만물은 음양의 기(氣)가 모여서 이루어진다. 음양의 기(氣)가 하늘과 땅 사이에서 회전하고 있는데, 기(氣)를 모아 형체를 이룬 것이 만물이라는 것이다.

셋째, 천체의 운행이나 계절의 변화를 비롯한 자연 현상은 기(氣)의 작용에 의해서 이루어진다. "수직적으로 말하면 해와 달이 오가는 것, 별들이 운행하는 것, 추위와 더위가 번갈아 드는 것, 음양이 서로 바뀌는 것, 그리고 끊임없는 생성과 소멸의 과정(消息盈虛生旺休因)이 모두 기(氣)이다. 평면적으로 말하면 산과 내, 큰 산과 큰 강이 모여 어울리는 것, 바람이 불고 비와 서리 그리고 이슬이 내리는 것, 초목이 자라는 것, 사람과 동물이 살고 죽는 것, 성현과 우매한 사람들이 맑고 탁하고 깨끗하고 더러운 차이가 나는 것 모두 기(氣)가 그 사이에 깃들여 있기 때문이다."

넷째, 천인일기(天人一氣)를 근거로 하여 자연과 인간의 감응(感應) 관계를 인정한다. 천지 만물은 서로 다르긴 하지만 그 체가 하나이므로 나의 기(氣)가 순(順)하면 천지의 기도 역시 순하여, 음양이 화하고 풍우가 유순하고 온갖 생명체들이 저마다의 본성을 잘 발휘하는 반면에, 나의 기(氣)가 어그러지면 천지의 기(氣)도 어그러지게 되고 그 결과 천지의 조화가 상하고, 음양이 변이를 느끼고 해와 달과 별들이 어긋나고 일·월식이 일어나는 등 자연의 운행이 질서를 잃게 된다는 것이다.

이와 같이 김시습의 이론은 기론(氣論)적 색채가 강함에도 불구하고 심성설의 영역에서 성즉리(性卽理)를 인정하는 등 리기이원론(理氣二元論)으로 해석될 수 있는 여지가 적지 않다. "성(性)과 리(理)는 두 가지가 아니다. 선유(先儒)가 말하기를 '성(性)은 곧 리(理)이다. 하늘이 명하고 사람이 받았으니 실리(實理)가 내 마음에 갖추어진 것이다' 라고 했다"라고 말하고 있기 때문이다. 뿐만 아니라 "명덕(明德)이란 사람이 하늘로부터 얻은 것으로 허령불매(虛靈不昧)하여 모든 리(理)를 다 갖추어 온갖 일에 응하는 것이다"라는 '대학장구(大學章句)23)'의 말을 인용하고 있다. 또 "천지 사이에 낳고 낳아 끝임 없는 것은 도(道)이고, 모이고 흩어지고 오고 가는 것은 리(理)의 기(氣)이다", "음양의 시작과 끝은 언어나 형적으로 말할 수 없다. 그러나 천지의 생생(生生)의 도(道)는 무망(無妄)이라고 말할 뿐이니 오직 실리(實理)이다"라고 하였다. 무릇 원형이정(元亨利貞)은 하늘의 덕(德)이고 인의예지(仁義禮智)는 성(性)의 덕이라는 것이다. "추위와 더위가 왕래하고 일월이 교대로 밝은 것과 낮과 밤의 도(道)는 이 리(理)의 자연(自然)이다." 이상에서 인용된 글들은 김시습이 기(氣) 이외에 리(理)를 적지 않게 언급했음을 보여준다. 그러나 김시습이 언급한 리(理)가 과연 기(氣)의 속성(屬性)이나 원리(原理)라는 제한적인 의미를 넘어서 기(氣)를 주재하는 객관 존재의 의미까지 지니는지는 확실하지 않다. 다만 분명한 것은 그가 이와 같이 리(理)를 언급하고 있음에도 불구하고 주자학자들의 경우처럼 리(理)를 절대화하지는 않는다는 점이다. 바로 그의 이러한 모습이 그를 기일원론자(氣一元論者)로 볼 수 있게끔 해 주는 결정적인 요소로서, 이 점은 태극에 대한 그의 견해에서도 확인된다.

태극(太極)이라는 것은 무극(無極)이다. 태극은 본래 무극이다. 태극은 음양이고 음양은 태극이다. …… 음양 밖에 따로 태극이 있다면 음양이 될 수 없으며 태극 안에 따로 음양이 있다면 태극이라고 할 수 없다. 음(陰)이면서 양(陽)이고 양이면서 음이고 움직이면서 고요하고 고요하면서 움직이니, 그 리(理)의 무극한 것이 태극이다. 그것

<hr>

23) 주희(朱熹: 朱子)는 대학(大學)이 본문에 탈락과 착간(錯簡)이 있다 하여 논리적으로 재구성하여 ≪대학신본(大學新本)≫의 원전(原典)을 정하고, 주석을 달아 ≪대학장구(大學章句)≫라 하였다.

의 기(氣)는 움직이기도 하고 고요하기도 하며 열리기도 하고 닫히기도 하면서 음양이 된다. 그것의 본성(本性)은 원형이정(元亨利貞)이고, 위축되기도 하고 확산되기도 하는 것이 그것의 현실적인 모습이다. 그리고 천지가 둥글고 모나며 원기(元氣)가 발육하고 만물이 성(性)을 완성하는 것은 모두 그것의 작용 때문이다.

태극에 대해 논하고 있는 이 글은 그 의미가 쉽게 이해되지는 않는다. 태극이 근원적인 존재임은 분명하지만 그것의 구체적인 내용이 시원적인 물적 존재(氣)인지 아니면 그것에 선행하면서 그것을 생성하고 지배하는 관념적 존재(理)인지 명확하지 않다는 것이다. 태극이 음양이라는 것으로 보아서는 전자가 옳은 것 같지만 리(理)의 무극한 것이 태극이라거나 원기(元氣)가 그것 때문에 발육한다는 말에서는 태극이 기(氣)가 아니라 리(理)인 것처럼 보이기도 한다. 그래서 이 글에 대해 섣부른 판단보다는 다소 모호하기는 하지만 가장 덜 틀릴 수 있는 판단을 하자면, 태극이란 리(理)와 기(氣)가 미분화된 근원적 존재라고 규정할 수 있을 것이다. 이러한 판단을 밑받침해 주는 것이 "그 기(氣)는 움직이기도 하고 고요하기도 하며 열리기도 하고 닫히기도 하면서 음양이 되고, 그 성(性)은 원형이정(元亨利貞)이고 ……"라는 구절이다. 여기서 그 기(氣)라는 말과 그 성(性)이라는 말은 태극의 기(氣)와 태극의 성(性)을 의미한다. 그렇다면 태극은 기(氣)의 측면과 성(性)의 측면을 아울러 가지고 있다는 판단이 가능하다. 시원적 존재인 태극은 그것의 가장 기본적인 운동 형태인 음양의 운동을 자신의 본질로 하고 있다. 그래서 "태극의 도(道)는 음양일 뿐이다"라고 말하는 것이다. 하지만 그러한 운동의 주체가 있지 않으면 안 되는데, 그것은 기(氣)일 수밖에 없다. 이렇게 본다면 다소 불분명한 점이 있긴 하지만 다음과 같이 최소한의 정리를 할 수 있을 것이다.

김시습은 정도전이나 권근 같은 학자처럼 리(理)가 궁극적 존재이자 궁극적 존재원리라는 것을 명확하게 표명하지 않았다. 그 이유는 그가 주희의 리기이원론(理氣二元論)에 대한 이해가 부족해서가 아니다. 그는 그 이론을 잘 알고 있었고, 특히 심성론(心性論)의 영역에서는 그 이론을 부분적으로 차용하기도 했기 때문이다. 그 이론을 알고 있었으면서도 그 이론을 자신의 이론을 정립하는 데 전면에 내세우지 않았다는 것이 김시습의 리기론(理氣論)의 주요한 특징이다.

② 서경덕

　서경덕(徐敬德: 1489~1546) 역시 자연을 도덕적인 관점에서 이해했고, 그것을 기(氣)로 설명했다는 점에서 김시습과 다르지 않다. 그 역시 자연의 성(誠), 천지의 심(心), 천지의 선(善)에 대해서 언급하였다. 서경덕은 존재의 시원 또는 근원에 대해 매우 깊은 관심을 보였고, 그에 따라 체계적인 이론적 작업을 진행했다는 데 그의 자연관 및 존재론의 특징이 있다. 그는 「천기(天機)」라는 시에서 "혼돈(渾沌)의 처음을 거슬러 올라 보건대, 음양오행을 누가 움직이게 했을까?"라고 했고, 「유물(有物)」에서는 "오고 오는 것은 시작이 없는 것으로부터 오는 것, 묻노니 그대는 처음에 어디에서 왔는가?"라고 했으며, 또 「만인(挽人)」에서는 "만물은 어디에서 왔다가 또 어디로 가는가?"라고 하였다. 이러한 물음들은 그가 가졌던 존재의 근원에 대한 강렬한 문제의식을 잘 보여준다. 이러한 물음에 대한 그의 결론은 잘 알려진 대로 기(氣)에서 나와 기(氣)로 돌아간다는 것이었다.

　가. 선·후천(先後天)의 우주(宇宙)

　서경덕은 이 우주를 선천(先天)과 후천(後天)으로 나누어 이해한다. 지금 우리가 살고 있는 이 우주가 후천이라면 이 우주가 생겨나기 이전의 세계가 선천이다. 후천은 하늘과 땅 그리고 그 사이에서 생겨났다 사라지는 수많은 존재들로 구성되어 있다. 선천은 바로 이러한 후천의 세계가 그 모습을 갖추기 이전의 상태이다. 그것을 서경덕은 '태허(太虛)'라고 하였다. 태허는 글자 그대로 큰 공간이지만 그 속에는 아무것도 없는 텅 빈공간이 아니라 기(氣)가 가득 차 있는 공간이다. 그것은 중간에 생겨난 것이 아니라 본래부터 존재했던 것인 동시에 소멸하지 않는 존재이다. 그리고 맑고 형체가 없으며 무한히 큰 존재이다. 이 태허의 맑은 기(氣), 즉 일기(一氣)가 갑자기 운동을 하는데, 그 운동은 누가 시키는 것이 아니라 스스로 그러한 것이다. 다시 말해 동정(動靜)이 없을 수 없고 열리고 닫힘이 없을 수 없는데, 그것은 기틀이 스스로 그러한 것이다. 이러한 운동의 결과로 일기(一氣)가 음양이 되는데, 양(陽)의 움직임이 극(極)에 이르러 하늘이 되고 음(陰)의 모임이 극(極)에 달하여 땅이 된다. 이렇게 서경덕은 일기(一氣)로부터 음양의 기(氣)가 분화되고, 이 음양의 기(氣)에 의해서 하늘과 땅을 비롯해 일월성신과 수화(水火)가 생겨난다고 보았다. 이것이 바로 후천이다. 그에 따르면 후천, 즉 지금의 이 우주는, 기(氣)로 이루어져 있는 하늘이 바깥에서 회전하고 땅은 그 중간에 고요히 있는 모습을 하고 있다.

이처럼 그는 기(氣)에 의해서 우주 및 만물의 생성을 설명하고 있다. 이 과정에서 리(理)의 역할은 잘 드러나지 않을 뿐만 아니라 그러할 수도 없다. 왜냐하면 서경덕의 이론 속에서 리(理)는 어떤 존재를 지칭하는 존재론적 개념이 아니기 때문이다. 그의 리(理)는 기(氣)와 별개로 존재하는 객관(客觀) 존재가 아니라 기(氣) 작용의 질서(秩序)이다. 리(理)라는 것은 기(氣)의 주재자(主宰者)이긴 하지만 이 주재자라고 하는 것은 밖에서 와서 주재(主宰)하는 것이 아니라 그 기(氣)의 작용이 그 질서를 잃지 않을 수 있는 것을 가리켜 주재자라고 하는 것이다. 그러므로 그것은 진정한 의미의 주재자일 수 없다. 다시 말해 리(理)는 기(氣)를 주재하는 주재자도 아니며, 기(氣)가 복종해야만 하는 원리도 아니다. 그것은 기(氣) 작용의 질서일 뿐이다. 그렇다면 서경덕의 자연관을 기론적(氣論的) 자연관이라고 부를 수 있을 것이다.

나. 기(氣)의 특징

여기서 서경덕의 기(氣) 개념이 갖는 특징을 정리해 보면 다음과 같다.

첫째, 기(氣)는 우주 전체에 충만해 있어 빈틈이 없다.
둘째, 기(氣)는 양적으로 그리고 공간적으로 무한하다. 하도 커서 바깥이 없다.
셋째, 기(氣)는 시간적으로 영원하다. 무에서 창조된 것이 아니기 때문에 시작도 없고 또한 끝도 없다.
넷째, 기(氣)는 초감각적인 그 무엇이다. 잡으려 해도 잡히지 않고 소리도 냄새도 없다.
다섯째, 공기도 기(氣)와 별개의 것이 아니다. 부채질을 했을 때 바람이 일어나는데,

바람의 선행적 존재가 곧 기(氣)이다.

여섯째, 기(氣)는 만물의 질료(質料)이다. 기(氣)가 모이면 만물이 되고 흩어지면 만물은 다시 태허(太虛)로 돌아간다.

일곱째, 기(氣)의 움직임은 외재적(外在的)인 요인에 의해서 이루어지는 것이 아니라 스스로 움직이는 것이다.

3) 조선 중기의 기 개념

(1) 퇴계 학파의 기 개념

① 이황(李滉)

이황(李滉: 退溪, 1501~1570)은 조선 시대 주자학의 이론적 토대를 마련한 학자이다. 그는 일반 성리학자들처럼 사물이 객관적으로 존재함을 인정한다. "사물에 대하여 말하자면 천하의 모든 사물은 실제로 나의 밖에 있다." 그리고 그것들이 기(氣)로 이루어졌음은 물론이다. 하지만 물적(物的) 존재만이 이 세상의 전부는 아니다. "천하의 사물은 반드시 각각 그렇게 되는 까닭이 있으며 바로 그렇게 되어야 하는 법칙이 있는데 그것이 리(理)다." 이황은 리(理)와 기(氣)라는 두 범주(範疇)에 의해서 만물의 존재를 설명하는 리기이원론자(理氣二元論者)인 것이다. 그에 따르면 "천지 사이에는 리(理)와 기(氣)가 있다. 리(理)가 있자 곧 기(氣)의 조짐(兆朕)이 있고 기(氣)가 있자 곧 리(理)가 따라서 존재한다." 다시 말해 이 세상에 리(理) 없는 기(氣) 없고 기(氣) 없는 리(理) 없다. 그런데 그는 "리(理)는 기(氣)의 통솔자(統率者)이며 기(氣)는 리(理)의 졸병(卒兵)이다"라고 하여, 리(理)와 기(氣)의 역할에 대해서 리(理) 우위(優位)의 사고(思考)를 보이고 있다. 리(理)와 기(氣)가 현실의 존재를 이루는 두 가지 구성 요소이긴 하지만 그 둘의 관계는 리(理)가 기(氣)를 지배하는 지배와 피지배의 관계로 파악하고 있는 것이다. 이 점에 대해서는 다음과 같이 명확하게 말하고 있다.

리(理)와 기(氣)가 합하여져서 사물(事物)이 이루어진다. 그 신묘한 작용이 이와 같을 뿐이니 천명이 유행하는 곳에 그렇게 되도록 시키는 존재가 따로 있는 것이 아니다. 이 리(理)는 지극히 높아 그것과 마주 설만한 것이 없으며, 사물에 명령을 내리지 사물로부터 명령을 받지는 않기 때문이다.

그에게 있어 리(理)는 지극히 높아 상대할 것이 없는 존재인 것이다. 이것은 그가 리(理)를 궁극적 존재로 이해한다는 의미이다. 즉 태극(太極)이 리(理)인 것이다. 이황에게 있어 리(理)는 사물을 낳는 바탕이며 만사의 뿌리이다. 그리고 이것은 리선기후(理先氣後)의 사고와 직결되는데, 무릇 사물에는 필연의 법칙과 당위의 법칙이 선행한다는 것이 그것이다.

리(理)와 기(氣)의 선후(先後) 문제는 성리학에서 많은 논란거리가 되어 왔던 것이 사실이다. 그것은 리(理) 우위의 사고를 관철시키기 위해서는 리선기후(理先氣後)를 주장해야 하지만 현실 사물에서는 엄연히 리(理)와 기(氣)가 병존(竝存)하고 있음을 부정할 수 없다는 데서 오는 문제이다. 전자를 강조하다 보면 리(理)만 있고 기(氣)는 없는 경우를 상정해야 하기 때문에 리기(理氣) 병존이 부정될 수밖에 없고, 후자를 강조하다 보면 리(理)의 절대성(絶對性)에 손상이 온다. 그래서 주희(朱熹) 역시 이 문제에 대해서 그렇게 일관된 견해를 가지고 있었던 같지는 않다. 다만 현실적으로 리(理)와 기(氣)가 병존하지만 논리적으로는 리(理)가 기(氣)보다 앞선다는 것이 그의 만년 정설이었던 것으로 보인다. 이황 역시 리선기후(理先氣後)와 리기(理氣) 병존을 다 인정하지만 그 무게 중심은 리선기후(理先氣後)에 있었다고 보아야 할 것이다. 그만큼 이황은 리(理) 우위의 사고를 가졌던 것이다. 그의 리(理) 우위의 사고는 리(태극)가 기(음양)를 낳는다거나 리(태극)가 스스로 작용한다는 사고에서 그 정점(頂点)에 달한다.

그의 이러한 사고는 서경덕의 학설이 하나도 들어맞는 것이 없다는 혹평에서도 확인된다. 서경덕이 아주 깊은 데까지 나아가고 미묘한 데까지 파헤쳤다고 자부하나 결과적으로 리자(理字) 하나 제대로 밝혀내지 못하였다는 것이다. 또 다른 곳에서는 서경덕이 수(數)에 대해서는 조예가 깊지만 리(理)를 기(氣)로 여기는 데서 벗어나지 못하였고, 그 결과 오늘날 많은 사람들이 기(氣)를 영원히 존재하여 결코 사라지지 않는 것이라고 하니 이미 불교에서 범한 오류에 빠져 들고 있다고 비판하고 있다. 이와 같이 리(理) 우위의 사고는 기(氣)를 천시(賤視)하는 사고와 결부되게 마련이다. "리(理)는 귀

(貴)하고 기(氣)는 천(賤)하다"라는 것이 리(理)와 기(氣)를 바라보는 이황의 기본 관점이었다.

② 정시한(丁時翰)

정시한(丁時翰: 1625~1707)은 율곡(栗谷) 학파에 맞서 퇴계의 이론을 옹호한 17세기 퇴계 학파의 대표적인 이론가 중 한 사람이다. 율곡학파에 대한 그의 평가는 그들이 기(氣)를 인식하기를 리(理)와 같이한다(認氣爲理)는 것이다. 이것을 달리 표현하자면 그들이 기(氣)를 숭상한다는 것인데, 정시한의 관점에서 보자면 그것은 곧 리학(理學)의 종지를 배반하는 것이 아닐 수 없다. 이것은 결국 당시의 학자들이 리(理)를 제대로 인식하고 있지 못한다는 것으로 귀결된다. 이 점에 대해서 정시한은 다음과 같이 말한 바 있다.

> 사람들이 학문을 함에 있어 단지 리자(理字)를 투철하게 이해하지 못하는 것이 걱정일 뿐이다. 만약 리(理)를 진실로 정확하게 이해한다면 마음을 쓰고 일을 하는 데 어찌 선하지 않음이 있겠는가? …… 만약 기(氣)를 주인으로 여겨 작용을 성(性)이라고 한다면 그 화가 반드시 하늘을 업신여기는 데까지 이를 것이다.

당시의 학자들에 대한 이러한 평가는 리(理)와 기(氣)의 관계를 주인(主)과 보조원(輔)으로 이해하는 데서 온 것이다. 정시한은 리(理)와 기(氣)가 묘합(妙合)해 있는 가운데 리(理)는 항상 주인이 되고 기(氣)는 항상 주인을 돕는 보조원이 된다고 보았다. 리(理)가 비록 기(氣) 가운데 있다고 하더라도 리(理)는 기(氣)에 구속되지 않으며, 기(氣)에 명령을 하지 명령을 받지는 않는다는 것이다. 그는 리(理)와 기(氣)를 각기 대장과 부하에 비유하기도 한다. 리(理)와 기(氣)에 대한 이러한 이분(二分) 의식은 리(理)를 순선(純善) 무악(無惡)한 것으로 기(氣)를 선악(善惡)의 기미(幾微)가 있는 것으로 파악하는 것과 맞물려 있다. 이렇게 본다면 정시한은 리(理) 우위의 사고를 가졌음이 분명해진다.

정시한의 리기론(理氣論)에서 두드러진 특징 가운데 하나는 이황의 학설을 적극 옹호하면서도 리기불상리(理氣不相離)의 원칙을 매우 강조한다는 점이다. 리(理)와 기(氣)

는 본래부터 혼융무간(渾融無間)[24]했기 때문에 그것이 합쳐진 때가 있었던 것도 아니고 앞으로 서로 분리되지도 않는다는 것이다. 이것을 태극에 적용하게 되면 "담일청허(湛一淸虛)[25]의 기(氣)는 태극 본연의 체와 혼융무간(渾融無間)하다"라는 견해가 나온다. 이황의 호발설(互發說)에 대해서도 리(理)와 기(氣)가 함께 있는 가운데 주도적인 역할을 한 것에 나아가 리발(理發) 또는 기발(氣發)이라고 했을 뿐이지 기(氣) 없이 리(理)만이 발(發)한다거나 리(理) 없이 기(氣)만이 발(發)한다는 것은 아니라고 설명한다. 이렇게 리기불상리(理氣不相離)를 강조하다 보면 리기(理氣)의 선후를 부정하는 데까지 이르게 된다. 실제로 정시한은 기(氣)의 작용 처를 기발(氣發)이라고 할 수도 있고 리(理)의 주재(主宰) 유행 처를 리발(理發)이라고 할 수도 있지만 기(氣)가 리(理)보다 앞서는 것도 아니고 리(理)가 기(氣)보다 앞서는 것도 아니라는 견해를 피력하였다. 이러한 리기관(理氣觀)이 리기(理氣)의 현실적 작용에 적용될 때는 "천지의 운동 변화는 기(氣)가 운동 변화하는데, 거기에 리(理)가 타고 있다"라는 주장을 승인하게 되는데, 이것은 부분적으로 리(理)의 무위(無爲)성을 인정한다는 것을 뜻한다. 그러나 리(理)의 무위(無爲)는 자연히 그러하여 유위의 자취를 볼 수 없기 때문에 무위라고 하는 것이지 그 어떤 기능도 하지 않는 것은 아니다. 리(理)가 단순히 운동하는 기(氣)에 타는 운동의 수동체가 아니라 그 운동의 원인이라는 적극적인 역할을 한다는 것이다. 결국 정시한은 리(理)의 동정(動靜)을 인정하고 있는 것이다. 그래서 그는 사단칠정(四端七情)을 리발(理發)과 기발(氣發)로 나누어 이해했던 이황의 견해를 지지하게 된다. 이렇듯 정시한이 리(理)의 동정(動靜)을 강조하는 것은 그렇지 않을 경우에 리(理)가 기(氣)에 종속될 것을 우려했기 때문이다. 이 점에 대해서는 이이(李珥)에 대한 다음의 비판에서 확인된다.

> 만약 리(理)가 기(氣)와 서로 떨어지지 않는다는 것만을 보고 리기(理氣)가 둘이 아니라고 여기고, 기(氣)가 항상 리(理)를 싣고 있는 것만을 보고 리기(理氣)는 나눌 수 없

---

24) 渾融은 잘 섞어서 일체(一體)가 된다는 뜻이고, 無間은 아주 친하여 서로 사이에 막힘이 없다는 뜻이다.

25) 성리학의 이기론(理氣論)에서 기(氣)를 중시하는 학자들이 그 근원성을 지칭하는 용어. <담(湛)>은 <고요한 우물처럼 맑고 깊다>는 의미이고, <일(一)>은 <근원적 통일성>을 의미하여 담일청허기는 <맑고 깊으면서 비어 있는 듯하나 존재의 근원이 되는 기>라는 뜻이다. 박순(朴淳)은 본원적 기는 음의 상태에 해당한다고 하여 기의 본래적 정태성을 부각시켰다. 이에 대해 이이(李珥)는 담일청허가 음이고, 그것이 음양을 만들어낸다는 것은 자기모순이며, 음양의 변화에 시초와 종말을 인정하는 불합리한 주장이라는 비판을 하였다. 이러한 경향은 궁극적 존재를 이(理)로만 규정하는 주장에 대한 반발 내지 보완이라고 볼 수 있다.

다고 여긴다면, 기(氣)는 스스로 작용하고 리(理)가 관여함이 없으므로 작용이 성(性)
이라는 설로 귀착될 것이다.

서로 혼융무간(渾融無間)하고 선후(先後)와 이합(離合)을 말할 수 없는 가운데서도 리
(理)는 리(理)이고 기(氣)는 기(氣)이다. 그래서 리(理)는 기(氣)에게 명령을 내리지 명령
을 받지 않으며 기(氣)에 있지만 기(氣)와 뒤섞이지 않는다는 것이다. 정시한의 이러한
관점은 이이(李珥)의 리통기국설(理通氣局說)을 비판하는 데로 이어진다. 율곡의 리통
기국설(理通氣局說)을 인정하면 기(氣)를 주재(主宰)하고 물(物)에 명령하는 본원으로서
의 리(理)가 완전히 결여되고 단지 리(理)가 기(氣)의 제한(局)에 종속되는 것이고 기(氣)
의 명령을 받는 것이 되고 만다는 것이다. 그의 이러한 주장 속에는 기(氣)가 가리기
이전에 이미 리(理) 자체가 서로 다른 리(理)이므로 그에 따라 차별적인 기(氣)의 작용
이 일어나고, 이에 서로 다른 사물이 생겨난다는 것을 드러내려는 목적이 있다.

③ 이현일(李玄逸)

이황(退溪)의 수많은 제자 가운데 학맥의 관점에서 볼 때 특히 두드러진 인물은 김
성일(金誠一)과 유성룡(柳成龍)이다. 그들은 이황 학맥을 이은 양대 학맥, 이른바 호파
(虎派)와 병파(屛派)의 종장이기 때문이다. 이현일(李玄逸, 1627~1704)은 이 가운데 김
성일의 재전(再傳) 제자로서 호파의 정통을 이은 학자이긴 하지만 17세기 후반 그의
치열했던 이론적·실천적 활동은 호파를 넘어 퇴계학파 전체를 대변한다고 보아도
크게 틀리지 않을 것이다. 그가 비록 유성룡, 이덕홍, 장현광 등 퇴계학파의 학자들의
성리설을 비판하고 있기는 하지만, 18세기 조선 주자학사의 차원에서 보자면 「율곡이
씨논사단칠정서변(栗谷李氏論四端七情書辨)[26]」에 집중적으로 나타나 있는 이이(李珥)의
학설에 대한 비판이 더욱 의미 있는 것이 아닐 수 없다. 특히 서인(西人)과 남인(南人)
의 첨예한 정치적 대립과 맞물리면서 그 의미는 배가 되었다고 해야 할 것이다.

---

26) 이현일은 62세(1688, 숙종 14)에 '사단칠정논변(四端七情論辨)'에 관한 이이의 이론을 19개 조목에 걸쳐 치밀하게 비판하는 「율곡
이씨논사단칠정서변(栗谷李氏論四端七情書辨)」을 저술함으로써 퇴계학파를 계승한 그 자신의 성리학적 입장을 확고하게 정립하였
다. 이 책은 말미에서 부록으로 이현일의 '격물치지'에 대한 내용도 서술하고 있다.

이현일의 리기론(理氣論)은 리(理)의 지위를 고양시키는 방향으로 진행되었다. 그는 리(理)와 기(氣)가 이 세상에서 없어서는 안 되는 그리고 없을 수도 없는 필수적인 존재이며 아울러 언제나 공존하는 존재라는 것을 인정하고 있지만, 그는 리(理)와 기(氣)가 별개의 존재임을 더욱 강조하였다. 다시 말해 리기불상리(不相離)를 전제한 것이긴 하지만 리기불상잡(理氣不相雜)의 원칙을 더욱 강조했다는 점에서 그는 퇴계 학파의 일반적 특징을 공유하고 있다. 그의 이러한 의식은 이이(李珥)의 학설에 대한 비판에서 공동보조를 취했던 정시한에게 "그대의 견해는 리기(理氣)의 혼륜(渾淪)을 주장하여 분별하지 않는 뜻이 너무 지나쳤습니다. 그러다가 자칫 리기(理氣)가 일물(一物)이 된다는 설에 빠지지 않겠습니까?"라고 주의를 환기시킨 것에서도 잘 드러난다.

19조목으로 되어 있는 「율곡이씨사단칠정서변(栗谷李氏論四端七情書辨)」은 다양한 측면에서 이이(李珥)의 학설을 비판하고 있지만 그 핵심은 이이(李珥)가 리(理)의 역할을 너무 축소시켜 쓸모없는 것으로 만들어 버렸다는 것으로 모아진다. 이현일은 이 점에 대해서 다음과 같이 말한다.

> 리(理)는 비록 무위(無爲)이지만 실로 조화(造化)의 추뉴(樞紐)이고 만물의 근저이다. 만약 이이(李珥)의 학설과 같다면 이 리(理)는 단지 허무하고 공적한 것이 되어 온갖 조화의 근원이 될 수 없고 음양의 기화(氣化)만이 제멋대로 운동하면서 그 조화를 이루게 되니 또한 잘못이 아닌가?

이러한 비판은 이이(李珥)가 "음양동정(陰陽動靜)은 기틀이 스스로 그러할 뿐이니 그렇게 하도록 하는 것이 없다"라고 한 것에 대한 비판이다. 이이의 주장대로라면 리가 기(氣)를 주재하는 적극적 능력이 상실되고 만다는 것이 이현일의 생각이다. 그래서 그의 비판은 리(理)가 모든 작용의 주인(主)이 되고, 또 그러해야만 자연의 질서가 어그러지지 않는다는 것으로 귀결된다. 만약에 리(理)가 주인이 되지 않고 음양기화의 작용에만 맡겨 둔다면 반드시 여름에 추워지고 겨울에 뜨거워지는 등 자연의 질서가 파괴될 것이라고 그는 이해한다. 여기서 이현일이 다른 주자학자들과 마찬가지로 자연 질서의 원천을 리(理)에서 구하고 있음을 확인하게 된다. 리(理)가 동정(動靜)의 주인이 된다는 주장은 리(理)의 동정(動靜)을 인정하는 사고와 맞닿아 있는데, 리(理)의 동정(動靜)의 문제는 이황이 주장한 호발설(互發說)의 관건인 동시에 그 호발설에 대한 이이 비판의 핵심이다. 그래서 이현일은 "리(理)에 동정(動靜)이 있기 때문에 기(氣)에 동정(動靜)이 있다. 만약에 리(理)에 동정(動靜)이 없다면 기(氣)에 어떻게 동정(動靜)이 있을 수 있겠는가?"라든가, "태극(太極)이 동정(動靜)을 겸한 것이 아니라 태극에 동정이 있다"와 같은 주희(朱熹)의 말을 인용하여 리(理)에 동정(動靜)이 있음을 주장한다. 이와 같이 리(理)의 동정을 근거로 호발설(互發說)을 옹호하는 이현일의 학설은 그 이후 퇴계 학파를 하나로 묶는 핵심 이론으로 자리를 잡았다.

(2) 율곡 학파의 기 개념

① 이이(李珥: 栗谷)

이이(李珥, 1536~1584)는 존재를 리(理)와 기(氣)로 설명하는 전형적인 리기이원론(이기(理氣)二元論) 자이다. 그럼에도 불구하고 여타의 주자학자들도 그러하듯이 자연에 대해서는 기(氣)를 중심으로 설명했고 그러한 점에서는 기일원론자(氣一元論者)들과 큰 차이를 보이지 않는다. 그에 따르면 "천지 사이에 차 있는 것은 기(氣) 아닌 것이 없다", "일기(一氣)의 운화(運化)가 흩어져서 만수(萬殊)가 되니, 나누어 말하면 만상(萬象)이 각기 일기(一氣)이고 합하여 말하면 천지만상天地萬象이 똑같이 일기(一氣)이다"라는 것이다. 일월성신(日月星辰)이 하늘에서 빛나고 비, 눈, 서리, 이슬이 땅에 내리고 바람과 구름이 일고 천둥과 번개가 치는 것은 이 기(氣)가 아님이 없다. 우주 공간은 기(氣)로 가득 차 있고, 그 기(氣)로부터 만물이 생겨난다는 것이다. 그리고 만물의 운동 변화가 모두 기(氣)의 운동 변화라는 것이다.

이이(李珥)는 자연의 운동 변화를 질서 정연한 것으로 이해한다. 그러나 그는 그 질서 정연함의 원인에 대해서는 자연히 그러할 뿐이라고 말할 수 있을 뿐 그 이상은 알 수 없다는 입장을 견지하고 있다. 그럼에도 불구하고 그는 자연의 질서가 어그러질 수 있음을 인정하는데, 그는 그 원인을 음양의 기(氣)가 조화되지 않는 데서 찾는다.

바람, 구름, 우레, 번개가 모두 어그러진 기(氣)에서 나온다는 것이다. 그것을 그는 리(理)의 이변(異變)이라고 한다. 그런데 그는 이러한 이변이 인간에 의해 초래될 수 있다고 본다. "사람은 천지의 마음이므로 사람의 마음이 바르면 천지의 마음도 바르고 사람의 기(氣)가 순조로우면 천지의 기(氣)도 순조롭기 때문에, 리(理)의 정상과 이변을 오로지 천도에만 돌릴 수 없다"라는 것이다.

이와 같이 이이(李珥)는 천지와 인간 사이에 있는 마음 및 기(氣)의 동질성에 근거하여 자연의 세계와 인간의 세계를 통일적으로 파악하고 있다. 이것은 인간의 도덕성의 실천 여부가 자연의 질서를 보존하기도 하고 깨뜨리기도 한다는 의식으로서, 주희(朱熹)뿐만 아니라 정도전 이래로 조선 주자학자들이 일반적으로 견지하고 있었던 일종의 천인감응설이다. 그의 이러한 사고는 자연의 재이(災異) 현상에 대한 이해와 부합된다. 그는 재이(災異)에 대해서 "재이의 발생은 덕을 닦는 치세에는 나타나지 않으며 일월식의 이변은 말세의 쇠한 정치에서 나오는 것이므로 하늘과 사람이 서로 관여함을 여기서 알 수 있다"라고 말한다. 크게는 인간의 도덕적 실천을, 작게는 임금의 왕도 정치를 담보할 수 있는 권위의 원천을 천 또는 자연에서 확보하고자 했던 유학(주자학)에서는 자연의 영역과 인간의 영역을 통일적으로 이해하였고, 따라서 필연의 영역과 당위의 영역이 혼재되어 나타나는 것이 주된 경향이었다. 이러한 이유로 인해서 주자학에서는 자연의 독립성과 필연성을 승인하고 있었음에도 불구하고 그 독립성과 필연성이 심각한 제약을 받았던 것이다. 그 결과 자연의 재이(災異) 현상을 자연의 필연적인 과정의 하나로 인식하고 그 원인을 파악하려는 시도는 하지 않고, 그것을 인간의 도덕적 실천 영역으로 환원했던 것이다. 이러한 사고는 자연학의 발전에 커다란 장애가 되었다고 해야 할 것이다.

이러한 자연 인식은 일반 주자학자들이 일반적으로 인정하는 것이므로 별다른 것이 아니다. 다만 다른 학자들과 상대적으로 다른 점을 골라내자면 다음과 같은 것이 있다.

첫째, 담일허명(澹一虛明)한 기(氣)가 기(氣)의 처음일 수 없다는 것이다. 기(氣)라는 것은 음(陰) 아니면 양(陽)인데, 그 담일청명(澹一淸明)의 기(氣)가 음(陰)이라면 그 이전에 양(陽)이 있었을 것이고, 그 기(氣)가 양(陽)이라면 그 이전에 음(陰)이 있었을 것이라는 것이 그의 논리이다. 이것은 박순(朴淳: 1523～1589),[27] 나아가서 서경덕을 비판하는 것인데, 서경덕은 천지가 생겨나기 이전, 즉 선천을 담일청허의 기(氣)를 내용으로 한 태허(太虛)라고 하여 만물의 시원으로 삼았다. 이와 같은 견해의 차이는 서경덕이 천지의 개벽(開闢)을 기준으로 선천(先天)과 후천(後天)의 세계로 나누는 데 반하여, 이이(李珥)는 천지가 끊임없는 생성과 소멸의 과정을 겪는 것으로 보는 데서 오는 것이다. 서경덕은 지금 현재의 천지가 생기기 이전의 기(氣)를 원초적인 기(氣)로 보는 데 반하여 이이(李珥)는 현재의 천지가 생기기 이전의 기(氣)를 그 이전의 천지가 소멸된 결과물이라고 보는 것이다. 그러므로 그 기(氣)는 원초적인 기(氣)가 될 수 없다.

둘째, 그는 서경덕의 일기항존설(一氣恒存說)을 비판한다. 원기(元氣)는 끊임없이 새롭게 생겨나므로(生生不息) 간 것은 이미 간 것이고 새로 오는 것이 계속 이어진다는 것이다. 그러므로 서경덕이 일기(一氣)가 항존한다고 본 것은 기(氣)를 리(理)로 여긴 병폐이다. 이러한 견해는 리(理)를 영원한 존재로 기(氣)를 유한한 존재로 보는 주자학자들의 통상적인 견해이다.

셋째, 이른바 충막무짐(沖漠無朕)이라는 것은 담일청허의 기(氣)를 지칭하는 것도 아니고 음양을 떠나 허공에 매달려 있는 태극을 지칭하는 것도 아니며, 기(氣) 속에 있는 리(理), 즉 태극(太極)을 지칭하는 것이다. 기(氣)는 상(象)이 있고 상이 있으면 충막무짐(沖漠無朕: 천지는 공허하고 깊숙하여 아무런 조짐도 없는 상태, 理를 의미한다)이라고 할 수 없다. 이것 역시 "태허가 담일청허하여 음양을 낳는다"라고 한 서경덕을 비판하는 것이지만, 이른바 주리설(主理說)과 일정한 차이를 보여주는 것이기도 하다. 음양은 시작이 없는 존재이므로 음양이 생기지 않았는데 태극만이 독립적으로 존재했던 때는 없다고 그는 보았기 때문에 '태극이 양의(兩儀)를 낳는다'라고만 말한 것은 미진하다는 것이다. 리기(理氣)는 본래 혼합되어 있으니 모두 본래부터 있었지 처음 생겨난 때가 있는 것은 아니다.

---

27) 조선 중기의 문신. 자는 화숙(和叔), 호는 사암(思菴). 본관은 충주(忠州). 1553년(명종 8) 정시문과에 장원한 뒤 성균관전적, 홍문관 수찬·교리, 의정부 사인(舍人) 등을 거쳐 1561년 홍문관응교로 있을 때 임백령(林百齡)의 시호제정문제에 관련, 윤원형(尹元衡)의 미움을 받고 파면되었으나, 1562년 다시 기용되어 한산군수(韓山郡守)·홍문관직제학 등을 지내고 1565년 대사간이 되어 윤원형을 탄핵하였다. 1572년 영의정이 되었고 이이(李珥)가 탄핵되었을 때 그를 옹호하다가 탄핵당하였다. 성리학에 박통하고 특히 ≪주역≫에 연구가 깊었으며 문장이 뛰어났다. 중년에 이황(李滉)을 사사(師事)하였다. 나주 월정서원(月井書院), 광주(光州) 월봉서원(月峰書院), 개성 화곡서원(花谷書院), 영평(永平) 옥병서원(玉屏書院)에 제향되었다. 저서로 ≪사암집≫이 있다. 시호는 문충(文忠).

넷째, 무형무위(無形無爲)이면서 유형유위(有形有爲)의 주(主)가 되는 것이 리(理)이다. 유형유위이면서 무형무위의 기(器)가 되는 것이 기(氣)이다. 그러므로 리통기국(理通氣局)이다. 오물과 같은 사물 속에도 리(理)가 있어서 그 사물의 성(性)이 되지만 그 리(理)의 본래 모습은 그대로 있다. 이것을 리통(理通)이라고 한다. 기(氣)의 근본은 맑고 깨끗하지만(湛一淸虛) 끊임없는 운동 과정에서 수만 가지의 다양한 모습으로 변화한다. 그러므로 기(氣)의 유행에 그 본래 모습을 잃은 것도 있고 잃지 않은 것도 있다. 이미 그 본래 모습을 잃었으면 기(氣)의 본래 모습은 있지 않다. 이것이 기국(氣局)이다.

다섯째, 음(陰)이 고요하고(陰靜) 양(陽)이 움직이는(陽動) 것은 기틀이 스스로 그러할 뿐이지(機自爾) 그것을 부리는 자가 있는 것이 아니다. 양(陽)의 움직임은 리(理)가 그 움직임에 탄 것이니 리(理)의 움직임(理動)이 아니며, 음(陰)의 고요함은 리(理)가 그 고요함에 탄 것이니 리(理)의 고요함(理靜)이 아니다. 음(陰)이 고요하고 양(陽)이 움직이는 것은 그 기틀이 스스로 그러한 것이고, 그 음(陰)이 고요하고 양(陽)이 움직이는 원인은 리(理)이다. 그러므로 천지의 운동 변화와 내 마음의 작용은 '기발이리승지(氣發而理乘之)'가 아님이 없다.

② 한원진(韓元震)

한원진(韓元震: 1862~1751)은 김장생(金長生: 1548~1631)[28]·송시열(宋時烈: 1607~1689)[29]·권상하(權尙夏: 1641~1721)[30]로 이어지는 정통 율곡 학파의 충실한 계승자

---

[28] 그가 예론에서 이론적 배경으로 삼았던 것은 율곡의 이기설(理氣說)이었다. 이황(李滉)의 이기호발설(理氣互發說)에 반대하면서 율곡의 이기관(理氣觀)을 포괄적으로 계승하여, 이(理)와 기(氣)는 본래 스스로 섞여 있다고 하는 이기혼융설(理氣混融說)을 주장했다. 그는 이기의 관계를 불상잡(不相雜)·불상리(不相離)로 파악하고, 기(氣)의 유위유형(有爲有形)한 부제성(不齊性)과 이(理)의 무위무형(無爲無形)한 제일성(齊一性)의 관계에서 율곡의 이통기국설(理通氣局說)과 이일분수설(理一分殊說)을 이해했다. 또한 율곡의 기발이승일도설(氣發理乘一途說)을 견지하고 이에 근거하여 사단칠정(四端七情)과 인심도심(人心道心)을 일원적으로 해석하여, 사단과 칠정이 이정(二情)이 아니며 인심과 도심이 이심(二心)이 아니라고 보았다. 따라서 심(心)이 발(發)한 때와 발하기 전의 존양성찰(存養省察)이 중요한 의미를 지니게 되고, 칠정이 사단으로, 인심이 도심으로 보존되고 발양되기 위해서 존심양성(存心養性)을 절실히 요구하게 된다. 여기서 계구신독에 대한 강조가 나오는 것이다.

[29] 조선 중기 문신·학자. 자는 영보(英甫), 호는 우암(尤庵). 본관은 은진(恩津). 충청북도 옥천(沃川) 출생. 아명은 성뢰(聖賚). 김장생(金長生)·김집(金集)의 문인으로 성리학과 예학을 배웠고, 1633년(인조 11) 생원시에 장원으로 합격. 경릉참봉(敬陵參奉)을 거쳐 1635년 봉림대군(鳳林大君: 후의 효종)의 사부(師傅)가 되었다. 병자호란 때 소현세자와 봉림대군이 잡혀가자 낙향하여 학문에만 전념하였다.

[30] 조선시대의 학자·서예가. 자는 치도(致道), 호는 수암(遂菴)·한수재(寒水齋). 본관은 안동(安東). 1660년(현종 1) 진사과(進士科)에 급제했으나 송시열(宋時烈)·송준길(宋浚吉) 등의 학문에 전념하고 특히, 송시열로부터 의복과 서적 등을 유품으로 물려받았다. 1689년(숙종 15) 기사환국(己巳換局)으로 송시열이 죽음을 당하자 그의 유언에 따라 화양동(華陽洞)에 만동묘(萬東廟)를 짓고 명(明)나라 신종(神宗)·의종(毅宗)을 제향했으며, 숙종의 뜻을 받들어 대보단(大報壇)을 세웠다. 숙종의 총애를 받아 좌의정·우의정

이다. 그는 이이(李珥)의 기발일도설(氣發一途說), 리통기국설(理通氣局說) 등에 근거해서 서경덕 류(類)의 기론(氣論)을 경계했을 뿐만 아니라 리발(理發)을 인정하는 퇴계 학파의 호발설(互發說)을 부정하는 입장을 취했다. 나아가 그는 같은 율곡 학파의 일원인 김창협에 대한 비판을 서슴지 않았으며 권상하 문하에서 동문수학했던 이간(李柬: 1677~1727)[31]과도 첨예한 이론 논쟁을 전개했다.

그는 천지 만물이 일원지기(一元之氣)에 의해서 형성되었다가 일원지기로 돌아간다는 견해를 보였다. 이것에 대해서는 다음과 같이 말하였다.

> 하늘과 땅이 생기기 전에는 다만 일원지기(一元之氣)만이 혼돈 상태로 있었다. 그 기(氣) 가운데 가볍고 맑은 것은 밖으로 나와 하늘이 되고 무겁고 탁한 것은 안에서 응결되어 땅이 되었다. 그다음에는 해와 달이 나왔고 그다음에는 사람과 만물이 생겨났다. 그것이 장차 없어질 때는 사람과 만물이 먼저 없어지고 그다음 해와 달이 떨어지고 대지가 녹아서 흩어지고 하늘이 파멸되어 혼돈 상태의 일원지기로 돌아간다.

일원지기(一元之氣)에서 만물이 생겨났다 소멸되는 과정에 대한 이와 같은 설명은 존재의 물질적 시원이 일원지기(一元之氣)라는 것과 존재가 기(氣)로 이루어져 있다는 것을 말해 준다. 그런데 이 생성과 소멸의 과정은 만물에만 있는 것이 아니라 하늘과 땅에도 있다. 천지는 한 번 생겨나면 영원히 머물러 있는 것이 아니라 일정한 시간이 흐르면 소멸된다는 것이다. 그는 우리가 현재 몸담고 있는 이 천지가 생겨나기 이전에 또 다른 천지가 존재했다고 여기는데, 그것이 전(前) 천지이다. 전 천지가 없어진 후에 지금의 이 천지가 발생하며 이 천지가 없어진 다음에 후(後) 천지가 생겨나는데, 이 천지의 열리고 닫히는 과정은 영원히 반복된다. 이러한 우주 자연관은 이이(李珥)에게서도 발견되는 것으로 성리학자들이 일반적으로 가지고 있던 견해였다.

에 임명되었으나 사양하였다. 이이(李珥)를 조종(祖宗)으로 하여 송시열에게 계승된 기호학파(畿湖學派)의 지도자로서 이이의 <기발이승일도설(氣發理乘一途說)>을 지지했다. 글씨에 능하여 ≪기백이태연묘표(箕伯李泰淵墓表)≫, ≪형참권극화묘표(刑參權克和墓表)≫ ≪좌랑성람묘표(佐郞成灠墓表)≫ 등의 작품을 남겼다. 시호(諡號)는 문순(文純).

31) 조선 후기의 문신·학자로서 그는 권상하(權尙夏) 문하의 팔학사(八學士) 중 한 사람으로 역시 팔학사의 한 사람인 한원진(韓元震)과 호락논쟁(湖洛論爭)을 일으켰다. 그는 주리적(主理的) 입장에서 '인물성구동론(人物性俱同論)'과 '미발심체본선론(未發心體本善論)'을 주장하여, 주기적(主氣的) 관점에서 '인물성상이론(人物性相異論)'과 '미발심체유선악(未發心體有善惡)'을 역설하는 한원진과 대립하였다. 그의 학설을 지지하는 이재(李縡)·박필주(朴弼周)·어유봉(魚有鳳) 등은 일파를 이루어 낙론(洛論)을 형성하여 한원진의 설을 지지하는 권상하(權尙夏)·윤봉구(尹鳳九)·최징후(崔徵厚)·채지홍(蔡之洪) 등의 호론(湖論)과 논쟁을 계속하였지만 끝내 귀결을 보지 못하였다. 그러나 여기에서 제기된 문제는 성리학의 근본문제였고, 또 그 근본문제를 해결하려는 철학적 방법론이 뚜렷이 드러나고 있는 것이 주목된다.

이이(李珥)도 그러한 것처럼 이 우주의 생성과 소멸, 그리고 새로운 생성이라는 순환론적 우주관은 기(氣)의 운행 과정이기도 하지만, 그렇다고 기(氣)만의 운행 과정인 것은 아니다. 여기에는 리(理)가 개입되어 있기 때문이다. 이것에 대해 한원진은 "리(理)와 기(氣)는 하늘과 땅의 부모이다. 하늘과 땅이 생기기 전에는 다만 리(理)와 기(氣)뿐이었다"라고 말하고 있다. 천지가 생기기 전에 일원지기만이 있었던 것이 아니라 리(理)도 또한 있었던 것이다. 이 리(理)와 기(氣)는 천지가 생기기 전에만 있었던 것이 아니라 천지가 생긴 이후에도 존재하고 있다. 그래서 그는 "천지 사이에는 다만 리(理)와 기(氣)뿐이다"라고 말하고 있다. 이 말의 의미는 천지 사이에 존재하는 것은 리(理) 아니면 기(氣)라는 것이다. 이것은 존재하는 것이 모두 리(理) 또는 기(氣)로 환원된다는 의미가 되고, 그렇다면 리(理)와 기(氣)는 가장 기초적인 존재론적 범주(範疇)가 되는 셈이고 그러한 점에서 한원진의 존재론은 전형적인 리기이원론(理氣二元論)의 하나라고 할 수 있다. 이러한 리(理)와 기(氣)의 관계에 대해서 그는 다음과 같이 말한다.

> 리(理)는 기(氣)에 붙어 있으며, 기(氣)는 리(理)를 운행시킨다. 이 리(理)가 있으면 반드시 이 기(氣)가 있고 이 기(氣)가 있으면 반드시 이 리(理)가 있다. 리(理) 바깥에 기(氣)가 없고 기(氣) 바깥에 리(理)가 없으니, 리(理)와 기(氣)는 비록 일물이 아니라고 하더라도 또한 한 순간이라도 서로 떨어질 수 없다.

이렇듯 한원진은 리기불상리(理氣不相離)를 강조하고 있는데, 이것은 리기무선후설(理氣無先後說)로 이어진다. 그는 유행(流行)의 측면에서 리기무선후, 본원(本源)의 측면에서 리선기후, 품부(稟賦)의 측면에서 기선리후(氣先理後)라고 말할 수 있다는 것을 인정하였다. 그런데 여기서 본원과 품부라는 것은 현실 자체라기보다는 논리적인 성격이 강하다. 그래서 한원진은 본원과 품부라는 것은 모두 유행 안에 있기 때문에 하나로 회통되지 않은 적이 없다고 한다.

리(理)와 기(氣)의 역할에 대해서는 "리(理)는 사물을 낳는 근본이며 기(氣)는 사물을 낳는 자료이다"라거나, "천지 만물은 모두 음양의 기(氣)로써 그 질을 이루고 태극(太極)의 리(理)를 얻어서 그 성(性)을 이룬다"라고 하고 있다. 기(氣)가 천지 만물의 물적(物的) 구성 요소라면 리(理)는 그것을 지배하는 원리(原理)이자 만물의 본질(本質)인 것이다. 그렇기 때문에 리(理)와 기(氣)가 더 이상 다른 것으로 환원될 수 없는 근원적인 존재이긴 하지만, 그 둘의 위치를 보자면 기(氣)보다는 리(理)가 우위에 있다고 해야 할 것이다. 그래서 그는 "리(理)를 위주로 하는 것은 바른 학문이고 기(氣)를 위주로 하는 것은 이단(異端)이다. 바른 학문과 이단(異端)의 구별은 오직 리(理)와 기(氣)에 있을 뿐이다"라고 하고 있다.

하지만 그의 리기관(理氣觀)은 "발(發)하는 것은 기(氣)이며 발(發)하게 하는 것은 리(理)이다. 기(氣)가 아니면 발(發)할 수 없고 리(理)가 없으면 발(發)하게 하는 것이 없다"라는 이이의 학설의 연장선상에 있다. 그래서 사단(四端)과 칠정(七情)은 모두 기발리승(氣發理乘)일 수밖에 없다. 이렇게 리(理)의 능동성을 부정하고 기(氣)에의 의존성을 강조하다 보면 리(理)의 지위가 그만큼 약화되게 마련이다. 이것은 리일분수(理一分殊)를 설명하는 데서 잘 드러난다. 그는 리(理)가 본래 하나인데 분수(分殊)가 있는 까닭은 그것이 타고 있는 기(氣)가 고르지 않기 때문이라고 설명한다. 이와 같이 리(理)가 기(氣)에 의해서 규제가 된다면 리(理)는 단순히 수동적인 지위에 머물게 되고 존재의 근원자로서의 위치도 손상되게 된다. 바로 이러한 점이 퇴계 학파를 비롯해 리(理)의 절대적 지위를 고양하려는 학자들에 의해서 비판받는 점이다.

③ 김창협(金昌協)

김창협(金昌協: 1651~1708)은 기본적으로 이이(李珥) 계열의 학자이다. 그의 철학의 밑바탕에 기발일도설(氣發一途說)이 자리하고 있기 때문이다. 이것은 독자적인 리의 발(理發)을 부정한다는 의미이다. 이러한 관점에서 보자면 모든 존재의 변화 현상에는 기(氣)의 움직임만이 있을 뿐이다. 따라서 리(理)는 독자적으로 움직이면서 자신을 실현시킬 수 있는 존재가 아니라 기(氣)로 인해 드러날 수밖에 없는 존재이다. 이때의 리(理)라는 것은 기(氣)의 발용을 타고 드러나는 사물의 '스스로 그러함(自然)' 및 '마땅히 그러해야 함(所當然)', 즉 법칙성일 뿐이다. 그래서 마음의 작용도 역시 기의 기틀(氣機)이 발동하고 리(理)가 거기에 타는 형태(氣機發動而理則乘焉) 한 가지만이 있을 따름이다. 이렇게 본다면 김창협이 이황의 리기호발설(理氣互發說)을 반대하고 이이(李珥)의 기발일도설(氣發一途說)을 지지했음이 분명해진다.

　리(理)가 반드시 기(氣)를 타야만 한다는 것은 리(理)가 어떤 형태로든 기(氣)에 의존한다는 것을 의미한다. 따라서 그 점을 강조하면 할수록 주자학 이론 체계 안에서 리(理)가 차지하고 있는 절대적 지위는 그만큼 손상될 수밖에 없다. 이이(李珥)가 리(理)의 소이연(所以然)이나 주재성을 부정하지 않았다는 것은 분명한 사실이지만, 동시에 그는 이황의 리기호발설(理氣互發說)에 맞서서 그의 이론을 전개했기 때문에 그의 이론에서 리(理)의 무위(無爲)성이 강조되었던 것도 사실이다. 그래서 비록 이이(李珥)의 의도는 본래 그렇지 않았다고 하더라도 그 리(理)가 서경덕의 경우처럼 단순히 법칙이나 조리의 차원으로 전락될 우려가 없지 않았다. 그리고 바로 이 점이 퇴계 학파에서 끝내 이이(李珥)의 이론을 용인할 수 없었던 이유이다.

　이이(李珥)의 이론이 안고 있는 이러한 약점을 간파했던 김창협은 주자학의 기본 원칙 중의 하나인 리(理)의 무위(無爲)성을 부정하지 않는 범위에서 리(理)의 지위를 강화하고자 이황의 이론을 부분적으로 수용하였다. 그의 이러한 경향은 사단(四端)과 칠정(七情)을 각각 주리(主理)와 주기(主氣)로 이해하는 데서 확인된다. 그는 "사단(四端)은 리(理)의 발(發)이고 칠정(七情)은 기(氣)의 발(發)이다"를 "사단(四端)은 리(理)를 위주(主理)로 하여 말한 것이나 기(氣)가 그 가운데 있고 칠정(七情)은 기(氣)를 위주(主氣)로 하여 말한 것이나 리(理)가 그 가운데에 있다"로 해석한다. 물론 그의 이러한 해석은 오직 실천적 요청에 의해서만이 그 정당성이 확보된다. 사단(四端)은 확충하라는 뜻으로 말한 것이고 칠정(七情)은 경계하라는 뜻으로 말한 것이다. 라는 그의 논거는 사실에 대한 기술이 아니라 사단(四端)과 칠정(七情)이라는 언어에 대한 기술, 즉 메타언어이기 때문이다. 바로 이것이 발출 근원이나 발출 경로라는 실제적인 차원을 바탕으로 사단과 칠정을 각기 주리와 주기로 이해한 이황과 구분되는 점이다.

　리(理)의 지위를 고양시키려는 이러한 김창협의 경향은 선(善)은 '맑은 기(淸氣)의 발(發)이고 악(惡)은 탁한 기(濁氣)의 발(發)'이라고 한 이이(李珥)를 비판하면서 선악(善惡)과 리기(理氣)의 관계에 대한 자신의 견해를 밝힌 데서 분명하게 드러난다. 김창협에 따르면 천리(天理)의 가볍고 무거운 정도와 기(氣)의 맑고 탁한 정도에 의해서 선악이 나누어지는데, 부자간의 사랑 같은 것은 천리(天理) 가운데 가장 무거운 것이므로 아무리 탁한 기(氣)라고 하더라도 그것을 막을 수는 없다. 이이(李珥)처럼 맑은 기(氣)의 발(發)은 모두 선(善)한 정(情)이 되고 탁한 기(氣)의 발(發)은 모두 악(惡)한 정(情)이 된다면, 정(情)의 선악(善惡)은 전적으로 기(氣)에 의해서 결정되는 것이므로 리(理)는 단지 수동적인 지위에 머무르게 된다. 다시 말해서 선악의 결정 과정에서 리(理)는 아무런 영향력도 행사할 수 없는 무용지물이 되어 버리고 만다. 따라서 김창협은 리(理)가 정의(情意)가 없고 조작(造作)이 없다는 특성으로 인하여 비록 기(氣)를 타고 있지만 기(氣) 또한 리(理)의 명령을 받는 것이라고 하여 리(理)의 주재성을 강조하고 있는 것이다.

이렇듯이 김창협은 기(氣)와 선악의 관계에 대한 이이(李珥)의 입장을 비판하면서 의식적으로 리(理)의 지위를 강화하고 있다. 물론 그가 기발일도설(氣發一途說)이나 리(理)의 무위(無爲)성을 부정하지 않기 때문에 이이(李珥)의 학설을 근본적으로 벗어나는 것은 아니다. 하지만 이이(李珥) 및 송시열의 이론을 고수하는 호서의 학자들과는 달리 친 퇴계적인 경향을 보이기까지 하면서 리(理)의 지위를 강화시키고 있는 그의 이론은 그 이후 학문의 기본 입장으로 정착된다.

4) 조선 후기의 기 개념

(1) 성리학자들의 기 개념

① 임성주

임성주(任聖周: 1711~1788)는 중년에 이르러 초기의 리기이원론(理氣二元論)을 버리고 기일원론(氣一元論)을 주창하였다. 그는 우주에 가득 차서 사람과 사물을 낳는 등 온갖 조화를 일으키는 것은 단지 이 하나의 기(氣)일 뿐이어서 리자(理字)를 안배할 조그만 틈도 없다고 본다. 사람을 포함한 만물은 모두 기(氣)의 산물이라는 것이다. 그에 따르면 기(氣)의 근본은 하나이지만 그것이 나뉘어 음양(陰陽)과 오행(五行)이 되며, 오르내리고 날리는 등 운동하면서 응취될 때 천차만별의 모습을 갖게 된다. 그 기(氣)의 능력이 이같이 성대하고 이같이 작용하는 것은 누가 시켜서 그러한 것이 아니라 스스로 그러하여 그러할 뿐인데, 도(道)와 리(理)는 스스로 그러한 것(自然處)에 붙인 이름일 뿐이지 기(氣)와 별개로 존재하는 실체가 아니다. 달리 표현하자면 자연히 기(氣)가 있었고, 그 기(氣)가 자연히 음양오행으로 나누어졌으며 자연히 사람과 만물을 낳았다는 것이다. 리(理)의 주재(主宰)라는 것은 이 자연스러움을 지칭하는 것일 뿐이다. 이렇게 임성주는 근원적인 기(氣)의 운동이나 음양오행의 분화로 만물의 생성을 설명하고 있다. 이렇게 되면 임성주의 리기론(理氣論)은 기일원론(氣一元論)임이 확실해진다.

　리(理)가 기(氣)와 별개로 있는 독립적인 존재가 아니라는 임성주의 주장에는 몇 가지 부수적인 설명 장치가 마련되어 있다. 그 가운데 우선 꼽을 수 있는 것이 담일청허(湛一淸虛)의 기(氣)에 대한 생각이다. 이이(李珥)는 담일청허한 기(氣)가 없는 곳이 많다고 하여 서경덕을 비판하였는데, 임성주는 이이(李珥)의 이러한 주장을 재 비판함으로써 서경덕의 견해를 지지하였다. 그 어떤 곳에도 담일청허한 기(氣)가 스며 있지 않음이 없으며, 다만 형기의 제한을 받기 때문에 드러나지 않을 뿐이라는 것이 그의 주장이었다. 다시 말해 현실적으로 존재하는 기(氣)는 청탁수박(淸濁粹駁)의 다양한 모습을 하고 있지만 그 본체는 담일하다는 것이다. 이렇게 담일청허의 기(氣)가 모든 사물에 내재(內在)한다는 것을 인정함으로써 얻는 효과는 리(理)의 개념 없이도 주희(朱熹) 이론의 근간인 태극(太極)의 편재성(遍在性)을 대체할 수 있는 이론이 가능하게 된다는 것이다. 그다음에 꼽을 수 있는 것은 기일분수설(氣一分殊說)이다. 주희는 존재의 통일성과 다양성을 리일분수설(理一分殊說)로 설명한다. 만물은 태극이라는 하나의 근원에서 나왔지만 기(氣)에 의해서 다양하게 분화되었다는 것이 그 요지인데, 여기에는 리(理)는 같고 기(氣)는 다르다는 리동기이(理同氣異)의 사고(思考)가 전제되어 있다. 하지만 임성주는 리일(理一)이라는 것은 기일(氣一)에서 나타나는 것이라고 해서 리동기이(理同氣異)의 사고를 부정하였다. 그 결과 리일분수(理一分殊)는 리(理)를 주로 해서 말한 것이므로 리일(理一)만이 아니라 분수(分殊) 역시 리(理)에 귀속시켜야 하며, 기(氣)를 주로 해서 말한다면 기일분수(氣一分殊)라고 해도 좋다는 결론에 도달하였다.

　임성주가 주자학적 리기이원론(理氣二元論)의 지적 풍토에서 활동했음에도 불구하고 기일원론을 주창한 것은 理의 존재 없이도 주자학적 사유를 효과적으로 충분하게 설명할 수 있다는 자각에 근거한 것이다. 그는 이 우주를 일기(一氣)의 끊임없는 유행으로 보는 동시에 생의(生意)의 유행으로 이해하였다. 그 기(氣)라는 것은 원래 공허한 존재가 아니라 생의를 본질로 하는 것이다. 그래서 이 기(氣)가 한 번 동(動)하여 만물을 낳고 한 번 정(靜)하여 만물을 거두어들이는데, 낳는 것이 원(元)과 형(亨)이 되고 거두는 것이 리(利)와 정(貞)이 된다. 이러한 기(氣)의 성질은 자연에서 나와서 당연의 법칙이 된 것으로 성인(聖人)은 그것을 도(道)라고 하고 리(理)라고 한다. 그러나 자연이든 당연이든 그것은 기(氣)를 형용한 것이지 기(氣)와 별개의 세계가 있는 것은 아니다. 정리하자면 이른바 원형이정이라고 하는 자연의 원리(천리)는 주자학에서처럼 기(氣)가 순응해야 할 근본적 원리가 아니라 기(氣)의 성질이라는 것이다. 이렇게 되면 이 우주는 원형이정이라는 생의를 본질로 하는 기(氣)의 운행으로 설명될 수 있다.

자연 현상을 기(氣)로 설명하고 도덕적인 측면에서 이해하는 것은 유가(儒家)의 전통에서 보자면 이색적인 것만은 아니다. 임성주는 기존의 리기이원론(理氣二元論)적 틀에서 리(理)가 했던 역할을 완전히 제거하고 새로운 이론 틀을 건설한 것이 아니라 리(理)의 역할을 기(氣)에 귀속시킴으로 해서 그의 기일원론(氣一元論)은 사실상 리기이원론(理氣二元論)과 근본적으로 다르지 않게 되었다. 임성주에 따르면 현실적으로 생의(生意)의 유행(流行)이 가능한 것은, 그리고 우리 인간의 도덕적 실천이 가능한 것은 바로 기(氣)의 본질이 담일(湛一)하기 때문인데, 이 담일한 기(氣)는 곧 리(理) 또는 성(性)을 대체하는 개념이기 때문이다. 모든 사물에는 생의(生意)의 원리인 태극(원형이정)이 내재해 있다는 것과 생의(生意)를 덕(德)으로 하는 담일청허의 기(氣)가 있다는 것의 차이가 현실적으로 어떠한 의미가 있는지 의문이다. 다만 그 생의(生意)를 주희(朱熹)의 경우처럼 하나의 객관 존재로 파악하고, 나아가 그것을 궁극적 존재로 격상시키지 않고 기(氣)의 속성으로 해소시켰다는 점에서 주희(朱熹)의 리기이원론과(理氣二元論)는 차별화가 된다.

임성주는 기일원론자(氣一元論者)이면서도 그의 음양론적 자연 이해는 그와 거의 동시대인인 홍대용과 뚜렷한 대조를 이루고 있다. 홍대용은 음양을 태양의 위치에 의해 파생되는 것으로 보는 데 반하여 그는 음양으로 인해 태양의 위치가 바뀐다는 이해를 하고 있다. 봄과 여름에는 양(陽)의 기운이 고조되어 태양의 고도가 높아지고 가을과 겨울에는 음(陰)의 기(氣)가 고조되어 태양의 고도가 낮아진다는 것이다. 이와 같이 선험적(先驗的)인 원리인 음양을 전제해 놓고 그 원리에 의해 자연을 설명하는 방식은 같은 기론(氣論)임에도 불구하고 음양론적 자연 이해에서 탈피하고 있는 실학(實學)의 기론(氣論), 이를테면 홍대용이나 최한기의 기론(氣論)의 자연 이해와 구별되는 주요한 요소이다.

② 이항로(李恒老)

이항로(李恒老: 1792~1868)는 이 세계를 리기이원적(理氣二元的) 구조로 설명하는 방식을 취한다는 점에서 다른 주자학자들과 다를 바 없다. 이항로에 따르면 천지 사이에는 리(理)와 기(氣)만이 있을 뿐인데, 사물을 생성하는 데 리(理)는 본체가 되고 기(氣)는 재료가 되어서 어느 하나라도 빠지면 사물이 생겨날 수 없다. 리(理)와 기(氣)는 이 세계를 구성하는 기본 존재인 것이다. 하지만 리(理)와 기(氣)가 본래부터 같이 있었다고 하더라도 리(理)는 리(理)이고 기(氣)는 기(氣)여서 서로 섞이지 않는다.

리(理)와 기(氣)는 서로 불상잡(不相雜), 불상리(不相離)의 관계에 있다는 것은 주자학자면 누구나 인정하고 있는 것이지만 그 가운데 어느 측면을 강조하느냐에 따라서 철학적 성격이 달라질 수 있다. 이항로 역시 그 두 원칙을 다 인정하면서도 리(理)와 기(氣)의 차이를 역설하는 불상잡(不相雜)의 원칙을 강조하는데, 이것은 리(理)의 주재성을 부각시키기 위한 배려이다. 그에게 있어 리(理)는 기(氣)를 통솔하는 주인이고 기(氣)는 리(理)를 싣고 있는 그릇이다. 리(理)는 기(氣)의 통솔자이고 기(氣)는 리(理)의 일꾼이다. 기(氣)에 대한 리(理)의 주재(主宰) 능력을 강조하기 위해서는 리(理)의 동정(動靜)을 전제하지 않을 수 없다. 태극(太極)에 동정(動靜)이 없고 동정이 오로지 기기(氣機)에 귀속된다면 태극은 공허하여 기기(氣機)의 본원이 될 수 없을 뿐만 아니라 오히려 기기(氣機)가 태극의 주재자가 되기 때문이다. 이와 같은 이항로의 리기관(理氣觀)은 리(理)는 존귀하고 기(氣)는 비천하다는 사고(思考)와 맞닿아 있다. 그러므로 기(氣)는 언제나 다스림의 대상이 된다. 리(理)가 주인이 되고 기(氣)가 일꾼이 되면 만사가 다스려지고 천하가 편안해지지만 반대로 기(氣)가 주인이 되고 리(理)가 보조가 된다면 기(氣)는 강해지고 리(理)는 숨게 되므로 만사가 어지러워지고 천하가 위태로워지기 때문이다. 이와 같이 리(理)의 우위성에 대한 강조는 비록 그가 리기선후(理氣先後) 문제에 대해서 비교적 균형 잡힌 시각을 가지고 있었음에도 불구하고 리(理)가 기(氣)를 낳는다는 사고를 가능하게 했다. 그는 본원을 논하면 리(理)가 있은 후에 기(氣)가 있고, 기품(氣稟)을 논하면 기(氣)가 있은 후에 리(理)가 따라서 갖추어진다는 주희(朱熹)의 두 가지 관점을 다 알아야만 균형 잡힌 학문이 된다고 주장했다. 그의 이러한 생각은 태극(太極)을 해석하는 데서도 드러난다. 그는 "태허(太虛)라는 것은 천(天)이다. 형체로서 말하면 쌓인 기(氣)이고 도리(道理)로서 말하면 태극(太極)이다"라고 하여, 기(氣)와 태극(太極)을 하늘의 형체(形體)와 도리(道理)로 이해하고 있다. 이때 기(氣)는 음양으로 분화되기 이전의 일기(一氣)가 아니라 처음부터 음(陰)과 양(陽)으로 분화된 기(氣)이다. 그에 의하면 음양 이외에 다른 기(氣)가 있을 수 없으며, 음과 양의 끊임없는 순환(循環)만이 있을 수 있다.

일기(一氣)의 존재를 부정하는 것은 태극이 음양을 낳는다는 주자학의 근본 원리에서 태극을 기(氣)로 보아 일기(一氣)가 음양을 낳는다고 해석할 여지를 봉쇄하는 논리이기도 하다. 이항로는 주돈이(濂溪)가 리기(理氣)의 근원을 깨닫고 그 리(理)를 태극이라고 하고 그 기(氣)를 음양이라고 했다고 하여 태극이 리(理)임을 분명히 하였다. 하지만 일기(一氣)의 부정은 후천지(後天地)의 시작은 전천지(前天地)의 끝이라는 주장으로 이어지는데, 이것은 천지의 개벽과 종말이 순환 반복된다는 뜻이다. 그렇다면 최초의 천지개벽, 그리고 그 개벽 이전의 원초적 상태(一氣)를 상정할 수 없고 음양의 기(氣)는 본래부터 있었다는 결론이 나온다. 사실 원초적인 일기(一氣)를 상정해야 만이 그 일기(一氣)를 낳은 존재, 즉 태극(太極)을 설정할 수 있는데, 이항로는 이러한 논리를 부정하고 있는 것이다. 그래서 태극은 음양이 되는 소이(所以)의 도(道)이고 음양은 도(道)를 싣고 있는 그릇이다. 여기서 태극은 음양을 낳는 주체라는 의미는 찾아보기 힘들고 다만 리기(理氣)가 순환 유행할 수 있게 하는 근원이라는 의미로 제한되고 있다.

하지만 그는 여기에서 머물지 않고 리(理)가 기(氣)를 낳는다는 논리를 펼침으로써 그의 리기관(理氣觀)의 부정합성을 드러내고 있다. "리(理)가 쌓이면 신(神)을 낳고 신(神)이 쌓이면 기(氣)를 낳고 기(氣)가 쌓이면 형(形)을 낳는다"라는 언급이 그것이다.

이러한 견해는 기(氣)의 존재를 리(理)의 파생물로 격하하는 동시에 기(氣)를 포함한 모든 존재를 리(理)에로 귀일(歸一)시키는 리일원론적(理一元論的) 이론 틀의 한 단면으로 해석될 수 있는 빌미를 제공하고 있다. 다른 한편 그는 리(理)가 기(氣)에 의해 제한을 받을 수 있는 가능성을 최소화하려는 의도를 가지고 있었다. 이것에 대해서는 다음과 같이 말한다.

> 오늘날 사람들은 "리(理)는 같고 기(氣)는 다르며, 리(理)의 다름 또한 기(氣)의 다름에서 연유한다. 이것은 진실로 그러하다"라고 말한다. 하지만 사실은 리(理)가 같은 가운데 본래 스스로 허다한 다름이 있어서 기(氣)의 다름을 기다리지 않고도 다르다. 예를 들어 "텅 비고 아득하여 아무 조짐도 없지만 만상이 이미 갖추어져 있다"라고 한 것은 같은 가운데 다름을 함축하고 있음을 이른 것이다. 이것이 어찌 기국(氣局)을 기다려 같지 않게 되겠는가?

이러한 논법은 만물의 다양성을 기(氣)에 의해서 설명하는 일반적인 주자학자들, 특히 이이(李珥)의 리통기국설(理通氣局說)을 신봉했던 율곡 학파의 학자들과 다르다. 그의 이러한 주장은 현실의 세계를 가능한 한 리(理)에 의해서 설명하고자 했던 의도에서 나온 것으로 기정진의 논법과 유사하다.

그는 그보다 한 세기 전에 김석문(金錫文)[32]이나 홍대용이 이미 받아들였던 지전설(地轉說: 地動說)을 수용하고 있지 않다. 그만큼 그는 서양 과학에 대한 이해가 빈약했던 것이다. 실제로 그는 종동천(宗動天: 天動說)의 설이 요순시대의 역법에 이미 있었던 것으로 바로 진(辰)이 종동천에 해당한다고 강변하고 있다. 이러한 주장이 과연 얼마만큼의 설득력을 가지느냐 하는 문제는 접어두더라도, 구중천설이나 십이중천설에나 나오는 종동천을 언급하고 있는 것으로 보아 그는 오래전에 이미 폭넓게 수용되고 있던 티코 브라헤의 우주구조론조차도 이해하고 있지 못했던 것으로 보인다. 이와 같이 폐쇄적이었던 그의 자연 인식과 지식 체계로 인해 그의 리기론(理氣論)이 리(理)의 지

---

32) 김석문(金錫文, 1658년(효종 9년)~1735년(영조 11년))은 조선시대 후기의 학자이다. 저서로는 《역학도해(易學圖解)》가 있다. 한국에서는 최초로 지동설을 주장한 인물이다.
　　자는 병여(炳如), 호는 대곡(大谷)이다. 숙종 때 관직에 등용되어 여러 관직을 거치고 1726년(영조 2년) 통천군수를 지냈다. 그는 본래 성리학자였으나 평소 역학에 관심이 많아 역학에 많은 지식을 갖고 있었다. 그는 별들이 태양의 둘레를 돌고 있으며 지구는 남극과 북극을 중심으로 1년에 366번 회전한다고 주장했다. 또한 인류 역사와 문명, 자연현상도 일정한 주기를 가지고 있다고 주장했다. 그러나 그의 주장은 당시에는 큰 관심을 끌지 못하고 후에 이규경, 홍대용 등에게 영향을 주었다.

위를 절대화하는 방향으로 진행되었다는 것을 어렵지 않게 짐작할 수 있다.

③ 기정진(奇正鎭)

19세기 들어서 조선 주자학계에는 리(理)의 절대성을 강조하는 흐름이 있었다. 이상정(李象靖: 1711~1781),[33] 남한조(南漢朝: 1744~1809),[34] 유치명(柳致明: 1777~1861),[35] 이진상(李震相: 1818~1886)[36]으로 이어지는 퇴계 학파는 물론이거니와 그 학맥의 연원이 이이(李珥)에 닿아 있는 이항로나 기정진(奇正鎭: 1708~1880)도 퇴계 학파 못지않게 리(理)의 절대성을 확보하고자 노력한 학자들이었다. 특히 기정진의 철학은 유리론(唯理論) 또는 리일원론(理一元論)으로 정리되면서 임성주의 유기론(唯氣論) 또는 기일원론(氣一元論)과 비교되기까지도 했다.

사실 여부와 상관없이 기정진이 유리론(唯理論)자나 리일원론(理一元論)자로 평가될 수 있었던 것은 기(氣)가 리(理)와 나란히 설 수 있는 존재가 아니며, 따라서 기(氣)와 리(理)를 나란히 언급하는 것이 온당하지 못하다고 했을 만큼 그가 기(氣)의 지위를 평가 절하했기 때문이다. 이 점에 대해서 그는 다음과 같이 말한다.

---

33) 조선 후기 성리학자. 자는 경문(景文), 호는 대산(大山). 본관은 한산(韓山). 경상북도 안동(安東) 출생. 외할아버지인 이재(李栽)의 문하에서 공부하였고, 1735년(영조 11) 사마시를 거쳐 증광문과에 급제하여 가주서가 되었으나 사직하고 학문에 전념하였다. 그는 이황의 학통을 계승한 영남학파의 중추적인 학자로서 이황(李滉)의 존리적(尊理的) 입장을 견지하면서도 일방적인 주리론을 반대하여, 이(理)의 동정(動靜)과 이기(理氣)의 선후 등이 갖는 의미를 해명하고 본뜻을 이해하는 것이 중요함을 강조하였다. 그의 학문은 동생인 광정(光靖)과 남한조(南漢朝)·유치명(柳致明)으로 이어졌고, 이진상(李震相)에 이르러 유리론(唯理論)으로 전개되었으며, 조선 말기 곽종석(郭鍾錫)이 계승하였다. 고종 때 이조판서에 추증되었으며 고산서원에 배향되었다. 저서에 ≪대산집(大山集)≫, ≪악중편제(約中編制)≫, ≪퇴도서절요(退陶書節要)≫ 등이 있다. 시호는 문경(文敬).

34) 조선 후기의 학자이다. 이상정으로부터 퇴계 이황의 학통을 이어받아 유치명에게 전수하였으며, 천주학을 배격하였다.

35) 조선 후기 문신·학자. 자는 성백(誠伯), 호는 정재(定齋). 본관은 전주(全州). 남한조(南漢朝)·유범휴(柳範休)·정종로(鄭宗魯) 등의 문하이다. 1805년(순조 5) 별시문과에 급제하여 지평·정언·승지 등을 거쳐 대사간·병조참판을 지냈다. 1855년(철종 6) 장헌세자(莊獻世子: 思悼世子)의 추존(追尊)을 청하는 소(疏)를 올려 사원(祥原)에 유배되었다. 1857년부터 뇌암(雷巖)의 만우재(晩愚齋)에서 후진 양성에 전념하였다. 그는 성리설에서 이활물설(理活物說)과 사단이발(四端理發)을 주장하며 이이(李珥)를 공격하였다. 그는 이황(李滉)의 학통을 이어받아 김흥락(金興洛)·이진상(李震相) 등의 학자를 배출하였다. 저서에는 ≪정재집≫, ≪예의총화(禮疑叢話)≫, ≪가례집해(家禮輯解)≫, ≪태극도해(太極圖解)≫ 등이 있다.

36) 조선 말기의 유학자. 본관은 성산(星山). 자는 여뢰(汝雷), 호는 한주(寒洲). 그의 사상은 '조운헌도재(祖雲憲陶齋)'라는 거실의 편액(扁額)이 말하여주듯이 주자(朱子)와 이황(李滉)의 주리론(主理論)을 주축으로 하여 형성되었다. 그는 주자의 학설을 초년설과 만년설로 구별하여 초년설을 부정하고 만년설만 받아들였으며, 이황의 이기호발설(理氣互發說)도 궁극적으로 이발일도(理發一途)만을 인정하였으며, 이황의 심합이기설(心合理氣說)에 대하여서도 심(心)이 곧 이(理)라는 심즉리설(心卽理說)을 제창함으로써 당시 학계에 큰 파문을 던졌고, 도산서원(陶山書院)의 분노를 사기도 하였다. 그는 23세 때에 이미 〈이단설(異端說)〉을 지어 이단의 학설이 백 갈래, 천 갈래 길이 있지만, 그 시초는 모두 인기(認氣)에서 연유하였고, 그 끝내는 모두 주기(主氣)로 돌아갔다고 하였는데, 특히 우리나라 서경덕(徐敬德) 일파가 호학(湖學)의 입맥으로 되어, 점차 주기의 세를 이루었다고 지적하여 우려의 뜻을 표명하였다.

기(氣)와 리(理)를 마주 세워서 리기(理氣)라고 부르게 된 것은 언제 시작되었는가? 나는 이것이 성인(聖人)의 말이 아니라고 생각한다. 왜냐하면 리(理)의 존귀함은 짝할 것이 없으니, 기(氣)가 어찌 이것과 짝할 수 있겠는가? 그 광할함은 짝할 것이 없으니, 기(氣) 또한 리(理) 속의 일(理中事)이니 곧 이 리(理)가 유행하는 손발이다. 그것은 본래 리(理)에 대적할 것이 아니니 짝도 아니고 적도 아닌데 마주 세우는(對擧) 것은 어찌된 일인가?

아무리 리(理)의 우위성을 강조하는 이른바 주리론에서도 리(理)와 기(氣)를 병칭(並稱)하는 것마저 부정하지는 않았던 것에 비하자면, 기(氣)에 대한 기정진의 폄하의 정도는 그 강도가 매우 강했다. 기정진에게 있어 기(氣)는 리(理)를 실현하는 도구 그 이상이 아니었다. 그러므로 그는 모든 운동 변화를 리발(理發) 또는 리행(理行)으로 환원시킨다. 실제로 운동하는(發하고 行하는) 것은 기(氣)이지만 그 기(氣)는 리(理)에 순종하여 운동할 뿐이므로 그 운동의 주체는 리(理)가 된다는 것이 그의 주장이었다. 그래서 기발(氣發)과 기행(氣行)이 아니라 리발(理發)이고 리행(理行)인 것이다. 기(氣)의 발(發)과 행(行)은 실제로 리(理)에서 명령을 받기 때문에 리(理)는 주인이고 기(氣)는 하인인 것이고, 그렇다면 현실적으로 일하는 것은 기(氣)일지라도 리(理)가 그 공을 차지하는 것은 당연하다는 것이다.

이렇듯 기정진의 리기론(理氣論)은 기(氣)가 리(理)를 실현시키는 도구로 폄하됨으로써 리(理)의 절대성을 고양시키는 방향으로 전개되었다. 그의 이러한 경향은 리일분수(理一分殊)를 해석하는 데서도 예외가 아니다. 주자학에서는 흔히 리(理)는 본래 하나이지만 구체적인 사물 속에 내재(內在)해 있는 리(理)는 서로 다르다고 이해하는데, 이것이 바로 리일분수설(理一分殊說)이다. 리일분수설의 핵심은 본래 리(理)는 하나이지만 다양한 기(氣)로 인해서 그 리(理) 역시 다양해진다는 것이다. 이러한 설명은 리(理)의 순선(純善)성을 확보하는 동시에 현상 사물의 다양성을 아울러 설명할 수 있는 유용한 이론이긴 하지만 절대적인 리(理)가 오히려 기(氣)에 의해서 제한을 받는다는 것을 인정하는 이론이기도 하다. 기정진은 이 점을 못마땅하게 생각하여 리일분수(理一分殊)를 새롭게 해석하였다. 그는 분(分)을 리일(理一) 안에 있는 세부적인 조리(細條理)라고 규정한다. 이것의 의미는 리(理)가 기(氣)로 인해서 그 다양성을 드러내는 것이 아니라 리일(一理) 안에 본래부터 분수(分殊)의 리(理)가 내재해 있었다는 것이다. 이렇게 되면 현상 사물의 다양성은 기(氣)에 의해서가 아니라 리(理)에 의해서 설명이 된다. 여기서 기(氣)는 그 분수(分殊)의 리(理)를 실현하는 도구일 뿐이다.

　기(氣)의 운동이 이이가 주장하듯이 기(氣)를 움직이는 것이 따로 있지 않고 기(氣) 스스로 움직이는 것이라면 리(理)는 몸에 붙어 있는 혹이나 말을 따라가는 파리에 불과하다고 기정진은 주장하였다. 그럼에도 불구하고 그는 리(理) 하나만으로 현실 세계의 모든 것이 설명될 수 있다고 생각하지 않았을 뿐만 아니라 리(理)가 모든 일을 다 할 수 있다고 생각하지도 않았다. 이러한 점에서 보자면 그의 철학을 유리론(唯理論)이나 리일원론(理一元論)으로 규정짓는 것은 재고되어야 마땅하다. 그가 리발(理發)이나 리행(理行)을 주장한 것은 엄연한 사실이지만 그것은 리(理)만의 독자적인 발(發)이나 행(行)이 아니었다. 리(理)의 발(發)은 기(氣)의 발(發)과 기(氣)의 행(行)에 의해서만 가능하다. 예를 들자면 사람을 태운 말이 사람의 뜻을 알고 갈 경우 실제로 가는 것은 말이지만 사람이 간다고 말하는 것과 같은 이치이다. 그리고 리(理)는 필연성(必然之妙)을 가지고 있지만 능동적인 힘(能然之力)을 가지고 있지 못하다. 그렇기 때문에 그 리(理)는 곧바로 실현될 수도 있지만 동시에 그렇지 못할 경우도 있다. 리(理)는 본래 선하지만 기(氣)로 인해 불선(不善)이 있게 된다는 것이 주자학의 일반적인 설명임에도 불구하고, 기정진이 이러한 설명을 부정했던 것은 어떻게든 리(理)가 기(氣)에 의해서 제한을 받지 않는다는 자신의 기본적인 확신을 일관되게 유지하기 위해서였다. 그래서 그 대안으로 내놓은 것이 리(理)에는 능동적인 힘(能然之力)이 없다는 것이었다. 이 대안은 기(氣)를 끌어들이지 않고도 불선(不善)의 발생을 설명할 수 있다는 강점이 있기는 하다. 하지만 리(理) 그 자체의 한계를 인정한다는 점에서, 더 나아가 불선(不善)의 원인을 리(理) 자체가 가지고 있다는 논리도 가능하다는 점에서 리(理)의 절대성을 확보하고자 했던 본래의 취지와 어긋난다는 약점을 가지고 있다.

(2) 실학자(實學者)들의 기 개념

① 홍대용(洪大容)

홍대용(洪大容: 1731~1783) 역시 모든 존재를 기(氣)로 설명한다는 점에서 주자학자들과 다를 바 없다. 홍대용에 따르면 "텅 비고 고요한 우주에 가득 차 있는 것이 기(氣)이다. 안도 없고 밖도 없으며, 시작도 끝도 없다. 기(氣)가 쌓이고 엉키고 모여서 형질을 이루고 이것이 허공에 두루 퍼져 돌거나 멈추게 되는데, 바로 땅, 달, 해, 별이 그것이다." 그리고 그는 "형체와 형질이 있는 물건은 마침내 반드시 파괴되는데, 이것이 엉키면 형질을 이루고 풀리면 기(氣)로 돌아간다"라고 하였다. 그러나 이것만으로는 홍대용을 기론(氣論)자라고 규정지을 수 없는데, 리기이원론(理氣二元論)에서도 자연 현상을 설명할 때는 기(氣)만으로 설명하는 경우가 많기 때문이다. 더군다나 그가 이이의 리기론(理氣論)에 대해서 "발(發)하는 것은 기(氣)이고 발(發)하는 까닭은 리(理)이다. 기(氣)가 아니면 발(發)할 수 없고 리(理)가 아니면 발(發)하는 바가 없다"라고 한 것이 이이(李珥) 학설의 요지라고 하면서 지지했던 것을 감안하면, 그의 리기론(理氣論)은 리기불상리(理氣不相離)를 강조하는 율곡 류(類)의 이른바 주기설과 유사한 것처럼 보이기도 한다. 그러므로 리(理)와 기(氣)에 대한 홍대용의 견해를 엄밀하게 검토할 필요가 있다.

홍대용은 리(理)의 실재성 및 주재성을 부정하였다. 주자학에서의 리(理)는 무형적인 존재이지만 홍대용에게는 형체가 없으면서 존재한다는 것은 있을 수 없다. 그는 무엇이 존재한다고 말할 수 있으려면 소리, 빛, 냄새, 맛이 있어야 한다고 보았다. 이와 같은 것이 없는 것은 형체와 방소(方所)가 없는 것이므로 존재하는 것이 아니며, 더군다나 존재의 근원이 된다는 것은 더욱 있을 수 없다는 것이다. 한편 그는 리(理)의 주재성을 부정하였다. 이 세상에는 현실적으로 악이 존재하는데, 주자학에서는 리(理)를 존재의 근원인 동시에 가치의 표준, 즉 선(善)으로 보기 때문에 악(惡)을 기(氣)의 탓으로 돌리는 것이 일반적이다. 그러나 리(理)가 기(氣)를 주재하면서 동시에 기(氣)로 인해 선(善)을 실현시키지 못한다는 것은 모순이 아닐 수 없다. 리(理)가 기(氣)를 주재한다면 기(氣)로 하여금 선(善)하게 할 수 있어야 하기 때문이다. 홍대용은 바로 이것을 근거로 하여 리(理)는 주재하는 바 없이 기(氣)가 하는 바를 따를 뿐이라고 보았다. 이렇게 홍대용은 리(理)의 실재성 및 주재성을 부정하였다. 홍대용에게 있어 리(理)는 기(氣) 가운데 있을 뿐 더 이상 기(氣)보다 앞서 존재하면서 기(氣)를 규정짓는 존재의 근원이 아니었다. 여기에다 그가 존재의 궁극적 근원으로서 태극(太極)을 설정하지 않았다는 점을 보탠다면 그의 기론(氣論)과 이이(李珥)의 주기론(主氣論)의 차이가 선명하게 드러난다.

홍대용의 기론(氣論)이 갖는 또 다른 특징은 역시 음양오행설을 부정했다는 데서 찾아야 할 것이다. 그는 "음양(陰陽)에 얽매이고 의리(義理)에 빠져 천도(天道)를 밝히지 못한 것은 선배 유학자들의 잘못이다"라고 하여, 자연 현상을 무조건적으로 음양으로 설명하는 음양설을 비판하였다. 구체적인 예를 들자면, 그는 계절의 변화라든가 계절의 변화에 따른 추위와 더위를 음양의 변화로 설명하는 것을 비판하는 대신에 햇빛의 멀고 가까움이나 바로 비춤과 비스듬히 비춤으로 설명하였다. 만물이 화생(化生), 수장(收藏)하는 것은 "실로 햇빛(日火)의 얕고 깊음(淺深)에 달린 것이지 후세 사람들의 주장처럼 천지 사이에 별도로 음양이라는 두 기(氣)가 있어서 때에 따라 나타났다 사라졌다 하면서 조화(造化)를 주관하는 것이 아니다"라는 것이다. 음양설에 대한 비판은 오행설(五行說)에 대한 비판으로 이어진다. 그는 근원적인 요소가 꼭 다섯이어야 할 이유가 없다고 보았다. 그래서 육부(六腑), 팔상(八象), 사대(四大)와 같은 것이 있을 수 있는 것이다. 한편 그는 오행(五行) 가운데 목(木)과 금(金)은 일(日: 火)과 지(地: 水, 土)의 파생물이어서 화(火)·수(水)·토(土)와 동열에 놓을 수 없다고 보았다.

홍대용의 기론(氣論)이 전통적인 기론(氣論)과 결정적으로 다른 점은 서양의 청몽기(淸蒙氣)의 개념을 수용하고 있다는 것에서 찾아볼 수 있다. 청몽이란 지구를 둘러싸고 있는 공기, 즉 대기를 의미한다. 실학자들이 이러한 서양의 청몽기설을 접했을 때 보인 반응은 전통적인 기(氣)와 청몽기(淸蒙氣), 즉 대기를 동일시하는 것이었다. 이렇게 되면 리(理)와 더불어 존재를 이해하기 위한 가장 기본적인 범주(範疇)로 설정되었던 기(氣)가 구체적인 사물의 하나가 된다. 더군다나 청몽기를 언급하면서 그 기(氣)가 인간의 시각을 왜곡시킨다는 경험적 사실을 지적한다는 점을 감안한다면 기(氣)의 경험적 성격이 더욱 뚜렷해진다. 주자학 이론 체계에서 기(氣)는 그런 구체성보다는 리(理)와 더불어 존재를 설명하는 추상적 범주라는 성격이 강하다. 물론 기(氣)라는 개념이 도출되기까지는 공기나 호흡과 같은 구체적인 것에 대한 경험이 선행되었고 기(氣)가 리(理)와는 달리 물질적 존재를 반영하는 개념인 것은 사실이지만, 그렇다고 하더라도 구체적인 사물인 공기와 동일한 차원의 개념은 아니다. 그러나 홍대용의 기(氣)는 모든 존재를 설명하는 전통적인 의미의 기(氣)이면서도 청몽기(淸蒙氣)라는 개념에서도 알 수 있듯이 구체적인 감각 대상으로서의 기(氣)라는 이중적인 성격이 혼재되어 있다고 말할 수 있다.

홍대용의 기론(氣論)의 특징은 생성론(生成論)의 영역에서도 발견된다. 그는 만물의 생성을 두 단계로 나누어 이해한다. 처음에는 기(氣)로 가득 차 있는 태허(太虛)의 상태에서 우주(또는 천지)가 생겨나며, 일단 생겨난 우주에서 인간과 사물이 생겨난다. 태허(太虛)는 안도 밖도 없고 시작도 끝도 없다. 그런데 이러한 기(氣)가 쌓이고 모여서 형질을 이루는데, 이것이 땅과 해와 달과 별이다. 즉 우주가 생성된 것이다. 만물의 생성은 천지 사이에서 이루어진다. 이때 천지 사이를 가득 채우고 있는 것은 물론 기(氣)이다. 이러한 기(氣)의 작용으로 만물이 생겨나지만 이때는 기(氣)만이 아니라 해와 땅이 함께 작용을 한다. 홍대용에 따르면 만물이 생겨나는 데는 하늘(氣), 해(火), 땅(水, 土)이 없어서는 안 된다. 그러므로 "땅은 만물의 어머니이고 해는 만물의 아버지이며 하늘은 만물의 할아버지이다"라고 말할 수 있는 것이다. 이러한 생성 과정은 태극, 음양, 오행, 만물로 이어지는 주자학적 생성 과정과 다르다. 뿐만 아니라 만물의 생성 과정에서 기(氣)만이 아니라 해, 땅이 개입한다는 점에서 장재나 서경덕의 기론(氣論)과도 다르다.

이러한 홍대용의 생성론(生成論)은 서양의 사행설(四行說)에 영향을 받았을 터이지만, 여기에는 좀 더 세심한 검토가 필요하다. 그는 하늘, 해, 땅 셋을 만물 생성의 근원이라고 보고 있어서 하늘을 기(氣)로, 해를 화(火)로, 땅을 수(水)와 토(土)로 바꾸어 놓으면 서양의 사행설과 일치한다. 그러나 홍대용이 이 넷을 만물의 구성 요소로 본 것은 아니다. 그는 기(氣), 해, 땅이 만물의 생성에 없어서는 안 되는 것이라고 했을 뿐 만물의 구성 요소라고는 하지 않았다. 그리고 "사람과 사물이 살아 움직이는 것은 햇

빛(日火)에 근본한다. 만약 하루아침에 해가 없어진다면 추운 겨울의 세계가 되니 만물이 소멸된다"라고 하고 있다. 뿐만 아니라 해, 땅(수, 토)이라는 것도 기(氣)가 모여서 된 기(氣)의 산물(産物)이므로 모든 존재는 결국 기(氣)로 환원된다. 이것은 서양의 사행설과 결정적으로 다른 점이다. 홍대용의 생성론(生成論)의 의미는 사행설과의 관련성보다는 경험주의적인 생성론이라는 데 있다고 보는 것이 좋을 것이다. 실제로 생명체가 살아가는 데는 공기, 태양, 땅(물, 흙)이 없이는 불가능하다. 그러므로 이 셋을 생성의 근원으로 보는 것은 지극히 경험적이라고 할 수 있다. 이런 경험주의적 생성론을 전통적인 기론(氣論)으로 재구성해 낸 것이 홍대용의 생성론(生成論)이었다.

② 정약용(丁若鏞)

정약용(丁若鏞: 1762~1836)은 인간과 자연을 구분하려는 강한 문제의식을 지니고 있었다. 이러한 경향은 인간과 자연을 통일적으로 이해하는 주자학적 사유에 대한 전면적인 비판 없이는 불가능하다. 주희(朱熹)는 인간을 포함한 모든 만물이 객관적인 원리이자 궁극적인 존재인 리(理)로서의 태극(太極)을 가지고 있다고 보며, 그러한 점에서 인간과 만물은 평등하다. 하지만 정약용은 인간만이 영명(靈明)의 마음을 부여받아서 인의예지(仁義禮智)를 실천할 수 있을 뿐이며, 인간 이외의 것은 그러하지 못하다고 주장하였다. 그에 의하면 인의예지(仁義禮智)는 인간의 실천을 통해서만 구현되는 것일 뿐이지 그 어떤 존재에 내재(內在)해 있는 선험적(先驗的)인 원리가 아니다. 더욱이 사물들의 모든 작용은 필연의 영역에서 이루어진다는 것이 정약용의 생각이었다. 닭이 새벽에 울고 개가 밤에 짓는 것과 같은 동물의 세계와 봄에 꽃이 피고 가을에 잎이 지는 식물의 세계는 일정한 법칙에 의해서 전개되기 때문에 인간의 실천 영역과는 달리 자유 의지에 의한 선택의 여지가 없다. 그가 식물, 동물, 인간의 성을 3등급으로 나누어 이해했던 것은 바로 이러한 존재 이해에 근거를 둔 것이다.

정약용은 리(理)를 근원적인 존재로 인정하지 않는다는 점에서 주자학의 리기론적(理氣論的) 이론 틀에서 벗어나 있다. 정약용에 따르면 리(理)는 스스로 존재할 수 없으며 리(理)가 존재하기 위해서는 다른 그 무엇에 의존하지 않으면 안 된다. 이것은 리

(理)가 자존적(自存的) 존재가 아니라 의존적(依存的) 존재라는 것을 의미한다. 그렇다면 정약용의 리(理)는 주자학에서처럼 만물을 낳는 궁극적 원인일 수 없을 뿐만 아니라 만물을 지배하고 규정하는 주재자일 수도 없다. 반면에 기(氣)는 스스로 있는 존재이다. 그는 리(理)와 기(氣)를 다음과 같이 비교 설명한다.

> 기(氣)는 '스스로 있는 존재'(自有之物)이고 리(理)는 의존적인 존재(依附之品)이다. 의존적인 존재는 반드시 '스스로 있는 존재'에 의존해야 하므로 기(氣)가 발(發)하자마자 곧 이 리(理)가 있게 된다. 그러므로 기발이리승지(氣發而理乘之)라고 하면 옳지만 리발이기수지(理發而氣隨之)라고 하면 옳지 않다. 왜냐하면 리(理)는 스스로 설 수 있는 존재(自植者)가 아니므로 먼저 발(發)하는 일이 없기 때문이다.

리(理)가 기(氣)에 의존해야 한다면 그 리(理)는 이제 더 이상 기(氣)를 낳고 기(氣)를 규정하는 존재일 수 없다. 정약용의 이러한 생각은 자연히 기발일도설(氣發一途說)로 귀착된다. 리(理)는 자존적인 존재가 아니므로 기(氣)보다 먼저 발(發)할 수 없다. 그러므로 사단(四端) 칠정(七情)을 포함한 모든 자연 현상은 기(氣)가 발하고 리(理)가 그것을 타고 있는 형태가 된다. 정약용은 리(理)에 대한 이러한 견해를 바탕으로 성리학의 리(理)를 좀 더 구체적으로 비판한다. 그는 리(理)의 어원적 의미를 분석하여 리(理)란 옥석(玉石)이나 나무의 결(脈理)을 의미한다고 이해한다. 이렇게 되면 리(理)가 기(氣)에 선행하면서 기(氣)를 규정짓는다는 것은 사실상 불가능해진다. 결이라는 것은 어디까지나 옥석이나 나무의 결이므로 옥석이나 나무보다 선행할 수 없기 때문이다. 논리적으로 보자면 옥석이나 나무가 존재한 다음에야 결이 존재할 수 있다. 옥석이나 나무가 존재라면 결은 그 존재의 존재 형식 내지는 존재 성격이라고 할 수 있다.

궁극적 존재로서의 리(理)를 인정하지 않는 정약용은 만물의 생성을 태극(太極)으로부터 분화되는 과정으로 설명한다. 여기서 태극(太極)이란 주자학에서와는 달리 시원적인 물적(物的) 존재이다. 그는 "태극(太極)이란 하늘과 땅이 나누어지기 이전이며 한데 엉켜 있는 유형(有形)의 시작이요, 음양(陰陽)의 배태(胚胎)이며 만물의 태초(太初)이다"라든가 "태극(太極)이란 음(陰)과 양(陽)이 뒤엉켜 있는 것이다. 태극(太極)이 나뉘어 하나의 양(陽)과 하나의 음(陰)을 낳는다는 말은 옳다"라고 말하고 있다. 이것으로 보아 태극(太極)이 물적(物的) 존재라는 것은 분명하지만, 그는 그것을 명확하게 기(氣)라고 하지는 않았다. 하지만 그것이 일종의 기(氣)라는 것을 다음의 언급으로 유추해 볼 수 있다.

> 공영달(孔穎達: 574~648)[37]은 태극을 원기(元氣)로 여겼고, 또 노자(老子)의 '도(道)가 일을 낳는다'라는 말을 인용하여 태극(太極)으로 삼았으니 이것은 오히려 이치에 가깝지만, 후세 사람들의 주장은 태극(太極)을 떠받들어 형이상(形而上)의 존재로 삼고 매양 '리(理)이지 기(氣)가 아니며 무(無)이지 유(有)가 아니다'라고 하니, 형이상(形而上)의 존재를 어떻게 그림으로 그릴 수 있겠는가.

이 글에서 보듯이 정약용은 태극(太極)을 리(理)와 같은 형상을 초월한 존재로 보는 견해를 비판하고 있다. 그럼에도 불구하고 그는 태극을 기(氣)라고 분명하게 말하고 있지도 않다. 다만 태극을 원기(元氣)로 해석한 공영달의 설을 이치에 가깝다고 한 것으로 보아 태극은 기(氣)와 유사(類似)한 물질적 실체인 것으로 보인다. 정약용은 만물의 생성 과정을 태극이 분화하여 하늘과 땅이 되고, 그 하늘과 땅이 분화되어 물과 불이 생겨나고, 이 넷이 다시 분화되어 하늘, 땅, 물, 불, 우레, 바람, 산, 못이 된다고 설명한다. 시원적 물질인 태극이 하늘과 땅으로 분화되는데, 가볍고 맑은 것은 위에 위치하여 하늘이 되고 무겁고 탁한 것은 아래에 위치하여 땅이 된다. 그리고 그 분화의 구체적인 형식은 불분명하지만, 하늘과 땅이 다시 분화하여 하늘, 땅, 불, 물이 되며, 나아가 하늘과 불의 상호 작용에 의해 바람과 우레가 생겨나고 땅과 물의 상호작용에 의해 산과 못이 생겨난다는 것만은 분명하다. 한편 정약용은 이러한 과정을 거쳐 생겨난 여덟 가지의 사물들의 상호작용에 의해서 만물이 생겨났다고 이해했던 것으로 보인다. 이와 같은 생성론(生成論)은 기(氣)의 개념과 관련하여 다음과 같은 의미가 있다.

첫째는 음양오행으로써 만물의 생성을 설명하는 주희(朱熹)의 이론을 부정한다는 것이다. 그는 음양의 이름이 햇빛의 비침과 가려짐에서 나왔다고 이해한다. 해가 가

---

37) 중국 당(唐)나라 초의 학자. 자는 중달(仲達). 공자의 32대손이다. 수(隋)나라 양제(煬帝) 때 명경과(明經科)에 급제. 뒤에 조교가 되고, 당(唐) 시대에는 국자학 박사(國子學博士), 국자감 제주(國子監祭酒), 황태자의 시강(侍講)을 지냈다. 태종(太宗)의 신임을 얻어 위징(魏徵)과 함께 ≪수서(隋書)≫를 편찬하고, ≪오경정의(五經正義, 170권)≫ 편찬에도 참여했다.

려지면 음(陰)이라 하고 해가 비추면 양(陽)이라고 하므로 음양은 본래 체질(體質)이 없고 단지 명암(明暗)만 있는 것이고, 따라서 원래 만물의 부모가 될 수 없다는 것이 그의 생각이다. 그리고 오행에 대해서는 오행이 만물 중에 다섯 가지 사물에 불과하므로 다른 사물보다 더 근원적인 존재일 수 없다는 논리적 추론과 동물을 해부해 보아도 목, 금 등의 물질이 보이지 않는다는 경험적 사실을 들어 존재의 생성에 대한 오행론적 이해를 거부하고 있다.

둘째는 그가 만물의 생성을 논하면서 의도적으로 기(氣)라는 용어를 쓰지 않고 있다는 것이다. 이것은 그가 기(氣)를 만물의 질료(質料)가 되는 보편 물질이라는 것을 인정하지 않는 데서 오는 것이다. 그는 "기(氣)의 됨됨이를 살펴보지 않으면 안 되는데, 만일 후세의 리기설(理氣說)과 뒤섞어 말하면 매우 잘못된 것이다"라고 전제한 후 "저 몸에 가득 차 있는 것이란 무엇일까? 다른 것이 아니라 바로 기(氣)다. 이 기(氣)가 사람 몸 가운데 있음은 마치 유기(游氣)가 천지(天地) 가운데 있음과 같다. 그러므로 저 사람 몸에 있는 것도 기(氣)라 하고 이 천지에 있는 것도 기(氣)라고 한다. 모두 리기설(理氣說)에서 말하는 기(氣)와 같지 않다"라고 하여 주희(朱熹)의 이론체계에서 리(理)와 더불어 가장 기본적인 존재론적 범주로 설정되어 있는 기(氣)를 부정하고 있다. 이것은 그가 말하는 기(氣)는 몸 안에 있는 호연지기(浩然之氣)와 천지 사이에 있는 유기(游氣)와 같은 특정한 존재이지 보편 물질이 아니라는 의미이다.

③ 최한기(崔漢綺)

최한기(崔漢綺: 1803~1877)가 이해한 자연은 인간의 의식 바깥에 객관적으로 존재한다. 그것은 인간과 무관하게 존재하며 인간과 무관하게 운동 변화하는 객관 존재이다. 인간이 없더라도 천지는 스스로 운동 변화하기 때문에 내가 있고 없고는 천지의 운동 변화와 아무런 관계가 없다. 다시 말해 자연이란 하늘의 영역이므로 사람의 힘으로 증감할 수 있는 것이 아니다. 이와 같이 자연과 인간을 분리해서 이해하는 것은 인간 행위의 도덕성 여부가 자연의 운행에 영향을 미친다는 이른바 천인감응설(天人感應說)에 기반한 전통적인 자연 이해와 구별된다.

최한기가 이해한 자연은 도덕성을 본질로 하지 않는다. 최한기에 따르면 하늘은 만물을 낳는 데 뜻을 두지 않으며 땅도 만물을 기르는 데 마음을 두지 않는다. 만물 스스로가 하늘의 힘을 빌려 생겨나고 땅의 힘을 빌려 자라날 뿐이다. 천지의 생의를 부정하는 이 항목은 천지의 불인(不仁)을 근간으로 하는 도가(道家)의 자연관을 연상시킨다. 최한기에 따르면 만물이 생겨났다가 소멸되는 것은 저절로 그렇게 되는 것이다. 이러한 자연 이해는 자연 내부에 도덕성이 개입될 여지가 봉쇄되고 만다. 왜냐하면 자연의 영역은 필연의 영역이지 선택과 결단의 영역이 아니기 때문에 가치 판단의 대상이 될 수 없기 때문이다. 그러므로 그가 인용한 '천지와 그 덕(德)을 같이한다'라는 말은 자연과의 도덕적 합일이 아니라, 자연에 대한 정확한 파악과 이에 근거한 적절한 실천이라는 측면에서 해석되어야 마땅하다.

자연에 대한 정확한 파악이란 곧 자연의 이치에 대한 정확한 인식을 뜻한다. 최한기는 자연의 이치라는 뜻으로 물리(物理)라는 용어를 사용한다. 최한기의 일차적인 인식 대상은 물리(物理)였다. 물리(物理)의 정확한 인식이 최한기 학문의 관건인 셈이다. 이렇게 리(理)를 도덕적 원리로서가 아니라 자연의 법칙으로 이해하고 있다는 것은 '추측록(推測錄)'[38]의 「추기측리(推氣測理)」에서 구체적으로 다루고 있는 내용이 지구 구형설, 지전설(地動說), 해와 별의 타원 궤도, 별의 운행 속도, 밀물과 썰물의 원인, 낮과 밤 또는 겨울과 여름이 생기는 원인, 바람이 생기는 원인과 같은 것이라는 데서도 확인된다. 이처럼 최한기의 리(理)는 도덕적(道德的) 성격이 탈각된 물리(物理)의 성격이 강하다. 이렇게 물리(物理)가 학문의 핵심 분야로 부각된 것만으로도 학문관의 의미 있는 변화라고 할 수 있다. 다시 말해 자연 과학이 성립할 수 있는 장을 마련했다는 중요한 의미가 있다.

최한기가 본 우주는 천지와 만물 그리고 그 사이에 꽉 차 있는 기(氣)로 구성되어 있다. 기(氣)는 온 우주에 충만(充滿)되어 있어 한 터럭의 빈틈도 없다. 그래서 기(氣)가

---

38) 최한기(崔漢綺)가 추리로써만 유의 진리를 파악하는 방법을 밝힌 책. 1836년 기(氣)의 작용을 밝히고자 지었으며, 기일원론적 입장에서 경험론적 인식론을 펼쳤다. 책머리에 전체 내용을 서술한 저자의 서문이 있다. 권1은 <추측제강(推測提綱)> 83조, 권2는 <추기측리(推氣測理)> 59조, 권3은 <추정측성(推情測性)> 23조, 권4는 <추동측정(推動測靜)> 30조, 권5는 <추기측인(推己測人)> 71조, 권6은 <추물측사(推物測事)> 95조가 수록되어 있다. 각 조마다 각각 표제를 붙여 대의 파악에 편리하게 하였다. 후일 이 책과 표리관계를 이루는 ≪신기통(神氣通)≫을 합한 ≪기측체의(氣測體義)≫라는 책이 중국 베이징[北京(북경)]에서 간행되었다. 6권 3책. 필사본. 규장각도서.

없는 텅 빈 공간은 생각할 수조차 없다. 그리고 그렇게 충만(充滿)된 기(氣) 속에 만물이 존재한다. 못에 잠긴 물체가 물에 흠뻑 젖어 있듯이 만물은 우주의 충만 된 기(氣)에 젖어 있는 것이다. 우주의 운행과 사람 및 사물의 생성과 소멸은 모두 대기(大氣)의 운화(運化)로 인한 것이 아님이 없다. 비록 아주 미세한 사물일지라도 이 기화(氣化)를 떠나서 이루어지는 것은 없다.

최한기는 기(氣)가 모여서 이루어진 것을 형질(質)이라 한다. "기(氣)가 응결(凝結)하면 형질(形質)이 되고 형질(形質)이 흩어지면 다시 기(氣)가 된다", 즉 "형질은 기(氣)가 형체를 이룬 것이다." 그러나 기(氣)가 모인 형질만으로는 사물이 될 수 없다. 사물의 생성을 보다 정확히 말한다면 기(氣)와 형질의 합이다. 기(氣)가 모여서 이루어진 형질과 기(氣) 자체가 합해져서 사물이 되는 것이다. 바꾸어 말하면 기(氣)가 모여서 형질이 되고 그 형질 속에 기(氣)가 내재(內在)함으로써 하나의 사물이 생겨나는 것이다. 이때 사물 안에 내재해 있는 기(氣)를 본래의 천지의 기(氣)와 구분하여 형체의 기(氣) 또는 형체의 신기(神氣)라고 한다. 현상적으로 드러나는 존재는 천지의 기(氣)와 사물인데, 이 사물이 형질과 기(氣)로 이루어져 있다는 것이다. 그러나 형질도 기(氣)가 응취(凝聚)된 것이므로 결국 모든 존재는 기(氣) 하나로 환원될 수 있다. 그렇다면 기(氣)는 존재의 궁극적 실체이자 생성의 근원적 원질이라고 할 수 있다.

성리학에서 절대적 보편자의 의미를 지닌 리(理)는 최한기의 철학 체계 내에서 기(氣)의 조리(調理)가 됨으로써 그 비중이 현저하게 감소된다. 최한기가 리(理)를 기(氣)의 조리(調理)로 보았다는 것은 리(理)를 기(氣)의 속성(屬性)으로 보았다는 뜻이다. 그러므로 기(氣)가 있으면 리(理)가 있고 기(氣)가 없으면 반드시 리(理)도 없다는 것이다. 여기에서는 논리적으로 기(氣)에 앞서서 존재하며, 현실적으로 기(氣)의 움직임을 주재하는 소이연(所以然)으로서의 리(理)의 의미는 찾아볼 수 없다. 리(理)는 존재 개념이 아니라 기(氣)라는 존재에 부속된 속성일 뿐이다. 그러므로 최한기의 존재론은 기일원론(氣一元論)이라는 결론이 나온다.

최한기는 자연 현상을 설명할 때나 존재 자체를 설명할 때 음양 및 오행의 개념을 도입하지 않는다. 그는 소리의 발생을 음양으로 설명하는 것을 반대하며, 간지(干支)를 가지고 오행의 생극(生剋)에 배정하여 사람의 운명을 논하고 귀천을 판단한다든가,

약(藥)을 오행(五行)에 배속(配屬)시키고 장부(臟腑)를 오행에 배속시켜 상생상극의 설이 있게 된 것을 비판한다. 존재론의 영역에서도 그는 근원적 존재로서의 기(氣)와 기(氣)의 운동 변화만을 인정할 뿐이다. 특히 오행에 대해서는 그것이 구체적인 사물일 뿐 만물의 근원이 될 수 없음을 구체적으로 비판한다. 이렇듯 최한기는 오행설을 부정할 뿐만 아니라 서양의 사행설도 부정한다. 그에 따르면 오행이든 사행이든 그것은 형질의 기(氣)이고, 그러한 만큼 그것들은 운동 변화하는 기(氣)의 파생물에 불과하다.

(음양)오행은 사물들의 분류 체계(體系)이다. 음양오행설에서는 모든 사물들을 둘 또는 다섯 가지의 유형으로 분류하고 그 유형들의 상호 관계로 변화 현상을 설명한다. 이때 음양오행은 그 유형들을 대표하는 상징이고 상생상극은 그 유형들의 상호 관계를 설명하는 개념이다. 그런데 최한기는 음양오행을 단일한 기(氣)로 환원하고 상생상극을 단일한 기(氣)의 단일한 운동, 즉 활동운화(活動運化)로 환원하고 있다. 이것은 자연에 대한 정성적(定性的) 이해가 정량적(定量的) 이해로 전환될 수 있는 가능성이 마련된다는 의미가 있다. 최한기의 신기(神氣)는 인간의 몸 안에서 정신적인 작용을 담당하는 주체이지만 동시에 인간의 몸 밖에서는 물질적 특성을 보이는 존재이기도 하다. 기(氣)를 설명함에 있어 최한기의 두드러진 특징 가운데 하나는 기(氣)의 유형성을 강조한다는 것이다. 천지 사이에는 오직 형질(形質)의 기(氣)가 있을 뿐 무형의 기(氣)는 없다. 기(氣)는 천지간에 가득 차 있으며 그 본성은 활동운화(活動運化)이다. 그것은 현상 세계 이전이나 너머에 존재하는 형이상학적 본체가 아니라 현상 세계에 존재하는 하나의 구체적인 '존재'라 할 수 있다. 그래서 일상생활에서 늘 쓰는 것이다. 그의 관심사는 현재의 기(氣)가 어떻게 운동 변화하느냐 하는 것이다. 그러므로 최한기의 기(氣)는 경험할 수 있는 것이어야 한다. 기(氣)의 형질은 맑고 막힘이 없으며 끊임없이 움직이므로 쉽게 경험할 수 있는 것이 아니다. 그러므로 기구가 필요하다. 최한기는 그의 저술 곳곳에서 기구에 의한 기(氣)의 증험을 이야기하고 있다. 주발을 물동이의 물 위에 엎었을 때 물이 주발 속으로 들어가지 않는다거나 70치의 비약(轆鑪)[39]에서 69치까지는 공기를 수축할 수 있지만, 그 수축되어 단단해진 나머지 1치의 공기는 더 이상 억지로 수축할 수 없는 것 등은 기(氣)가 형질이 있다는 증거라는 것

---

39) 공기를 넣는 기구. 예 자전거에 공기 넣는 기구 등을 의미한다.

이다. 이와 같이 최한기는 기(氣)의 형질을 강조한다. 그에게 있어 기(氣)는 형질이 있는 존재이고, 그래서 그것은 측정(測定)이 가능하고 수량화가 가능하다. 기(氣)에 대한 이러한 이해는 자연 대상의 탐구에 수학적 방법의 도입을 가능하게 한다는 중요한 의미를 지닌다. 이와 같은 기(氣) 개념은 전통적인 기론(氣論)자들의 기(氣) 개념에서 벗어나는 것으로 부분적으로는 오늘날 공기의 외연과 겹치는 측면이 있다.

5) 소결(小結)

조선 유학에 있어 기(氣)는 현실 세계의 존재와 그 존재의 변화를 설명하는 개념이다. 기(氣)로 존재의 세계를 설명할 때는 3개의 층 차가 있다.

첫째는 자연학의 영역으로서 현실 세계의 존재와 그 존재의 변화를 설명하는 경우이다. 이때는 기(氣)가 사물들을 구성하는 물적 존재가 된다. 우주 공간에는 기(氣)가 가득 차 있는데, 그 기(氣)가 모여서 구체적인 사물들이 생겨나며, 아울러 그렇게 생겨난 현실의 구체적인 사물들은 일정한 시간이 지나면 기(氣)의 상태로 되돌아간다는 것이다. 즉 현실 세계는 기(氣)에서 구체적인 사물들로, 그리고 구체적인 사물들에서 기(氣)로 끊임없는 순환이 이루어지고 있는 공간이 되는 셈이다.

둘째는 우주생성론의 영역이다. 여기서 기(氣)는 우주의 시원이다. 현실 세계가 생겨나기 이전의 원초적인 물질 형태가 바로 기(氣)인 것이다. 흔히 원기(元氣)로 불리면서 현실의 기(氣)와 구별되는데 장재(張載)나 서경덕은 이것을 태허(太虛)라는 개념으로 나타내기도 했다. 여기서 주목되는 것은 우주의 시원으로서의 기(氣)와 현실 세계(의 기)는 시간적 선후 관계에 있다는 것이다. 주희(朱熹)에게서도 발견되는 것으로 소강절의 역사 인식에 정형화되어 있다.

셋째는 존재론의 영역이다. 현실 세계의 모든 존재는 기(氣)로 이루어져 있다고 본다는 점에서 첫째와 다를 바 없고 기(氣)로부터 모든 존재가 생겨난다고 보는 점에서는 두 번째와 다를 바 없다. 그러나 존재론의 영역에서의 기(氣)는 개별적이고 경험적이고 구체적인 성격을 지닌 첫 번째와는 달리 일반적이고 추상적인 개념이다. 다시 말해 존재의 본질(本質)을 해명하는 작업이다. 즉 존재를 근본적이고 통일적으로 설명하기 위해 다양한 것들의 배후에 있는 근본적인 존재를 탐구한 결과이다. 그것은 H₂+O와 물질의 차이이다. 그리고 생성론(生成論) 영역에서의 기(氣)가 시간적인 근원이라면 이것은 논리적인 근원이라는 점에서 차이가 있다.

기론(氣論)의 출발은 첫 번째였다. 하지만 인간의 인식 체계의 진전에 따라 첫 번째 기(氣)는 그 의미가 축소되고 둘째의 기(氣)가 강조되기도 했고, 성리학에 이르러서는 세 번째가 중요한 의미가 되었다고 할 수 있다. 물론 장재(張載)나 주희(朱熹)가 천문 현상이나 기상 현상과 같은 구체적이고 경험적인 현상을 기(氣)로 설명했다는 점에서 첫 번째 의미가 배제된 것도 아니고 그들이 지녔던 존재의 시원에 대한 강렬한 문제의식에 비추어 보아 두 번째 의미가 축소된 것도 아니었다. 하지만 그들의 기(氣)는 이미 경험적 의미가 매우 약화되었다. 이때 기(氣)는 이미 기(氣)가 아니고 음양오행이다. 그러나 음양오행은 경험적 개념이 아니다. 이를테면 어떤 기(氣)가 있을 때 그것이 음(陰)인지 양(陽)인지, 금목수화토 가운데 어느 것인지 확인할 길이 없다. 그 기(氣)는 이미 경험의 영역을 떠나 관념(觀念)의 세계로 편입된 것이다. 비록 기(氣)는 형이하의 존재이지만 그 기(氣)에 접근하는 자세는 매우 형이상학적이라는 것이다. 이렇듯 기(氣)의 추상적 성격이 부각되는 것은 존재를, 그리고 나아가서는 존재의 생성을 체계적으로 설명해 내려는 철학적 관심에서 기인하는 것이다. 어떤 특정한 존재나 현상에 대해서는 구체적인 설명이 가능하겠지만 모든 존재와 현상을 설명하기 위해서는 추상의 과정을 거치지 않으면 안 되고, 그러한 과정에서 추상적인 개념이 만들어지는 것이다. 리(理)와 기(氣)도 이렇게 해서 만들어진 개념이다.

조선조 성리학자들은 차이는 있지만 리(理)와 기(氣)에 의해서 자연, 나아가 존재 일반을 설명했다는 공통점을 보인다. 리기이원론자(理氣二元論者)들은 물론이거니와 氣만으로 설명하고자 했던 기일원론(氣一元論)자들도 어떤 형태로든 리(理)에 대한 부가적인 설명을 하지 않으면 안 되었다. 그만큼 조선 유학에 드리워진 주희(朱熹)의 그림자가 컸었다는 것을 인정해야 할 것이다. 하지만 주희(朱熹)의 리기이원론(理氣二元論)에 대한 이해가 일률적이었던 것만은 아니어서, 리기이원론(理氣二元論)을 고수했던 학자들 사이에서도 기(氣)의 작용에 대한 리(理)의 규정성을 어느 정도까지 인정하느냐에 따라 적지 않은 이론적 편차를 보였다는 것도 아울러 인정해야 할 것이다.

고려 말부터 도입되기 시작한 주자학은 정도전과 권근을 거치면서 일단 이론적 틀을 갖추었다고 할 수 있다. 하지만 이규보(李奎報)로 대표되는 고려 후기의 기론(氣論)적 전통이 완전히 가신 것은 아니어서, 김시습이나 서경덕의 기론(氣論)이 제한적이긴 하지만 영향력을 발휘하기도 하였다. 그러나 16세기 중반 이황(李滉)과 이이(李珥)와 같은 걸출한 이론가가 등장하면서 주희(朱熹)의 리기이원론(理氣二元論)은 조선 주자학의 주류로서의 위치를 확고히 했음은 물론 이른바 주리론과 주기론이라는 이론적 분화를 보이기 시작하였다. 이들은 만물의 물적 측면을 기로 설명한다는 점에서는 기일원론(氣一元論)자들과 큰 차이를 보이지 않는다. 하지만 기일원론(氣一元論)자들이 리(理)를 기(氣)에 종속된 존재로 보아 그 자체로 독립된 존재가 아니라고 이해하는 데 반하여, 이들은 리(理)가 설사 기(氣)와 공존한다는 것을 인정한다고 하더라도 리(理)는 어디까지나 리(理)여서 기(氣)와 구별된 독립적 존재이자 기(氣)에 선행하면서 기(氣)를 주재하는 존재로 이해한다는 점에서 본질적인 차이를 보인다. 그리고 주리론과 주기론은 리(理)가 기(氣)를 주재하는 정도를 어디까지 인정하느냐에 따라 구분되는 것이긴 하지만 그 내부의 학자들 사이에서도 다양한 편차를 보이기 때문에 일률적으로 규정하기는 힘들다. 하지만 이황(李滉)은 태극(리)이 음양(기)에 선행하면서 음양을 낳는다는 것을 인정하지만 이이(李珥)는 태극과 기(氣)의 공시 공존을 주장한다는 점에서 뚜렷한 대조를 보인다. 그리고 이황(李滉)은 리(理)의 능동적이고 주체적인 역할을 강조하여 리동(理動)이나 리발(理發)을 주장하는 데 반하여 이이(李珥)는 리(理)의 원리적인 측면을 강조하여 이황(李滉)의 주장을 반대한다는 점에서도 큰 차이를 보인다. 그 이후에는 학맥에 따라 이황(李滉)과 이이(李珥)의 이론 가운데 어느 한 쪽을 지지하는 편향된 모습을 보이는 것이 조선 주자학 이론의 대체적인 흐름이었다. 하지만 그러한 가운데도 양쪽을 절충하려는 시도가 있었다는 것과 조선 후기에 이르러 임성주의 기일원론(氣一元論)과 같은 극단적인 기(氣) 편향적 이론과 이항로, 기정진, 이진상 등의 매우 강화된 리(理) 편향적 이론이 등장했다는 것을 지적해야 할 것이다.

  기일원론(氣一元論)자들과 리기이원론(理氣二元論)자들을 포함한 이들 성리학자들의 자연관은 크게 두 가지 특징을 보이는데, 음양오행의 틀로 자연 세계의 생성, 존재, 변화를 설명한다는 것과 자연의 영역과 인간의 영역을 도덕성을 매개로 통합하여 이해하는 천인감응설의 틀을 견지한다는 것이 그것이다. 하지만 실학자들은 재이(災異)설을 부정하는 등 자연과 인간의 영역을 분리하는 시도를 하며 최한기에 이르러서는 자연 세계에서 도덕성을 탈각시키는 분명한 모습을 보여 주는 데까지 이른다. 그리고 실학자들이 음양오행을 추상적인 범주가 아니라 햇빛의 유무나 구체적인 사물로 본다는 것은 널리 알려진 사실이다. 이들의 이러한 자연 이해는 자연을 객관적으로 이해하고자 하는 의식적인 노력의 산물로 보는 것이 온당한 평가일 것이다. 한편 객관주의를 지향하는 그러한 노력이 기에 적용되었을 때, 그 기는 홍대용, 정약용, 최한기에게서 보이듯이 구체적이고 경험적인 성격을 갖게 된다.

제5절 동양 핵심 사상과 기(氣)

1. 성리학(性理學)

1) 개관

송대(宋代)의 유학은 도교와 불교의 자극을 받아 다시 일어났는데, 그 철학사상은 원시유교에서 주장하던 수신(修身), 제가(齊家), 치국(治國), 평천하(平天下)의 도(道)를 강구함과 동시에 우주(宇宙)의 원리와 인간의 심성(心性)을 연구하는 철학적 경향을 나타냈다. 즉 종래의 유학은 실천윤리를 주로 하였으나 송대(宋代)의 유학은 이에 만족하지 않고 그 원리를 토론하는 데 힘을 써 가르침의 근본을 성(性)에서 구하고 성(性)의 근본을 우주에서 구하였다. 이 송대(宋代)의 유학을 성리학(性理學)이라고 한다. 당시 학자들의 심원(深遠)한 사색(思索)을 통하여 유학이 우주론과 인간 심성론으로의 학문적 체계를 갖추었다고 할 수 있으며, 우주의 근원적 존재로서 이기론(理氣論)이 학문적 정립을 이루었으며, 이어서 청대에는 기철학을 기반으로 하는 고증학(考證學)과 실학(實學)이 나타났다.

2) 주렴계(周濂溪)

(1) 우주론

주렴계(周濂溪: 1017~1073)의 자는 무숙(茂叔)이다. 후에 영종(英宗)의 옛 이름을 피하여 '돈이(惇頤)'라 개명하였다. 주렴계의 우주론은 <역(易)>의 태극설과 노자의 무극설과 오행설을 조화하여 태극도설에 표현하고 있는데, 그 전반은 우주의 원리를 논하고 후반은 실천철학의 연원을 논하였다. 그의 태극도설의 내용을 살펴보면 다음과 같다.

① 생성의 근원

무극(無極)은 모습도 없고 소리도 없으며 냄새도 없다. 우리의 다섯 감각으로 파악할 수 없으며 시작도 없다. 태극(太極)은 만물 생성의 기원이다. 일체 만물의 시초라는 점으로 보면 태극이고, 처음이 없다는 점으로 보면 무극이다. 그러나 태극 외에 별도로 무극이 있는 것이 아니고, 또 무극 외에 태극이 있는 것도 아니다. 이것은 이름 하거나 형상할 수 없고 유일한 절대이다. 만물생성의 근원으로서 무극이면서 태극이다(無極而太極). 이것은 절대적 본체이다.

② 본체의 발전과 만물, 그리고 인간

무극이면서 태극인 본체는 두 개의 가능성을 가진다. 하나는 동적(動的) 방면으로 양(陽)이라 하고, 나머지 하나는 정적(靜的) 방면으로 음(陰)이라 한다. 태극이 동(動)하여 양(陽)을 생기게 하고, 동(動)이 지극하면 정(靜)이 되고, 정(靜)하여 음(陰)이 생기게 한다. 정(靜)이 지극하면 다시 동(動)한다. 한 번 동(動)하고 한 번 정(靜)함이 뿌리가 되어 음과 양의 구별이 생긴다.

이와 같이 동(動)과 정(靜)은 무한하게 순환하여 동(動)의 앞은 정(靜), 정(靜)의 앞은 동(動), 이렇게 서로 원인이고 결과가 된다. 그리하여 시작도 없고 끝이 없어, 끊임없이 순환하여 정지하지 않는다. 이 음양이 발전하여 수화목금토(水火木金土)의 5원소를 발생한다. 이것을 오행(五行) 또는 오기(五氣)라 한다. 오기가 우주에 퍼져 우주가 발전, 변화하고 질서를 이룬다.

만물이 생성할 때 태극의 참은 그 주재(主宰)가 되고 음양오행의 정은 그 재료가 되어 묘합응취(妙合凝聚)하고 남녀양성(男女兩性)이 2기(二氣)의 교감에 의하여 각개의 모습이 나누어져 만물이 발생한다. 그런데 오행의 기(氣) 중에서 순수(純粹), 수미(秀美)한 것을 얻은 것이 사람이고 조잡한 것을 얻은 것이 물질이다. 그러므로 사람은 만물 중에 가장 우수한 것으로서 모습이 생길 때에 지각의 힘이 있고 오성(五性: 仁義禮智信)이 구비된다. 오성이 감동하여 선악(善惡)이 나누어지고 인간만사가 이로부터 일어난다.

(2) 윤리론

주렴계의 윤리(倫理)론은 그의 우주론에서 파생되었다. 그는 중용의 성(誠)을 윤리의 대본으로 삼았다. 성(誠)은 천지의 근원이며 천성에 고유한 것이고 우발적인 것이나 후천적인 것이 아니다. 성(誠)은 천도(天道)와 인도(人道)를 일관하여 분리하고 있지 않다. 우주의 본체는 태극이고 사람의 본성은 본래 성(誠)이다. 그러므로 사람의 본성은 순수지선(純粹至善)하다.

태극도설에서 인극(人極)이라 함은 성(誠)을 말한 것이다. 성인(聖人)은 인류 중에서 가장 우수한 사람이다. 주렴계는 성인을 다음과 같이 규정하였다.

> 고요하여 움직이지 않는[寂然不動] 것은 성(誠)이고, 느껴서 드디어 통하는[感而遂通]
> 것은 신(神)이며, 움직이지만 모습으로 나타나지 않고 유무(有無) 사이에 있는 것을 기
> (幾)라 한다. 성(誠)은 고요하므로 밝고, 신(神)은 응(應)하므로 묘(妙)하고, 기(幾)는 은미
> (隱微)하므로 그윽하다.[유(幽)] 이 성(誠), 신(神), 기(幾)를 갖춘 사람이 성인(聖人)이다.

사람이 성덕(誠德)을 갖추고 성인(聖人)이 되는 비결은 무욕허정(無欲虛靜)의 심경을

닦는 데 있다. 이러한 주렴계의 무욕허정설은 불가(佛家)와 도가(道家)의 영향을 받은 것이라고 할 수 있다.

3) 장횡거(張橫渠)

장횡거(張橫渠: 1020~1077)의 이름은 재(載)이고 자는 자후(子厚)이다. 그는 우주론에서 불교와 도교를 배척하고, 주렴계의 태극설이나 정자(程子)의 이기설(理氣說)을 다 취하지는 않고 독특한 자기 이론을 주장하였다. 그것은 기일원론(氣一元論)이다. 즉 태허(太虛)는 모습이 없는 것으로 기(氣)의 본체(本體)라고 하였는데 주렴계의 태극, 무극과 같은 개념이지만 이(理)가 아닌 기(氣)를 본체로 삼는다.

기(氣)가 모이고 흩어짐은 변화하는 객관적 형태에 불과하다. 천지의 기(氣)는 무궁하게 모이고 흩어지나 다 자연의 이치에 순응하고 원칙을 어기지 않는다. 기(氣)가 흩어져 모습이 없을지라도 그 자체는 증가와 감소가 없다. 이는 현대 물리학에서 밝힌 질량불변의 법칙과 다르지 않다. 태허(太虛)는 기(氣)가 없을 수 없고 기(氣)는 모여서 만물이 되지 않는 일이 없다. 만물은 흩어져 태허(太虛)가 되지 않을 수 없다. 이것은 자연스럽게 그렇게 되는 현상이라고 하였다.

허(虛)는 천지(天地)의 조상이다. 허(虛)는 기(氣)의 몸이다. 기(氣)에는 음양과 펴졌다 구부러졌다 함이 있어 무궁하게 서로 감응한다. 허(虛)가 기(氣)를 발생하는 것은 아니다. 허즉기(虛卽氣)이다. 모든 모습은 곧 태허이고 현상은 곧 실재(實在)이다. 기(氣)의 모임과 흩어짐은 현상계의 일에 불과하고 기(氣) 자체는 변하는 것이 아니다. 비유컨대 물이 얼음이 되었다가 풀어지면 다시 물이 되는 것과 같다. 기(氣)가 모이면 만물이 되고 흩어지면 태허로 돌아가는 것이다. 그런데 장횡거의 태허설은 재래 및 당시의 철학사상과 달리 설명하고 있으나 노장 사상 및 불교와 역(易)의 자극을 받은 것이라고 추측할 수 있다.

4) 정명도(程明道)

(1) 우주론

정명도(程明道: 1032~1085)의 이름은 호(顥), 자는 백순(伯淳)이다. 그의 우주론은 역(易)을 주로 하였으나 태극이라는 말을 쓰지 않고 우주의 본원을 건원(乾源)이라 하였다. 역(易)은 태극이 음양을 발생시키고 만물을 발생시킨다고 하였는데, 정명도는 천지의 큰 덕을 생(生)이라 하고 천지는 음양 2기가 교감하여 만물을 변화 발생시킨다고 하였다. 그런데 사람과 초목이나 짐승의 차별이 생기는 것은 2기가 교감하는 치우침과 올바름의 구별이 있기 때문이라고 하였다. 또 우주만물의 이치는 양(陽)이 생하면 음(陰)이 소멸하고, 선(善)이 증가하면 악(惡)은 없어진다고 하였다. 이처럼 우주만상은 서로 뒤바뀌고 증감함으로써 만변(萬變)한다. 소박함이 있으면 화려함이 있고, 위가 있으면 아래가 있다. 그는 이와 같이 상대성 원리를 찾아내어 기뻐하였다고 하였다.

(2) 수양론

정명도는 우리에게 가장 필요한 수양법은 인(仁)을 인식하는 것이라 하였다. 그의 유명한 '식인(識仁)' 편에는 이를 설명하여 장횡거의 '서명'과 함께 극치를 이루었다. 정명도의 학설은 인설(仁說), 성설(性說), 천인합일설, 물아일체설, 천리설, 양지설(良知說)로 요약할 수 있는데, 양명학의 선구가 되었다.

5) 정이천(程伊川)

(1) 우주론

정이천(程伊川: 1033~1107)의 이름은 이(頤), 자는 정숙(正叔)이다. 우주론에 있어 그의 형 정명도는 기일원론(氣一元論)을 주장하였지만 정이천은 이기이원론(理氣二元論)

을 말하였다. 이 이론은 주자에 이르러 더욱 현저하여졌고 이천은 그 단서를 말한 데 불과하다. 우주 만물은 기(氣)에 의하여 형성되고 이(理)가 기(氣)에 부여되므로 우주만 물은 이기이원(理氣二元)으로 되었다고 하였다. 이(理)는 사물구성의 기본형식이다. 이 것은 플라톤의 관념(觀念: Idea)이나 아리스토텔레스의 형식(Foam)과 흡사하다고 할 수 있다. 기(氣)는 재질(材質: Matter, 물질의 기)이나 지기(志氣: Will, 정신의 기)와 같은 두 가지 뜻을 가진 것이다. 우리의 구체적 세계는 기(氣)로 조작되었으나 기(氣)의 조작은 반드시 이(理)에 의존한다. 벽돌이나 나무, 돌로 집을 지으려면 가옥의 형식, 즉 설계 도면이 필요하다. 그렇게 될 때 벽돌과 나무 등은 건축의 재료이고 형이하(形而下)의 기(器)이며, 가옥의 형식, 즉 설계도면은 재료이상(形而上)의 이(理)이다. 가옥이 완성되 면 이(理), 즉 형식은 그 집과 함께 있다. 가옥이 존재하면 그 형식도 존재하고 가옥이 파괴되면 그 형식도 파괴된다. 천지만물은 음양이기에 의해 발생하는데, 음양은 기 (氣)로서 형이하이고 도(道)는 이(理)로서 형이상이다. 음양이, 즉 도(道)가 아니고 음양 이 되게 하는 까닭이 도(道)이다. 도(道)는 음양을 떠나서 존재하지 않는다. 따라서 이 (理)는 기(氣)를 떠나서 존재하지 못하고 기(氣)가 소멸하면 이(理)도 소멸한다. 이와 같 이 이(理)와 기(氣)는 서로 의존하여 존재한다. 이(理)는 만물이 공통이나 기(氣)는 맑음 과 탁함, 두터움과 엷음이 있어 다 다르다. 이기(二氣)가 교감할 때 그러한 성질의 차 이를 발생하게 함은 사물에 다수의 종류가 있게 한 까닭이다. 이와 같이 음양이기는 그 변합(變合)에 의하여 만물을 발생하므로 한 가지 물건도 같은 것이 없다는 것이다.

(2) 심성론(心性論)

정이천은 '성즉리(性卽理)'라 하여 성(性)은 본래 선(善)하다고 하였다. 이는 맹자의 성선설(性善說)과 같이한다. 천지가 정(精)을 쌓은 가운데 오행(五行)을 얻은 것이 인간 이다. 그 근본은 참되고 정(精)하다. 그것이 미처 발생하기 전에 오성(五性)이 갖추어졌 으니 인의예지신(仁義禮智信)이다. 형체가 발생하고 바깥 물질들이 그 형체에 접촉하 므로 중(中)을 움직이게 한다. 그 중이 움직여 칠정(七情: 喜, 怒, 愛, 懼, 哀, 惡, 欲)이 나 온다. 정욕의 탐욕이 치열해짐에 따라 성(性)은 손상된다. 성(性)은 리(理)이므로 성을 가지고 논하면 성현과 어리석음의 구별 없이 모두 동일하게 선하지 않음이 없다.

정이천의 우주론과 심성론을 종합하면, 그는 태극(천)을 이기이원(理氣二元)으로 보았다. 이(理)는 형이상이며 음양이 되는 까닭의 도(道)이고 보편적인 것이다. 그것은 또한 원리이며 성(性)이고 몸이며 이일(理一)이다. 기(氣)는 형이하이며 음양이고 특수적이며 차별적인 원리이고 용(用)이며 분수(分殊)이다.

(3) 수양론

정이천의 수양방법은 경(敬)으로서 사람이 사는 도리를 함양(涵養)하는 것이다. 또한 학문의 경우 바른 지식의 이해에 있다. 이러한 것을 세분하여 표현할 때, 격물(格物), 궁리(窮理), 한사(閑邪), 존성(存誠), 거경(居敬)이 그것들이다. 그중에 가장 중요한 것은 거경(居敬)이라 하였다. 용모를 엄중하게 하고, 생각을 정돈하면 자연스럽게 경(敬)이 생긴다. 경은 일(一)을 주로 하여 중(中)을 얻는 데 있다. 이와 같이 안과 밖이 서로 맞이하는 가운데서도 특히 안(마음)을 곧게 함을 근본으로 삼았다. 경(敬)은 역대 성현들이 자기수양의 요결로 삼았다. 참으로 정이천과 주자는 이 경으로 학문의 최대 목표를 삼았다.

6) 주자(朱子)

(1) 우주론

주자(朱子: 1130~1300)의 우주론은 주렴계의 태극도설과 정이천의 이기이원론(理氣二元論)을 종합하여 발전시킨 것이다. 주렴계는 우주의 본체를 '무극이면서 태극(無極而太極)'이라 하고 두 개의 방면으로 나누었다. 하나는 동적(動的) 방면으로서 양(陽)이라 하고, 하나는 정적(靜的) 방면으로서 음(陰)이라 하였다. 음양이 발전하면 오행이 되어 만물이 발생한다고 하였다. 그런데 주렴계는 태극이 유(有)인가, 무(無)인가, 또는 이(理)인가, 기(氣)인가에 대해서는 말하지 않았다. 또 정이천은 우주의 본체를 태극이라 하고 태극은 도(道)이며 이(理)라 했다. 또 그 태극은 형체가 없는 점에서 무극이라 하는데, 태극에 동정(動靜)의 두 성질이 있어 음양이기를 발생시키고, 오행이 생기고 만물이 발생된다고 하였다.

주자는 우주의 본체는 주렴계의 경우와 같이 '무극이면서 태극'이나 그것은 태극은 일개의 물체가 아닌 실재이므로 소리도 없고 냄새도 없다. 태극을 본체와 작용으로 볼 때 본체는 이(理)이고 작용은 기(氣)이다. 즉 이(理)는 형이상으로 도(道)이며 물질을 만드는 근본이다. 기(氣)는 형이하로 기(器)이며 물질을 만드는 도구이다. 태극은 일개의 이(理)인데 태극은 일정한 장소나 시간에 제한 없이 초시공이며 절대적이다. 주자의 주장은 만물은 모두 각각 동일한 이(理)를 갖추고 있는데 만물에 무수한 차별이 있는 까닭은 기(氣)의 바름과 치우침, 맑음과 탁함이 있기 때문이라고 하였다. 성현과 보통사람, 동물과 식물 등 무수한 차이가 있는 것은 기품(기질)의 결과이다. 인간은 오행이 만물을 발생시키는 데 바름의 결과이며 그 때문에 인간을 소우주라고 하는 것이다. 결국 주자는 태극을 이(理)로 봄으로써 이기이원(理氣二元)을 세우고 또 기(氣)에 정교함과 엉성함의 이원(二元)이 있다고 하였다.

(2) 심성론

주자의 심성론은 장횡거와 정이천의 이론을 계승하여 인성(人性)을 본연의 성[天地之性]과 기질의 상[氣質之性]으로 나누었다. 본연(本然)의 성(性)은 고요하여 움직이지 않는, 미처 발생하지 않은 상태로서 지극히 순수(純粹)하다. 그리하여 우주의 본체에 비유할 수 있다. 태극 본연의 미묘함으로써 만 가지로 다름이 하나의 근본이고, 기질(氣質)의 성(性)은 이미 발생한(표현된) 상태로서 기(氣)의 바름과 치우침, 맑음과 탁함을 함유하고 성(性)의 선(善)과 악(惡)이 뒤섞여 있다. 이것은 하나의 근본이지만 만 가지로 다르다. 본연(本然)의 성은 이(理)를 가리킨 것이고, 기질(氣質)의 성(性)은 이(理)와 기(氣)를 뒤섞어 말한 것이다. 본연(本然)의 성(性)은 물과 같고, 기질(氣質)의 성(性)은 물을 담는 기(器)와 같다. 그릇이 없으면 물을 담을 수 없게 된다. 기질(氣質) 안에 본연(本然)의 성(性)이 잠재한 전체를 말하여 기질(氣質)의 성(性)이라 한다. 기질의 영향을 고려하지 않고 추상적으로 사람의 본성을 생각하여 본연의 성이라고 하는 것일 뿐, 구체적 존재로는 사람의 성(性)은 기질지성뿐이다. 각각의 기질지성이 다르므로 그 기질도 각각 다르다. 성인의 기질은 맑으므로 본연의 성이 더욱 빛나서 수양의 필요성이 없다. 그러나 보통사람의 기질은 탁하므로 본연의 빛이 전연 표현되지 않는다. 그러므로 수양에 의하여 그 기질을 변화시킬 수 있는 것이다. 이 기질 변화를 위한 수양에 주자는 장횡거, 정이천과 동일한 견해를 가졌다.

(3) 수양론

주자의 수양론은 우주론과 때어놓을 수 없는 관계에 있으며 궁극적으로는 인간존재를 문제 삼았다. 인간이 궁구하여야 할 진리, 즉 이(理)를 천(天)과 '나'에 존재하는 것으로 보았다. 즉 인식주체가 체득해야 할 인식대상이 주체와 객체 모두에 존재하는 것으로 볼 수 있다. 결국 주자는 역대의 철인들의 이론을 겸허하게 받아 발전시켰는데, 정치, 철학, 예학, 역학, 종교를 연구하여 한국뿐만 아니라 동아시아 각국에 지대한 사상적 영향을 끼쳤다.

2. 도가(道家)

도가(道家)는 중국사상(中國思想)의 여명기인 선진시대(先秦時代) 이래 유가(儒家)와 함께 중국 철학의 두 주류를 이루었던 학파이다. 도가(道家)라는 일컬음은 이 사상의 개조(開祖)라 할 수 있는 노자(老子)가 우주 본체를 설명하면서 사용한 도(道)와 덕(德)의 개념에서 비롯되어 도덕을 논하는 일련의 학자들을 도덕가라고 호칭하다가 뒤에 이를 약하여 도가(道家)로 부르게 된 것이다. 그러나 이와 같은 호칭이 선진시대부터 나타난 것도 아니며, 전한대(前漢代) 유흠(劉歆)과 사마담(司馬談) 부자가 중국사상의 내원(來源)을 설명하는 가운데 구가(九家) 또는 육가(六家)로 분류한 데서 일반화되었다. 도가(道家)라고 할 때, 넓은 뜻으로는 노자를 교조(敎祖)로 하여 뒤에 성립하는 종교

형태인 도교(道敎: Taoism)도 포함하지만, 일반적으로는 도교와 구별하여 노자·장자(莊子)·열자(列子)·관윤(關尹) 등이 중심이 되는 철학파를 가리키며, 좁은 뜻으로는 노장철학(老莊哲學)을 가리키기도 한다. 그리고 시대적으로 보면 노자와 장자, 양주(楊朱)·열자를 중심으로 한 선진도가(先秦道家)뿐만 아니라 위진시대(魏晉時代)의 왕필(王弼)과 향수(向秀)·곽상(郭象) 등을 주로 하는 현학파(玄學派)와 명리학파(名理學派)도 도가에 속한다. 도가사상은 노자에서 비롯하였기 때문에 그 연원도 노자사상을 이해하면 될 것이다. 반고(班固)의 ≪한서(漢書)≫ <예문지(藝文志)>에 보면 "도가자류(道家者流)는 사관(史官)에서 나왔다"라고 한 것 또는 사기(史記)≫에서 "노담(老聃)은 주(周)나라의 수장실지리(守藏室之吏)였다"라고 한 것처럼 노자는 사관 출신이었고, 사관은 역사와 전통적인 학술사상과 지혜를 이어받은 해박한 지식인이었다. 그러므로 노자는 한편으로는 서주(西周)의 예악제도(禮樂制度)와 그 문화에 대하여 철저하게 이해하고 있었으며, 다른 한편으로는 당시의 전화(戰禍)와 도덕의 붕퇴(崩頹), 사상의 분란 및 정치적인 암흑상황을 가장 심각하게 감지할 수 있었다. 그리하여 영일(永逸)의 방법을 구하되 눈앞의 고통을 제거할 뿐만 아니라 그것을 가져온 근원으로서 서주문화 자체를 비판적으로 검토해서, 본래 상태로 돌아가려는 '반박귀진(反樸歸眞)'의 사상을 이루게 된 것이 도가이다.

도가(道家)는 이러한 배경을 가지고 부정적 사변법(思辨法)을 사용하여 유가(儒家)의 가치도덕과는 본질적으로 다른 존재론적 본체관념(本體觀念)으로서 '道'와 '德'의 이론을 제시하였다. 도가의 도덕은 인위조작(人僞造作)하지 않으면서도 어김없이 전개되는 무위자연(無爲自然)의 상태를 가리키는 말이며, 이에 따라 인생론에서도 무욕과 허무의 방법 등 부정적 방법을 통하여 자연대도(自然大道)에 순응하는 삶을 이상적인 것으로 제시하였고, 지식과 가치의 문제에서는 시비(是非)가 양행(兩行)하는 상대주의(相對主義)와 반지주의(反知主義)를 주장하게 되었다. 이러한 경향은 장자(莊子)의 개체(個體)의 절대자유·절대평등의 사상으로 이어지기도 하였다.

1) 노자(老子)

노자의 도덕경(42장)에 다음과 같은 말이 나온다.

> "도는 하나를 낳고, 하나는 둘을 낳고, 둘은 셋을 낳고, 셋은 만물을 낳았다. 만물은
> 그 안에 음과 양을 상대적으로 안아서 지니고 있으며 기가 충만함으로써 조화를 이
> 루고 있다."
> (道生一 一生二 二生三 三生萬物. 萬物陰而抱陽庶氣以爲和)

위 구절에 대해 일(一)을 만물(萬物)의 에너지원인 기(氣)로, 이(二)는 음양(陰陽)으로, 삼(三)을 물(物)로 해석할 수 있다. 대 기공사인 왕력평(王力平) 선생도 다음과 같이 설명하고 있다.

> "여기서 노자는 기(氣)가 만물의 에너지원(源)임을 강조하고 있다. 이 세계에서 가장
> 큰 에너지원은 기(氣)라고 할 수 있는 것이다. 우주(宇宙)에 기가 없으면 만물은 생성
> (生成)되지 않는다."

이렇듯 노자는 만물의 근본원리 또는 만물의 근원 자체를 도(道)로 보고 이 도에서 나온 것이 기(氣)라고 말한다. 그리고 만물은 유형(有形)이든 무형(無形)이든 기(氣)로 충만해 있고 기(氣)로 연결되어 있어 조화로운 하나의 화합체(化合體)로서의 우주를 형성(形成)하고 있다고 풀이하고 있다. 노자는 "혼(魂)과 백(魄)을 하나로 통일하여 서로 떠나지 않게 할 수 있겠는가? 기운을 전일(全一)하게 모으고 부드럽게 하여 어린아이처럼 순진하게 할 수 있겠는가? 더럽혀지고 물들여진 것을 씻어내고 심오한 경지에서 살펴보아 흠집이 없게 할 수 있겠는가?"라고 말한다. 여기에서 알 수 있듯이 노자는 정신(精神)과 육체(肉體)를 별개의 실체로 간주하여 이원화(二元化)하려는 분별적 태도에 대하여 부정적임을 알 수 있다. 이것은 노자철학이 유심론(唯心論)이라든가 유물론(唯物論)이라고 하는 대립(對立)된 관념으로 규정될 수 없음을 말한다. 노자는 오히려 이러한 대립적 견해를 하나로 통일하여 우리의 정신(精神)이 본원(本源) 존재로서의 도(道)와 하나가 되기를 소망하는 것이다. 그래서 우리의 감각이나 의식이 끊임없이 밖

을 향하여 치달리는 것을 붙잡아 그 기(氣)를 전일(全一)하게 되도록 다스리라고 한다.

이와 같이 노자는 만물의 근본원리 또는 만물의 근원 자체를 도(道)로 보고 이 도에서 나온 것이 기(氣)이기 때문에 만물은 유형이든 무형이든 기(氣)로 연결되어 있어 심신의 중심점을 기(氣)로 다스려야 한다고 한다. 즉 노자의 사상에 있어 기(氣)는 우주질서의 원동력이며 원리 그 자체인 것이다.

2) 장자(莊子)

한편 장자(莊子)는 기(氣)의 생성(生成)에 대해 다음과 같이 말하고 있다.

> 흐릿하고 아늑한 사이에 섞여 있다가 변해서 기(氣)가 생기고, 기가 변화하여 형체가 생기고, 형체가 변하여 생명이 갖추어졌다(外編, 至樂).
> (雜乎芒芴之間變而有氣 氣變有形 形變而有生)

> 사람의 태어남은 기의 모임이다. 기가 모이면 삶이 되고 기가 흩어지면 죽음이 되는 것이다. 옛말에 있거니와 천하를 통틀어 볼 때 오직 기(氣) 하나뿐이다.
> (人之生 氣之聚也 聚則爲生 散則爲死 古曰通天下一氣耳)

위와 같이 장자는 생명현상이란 다름 아닌 기(氣)가 모여 있는 형상이며 죽음이란 모여 있던 기(氣)가 흩어져 버린 현상이라고 풀이한다. 장자에 의하면 기(氣)는 태초(太初)의 우주 탄생(Big Bang)의 시점부터 존재해 오며 삼라만상(森羅萬象)을 살아 움직이게 하고 변화시키는 힘이라고 말한다. 현상계의 모든 사물은 기(氣)로 이루어진 것이며 기(氣)는 모든 생명의 근원인 것이다. 우주 만물의 본질은 기(氣)라는 사실을 이미 장자는 간파하고 있다는 점에서, 장자의 형이상학적(形而上學的) 개념으로 기(氣)는 만물의 근원이자 우주운행의 질서 원리이며 만물의 생성변화를 주재하는 실체라고 할 수 있다. 결론적으로 노장사상에서 정의하고 있는 기(氣)는 도(道)의 기본으로서, 만물의 근원이자 우주운행의 질서 원리이며 만물의 생성변화를 주재(主宰)하는 실체(實體)라고 볼 수 있다.

이러한 도가(道家)의 생명사상이 기(氣)의 취산(聚散)으로 이해되고 있는 것과 같이 노장(老莊) 이후에는 인간의 양생(養生)과 관련하여 기(氣)가 모여서 이루어진 생명(生命)이기 때문에 인간은 마땅히 기(氣)를 수련하여 기(氣)의 흩어짐[40]을 막아 건강을 유지하고 무병장수(無病長壽)하려는 수련문화가 곧 도가의 정체성으로 변해가고, 더 적극적인 분파에서는 신선(神仙) 사상까지 등장하고, 초기의 내단(內丹) 이론은 수은 등을 제련하여 복용함으로써 오히려 부작용까지 낳게 하였다.

3) 도가(道家)의 수련 양생술(養生術)과 도가사상(道家思想)

(1) 정신(精神)을 기르는 방법

몸을 고요하게 하고 정신(精神)을 잘 간직하면 병들지 않고 오래 산다. 이런 까닭으로 천지(天地)는 고요함으로써 자신을 세우고 정신을 간직함으로써 지키며 도(道)로서 번성한다. 그러므로 사람이 능히 맑고 고요하며 정신(精神)을 껴안아 생각을 잊지 않는다면 흉악하고 간사한 것이 들어올 수 없다(太平經).

노군(老君: 老子)은 "道의 모습은 황홀하기만 하다. 황홀하면서도 그 안에 形象이 있고 황홀하면서도 그 안에 物이 있다"라고 하였으니 하나를 일컬음이다. '仙經'에서도 "그대가 오래 살고자 하면 하나를 지켜야 함을 마땅히 알아야 한다"라고 하였다(포박자, 地眞).

坐忘論의 精神 修養 7단계(莊子)
① 믿고 공경한다(信敬)~믿음이란 道의 根本이며, 공경함이란 德의 뿌리이다.
② 因緣을 끊는다(斷緣).
③ 마음을 거두어들인다(收心).
④ 일을 간략히 해야 한다(簡事).
⑤ 眞理를 본다(眞觀).

---

40) 여기서 기(氣)의 흩어짐은 곧 바로 죽음에 이르는 것은 아니고, 건강의 악화, 불 건강 등을 의미한다.

⑥ 크게 안정된다(太定).

⑦ 道를 얻는다(得道).

(2) 氣를 기르는 법

도(道)는 하나를 낳고, 하나는 둘을 낳고, 둘은 셋을 낳고, 셋은 만물(萬物)을 낳는다. 만물(萬物)은 음기(陰氣)를 등에 지고 양기(陽氣)를 가슴에 품고 있다. 음양(陰陽)의 두 기(氣)가 서로 작용하여 조화(調和)로운 기(氣)를 형성한다(老子 42장).

탁(濁)한 기(氣)를 내쉬고 맑은 기(氣)를 들이쉬며, 더운 기(氣)를 토하고 신선한 기(氣)를 마시면서 … 수명(壽命)을 연장시키는 자가 있다(莊子, 刻意).

행기법(行氣法)은 코로 기(氣)를 받아들여 입으로 기(氣)를 내뱉는 것으로, 아주 조금씩 숨을 쉬는 것이니 장식(長息)이라고 한다(養性延命錄).

행기(行氣)의 방법은 다음과 같다. 꽉 막힌 방에서 문을 닫고 자리에 편안히 눕는다. 베개의 높이는 2촌 반으로 하며 몸은 반듯하게 눕힌다. 눈을 감고 氣를 거두어 횡격막에서 멈추게 하며, 기러기 털을 코 위에 붙여 털이 움직이지 않도록 하면서 삼백 번 정도 숨을 쉬는데, 귀로는 아무것도 듣지 않고 눈으로는 아무것도 보지 않으며 마음으로는 아무 생각도 하지 않는다(손사막, 攝養枕中方).

태식(胎息)을 통달한 사람은 코와 입으로 호흡(呼吸)하지 않을 수 있으니 어머니의 태(胎) 속에 있는 것과 같다(포박자, 釋滯).

옛날에 진인(眞人)은 잠을 자도 꿈을 꾸지 않고, 깨어 있어도 근심이 없으며, 밥을 먹어도 맛있는 것을 찾지 않고, 숨은 깊고 고요했다. 진인(眞人)은 발꿈치(踵)로 숨을 쉬고 보통 사람들은 목구멍으로 숨을 쉰다(莊子, 大宗師).

(3) 精氣를 保存하는 법

방중(房中: sex)이란 성정(性情)을 최고로 발휘한 것이며 지극한 도(道)의 표준이다. 그러므로 성왕(聖王)이 외약(外藥)을 제정하고 내정(內精)을 금지시켜 그것을 절문(節文)[41]으로 삼았다. 전하는 말에 "聖왕이 외약(外藥: 담약이라고도 함)을 제정한 까닭은 모든 일에 항목을 짓기 위함이다"라고 한다. 즐거우면서도 절도가 있으니 화평하고 장수(長壽)한다. 미혹(迷惑)되지 않는지 살펴 조심하지 않으면 질병(疾病)이 생기고 생명(生命)을 잃게 된다(漢書, 藝文志).

정(精)이 모여서 신(神)이 된다. 양기(陽氣)에 남음이 있으면 마땅히 자신을 절제하는 데 힘써야 한다. 마음을 닫고 생각을 끊어 음기(淫氣)를 속이거나 교만(驕慢)해서는 안 된다(老子, 想爾注).

사람의 정기(精氣)는 오장(五臟)에 가득하다. 그것을 아끼고 지키지 않는 자는 자연히 마음을 닫으려 하지 않고, 오히려 두드려서 날카롭게 하니 크게 미혹(迷惑)하게 된다(위와 같음).

이 도(道)를 잘 이용한다면 응당 신선(神仙)처럼 오래 살 것이다. 그러니 남녀(男女)의 일을 꾸준히 다하지 않으면 안 된다(위와 같음).

사람은 능히 몸속의 도(道)를 보존할 수 있다. 정기가 피로하지 않게 하고, 오신(五神: 魂, 魄, 神, 精, 志)이 괴롭지 않게 하면 장수(長壽)할 수 있다(老子 河上公 註).

사람은 능히 기(氣)를 뿌리로 삼고 정(精)을 꼭지로 삼을 수 있다. 가령 나무뿌리가 깊지 않으면 꼭지가 견고하지 못해 떨어지고 만다. 이는 그 기(氣)를 깊이 내장하고 그 정(精)을 굳게 지켜서 새어 나가지 않도록 해야 한다는 말이다. 뿌리가 깊고 꼭지가 굳

---

41) 지나치거나 모자라지 않음을 의미한다.

은 사람이 오래 사는 도(道)이다(위와 같음).

혹은 손상된 것을 보충하여 구제하고, 혹은 중병을 다스려 치료하며, 혹은 음기(陰氣)를 취하여 양기(陽氣)를 더하고, 혹은 해를 증가시켜 수명(壽命)을 연장시킨다. 그 요체는 환정보뇌(還精補腦)[42] 한 가지 일에 있다(抱朴子, 釋滯).

장생(長生)의 도(道)는 방중술(房中術)을 아주 신중하고 요긴하게 써야 한다. 무엇 때문에 죽음을 찾아가 신령(神靈)이 흐느끼게 하는가? 잠깐 사이에 화가 미쳐 삼령(三靈: 精氣神)이 죽고 말리라(황정경).

덕(德)을 두텁게 가진 자는 천진무구한 갓난아이에 비길 수 있다. 할퀴지 않으며 사나운 새도 채가지 않는다. 뼈가 여리고 근력이 부드럽지만 움켜쥐는 힘은 굳다. 남녀(男女)의 교합(交合)을 모르면서도 그 작은 생식기(生殖器)가 곧추세워지니 정기(精氣)가 가득 찼기 때문이다(老子 55장).

(4) 내단(內丹)과 외단(外丹)의 방법

다섯 가지 곡식은 사람을 살릴 수 있다. 사람이 그것을 얻으면 살고 그것을 끊으면 죽는다. 그런데 하물며 최상의 품질인 신약(神藥)이야 어떻겠는가? 그것이 사람에게 이로움을 주는데 어찌 다섯 가지 곡식보다 만 배는 더 되지 않겠는가? 금단(金丹)이라 하는 것은 아주 오랫동안 구우면 변화가 더욱 미묘해지고, 황금은 불에 넣어 백 번을 단련하여도 소멸되지 않으니…… 이 두 가지 약을 복용하여 몸을 단련시킴으로써 사람이 늙지도 않고 죽지도 않게 된다(抱朴子, 金丹).

예를 들어 "안으로 끌어들여 본성을 기르는 것은 황로(黃老)의 '자연(自然)'이다. 평평하여 기울지 않는 것은 도(道)의 '자연(自然)'이다. 베풀어 변화시키는 도(道)는 천지

---

42) 房事를 절제하는 房中術, 이를 현대적으로 다시 해석하면 무리하게 Sex를 탐하지 말고 그 에너지(精)를 다른 생활에 활용하여 삶의 질을 높이라는 의미이다.

(天地)의 '자연(自然)'이다. 음양(陰陽)이 서로 음식이 되는 것은 교감하는 도(道)의 '자연(自然)'이다. 동류끼리 보충하는 '자연(自然)'은 사물이 이루어져 쉽게 도야함이다. '자연(自然)'의 행위에는 간사하고 거짓된 도(道)가 없다"라고 할 때, 이상 여섯 가지 자연(自然)은 모두 노자(老子)의 "도(道)는 자연(自然)을 본받는다"라는 최고의 교의가 담긴 한 구절에서 유래한 것이다. 또 예를 들어 '되돌아가는 것은 도(道)의 증험이며, 약함은 덕(德)의 근본이다'라고 한 것은 노자(老子)의 '되돌아가는 것은 도(道)의 운동이며, 약함은 도(道)의 작용이다'라는 말을 바꾼 것이다. 그 밖에도 '덕(德)을 두터이 갖추어서 근본으로 돌아간다. 하나를 품어 버림이 없으니 오래 존재할 수 있다. 상덕(上德)은 일삼는 바가 없으니 살펴 구하지 않고, 하덕(下德)은 일삼는 바가 있어 그 쓰임이 쉴 날이 없다. 흰 것을 알고 검은 것을 지키면 신명(神明)이 저절로 온다. 천지(天地)에 앞서 나오니 우뚝 솟아 높이 우러러본다'라는 글귀는 모두 노자(老子)에서 발원한 것이다(老子 42장).

3. 불가(佛家)

불교(佛敎)라는 말은 부처(석가모니)가 설한 교법이라는 뜻과(이런 의미에서 釋敎라고도 한다) 부처가 되기 위한 교법이라는 뜻이 포함된다. 불(佛: 불타)이란 각성(覺性)한 사람, 즉 각자(覺者)라는 산스크리트·팔리어(語)의 보통명사로, 고대 인도에서 널리 쓰이던 말인데 뒤에는 특히 석가를 가리키는 말이 되었다. 불교는 석가 생전에 이미 교단(敎團)이 조직되어 포교가 시작되었으나 이것이 발전하게 된 것은 그가 죽은 후이며, 기원 전후에 인도·스리랑카 등지로 전파되었고, 다시 동남아시아로, 서역(西域)을 거쳐 중국으로, 중국에서 한국으로 들어왔고, 한국에서 일본으로 교권(敎圈)이 확대되어 세계적 종교로서 자리를 굳혔다. 그러나 14세기 이후로는 이슬람교에 밀려 점차 교권을 잠식당하고 오늘날 발상지인 인도에서는 세력이 약화되었으나, 아직 스리랑카·미얀마·타이·캄보디아, 티베트에서 몽골에 걸친 지역, 한국을 중심으로 한 동아시아 지역에 많은 신자가 있으며, 그리스도교·이슬람교와 함께 세계 3대 종교의 하나이다.

다른 여러 종교와 비교하여 불교가 지니는 중요한 특징은 다음과 같다.

첫째, 신(神)을 내세우지 않는다. 불타가 후에 이상화(理想化)되고 확대되어 절대(絶對)·무한(無限) 및 그 밖의 성격이 부여되고, 각성과 구제의 근거가 되고 있으나 창조자·정복자와 같은 자세는 취하지 않는다.

둘째, '지혜(智慧)'와 '자비(慈悲)'로 대표된다.

셋째, 자비는 무한이며 무상(無償)의 애정이라 할 수 있어, 증오(憎惡)나 원한을 전혀 가지지 않는다. 그런 까닭에 일반적으로 광신(狂信)을 배척하고 관용(寬容)인 동시에 일체의 평등을 관철하고자 한다.

넷째, 지혜의 내용은 여러 가지로 발전하는데, 일체를 종(縱)으로 절단하는 시간적 원리인 '무상(無常)'과, 일체를 횡(橫)으로 연결하는 공간적 원리인 '연기(緣起)'가 중심에 있어, 이것은 후에 '공(空)'으로 표현된다.

다섯째, 현실을 직시(直視)하는 경향이 강하다.

여섯째, 모든 일에 집착과 구애를 갖지 않는 실천만이 강조되고 있다.

일곱째, 조용하고 편안하며 흔들리지 않는 각성(覺性: 解脫)을 이상의 경지(境地)로 삼아 이를 '열반(涅槃)'이라 한다.

그 교의(敎義)는 석가의 정각(正覺)에 기초를 둔다. 그러나 8만 4,000의 법문(法門)이라 일컫듯이 오랜 역사 동안에 교의의 내용은 여러 형태로 갈라져 매우 복잡한 다양성을 띠게 되었다. 불(佛)도 본래는 석가 자체를 가리켰으나 그의 입적(入寂) 후 불신(佛身)에 대한 논의가 일어나 2신(身)·3신 등의 논, 또는 과거불·미래불, 또는 타방세계(他方世界)의 불, 보살(菩薩) 등의 설이 나와 다신교적(多神敎的)으로 되었다.

1) 불가의 인간 구성~오온(五蘊: Panca Khandha)

불교에서 인간을 구성하는 물질적 요소인 색온(色蘊)과 정신요소인 4온을 합쳐 오온(五蘊: Panca Khandha)이라 한다. 구역(口譯)에서는 오음(五陰)이라고도 한다. 온(蘊)이란 곧 집합·구성 요소를 의미하는데, 오온은 색(色)·수(受)·상(想)·행(行)·식(識)의 다섯 가지이다. 처음에는 오온이 인간의 구성요소로 설명되었으나 더욱 발전하여 현상세계 전체를 의미하는 말로 통용되었다. 오온을 인간에게 갖추어진 기(氣)라고 할 수 있다. 도가(道家)와 전통적인 동양의학에서는 인간의 기적(氣的)인 요소를 정기신(精氣神)의 세 가지 요소로 보는데, 불교에서는 다섯 가지로 본다. 이중에서 색(色)을 제외하고는 모두 정신적인 요소인데, 이는 불교의 성(性)을 중요시하는 특색을 잘 나타낸다고 할 수 있다. 자세히 설명하면, 오온(五蘊)이 인간의 구성요소를 의미하는 경우에는 '색'은 물질요소로서의 육체를 가리키며, '수'는 감정·감각과 같은 고통·쾌락의 감수(感受)작용, '상'은 심상(心像)을 취하는 취상작용으로서 표상·개념 등의 작용을 의미한다. '행'은 수·상·식 이외의 모든 마음의 작용을 총칭하는 것으로, 그 중에서도 특히 의지작용·잠재적 형성력을 의미한다. '식'은 인식판단의 작용, 또는 인식주관으로서의 주체적인 마음을 가리킨다. 약해서 명색(名色: 名은 4온에 해당)이라고도 한다. 이러한 오온은 현상적 존재로서 끊임없이 생멸(生滅), 변화하는 것이기 때문에, 상주(常住)불변하는 실체는 존재하지 않는다고 한다. 불교의 근본적인 주장으로서의 무상(無常)·고(苦)·공(空)·무아(無我)를 설하는 기초로서 설명되었다. 부파불교의 아비달마(阿毘達磨) 철학에서는 '식'은 마음의 주체[心王], '수', '상', '행'은 마음의 부분적 작용·상태 등의 속성[心所]이라고 하며, '행'에는 또한 마음의 작용 이외에 물질·마음을 작용시키는 힘[心不相應行]도 있다.

'색'의 개념도 원시불교에서의 상식적·구체적 존재에서 물질의 형식·성질로 변화되었다. 이러한 오온설의 철학적 의미는 모든 인간계가 실체가 없는 가화합(假和合)·개공(皆空)으로 이루어진 현상적 존재이기 때문에 집착하지 말아야 할 것을 설명하고 있다. 즉 오온가화합(五蘊假和合), 오온개공(五蘊皆空) 등의 말뜻이 그것이다.

2) 불가(佛家)의 도가(道家) 등에 대한 비판적 견해

첫째, 인간을 포함한 만물이 '虛無大道'에 의해서 발생한다는 견해가 있다. 이에 따르면 생사(生死), 현우(賢愚), 길흉(吉凶), 화복(禍福)의 근본은 대도(大道)가 된다. 그렇다면 이때 '大道'는 항상적인 것(常存)이므로 이 '大道'에 근거하는 화란(和蘭), 흉우(凶愚) 등도 배제할 수 없게 된다.

둘째, 만물은 모두 '自然'에 의해 발생(發生) 전개(展開)되는 것으로 인연(因緣)에 의한 것이 아니라는 견해가 있다. 그러나 아무런 원인(原因)도 없이 '自然'히 발생하여 변화한다면, 아무 원인도 없는 곳에 시간적 전후도 없이 어떤 것이 발생하여, 예를 들면 돌에서 풀이 나오거나 풀에서 사람이 태어나며, 사람에게서 짐승이 나오기도 할 것이다. 또 이 설이 옳다고 한다면 신선이 되기 위해 단약에 의지하는 것이나 노자(老子), 장자(莊子), 주역(周易), 공자(孔子) 등의 가르침도 필요 없을 것이다.

셋째, 모든 것이 '元氣'에 의해서 생성된다는 견해가 있다. 그러나 기(氣)에 의해서 인간이 탄생한다고 한다면 기(氣) 자체에는 지(知)가 없을 것이기 때문에 그 무지(無知)의 기(氣)에 의해 발생한 인간에게도 애(愛), 악(惡), 교(憍), 자(恣) 등의 감정이 있다. 또 사람이 기(氣)를 받아 태어나고 사후에는 기(氣)가 흩어져 곧바로 무(無)에 돌아간다고 하면, 현실적으로 그 사람이 귀신이 되거나 그 귀신의 영지(靈知)의 활동이 후에도 계속되는 일이 있는데, 이 같은 현상도 설명할 수 없게 된다. 그리고 전세(前世)나 과거에 대한 기억이나 귀신의 영적 활동이 존속한다는 사실로 보아 사람이 기(氣)에 의하여 홀연히 발생하거나 소멸하는 것이 아니고, 사람의 출현이 전세(前世)로부터의 상속에 의한 것이며 사후에도 상속하는 것이라는 사실을 알 수 있다.

넷째, 인간의 빈부귀천(貧富貴賤), 현우선악(賢愚善惡), 길흉화복(吉凶禍福)은 모두 '天命'에 의한 것이라는 견해가 있다. 그렇다면 유복한 사람보다는 가난한 사람이 많고, 존귀하게 여겨야 될 사람보다는 천한 신분의 사람이 많은 현실, 또는 덕 있는 사람이 가난하고, 부덕한 사람이 유복하거나 도(道)에 따르는 사람이 망하고, 도(道)에 따르지 않는 사람이 흥하는 현실의 모순을 어떻게 해석할 수 있을 것인가.

3) '氣'의 수용을 통한 인간론의 전개

불교는 인간론을 전개함에 있어 '氣' 개념을 제한적이지만 인정하여 수용하고 있다. 기(氣)는 인간 형성의 중요한 요소이다. 기(氣)는 사대(四大: 地水火風)을 갖추어 오근(五根: 眼耳鼻舌身)을 형성한다. 이 기(氣)에는 의식 활동 내지 인지능력(知)이 없다. 기(氣)는 유교나 도교의 인간론에서 인간존재의 궁극적 근원이다. 한 개인으로 볼 때 그는 기(氣)를 직접적으로는 부모에게서 받으나, 궁극적으로 추적해 가면 '渾沌의 一氣'에 도달하는 것이다. 즉 '渾沌의 一氣'에서 음양(陰陽)의 이기(二氣)가 분화하여 인간이 탄생한다. 이 '混沌의 一氣', 즉 원기(元氣)는 '道'가 자연(自然) 그대로를 본받은 것으로, 결국 인간은 이 '虛無의 大道'를 통해서 생성되고 양육되는 것이다.

불교는 이러한 이해를 전제로 하면서 불교적 관점에서 스스로의 인간론을 제시한다. 이 과정에서 유·도교의 기(氣)를 재해석하여 자신의 인간론의 체계 안에 수용한다. 인간의 탄생과정은 인간을 포함한 만물의 근원은 '眞性'이다. 이것은 또 '唯一眞靈性'이라고도 불린다. 한편 현실적 인간 존재의 정신세계를 분석해 보면 '無知·無名'을 특성으로 한다. '無知·無名'은 사태의 본질을 정확히 보지 못하는 정신 상태이며, 사태를 왜곡하는 정신 상태이며, 잘못된 생각(妄想)이며, 심신을 혼란에 빠뜨리는 것(煩惱)이다. 따라서 현실적 인간의 의식 세계에 있어 '眞性'은 언제나 그의 迷妄·妄想에 의해 왜곡 인식되어 무명번뇌에 의해 본래 모습이 감추어진 채로 현실적 인간의 내면 세계에 존재하는 '眞性'은 '如來藏'이라는 이름으로 불린다. 인간존재란 궁극적으로 심적(心的) 존재이며, 그밖에 다른 것은 없다. 이렇게 볼 때 원기(元氣)라는 것도 심(心)이 변화한 것이라고 보는 것이 불교의 견해이다. 즉 원기(元氣)는 최초의 한 생각(初一念)에 의해 견분(見分)과 상분(相分)으로 분화된 야뢰야식[43]의 상분(相分)에 속한다는 것이다. 이처럼 기(氣)는 심(心)이 전개된 하나의 양상에 불과한 것이나, 육체적 영역의 근본으로 설정되어 수용되는 것이며, 업이 충분히 성숙하면 심식(心識)과 화합하여 한

---

[43] 사람의 생명력에 타고난 선천적, 유전적 요소와 다양한 행위의 결과로 입력되어진 결과의 기억의 파일들이 함께 작동되어 '아뢰야식'이라는 이름으로 인식되어지거나 상황에 따른 적절한 판단이 이루어진다. '야뢰야식'은 깊은 물밑에 감추어져 있는 알 수 없는 존재처럼 눈에 보이지 않게 감추어진 압축파일과 같은 것이다. 시기적절한 인연이 나타나면 전의 기억과 합쳐져서 자동 실행되어 나타난다는 것이다.

인간으로 탄생된다고 한다. 정신적 영역으로서의 심식(心識)에는 사람, 짐승 등으로 발현될 업이 있어서 그 업이 음양(陰陽)의 기(氣)에 의탁하여 몸이 된다. 여기서 식(識)은 직접적 원인(正因)으로 작용하며, 기(氣)는 간접적 조건(條件)으로 작용하여 음양(陰陽)의 이기(二氣)는 능히 뼈와 살과 몸과 성질을 형성한다는 것이다.

4. 동양의학(東洋醫學)과 기

1) 황제내경(黃帝内經)

황제내경은 한·중·일(韓中日)을 중심으로 하는 동아시아의 의학 고전(古典)이다. 가장 오래된 의학서이며, 내경(内經)이라고도 한다. 고대 전설상의 인물인 황제(黃帝)와 명의(名醫) 기백(岐伯)의 의술에 관한 토론을 기록한 것이라고 전하나 황제의 이름에 가탁(假託), 전승되어 온 의료법을 모아 엮은 책으로 추정된다. 저자와 저작연대는 확실치 않으나 전한(前漢) 말기의 기록에 나타나 있어 그 이전에 쓰인 것으로 추정되며 후대인들에 의해 계속 증보되었다. 원래 18권으로 전반 9권은 소문(素問), 후반 9권은 영추(靈樞)로 구분되어 있다. 소문은 천인합일설(天人合一說)·음양설(陰陽說)·오행설(五行說) 등에 입각한 병리학설(病理學說)을 주로 하여 장부(臟腑)·경락(經絡)·병기(病機)·진법(診法) 등을 체계적으로 설명하고 있다. 영추에는 침구·도인(導引) 등 물리요법이 자세히 설명되어 있다. 인간의 육체를 작은 우주로 보고 의학문제를 논한 자연철학적 이론 의서로서 동양 의학이론의 기초를 형성한 중요한 문헌이다. 황제내경의 학문적 특색은 인간과 자연의 상응을 주장하며 전반적인 사상은 일관되게 기론적(氣論的) 의학이론을 제시하고 있다는 것이다.

(1) **천인상응론**(天人相應論)

고대 동양사상에서 천과 인의 관계 문제는 중요한 철학적 테마였다. 여기서의 천은 객관세계를 포함한 자연계 일반, 또는 우주의 궁극적 도(道)라고 풀이될 수 있다. 천과 인의 관계에 대한 견해는 크게 두 가지 시각으로 구분할 수 있다. 첫째는 천과 인의 영역을 서로 구분하여 보는 견해(天人相分)로, 둘째는 천과 인이 하나로 합한다는 견해 (天人合一)로 볼 수 있다. 황제내경의 입장은 이 두 가지를 모두 포함하고 있는 것처럼 보이지만 주로 후자의 경향이 강하다.

내경에서 인신(人身)과 자연에는 하나의 통일적 정체가 있다고 보고 양생방병(養生 防病), 거노연년(祛老延年)을 강조하는데 이는 모두 자연계의 음양변화규율과 반상기후의 방어에서 취법해야 한다고 천인상응적 정체관을 제시하고 있음을 양생 이론에서 이미 살펴보았으며, 영추(靈樞) 사객(邪客)에서도 인간의 신체적 구조와 천지의 구조가 상응함을 밝히고 있음도 이미 살펴보았다.

인간을 소우주라 하는 동양의 사상은 대우주인 하늘과 상응한다는 것임을 알 수 있는 것이다.

(2) **기론적(氣論的) 의학이론**

황제내경은 우주만물의 생성변화를 기의 작용으로 설명하는 기론적 세계관을 바탕으로 삼고 있다. 내경 소문 천원기대론에서는 우주의 운동의 원칙을 다음과 같이 말하고 있다.

> '태허는 텅 비어 경계가 없으며, 만물의 근원을 낳고 변화시킨다. 만물이 이것을 바탕으로 삼아 비롯되고 오운은 끝없이 반복운동을 진행한다. 하늘의 기는 태허의 정기를 베풀면서 항상 땅의 기를 통제한다. 구성은 환한 빛을 내걸고 해와 달과 오성은 하늘을 두루 회전한다. 이리하여 음과 양, 부드러움과 강함이 드러난다. 보이지 않는 것과 분명히 드러나는 것, 추위와 더위는 그것의 마땅함을 상실하지 않는다. 그리하여 끊임없이 낳고 낳으니 무궁으로 변화하여 만물은 모두 빛나게 된다.'

이는 곧 우주의 운동은 기화(氣化)의 원천이며 기화는 물질 변화의 기초이며, 생명은 기화에서 발생한다고 지적한 것이다. 내경 소문 상고천진론에서는 인체의 일생을 설명하면서, 그 과정은 실제로는 정기(精氣)가 점차 왕성(旺盛)해지고 쇠락(衰落)해 가는 과정이라고 말한다. 고로 참된 양생의 도는 기공 편에서 살펴보았듯이 연기(練氣)하여 양기(養氣)하는 것이라 하겠다.

(3) 음양오행에 바탕한 장부(臟腑)론

황제내경에서는 음양오행(陰陽五行)의 이론을 받아들여 인체 내의 생명활동을 설명한다. "음양은 먼저 살펴보았듯이 상호 의존하며, 상호 대립하고, 상호 전화한다"라고 하였다. 그래서 인체 내의 장(臟)·부(腑)도 서로 표리(表裏)의 관계로서 음양의 관계며, 정(精)·기(氣)도 음양의 관계이며, 각 장부(臟腑)도 서로 간에 음양의 관계로 존재하는 것이다. 또한 장부가 각각 오행에 배속되어 상생과 상극의 작용을 끊임없이 행하므로 생명 활동이 유지되는 것이다.

(4) 황제내경의 양생방법

① 염담허정(恬淡虛靜)과 순자연(順自然)

염담(恬淡)이란 사물에 집착하지 않고 욕심이 없이 마음이 편한 것이다. 황제내경의 양생사상은 욕심이 없이 마음이 편하고, 고요하며 자연을 거슬리지 않고 순응하는 것이라 한 것은 천인상응과 맥이 같다 할 것이다.
내경 영추 본신편에 다음과 같이 말하고 있다.

'지자의 양생이라는 것은 춘하추동의 사시에 순응하여 한서의 변화에 적응하여 생활하고 정신을 안정케 하고 분별없이 희노의 감정에 몸을 맡기지 않고 신분에 어울리지 않는 생각을 버리고 현재의 경우에 만족하며 성생활은 방일(放逸)에 흐르지 않고, 그렇다고 극단적 절제를 지키는 것도 아니며 평온한 생활을 즐기는 것이다. 이러한 양생에 유의하면 병사(病邪)가 침입할 틈이 없으므로 장생할 수 있다.'

또한 소문 상고천진론에서는 '마음을 맑게 가라앉히고 잡념이 없게 하면(恬淡虛無)

진기가 이에 따르고 정신이 안으로 지켜지게 되니 병이 어디서 나오겠는가? 이러한 까닭으로 지(志)가 한가하여 욕심이 적어지고 마음이 편안해져서 근심하지 않게 된다' 라고 하였다. 사람이 뜻을 한가히 하고 욕심을 적게 하면 기가 순일해지고 혈이 충만 하게 되어 양생을 성취한다는 것이다.

② 중화(中和)와 평형(平衡)

황제내경에서는 음과 양 사이의 평형과 조화를 유지하는 것이 양생에 매우 긴요하 다고 말한다. 이는 먼저 살펴본 고요한 마음과도 밀접한 관련이 있다. 소문 천진요대 론에는 '음양의 기가 청정하면 생성과 운행 변화가 다스려지고 흔들리면 병을 일으킨 다'라는 내용이 있다. 여기서 흔들린다는 것은 조화와 평형을 잃는다는 것이다. 또한 소문 생기통천론에서는 음양의 조화로움을 견지하는 것이 성인의 법도로 두 가지 간 의 조화는 '음평양비(陰平陽秘)'라고도 표현되었는데 이는 그 후의 기공학 이론에 큰 영향을 끼쳤다. 여기서 '平'은 고요하다는 뜻이고 '秘'는 잠장(潛藏)의 의미이다.

음식(飮食)의 섭생(攝生)도 마찬가지로 지나친 과식(過食)이나 편식(偏食)을 금하라고 충고한다. 소문 생기통천론에서 '다섯 가지 맛을 삼가 조화롭게 하면 뼈가 바르고 근 육이 부드러우며 기혈이 조화로워지며 피부가 매끄러울 것이다'라고 말한다. 내경에 서의 중화와 조화는 유가의 중용사상과도 일맥상통하는 것이다.

③ 조식(調息)・도인(導引)・안교(按蹻)

내경 소문 이법방의론편에 '중앙에 있는 사람은 땅이 평평하고 습기가 많은 곳에 있다. 그 백성은 잡물(雜物)을 음식으로 삼고 노동을 하지 않는다. 그 때문에 병이 많 고 위궐(痿厥: 손발이 여위고 힘이 없으며 싸늘해지는 증상)과 한열이 많으니 그것을 치료하기 위하여 도인, 안교(按蹻)가 좋다'라고 하여 기공으로도 질병을 치료하였음을 알 수 있다.

소문 상고천진론에서는 '상고 시대에는 진인이 있었다. 진인은 천지의 대도중앙에 있는 사람은 땅이 평평하고 습기가 많은 곳에 있다. 그 백성은 잡물(雜物)을 음식으로 삼고 노동을 하지 않는다. 그 때문에 병이 많고 위궐(痿厥: 손발이 여위고 힘이 없으며 싸늘해지는 증상)과를 파악하여 음양의 법칙에 따라서 천지의 정기를 호흡하고 독립 자존하게 정신을 지키고 피부와 근육이 하나가 되어 충일한 생명력을 지녔으므로 그 수명이 천지와 함께 무궁하였다. 그야말로 道와 함께 살아가는 사람들이다'라고 하였다. 이 내용에서 보이는 '정기(精氣)를 호흡(呼吸)하고 정신(精神)을 지킨다'라는 표현은 정신의 단련과 기의 단련을 겸비하자는 입장으로 파악되며 양형(養形)과 양신(養神)을 종합하려는 수양론을 반영하고 있다.

또 상고천진론에서 지인(至人)에 대한 설명 중 '세속을 떠나서 심산에 들어가 정기 (精氣)를 쌓고 신을 온전히 하며'라고 한 것도 정과 신의 수련의 내용을 말하고 있는 것이다. 또한 음양응상대론에서는 '기가 허하면 마땅히 이끌어야 한다'라는 내용도 도인(導引)을 의미하는 것으로 풀이할 수 있다.

소문 유편 자법론에서는 구체적인 기공 수련법이 언급되어 있다. 즉

> '신장병을 오랫동안 앓아온 사람이라면 새벽 인시에 남쪽을 향하여 정신을 깨끗이 하여 생각이 어지러워지지 않게 하며, 숨을 일곱 번 호흡할 동안 참고, 목을 당겨 마치 딱딱한 것을 삼키듯 숨을 일곱 번 삼킨다. 그리고 혀 밑의 침을 횟수에 관계없이 삼킨다.'

이것은 입정(入靜), 태식(胎息), 복기(服氣), 인진법(咽津法) 등을 결합한 기공법이며 연공시기가 아침이라는 것은 양기가 生하는 시간이기 때문으로 보인다. 황제내경은 여러 곳에서 기공(氣功) 수련의 필요성을 말하고 있다. 기공수련이 중요한 양생(養生)의 한 방법임을 말하고 있는 것이다.

2) 동의보감(東醫寶鑑)

(1) 동의보감(東醫寶鑑)의 주된 내용 및 형식

　동의보감(東醫寶鑑)은 16세기까지의 우리나라 한의학 발전성과를 집대성한 의학 백과전서(百科全書)적인 책이다. 이름난 의학자 허 준(許 浚)이 자신의 오랜 임상 경험과 국내외의 수백 권의 의학 서적들을 참고하여 새로운 체계로 1,596~1,610년에 편찬하고 1,613년에 출판하였다. 동의보감은 우리 선조들이 수천 년을 내려오면서 우리 민족의 생활 습성과 신체 구조에 알맞게 창조하고 발전시킨 치료법들과 처방들이 들어 있는 책으로서 오랜 기간 우리 백성들의 병 치료와 건강 증진에 이용되었으며, 의학 백과전서적인 책으로　국내외에 널리 알려졌다.

　동의보감은 목록 2권, 내경편(內經篇) 4권, 외형(外形)편 4권, 잡병(雜病)편 11권, 탕액(湯液)편 3권, 침구(鍼灸) 1권 총 25권으로 되어 있다. 내경(內經)편에는 주로 오장 육부의 생리적 기능과 그에 해당한 병, 외형(外形)편에는 몸 겉면에 생기는 병과 이비인후과, 안과 질병에 대한 것을 기술하였다. 잡병(雜病)편 1~9권에는 진찰법과 병의 원인 그리고 내경(內經)편과 외형(外形)편에서 취급되지 않은 여러 가지 내과적(內科的) 질병들에 대한 증상과 치료법, 처방들을 설명했다. 잡병(雜病)편 10권에는 부인과, 11권에는 소아과(小兒科)에 대한 것을 다루고 있다. 탕액(湯液)편에서는 당시 우리나라에서 흔히 쓰이고 있던 한약(韓藥) 1,400여 종의 효능, 적응증, 채취법, 가공 방법을 설명하고 산지(産地)까지 밝혀 실었으며 한약의 이름 밑에는 민간에서 부르는 이름을 우리말로 썼다. 침구(鍼灸)편에는 침뜸법과 혈(穴)의 위치, 적응증을 썼다.

　동의보감은 당시 한의학(韓醫學)을 발전시키는 데서 큰 역할을 하였을 뿐 아니라 오늘날도 그 과학적인 내용과 한의(韓醫) 치료에서의 실용적 의의, 문화사적 가치가 높이 평가되고 있다. 특히 2009년도에는 세계에서 처음으로 의학(醫學) 부분의 세계문화유산으로 UN에 등재되었다. 동의보감은 1,814년, 1,874년 등 여러 차례 다시 출판되었고 중국과 일본에서도 여러 번 출판하였다. 동의보감에서는 우리나라 의학의 독자적인 전통을 강조하면서 '우리나라는 동방에 자리 잡고 있으면서 의학의 전통이 끊이지 않고 하나의 줄처럼 계승되어 왔으니 우리나라 의학을 동의(東醫)라 말할 수 있다.'라고 하였으며 특히 건강을 유지하는 데서는 육체와 정신을 단련하는 것이 첫째이고, 약과 침뜸 치료는 그다음이라는 견해를 내놓았다. 허 준(許 浚)당시 우리나라 한의학을 과학 이론적 면에서나 실용적 면에서 새로운 높은 수준으로 끌어 올림으로써 이조시대의 의학 발전에 크게 기여하였으며 오늘날까지 한의(韓醫) 치료에 널리 이용되고 있다.

(2) 동의보감(東醫寶鑑)의 사상적(思想的) 특성

첫째, 동의보감의 기본입장은 도교사상을 근본으로 하고 의학이론을 전개하는 도본의말론(道本醫末論)의 입장을 표명한다.

둘째, 도교사상 가운데서도 특히 남파계통의 내단(內丹) 사상의 영향이 두드러진다.

셋째, 동의보감에서는 도(道)를 우주의 근원으로 보면서 한 대(漢代)의 '易緯' 계통에 속하는 '乾鑿圖'와 '乾坤鑿圖'에 바탕 한 우주생성론을 수용하고 있다는 것이다. 이는 허무(虛無)의 도(道)에서 원기(元氣)가 나와 원기(元氣)로부터 만물이 생성된다고 보는 관점으로서 후에 도교에서 널리 채택한 시각이다.

넷째, 동의보감의 인간론은 인간을 소천지(小天地)로 보면서 정(精), 기(氣), 신(神)론에 의해 생명활동을 설명하는 관점이라는 것 등이다. 이러한 내용들은 동의보감이 그 철학적 기반을 도교사상에 두고 있음을 충분히 뒷받침한다고 말할 수 있다. 그러나 이것만으로는 충분하지 않으며 음양오행론이 구체적으로 전개되는 내용과 그러한 제반 이론에 바탕으로 한 양생(養生)론의 성격을 검토하여 앞에 살펴본 내용과 종합해야 그 연관성이 더욱 분명하게 드러날 것이다.

(3) 동의보감에 나타난 기공(氣功) 수련법

동의보감에서는 기문(氣門)에 조기결(調氣訣), 태식법(胎息法)과 육자기결(六字氣訣)이 신형문에 반운복식(搬運服食), 금액환단법(金液還丹法)과 안마도인(按摩導引) 그리고 오장육부문에 수양법과 도인법(導引法)이 기록되어 있다. 또한 耳, 鼻, 口, 齒의 수양법이 있으며, 도인법은 전음(前陰),[44] 각기(脚氣), 적취(積聚),[45] 사수(邪祟)[46] 등에 나온다. 이와 같이 많은 분문에 언급한 것으로 보면 기공(氣功)을 매우 중시하였음을 알 수 있다. 먼저 동의보감에서는 호흡(呼吸)에 대하여 '호흡은 양기(陽氣)인데 동작을 하게 되며 정기신을 자양(慈養)한다'라고 하여 호흡(呼吸)을 인체 내의 양기(陽氣)로 인식하였다. 이러한 호흡을 동의보감 기문(氣門)에서는 천지와 인체는 같은 이치로 운행되므로 천지의 개벽(開闢)작용은 인체에서 호흡인데 이 호흡이 자연스럽게 진행되면 숨을 내쉬면 양(陽)이 열리고, 숨을 들이쉬면 음(陰)이 닫혀 음양의 변화가 나타나서 기(氣)의 운행이 자연스럽게 된다. 그 운행이 자연스러울수록 천지를 닮아 장수하는데 이런 호흡의 발생 근원은 배꼽 밑에 모인 즉, 단전(丹田)의 선천원기(先天元氣)에 의존한다고 하였다.

① 조기결(調氣訣)

조기(調氣)는 체내의 기(氣)를 고르게 하는 것인데, 여기서는 조기의 구체적인 방법을 제시하였는데, 주로 와공(臥功)을 택하여 편히 누워서 하되 숨을 고요히 하며 조기(調氣)하는 시간은 오정부터 자정까지는 사기(邪氣)가 옴으로 하지 말고 또한 일기(日氣)가 불순할 때에는 기(氣)를 취하지 말 것이며, 토(吐)하는 것은 사기(死氣)요, 들이쉬는 것은 생기(生氣)라고 하여 호흡하는 기의 차이를 명확히 하였는데 이는 실용적이며, 임상(臨床)면에서도 가치가 있다.

② 태식법(胎息法)

동의보감에서는 태식(胎息)의 구체적인 방법과 그 내원(來源)을 밝히고 있는데 태식을 조식(調息)의 최상법으로 인식하였음을 알 수 있다. 본래의 태식법은 태아(胎兒)가

---

44) 성기(性器)를 의미한다.
45) 적취(積聚)~뱃속에 덩이가 생겨 아픈 것.
46) 사수(邪祟)~원인을 잘 모르는 괴상한 병, 보고 들으며 말하는 것을 정신없이 하는 것.

뱃속에서 배꼽으로 호흡하는 것인데, 도인법(導引法)에서는 호흡을 조절하여 천천히 쉬다가 나중에는 입과 코로 쉬지 않고 다만 배로 숨 쉬는 방법인데 태아(胎兒)가 숨 쉬는 것과 같다고 하여 태식법(胎息法)이라 한다. 이는 오장육부(五臟六腑)의 근원이 되고 12경맥의 뿌리가 되며 호흡의 문이 되고, 삼초(三焦)의 근원이 되는 하단전에 호흡의 기(氣)가 이르도록 하기 위해서이다.

③ 육자기결(六字氣訣)

육자결(六字訣)은 일종의 소리 수련법이다. 대상이 되는 인체의 장부(臟腑)와 공명(共鳴)하는 소리를 내쉬는 숨과 함께하는 수련법으로 여러 가지의 수련법이 있다. 동의보감 육자기결에서 간기(肝氣)를 천천히 뿜고(噓), 심기(心氣)를 덥히듯 뿜으며(呵), 비기(脾氣)를 뿜고(呼), 폐기(肺氣)를 가쁘게 뿜으며(呬), 신기(腎氣)를 빨리 뿜고(吹), 삼초기(三焦氣)를 한숨 하듯 뿜는데(嘻) 그 법은 입으로 토(吐)하고 코로 흡(吸)함으로써 능히 병을 제거하고 수(壽)를 늘리는 것이라 하였다. 간(肝)이 허(虛)할 때에는 눈이 정기(精氣)를 내는 듯하고, 폐(肺)가 기(氣)를 마실 때에는 두 손을 꽉 버티고 쥔다. 심(心)이 '呵'할 때에는 이마 위에 차수(叉手)[47]를 연하고, 신(腎)이 '吹'할 때에는 무릎을 껴안아서 평(平)하게 한다. 비병(脾病)엔 입을 오므리고 호(呼)하며, 삼초(三焦) 객열(客熱)은 누워서 '嘻'한다.

④ 반운복식(搬運服食)

반운복식은 침을 삼키는 수련법의 하나인데 액체(液體) 복기(服氣)법에 속하며 이를 행하면 기(氣)가 단전에 모여서 원양(原陽)을 보한다. 동의보감에서는 침을 진액으로 중시하였으며, 기공(氣功)에서도 마찬가지이다.

---

47) 양손을 겹치는 자세를 말한다.

⑤ 환단내련법(還丹內煉法)

반운과 마찬가지로 액체(液體) 복기(服氣)법의 일종으로 약물을 삼키는데 공법을 가세한 것이다. 반운과 금액(金液) 환단(還丹)은 액체를 삼킬 때 공법을 가미한 것이다.

⑥ 안마(按摩) 도인(導引)

인체 외부를 두들기고 문지르는 안마(按摩)와 또한 호흡과 동작을 일치시켜 인체를 굴신(屈伸)하는 도인(導引)으로 체내외의 혈기순환을 촉진시켜 인체를 건강하게 하며 질병을 예방하고 노화를 막는 방법으로 제시하고 있는데 현대에서의 안마나 도인도 여기에서 크게 벗어나지 않으며 그 실용가치 또한 크다고 하겠다.

⑦ 오장수양법(五臟修養法)

오장수양법은 오장(五臟)을 보하기 위한 호흡방법인데 월, 일, 시, 방향을 오행에 연관시켜 호흡에 적용한 것이고, 오장도인법은 간(肝)은 하복(下腹), 심(心)은 흉부(胸部), 비(脾)는 복부(腹部), 폐(肺)는 배부(背部), 신(腎)은 요(腰)부위에 동작이 주로 작용하게 하여 풍사(風邪)와 적취(積聚)를 제거하는 것이다.

⑧ 곤륜수양법(崑崙修養法)

사람이 오래 살려면 곤륜(崑崙)[48]을 수양해야 하니, 즉 머리털에 빗질을 많이 하며, 손은 항상 얼굴에 있고, 이를 마땅히 자주 마주치고 침을 항상 삼키며 기는 마땅히 정련(精練)해야 하는데 이 세 가지가 가장 좋은 방법이며 곤륜(崑崙)은 머리를 말하는 것이다.

---

48) 머리를 말한다.

⑨ 요(腰)의 도인법

요척통(腰脊痛)을 다스리는데 환자가 동향하여 손을 펴서 심장을 안고 앉으며, 한 사람은 환자의 앞에서 양슬(兩膝)을 밟고, 또 한 사람은 뒤에서 머리를 받들어서 서서히 아래로 하여 머리가 땅에 닿도록 눕혔다가 다시 일으키기를 三회 하면 낫는다고 하였다. 이것은 허리가 복부의 긴장으로 요통을 가져오므로 복부의 율동으로 요통을 치료하는 방법으로 임상적으로도 의의가 크다 하겠다.

⑩ 각기(脚氣) 안마

용천(湧泉)혈이 족심(足心)에 있으니 습기(濕氣)가 다 그곳으로부터 들어간다. 조석(朝夕)으로 항상 한 손으로 발가락을 잡고 또 한 손으로는 발바닥을 수없이 마찰하면 족심(足心)이 뜨거워지니, 다시 발가락을 움직여 운동하는 것이 가장 좋고 권태하면 사람을 시켜 하는 것도 좋으나 아무래도 자기의 손으로 하는 것만도 못하다. 이 법을 실행하면 각력이 강건하고 위약(痿弱)과 위통(痿痛)의 질환이 없어진다고 하였다. 인체의 하부는 고하(高下)의 이치에서 습기가 많은 것이므로 이와 같은 안마법이 나온 것이다.

⑪ 전음(前陰)의 도인법

앉아서 양각(兩脚)을 펴고 양수(兩手)의 엄지로서 발의 윗머리를 힘껏 당겨서 다섯 번 숨 쉬고 그치는데, 복중(腹中)의 기(氣)를 끌어서 전신에 편행하도록 하면 산(疝)⁴⁹⁾ 병을 제거한다. 라고 하였는데 이것은 간(肝)의 도인법(導引法)과 같다. 하복(下腹)은 간(肝)의 집이므로 하복(下腹)의 율동(律動)이 간(肝)의 기능을 고무시키며, 전음(前陰) 또한 간경(肝經)에 속하므로 전음(前陰)에서도 같은 도인법을 적용시킨 것으로 동양의학의 이론을 실제화한 것이다.

---

49) 산(疝)～허리 또는 아랫배가 아픈 病.

⑫ 적취(積聚)⁵⁰⁾의 도인법

식적(息積)⁵¹⁾을 다스리는 데 두 손의 큰 손가락으로서 무명지의 첫 마디를 누르고 주먹을 쥐어서 볼기 밑에 넣고 정좌(靜坐)한 뒤에 이를 36회 두드리고 숨을 21회 심호흡하고 세 번 입에 가득히 연기(嚥氣)⁵²⁾한다. 이렇게 하기를 세 번 하여서 기가 통하면 효과가 나는데 子, 午, 卯, 酉時에 하는 것이 좋다. 라고 하였다.

---

50) 積聚~뱃속에 덩이가 생겨 아픈 병증.
51) 식적(息積)~폐기(肺氣)가 내려가지 못하고 울적되어 생긴 증상.
52) 嚥氣(연기)~養生法의 하나. 입안에 있는 공기를 배에 들어가게 삼키는 것.

제2장

기학(氣學)의 철학적 탐구

제1절 기(氣)의 개념(槪念)과 존재론(存在論)

우주(宇宙)에 존재하는 모든 사물과 현상에 관한, 다시 말해서 어떤 것이 존재하는 한에서, 바로 그 존재하는 것이 그 본질(本質)은 무엇이고, 존재(存在)하는 까닭(이유, 원인, 근거, 목적)에 대하여 바로 규명하고, 그 개념을 정확히 하는 것이 존재론(存在論)이다. 이를 인간의 말과 글을 통해서 정확히 하는 과정을 인식론(認識論)이라고 할 수 있다. 동양의 존재론은 태극(太極)~음양(陰陽)~오행(五行)~만물(萬物)로 연역(演繹)되고, 반대로 만물~오행~음양~태극으로 귀납(歸納)된다.

우주(宇宙)·천지(天地)·만물(萬物)의 창생(創生)과 유행(流行) 및 변화(變化)의 근원(根源)을 시간(時間)과 공간(空間)을 초월한 '일원적(一元的) 절대(絶對)'에서 찾으려는 생각이나 믿음은 동서고금(東西古今)을 통해 같았다. 기독교(基督敎)에서는 '하나님'이라 했고, 유교(儒敎)에서는 '하늘(天)·상제(上帝)'라 내세웠으며, 철학적인 면에서는 헤겔(Hegel)은 '절대정신(絶對精神)'을 주장했고, 주자(朱子)는 '태극(太極)·이(理)'라고 했다. 태극(太極)을 이해하는 것은 동양의 본체론(本體論)을 정확하게 정리할 수 있으며, 태극을 근원(根源)으로 하여 이루어진 우주 내의 모든 실존(實存)인 음양(陰陽)과 오행(五行)의 개념을 정립하는 것은 동양적(東洋的) 존재론(存在論)의 근간(根幹)을 세우는 것이라고 하겠다.

1. 태극(太極)

태극(太極)은 주역(周易) <계사전(繫辭傳)>에 처음 나오는데, 태극을 만물의 근원(根源), 우주의 본체(本體)로 보았다. 율곡(栗谷)은 '역수책'에서, "萬物一五行也 五行一陰陽也 陰陽一太極也 太極亦强名耳 其體則爲之易 其理則謂之道 其用則爲之神"[만물은 하나의 5행이요, 5행은 하나의 음양이요, 음양은 하나의 태극이다. 태극은 또한 억지로 이름 하였을 따름이니 그 체(體: 바탕)를 일러 역(易)이라고 하며 그 이(理)를 일러 도(道)라고 하며 그 용(用: 쓰임, 작용)을 일러 신(神)이라고 한다]라고 역도신(易道神)을 정의한다. 태극(太極)에는 아직 분화(分化)하지 않은 이기(二氣)를 포함하고 있는데, 곧 나누어지지 않은 음양(陰陽)의 이기(二氣), 즉 양의(兩儀)라고 표현하고 있다. "태극은 양의(兩儀: 음양)를 낳고, 양의는 사상(四象)을 낳고, 사상은 팔괘(八卦)를 낳고 팔괘에서 만물(萬物)이 생긴다"라고 하였는데 이 이론(理論)은 하나의 응축된 기(氣: 태극)가 폭발하여 만물을 형성하였다는 서양의 우주론인 빅뱅이론과 다르지 않다.

서양의 보편적 우주론인 빅뱅의 최초 고밀도로 응축된 우주 알(Cosmic Egg)우주 알(Cosmic Egg)이 태극과 차별되는 것은 지금의 우주가 분자 정도 크기의 우주 알에 응축되어 그것이 어느 순간 폭발하여 퍼짐으로써 팽창을 계속하여 현재의 우주가 되었고, 아직도 우주는 마치 미리 계획된 질서에 의하여 팽창을 계속하고 있는 것이 우주 공간에 설치된 허블 망원경에 의하여 증명되었다. 이러한 서양의 우주론은 최초 우주 알의 폭발로부터 135억 년 이상 경과한 지금까지 우주의 변화와 발전에 대한 근거를 밝히지 못하고 있다. 다만 신(神: God)에 의하여 창조되고 계획되었다는 종교적 의견이 있지만 과학적인 증명이 안 된 상태이다. 이에 반하여 동양은 빅뱅의 우주 알에 해당하는 최초의 태극에서 만물이 형성되고 변화, 발전하여 현재에 이르렀고 만물의 생성은 태극에 의해서 계속된다는 견해는 서양과 다른 점을 발견할 수 없다. 다만 우주 형성, 변화, 발전의 근거로서 최초의 물질과 운동성 이외에 이(理)라는 근거를 가지고 출발하였다. 이 우주관을 계승하고 여기에 오행설(五行說)을 가하여 새로운 우주관을 수립한 것이 북송(北宋)의 유학자 주돈이(주렴계(周濂溪), 1017~1073)의 태극도설(太極圖說)이다. 태극도설은 만물 생성의 과정을 '태극—음양—사상—팔괘-만물'로 보고 또 태극의 본체를 '무극이태극(無極而太極)'이란 말로 표현하였다. 그 본체는 다함이 없고, 무성무취(無聲無臭)한 것이므로 이를 무극(無極)이라 하는 동시에 우주 만물이 이에 조화(造化)하는 근원이므로 태극(太極)이라 한다. 태극도설에 의하면 우주 내의 모든 사물의 본체는 태극이라고 하였다.

無極而太極, 太極動而生陽, 動極而靜, 靜而生陰, 靜極復動. 一動一靜, 互爲其根, 分陰分陽, 兩儀立焉, 陽變陰合, 而生水火木金土, 五氣順布, 四時行焉, 五行一陰陽也, 陰陽一太極也, 太極 本無極也. 五行之生也, 各一其性, 無極之眞, 二五之精, 妙合而凝, 乾道成男, 坤道成女, 二氣交感, 化生萬物, 萬物生生而變化無窮焉. 惟人也得其秀而最靈, 形旣生矣, 神發知矣. 五性感動, 而善惡分, 萬事出矣. 聖人定之以中正仁義而主靜, 立人極焉, 故聖人與天地合其德, 日月合其明, 四時合其序, 鬼神合其吉凶, 君子修之吉, 小人悖之凶. 故曰, 立天之道曰, 陰與陽, 立地之道曰, 柔與剛, 立人之道曰, 仁與義, 又曰, 原始反終. 故知死生之說, 大哉. 易也, 斯其至矣.

무극이면서 태극이니, 태극이 움직여서 양을 생성하고, 움직이는 것이 지극해서 고요하며, 고요함이 음을 낳고, 고요함이 지극하면 다시 움직인다. 한번 움직이고 한번 고요한 것이 서로 그 뿌리가 되고, 음으로 나뉘고 양으로 나뉘어 두 가지 모양이 서게된다. 양이 변해 음을 합하여 수화목금토가 생성되며, 이 다섯 가지의 기운이 골고루 펼쳐져 사계절이 행해진다. 오행은 하나의 음양이요, 음양은 하나의 태극이니, 태극은 본래 무극이다. 오행의 생성이 각각 그 성(性)을 하나로 하니, 무극의 참됨과 음양오행의 정기가 묘하게 합하여 맺혀서 하늘의 도로서 남자를 이루고, 땅의 도로서 여자를 이루니, 두 기운이 서로 느껴져서 만물을 변화, 생성시키니, 만물이 태어나고 태어나서 변화가 끝이 없다. 오직 사람이 그 빼어남을 얻어서 가장 영험하니, 형체가 이미 생성되어 정신이 앎을 드러내는 것이다. 다섯 가지 성품이 느끼고 움직여져서 선과 악이 구분되고 만 가지 일이 드러난다. 성인이 中正仁義를 바르게 하여 고요함을 주로 해서 사람으로서의 태극을 세우셨다. 그러므로 성인은 천지와 더불어 그 덕을 합하셨고, 일월과 더불어 그 밝음을 합하셨고, 사계절과 더불어 그 차례를 합하셨고, 귀신과 더불어 그 길흉을 합하셨으니, 군자는 그것을 닦으므로 길하고, 소인은 어긋나므로 흉하다. 그러므로 "하늘의 도를 세우는 것을 음과 양이라 하고, 땅의 도를 세우는 것을 유와 강이라 하고, 사람의 도를 세우는 것을 인과 의라 한다"라고 말한다. 또 말하기를, "시작에 근원하여 끝으로 돌아간다. 그러므로 삶과 죽음의 이야기를 안다"라고 하였으니, 위대하다. 주역이여! 이것이 그 지극하구나.

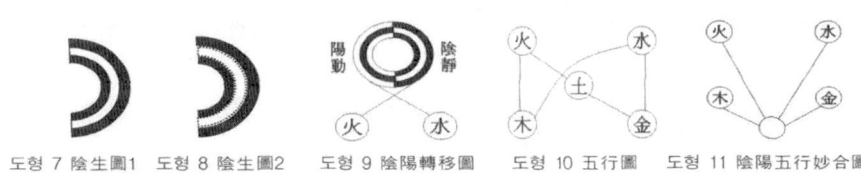

| 도형 1 陰陽生圖 | 도형 2 陽根圖 | 도형 3 陽生圖1 | 도형 4 陽生圖2 | 도형 5 陽生圖3 | 도형 6 陰根圖 |

| 도형 7 陰生圖1 | 도형 8 陰生圖2 | 도형 9 陰陽轉移圖 | 도형 10 五行圖 | 도형 11 陰陽五行妙合圖 |

〈그림〉 태극의 만물 생성 도해

동양의 우주에 대한 본체(本體)로서의 태극(太極)에 대한 견해는 대체적으로 두 개의 줄기를 이루고 있는데, 그 하나는 기(氣) 일원론(一元論)의 이론적 근거를 확립한 북송(北宋) 때의 장재(張載: 1020~1077)와 근대 성리학(性理學)의 학문적 체계를 완성한 주자(朱子)로 태극(太極)을 이(理)로 보는 견해이다. 어쨌든 태극을 기(氣) 중심으로 보든, 이(理) 중심으로 보든 태극이 우주의 본체론을 구성하는 데는 논란이 없다.

1) 태극(太極)의 공간적(空間的) 발전 과정

우주(宇宙)를 구성하는 것들은 곧 일정한 체계에 따라 움직이게 되었다는 것을 의미한다. 이를 달리 말하면 변화무쌍한 우주의 변화를 파악한다는 것은 곧 우주의 본체(本體)를 파악하는 것이며, 우주의 본체를 알기 위해서는 우주가 운동하고 있는 모습을 추적하지 않을 수 없다는 말이다. 그것은 곧 하나에서 만물(萬物)이 기원되어 두 가지 대립되는 성질, 곧 차가운 기운과 뜨거운 기운으로 나누어진 것이다. 차가운 것과 뜨거운 것이 뒤섞여 조화(調和)를 이끌어 낸다. 조화(調和)로 이끌어져 나온 것은 그 이전의 단계에 있었던 것을 뛰어넘은 새로운 것을 도출해 내게 된다. 다시 말하면 만물의 생성 현상이며 과정이다. 이것을 좀 더 알기 쉽게 도식화하면 다음과 같다.

곧 무극(無極)-반극(班極)-태극(太極)-황극(皇極)의 과정이 그것이다.

한민족(韓民族)의 경전인 천부경(天符經)[53]은 이에 대해서 첫 구절인 '일시무시일석 삼극무진본(一始無始 一析三極 無盡本)'[54]에서 곧 없었던 것에서 하나가 나와 셋이 근본이 된다는 것은 곧 이를 두고 한 말이다.

위에서는 우주가 운동하는 모습을 도식(圖式)화해서 네 가지를 들었지만, 이를 좀 더 정확히 살펴본다면, 반극(班極)은 곧 무극(無極)이 둘로 나뉘기는 하였으나 그 성질이 섞인 것이 아니라 뚜렷이 반으로 나뉘어 구분된 것으로, 아직 조화가 일어날 수 있는 단계가 아니다. 그러나 반극(班極)이 우주의 율려(律呂)[55] 작용에 의해 음양의 성질을 띠게 되면 곧 태극(太極)으로 변화하게 된다. 곧 반극(班極)은 결국 태극의 운동성을 준비하는 단계이고 이는 태극을 드러내기 위한 과정이므로 태극에 포함되는 것이다. 곧 우주의 본체는 무극(無極)-태극(太極)-황극(皇極)이다.

우주는 태역(太易)의 과정에서는 무극(無極)으로 존재하다가 이것이 분열의 단계로 점차 나아가 만물이 화생되는 단계에 이르게 된다. 이것은 현재 서구의 과학이 밝혀 낸 우주기원설로서 빅뱅이론과 같다. 그런데 문제는 우주는 단지 무한 분열운동만을 하는 것이 아니다. 곧 사람에게 일생이 있듯이 별에도 일생이 있다. 단지 사람에게 있어서는 그 시간이 무한하게 느껴지긴 하지만 말이다. 그러하듯, 분열되어 나간 것은 언젠가는 다시 그 분열을 멈추기 시작한다. 분열의 끝점과 통일이 시작되는 지점에 분열과 통일을 중개해주는 중개자가 필요하게 된다. 그것이 황극(皇極)이다. 곧 우주의 변화의 실상이란 것은 곧 우주가 무한 분열되어 나갔다가 다시 이 분열을 마치고 통일되어 나가는 운동이 영원히 반복되는 것이다. 곧 우주의 변화 실상은 우주 본체인 무극(無極)이 태극(太極)으로 분열되어 나갔다가 다시 황극(皇極)의 중개를 받아 다시 무극(無極)으로 돌아오는 과정이다. 이를 도식화하면, 우주 운동은 무극→태극→무

---

53) 고조선 경전 중의 하나이다. 천부경은 홍익인간(弘益人間)의 이념으로 천하 만물을 교화하는 데 있어 조화의 원리, 즉 우주창조의 이치를 81자로 풀이한 진경(眞經)으로서, 1에서 10까지의 수리(數理)로 천(天)·지(地)·인(人) 삼극(三極)의 생(生)·장(長)·노(老)·병(病)·몰의 무한한 반복의 경위를 설파한 것이라 한다. 같은 원리를 담고 있는 ≪삼일신고≫가 논설적인 경전인 데 비하여 ≪천부경≫은 상수학적(象數學的)인 것이 특징이다.

54) 一始無始一析三極無極本 혹은 無極本 대신 無盡本으로도 한다.

55) 홍익인간의 삶의 모습이 풍류(風流)이다. 풍류(風流)의 우주과학적 표현이 율려(律呂)인데 바로 이 율려(律呂)가 이화(理化)세계에서 그 과학적 이치의 기준이다. 그리고 이 율려(律呂)는 전혀 새로운 형식을 가진 <신령한 카오스적 코스모스>인 것이다. 결국 이러한 율려(律呂)로 세계를 바꾸는 신인간이야말로 홍익인간이요 <카오스 민중>이다. 카오스 민중은 영적이고 우주적이면서도 개념적·철학적 사유와 과학적·지적인 검증 기능, 미학적·예술적인 감각적 관조의 3차원을 자기의 한몸 안에 혼융한다. 동시에 철학에 대한 비철학, 과학에 대한 비과학, 예술에 대한 비예술적 부정을 끝없이 도입함으로써 무궁한 창조적 생성을 성취하는 새로운 생명 문화를 지향한다. 이것이 바로 단군사상의 압축이며 카오스우주론인 천부경(天符經)과 삼일신고(三一神誥)의 핵심원리, 즉 천지인(天地人) 삼극(三極)과 음양이원(陰陽二元)의 결합을 현대적으로 풀어내는 것이다.

극→태극→~~~ 운동의 영원한 반복이다. 이러한 우주 본체가 운동하는 방향이 바로 오행(五行)이다.

2) 태극(太極)의 시간적(時間的) 발전 과정

열자(列子)가 말하길 우주는 태역(太易)~태초(太初)~태시(太始)~태소(太素)의 과정을 거쳐 형성되었다고 한다. 결론적으로 말해서 이러한 태역~태초~태시~태소의 과정은 무극(無極)이 태극(太極)으로 구체화되는 과정이라고 할 수 있다.

태역(太易)의 과정은 만물이 아직 분화가 이루어지기 전 곧 분화가 이루어지려는 준비과정에 있는 시점이다. 그러나 아직은 분화가 구체화되거나 조짐을 드러내 보이기 전이다. 곧 이 태역(太易)의 과정은 수증기가 산화되어 올라가는 과정을 생각하는 것이 좋을 듯하다. 물론 이러한 예는 전반적으로는 유사하지만, 반드시 같지는 않다. 우주적인 차원에서 부연하자면, 우주를 구성하고 있는 물질들이 운집하고 있는 상태와 유사하다. 곧 우주상에 가득 차게 될 기운(氣運)이 응축(凝縮)되는 과정이라고 할 수 있다.

태초(太初)의 과정은 우주(宇宙)의 모습이 구체화되어 가는 찰나적 장면이다. 무슨 말인가 하면 빅뱅의 개념을 생각해 보면 좋을 듯하다. 말하자면 우주가 열리는 그 순간을 언어(言語)로 잡은 개념이 바로 태초(太初)다. 말하자면 현재의 우주 전체에 해당하는 기(氣)가 현재까지 밝혀진 바로는 분자(分子) 정도 크기의 초고밀도로 뭉쳐진 상태에서 한꺼번에 터져 나가는 순간을 뜻하는 것이라고 할 수 있다. 현대 이론 물리학의 대가인 스티븐 호킹 박사가 이야기하는 이른바 시간의 시작점이라고 할 수 있다.

태시(太始)는 변화가 그 모습을 완전히 드러내지는 않았지만, 인식할 수 있게끔 된 상태를 말한다. 이에 대한 좀 더 철학적 개념은 변화가 급격히 이뤄지는 모습 또는 분열이 급격히 이뤄져 나가는 시간을 뜻한다. 이 또한 그리 긴 시간 개념은 아니다. 곧 구름이 형성된 것과 유사한 상태다. 이는 빅뱅 이후 급격히 24방으로 터져 나가는 물질의 응집(凝集)군을 생각하면 대체로 유사하다고 생각된다. 곧 응집되었던 기운들이 강력히 흩어져 나가는 과정을 뜻한다.

태소(太素)라는 것은 그 변화가 완연히 그 모습을 드러낸 상태라고 할 수도 있고 다른 측면에서 보면 변(變)의 과정을 거친 화(化)가 그 모습을 드러낸 것이라 할 수 있다. 곧 사물이 자신이 위치해야 할 자리에 머물게 된 것을 뜻한다. 우주상으로 보았을 때, 별이 각자의 위치에 머물러 운행하는 것과 동일한 개념이라 할 수 있다. 이 태소의 과정은 다른 과정과는 달리 비교적 긴 기간을 내포한 개념이다. 곧 우주의 탄생이라는 사건이 대체로 끝나고 현재의 질서대로 우주가 운행해 가는 과정을 포함한다.

동양에서는 수 천 년 전부터 우주의 시작은 대체로 이러한 과정을 거쳐 왔다는 것이 널리 인정되어 왔다. 오늘날 현대 과학도 우주가 탄생한 것이 이러해 왔을 것이라고 하는 것이 정설이다.

3) 태극(太極)과 본체론(本體論)

(1) 太極의 개념(槪念)

태극(太極)이라는 용어가 처음 등장하는 곳은 역(易)이다. 즉 '易有太極, 是生兩儀, 兩儀生四象, 四象生八卦'라고 우주의 생성과정을 설명하고 있다. 이때의 태극(太極)은 혼원지기(渾元之氣)에 속한다고 할 수 있다. 한대(漢代)의 정현(鄭玄: 127~200)은 태극(太極)을 '極中의 道이다. 未分之氣의 淳合이다'라 했고, 당대(當代)의 공영달(孔穎達)은 '太極은 天地 未分之前에 있는 원기(元氣)로 하나로 혼합된 것이다. 곧 태초(太初)·태일(太一)이다'라고 했다. 주자(朱子)는 주렴계(周濂溪)의 태극도설에서 '無極而太極'에 주목하고 태극(太極)을 이(理)로 보았다. 주렴계(周濂溪) 자신은 태극을 이(理)라고 규정한 것인지, 또는 기(氣)라고 한 것인지는 분명하게 밝히지 않고 있다. 그러나 모든 존재를 상대적으로 보는 동양의 전통적 견해는 태극(太極)에는 음양(陰陽)의 두 기(氣)가 분화되지 않은 상태의 일기(一氣)로 존재하며, 그 근원적 이치로서 이(理)가 마치 동전의 양면과 같이 존재하고 있다고 보아야 한다. 여기서 무극(無極)은 대체로 시간적인 의미에서 태극의 이전(以前)으로 받아들여지지는 않고, 무극(無極)은 태극(太極)의 성질을 형용하는 것으로 받아들여지고 있다. 보편적으로 태극은 우주 생성의 본체(本體)로 보는 것이 정설이다.

(2) 극(極)과 태극(太極)

주자(朱子)는 극(極)에 대하여

　　‘근원적인 극(極)이라고 이름 한 까닭은 추극(樞極)의 뜻을 딴 것이라고 하였는데, 추
　　(樞)는 축(軸)이며, 극(極)은 중심(中心), 핵심(核心) 그리고 시목(始木)과 지극(至極)을
　　겸한 말이라고 하였다. 극(極)은 그 자체로도 알파와 오메가, 시(始)와 말(末), 지상최
　　고(至上最高)와 무한무궁(無限無窮), 동시에 극한최저(極限最低)와 극소미물(極小微物)
　　의 뜻을 다 겸하고 있다‘라고 하면서 ‘극(極)은 도리의 극치(極致)이다. 천지만물의 이
　　(理)를 총합한 것이 바로 태극(太極)이다.’

라고 극(極)과 태극(太極)에 대하여 말하고 있다. 한편 ‘一事一物之理’를 ‘極’이라 하
고, ‘總天地萬物之理’를 太極이라고 하였다.

(3) 태극(太極)은 무형(無形)의 절대(絶對)

주렴계(周濂溪)는 태극도설에서 ‘無極而太極’이라고 했으며, 주자(朱子)는 이를 바탕
으로 태극(太極)을 형이상(形而上)의 이(理)라고 규정했다. 극(極)은 그 이상의 더가 없는
지극(至極)을 말한다. 그리고 이어서 무극(無極)이란 무(無)의 극치(極致)로 지극(至極)한
무(無) 속에 바로 지극(至極)한 유(有)가 있다고 했다. 모든 존재(存在)의 근원(根源)인 태
극(太極)을 ‘至極한 無, 無의 極致’라고 불렀다. 물론 태극(太極)은 이(理)이다. 주자(朱子)
는 “주렴계(周濂溪)가 사람들이 태극(太極)을 유형(有形)인 것으로 말할까 걱정하여 ‘無
極而太極’이라고 한 것이다”라고 하면서 무(無) 속에 지극(至極)한 이(理)가 있는 것이라
고 하였다. 태극은 시간(時間)과 공간(空間)을 초월한 ‘絶對無’, 즉 형이상(形而上)의 이
(理)라고 하였다.

(4) 태극(太極)은 만물 화생의 근원(根源)

천지만물은 피조물(被造物)이다. 그러므로 이것들을 만든 창조주(創造主)가 반듯이

있어야 한다고 믿는 일은 동서가 같았다. 기독교(基督敎)에서는 '하나님', 유교(儒敎)에서는 '天·上帝'라고 했다. 옛날에는 다분히 인격신(人格神)으로서의 상제(上帝)를 믿었다. 그러나 공자(孔子) 이후에 차츰 '道·理'를 내세우게 되었고, 마침내 주자(朱子)에 이르러서는 만물의 창조(創造)와 화생(化生)의 근원(根源)을 '太極=理'로 보게 되었다. 이미 앞에서 태극(太極)이 천지만물의 근본임을 말했으니, 여기서는 태극(太極)이 만물화생(萬物化生)의 이(理)에 대한 주자의 견해를 다음과 같이 말하였다.

> 太極如一木生上, 分爲枝幹, 又分而生花生葉, 生生不窮, 到得成果子, 裡面又有生生無窮之理, 生將出去, 又是無限箇太極, 更無停息, 只是到成果實時, 又却略少歇也

> 태극은 마치 한 나무가 자라나는 것과 같다. 자라서 그루와 가지로 나뉘고 다시 꽃과 잎이 자라나듯이 生生不窮하며, 그 나무가 열매를 맺으면 그 속에 또 生生無窮한 理가 있어 다시 싹트고 자라고 뻗어난다. 즉, 그것 역시 끝없는 태극이며, 停息할 때가 없다. 다만 열매로 맺어질 때 약간 생장이 멈칫할 뿐이다.

본체(本體)로서의 태극(太極)은 '靜無=形'이지만 달용(達用)된 태극은 '動=顯現'한다. 즉 '無極而太極'이라고 했으나 태극(太極)은 '본체(本體)는 정(靜)이지만 달용(達用)되면 동(動)한다.' 태극(太極)의 체(體)는 정(靜)이고, 용(用)은 동(動)이며, 태극(太極) 속에는 靜·動이 겸(兼)해서 잠재(潛在)하고 있다. 다만 동정(動靜)이 태극은 아니다.

(5) 태극(太極)은 만물지리(萬物之理)

본체(本體)로서의 태극(太極)은 무형(無形)의 절대(絶對)로 천지만물(天地萬物)을 총괄(總括)하는 이(理)의 극치(極致)이다. 그러나 태극(太極)은 만물(萬物)속에 현현(顯現)되고, 만물(萬物) 속에 저마다의 이(理)로서 내재(內在)하고 있다. 주자(朱子)는 만물에 저마다의 하나의 태극(太極)이 있다고 했는데, 그것은 기(氣)가 아니고 이(理)라고 했다. 그리고 태극(太極)이라는 것은 오직 음양(陰陽)의 이기(二氣)와 행오(行五)의 이(理)일 뿐, 별로 다른 것이 있어서 태극(太極)을 이루고 있는 것이 아니라고 하였다. 음양(陰陽)에 붙으면 음양 속에 있고, 오행(五行)에 붙으면 오행 속에 있고, 만물(萬物)에 붙으면 만물

속에 있는 것으로 오직 하나의 이(理)일 뿐이다. "다만 그 이(理)가 극(極)에 이름으로서 태극(太極)이라고 한 것이다"라고 하였다. 이는 마치 기독교(基督敎)에서 '모든 사람 속에 하나님이 있다'라고 하고, 불교(佛敎)에서는 '모든 사람 속에 불심(佛心)이 있고, 만물 속에서 불법(佛法)을 찾는다. 부처는 하나이다'라고 한 것과 태극(太極)이 만물지리(萬物之理)라고 하는 것과 같은 논리(論理)라고 할 수 있다.

2. 음양(陰陽)

1) 음양의 개념

음양(陰陽)은 우주 내의 관념론(觀念論)과 유물론적(唯物論的)으로 인식할 수 있는, 다시 말해서 우주 내의 모든 사(事)와 물(物)의 상대적으로 대립(對立)되는 양(兩) 방면에 대한 모든 존재(存在)이다. 음양은 상대되는 두 개의 기(氣)이다. 서양의 모든 존재는 물질과 정신의 이원론(二元論)으로 구별되어 각각 물질로서, 정신으로서 존재하지만, 동양은 하나의 존재에는 서양의 정신과 물질에 해당하는 이(理)와 기(氣)가 반드시 함께 존재하고, 그 존재자들은 모두 상대적인 개념으로 관계를 갖고 존재한다. 다시 말하면 서양은 각각의 독립된 하나의 물질이나 정신을 존재의 대상으로 탐구하지만, 동양은 모든 존재에 대하여 상대적으로 대립되는 두 개의 존재에 대하여 탐구한다. 이 두 방면에 대한 개념이 음양(陰陽)이다. 하나의 독립된 존재는 그 존재의 실체와 존재자로서의 근거를 마치 동전의 양면처럼 갖고 있으며(이러한 존재 형태를 一物 一太極이라 한다), 모든 존재는 반드시 그 상대되는 다른 존재와 양립해서 존재한다는 것이다. 여기서 양립(兩立)의 방법론은 우주의 생성과 변화 발전의 법칙인 상호 대립(對立), 의존(依存), 소장(消長), 전화(轉化)하는 음양의 운동법칙을 말한다.

계사전의 '一陰一陽之謂道'는 우주의 근원적(根源的) 존재(存在)자로서 도(道)와 이 도(道)에 의해서 만물이 생성되는 이치를 나타낸 말이다. 도(道)란 본래가 양적(量的)으로 완성된 존재이며, 질적(質的)으로 완전한 존재이다. 이러한 절대성(絶對性)을 본질(本質)

로 하는 도(道)가 한 번은 음(陰)으로, 또 다른 한 번은 양(陽)으로 자신을 드러낸다는 것이다. 도(道)가 음(陰)으로 나타날 때 이것은 완전한 존재의 음적(陰的)인 현상이며, 또 동시에 양(陽)으로 나타날 때에도 완전한 존재의 양적(陽的)인 현상이 된다. 이때 동시에 라는 말은 물리적 시간의 동일점을 지칭하는 것이 아니라, 동일한 사물을 두고서도 동시적으로 두 가지 대립(對立)되는 개념이 모순(矛盾)되지 않고 적용될 수 있음을 의미한다. 그러므로 존재적 차원에서 음(陰)과 양(陽)이란 서로를 기다려야 완성되는 것이 아니라, 그 자체가 이미 완성된 도(道)의 자기(自己) 시현(示顯)일 뿐이며, 다만 이를 인간이 현상적으로 인식함에 있어서 음(陰) 또는 양(陽)으로 구분해서 표현함을 말한 것이다. 이는 남자란 여자라는 상대를 전제로 완전한 인간이 되는 것은 아니다. 남자는 남자로서 여자는 여자로서 인간의 존재원리를 완전하게 보존(保存)·발양(發揚)하는 주체로 이해해야 함을 말한 것이다. 남(男)·여(女)가 합쳐져서야 참다운 인간이 완성된다면, 실존하는 모든 인간상은 모두가 불완전한 존재로 전락하게 될 것이다. 남(男)·여(女)가 합쳐진 중성(中性)으로서의 인간은 본래 존재하지 않기 때문이다. 음양론은 동양사상에서 가장 근간이 되는 이론이다. 동양에서 모든 존재는 음양으로 파악된다. 모든 사물·사건, 즉 현상계를 음(陰)과 양(陽)의 상대적인 관점에서 관찰하고 파악하는 이론으로 동양 학문의 특징이자 중요한 수단이라고 할 수 있다. 특히 동양의학에서 음양이론은 오행이론에 앞서는 가장 큰 기둥이요 대들보인 것이다. 음양론은 대단히 광범위하여 변화하는 모든 것이 다 음양론의 대상이 된다. 크다 작다고 하는 정적인 면부터 차다 덥다 등의 에너지의 변화상까지도 음양론으로 설명이 가능하다.

2) 음양론의 원리(原理)

(1) 대대성(對待性)의 원리

대대성(對待性)이란 대립(對立)하면서도 서로 끌어당기는 관계로 상대(相對)가 존재(存在)함에 의하여 비로소 자기가 존재하게 되는 관계, 즉 상호(相互) 대립(對立)하면서도 상호 의존(依存)하는 관계를 말한다. 존재한다는 것은 그 자체로 완전하지 않다. 그것을 존재하게 하는 그 무엇인가에 의해 상보(相補)되어져야 한다. 다른 존재는 어떤 존재를 위한 필수적인 조건이면서 보편적인 특성이 된다. 전체와 부분 간의 관계나 두 가지 서로 다른 사물들의 관계는 다음 네 가지가 있을 수 있다.

첫째, 상호 양립(兩立)적인 관계가 있다.
둘째, 상호 작용(作用)적인 관계가 있다.
셋째, 상호 의존(依存)적 관계 또는 유기적(有機的) 관계가 있다.
넷째, 상호 의존의 정도가 능동적(能動的)인 상호 침투의 관계로 발전할 때 생산적이고 창조적인 관계를 이루게 된다.

서로 다른 두 사물이 각각의 실존(實存)을 찾을 수 있는 것은 화합(和合)을 통해서 가능하다. 서로 상대하는 사물은 서로가 생존을 위한 조건이 된다. '차이'를 통한 '화합' 혹은 통일 속의 차이'이다. 차이가 진정한 대립의 관계를 가질 때, 통일을 이루고 창조적 의미에서 조화를 이룰 수 있다. "차가운 것은 따뜻하게 되고 따뜻한 것은 차갑게 된다"라는 사실은 매우 중요하다.

(2) 상보성(相補性)의 원리

두 개의 다른 좌표(座標)를 통하여 동일한 사태를 한꺼번에 볼 수 있는 상황을 기술하는 것으로, 이 두 개의 좌표계는 서로 배제(排除)하는 것이지만 그러나 또한 상보(相補)하기도 하여, 두 개의 모순(矛盾)되는 좌표계의 양립(兩立)이 있고 나서야 비로소 현상의 출현에 관한 완전한 관찰이 가능하게 된다는 견해이다. 음양의 상보성(相補性)이란 모든 사물은 스스로 불충분하기 때문에 그 완성을 위하여 상대방이 반드시 필요한 것이라는 인식 위에 설명될 수 있다.

3) 만물 생성(生成) 원리로서의 음양론

天地之大德 曰 生
(하늘과 땅이 이루어내는 가장 크고도 위대한 사랑의 실천은 만물을 공생시키는 공능
이다)

위의 말은 계사(繫辭) 下 1장에 나온다. 천지(天地)는 우주 자체를 음양(陰陽)적 구조로 구분하여 규정한 말이고, 덕(德)이란 천지의 인격성(人格性)이 실현되는 과정을 말한 것이라고 한다. 생(生)이란 천지 만물의 창생(創生) 원리를 일컫는 것이다. 천지의 인격성이 실현되는 과정이란 음양(陰陽)의 끊임없는 승부(勝負) 작용, 즉 운동(運動)성을 말하는 것이다. 이미 말한 바와 같이 계사전의 '一陰一陽之謂道'는 우주의 근원적(根源的) 존재(存在)자로서 도(道)와 이 도(道)에 의해서 만물이 생성되는 이치를 나타낸 말이다. 도(道)란 본래가 양적(量的)으로 완성된 존재이며, 질적(質的)으로 완전한 존재이다. 또한 동양의 우주론은 근원적 존재(存在)로서 도(道)의 인격적 실현의 결과, 즉 대덕(大德)이 만물을 공생시킨 것이다. 역(易)에서는 도(道)의 인격적(人格的) 표현을 신(神)이라고 하는데, 우주 내의 최고의 가치(價值)를 신명(神明)으로 표현되는 것을 여러 곳에서 볼 수 있다. 이에 대한 근거는 다음의 주역(周易)의 괘(卦)를 풀이한 단전(彖傳)의 관괘(觀卦)를 해설한 내용에서 볼 수 있다.

觀天之神道而四時不忒 聖人以神道設敎而天下服矣
(하늘의 신령한 이치에 따라 사시(四時)는 서로 어긋나지 않고 운행되는 것이며, 성인
께서 하늘의 이치를 깨달아 이로써 널리 베풀고 가르치니 천하 만민이 이에 감복하
는 구나!)

위에서 신도(神道)는 하늘의 인격적(人格的) 의지(意志)를 나타내고 있는 것이다. 다시 말해서 하늘이 만물을 창생(創生)시킬 수 있는 것은 천지(天地)라는 음양(陰陽)적 구조를 통해서이고, 음양(陰陽)적 구조로서 할 수 있는 하늘의 가장 위대한 사업은 다름 아닌 만물을 살아 있도록 창생(創生) 시키는 일이다. 그렇다면 천지(天地)[56]가 어떻게

---

56) 여기서 천지(天地)는 음양(陰陽)을 포괄적으로 표현한 말이다.

만물을 창생 시킬 수 있는 것일까? 그것은 천지가 서로 만나는 사랑의 행위를 통해서이다. 즉 음양의 운동(運動)성 때문이다. 만나기 위해서는 먼저 나누어짐이 전제되어야 한다. 그러므로 형이상자(形而上者)로서의 태극(太極), 즉 도(道)는 자신을 현시(顯示)함에 있어서 스스로 형이하자(形而下者)로서의 양의(兩儀)로 나누어지게 되는 것이고, 일단 나누어진 음양(陰陽)적 양의(兩儀)는 또다시 서로를 힘차게 끌어안는 역동적(力動的)인 사랑의 실천 과정을 통하여 천지 안에 가득히 만물을 생성시키는 것이다.

> 天地交而萬物通也(천지가 교감하여 만물이 서로 통하게 된다.)[57]
> 天地感而萬物化生(천지가 서로 만나 감응(사랑)하여 만물은 비로소 생겨난다.)[58]
> 天地合而後萬物與焉(천지가 합한 후에야 만물은 일어난다.)[59]
> 天地絪縕萬物化醇(천지가 서로 얽혀서 만물은 전개된다.)[60]

위의 여러 표현은 모두 음양(陰陽)의 상호 교통이 만물의 생명적 시원(始原)이 됨을 말하는 것인데, 이를 주역(周易)에서는 직접 '陰陽合德'[61]이라고 규정하고 있다. 또한 음양이 합덕(合德)되기 위해서는 음(陰)과 양(陽)이 서로 나누어져 있으면서도 항상 서로 만나기 위해 움직여야만 하는 것이기에 '分陰分陽 迭用柔剛'[62](음과 양으로 나누어져 움직이며, 강과 유로 넘나들며 나아간다)이라고 말한 것이다.

이처럼 천지 만물은 부단히 움직이며 끝없이 생명적 세계를 창생하면서 전개되는 것이니, 눈앞에 펼쳐진 온갖 사물이야말로 다름 아닌 도(道)의 자기표현이고, 신(神)의 자기연출이며, 천(天)의 자기사랑의 결과인 것이다.

서양의 우주론은 빅뱅설을 유력한 이론으로 삼아 이를 시간적, 공간적으로 규명해 들어가고 있지만 아직도 그 시작을 밝히고 있지 못하다. 그리고 창조(創造)론과 우연(偶然)설 사이에서 우왕좌왕하고 있으며, 근원적인 존재자에 대해서도 과학과 종교가 갈등하고 있는 것이 현실이다. 이에 비하여 '눈앞에 펼쳐진 온갖 사물이야말로 다름

---

57) 周易 象傳 泰卦
58) 周易 象傳 咸卦
59) 禮記 郊特牲
60) 周易 象傳 泰卦
61) 계사전 下 6장
62) 설괘전 2장

아닌 도(道)의 자기표현이고, 신(神)의 자기연출이며, 천(天)의 자기사랑의 결과'라고 하는 5천 년을 변함없는 동양의 전체적이며, 관계를 중요시하는 유기적(有機的)인 철학적 사고(思考)는 서양의 갈등을 해소할 수 있을 것이다.

3. 오행(五行)

1) 오행(五行)의 개념(概念)

오행(五行)이란 개념은 위에서도 말한 바와 같이 태극(太極)이라고 불리는 통일체가 태역(太易)~태초(太初)~태시(太始)~태소(太素)의 네 단계를 거쳐서 태극으로 발전됐고, 그럼으로써 다시 음(陰)과 양(陽)이라는 두 가지 기운이 갈라지게 되는데, 그 음양은 또다시 각각 분합(分合)작용을 일으킴으로써 다섯 개의 새로운 성질이 발생하게 되었으니 이것을 오행(五行)이라고 하는 것이다. 다시 말하면 지구 위에 있는 삼라만상(森羅萬象)이 비록 수억에 이른다고 할지라도 만일 우리가 이것들을 성(性)과 질(質)을 일일이 따진다고 하면 어느 하나 할 것 없이 위에서 말한 바의 오행의 성질이 아닌 것은 하나도 없는 것이다. 그런데 오행법칙의 특징은 희랍의 자연철학과 같이 물질(物質) 단위만을 가지고 삼라만상의 유동하는 변화를 측정(測定)하려는 것이 아니고 정신(精神)이나 생명(生命)을 가진 살아 있는 물질의 동정(動靜)하는 모습을 측정할 수 있는 자연 그대로의 법칙으로써 사물을 측정하려는 것이다.

오행 상생(相生)의 운동법칙에 의하여 만물이 생성, 발전, 충만케 되며, 상극(相剋)의 운동법칙에 의해서 인간 사회의 질서가 유지되고, 135억 년을 지나온 우주가 상호 견제력인 원심력과 구심력의 조화에 의해서 멸망하지 않고 생존을 유지하는 근거이다.

이와 같은 법칙이 옛 성현들의 눈에 떠올랐을 때에 그들은 이것을 곧 오행의 운동으로 보았기 때문에 여기에서 자연법칙을 발견할 수 있었던 것이다. 사실상 모든 시공간(時空間)을 통하여 존재(存在)하거나, 하였던, 그리고 존재할 모든 존재자(存在者)는 어느 하나 할 것 없이 오행기(五行氣)가 아닌 것이 없다. 또한 오행의 기운이란 것은 응고(凝固)하게 되면 형체(形體)를 이루어서 만물(萬物)이 되고, 만일 이것이 분해(分解)되면 또다시 순수한 오행기(五行氣)로 변하는 것이다. 이와 같이 반복하는 과정에서 생성하기도 하며 소멸하기도 하는 것이 물질인데 그 물질은 정신을 포위하는 존재이기 때문에 물질 속에는 약동하는 정신과 생명이 포장되지 않을 수 없는 것이다. 그러므로 만물은 반드시 자기의 활력소를 타고나게 된다.

우주 간에 있는 만물은 이와 같은 조건에서 생성하였다. 따라서 그 자체가 변화무쌍한 것은 오행의 기화(氣化) 변질(變質)하는 작용 때문인 것이다. 오행(五行)이란 이와 같이 무형(無形)과 유형(有形)의 양면성을 띤 것이므로 모든 사물에 적용될 수 있는 것이다. 그런 까닭으로 오행법칙이 만상의 연구에 있어서 지구지상의 규범이 되는 것이다. 그런즉 우리는 여기에서 태극에서 5개의 기(氣)로 연역된 오행각개의 개념을 연구하여야 할 것은 물론이거니와 우선 오행이라는 자연개념부터 살펴볼 필요가 있다. 오행의 개념에 오(五)자를 붙인 것은 우주의 만물을 다섯 가지의 법칙권 내에 있다는 것을 의미하는 것이요, 행(行)자를 놓은 것은 기운이 취산하면서 순환하는 것, 즉 운동성을 상징한 것이다. 이것은 서양의 과학이 본체와 운동으로서 작용을 별개로 연구하는 것과 비교하면 동양의 통찰이 살아 있는 생명체로서 우주를 인식하기 때문에 항상 본체와 작용을 함께 궁구하는 것이다.

오행의 행자를 분석하여 보면 행(行)자는 '자축거리며 걸을 척자'와 '앙감질 촉자'의 합성어이다. 그런 즉 행자는 이 두 자의 상(象)을 취한 것이다. 그러므로 그 뜻은 오행의 행로는 평탄한 것이 아니라는 것을 의미하는 것이다.

다시 말하면 행(行)이란 것은 일진일퇴를 의미하는 것이니, 즉 '왕(往)+래(來)=행(行)'이라는 공식이 되는 것이다. 그것은 우주의 일왕일래(一往一來)하는 모습이 오행의 운동규범이라는 것을 표시하기 위해서 명명한 것이다. 따라서 오행운동은 분합(分合)운동이기 때문에 양(陽) 운동의 과정인 목화(木火)에서는 분산(分散)하고 음(陰)운동 과정인 금수(金水)에서는 종합되는 것이다. 그러므로 여기에는 취산(聚散)의 의미가 행(行)자 속에 내포(內包)되어 있는 것이다. 그러므로 모든 개념을 설정함에 있어서 행(行)자가 들어 있는 것은 모두 이와 같은 뜻을 내포하고 있는 것이다. 예를 들면 금전이 취하는 곳을 '은행(銀行)'이라고 한 것이나, 화물이 취산하는 곳에는 양행(洋行)이라는 개념을 붙인 것 같은 것은 실로 행(行)자 자체가 지닌 바의 개념 때문에 그렇게 한 것이다.

2) 오행의 기본적 개념

오행은 우주의 운동원질을 목화토금수(木火土金水)의 다섯 가지로 명명(命名)한 것이다. 목화토금수라는 것은 나무나 불과 같은 자연형질 자체를 말하는 것은 아니다. 그렇다고 이것을 배제(排除)하는 것도 아니다. 왜냐하면 목화토금수의 실체에는 형(形)과 질(質)의 두 가지가 공존(共存)하고 있기 때문이다. 그러므로 오행의 법칙인 목화토금수는 단순히 물질(物質)만을 대표하는 것도 아니요 또는 상(象)만을 대표하는 것도 아니다. 다시 말하면 형이하(形而下)와 형이상(形而上)을 종합한 형(形)과 상(象)을 모두 대표하며 또는 상징하는 부호인 것이다. 오행이란 이와 같이 형질을 모두 대표하는 것이다. 그러나 주된 의미는 상(象)에다가 두고 있다.[63]

철학연구에 있어서 가장 중요한 것은 오행의 개념이 형(形)과 상(象)이나 유(有)와 무(無)의 어느 한 쪽에 치우친다면 이것은 그 개념의 불완전함을 뜻하는 것뿐만 아니라 반면 이와 같은 불비(不備)한 개념으로써 율동하는 자연의 진상을 측정하기는 너무나 부자유할 것이다. 개념설정에 있어서 이와 같은 설정법칙(어느 일방에 치우치지 않는 법칙)을 무시할 때에 희랍의 자연관과 같은 실수도 생겨날 것이고 또는 오늘의 기계(機械)관과 같은 근시안적 방법도 대두하게 되는 것이다. 그러므로 상수(象數)학은 철학의 기본이며 또한 사색의 안내자인 오행의 기본개념을 결정하는 데 있어서 이와 같이 형(形)과 기(器)를 자유로이 대표하며 상징할 수 있는 융통성이 있는 자연 그대로의 형상인 기본법칙을 세워 놓았던 것이다. 더욱이 이것은 인간이 임의로 결정한 것이 아니고 근거와 실체를 함유하고 있는 근원적 존재로서 태극의 본성이기 때문이다.

왜 그런가 하면 변화하는 대자연의 본질을 관할하여 보면 이것은 형(形)도 기(器)도 아닌 것으로서 다만 분열과 종합을 영원히 반복하고 있는 우주변화의 일대환상에 불과한 것이므로 그 운동하는 모습에는 영원히 항구(恒久)란 있을 수가 없고 다만 감응

---

63) 여기서 말하는 상(象)이라는 것은 일반적인 상(象)이 아니고 이면에서 율동하는 생명력인 상(象), 즉 운(運)을 말하는 것이다.

(感應)과 항구(恒久)가 반복하는 것뿐이라는 것을 직관(直觀)하고 움직이는 자연 그대로, 다시 말하면 그러한 자연을 측정하며 또한 탐색하기에 가장 알맞게 정한 것이기 때문이다.[64]

(1) 변화작용의 제1단계-목(木), 목기(木氣)

목(木)이라는 것은 본질적으로는 나무와 같이 생명력을 갖고 있고, 금속에 비해 무르고, 불에 의해 소실되며, 물에 의해 성장하며, 지구의 대지에 뿌리를 내려 존재하며, 작용적으로는 분발(奮發)하는 의기(意氣)를 대표하는 것이니 이것이 바로 생(生)일 것이다. 다시 말하면 용력이나 용출하는 모습과 같은 것은 모든 생(生)하는 상태를 말하는 것이니 이것은 목기(木氣)의 성질에 대한 상징인 것이다. 예를 들면 인간이나 동물의 경우에 있어서 힘이 강하다는 말은 목기(木氣)를 많이 소유하고 있다는 말이다. 그런즉 목기(木氣)를 생(生)이나 용출(湧出)이나 용력(勇力) 등의 주체로 상징하는 것은 바로 그 힘이 집중되어 있는 목(木)의 활동 상태를 말하는 것이다. 만일 그 힘이 집중하고 통일되어 있지 못하고 분산되어 있다고 가정한다면 여기에는 생도 용출도 용력도 없을 것이다. 그렇다면 소위 생(生)이라고 하는 그 힘은 여하한 형태이며 또는 무엇 때문에 충족 '집중통일'되는 것일까 하는 것을 연구할 필요가 있다.

사물이 모든 변화를 일으킬 때에 음양(陰陽)은 항상 억압(抑壓)과 반발(反撥)이라는 모순(矛盾)과 대립(對立)을 나타내면서 모순 대립 조화(調和)의 길을 반복하는 것이다. 그러므로 목기(木氣)가 발(發)할 때는 내부에 축적되었던 양(陽)이 외부로 용출하려고 하지만 이때에 만일 외면을 포위한 음형(陰形)의 세력이 아직 너무 강하여서 이면에 포위당하고 있는 소위 일양(一陽)의 분출을 허락하지 않는다고 하면 잠복한 바의 이양은 더욱 그 힘이 강화되게 마련인 것이다. 그 힘이 탈출할 때에 생기는 반응을 목(木)의 작용이라고 하는 것이다. 그러므로 우리는 여기에서 목기(木氣)라는 것은 형질(形質) 간에 일어나는 압력(壓力)과 반발(反撥)의 투쟁에서 이루어지는 것이라는 것을

---

64) 직관(直觀)이란 말은 정확히 관찰한다는 말이지 결코 보고 느낀 대로라는 말이 아니다. 인간이 보고 느끼는 것에는 항상 자기 주관이 앞서기 때문에 바로 볼 수 없게 되는 것인즉 이것은 직관이 아니다. 근래에 직관을 보고 느낀 대로라고 생각하는 개념으로 오인하고 있다.

알 수 있는 것인즉 그것이 모순(矛盾) 대립(對立)의 과정이다. 예를 들면 의자나 침대의 용심철(스프링)을 밟으면 밟을수록 점점 반발력이 강하게 되는 것이니 이것이 바로 상기한 바의 목기(木氣)의 운동현상인 것이다. 우리는 영어의 어휘에서 실로 흥미로운 것을 엿볼 수가 있다. 스프링이라는 단어 같은 것이 바로 그것의 한 예이다. 즉 Spring 이라는 단어는 '봄', '용심철', '천수(泉水)가 용출(湧出)하는 모습' 등을 표현하는 것인데 여기에서 생각하여 볼 것은 영국 사람들이 옛적에 이 단어를 만들 때 벌써 우리가 지금 말하는 바의 목기(木氣)의 원리를 지실(知悉)[65]하고 Spring이라는 어휘로써 이상과 같은 인식론을 통일시킨 것이라고 생각하지 않을 수 없는 것이다. 아무튼 Spring이라는 단어에는 목(木)의 기능이 가장 잘 나타나 있는 것을 알 수 있다.

이와 같이 목기(木氣)는 가장 많은 억압을 받는 것이므로 그 힘이 가장 강한 것이다. 사람에게 욕심이 생기는 것도 바로 목기(木氣) 발생의 원리를 그대로 본뜬 것이다. 다시 말하면 욕심(慾心)이란 것은 자기의 것을 배출하지 않고 포용하려는 것인즉 이것은 천도(天道)에서는 공욕(公慾)이고 인도(人道)에서는 사욕(私慾)으로 나타난다. 그것은 목(木)이 수(水)를 발판으로 하는 것이므로 힘과 욕심이 강하게 되는 것이다. 그러나 천운(天運)이 여기에 이르면 순환하는 바의 오행(五行)의 위치는 벌써 양지에 접어드는 것이니 그 힘과 욕심이 어찌 그냥 유지될 수 있을 것인가.

수(水)란 본래 응고(凝固)가 심하여서 용력을 잠장(潛藏)하고 있을 뿐이고 뜻을 이루어내지는 못하는 것이다. 그러나 그것도 때가 이르면 위에서 말한 바와 같은 목기(木氣)로 변질되면서 그 힘이 활동하기 시작하는 것이다. 그러므로 수기(水氣)는 목기(木氣)의 모체(母體)가 되는 것인바 그 응고(凝固)를 위주로 하던 수기(水氣)도 여기에 이르게 되면 응고력은 점점 약화되고 움츠렸던 양기(陽氣)는 탈출하게 되므로 거기에서 양(陽)의 활동은 시작하는 것이니 이것이 바로 목기(木氣)의 활동이며 힘이다.

그러므로 수기(水氣)를 바탕으로 발전하는 바의 목기(木氣)는 그가 점점 발전하는 동안 이미 수기(水氣)를 근본으로 한 튼튼한 형질은 점차로 엷어지게 되어서 화기(火氣)가 시작되는 즉, 때가 이르면, 자기의 모습은 화기(火氣)로 화(化)하게 되는 것이다. 즉, 오행운동이란 것은 목화토금수의 순서로 발전하는 만물의 운동 형태인데 그것을 피

---

65) 모든 형편(形便)이나 사정(事情)을 자세히 앎, 죄다 앎, 숙실(熟悉)

상적으로 보면 만물의 천변만화지만 그 내용을 잘 살펴보면 '물'의 5단계(목화토금수) 운동인 것이다. 그런데 목(木)이라고 하는 것은 그 최초 단계의 운동 상태를 말하는 것이다.

그러므로 목기가 발하는 시기는 봄[春]이라고 하며 그 방위를 동방(東方)이라고 하는 것이니 봄은 만물의 싹이 통가다리(기본뼈대, 중심)를 유지하는 때의 시기적인 총칭이요, 동방이란 것은 양(陽)이 발하는 기본방위를 말하는 것이다. 그런즉 통가다리가 다시 분열하기 시작하는 때가 이르게 되면 그것은 화기(火氣)에 속하는 때이므로 춘기(春氣)는 여기에서 소진(消盡)하게 된다. 이와 같은 상(象)을 인생일대에서 보면 목기(木氣)가 발동하는 시기는 소년기(少年期)에 해당하는 것이다. 다시 말하면 인간이 자기의 지엽을 내기 전, 즉 처녀, 총각의 시절이 바로 인간의 봄인 것이다. 그러므로 이때는 힘도 많고 의욕도 가장 왕성할 뿐만 아니라 일방으로는 앞으로 올 청년기(분열기)의 준비하는 시기인 것이니 이것이 바로 수기(水氣)의 발전단계이다. 위에서 발전이란 말을 썼다. 발전(發展)이란 말과 전진(前進)이란 말은 서로 개념이 다르다. 전진이라는 것은 다만 앞으로 나가는 것을 뜻하는 것이지만, 발전은 전진의 모습에 굴신(屈伸)의 상을 겸한 것을 말하는 것이다(굽히고 펴는 상). 다시 말하면 장애물을 극복시키면서 나아가는 상을 발전이라고 하는 것이다. 자연계의 운동에는 단조로운 전진은 없고 발전만이 있는 것이므로 이것을 동정(動靜)운동이라고 하는 것이다. 그러므로 철학은 우선 철저한 정명(正名)을 하지 않으면 그 연구도 무의미하며, 따라서 율동하는 자연의 모습이나 현묘한 정신의 소재를 밝혀낼 수가 없을 것이다.

(2) 변화작용의 제2단계-화(火), 화기(火氣)

화기(火氣)라는 것은 분산(分散)을 위주로 하는 기운이다. 분산은 왕성한 발전적 퍼짐을 의미하기도 한다. 분산이라는 기(氣)의 운동에 의하여 만물이 번성하고 발전된 모습을 갖게 되는 것이다. 다시 말하면 모든 분산(分散)작용은 바로 화기(火氣)의 성질을 반영하는 거울인 것이다. 우주의 모든 변화의 최초에는 목(木)의 형태로서 출발하지만 그 목기(木氣)가 다하려고 할 때에 싹은 가지를 발(發)하게 되는 것인즉 그 기운의 전환을 가리켜서 화기(火氣)의 계승이라고 하는 것이다. 그러므로 그 작용을 '火'라고 하는데 이것이 바로 변화작용의 제2단계인 것이다. 그런데 화기(火氣)가 분열하면서 자라나는 작용은 그 기반을 목(木)에 두고 있는 것이므로 목(木)이 정상적인 발전을 하였을 때는 화기(火氣)도 또한 정상적으로 발전을 하게 될 것이지만 만일 목(木)의 발전이 비정상적일 경우에는 화(火)도 역시 불균형적으로 발전하게 될 것이다. 이것은 비단 화기(火氣)가 발전하는 경우에서 뿐만이 아니라 목화토금수의 어느 것이 발전하는 경우에 있어서도 마찬가지이다. 다시 말하면 목이 발전하는 모습은 통가다리(기본 뼈대, 중심)를 유지하는 것으로서 특징을 지었지만 화기(火氣)가 발전하는 단계에 들어오게 되면 목기(木氣)의 특징은 이미 소진되고 분열과 장무(長茂: 무성하게 많다는 의미)라는 새로운 특징과 바뀌게 되는 것이다. 그러므로 목(木)일 때의 특장이던 만물의 힘이나 충실했던 내용은 외관적인 수려와 공허한 허식으로 바뀌는 것이다. 그러므로 화(火)란 것은 이와 같이 그 상이나 본질이 목(木)에서 분가한 것에 불과한 것이므로 이것을 인생 일대에서 보면 청년기에 접어드는 때이다. 그러므로 진용은 허세로 변해 가기 시작하고 의욕(意慾)은 차츰 정욕(情慾)에서 색욕(色慾)[66]으로 변해 가는 때인 것이다.

다시 말하면 천연의 형질이 점점 약화되는 것은 화기(火氣)의 때에 이르면 외부의 형(形)과 이면의 질(質)이 서로 투쟁함에 있어서 외형이 점점 밀리면서 확장분열하게 되는 것인즉 그것은 바로 외형이 이질에게 판정패를 당하고 마는 형태를 말하는 것이다. 그런즉 인간이 이러한 조건에서 오래 유지하는 한 내면적인 상태가 약화되는 반면으로 외면적인 허식을 조장하게 되는 수밖에 없는 것이다. 이와 같은 상태를 자연계에서 관찰하여 보면 이것은 꽃이 피고 가지가 벌려지는 때인즉 이때는 만화방창한 아름다움은 위세를 최고도로 뽐내는 때이지만 그 내용은 이미 공허하기 시작하는 때인 것이다. 그러므로 이것을 형상(形象)의 대립(對立)이라고 한다. 다시 말하면 형(形)과 기(器)는 언제나 그 세력이 병행하는 것이 아니고 서로 소장(消長)하면서 외면을 형성한다는 원리를 말하는 것이다.

---

66) 색욕(色慾)이란 것은 내용에 대한 욕심이 아니고 외세에 대한 욕심이다. 왜 그렇게 되는가 하면 목의 경우는 이면에 응결되었던 양기가 애오라지(다만, 오직 겨우 오로지의 예스런 말)외면을 향해서 머리를 든 정도였지만 화기의 때에 이르게 되면 그것이 상당한 부분의 표면까지 분열하고 있으므로 그 힘이 점점 약해지는 것이다.

(3) 변화작용의 제3단계-토(土), 토기(土氣)

위에서는 목화(木火)의 생장과정을 말했다. 만일 우주 간에 있는 모든 생장분열이 무제한으로 발전만 한다면 인간의 키는 수천 척에 달할 수도 있을 것이요, 수목(樹木)의 높이는 하늘을 찌를 수도 있을 것이다. 그러나 천도(天道)에는 반드시 마디가 있으므로 비록 발전이 생장과정에 있다고 할지라도 맹목적인 전진(前進)만을 하는 것은 아니고 오직 발전(發展)을 하는 것이다. 그러나 이것은 적은 마디에 불과한 것이다.

다시 말하면 그것은 발전하기 위한 마디인 것뿐이고 통일하기 위한 큰 마디는 아니다. 큰 마디는 지금 논하려는 바의 토(未)의 과정이 바로 큰 마디이다. 여기서 통일과정이 들어오는 이유는 첫째로 생장을 정지하고 성수로 전환하려는 것이요 둘째로는 금화(金火)의 상쟁(相爭)을 막으려는 것이다. 그러기 위해서 금화상쟁(金火相爭)에 대하여 살펴보아야 한다.

무릇 천도(天道)의 운행은 목화(木火)의 과정에서 생장과 분열을 하던 것이 토(土)에 이르러서 중지되고 마는 것이다. 왜 그런가 하면 천도는 무제한의 생장을 허락하는 것이 아니라 그 생장은 성숙을 전제로 하는 것이다. 그런즉 이것은 다시 금수(金水)로 통일하여야 하기 때문이다. 다시 말하면 화기(火氣)의 활활 타오르는 불길은 금수(金水)로써 종합해야만 성숙을 돕게 되는 것이다. 그러나 오행(五行)의 성질 가운데서도 특별히 금(金)과 화(火)의 성질은 서로 용납할 수 없는 특징을 가지고 있다. 그러므로 발전이 끝나게 되어서 금(金)이 화(火)를 포장하려고 할지라도 화(火)의 염열(炎熱)은 금기(金氣)의 형성을 능히 거부할 수 있는 것이다. 금(金)과 화(火)의 성질은 이와 같은 견원지불화(犬猿之不和)를 지니고 있는 것인즉 어떠한 다른 기운이 중재(仲裁)하여 주지 않으면 금(金)이 화(火)를 포장할 수는 도저히 없는 것이다. 그러므로 이와 같은 형태를 금화상쟁(金火相爭)이라고 한다.

우주운동이 자기의 동정(動靜)운동을 완수하기 위하여서는 토(土)와 같은 중화(中和)성을 지닌 기운을 투입함으로써 비로소 이러한 폐단을 방지할 수 있는 것이다. 이와 같은 난제를 해결하기 위한 것이 토(土)인데 그러한 토(土)도 또한 넷이 있어서 사대절(四大節)을 만들고 있다. 그런데 그중에서 가장 중요한 것이 미토(未土)인데 그것이 바로 위에서 말한 바의 금화상쟁을 막는 토(土)이다. 그렇다면 토(土)라는 것은 과연 어떠한 것인가 하는 것을 연구하지 않을 수가 없을 것이다.

토기(土氣)란 것은 그 성질이 화순하여서 어느 쪽으로도 치우치지 않는 중심적인 기운을 말하는 것이다. 다시 말하면 나고 자라는 발전의 편도 아니고 거둬들이고 저장하는 마무리의 편도 아니다. 그런즉 그것은 동적(動的)인 양(陽) 작용을 하는 것도 아니고 정적(靜的)인 음(陰) 작용을 하는 것도 아닌 성질이므로 이것을 '中'작용이라고 한다.

토(土)는 이와 같은 공정무사한 중(中)작용을 하는 것이므로 그 덕으로써 목화(木火)의 무제한한 생장(生長)을 제한하는 것이니 마치 탄소원자의 작용과도 같이 분열을 통합시켜서 마무리의 과정으로 유도하는 유일한 적격자로서 군림하는 것이다. 토(土)는 그 밖에 만물을 번식시키며 또는 살찌게 하는 주체이기도 하다. 그런데 번식이나 비대라고 하는 것은 목화토금수와 같은 일반적인 특징적 작용에 의한 것이 아니고 토(土)의 중화(中和)성, 즉 그의 자연적인 조절에 의해서 이루어지는 것이다. 예를 들면 살찐다는 것은 마음의 평화에서 오는 것이요 또 번무(蕃茂)[67]하는 것은 세포의 평화에서 오는 것이다. 그런즉 비반(肥胖)과 번무(蕃茂)하는 것은 세포의 평화에서 오는 것이다. 그런즉 비반(肥胖: 비만과 같은 의미)과 번무(蕃茂)라는 것은 동물과 식물에 대한 특수한 개념인 것뿐이고 사실상 그 의미와 내용은 동일한 것이다. 마음의 평화라거나 세포의 번식이라는 것은 전혀 토(土)의 중화(中和)작용에 의해서 이루어지는 것이다. 그러므로 대우주이든 소우주이든 그 평화는 이와 같은 토(土)의 자연성에 의해서 조절된다는 것을 알 수 있는 것이니 이것이 변화의 제3단계인 것이다. 그러므로 이러한 조건의 사람은 욕심도 없는 것이다. 그러면 그 다음은 토기(土氣)의 기반은 어디에 있는가 하는 것을 연구하여야 한다. 토(土)라는 것은 화기(火氣)가 무한 분열할 때에 생기는 것이다. 그런즉 토(土)는 유형이 무화(無化)하게 되면 그 무화(無化)를 발판으로 다시 유(有)의 기초를 창조하는 지점이므로 이것을 중(中)이라고 하는 것이다. 그러므로 토(土)가 사계(四季)에 배속하면 장하(長夏)가 되는 것이니, 장하(長夏)란 것은 화(火)의 실력이 아닌 허세(虛勢)로써 폭염으로 질서 없는 무성함을 만드는 때이다. 방위는 중앙에 배속되므로 이 방위가 사방의 주체가 되며 또 '十'자의 중심교차점인 것이다. 그러

---

67) 번무(蕃茂)라는 것은 풀이 무성하게 자라 있는 모습을 뜻하는 것으로 풍성하다는 뜻이다.

나 토(土)는 반드시 화기(火氣)를 발판으로 함으로써만이 이루어지는 것이 아니다. 비록 작용과 효능의 차이는 있다고 할지라도 사계에는 토(土)가 한 개씩 다 작용하고 있는 것이기 때문이다. 그러므로 사계를 토용(土用)이라고 하거니와 여기서 다만 미토(未土) 중심으로 논한 것은 오행의 성질을 논하는 바탕이므로 토(土)작용의 대표적인 것만을 말한 것이다.

(4) 변화작용의 제4단계-금(金), 금기(金氣)

우주의 변화는 토기(土氣)의 공정무사한 황파(黃婆)[68]역으로써 목화(木火)의 작용에 종지부를 찍게 하고 거기서부터 금수(金水)가 대체하여서 통일작용을 하는 것이다. 그러므로 금(金)은 통일단계에 접어드는 제1단계인 동시에 변화의 제4단계인 것이다. 그런데 금(金)과 목(木)은 그 성질이 전혀 반대다. 목(木)은 속에 갈무리된 양(陽)이 표면으로 분산하려는 발전의 최초 단계였지만 금(金)은 겉으로 나온 양(陽)이 다시 속으로 잠복하려는 수장(收藏)의 최초 단계인 것이다. 그러므로 만물은 춘기(春氣)에 있어서는 그 힘이 표면으로 발산하려고 하지만 가을에는 내부에 잠복되어서 고요히 잠들려 하는 것이다. 그러므로 봄에는 만물들의 밖이 부드럽게 되지만 가을이 되면 점점 단단해져서 양기(陽氣)를 포장할 준비를 하는 것이다. 인간도 봄이 되면 옷을 점점 가볍게 입으며 가을이 되면 차차 두껍게 입는 것은 일포양일산양(一包陽一散陽)하는 천도(天道)의 원리를 좇기 때문이다. 또한 청소년의 피부나 모발은 부드럽고 아름답지만 노장(老壯)기에 접어들게 되면 용모나 근골이 거칠게 되는 것은 청소년기는 목화(木火)의 상승작용으로 인하여 수기(水氣)가 상승하기 때문에 아름다운 것이요, 노장(老壯)기는 금수(金水)가 하강작용을 하므로 표면(表面)의 수기(水氣)가 이면(裏面)으로 잠복하기 때문에 거칠게 되는 것이니 이것은 음양(陰陽)의 반복(反復)작용, 즉 목금(木金)의 반복(反復) 작용 때문인 것이다.

물상(物象)의 이와 같은 현상은 우주운행의 상(象) 그대로이므로 자연수도 여기에서부터는 순행을 하는 것이다.[69] 본래 수(數)는 역행하면 분열을 일으키고 순행을 하면

---

68) 황파(黃婆)는 土가 調和하여서 응결을 매개하는 것을 말한다.

통일하게 되는 것이므로 목화(木火)와 금수(金水)의 운행과정에서 필연적으로 일어나는 것이다. 이와 같이 금기(金氣)는 목기(木氣)와는 전혀 반대되는 작용을 하면서 양(陽)을 포장한다는 것이다. 그런데 그 기반을 土(未)에 두고 있으며[70] 그 성질은 견고하고 맑은 것을 위주로 하는 것이다. 다시 말하면 금기(金氣)는 표면을 단단하게 변화시켜 양(陽)을 포용하는 역할을 하는 것이고 결코 그 이면까지 견고하게 하는 것이 아니다. 그러므로 금기(金氣) 소재(所在)에는 양성(陽性)이 상강(尙强)하다.[71] 이것을 인간에서 찾아보면 목화(木火) 때의 욕심은 정욕이나 색욕(色慾)으로 발전했지만 금(金)에서는 탐욕(貪慾)이 발전되는 것이다. 왜 그런가 하면 금(金)은 그 성질이 단단하고 맑은 것을 위주로 하는 것인즉, 그 의지는 결국 단단하고 맑은 성질로써 욕심을 달성하고야 마는 것이지만 목화(木火)의 욕심은 그 목적이 정욕이나 색욕으로 변하고 마는 것이니 그 이유는 탐욕으로 될 만큼의 고집을 부려내지 못하는 것이 목화(木火)의 음(陰)이기 때문에 그 욕심이 정욕이나 색욕과 같은 천박한 것으로 변하고 마는 것이다.

이와 같이 노장(老壯)기의 인간은 욕심에 있어서도 청소년과는 다르거니와 그 욕심의 본질을 따져보면 탐욕이야말로 장년(壯年)의 대표적인 욕심이다. 그러므로 인간 일대에서 보더라도 사, 오십 대가 최성기일 뿐 아니라 또한 그 질에 있어서도 이것은 추욕(醜慾)인 것이다. 이 과정은 방위에서 보면 서방이고 계절로 보면 가을이다. 금기(金氣)는 이와 같은 특징을 가지고 다음에 올 응고(凝固) 작용의 기본을 이루어 놓는 것이다.

(5) 변화작용의 제5단계—수(水), 수기(水氣)

만물의 수장(收藏)작용은 위에서 말한 바와 같이 토기(土氣)와 금기(金氣)의 도움을 받아 가지고 수(水)에 이르러서 비로소 통일과업을 완수하는 것이다. 그런데 금기(金氣)는 표면을 수렴하는 일을 하였지만 천도(天道)는 수기(水氣)의 작용을 거친 후에라야 그 내부의 깊은 곳까지 응고(凝固)하게 되는 것이다. 이와 같이 함으로써 양(陽)은 완전히 수장(收藏)되어서 만물의 생명을 창조하는 것인데, 이것은 인간에 있어서는 정

---

69) 자연수가 생장과정에서는 역행했지만 금수과정은 그와 반대로 순행한다는 말이다.
70) 토를 설명할 때에 금의 기반이 토라는 것을 말했다.
71) 오히려 굳세다.

(精)이라 하고 식물계에 있어서는 핵(核)이라고 한다. 그런데 음도(陰道)의 수장(收藏)은 이와 같은 정(精)이나 핵(核)이 소재하는 위의 외곽까지만 응고(凝固)시키고 그 정(精)과 핵(核)의 당위는 연성(軟性)대로 보존하고 있는 것이다. 그러므로 여기가 바로 핵(核)과 정신(精神)의 부고(府庫)이며 생명과 형체의 본원이며 통일과 분열의 기반인 것이다.

이것이 이른바 '水'라는 것이니 탈레스가 말한 바의 '물'도 바로 이러한 경지의 '물'을 의미하는 것이다. 이와 같이 수기(水氣)는 삼라만상(森羅萬象)을 창조함에 있어서 형체(形體)와 정신(精神)을 만드는 두 가지 요소를 모두 지니고 있으므로 형체(形體)가 화려할 때는 정신(精神)이 공허(空虛)하게 되고 정신(精神)이 청명(淸明)할 때는 형체(形體)가 위축(萎縮)하여지면서 분열과 통일의 작용을 반복하는 것이므로 이것을 '물'이 운동하는 변모라고 하는 것이다. 그런즉 우주의 변화를 오행(五行)의 변화라고 하는 것은 '물'이 변화하는 바의 단계적인 소변화(小變化)를 의미하는 것이고, 사실상으로 변화하는 본체는 물인 것이다.

그렇다면 이와 같이 현묘한 '水'는 어떻게 자기를 발전시켜서 청초한 봄과 화려한 여름을 꾸며내며 장엄한 가을과 엄숙한 겨울을 만들어내었던가? 그것은 물이 자기가 지닌 바의 응고(凝固)성과 자율성(自律性)과 중화(中和)성으로써 만물을 생성하는 기본 존재이므로 우주의 본체(本體)라고 하는 것이다. 그러므로 물은 그의 응고작용으로써 통일하여서 정(精)과 핵(核)을 창조하고 자율작용으로써 변화를 일으키고 중화작용으로써 대립과 투쟁을 조화하는 것이다. 그러나 이것은 '물' 자체가 이러한 작용의 기본을 이루는 것이 아니고 '물'이 지니고 있는 그러한 특징(본질)으로 하여금 그렇게 하지 않을 수 없게 하는 천지운동의 기본요소가 있기 때문이다. 그것이 무엇인가 하면 지구의 운동원리, 즉 지구가 공전, 자전함으로써 거기서 일월이 정기를 던져주는 바로 그 작용 때문에 물이 자기의 기본 존재적 특징을 발휘할 수 있다고 하는 사실이다. 이와 같이 조건 밑에서 움직이는 바를 한 개의 상(象)으로 단일화한 것이 태극도(太極圖)요, 또는 갈라서 설명한 것이 오행(五行)과 팔괘(八卦)의 상(象)인 것이다.

위에서는 '물'의 운동 실체와 요인에 대해서 말했다. 그러면 다음은 '물'의 작용에 대해서 언급하겠다. 때로는 경험이 진리만큼 진실한 경우가 있다. 나는 수년 전 어떤 원예가에게서 다음과 같은 말을 들은 바가 있다. 백합꽃을 크리스마스 때에 내어서

한 몫 보는 수가 있다는 것이다. 그 방법으로는 6, 7월에 백합의 뿌리를 영상 4, 5℃의 냉실에 넣었다가 그것을 온상에 재배하면 그때에 가서 꽃이 만발하게 할 수 있다는 것이다. 물론 그는 우연한 경험에서 체득한 것이다. 그러나 우리는 여기에서 이것이 바로 '水'의 응고작용을 이용한 것이라는 것을 알 수 있다. 오호라! 위대한 진리가 어찌 백합 한 송이에만 적용되리요, 천지만물이 모두 그 품에서 생하였다가 또다시 그 품안으로 돌아가고야 마는 것을!

총알은 다질수록 멀리 나가게 마련이며 한 알의 씨앗은 수기(水氣)의 응고(凝固)작용을 얻은 후에야 비로소 강하게 발생하는 것이다. 좀 더 자세히 말하면 무나 배추 같은 것의 종자(種字)에서 묵었다는 말은 수기(水氣)의 응고작용을 너무 많이 받았다는 말이다. 가령 일 년을 더 묵었다는 말은 겨울을 한 번 더 지냈다는 말이 되므로 그만큼 응고작용이 가중되는 것이다.

그런즉 싹이 나오는 힘이 많다는 말인즉 우리는 여기에서 '水'의 응고작용이란 것은 곧 생(生)의 원동력(原動力)이란 것을 알 수 있는 것이다. 그런즉 이것은 곧 수(水)의 활동이 바로 변화작용을 일으키는 만물의 활동원인, 즉 만물의 활동이란 것은 곧 수(水)의 활동이란 것을 알 수 있는 것이다.

이제 이것을 인생 일대에 보면 노년기인데 이때는 인간의 욕심은 노욕(老欲)으로 변하는 것이다. 토(土)의 때에 의욕으로 변한다고 한 것은 토(土)의 중화지기(中和之氣)이므로 욕심의 편향(偏向)이란 있을 수가 없는 것이다. 진실로 토(土)의 욕심이란 공욕(公慾)이므로 이것은 인간적인 욕심으로 볼 때는 무욕(無慾)이다. 그런즉 인간의 의지미정(意志未定)을 '意'라고 하는 것은 이렇게 토(土)의 상(象)에서 연유된 것이다. 그러나 수(水)의 때에 노욕(老慾)이라고 하는 것은 결행하는 욕심이라는 말이다. 다시 말하면 노욕이란 것은 하려고 하는 일은 꼭 하고야 마는 것을 의미하는 것이다. 그러나 인간은 본질에 사욕이 침범하고 있기 때문이다. 그러나 천도(天道)의 공욕(公慾)뿐이기 때문에 하려고 하는 인과율(因果律)[72]대로 하게 된다. 그런데 더욱이 수(水)는 우주운행의 기

---

72) 어떤 시각(時刻)에서의 사상(事象: 원인)으로부터 그보다 미래의 시각에 있어서 다른 사상(결과)이 필연적으로 생기는 법칙. 예를 들어 A지점에서 어떤 방향으로 정해진 속도로 탄환을 발사하면 일정한 시간 뒤에는 B지점에 탄환이 떨어진다. 이처럼 고전물리학에서는 생각하는 과정의 처음 상태를 지정하고 거기에 작용하는 힘을 알고 있으면 그보다도 뒤인 어떤 시각의 상태는 일의적(一義的)으로 결정된다. 따라서 어떤 시각에 우주를 구성하는 모든 물체의 위치와 속도를 정하고 그들 사이의 힘을 알고 있으면 그 이후에 우주에서 일어나는 일은 모두 결정된 것이 된다. 그러나 고전물리학이 성립되지 않고 양자물리학이 지배하는 그런 미시적(微視的)

본이므로 오행(五行) 가운데서도 수(水)의 욕(慾)이 행해지지 않는 일이 없는 것이다. 그러므로 변화의 실상을 따져서 물[水]의 변화라고 하는 것은 실로 수(水)의 지변(志變)을 의미하는 것이다. 그런즉 인간의 노년기라는 것은 진실로 우주의 본원을 창조하는 중요한 시기인 것이다. 이것을 사시(四時)에 배속하면 겨울이요 방위로는 북방이다. 수기(水氣)인 겨울이나 북방은 상잔지기(相殘之氣)가 있으므로 이것이 죄악의 본원도 되지만 천도(天道)로서 볼 때는 이것들은 모두 필요악(必要惡)인 것이다. 왜 그런가 하면 모든 형(形)은 이와 같은 수기(水氣)의 음(陰)을 빌려서 이루어지는 것인즉 어찌 유형(有形)의 만물이나 인간이 소홀히 할 것이겠는가.

3) 오행의 삼분오기(三分五紀)와 그의 개념

위에서 말하는 바는 오행(五行)의 일반적인 성질, 다시 말하면 오행의 보편적인 개념을 논하였던 것이다. 그러나 우주의 변화원리인 오행법칙은 그 일반적인 원리 이외에 또다시 연구하여야 할 특수한 원리가 있는 것이다. 만일 일반적 원리를 연구하는 것만으로 끝낸다고 하면 우주의 변화현상을 상세히 관찰할 수 없겠기 때문이다. 가령 이것을 목기(木氣)의 경우에서 예를 들면 목(木)을 가리켜서 생(生)하는 상(象)으로 보는 것은 목(木)의 작용에 대한 일반적인 현상에 불과한 것이다. 그러므로 실제로 목(木)이 생(生)하는 상(象)을 관찰함에 있어서 그 힘의 강약의 차를 무시할 수 가 없으므로 여기서 그 힘의 행태를 다시 세분해야 하는 것이다. 실제 면에 있어서 목(木)이 생(生)하는 형태를 살펴보면 중도적인 작용을 하는 경우와 그 힘이 너무 강한 경우와, 또는 너무 불급(不及)한 경우의 세 가지로 구별해야 하는 것이다. 그러나 우리가 실제로 현상계를 관찰할 때에 위에서 말한 바와 같은 세 가지 구분만을 가지고서는 목(木)에 대한 관찰에 만전을 기할 수 있다고 생각되기는 어렵다. 왜 그런가 하면 만상의 분열

대상이 문제가 될 경우에는 사정이 다르다. 대상의 상태는 양자역학의 법칙에 의하여 인과적으로 기술되며 초기조건에 따라 일의적으로 결정되는데도 불구하고 관측에 관계되는 사상에 대해서는 일반적으로 일의성이 상실되어 확률적인 예언밖에 할 수 없다. 이것은 인과율이 성립되지 않는 것이 아니라 고전론적 인과율과 양자론적 인과율의 차이를 나타내는 것이다. 인과율은 또 어떤 시각에 생긴 일은 그보다 과거에 생긴 일의 영향밖에 받지 않음을 뜻한다. 상대성이론에 의하면 진공(眞空) 속에서의 광속(光速)보다 빨리 전달되는 작용은 존재하지 않으므로 떨어진 장소 사이에서 생긴 일이 서로 영향을 받는 것은 일정한 유한의 시간보다 이후의 것에 한한다.

상태는 너무도 많이 목도되기 때문이다. 가령 목(木)의 종류만 하여도 몇천 몇만 종이 있지 않은가? 그러나 이것은 인간의 인식이 언제나 피상적인 관찰에 머물기 쉽고 구체적인 감별을 해 내지 못하기 때문이다. 만일 우리가 이것을 세밀하게 시찰할 수 있는 총명이 있다고 하면 그 이른바 무수한 변화같이 보이던 현상도 오행 각개의 삼종의 변화 이외에는 없다는 것을 알 수 있게 될 것이다.

다시 말하면 우주의 변화는 일(水)이 삼(木)으로 분열하는 것이라는 것은 바로 하나가 본중말(本中末)의 셋으로 구분된다는 말인 것이다. 그러므로 우주의 운동이란 것은 일(一)이 삼(三)으로 분열되는 과정의 반복인 것이다. 그런데 오행이란 것은 사물이 오(五) 종류로 운행하는 현상인즉 일(一)이 삼(三)으로 분열하는 운동도 이 다섯 개의 단계에서 순환할 수밖에 없는 것이므로 '3×5=15'의 변화형태가 나타나는 것이다. 그런즉 변화과정에 있어서의 소위 분합(分合) 작용이란 것은 오행(五行)의 매개가 각각 삼변(三變)하는 작용인 것이다. 그런데 오행의 일반적 개념은 각각 본중말(本中末)의 삼변(三變)을 거치는 것이므로 결국 15 변화를 일으키게 되는 것이다. 그러므로 그의 개념설정에 있어서 15종의 구체적인 개념을 설정하여야 하는 것이다. 그뿐만 아니라 무수한 것같이 보이던 변화현상도 위에서 말한 바의 15종의 변화 이외에는 없다는 결론도 나오게 되는 것이다.

(1) 조화(調和)와 균형(均衡)의 원리 평기(平氣)

① 목(木)의 평기(平氣)-부화(敷和)

오행(五行)에서 평기(平氣)라고 하는 것은 태과(太過: 넘침)도 불급(不及: 모자람)도 아닌 기운을 지칭하는 것이다. 그런데 목(木)의 평기(平氣)를 부화(敷和)라고 하는 것은 '敷'자의 개념은 일직선으로 쭉 뻗어져 나가는 것을 의미한다. 우리가 일상용어에서 그 예를 찾아보면 철도를 건설하는 것을 부설(敷設)이라고 하며 말의 의미를 확장하는 것을 부연(敷衍)이라고 하는데, 이것들은 모두 규칙적으로 뻗어져 나가는 상태, 즉 질서정연하게 전개되는 상태를 의미한다. 또 '和'자의 개념은 불강불유(不彊不柔: 너무 강하거나 너무 부드럽지 않은)한 중적(中的) 작용을 화(和)라고 한다. 그러므로 화(和)라는 것은 여하한 기운과 마주쳐도 모순(矛盾)이 일어나는 것이 아니라 도리어 조화(調和)가 이루어지는 것을 말한다.

그런즉 부화(敷和)라는 개념은 목(木)의 발전하는 상(象)이 그 생(生)함에 있어서 부(敷)하는 힘과 화(和)하는 상(象)의 두 개의 요소를 지니고 있기 때문에 목(木)의 생(生)하는 형상(形象)에 과불급(過不及)이 없이 알맞은 작용을 하게 되는 것이다. 이것이 목(木)의 평기(平氣)인데 우주운동은 비단 목(木)에 있어서 뿐만 아니라 어느 것이나 평기(平氣)를 유지한다고 하면 우주에는 불측지변(不測之變)과 또 그 밖의 길흉(吉凶) 같은 것도 없을 것이다. 그러나 오행기(五行氣)의 운동에는 때로는 태과(太過)하며 때로는 불급(不及)하는 일이 얼마든지 있는 것이므로 이 세계에는 길흉(吉凶)과 화복(禍福)의 큰 파동이 오는 것이다. 여기에서 말하는 길흉과 화복이라는 개념은 인간의 세속적인 길흉화복(吉凶禍福)으로만 생각하지 말고 현실세계에 흘러오는 변화의 파동으로서의 길흉화복을 생각하면 가히 그 모습을 파악할 수가 있을 것이니 춘하추동과 생장노사의 기복(起伏)이 바로 그것이다. 물론 평기(平氣)만 쭉 계속하여 들어온다고 하면 춘하추동(春夏秋冬)이나 생장노사(生長老死)가 없다는 말이 아니다. 다만 여기에 태과(太過)나 불급(不及)이 들어올 때, 그 파동이 우고우저(尤高尤低)[73]하는 그 상태가 바로 길흉화복(吉凶禍福)인 것이다. 그러므로 우주의 오행운동에서 평기(平氣)만 작용한다고 하면 길흉화복(吉凶禍福)의 개념은 필요 없게 될 것이다. 예를 들어서 만일 금년의 운(運)과 기(氣)가 평기(平氣)로써 형성되었다고 하면 금년에는 화(禍)나 흉(凶)이 없을 것이므로 오곡이 풍년을 이루게 될 것이다.

그러므로 이와 같은 풍년이 든 해에는 홍수의 화도 없고 질병의 유행도 전혀 없어야 할 것인데 반드시 그렇지 못한 것은 무엇 때문인가 하는 것이 문제다. 그런데 이것은 소위 운의 각각에게 나누어진 유형으로써 만물이 형성되었기 때문에 미치는 변화인 것이다. 그렇기 때문에 이것을 연구하는 것이 운기학(運氣學)이다.

---

73) 더욱 높아지고, 더욱 낮아진다는 의미

② 화(火)의 평기(平氣)-승명(升明)

화(火)의 평기(平氣)를 승명(升明)이라고 한다. '升'자는 '十'과 '干'하는 상(象)을 취한 것이다. 그런데 자연수에 있어서 '十'과 '干'자는 모두 음수(陰數)가 분열하는 상(象)인데 양(陽)을 보존하는 것을 목적으로 한다. '明'자는 '日'과 '月'하는 상(象)을 취한 것인즉 이것은 일월합명(日月合明)이라고 한다. 다시 말하면 일(日)의 양광(陽光)과 월(月)의 음광(陰光)이 합함으로써 명(明)이 생긴다는 뜻인즉 명(明)이란 것은 일월(日月)의 합작인 것이다. 그런즉 태양광선의 열과 달의 한랭이 합하여 이룬 것이 우주를 밝히고 있는 명(明)이다. 그러므로 우주에 만일 일(日)만 있고 월(月)이 없다면 이 세계는 암흑세계가 될 뿐만 아니라 만물은 양광(陽光) 때문에 타 버리고 말 것이며 따라서 생하지도 못할 것이다.

그런데 감사하게도 일월(日月)이 합하여 명(明)을 이루어 주었기 때문에 세계도 있고 철학도 있는 것이다. 그러므로 화(火)의 평기(平氣)는 이와 같은 명(明)을 발전시켜서 상승(上昇)하게 하는 데 알맞게 하려는 목적이 있는 것이다. 그런데 여기에서 升자를 쓴 것은 화(火)가 명(明)을 점점 무력화시켜 갈 때에 양(陽)의 본체를 산발(散發)시키고 잃지 않도록 하려는 의도가 있다는 것을 표시하기 위한 것이다.

화(火)는 본래 없어서는 안 될 것인 동시에 위험하기도 한 것이다. 왜냐하면 만일 태과(太過)하면 명(明)을 욕심내면 본체의 창조 기본인 양(陽)을 잃을 염려가 있고 만일 불급(不及)하면 우주를 양(陽) 없는 공각(空殼)[74]으로 만들 폐단이 있기 때문이다. 그러므로 승명(升明)작용을 하는 화(火)만이 우주의 본원(未土)을 창조할 수 있는 가장 알맞은 화(火)가 되는 것이다.

③ 토(土)의 평기(平氣)-비화(備化)

토(土)의 성질이 화(化)하는 것이란 것은 위에서 말한 바 있다. 그러나 진실로 불편

---

74) 원래 불교 용어이다. 알맹이가 차지 않은 곡식이나 열매의 빈 껍질 또는 조개의 빈 껍데기. 주인 없는 단체나 성현이 없는 세계를 비유하는 말.

부당한 토(土)란 화(化)할 수 있는 조건을 구비한 토라야 하는 것이다. 좀 더 구체적으로 말하면 토는 진술축미(辰戌丑未)의 네 개가 있지만 진토(辰土)는 장(長)하는 면에 치우쳐 있고 술토(戌土)는 장(藏)할 수 있는 면에 편경되어 있다. 그런데 오직 축토(丑土)와 미토(未土)만이 화(化)할 수 있는 것이다. 그러므로 이것을 4토(土)중에서 제일 완전한 토(土)라고 한다. 그러나 축미토(丑未土)를 다시 구분하면 축토(丑土)는 미토(未土)에 비하면 역시 불완전한 존재다. 그런즉 화(化)할 수 있는 조건을 완전히 갖춘 토(土)는 미토(未土)밖에 없다. 그러므로 이것을 미토비화(未土備化)라고 하는 것이다.

그런데 화(化)라는 것은 본체(本體)면에서 본 변화현상이요, 화(和)라는 것은 작용(作用)으로 본 현상이란 것은 위에서 말한 바 있는데, 그것을 구체적으로 말하면 화(和)는 사물(死物)에 대한 지치(至治)요 화(化)는 형이상적인 상(象)에 대한 작용인 것이다. 그런즉 화(化)는 모든 음양작용의 과불급(過不及)을 조절하는 중화지기(中和之氣)이지만 그 상(象)은 적연부동(寂然不動)하는 동정(動靜)의 중(中)인 것이다. 그러므로 토(土)를 가리켜서 중(中)이라고 하는 것은 다만 일반적인 표시인 것뿐이고 엄격히 말하면 화(化)할 수 있는 토(土), 즉 비화지토(備化之土)를 말하는 것이다. 그런데 이상에서 말한 바는 진술축미(辰戌丑未) 토(土)를 진술축미(辰戌丑未) 방(方)에 두고 토(土)의 성격을 규정한 것이다. 그러나 진술축미(辰戌丑未)는 변화과정에서 볼 때에 언제 어느 방위에서 작용할지 모르는 것이다. 그런즉 이것도 역시 목화금수의 경우와 같은 기(氣)의 태과불급(太過不及)이 생길 것은 불문가지다. 축미토(丑未土)는 비록 방위가 변할지라도 위에서 말한 바와 같은 자격이 그냥 보존되는 것이 아니라는 것을 알 수 있는 것이다. 그러므로 토(土)라 할지라도 태과(太過)하거나 불급(不及)한 토(土)는 완전한 자격의 토(土)가 될 수는 없는 것이다. 그러므로 비화(備化)라는 것은 그렇지 않은 평기(平氣)의 토(土)를 말하는 것이다.

④ 금(金)의 평기(平氣)-심평(審平)

금(金)이란 것은 만물을 생장(生長)에서 수장(收藏)으로 전환시키는 최초의 기운이다. 그런데 금(金)의 성질은 살벌(殺伐)하려는 경향이 많다. 그러므로 금(金)이 만일 공정성을 잃으면 수장지도(收藏之道)에서 제일 중요한 목적인 포양(包陽) 작용, 즉 금수(金水)가 포위하려는 바의 정신과 생명이 멸하게 될 수도 있는 것이다. 그런즉 오행(五行) 중에서 금(金)처럼 평기(平氣)의 유지가 중요한 것은 없다.

다시 말하면 금(金)은 평정(平定)하는 것으로써 그의 기능을 삼지만 맹폭(猛爆)은 절대 불가하므로 평정하기는 하되 잘 살피면서 평정하여야 양(陽)을 보호하려는 목적으로서의 평정이 되기 때문에 이것을 심평(審平)이라고 한 것이다. 그러므로 금(金)의 태과불급(太過不及)이 아닌 상(象), 즉 금(金)의 중기(中氣)를 심평(審平)이라고 한 것인즉 여기도 역시 중화(中和) 작용이 미치고 있다는 것을 기억해야 할 것이다.

⑤ 수(水)의 평기(平氣)-정순(靜順)

수(水)의 평기(平氣)는 그 상(象)은 정적(靜的)이고 그 성질은 순(順)한 것이므로 정순(靜順)이라고 한 것이다. 우리가 보통 정적(靜寂)이라는 말을 많이 사용하는데 그 내용을 잘 고찰하여 보면 정(靜)이란 말은 상대적인 것을 의미하는 것이요, 적(寂)이라는 것은 절대적인 것을 말하는 것이다. 다시 말하면 적(寂)이란 것은 동(動)하려고 하여도 동(動)할 수가 없는 것을 말하는 것이요, 정(靜)이란 것은 동(動)할 수 있지만 아직 시기가 미급하여서 동(動)하지 못하는 것을 뜻하는 것이다. 이것을 글자의 상(象)에서 살펴보면 '寂'자에 수장(收藏)하기에는 아직 그 힘이 어리다는 상(象)이 있고 '靜'자에서 상(象)을 취한 것은 청질(靑質: 木質), 즉 수중(水中)의 목기(木氣)가 나오기 위하여 수형(水形)과 싸우려는 뜻을 가지고 있지만 아직 조건이 불리하므로 참고 있는 상(象)이 있는 것이다.

그런즉 '寂'자에는 미토(未土)의 적막무짐(寂寞無朕)[75]한 상(象)이 있고 정(靜)자에는 수질(水質)이 잠장(潛藏)하고 있는 상(象)이 있는 것이다. 그러므로 수(水)를 정신(精神)의 부고(府庫)라고 하며 토(土)를 오행(五行)의 분묘(墳墓)라고 하는 것이다. 그렇기 때문에 수(水)의 평기를 정순(靜順)이라고 한 것이다. 그렇다면 '順'자의 개념은 무엇일까 하는 것을 또한 연구해야 한다. '順'자는 바로 곤토(坤土)가 시작하는 큰 머리라는 뜻

---

75) 지극히 고요한 무의 경계, 그런 무형의 경계라는 의미

이 있다. 그런즉 수(水)의 평기(平氣)는 정(靜)의 바탕을 합친 것을 의미하는 것이다. 좀 더 자세히 말하면 수(水)가 태과(太過)하면 응고(凝固)력이 과도하고, 불급(不及)하면 응고(凝固)력이 부족해 도리어 양(陽)을 둘러싸서 수축하지 못하거나 혹은 가두지 못하는 것이다. 그런즉 수(水)의 평기(平氣)란 것은 폐단이 없는 것을 의미한다. 그러므로 '靜' 자에 나아가려는 의미가 잠복한 것과 '順'자의 곤(坤)의 큰 머리가 화(化)하려는 상(象) 을 가진 것의 두 개의 개념으로 상(象)을 취한 것이다. 그런데 두 개의 상(象)으로써 정순(靜順)이라고 하면 그 '順'자가 바로 토(土)를 상징하기 때문에 수(水)의 응고(凝固)력이 태과불급(太過不及)을 면하고 중화(中和) 작용을 일으켜서 평기(平氣), 즉 생(生)하기에 알맞은 기운이 되는 것이다. 이것은 앞으로 연구해 나아갈 것이지만 해(亥: 木), 자(子: 火), 축(丑; 土)을 합하여서 수(水)라고 보는 것은 실로 이것을 설명하는 것이다.

(2) 부족함(못 미침)의 원리 불급지기(不及之氣)

① 목(水)의 불급지기(不及之氣)-위화(委和)

목기(木氣)가 불급(不及)한 것을 위화(委和)라고 하는데 단 주의하여야 할 것은 불급(不及)이란 말과 부족(不足)이란 말은 그 개념이 서로 다르다는 것이다. 불급(不及)이란 말은 힘은 있지만 아직 그 시기가 일러서 역량을 발휘할 수 없거나 혹은 어떠한 외적인 장애 때문에 힘을 발휘할 수가 없는 것을 통칭하는 것이요, 부족(不足)이란 개념은 근본적으로 힘이 충족되어 있지 못한 것을 말하는 것이다.

그러므로 여기에서 말하는 불급지기(不及之氣)란 것은 기(氣)의 부족(不足)을 말하는 것이 아니고 미치지 못함을 말하는 것이다. 그런즉 목기(木氣) 불급(不及)을 위화(委和)라고 하는 것은 '委'자의 뜻이 위굴(委屈)을 의미하는 것이기 때문이다. 좀 더 자세히 말하면 어떠한 세력의 위압을 당함으로 인하여서 목(木)이 생(生)하려고 하여도 생(生)하여 낼 수가 없는 것을 위화(委和)라고 한다. '화(和)'자의 개념은 '화(化)'자와 동일개념의 이면(二面)이란 것은 앞에서 말한 바 있다.

즉, 천도(天道)의 생성작용은 목(木)을 생(生)하려 할 때에 토기(土氣)가 선행하면서 자수(子水)의 응고(凝固)작용을 적당하게 화(化)하여 주면 이것은 부화(敷和) 작용이다. 그러나 반대로 토기(土氣)가 화(化)의 작용을 잘못하면 기불급(氣不及)한 목(木)이 되므로 이것을 위화(委和)라고 하는 것이다. 그러므로 목기(木氣)가 만일 위화(委和)가 되면 그 생(生)하는 바의 만물은 생력이 위굴(委屈)함을 면할 수가 없을 것이다. 그런데 목기(木氣) 불급은 목기(木氣) 자체의 허물이 아니고 오히려 토기(土氣)의 화화(和化)작용이 불급한 데 있는 것이다. 여기에 한 가지 더 기억하여야 할 것은 목(木)과 토(土)에만 화(和)자를 사용하였다는 점이다. 왜 그렇게 하였는가 하면 목(木)은 토(土)에다 뿌리를 박았고 토(未)는 자기 자체가 화(化)하는 것이기 때문에 화(和)자를 쓴 것이다. 이것은 다음에 논하게 될 토화(土化)작용에서 밝혀질 것이다.

② 화(火)의 불급지기(不及之氣)—복명(伏明)

복(伏)자의 뜻은 잠복(潛伏)이라는 의미이니 기운이 없는 것이 아니라 잠복되어서 명(明)을 승명(升明)으로 만들지 못하는 것이다.[76] 좀 더 자세히 말하면 화(火)의 분열을 어느 정도까지 억제하면서 승양(升揚)하면 이것은 율려(律呂) 작용이 잘 조절되어서 승명(升明)이 될 것이지만 만일 화(火)가 불급하게 되면 내면의 양(陽)이 불급하게 되어서 명(明)을 상승(上昇)시키지 못하는 것이다. 그런즉 이와 같은 상(象)을 복명(伏明)이라고 하는 것이다. 예를 들면 노인의 눈이 어두워지는 것은 바로 복명(伏明)이 되기 때문이다. 왜 그런가 하면 사람이 연로하면 양기(陽氣)의 승발력이 부족하게 되기 때문에 음성양쇠(陰盛陽衰)하여 노안이 되는 것이니 이것은 바로 양(陽)이 깊은 곳까지 잠복하였기 때문에 소위 시력이 동자라는 '렌즈'에까지 나오지 못하기 때문이다. 그러므로 천도(天道)의 운행과정에서 만일 화(火)에 불급이 생기면 승명(升明)이 되지 못하기 때문에 명(明)이 잠복하여서 복명(伏明)이 되므로 우주에는 이른바 화(火) 불급의 화(禍)가 미치게 되는 것이다.

---

76) 명(明)의 의미는 화(火)의 평기(平氣)를 참조하라.

③ 토(土)의 불급지기(不及之氣)-비감(卑監)

토(土)가 적당하면 비화지기(備化之氣)가 되므로 음양(陰陽)의 괴리(乖離)를 잘 조절할 것이지만 만일 토기(土氣)가 불급(不及)하면 음양의 승부(勝負)를 잘 조절하지 못하므로 모순(矛盾)과 대립(對立)의 투쟁 때문에 우주는 변란(變亂)에 빠지고 말 것이다. 따라서 사물의 비화(備化)작용은 시의를 잃을 것이고 모든 생물은 기(氣)가 아래로 쳐지게 됨으로써 생명인 양기(陽氣)가 발동할 수 없게 될 것이니 이것이 바로 토불급(土不及)의 소치이다. 그러므로 토불급(土不及)의 상(象)을 비감(卑監)이라고 한 것이다. '卑'자의 뜻은 '高'자의 반대인즉 토기(土氣)가 불급(不及)하기 때문에 불룩하지 못하고 도리어 수축되었다는 말이다. '監'자는 '覽'자와 통하는 자인즉 본다는 뜻과 임한다는 뜻도 있다.

그런즉 비감(卑監)이란 개념은 토(土)가 비화(備化)가 되려면 적당한 정도까지 팽창 상태를 나타내어야 함에도 불구하고 여기서는 비감지토(卑監之土)가 됨으로써 팽창하여야 할 것이 도리어 위축되어 버렸다는 의미인 것이다. 이제 여기에서 토(土)가 비감(卑監)된 이유를 관찰해 보면 동남방에서 양(陽)작용이 불급(不及)하였을 경우에 미토(未土)를 이룰 수 있는 조건이 성숙되지 못하므로 소위 토불급(土不及)의 결과를 나타내게 되는 것이다. 왜 그런가 하면 토(土)의 성격은 솜처럼 피우는 작용이 있으므로 인하여 모든 사물을 순화하여 또 중화시키는 것이다. 그런데 만약 토가 아래로 쳐져서 비감(卑監)이 되면 토(土)로서의 구실을 못할 뿐만 아니라 항상 하향하여서 수토수장(水土收藏)의 과정으로만 가려고 하는 것이다. 그렇게 되면 우주는 '實'을 잃고 '虛'만 남기 때문에 비감(卑監)이라고 한 것이다.

④ 금(金)의 불급지기(不及之氣)-종혁(從革)

위에서는 금(金)의 평기(平氣)가 심평(審平)이란 것을 말했다. 금(金)은 자체의 사나운 기운 때문에 항상 살벌(殺伐)의 맹위가 없도록 하여야 할 것이지만 또한 불급(不及)하지 않도록 경계하기도 하여야 한다. 금(金)이란 것은 본래 통일의 시초이기 때문에 목화(木火)의 때에 생장(生長)하였던 양(陽)을 자기의 품 안에 포장하여야 할 의무와 본능이 있는 것이다. 그러나 금(金)과 화(火)는 심한 대립(對立)성을 가지고 있기 때문에 토(土)의 중재(仲裁)를 기다려서 자기의 소임을 수행하는 자인 것이다. 그러므로 토(土)가 적당히 중재(仲裁)를 하여 주면 금(金)이 평기(平氣)인 심평지기(審平之氣)를 얻을 수가 있을 것이지만 토(土)가 만일 조화력을 잃게 되면 금(金)은 화(火)를 포장할 수가 없을 것이며 비록 포장한다고 할지라도 이것은 금(金)의 정기(精氣), 즉 심평지기(審平之氣)를 만들어 낼 수가 없을 것이다. 그러므로 이 상(象)을 종혁(從革)이라고 하는 것이다.

'革'자의 뜻은 일반적으로 개혁이란 개념으로 쓰는 것이지만 좀 더 상세하게 고찰하여 보면 '가죽'이라는 글자에 있어서도 '革'자와 '皮'자로 서로 그 의미가 다른 것이다. '皮'자는 생명을 가지고 있는 것을 의미하는 것이요, '革'자의 의미는 생명체에서 이미 이탈되어 인공이 가해진 가죽을 '革'이라고 한다. 그러므로 제혁(製革)이라는 어휘는 있어도 제피(製皮)라는 말은 없는 것이다. 물론 이것은 생피(生皮)에다가 인공을 가한 경우를 의미하는 것이지만 이 말의 어원은 천공(天工)이 통일하는 상(象)을 취해서 만든 개념인 것이다. 좀 더 풀어서 말하면 금화(金火)의 교역(交易)과정에서 아직 화기(火氣)가 상당히 많음으로 인하여 금(金)의 수렴(收斂)작용에 차질이 생기는 상(象)을 가리켜서 혁(革)이라고 하는 것이다. 그런데 인공적으로 제혁(製革)하는 것도 금기(金氣)의 종혁(從革)을 응용한 것인즉 이것은 바로 천도혁명(天道革命)의 응용인 것이다.

예를 인체에서 들어보면 화기(火氣)가 왕성하여서 화왕작금(火旺灼金)[77]하는 사람은 모발이 탈락하는 것이니 이것이 바로 금기(金氣)가 불급(不及)하고 화기(火氣)가 태과(太過)한 현상에서 오는 종혁(從革) 작용인 것이다. 그런즉 인체의 종혁(從革) 작용과 천체의 종혁(從革) 작용의 사이에는 아무런 차이도 없다. 그러므로 천체에 있어서는 이러한 상(象)을 관찰하기 어렵다고 할지라도 일반적으로 가을에는 동물이 털을 갈고 수목은 낙엽을 지게 되는 것은 천체 자체에서 종혁(從革) 작용을 하기 때문에 형상(形象)계에서도 이와 같은 현상이 나타난다는 것을 알 수가 있는 것이다. 이것이 바로 공자(孔子)가 '근취저신(近取諸身) 원취저물(遠取諸物)'[78] 하라고 가르친 것이다.

---

77) 불(火)의 기운이 왕성하여 金을 녹인다는 의미이다.
78) '가까이는 자기 몸에서 취하고, 멀리서는 모든 사물에서 취한다.' 구태여 멀리 갈 것 있는가! 가까운 데서 찾아야지! 그렇다면 자기 몸을 연구하는 것이 빠른 방법이라는 의미로 해석할 수 있다.

⑤ 수(水)의 불급지기(不及之氣)-학류(涸流)

　수기(水氣)는 본래 운동의 원천이며 생명의 모체이며 정신(精神)이 머무르는 곳이다. 그렇다면 수(水)의 자동성은 어디에 있는가 하는 것을 고찰해 볼 필요가 있다. 우주에 있는 만상은 동(動)하지 않을 수 없다. 이것을 자세히 살펴보면 모두 '물'운동이다. 태란초목(胎卵草木)은 물 덩어리에서 출발했고 만화방창(萬化方暢)한 변화도 현수삼십인(懸水三十仞)[79]의 물방울의 율동인 것이다. 그런데 만물이란 것은 물에서 나왔다가 물로 다시 돌아가고야 마는 전후반복의 여로인데 이것을 역(易)에서는 곤(坤) 작용이라고 하여 오행(五行)학에서는 '水'의 작용이라고 하는 것이다. 그렇다면 이와 같은 수(水)라는 것은 과연 어떠한 것일까? 이것이 바로 수(水)기 자체가 지닌 바의 응고(凝固)성과 자율성(自律性)과 조화(調和)성에서 오는 것이다. 그런데 응고(凝固)성의 통일은 정(精)과 핵(核)을 저장하고 자율성은 핵(核)과 정(精) 속에 있는 양(陽)을 동(動)하게 하여서 변화하고 조화(調和)성은 동(動)함에 있어서 일어날지도 모르는 모순(矛盾)을 조절하는 것이다.

　이러한 자기 원인을 가진 것이 '水'이기 때문에 '水'에는 항구성(恒久性)과 변화(變化)성이 있게 되는 것이다. 열자(列子)가 이 세계의 변화를 현수삼십인(懸水三十仞)의 물속으로 출입부침하는 잠수부의 모습으로 본 것도 실로 이와 같은 물의 변화를 노래한 것이다. 그런즉 만물은 이와 같은 물의 형질에 의해서 생(生)하는 것이므로 만물의 본원을 '물'이라고 하는 것이다. 이것은 마치 수원(水源)이 마르게 되면 강이 마르는 것과 같이 만물의 생성에서 수기(水氣)가 학갈(涸渴)되면 물의 율동하는 변화란 있을 수가 없는 것이다. 그러므로 수기불급(水氣不及)을 학류(涸流)라고 하는 것이다. '涸'자는 일반적인 의미로서 보면 물이 마른다는 뜻이지만 조금 더 깊이 따져 보면 '洉'자의 뜻이 있다. '洉'자의 뜻은 폐색하는 것을 말한다. 그런즉 '涸'이라는 개념은 물이 말라서 수원이 없어진 것이 아니라 수원이 폐색(閉塞)되었기 때문에 일반적 관찰로써 물이 마른 것처럼 보이지만 사실은 '水'가 폐색된 것뿐이다.

　'류(流)'자의 개념은 물이 자동성에 의해서 흐르는 것을 취한 것이다. '流'자는 '水',

---

79) 높은 데서 떨어지는 물이 삼십 길이나 된다는 의미이다.

'不'의 상(象)을 취한 것인 바 우선 '不'자의 상(象)을 보면 수기(水氣)가 행하려고 하지만 일수(一水)를 관통하지 못하여서 발하지 못하는 상(象)이 있는 것이다. 다시 말하면 '不'자는 '水'자가 위쪽으로 관통하지 못한 상을 취한 것이다. 그런데 이 자를 '水'의 변에 쓴 것은 水氣가 발하려고 하지만 발해 내지 못하는 상을 취하기 위하여서 '不'자로써 상을 취한 것이다. 그런데 모든 동력원은 이와 같이 발하려고 하여도 발할 수 없게 제압당하는 곳에 있는 것이다.

그러므로 '不'자와 같은 象을 취하여서 물의 자동할 수 있는 象을 표시한 것이다. 그런즉 이제 여기에서 두 글자의 개념을 종합하여 보면 학류(涸流)라는 것은 물의 유동할 수 있는 근원이 일시적으로 막혀서 흐르지 못하는 상(象)인 것이요, 결코 수원(水源)이 부족해서 흐를 수 없는 것을 의미하는 것은 아니다. 그러므로 수불급(水不及)을 학류(涸流)라고 하는 것이다.

(3) 넘침(지나침)의 원리 태과지기(太過之氣)

① 목(木)의 태과지기(太過之氣)-발생(發生)

목(木)의 태과(太過)를 발생(發生)이라고 하는데 이것을 불급(不及)의 개념인 위화(委和)와 대조하여 보면 가장 명료하게 그 성질이 나타나는 것이다. 위화(委和)를 목(木)의 바탕에 있는 화기(火氣)의 위굴(委屈) 때문이라고 한다면, 발생(發生)에 있어서는 목(木)이 발(發)하는 힘이 너무 강하기 때문에 생(生)을 조화(調和)하여서 알맞게 하지 못하고 오히려 폭발시켜 버린다는 말이다.

'발(發)'자의 뜻은 생(生)의 지나친 현상을 발(發)이라고 하는 것이다. 예를 들면 총을 발사한다든가, 혹은 탄약이 폭발한다든가 하는 것은 모두 이러한 '發'자의 개념에서 취한 것이다. 그런즉 수(水)에서 목(木)을 생(生)할 때에 순조롭게 생(生)하지 못하고 발(發)하여 버리는 것은 수(水)의 삼대 요소 중의 하나인 조화력이 결여되었기 때문이다. 그러므로 목(木)의 평기(平氣)에서는 부화(敷和)라고 했고 불급(不及)에서는 위화(委和)라고 했는데 여기에서 '화(和)'자를 쓰지 않는 것은 발(發)이라는 강력한 상(象) 때문에 和

(土)작용이 없는 까닭이다. 그런즉 비단 목기(木氣)에 있어서 뿐만 아니라 모든 과격한 행동은 토(土)의 바탕이 결핍하는 때문이란 것을 알 수가 있는 것이다.

② 화(火)의 태과지기(太過之氣)-혁희(赫曦)

화(火)의 태과(太過)는 혁희(赫曦)라고 한다. '赫'자의 뜻은 화광(火光)의 충천하는 것을 의미하는 것이요 '曦'자의 뜻은 일광(日光)이 폭사하는 것을 말하는 것이다. 그런즉 혁희(赫曦)라는 것은 작열(灼熱)이 번무(蕃茂)하는 상(象)인즉 그것이 바로 화기(火氣)가 태과(太過)하는 상(象)이며 또한 복명(伏明)의 반대인 것이다. 역(易)에서는 이것을 항룡(亢龍)이라고 하는 것이니 그 개념은 양기(陽氣)가 지나침으로 인하여 승발지기(升發之氣)가 지나치게 되면 승명(升明)작용을 하여야 할 우주의 화기(火氣)작용이 소위 불꽃이 활활 타올라 물체를 태워 없애는 상태를 이루게 되는바 이것은 양(陽)의 지나침 때문에 일어나는 재앙인 것이다. 그런즉 항룡(亢龍)이라는 개념은 혁희(赫曦)와 상통하는 것이나, 다만 다른 점은 항룡은 양기(陽氣)의 종발지상(縱發之象)이요, 혁희(赫曦)는 양(陽)의 종산(從散)하는 상(象)인 것이다. 그런즉 이것은 각각 양성(陽盛)의 일면씩을 설명하는 것이다. 그러므로 식물이 만일 혁희지기(赫曦之氣)를 만나게 되면 말라죽게 될 것이요, 인간의 생리조직이나 그의 기능이 양성음허(陽盛陰虛)의 변고가 생기게 되면 빳빳하게 말라서 살찌지 못하게 될 것이니 이것은 토(土)의 불급(不及) 때문에 이루어진 혁희(赫曦)의 허물인 것이다.

③ 토(土)의 태과지기(太過之氣)-돈부(敦阜)

토(土)의 태과(太過)를 돈부(敦阜)라고 하는데, '敦'자의 뜻은 기화(氣化)작용으로 인하여 두터워진 상(象)을 말하는 것이고 '阜'자의 뜻은 형화(形化) 작용으로 인하여 두터워진 형(形)을 말하는 것이다. 그런즉 기(氣)가 태과(太過)한 것을 돈(敦)이라고 하고 형(形)의 태과(太過)를 후(厚)라고 한다. 또 형부족(形不足)을 '丘'라고 하며 형유여(形有餘)를 부(阜)라고 한즉 구(丘)는 범위가 훨씬 좁은 것을 말한다. 다시 말하면 기(氣)가 넓게

퍼진 것을 '阜'라고 하고 기(氣)가 잘 퍼지지 못한 것을 '丘'라고 하는 것이다. 그런데 토화(土化)작용이 만일 중정을 잃게 되면 혹은 태과(太過)하여서 돈부(敦阜)가 되고 혹은 불급(不及)하여서 비감(卑監)이 되는 것이다. 이와 같은 토(土)는 전기한 바의 혁희(赫曦)와는 비슷하면서도 다른 점이 있다.

토(土)의 태과(太過)는 그 조직이 지나치게 번식하여 또는 비후(肥厚)하게 되는 것인 즉 만일 인간이나 동물이 돈부(敦阜)가 되면 너무 비후(肥厚)하게 되고 초목(草木)이 돈부(敦阜)가 되면 근간(根幹)에 비하여 지엽(枝葉)에 지나치게 무성할 것이다. 그러므로 혁희(赫曦)와 이것을 비교해 보면 혁희(赫曦)의 경우는 불길을 따라 흩어졌지만 여기에서는 다만 대항해서 흩어진다는 점이 다른 것인즉 이것이 화(火)와 토(土)의 작용이 상이한 점이다. 따라서 여기에서 화(火)라는 개념과 열(熱)이라는 개념이 각각 다르다는 이유도 알 수 있게 되는 것이다. 즉, 열(熱)은 토(土)의 소산이요 화(火)는 군화(君火)의 소산인 것이며, 열(熱)은 횡산(橫散)하는 것이지만 화(火)는 종산(縱散)하는 것이라는 것도 아울러 기억하여야 한다.

④ 금(金)의 태과지기(太過之氣)-견성(堅成)

'견(堅)'자와 '고(固)'자의 뜻이 각각 다르다. 밖의 기가 굳어지는 것을 견(堅)이라고 하고 속의 기가 굳어지는 것을 고(固)라고 한다. 그래서 금(金)의 성질을 견(堅)이고 수(水)의 성질은 고(固)라고 하는 것이다. '成'자의 뜻은 사물의 완성을 의미하는 것이니 예를 들면 과실, 곡식의 완숙이나 인사의 완결과 같은 것은 모두 '成'이라고 하는 것이다.

이와 같이 보면 수(收)와 성(成)은 동일한 의미인데 다만 기(氣)의 작용에서 보면 '收'요, 사물의 형태로서 보면 '成'인 것이다. 한마디로 말하면 금기(金氣)가 태과(太過)하다는 말은 포위하는 바의 금(金)이 지나치게 견성(堅成)되는 상태를 말한다. 이와 같이 금(金)의 수렴(收斂)상태가 태과(太過)하게 된 바는 금(金)의 심평지기(審平之氣)를 형성할 때에 있었던 바의 토기(土氣)가 결핍되어 생긴 것이다.

⑤ 수(水)의 태과지기(太過之氣)-유연(流衍)

류(流)자에는 동(動)하려는 상(象)은 있지만 아직 동(動)하지 못한다는 것을 위에서 말했다. '衍'자는 행(行)과 수(水)로 하였은즉 여기에는 동(動)하는 상(象)도 있지만 또한 수(水)가 행(行)하려고 하나 아직 행(行)할 수 없는 상(象)도 있다. 그런데 이 자의 의미를 고찰하여 보면 늘어진다는 의미와 상자(箱子)라는 의미가 있다. 이제 여기에서 유연(流衍)이라는 개념을 검토해 보면 유(流)는 아직 동(動)하여 낼 수 없는 상(象)의 표시인데 연(衍)은 그 바탕은 늘어날 수 있는 것이지만 또 반면으로는 상자(箱子) 속에 밀폐된 것 같은 상(象)이 있기 때문에 늘어날 수 없는 상(象)도 있은즉 이것은 수(水)의 응고(凝固)상태를 말하는 것이다.

그러므로 유연(流衍)이라는 개념 속에는 동(動)할 수 있는 요건만 갖추고 있을 뿐이고 아직 동(動)해 낼 수 없는 상(象)이 있는 것이다. 그런즉 이것은 전혀 응고(凝固)력의 태과(太過) 때문에 오는 것이니 이와 같은 것은 내적 조건의 불비에서 오는 것이 아니고 외적 상태의 불응에서 오는 것이다. 그러므로 수(水)의 태과(太過)는 역시 그 허물이 수기(水氣) 중에 있는 토(土)의 불급(不及)에 있는 것이다.

위에서 본 바와 같이 목화금수라는 대립(對立)성을 가진 네 개의 기(氣)는 모두 토(土)의 부족(不足)으로 인하여 태과(太過)의 현상을 이루었던 것이다. 그러므로 천도(天道)는 용의주도하게도 사계(四季)마다 토용(土用)을 배치함으로써 목화금수의 이질적인 항쟁(抗爭)과 태과(太過)를 방지하도록 하였던 것이다.

4) 오행의 질량변화와 상생(相生)과 상극(相剋)과 변극(變極)

(1) 오행(五行)의 상생(相生)

오행(五行)이라는 기본이 되는 오원질(五原質)의 개념에 대해서는 이미 살펴보았다. 이제 여기서 논할 것은 五行이 어떻게 生하는가 하는 것을 논하겠다. 그런데 이것을 알기 쉽게 하기 위하여 다음에 '오행상생도(五行相生圖)'를 그려놓고 연구하기로 하겠

다. 또 이것과 함께 하도(河圖)와
오행상생도(五行相生圖)를 대조하면
서 연구하면 더욱 명료하게 될 것
이다.

이 상(象)을 보면 동방(東方)에 있
는 삼(三)과 팔(八)은 갑을(甲乙) 목
(木)이니 갑(甲)을 삼목(三木)이라 하
고 을(乙)을 팔목(八木)이라고 한다.

남방(南方)에 있는 칠(七)과 이(二)
는 병정화(丙丁火)니 병(丙)은 칠(七)

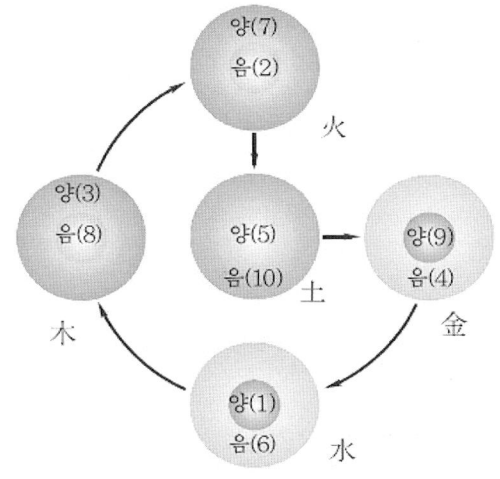

이고 정(丁)은 이(二)다. 중앙에 있는 오(五)와 십(十)은 무기토(戊己土)니 무(戊)는 오(五)
요 기(己)는 십(十)이다.

서방(西方)에 있는 구(九)와 사(四)는 경신금(庚申金)이니 경(庚)은 구(九)요 신(申)은 사
(四)다. 북방(北方)에 있는 일(一)과 육(六)은 임계수(壬癸水)니 임(壬)은 일(一)이고 계(癸)
는 육(六)이다.

그런데 이것을 하도(河圖)에서 보면 동방(東方)에는 삼목(三木)과 팔목(八木)이 있고
남방(南方)에는 칠화(七火)와 이화(二火)가 있고 중앙(中央)에는 오토(五土)와 십토(十土)
가 있고 서방(西方)에는 구금(九金)과 사금(四金)이 있고 북방(北方)에는 일수(一水)와 육
수(六水)가 있다.

이와 같이 본즉 오행상생도란 것은 하도(河圖)를 그냥 옮겨 놓은 것이다. 그런즉 하
도(河圖)는 오행(五行)이 운동하는 법칙을 계시한 것이므로 이것을 바탕으로 하여서 최
초에 연구하기 시작한 것이 복희(伏羲)였던 것이다. 그런데 거기에서 복희(伏羲)는 방
위와 상생에 대한 중요성을 알아내게 되었다. 다시 말하면 목(木)은 동방(東方)의 기
(氣)에 의하여 생(生)하고 화(火)는 남방(南方)의 기(氣)에 의하여 생(生)하고 토(土)는 중
앙(中央)의 기(氣)에 의하여 생하고 금(金)은 서방(西方)의 기(氣)에 의하여 생(生)하고 수
(水)는 북방(北方)의 기(氣)에 의하여 생(生)한다는 것을 알게 되었다. 이것을 어떻게 하
여 알아냈는가 하면 천도(天道)는 봄은 동방(東方) 木인데 또한 목기(木氣)가 발(發)하고

여름은 남방(南方) 火인데 화기(火氣)가 생(生)하고 장하(長夏)는 중앙(中央) 土인데 토기(土氣)가 생(生)하고 가을은 서방(西方) 金인데 금기(金氣)가 생(生)하고 겨울은 북방(北方) 水인데 수기(水氣) 생(生)하는 일을 하고 있는 것이다.

옛날 성인이 앙관천문(仰觀天文)하고 부찰지리(俯察地理)한다는 것은[80] 이것을 말하는 것이다. 그런즉 복희도 춘하추동의 사시(四時)가 목화금수를 생하는 것을 이 상(象)에서 보고 연구를 시작하였을 것이다.

거기에 대해서는 오행의 개념에서 이미 말한 바와 같이 목(木)은 수(水)를 발판으로 하면서 해방의 제1계기를 만들었고 화(火)는 목(木)을 발판으로 하여 해방의 제2계기를 이루었다. 토(土)는 화(火)를 발판으로 하여 조화(調和)의 본원을 만들었고 금(金)은 종합[81]의 제1계기가 되어서 토(土)를 발판으로 하여 이루어지고 수(水)는 종합의 제2계기가 되어서 금(金)을 발판으로 하여 이루어진다는 것을 알았던 것이다. 이와 같이 오행은 다섯 가지 계기에 의하여 생(生)하는바 이것을 목생화(木生火), 화생토(火生土), 토생금(土生金), 금생수(金生水)라고 하는 것이다. 이와 같이 동남방은 목화(木火)가 진행하는 과정이므로 생장(生長)과 분열(分列)이 이루어지고 서북은 수장(收藏)하여 통일을 이루면서 종합하는 것인데 이것은 모두 생(生)하는 데 있어서의 양(陽)과 음(陰)의 작용인 것이다. 생(生)하는 것도 전반부에서는 양(陽)을 생(生)하였지만 후반부에서는 음(陰)을 생(生)하는 것인즉 음양의 투쟁을 면할 수 없는 것이다. 그러므로 중앙의 토(土)가 있어서 이것을 조화(調和)하는 것이니 이 시점에서 무극(無極)을 상징하는 것이다. 여기서부터 인간은 통일이 생기며 만물은 원숙하게 되는 것이다. 칸트가 말한바 감성(感性)과 이성(理性)의 두 계기가 융합(融合)한다는 곳도 바로 여기다. 위에서 본바와 같이 오행이 생(生)할 때에 있어서 일음일양(一陰一陽)하면서 생(生)한 것은 통일과 분열을 반복하는 운동을 하려는 데 있다. 그러므로 통일되면 태극(太極)이 되고 분열되면 황극(皇極)이 되어서 또다시 수(水: 태극)를 창조하는 것이다. 이와 같이 하여 수(水)는 오행(五行)의 본원(本源)이 되며 운동하는 본체(本體)가 되고 토(土)는 창조(創造)의 본체(本體)가 되며 정신(精神)의 본원(本源)이 되어서 생생무궁(生生無窮)하는 것이니

---

80) 하늘과 땅을 잘 살펴본다는 의미이다.
81) 수렴(收斂)을 의미한다.

이것이 소위 우주운동(宇宙運動)의 영원(永遠)인 것이다. 그러므로 오행의 상생(相生)이란 것은 단순한 생(生)이 아니고 영원불멸(永遠不滅)하는 생(生)을 말하는 것이다. 그러면 이와 같은 영생불궁(永生不窮)하는 오행의 상생(相生)작용의 기원은 대체 어떻게 해서 생겼는가 하는 것이 가장 중요한 문제인 것이다.

위에서 말한 바의 하도(河圖)의 계시에서 연유했다든가, 혹은 동서남북방의 생물지상을 보고 생생작용의 상(象)을 보았다든지 하는 것은 결코 기원이 될 수는 없는 것이다. 그런즉 이것들은 모두 관념적인 착상밖에는 안 되는 것이다. 그러므로 여기서 좀 더 구체적으로 기원을 살펴보면 지구 중심의 일월(日月)이 교호(交互)출입하면서 지구에 음양의 기운을 던져 줌으로써 감리(坎離: 팔괘의 물과 불)작용, 즉 수화(水火)작용의 본원(本源)을 이루어 주는 데서 오행의 작용이 생겨나게 되었던 것이다. 만일 지구 밖에 일월(日月)이 없다면 음양(陰陽)도 없고 한서(寒暑)도 없을 것이므로 분산(分散)작용도 통일(統一)작용도 없을 것인즉 지구에는 만물도 변화도 없을 것이다. 그러면 구체적으로 일월과 지구의 삼자는 어떻게 작용하는가 하는 문제를 논하여야 할 것이나 이것은 '정신론'에서 말할 것이므로 생략한다.

(2) 오행(五行)의 상극(相克)

위에서는 오행의 상생을 말했거니와 오행이 지닌 바의 또 한 개의 측면으로서 상극(相剋) 원리가 있다. 이것은 측면이라기보다도 오히려 정면 이상의 원리이기도 하다. 왜냐하면 상극(相剋)작용은 상생(相生)작용의 반대작용을 함으로써 생(生)을 견실(堅實)하게 하는 것이기 때문이다. 다시 말하면 상생(相生)이라는 것은 목화토금수의 순행(順行) 법칙이었지만 상극(相剋)은 그와 반대로 수화금목토의 상극(相剋)법칙인데 이것은 모순(矛盾)과 대립(對立)의 작용을 하면서 그것을 이용하여서 만물을 생성(生成)하는 것이다. 그런즉 이것은 극(剋)으로써 해치려는 것이 아니고 오히려 만물을 생성하려는 목적으로 그렇게 하는 것인즉 가히 필요극(必要剋)이라 할 것이다.

<표> 오행(五行)의 상생(相生) 상극(相剋) 관계표

오행 \ 관계	능동적 상생	능동적 상극	피동적 상생	피동적 상극
목(木)	화(火)	토(土)	수(水)	금(金)
화(火)	토(土)	금(金)	목(木)	수(水)
토(土)	금(金)	수(水)	화(火)	목(木)
금(金)	수(水)	목(木)	토(土)	화(火)
수(水)	목(木)	화(火)	금(金)	토(土)

註: 능동적 상생~자기가 상대를 상생함   능동적 상극~자기가 상대를 상극함
    피동적 상생~자기를 상대가 상생함   피동적 상극~자기를 상대가 상극함

　　만물은 이와 같은 상극(相剋)이라는 계기의 모순과 대립 속에서 자라나는 것이다. 그런즉 이것은 대립을 위한 모순이나 모순을 위한 대립인 것이 아니라 오히려 발전(發展)과 통일(統一)을 위한 모순 대립인 것이다. 이와 같이 상극(相剋)은 우주운동에 있어서는 없을 수 없는 절대적(絶對的)인 존재인데 그것은 자연계(自然界)에 있어서만이 아니고 인도(人道)에 있어서도 동일한 것인즉 이와 같은 악(惡)은 오히려 선(善)을 보호하기 위한 필요악(必要惡)인 것이다. 그러면 이와 같은 극(剋)은 어떻게 이루어지는가 하는 것은 다음에 상극도(相剋圖)를 그려 놓고 고찰하기로 하겠다. 이것은 낙서(洛書)와도 서로 비교하면서 살피면 더욱 밝아질 것이다. 우선 낙서(洛書)와 하도(河圖)를 대조해 보면 서로 다른 점이 있다. 하도(河圖)의 수 4, 9와 2, 7이 낙서(洛書)와는 지위가 바뀌어 있다는 점이다. 다시 말하면 하도(河圖)는 4가 서(西)에 있고, 2, 7이 남(南)에 있는데 낙서(洛書)는 4, 9가 남(南)에 있고, 2, 7이 서(西)에 있다는 점이다. 이와 같이 수(數)가 바뀐 것은 곧 금화(金火)가 바뀌게 된다는 것을 표시하기 위함이다. 이밖에도 하도(河圖)와 낙서(洛書)에는 그 상(象)이 특이한 점이 있지만 여기서는 다만 금화교역(金火交易)의 상이 있다는 것만 논의하고자 한다. 또 한 가지 더 밝혀 둘 것은 낙서(洛書)의 금화교역(金火交易)의 표시는 인위적(人爲的)인 것이 아니고 자연운행법칙 자체의 상(象)이라는 점이다.

　　오행(五行)의 상생(相生)작용을 설명할 때에는 목생화(木生火), 화생토(火生土), 토생금(土生金), 금생수(金生水), 수생목(水生木)의 순서로서 그 생(生)하는 바의 기본적인 원리만을 말했던 것이다. 그러나 지금 여기에서 논(論)하는 바 상극(相剋)의 법칙은 그 생

(生)해 주는 측, 즉 생(生)해 주기 위해서 일어나는 필요(必要) 극(剋)을 설명하려는 것이다. 우주의 운행하는 바의 상(象)을 관찰하여 보면 화(火)는 동남(東南)방에서 생(生)하는 것, 즉 사(巳)에서부터 생(生)하는 것이다. 그런데 사(巳)에서는 화(火)만 생(生)하는 것이 아니라 화(火)가 생(生)함과 동시에 이미 금(金)의 종합운동의 요소가 기미(機微)로 싹터나게 되는 것이다. 이 세력이 점점 자라서 서방(西方)으로 기울어지게 될 때에 남(南)에서 왕성하던 화(火)는 그 기운에 의하여 포위(包圍)를 당하게 된다. 그러므로 우주의 운행을 다만 생(生)하는 면에서만 보면 오행법칙의 기본적 작용에 의하여 상생(相生)의 순서대로 운동하는 것이지만 한 걸음 더 나아가서 변화하는 면에서 보면, 즉 만물이 어떻게 생성되느냐 하는 면에서 보면 위에서 말한 바와 같은 필요(必要) 극(剋)에 의하여서 이루어지는 것이다. 그러므로 오행의 상극(相剋) 원리란 것은 생성(生成) 작용의 이면을 표시하는 것이다.

　오행의 상생(相生)작용은 북방(北方) 수위(水位)에서부터 시작하여서 좌선(左旋) 운동을 하면서 생(生)하였는데 여기에서 논하는 바의 상극(相剋)작용은 북방(北方) 수위(水位)에서부터 시작해서 우선(右旋)운동을 하는 것이다. 다시 말하면 수화금목토의 순으로 운행하는 것이니 이것이 바로 우선(右旋)하는 순위가 되는 것이다. 왜 그런가 하면 천도(天道)의 운행은 그 목적이 생성(生成)에 있는 것인데 그 목적을 달성하기 위하여서는 항상 양극(陽極)을 보호할 수 있는 음형(陰形)이 필요한 것이다. 그런데 음형(陰形)은 이와 같은 중요한 목적을 수행하는 반면 양(陽)과는 서로 원수와 같은 관계에 있다. 그러므로 여기에서 음양 이기(二氣)가 서로 극(剋)하면서 운행하는 것인즉 이른바 우주의 운동에 있어서의 상극(相剋)관계가 일어나는 것이다. 그런즉 이것은 우주의 절대요구인 필요(必要) 극(剋)이며 또한 필요악(必要惡)인 것이다. 그런데 이것을 상극도(相剋圖)에서 보면 그 순위가 수(水)에서부터 우선하면서 동북(東北)의 토위(土位)에 이르러서 끝나는 상(象)이 표시되어 있으니 그것은 낙서(洛書)가 금화교역(金火交易)된 바에 의하여 오행이 그것과 똑같이 운행을 하는 바가 표시된 것이다. 그러나 이 낙서(洛書)와 오행상극도의 상(象) 가운데는 중요한 상(象)이 있다. 이것을 오행상생의 순서처럼 좌선(左旋)하는 방향에서 관찰하여 보면 남방에서부터 금(金)이 화(火)를 포위(包圍)하여 가지고 수(水)로 돌아가서 다시 동방(東方)의 목(木)을 생(生)하는 우주의 본체가 작용하는 상(象)이 있는 것이다. 그런즉 이 상(象)의 중요성은 바로 여기에 있다. 그러므로 이것은 우주의 본체가 어떻게 조성되느냐 하는 것을 표시한 상(象)에 불과한 것인즉, 이것을 가리켜서 상극(相剋)작용이 본체를 이루는 상(象)이라고 하겠다. 그러나 상극(相剋)작용이 변화를 조성하는 것을 관찰하여 보면, 가령 목(木)이 자기의 형(形)과 화(火)의 신(神)을 조성하려면 금(金)의 극(剋)을 받아야 하고, 화(火)가 자기의 형(形)과 토의 신(神)을 만들려면 수(水)의 극(剋)을 받아야 하고, 금(金)이 자기의 형(形)과 수(水)의 신(神)을 만들려면 화극금(火克金)을 받아야 하고, 수(水)가 자기의 형(形)과 목(木)의 신(神)을 만들려면 토극수(土克水)를 받아야 하는 것이다. 이와 같이 만물의 생성원리를 따져보면 극(剋)을 받지 않고서는 만물이 길러질 수가 없는 것을 알 수 있는 것인즉 천지 생물지정(生物之正)과 양신지도(養神之道)도 극(剋)이 아니면 있을 수 없다는 것을 알 수 있는 것이다.

그렇다면 이것을 좀 더 자세히 고찰해 볼 필요가 있다. 우주운동이 목(木)을 생(生)하는 것을 보면 목(木)의 형성(形成)은 금기(金氣)의 극(剋)으로써 형(形)을 만들고 수(水)가 토(土)의 극(剋)을 받아서 목(木)의 생명(神)을 보급함으로써 목(木)을 생(生)하게 되는 것이요, 목(木)은 금(金)의 극(剋)을 받음으로써 화(火)의 신(神)을 만들고 화(火)가 수(水)의 극(剋)을 받음으로써 자기의 형(形)을 만드는 것이다. 또 화(火)가 수(水)의 극(剋)을 받아서 토(土)의 신(神)을 만들고 토(土)는 목(木)의 극(剋)을 받아서 자기의 형(形)을 만듦으로서 토(土)가 생(生)하여지는 것이고, 토(土)가 목(木)의 극(剋)을 받아서 금(金)의 신(神)을 만들고 금(金)은 화(火)의 극(剋)을 받아서 금(金)의 형(形)을 만듦으로써 금(金)을 생(生)하는 것이요, 금(金)은 화(火)의 극(剋)을 받아서 수(水)의 신(神)을 만들고 수(水)는 토(土)의 극(剋)을 받아서 목(木)의 신(神)을 만들어 주는 것이다. 이와 같이 볼 때 상극(相剋)이란 것은 진실로 필요(必要) 극(剋)이 아닐 수 없는 것이다. 그런즉 이와 같은 모순대립이야말로 변화의 정체이며 또한 생명 정신의 부모인 것이다. 그러므로 이와 같은 모순이 없는 세계는 그것이 오히려 암흑세계일 것이다.

(3) 오행(五行)의 상모(相侮)

　위에서는 오행(五行)의 상극(相剋)작용을 논했다. 그런데 극(剋)의 경우에 있어서는 규칙적이었다. 다시 말하면 화(火)는 반드시 수에게 극(剋)을 당하고 수(水)는 반드시 토(土)의 극(剋)을 당하는 것과 같이 규칙적으로 극(剋)이 이루어진다는 것을 특징으로 하였던 것이다. 그런데 우주변화는 반드시 그와 같은 상극(相剋) 원리만 행하여지는 것은 아니다. 즉, 모극(侮剋) 관계가 이루어진다는 말이다. 이것을 좀 더 자세히 말하면 변화란 것은 상생(相生)과 상극(相剋)으로 인하여 이루어지는 것이다. 그렇지만 변화는 생극(生剋)이란 모순(矛盾), 대립(對立)의 관계에서만 이루어지는 것은 아니고 극(剋)하는 입장에 있던 것이 반대로 능모(凌侮)를 당하게 되는 경우가 얼마든지 있는 것이다. 그러므로 이것을 오행의 상모(相侮)작용이라고 한다. 예를 들면 수극화(水剋火)를 하던 수(水)가 화(火)에게 도리어 능모(凌侮)를 당하는 것을 화모수(火侮水)라고 한다. 그런즉 화극금(火克金)이 금모화(金侮火)가 되고 금극목(金克木)이 목모금(木侮金)이 되고 목극토(木剋土)가 토모목(土侮木)이 되고 토극수(土克水)가 수모토(水侮土)가 되는 것과 같은 것은 모두 오행의 상모(相侮)작용인 것이다. 그런즉 왜 극(剋)하는 것이 도리어 모(侮)를 받게 되는 것인가 하는 것을 연구하여야 한다. 가령 토(土)가 수(水)를 극(剋)하는 것은 수(水)는 본래 응고(凝固)하려는 것인데 양토(陽土)는 수(水)의 응고(凝固)성을 이완하는 것이므로 이 상태를 토극수(土克水)라고 한다. 그런데 수(水)가 반강(半強)하여서 토극수(土克水)를 못하고 수(水)에게서 능모(凌侮)를 받게 되면 그것이 바로 수모토(水侮土)인 것이다. 그다음 수극화(水剋火)를 한다는 말은 수(水)의 응고(凝固)성이 화(火)의 확산(擴散)을 견제하는 것을 말하는 것이다. 그러나 화(火)가 강(强)하고 수(水)가 약(弱)할 때에 도리어 수(水)가 화(火)에게 능모(凌侮)를 당하는 것을 화모수(火侮水)라고 한다. 그다음 화(火)가 강(强)하고 금(金)이 약(弱)하면 금(金)은 화(火)를 포용할 수 없으므로 이것을 화모금(火侮金)이라고 한다. 그러나 반대로 화(火) 불급(不及) 금(金)이 강(强)함으로써 금(金)에게 농모(侮)를 당하게 되는 것을 금모화(金侮火)라고 한다. 그다음 금(金)이 강(强)하고 목(木)이 약(弱)하여서 목(木)이 금(金)의 제재를 받는 것을 금극목(金克木)이라고 한다. 그러나 반대로 목강금약(木强金弱)하여서 목기(木氣)를 감당해 내지 못하는 것을 목모금(木侮金)이라고 한다. 그다음 목강토약(木强土弱)하여서 토(土)가 목(木)에 의해서 흩어지는 것을 목극토(木剋土)라고 한다. 그러나 토강목약(土强木弱)하여서 토(土)에게 제재를 다하는 것을 토모목(土侮木)이라고 한다.

　오행은 이와 같이 상극(相剋) 관계가 도리어 상모(相侮) 관계로 변하는 것이다. 그런데 위에서 말한 바는 상모(相侮) 관계(즉, 능멸관계)를 논한 것이다. 그러나 이밖에 또한 상모(相母)관계가 있으니 그것은 다음과 같은 것이다. 가령 수는 화모수(火侮水)를 당하는 외에 또 목모수(木母水)가 있다. 다시 말하면 수는 오행(五行) 중에서 금(金)에게서는 생(生)을 받지만 그다음 토(土)에게서는 극(剋)을 받고 화(火)에게서는 모(侮)를 당하고 목(木)에게서는 모(母)를 당한다는 말이다. 그런즉 수(水)를 도와주는 것은 금(金)뿐이고 기타는 모두 수(水)를 극모모(剋侮母)하는 것들이다. 그런즉 여기에서 잠깐 연구하여야 할 것은 수목(水木)의 상모(相母)관계다.

　수(水)는 본래 목(木)을 생(生)하는 것이다. 그런데 여기에서 목모수(木母水)라고 하는 것은 목(木)이 생(生)하기 위해서 수(水)의 자양분(滋養分)을 빨아 먹음으로써 수(水)가 빈약하게 되는 것을 의미하는 것이다. 그런즉 이것은 비록 극모(剋侮)에 비하면 선의(善意)에 속한 것일지는 모르나 수(水)를 해하는 면에는 다를 바가 없는 것이다. 그런즉 화생토(火生土)하는 화(火)는 토(土)의 모(母)를 받게 되고 금생수(金生水)하는 금(金)은 수(水)의 모(母)를 당할 것이고 목생화(木生火)하는 목(木)은 화(火)의 모(母)를 받게 되고 토생금(土生金)하는 토(土)는 금모(金母)를 받게 될 것은 말할 것도 없다. 그런데 이와 같은 상모(相母)관계는 상극(相剋)관계와 함께 우주의 변화와 생성(生成)에 있어서 필요(必要) 극(剋)이며 필요(必要) 모(侮)인 것이다.

5) 오행(五行)의 변극(變極)

　오행(五行)의 변극(變極) 이론은 일부(一夫)[82]에 의해서 제창된 것이다. 일부는 정역(正易)에서 토극생수(土剋生水) 수극생화(水剋生火), 화극생금(火剋生金) 금극생목(金剋生木) 목극생토(木剋生土)라고 하였는데 이것이 바로 오행의 변극(變極) 원리이다. 이것을

---

82) 한국(韓國)의 역(易)이라고 할 수 정역(正易)을 지은 김일부(金一夫: 1826~1898) 선생을 말한다.

오행의 변극원리라고 한 것은 다음과 같은 이유 때문이다. 오행의 상극(相剋)원리는 토극수(土克水), 수극화(水剋火), 화극금(火克金), 목극토(木剋土)인데 이것은 토수화금목은 본질적으로 수화금목토를 극(剋)한다는 원칙(原則)을 설명한 것이다. 그러나 반면으로 토극생수(土剋生水) 수극생화(水剋生火) 화극생금(火剋生金) 금극생목(金剋生木) 목극생토(木剋生土)라는 것은

> 토극수(土剋水)의 과정에 있어서도 그 극(剋)에 달하게 되면 극(剋)이 변하여 생이 되고,
> 수극화(水剋火)의 과정에 있어서도 그 극(剋)에 달하게 되면 극(剋)이 변하여 생이 되고,
> 화극금(火剋金)의 과정에 있어서도 그 극(剋)에 달하게 되면 극(剋)이 변하여 생이 되고,
> 금극목(金剋木)의 과정에 있어서도 그 극(剋)에 달하게 되면 극(剋)이 변하여 생이 되고,
> 목극토(木剋土)의 과정에 있어서도 그 극(剋)에 달하게 되면 극(剋)이 변하여 생이 된다
> 라는 의미를 내포하고 있는 것이다.

그런즉 이것은 왜 이렇게 되는가 하는 것을 연구하여야 하는 것이다. 원(圓)의 축(軸)은 토본(土本)이고 미(未)는 토말(土末)이다. 그런데 축에서부터 인묘진사(寅卯辰巳) 호(弧)는 축토(丑土)가 수(水)를 극(剋)하면서 발생하는 과정이지만 일단 미(未)에 이르면 수(水)를 생(生)하는 일을 시작하는 것이다. 그러므로 이것을 토극생수(土剋生水)라고 한다. 그다음은 수본(水本)은 술(戌)이고 수극(水剋)은 진(辰)이다. 그런즉 수(水)는 술(戌)에서부터 진(辰) 사이에서 화(火)를 극(剋)하면서 발전하는바 진(辰)에 이르게 되면 다시 화(火)를 생(生)하기 시작하는 것이다. 그다음 화본(火本)은 자(子)이고 화극(火剋)은 오(午)이다. 그런데 자화(子火)는 금(金)을 극(剋)하면서 발전하는 것이지만 오(午)에 이르게 되면 다시 금(金)을 생(生)하기 시작한다. 그다음 묘(卯)는 금본(金本)이고 유(酉)는 금극(金剋)이다. 묘금(卯金)은 목(木)을 극하면서 발전하는 것이지만 일단 금극(金剋)인 유(酉)에 이르게 되면 다시 목(木)을 생(生)하기 시작한다. 그다음 해(亥)는 목본(木本)이고 사(巳)는 목극(木剋)이다. 해목(亥木)은 토(土)를 극(剋)하면서 발전하지만 목(木)의 극(剋)인 사(巳)에 이르게 되면 다시 토(土)를 생(生)하기 시작하는 것이다.

오행(五行)은 이와 같이 상극(相剋)하면서 발전하는 것인데 그것을 극(剋)을 위한 극(剋)이 아니고 극(剋)의 극점(極點)에 이르러서 다시 생(生)하는 운동을 하기 위한 극(剋)이다. 그런즉 오행상극의 목적은 극(剋)에 있는 것이 아니고 바로 생(生)에 있는 것이

다. 그런데 상모(相侮)나 상모(相母)의 목적도 또한 마찬가지다. 그러므로 일부(一夫)는 후인을 위하여 이 원리를 밝혀 놓았으니 이것이 바로 토극생수(土剋生水) 수극생화(水剋生火) 화극생금(火剋生金) 금극생목(金剋生木) 목극생토(木剋生土) 라고 한 변극(變極)의 원리인 것이다.   그런즉 이것은 동무(東武: 李濟馬)가 오행(五行)을 질량(質量) 양면(兩面)으로 밝혀 놓은 것과 함께 후학계몽의 문호를 개방한 전무후무의 지침이며 또한 사표인 것이다.

제2절 기학(氣學)의 방법과 인식론(認識論)

학문의 방법론은 일반철학에서 인식론(認識論)의 영역에 속해 있다. 기학(氣學)은 아직도 학문으로서 독립성과 보편성을 얻고 있지는 못하고 있다. 다만 체육학, 의학, 생리학 등의 학문분야에서 보조학문으로 다뤄지고 있다. 이 단락에서는 이제까지 살펴본 기(氣)의 인식론(認識論)적 고찰을 통하여 인식(認識)의 방법과 주체(主體)별 인식(認識)과 방향에 대하여 살펴보고, 기(氣)의 학문 방법론으로서 관련된 분야를 탐구하고자 한다.

1. 기론(氣論)의 인식론적(認識論的) 탐구

1) 기론(氣論)의 인식론적(認識論的) 방향

기(氣)에 대한 논의가 철학적 문제와 연결되는 것은 기공(氣功)이나 역학(易學), 그리고 새로운 과학(科學) 등의 거시적(巨視的)인 문제들이 연관되어 있기 때문이다. 이러한 의미에서 기(氣)에 대한 철학적 접근은 단순히 과거의 철학사(哲學史)를 정리하는 작업에 그치지 않아야 한다. 동양의 전통철학의 개념 가운데 '氣'만큼 오늘날 널리 알려지고 계속해서 문제가 되는 개념은 그리 흔치 않다. 이러한 현상의 원인에 대해 여러 이유를 발할 수 있겠지만 먼저 그 개념을 충실하게 이해해야 한다고 생각된다. 동양에서의 기(氣) 개념의 용례(用例)를 보면 '자연(自然)의 기(氣)'와 '도덕(道德)의 기(氣)'로 크게 구분할 수 있다. 다시 말하면 자연학(自然學)과 인간학(人間學)으로 나눌 수 있다. 인간학은 성리학(性理學)과 동양의학의 두 분야를 중심축으로 두고, 자연학은 기철학에 중심을 둔다. 인간학은 고대로부터 연구되어 왔다고 한다면 기철학은 근대에 더 활기차다고 할 수 있다. 그것은 서구의 과학적인 인식체계가 들어오면서 자연스럽게 변화되는 것이라고 판단된다. 달리 다른 사상의 흐름으로 본다면 송대(宋代)의 기(氣)에 대한 인식론은 맹자(孟子)의 주제인 도덕(道德)론에 초점을 맞추는 부류와 장자(莊子)의 주제인 자연(自然)의 기(氣)로 나누어 볼 수도 있는 것이다. 또 하나의 특징은 기(氣)에 대한 인식론(認識論)이 대립(對立)되는 상대적인 개념과 함께 인식되어 왔다는 것이다. 이(理)와 기(氣), 성(性)과 정(情), 도(道)와 기(器), 천(天)과 지(地), 본연(本然)과 기질(氣質), 승(乘)과 발(發) 등이다. 그러나 혼란을 초래하는 것은 기(氣)라는 개념을 사용하면서도 개념 정의를 따로 하지 않았다는 것이다. 그러므로 개념(槪念)과 논리(論理)를 중요시 여기는 요즈음의 학문에서 기(氣)에 대한 토론에는 어려움이 따른다. 이는 기(氣)를 중심으로 학문이 발전하지 않고, 기(氣)를 각자의 입장에 따라 보조 학문으로 사용하여 왔기 때문이다. 기학(氣學)에 대한 학문적 정립(定立)은 시급하다. 총체적(總體的), 그리고 근본학(根本學)으로서 기학(氣學)과 이와 관련된 여러 분야의 하위(下位) 학문이 정리되어 미래 동·서양을 모두 포섭할 수 있는 학문의 큰 물줄기로서 기학(氣學)이 정립되어야 한다. 예를 들어 상대성이론, 카오스이론, 양자이론 등이 기학(氣學)의 범주에 편성될 수 있을 것이다.

　기(氣)의 이론과 현대과학의 물질세계에 대한 설명 방식은 서로 다른 계통의 세계의 이해였다고 한다면, 지금 우리는 이 두 계통에 대한 세계 이해를 융합할 방도를 찾아야 하는 지점에 서 있다는 인식이다. 물론 이러한 논의는 '과학' 개념에 대해서도 새로운 이해가 필요한 것이다.

2) 인식(認識) 주체별 기(氣)에 대한 주요 개념

(1) 중국(中國)

① 공자(孔子)와 맹자(孟子)~B.C. 6~4세기

논어(論語) 전체에서 사용된 기(氣)는 인간의 생명력과 관련된 호흡과 음식, 그리고 생리적인 현상에 대하여 언급하였다. 사기(邪氣), 병기(屛氣), 식기(食氣), 혈기(血氣) 등이 인간과 관련되어 언급하고 있다. 맹자는 신체(身體)에 기초를 둔 지기(志氣), 용기(勇氣) 등의 심리적(心理的)인 것이 주를 이룬다. 호연지기(浩然之氣)를 논함에 있어 그의 논지(論旨)는 마치 성리학(性理學)의 주리론(主理論)자와 같이 인간의 본성(本性)을 중요시 여기며 식물이 자연에서 자라남과 같이 기(氣)를 작위적(作爲的)으로 함부로 기르지 말라고 한바가 엿 보인다. 초기의 유학(儒學) 사상을 형성한 공자와 맹자의 기(氣)에 대한 인식론은 거의 인성(人性)과 관계된 것이라 할 수 있다. 이는 유학(儒學)의 근본사상이라고 할 수 있는 인간의 바른 교육(敎育)과 무관하지 않은 것이다.

② 노자(老子)와 장자(莊子)~B.C. 6~4세기

공자와 맹자가 초기 유학의 거성(巨星)이라면 그 시기가 거의 같은 도가(道家)의 두 축은 노자(老子)와 장자(莊子)이다. 노자는 그의 우주론에서 충기(沖氣)라는 용어를 사용하고 있는데, 즉 42장의 충기(沖氣)는 "음양(陰陽)"이 서로 조화(調和)되게 하는 화순(和順)한 기운(氣運)으로서, 비어있는 것 같으나, 가득 차 있는 장재(張載)의 기론(氣論)에서 나오는 태허(太虛)의 '虛'의 의미와 같다고 할 수 있다.

장자(莊子)의 기(氣)에 대한 인식은 인간의 생명과 함께 우주적이고 자연적인 것에도 사용되었다는 특색을 들 수 있다. 그중에 대표적인 것 몇 가지를 예로 든다. 특히 지락(至樂) 18편의 우주론은 현대 동서양의 보편적인 우주론과 다르지 않다는 것은 실로 놀라운 일이라 아니할 수 없다.

초기 도가(道家)의 기(氣)에 대한 인식론은 자연과 인간의 관계를 논하면서 자연의 무위(無爲) 사상을 강조한다. 이는 송대(宋代) 초반의 기(氣)를 우주의 본체로 보는 장재(張載)의 사상에 큰 영향을 미쳤다.

③ 장재(張載: 橫渠, 1020~1077)

장재(張載)의 사상은 기(氣)를 바탕으로 하는데, 이 기(氣)는 필연적으로 운동하여 현상화하지 않을 수 없지만, 이 운동하여 현상화하기 이전의, 즉 만물이 없는 허공(虛空)의 상태라 하더라도 존재론적(存在論的)인 유(有)가 기(氣)가 아님이 없고, 그 궁극(窮極)의 허공(虛空) 상태인 태허(太虛) 또한 기(氣)로 충만된 상태, 나아가서 기(氣) 그 자체가 아님이 없고, 현상화된 만물(萬物) 또한 당연히 기(氣)이다. 이러한 기(氣)의 현상화는 양립적(兩立的) 대대관계(待對關係)에 기인하는데, 이 양립적 대대관계인 음양대대관계의 하나에로의 융화(融化) 작용이 곧 신(神)이며, 그 과정이 화(化)이다. 이러한 것은 모두 자연세계의 존재 본질과 그 운동 작용의 원리에 대한 것이다. 바로 이러한 것을 체득한 상태가 '誠'이고, 그러한 존재가 곧 '聖人'이라고 하였다.

④ 주희(朱熹: 朱子, 1130~1300)

주희(朱熹)에 의하여 기(氣)는 '존재를 구성하는 물질적 요소'의 자격을 부여받았다. 자연세계는 물론, 인간의 감정·의지·사유까지 포괄적 기(氣)의 한 계기로 이해되었다. 기(氣)는 본래 유동적·활동적이어서 원초의 혼일적(渾一的) 기는 음양(陰陽)으로 자체 분화되고, 그것은 다시 오행(五行)으로 갈라진다. 모든 사물의 생성과 변화는 음양오행이 서로 갈등, 조화하는 과정으로 풀이된다. 기(氣)의 이 같은 운동과 변화에는 일정한 질서가 있다. 주희는 이 정합적 질서에 이(理)라는 이름을 붙였으며, 우주를 주재하는 원리인 이(理)는 흠 없이 선하고 완전하기에 세계는 본래 조화롭고 질서가 잡혀 있다고 생각했다.

주자는 '주자어류'에서,

"太極只是一個理...末有天地之先 畢竟也只是先有此理 便有此天理 若無此理 便亦無天地"(태극은 다만 하나의 理일 뿐이다. 천지가 있기 전에 분명히 理가 먼저 있었으며, 그리고 곧 천지가 있게 된다. 만약 理가 없었다면 이 天地도 없었을 것이다)

라고 이(理) 이후 기(氣)가 있었다고 설명한다.

⑤ **왕부지**(王夫之, 1619~1692)

왕부지의 전 철학체계를 일관해서 설명할 수 있는 틀이 바로 기(氣)의 내재(內在) 사상이다. 왕부지의 철학은 우선 리(理)와 기(氣)의 관계에 있어서 기(氣)를 앞세우는 기철학이며, 그 기철학을 이루는 가장 큰 특성이 '內在的' 구조이다. 즉 송명(宋明) 이학(理學)에서 주축을 이루어왔던 '重道輕器'의 학문경향이 왕부지에 의해 이른바 '內在的 氣哲學'의 형태를 완비하게 된다. 그러므로 왕부지 철학의 화생론(化生論) 또한 이러한 점에서 그 의의와 특징을 찾을 수 있다. 그는 화생론(化生論)을 통해 나름대로 본체(本體)와 현상(現象) 간의 내재적(內在的) 일원론(一元論)의 관계를 설명하려 한다. 즉 그는 '세계의 변화와 운동은 반드시 자체의 기미(幾微)가 있고, 이것들은 밖으로부터 온 것이 아니라' 내재(內在)하는 것이라고 주장한다. 이러한 그의 내재론적(內在論的) 화생론(化生論)은 중국 기철학적 세계관의 총결(總結)로 평가받을 만큼 그 논리적 구조의 체계에 있어서 엄격하며, 그러므로 이후 중국의 철학적 사유에 중대한 영향을 끼쳤다.

⑥ **엄복**(嚴復: 1854~1927)

엄복은 영국에 유학한 학자이다. 만물은 모두 기(氣)로 변화할 수 있다. 기(氣)는 특정한 물리적(物理的) 성질을 갖춘 것으로 사람들에게 인식될 수 있는 물질적 실체이다. 기(氣)는 우주의 가장 기본적인 물질형태로서 만물을 구성하는 모든 종류의 원소(元素)들은 모두 기(氣)로 귀결(歸結)될 수 있다. 기(氣)는 우주만물의 근원이다. 기(氣)와 리(理), 성(性)의 관계에서 리(理)와 기(氣)는 서로 떨어질 수 없지만 각각의 작용과 기능이 다르기 때문에 사람들은 그것들에 대해 분별적으로 고찰하나 의의(意義)상에서, 또는 그들 본질의 관계에 따라서 말한 것을 보면, 리(理)는 기(氣)로서 기(氣)를 떠나 독립적으로 존재할 수 없다고 생각하였다.

(2) 한국(韓國)

① 서경덕(徐敬德, 1489년~1546년)

서경덕의 기(氣) 개념이 갖는 특징을 정리해 첫째, 기(氣)는 우주 전체에 충만해 있어 빈틈이 없다. 둘째, 기(氣)는 양적으로 그리고 공간적으로 무한하다. 하도 커서 바깥이 없다. 셋째, 기(氣)는 시간적으로 영원하다. 무(無)에서 창조된 것이 아니기 때문에 시작도 없고 또한 끝도 없다. 넷째, 기(氣)는 초감각적인 그 무엇이다. 잡으려 해도 잡히지 않고 소리도 냄새도 없다. 다섯째, 공기도 기와 별개의 것이 아니다. 부채질을 했을 때 바람이 일어나는데, 바람의 선행적(先行的) 존재(存在)가 곧 기(氣)이다. 다섯째, 만물의 질료(質料)이다. 기(氣)가 모이면 만물이 되고 흩어지면 만물은 다시 태허(太虛)로 돌아간다. 여섯째, 기(氣)의 움직임은 외재(外在)적인 요인에 의해서 이루어지는 것이 아니라 스스로 움직이는 것이다. 서경덕은 기(氣)를 적극적인 본체론(本體論)으로 인식하였다.

② 이퇴계(李退溪: 1501~1570)

퇴계는 우주와 우주 내의 만물은 이(理)와 기(氣)의 구조로 되어 있다고 생각했다. 퇴계는 '천지간에 理도 있고 氣도 있으니 理가 있으면 氣도 있다. 理가 있게 되면 곧 氣가 생기고, 氣가 있으면 理가 따른다. 理는 氣의 장수(帥)가 되고 氣는 理의 하졸(卒)이다'라고 가치적, 능력적인 면에 대하여 말하였다. 퇴계는 이(理)를 기(氣) 위에다 놓았으며, 이(理)와 기(氣)는 서로를 요구하는 존재(相須的)이며, 서로 떨어질 수 없는 관계(不相離)에 있다고 보았다. 모든 유형(有形)한 물질적 존재에서 보면 사물의 형질(形質)은 기(氣)로 이루어져 있으며, 이 형질 속에 이(理)가 부여되어 작용하여 있는 것이다.

퇴계는 사람의 몸도 이(理)와 기(氣)를 겸비하고 있다고 한다(理氣兼備). "이(理)는 귀한 것이고, 기(氣)는 천한 것이다(理貴氣賤)"라고 하여 이(理)와 기(氣)의 귀천에 대하여 말하였다. 심(心)을 퇴계는 이(理)와 기(氣)가 합한 것 또는 이(理)와 기(氣)의 집이라고 표현하였다. 퇴계 철학의 근본 구조는 이기이원론(理氣二元論)이다. 퇴계는 우주와 우주 내의 만물은 이(理)와 기(氣)라는 근원적인 두 실체에 의하여 성립된다고 생각하였다. 이(理)는 만물에 법칙성을 부여하는 이법(理法)적 존재이고, 기(氣)는 만물에 형기(形氣)를 부여하는 질료적(質料的) 존재이다.

이기론(理氣論)에 있어서 퇴계는 주자학의 창시자라고 할 수 있는 정이천이나 주자를 뛰어넘어 그 이론의 발전을 가져왔다고 하는데, 이(理)는 헤겔적 주관(主觀)이고, 이(理)와 대치(對峙) 관계에 있는 기(氣)는 헤겔적 실체(實體), 즉 주관(主觀)과 매개(媒介)적 통일에 있어서, 있는 객관(客觀)임을 석연(釋然)히 언명(言明)한 이는 바로 퇴계라고 하였다.

③ **이율곡**(李珥: 1536~1584)

율곡은 모든 존재의 생성, 변화를 이(理)와 기(氣)로 설명하는 이기이원(理氣二元)의 입장에 서 있었다. 그리하여 이(理)와 기(氣)를 형이상하의 도(道)·기(器)의 개념으로 분변하였다. 즉 일절만유가 하나의 존재이지만 그것을 형이상하로 나누어 구별하는 용례는 주역 계사전에 잘 나타나 있듯이 형이상은 원리적인 도(道)이고, 형이하는 그 원리가 구체화되는 질료(質料)로 그릇으로서의 기(器)가 된다는 것이다.

이(理)가 기(氣)의 주재자로서 기(氣)의 추유근저(樞紐根抵)라 하고 기(氣)는 이(理)의 탈(乘) 바로서 이(理)의 의착처(依着處)라고 하였다. 율곡은 '理者氣之主宰也, 氣者理之所乘也, 非理則氣無所根抵, 非氣卽理無所依着'라 하여 이기(理氣)의 개념과 성격, 양자의 이기지묘적(理氣之妙的) 관계를 명백히 규정하고 있다. 여기서 이(理)는 기(氣)의 주재(主宰)라 하면서 기(氣)가 기(氣)일 수 있는 근거로 보고 있다. 기(氣)는 리(理)가 현상적으로 의착(依着)할 바이니, 하나의 존재가 구상화될 기반이 곧 기(氣)라고 본 것이다. 즉 기(氣)가 없는 한 리(理)는 어디까지나 하나의 이념이요, 관념일 수밖에 없고 오직 기

(氣)를 통해서만이 리(理)가 현실화되고 구상화되며, 하나의 존재로서 정립된다고 하였다.

④ 정약용(丁若鏞: 1762~1836)

정약용은 리(理)를 근원적인 존재로 인정하지 않는다는 점에서 주자학의 이기론적(理氣論的) 이론 틀에서 벗어나 있다. 정약용에 따르면 리(理)는 스스로 존재할 수 없으며 리(理)가 존재하기 위해서는 다른 그 무엇에 의존하지 않으면 안 된다. 이것은 리(理)가 자존적 존재가 아니라 의존적 존재라는 것을 의미한다. 기(氣)는 '스스로 있는 존재'(自有之物)이고 리(理)는 의존적인 존재(依附之品)이다. 의존적인 존재는 반드시 '스스로 있는 존재'에 의존해야 하므로 기(氣)가 발(發)하자마자 곧 이 리(理)가 있게 된다. 그러므로 기발이리승지(氣發而理乘之)라고 하면 옳지만 리발이기수지(理發而氣隨之)라고 하면 옳지 않다. 왜냐하면 리(理)는 스스로 설 수 있는 존재(自植者)가 아니므로 먼저 발(發)하는 일이 없기 때문이다.

⑤ 최한기(崔漢綺, 1803~1877)

그의 기철학(氣哲學)에 의하면 먼저 세계는 기(氣)로 이루어진 것이다. 인간의 사유(思惟)와 문화도 기(氣)에 근거하여 존재한다. 그리고 기(氣)는 유형(有形)이다. 그러므로 무(無)는 없다. 형이상(形而上)의 세계도 기(氣)와 떨어져 존재할 수 없다(道則氣). 만물은 기(氣)가 구체적 형상을 갖춘 형태지만 기(氣)의 일시적 존재 양태(客形)다. 기(氣)의 본래 모습은 맑음(淸), 미세하여 걸리는 것이 없음(虛)과 같은 개념이 형용사로 붙는다. 만물의 존재원리라고 하는 '太極'은 무엇인가? 최한기에 따르면 그것은 인간이 생각해낸 이치이며, 불변의 실체가 아니라 문자와 말로 전해지고 시대에 따라 변할 수 있는 원리다. 이러한 원리들은 '推測之理'라고 하는데 이것이 기(氣)의 세계 자체를 올바르게 반영하면 진리(眞理)이고, 틀리면 헛된 이치라고 한다. 기(氣)의 일반적 속성을 생명성(生氣), 운동성(常動), 순환성(周運), 변화성(大化)의 네 가지로 표현하고, 이 규정 속에 생성변화의 자체 원인이 설명된다고 하였다. 한편 인간 의지의 세계에 대한 능동성을 설명하기 위하여 자연의 기(氣)와 인간사회의 기(氣)로 나누어 설명하였다.

가. 기(氣)는 유형(有形)이다. 그러므로 기(氣)는 계산하고 측정하고 검증하여 수량화(數量化)할 수 있다.

나. 기(氣)는 활동운화(活動運化)한다.

다. 신(神)과 리(理)는 기(氣)를 떠나서 존재할 수 없다. 따라서 신(神), 기(氣), 리(理), 형(形), 운화(運化)는 상호 불가분리적이다. 특히 기(氣)를 떠나서 따로 신(神), 리(理)가 존재할 수 없다.

라. 기(氣)는 일종의 생명 에너지이다. 기(氣)가 뭉쳐서 형체를 이룬 것을 가리켜서 형질(形質)이라고 부른다. 이처럼 기(氣)와 질(質)이 결합하여 개물(個物)을 이룬다. 개물은 그 기질(氣質)에 따라 크게 천(天), 지(地), 인간(人間), 만물(萬物)로 구분될 수 있다.

마. 개물의 기질은 생명력이 다하면 흩어져서 본래의 기(氣)로 돌아가므로, 이것을 일컬어서 기불멸론(氣不滅論)이라고 하는데 이것은 질량불변의 법칙에 어긋나지 않는다. 그러면 영혼(靈魂)은 소멸되고 만다. 이런 측면에서 영혼불멸론(靈魂不滅論)은 부정된다.

⑥ 김용옥(1948~)

기(氣)는 인간(人間)과 인간을 둘러싸고 있는 환경 전체를 설명하기 위한 가장 원초적(原初的)이고 보편적(普遍的)인 개념(槪念)이다.

(3) 서양문헌에 있어서의 '기(氣)'의 번역(飜譯)

유럽에서 중국 연구는 16세기에 시작되었다. 그 후 유럽의 여러 나라에 중국학의 강좌(講座)와 연구자는 점차 증가하였다. 물론 현재는 세계화되고 있는 과정이다. 인터넷이라는 실시간 접할 수 있는 사이버 공간이 탄생함으로써 이제는 더 이상 과거와 같은 어려움은 없어 졌다고 보아야 할 것이다. 그러나 아직도 기(氣)에 대한 인식론적 (認識論的) 합의(合意)는 이루어지고 있지 않다. 그렇지만 그 속도는 과거에 견줄 수 없을 것이다. 빠른 시일 내에 자유로운 의사(意思)와 정보(情報)가 교류될 것이다. 여기에 는 좀 오래된 감이 있지만 1993년도에 원광대학교에서 번역 출판한 '氣의 思想'에 부록으로 게재되어 있는 부분을 옮겨서 과학적인 사고를 갖고 보는 서양의 기에 대한 개념을 간접적으로 나마 알아볼 수 있을 것이다.

① 독일어

가. Wirkungkraft

이 역어(譯語)는 1920년 옷토오 프랑케(Otto Franke)의 "孔子의 理論과 中國의 國家 宗敎와의 歷史에 관한 硏究"에서 오행상생(五行相生)의 '天地의 氣가 합하여 1이 되고, 나누어져서는 陰陽으로 된다'를 번역한 글에서 나온다. 옷토오 프랑케는 독일의 중국학자로 역사가이다. Wirkungkraft는 '活動力', '影響力' 정도의 의미이다. 그리고 다른 곳에도 '氣'의 번역은 같은 Wirkungkraft를 사용하고 있다. 저자는 '活動力', '影響力'의 의미로 이해하여 기(氣)의 운동성에 주목한 것 같다.

나. Lebenskraft

아이히호른(Eichhorn) "西名" 譯註에서 헬무트 빌헴(Helmut Wilhelm)의 "孟子"에서 公孫丑 上의 '夫志氣之帥也, 氣體之充也'를 Lebenskraft로 번역하였다. Lebenskraft 생명의 힘이라는 의미이다. '夫志氣之帥也, 氣體之充也'의 의미를 살펴보면 '무릇 오로지 하는 마음(志)은 氣의 장수이며 氣는 몸에 充滿한 것이다'인데 여기서 '氣'를 Lebenskraft로 번역하여 생명의 힘의 의미로 이해한 것은 대체로 무난한 번역이라고 할 수 있겠으나, 많은 동서(東西)의 교류가 필요한 것을 느끼게 한다.

다. Odem

그루우베, 아이히호룬(W. Grube und W. Eichhorn)이 공동 번역한 '朱子通書解'에서 "나는 氣를 말한다"에서 'Odem'을 사용하였는데, Odem이라는 독일어는 일본어로 번역할 경우 '氣息', '呼吸'이 되지만, 實은 詩語이며, 일상적으로 쓰는 단어는 아니다. 보통 氣息이나 呼吸을 가리킬 때 현대에서는 der Haugh, der Atem이라는 독일어가 사용된다. Atem의 別形이 Odem이다. 번역자의 고심이 엿보인다.

② 영어

가. breath, air, vapour, stream; vital fluid, temperature, energy; anger

베룬할드 카알그렌(Bernhard Karlgren) 교수의 'Analytic Dictionary of Chinese and Sino-japanese'에서 '氣'로 영역된 예이다. 여러 페이지에 걸쳐 다양하게 번역된 것을 볼 수 있다.

나. ether

A. G, Graham은 '2인의 중국인 철학자 정명도와 정이천(1967)'의 번역에서 제1부 정이천의 철학에 있어서 '氣'에 'ether(에텔, 大氣 이외의 媒體物)'의 譯語를 채용하고 다음과 같이 설명하고 있다.

> '氣'라는 말은 많은 概念을 內包하며, 영어에서는 가지각색의 譯語를 붙이지만 거꾸로 말하면 영어로는 번역할 수 없는 말이기도 하다. 抽象的인 '理'라는 말과는 달라 '氣'는 실로 구체적이다. 그것은 인간의 목구멍 속에 있는 氣息 그 자체인 것이다. '氣'의 標準的 對等語는 Bruce 씨가 提唱한 'ether'이다. 이 말은 그것이 타당하다는 이유보다는 '氣'라는 한 말을 나타나는 데는 危險 없이 사용할 수 있기 때문이다.

이 경우는 便宜的으로 사용한 의도가 다분히 있다고 보인다.

　　다. material force

중국학 입문서로서 가장 많이 읽히는 De Bary의 '중국어 전통에 관한 자료집'에 淮南子의 天文訓에서의 "우주는 氣를 生하고..."에서 氣를 material force로 번역하고 있다. 그리고 그 이유를 다음과 같이 말하고 있다.

　　本書에 있어서 '氣'를 material 혹은 vital force라고 번역한 것은 '氣'가 갖는 dynamic한 성격을 강조하기 위해서이다. 氣는 중국의 우주관과 形而上的 思考 중 중요한 지위를 점한다. 그것은 生命이 있는 것의 體內의 숨결을 의미하는 경우도 있으며, 우주를 에워싼 天空을 가득 채우는 空氣 혹은 ether을 의미하는 경우도 있고, 만물을 구성하는 기본적 要素를 가리키는 일도 있는 것이다.

한편 영국에서 활동하는 중국학자 陳榮捷 敎授는 氣를 'the prime force' 또는 'material force'로 사용하였다.

2. 정명학(正名學)

개념(槪念: Concept)이라는 것은 삼라만상이 다양(多樣) 다색(多色)하므로 인간이 이것을 이해하기 쉽도록 하기 위하여 지각(知覺)이나 기억이나 사상에 나타내는 개체적인 표상에서 그 공통된 속성을 추상 결합하여서 혹은 문장화하고 혹은 언어화된 사상의 통일체를 표식하기 위한 정명(正名)을 말하는 것이다. 그러나 여기에서 말하려는 바는 그와 같은 논리학적인 연구를 대상으로 하려는 것이 아니고 다만 개념의 가치와 필요성을 논함으로써 개념연구가 철학연구에 있어서 얼마나 중요하다는 것을 말해 두려는 것이다.

개념(槪念)이라는 말은 동양철학적으로 말하면 정명(正名)이다. 이것을 연구하는 학문을 정명학(正名學)이라고 한다. 좀 더 구체적으로 말하면 이성과 감정에 나타나는 개체적 표상에서 공통적 속성을 추출하여서 개념을 설정하는 것은 서양철학의 경우와 일반이지만 그 개념이 바르지 못하면 사물의 전체개념이 어긋나므로 특별히 여기에 유의하는 것이다. 그러므로 문화의 발전과 지식의 통일을 위하여서는 불가무의 방법인 것이다.

그러므로 개념이란 무엇인가 하는 물음에 대해서 한마디로 대답한다면 사물의 명분과 이름을 바르게 하는 데 있다고 대답할 것이다. 사물의 명사를 정하려면 우선 개념이 명확해야 할 것이고 개념이 명확해야만 사물의 내용과 의미가 통일될 수 있기 때문이다. 그래야만 사물 자체의 의미나 내용이 충실하게 될 것인즉 그것을 명분의 정확이라고 하는 것이다. 그 이유는 사물의 개념인 명사나 명분은 절대로 정확하게 그 사물의 내용을 반영하여야 하는 것이다. 이러한 의미에서 동양철학은 이것을 정명(正名)이라고 한다. 이와 같이 사물에 각각 이름과 명분을 붙이는 일은 오늘날에 있어서는 가장 중요한 일이지만 인구의 밀도가 희박하고 생활양식이 간단했던 고대에 있어서는 그만큼 개념설정의 필요도 적었으니 그것은 변화형태가 단조로운 것과 정비례로 생겨난 무관심이었을 것이다. 그러나 진리탐구의 향상은 정명사상을 유발하기에 이르기는 하였지만 위에서 말한 바와 같은 시대적인 제 요건이 여기에 영합되지 못하였기 때문에 정명사상은 다시 타락하게 되었던 것이다. 그뿐만 아니라 그것이 도리어 모순을 유발함으로써 오히려 사회악을 조장하기에 이르렀던 것이다.

공자(孔子)의 정명사상은 한마디로 자기가 가진 이름에 걸맞게 제 할 일, 제구실을 다하는 올바른 생활태도를 지향하는 사상이다. 다시 말해서 주어진 처지와 여건에 맞추어 자신이 올바르고 곧게 행동하는 삶의 자세를 의미한다. 정명사상은 진실로 사물의 이름을 바르게 하고 명분을 옳게 세우려는 중요한 것임에도 불구하고 만에 하나라도 미숙한 횡설수설이 개입되게 되면 명분은 군도를 위한 궤변이 될 것이고 인식은 타락의 구렁에서 헤매게 될 것이므로 도리어 도의와 사물의 발전에 막대한 폐해를 끼치게 되고 말 것이다. 그러므로 여기서 동양에 있어서의 정명의 역사를 일별하여보면 그것은 공자에서 시작되었는데 공자는 춘추 말의 부패와 타락이 전혀 정명되지 못한 데 있다고 보았던 고로 제자가 "선생이 만일 위국의 재상이 된다고 하면 무엇부터 먼저 하겠습니까?" 하고 물었을 때 "필야정명(必也正名)"이라 대답하였던 것이다. 그때와 같은 난세에 정명(正名)부터 하겠다는 말을 들은 제자는 아연실색하였지만 공자의 뜻을 움직일 수는 없었던 것이다. 왜냐하면 그 당시의 사회상이나 발전적 요건이 공자로서 볼 때에 그 밖에는 다른 도리가 없었기 때문이었던 것이다. 그 후에도 묵자, 공손룡자, 순자 등이 나와서 정명을 철학의 기본으로 삼았던 것이다.

1) 정명학과 관련된 주요 개념

(1) 名稱(명칭)

왕필[83])은 '노자지략'에서, "名也者 定彼者也 稱也者 從謂者也 名生乎彼 稱出乎我"라고 하여 名이라는 것은 대상을 규정하는 것이고, 稱이라는 것은 대상을 좇아 부르는 것이다. "명(名)은 대상에서 생겨나고, 칭(稱)은 나에서 나온다"라고 명칭(名稱)을 정명(正名)하였다.

(2) 無名立稱(무명립칭)

소길은 '五行大義'[84])에서, "夫萬物 自有體質 聖人象類 而制其名 故曰名以定體 無名乃天地之始 有名則萬物之母 以其因功涉用 故立稱謂"라고 하였는데 이는 무릇 만물은 각 체질이 있어, 성인이 상(象)을 따서 이름을 제정했다. "고로 명(名)으로 체질을 정했으니, 명

---

83) 중국 위(魏)나라 학자. 자는 보사(輔嗣). 산양(山陽: 河南省 焦作) 출신. 하안(何晏)과 함께 위·진(晉) 현학(玄學)의 창시자이다. 저작에 ≪노자도덕경주(老子道德經注)≫, ≪노자지략(老子指略)≫, ≪주역주(周易注)≫, ≪주역약례(周易略例)≫, ≪논어석의(論語釋疑)≫ 등이 있다. 그의 주석의 특색은 한(漢)나라 때의 훈고학처럼 글자의 뜻에 구애받지 않고 사상의 근본취지를 파악하는 데 치중한 점이다. 그 사상은 <무(無)로써 근본을 삼는다(노자도덕경주)>, <만물만형(萬物萬形), 그것은 하나로 돌아간다. 무엇에 의해 하나가 되느냐, 무에 의한 것이다(노자도덕경주)>, <근본을 다해 끝을 통합한다(논어석의)> 등에 나타나듯 모든 현상의 근본에 있어 현상을 지배하고 있는 하나인 무를 존중하는 데에 있다. 이 사고방식은 남조(南朝)의 송(宋)나라 축도생(竺道生)의 반야경(般若經) 해석 등에도 영향을 끼치고 있다.
84) 오행설(五行說)의 집대성. 중국 수(隋)나라의 소길(蕭吉)이 편찬했다. 선진(先秦) 때부터 수나라에 이르는 경위, 제자(諸子)의 책과 사서(史書) 등에서 오행에 관한 주장을 수집하여, 그것을 조직적으로 정리·분류하고 24단(段) 40절(節)로 구성해 여기에 오행에 해당되는 모든 사항을 포함하였다. 이 책은 ≪수서(隋書)≫의 <경적지(經籍志)>에는 그 이름이 보이지 않고 ≪구당서(舊唐書)≫의 <경적지>에 <오행기(五行記)>라고 기록되었고 또 ≪송사(宋史)≫의 <예문지(藝文志)>에 ≪오행대의(五行大義)≫라고 기록되어 있으나 중국에서는 뒤에 없어졌다. 그러나 일본에 전해진 것이 보존되어 중국에서 다시 가경간본(嘉慶刊本) 등 몇 가지가 출간되었다. 5권.

(名)이 없는 상태가 곧 천지의 시작이고 명(名)은 만물의 부모니 공적과 작용으로 이름을 세운 것이다"라고 하여 만물의 부모는 이름(名)이라고 했다.

(3) 名明(명명)

소길은 '五行大義'에서, "其未生 本無名字 五行爲萬物之先 形容資於造化 豈不先立其名 然後明其體用" 이는 아직 태어나지 않을 때는 본래 이름의 글자가 없다. "오행이 만물에 선행하고, 조화에서 형체와 용모를 띠니, 어찌 먼저 그 명(名)을 세운 연후에 그 체용을 밝히지 않겠는가?"라고 명(名)을 정한 후에 체용(體用)을 밝힌다고 하였다.

(4) 名義(명의)

최한기는 '추측록 추측제강'에서, "推其名而測其義 則三者皆有所取 亦有所不取 夫人之自任重要致遠者 焉有所常學 焉有所不學"라고 하였다. 이는 그 이름(名)을 주적하여 올바름을 헤아리면, 세 가지에 다 취할 것이 있고 취하지 않을 것도 있다. 그러나 중요한 책임을 지고 장원한 계책을 실현하려는 사람이라면, 어찌 항상 같은 것만 배우고, 또 어찌 배우지 못할 것이 있겠는가)라고 설명한다.

(5) 正名學(정명학)

한동석은 '우주변화의 원리 사물(事物)과 개념(槪念)'에서 "正名學이 한 개의 전문분야로서 출발하여야 할 것은 철학적으로 크게 기대되는 바다. 종래의 학자들은 철학의 신비적(운명학) 개척에만 주목하고 그 현묘지경(玄妙之境: 우주학)에 이룰 수 있는 수단이나 방법 문제를 소홀히 다루었던 것 같다. 그러나 사실상 동양철학과 같은 현묘지경(玄妙之境)을 파헤치려면 정명학(正名學)의 연구는 바로 성패의 지침이 될 것이다"라고 정명학(正名學)의 연구를 역설하고 있다.

(6) 필야정명(必也正名)

한동석은 '우주변화의 원리 사물(事物)과 개념(概念)'에서, "孔子는 春秋末의 부패와 타락이 전혀 정명(正名)되지 못한 데 있다고 보았던 고로 제자가 선생이 만일 위국의 재상이 된다고 하면 무엇부터 먼저 하시겠습니까? 하고 물었을 때 필야정명(必也正名) 이라고 대답하였던 것이다. 그때와 같은 난세에 정명(正名)부터 하겠다는 말을 들은 제자는 아연 질색하였지만 공자(孔子)의 뜻을 움직일 수는 없었던 것이다"라고 공자의 일화를 전하고 있다.

(7) 변화정명(變化正名)

한동석은 '우주변화의 원리'에서, "變이라는 것은 만물이 화하였다가 다시 내용을 충실(充實)시키는 과정을 말하는 것이요, 화(化)라는 것은 이러한 형태에서 다시 분열 무화(分裂無化)되어 가는 과정을 말하는 것이다. 다시 말하면 화(化)하는 과정에서는 생장(生長)을 촉진시키고 변하는 과정에서는 성숙(成熟)이 매듭을 맺는 것이다. 그러므로 변화(變化)는 성숙이 매듭을 맺는 것이다. 이것을 본체(本體) 면에서 보면 변화(變化)요 작용면(作用面)에서 보면 생성(生成)인 것이다"라고 변화(變化)를 정명(正名)한다.

2) 묵자(墨子)의 정명학∼명실론(名實論)

진시황의 분서갱유(焚書坑儒)로 말미암아 선성들의 정명학에 대한 유지는 차차 매몰되기 시작했고 철학의 심오성도 점점 감추어지게 되었던 것이다. 다행히 송대에 이르러서 성리학이 발전되므로 인하여 숙취갱성(宿醉更醒)하는 것 같은 분위기가 조성되기는 하였지만 정명사상이 타락한 지 이미 천여 년이라 그의 진리를 해득하는 자가 극소한데다가 그 시대는 또한 오늘날과 같이 문화가 대중화하지 못한 때였으므로 그 명맥을 유지하기도 오히려 바쁠 정도였던 것이다. 그 후 19세기 말에 심부가 나와서 정역주의를 저술함으로써 정명정신은 갱생의 계기를 얻게 되었던 것이다. 그러면 이와 같은 형극의 길을 걸어 온 동양의 정명학이란 과연 어떠한 것인가 하는 것을 약술해 보기로 하겠다.

정명의 사회적 문화적 요구는 명실론(名實論)에 입각함으로써 비로소 머리를 들기 시작하였던 것이다. 좀 더 풀어서 말하면 사물의 명사나 명분을 바르게 하려는 것은 사물의 실, 즉 본질과 명사가 서로 정확하게 부합됨으로써 사회와 만물의 모든 명분을 바로 서게 하려는 것이다. 왜 그런가 하면 모든 이론의 생명은 사물의 명과 실이 상부함으로써만이 이루어지는 것이므로, 반면 이론의 명실이 유리된다면 그것은 곧 문화의 암흑시대를 이루게 되는 까닭이다. 그러므로 모든 문화사는 명실이 상부했던 때에는 발전했지만 이것이 상배했던 때에는 멸망했던 것이다. 이와 같이 정명학, 즉 명실론은 춘추 말과 전국의 240년 동안에 가장 화려하였는데 그 조종은 바로 공부자에서 시작했지만 사실상 한 개의 학설로서 발전시킨 최초는 묵자(墨子)였다. 묵자(墨子)의 정명학(正名學)은 그 목적이 명실(名實)에 있었고 그 방법은 '이사서의(以辭舒意)'와 '이설출고(以說出故)'하는 데 있다.

3) 이사서의(以辭舒意)와 이설출고(以說出故)

묵자(墨子)의 정명학은 그 목적이 명실(名實)에 있었고 그 방법은 '이사서의(以辭舒意)'와 '이설출고(以說出故)'하는 데 있었다. 다시 말하면 명실상부한 정명(正名)을 하려는 목적은 사(辭)와 설(說)에 중점을 두어서 그것만 밝히면 정명(正名)이 된다는 것이다. 그런즉 사(辭)와 설(說)이란 무엇인가 하는 것을 알지 못하면 묵자(墨子)의 논리적 체계를 알지 못할 것은 말할 것도 없다. 그러므로 여기서 사(辭)와 설(說)을 설명함으로써 묵자(墨子) 정명학의 내용을 논함과 아울러 정명을 하는 예를 함께 설명하기로 하겠다. 동양의 문자는 그 자체가 이면(裏面)성을 띠고 있다. 즉, 일면으로 보면 언어이지만 일면으로 문자자체가 철학(哲學)인 것이다.

위에서 말한 이사서의(以辭舒意)의 '사(辭)'자와 이설출고(以說出故)의 '설(說)'자의 예에서 고찰하여 보면 '사(辭)'자나 '설(說)'자는 언어학적 의미로서는 모두 '말한다'는 뜻이다. 그러나 철학적인 면에서 고찰하면 그 '사(辭)'자나 '설(說)'자 자체가 철학(哲學)

인 것이다. 이제 여기서 좀 더 풀어 말하면 우리가 일반적으로 '언사(言辭)'나 '사설(辭說)'이란 말을 쓰는데 모두 이것을 '말'이란 뜻으로 해석하고 있다. 만일 그렇다고 한 자씩은 불필요한 글자의 개재된다는 결론이 생기게 된다. 그러나 철학적 의미로 볼 때 그것이 불필요한 글자의 개재가 아니라 오히려 필요 이상의 필요로서 존재하는 것이다.

언사(言辭)라고 할 때에 있어서 '言'은 말의 적극적인 면, 즉 자기의 주장 등을 의미하는 것이요 '사(辭)'라고 할 때는 말의 소극적인 면, 즉 수용적 태세를 의미하는 것이다. 왜 그런가 하면 '말'이라는 것을 엄격한 의미에서 볼 때 내가 주장하고 또 남의 말을 들음으로써 언어의 활용인 대화가 성립되는 것이기 때문이다. 만일 일방적인 주장이 타인에게 용납되지 못한다고 하면 그것은 말이 아니다. 설혹 말이라 할지라도 그것은 개념성립의 요건을 상실한 말일 것이다. 또 사설이라고 할 때의 '사(辭)'와 '설(說)'도 마찬가지이다. '辭'는 수납적인 면이고 '說'은 주장적인 면이다. 그러나 언사(言辭)와 사설(辭說)은 철학적으로 다른 개념이 있다.

'言'은 적극적인 면의 본질(本質)을 말하는 것이고 '說'은 적극적인 면의 현상(現象)을 표현하는 것이다(이와 같은 철학적 의미의 설명은 정명학의 연구분야이다). 그런 즉 이사서의(以辭舒意)라는 말은 사(辭), 즉 수용적이며 통일적인 것에 의한 이유나 뜻의 판단인 것이요, 서의(舒意)라는 말은 이유인 자기의 뜻을 진술한다는 말이다. 그런 즉 아사서의(以辭舒意)라는 개념을 논리학적 개념으로 말한다면 개념에서 판단에 이른다는 말과 동일한 것이다. 왜 그런가 하면 개념은 모든 의미의 창고이고 판단이란 것은 그 의미, 즉 개념을 발휘하는 수단이거나 작용이기 때문이다.

다음 이설출고(以說出故)의 개념을 생각해 보면 설(說)이라는 것은 능동적이며 합리적인 표현인즉, 이것은 자기의 판단에 의하여 그 까닭을 해명하는 것을 이설출고(以說出故)라고 하는 것이다. 다시 말하면 설(說)이란 것은 주장을 의미하는 것인즉 이것을 판단에 의하여 추리함으로써 사상을 통일할 수 있는 이유를 밝힌다는 것을 말하는 것이다.

묵자(墨子)는 이와 같이 이사서의(以辭舒意)와 이설출고(以說出故)라는 판단과 추리의 개념을 설정함으로써 현대의 논리학에 비하여 손색이 없는 정명(正名)학의 체계를 세웠던 것이다. 이것이 동양에 있어서의 정명학의 체계적 발전의 시초였을 뿐만 아니라 금후 동양철학을 중흥시키는 데 있어서도 항해의 등대가 될 것이다. 왜 그런가 하면 철학을 연구하는 데 있어서 개념의 정부(正否)가 성패의 열쇠가 되는 것은 말할 것도 없다. 더욱이 동양의 학문은 그의 상(象)과 형(形)에 의하여 성립(成立)되었으므로 문자 자체가 철학(哲學)이다. 그러므로 문자 자체가 지닌 상(象)과 형(形), 즉 사물과 변화부터 먼저 연구하여야 한다. 다시 말하면 사물이 변화하는 표상(表象)은 문자에 의해 기록된다. 그러므로 그 기록이 정확하여야 할 것은 물론이거니와 또한 기록의 표상인 문자구성이 개념적이어야 한다는 것은 절대적인 것이다. 마치 그것은 철학의 거울과 같다. 만일 거울인 문자가 그 상형(象形)적 조직에 있어서 정당성을 잃으면 그 거울은 사물의 형상을 옳게 표상하지 못하기 때문이다. 그런즉 정명(正名)학이야 말로 철학(哲學)의 씨앗인 것이다. 그럼에도 불구하고 오랫동안 문자는 자기가 지닌 바의 철학적 심오한 가치를 잃고 다만 언어학의 대상으로서만 존재한 것 같은 느낌을 면할 수 없었다. 그러므로 정명(正名)학이 한 개의 전문분야로서 출발하여야 할 것은 철학적(哲學的)으로 크게 기대되는 바다. 종래의 학자들은 철학의 신비적 개척에만 주목하고 그 현묘경(玄妙經)에 이를 수 있는 수단이나 방법, 문제를 소홀히 다루었던 것 같다. 그러나 사실상 동양철학과 같은 현묘지경을 파헤치려면 정명(正名)학의 연구는 바로 성패의 지침이 될 것이다.

3. 역학(易學)

1) 역(易)의 개념(概念)

　역학(易學)은 동양에서 만물의 생성과 변화를 논하며 우주와 닮은 인간과 자연을 연결시키고 있으며 단순(單純)하지만 극명(克明)하고 확실한 음양(陰陽)의 원리로 우주 내의 모든 존재와 변화, 그리고 인간이 자연과 더불어 하는 모든 것의 존재와 변화를 설명하고 있으며, 동양의 자연과학, 수학 그리고 의학 등에 영향을 미쳤다.

역(易)의 세계관은 서양의 세계관과 크게 다르다. 정지된 실체를 중시하는 서양적 사고만으로 사물의 진리를 인식하는 것이 한계가 있다면 주역의 이런 사고는 오늘날에도 재음미할 만한 큰 의미를 지닌다 하겠다. 한편 역(易)의 세계관은 구체 세계를 환상이나 가상으로 보는 것이 아니라 그 자체 실재(實在)하는 것으로 본다. 이런 면에서 주역은 현실 긍정적이고 낙관적인 성격이 있다. 그렇지만 주역(周易)은 고대 사람들의 우환(憂患) 의식을 전형적으로 보여 준다. 왜냐하면 자연현상과 인생사에서 정지(停止)한 것은 하나도 없으며 모두 변화(變化)한다는 사실을 강조하기 때문이다. 이 변화를 자세히 보면 우리가 의지하고 싶은 어떤 긍정적 사건은 시간이 지남에 따라 부정적 측면을 보이면서 사라져 간다. 그러므로 인간은 이전의 사건에 안주할 수 없다. 여기서 주역(周易)은 사물의 이런 전환이 가져다주는 위기 국면을 강조하는 특이한 인식론(認識論)을 내세운다. 사물이 반대 상태로 전환(轉換)할 때는 반드시 그 기미(機微)를 내보인다는 것이다. 인간은 이 기미(機微)를 미리 통찰해야 위기를 극복할 수 있다. 또 기미(機微)를 인식하기 위해서는 현재에 안주하지 않는 긴장된 태도가 필요하다. 따라서 주역은 자강불식(自强不息)의 덕(德)을 강조한다. 이 덕(德)은 생성 변화하는 사물과 관계를 단절하지 않고 적극적으로 사물의 운동에 관여하기 위한 주관(主觀)의 품성(品性)이다. 또 이 덕(德)은 사물의 질서에 따라 사물을 변형해 나감으로써 대업을 이룩하는 기초다. 주역(周易)의 이런 견해는 후세실학자들에 의해 발전했으며 따라서 오늘날에도 의미 있게 이야기할 수 있다.

한편 역학(易學)에는 수(數)에 대한 신비한 견해가 있다. 홀수는 양(陽)의 수(數)이고 짝수는 음(陰)의 수(數)이며 수(數)는 사물이 존재하듯 실재(實在)한다는 것이다. 그러나 이런 수리학(數理學)적 견해는 현대적 수리(數理)로 발전하지 않는 한 미신(迷信)이 될 수밖에 없는 것이다. 그럼에도 주역(周易)의 세계관은 인생과 사회의 문제를 우주 자연 전체와 연관 속에서 사유하는 하나의 고전적 사고방식을 보여 주고 있다. 이런 고전적 정신은 만일 오늘날에도 형이상학적 사유가 아주 무의미하지는 않다면 계속 음미할 가치가 있는 것이다. 자연을 그저 분석하고 이용하는 관점에 익숙한 현대 사람들은 바로 이런 관점 때문에 많은 폐해를 경험하고 있다. 전 지구적 규모의 자연 파괴는 우리 인간의 삶을 묵시록(黙示錄)의 상황으로 내몰고 있다.

동양의 고전(古典)은 이 문제를 해결하는 데 기여할 수 있는 견해를 담고 있다. 그러므로 자연과 상응하는 것이 선(善)이라는 주역(周易)의 세계관에서 서양의 직선적(直線的)이며 사실주의적(寫實主義的) 사상과 과학의 발전 아래 파괴된 지구환경의 문제, 그리고 한계에 도달한 이론 물리학 등의 길[道]을 찾을 수 있을 것이라고 결론을 지어 본다. 역경(易經)은 문자가 있기 전인 5천 년 전에 복희(伏羲) 씨가 음(陰)과 양(陽)의 두 가지로 효(爻)를 만들고, 이 효를 3개씩 조합하여 8개의 괘(卦)를 만들었다. 이것이 복희 씨의 선천(先天) 8괘이다. 이 8괘로서 정치(政治)와 경제(經濟)의 수단으로 삼아오던 것이, 문자가 있은 이후인, 3천 년 전 주(周)나라 때 문왕(文王)이 복희(伏羲) 씨가 만든 괘에다 다른 하나의 괘를 합쳐서 64개의 괘를 만들고, 그 괘(卦)와 상(象)을 보아 설명을 붙이고, 문왕의 아들 주공(周公)이 효(爻)의 자리를 보아 각 효(爻)에 대한 설명을 붙인 것이다. 그런데 괘·효(卦爻)라는 것은 본디 변하고 바뀌는 것이기 때문에 바꿀 易자 '易'이라 하고, 그 괘효(卦爻)를 설명한 것이 바로 글이었기에 글이라는 의미로 '經'이라 하여 <역경(易經)>이라고 하며, 주나라 때에 완성되었으므로 <주역(周易)>이라고 하는 것이다.

그 후 공자(孔子)가 주역(周易)에다가 열 가지 해설전인 '십익(十翼)'을 붙여 집대성했으니 이를 역전(易傳)이라 하여 비로소 지금의 주역(周易)이 완성된 것이다. 원래 성인(聖人)이 지은 것을 '경(經)'이라 하고 현인(賢人)이 지은 것을 '전(傳)'이라 하는데, 공자는 열 해설서인 십익(十翼)을 만들고 감히 경(經)을 붙이지 않고 스스로 '전(傳)'이라고 하였다. 실로 역학(易學)이란 학문은 문자 이전부터 현재에까지 이르는 모든 역사를 초월한 학문이며, 네 분의 성인(聖人)[85]이 수천 년을 거쳐 완성한 동양(東洋) 최대의 경전(經典)이요, 최고의 철학(哲學)인 것이다.

역경(易經)의 기본사상은 천도(天道)를 미루어 인사(人事)를 밝히는 것이다. 동양 고대의 인간과 자연에 대한 사상은 자연과 인간의 법칙을 구별하지 않았다. "음양(陰陽)의 대립(對立) 통일(統一)의 운동을 도(道)라 한다. 이것을 계승한 것이 선(善)이요, 선(善)을 이룬 것이 성(性)이다(一陰一陽之謂 道 繼之者 性也)"라고 하였듯이 인간의 본성(本性)은 선(善)이며, 그것은 도(道)를 계승한 것이라고 하여 인간의 본성(本性)을 자연

---

85) 복희(伏羲), 문왕(文王), 주공(周公), 공자(孔子)의 네 성인(聖人)을 말한다.

에서 도출한 것이다. 곧 인사의 법칙은 자연의 법칙에서 오는 것이므로 인간이 자연
의 법칙에 순응하는 것은 길(吉)이요, 그것을 거슬리는 것은 흉(凶)이라 하였다. 역(易)
은 천지만물을 관찰하고 신명(神明)의 본성을 통하여 천지만물의 설정을 체계적으로
파악하려는 지혜서이다.

2) 역(易)과 시간(時間)

지구상에 수많은 생물체가 존재하고 있지만 미래를 생각하고 죽음을 생각하고 사
후(死後)를 생각하는 것은 우리 인간뿐이다. 또한 우리 인간만큼 변화무상(變化無常)하
게 생(生)을 살아가는 생명체도 없다. 원시사회에서는 인간 삶의 구조가 비교적 단순
하였으나 현대문명 사회에서는 인간의 생활환경이 매우 복잡해졌고, 앞으로 그 양상
이 더욱 세분화(細分化)되어 갈 것이다. 이렇게 인간의 삶이 단순한 구조에서 복잡한
구조로 바뀌는 과정에서 인간세계는 또 하나의 불확실성(不確實性)이 증가하였다.

우주변화의 원리에 바탕을 둔 역(易)은 고대인들의 통치수단과 이념이 되었고, 더
나아가 천문(天文)과 지리(地理) 그리고 인간의 길흉화복(吉凶禍福)을 점(占)치는 데 이
용되기도 하였으며, 동양철학(東洋哲學)의 근간(根幹)을 이루는 사상(思想)이 되었다.

역(易)은 물질(物質)에 바탕을 둔 사양학문에 비해 그동안 검증(檢證)되지 않은 학문
이라고 비판을 받아왔지만 오히려 과학이 발달한 근래에 이르러 물질의 근간이 동양
철학의 음양(陰陽) 이원론(二元論)에 우주, 물질, 장신, 사회 등에 대한 이해를 돕는 매
우 훌륭한 학문임을 누구도 부인하지 못할 것이다. 인간의 삶에서 물질이 주는 만족
은 한계(限界)가 있다. 다시 말하면 물질적 만족은 상대적(相對的)이지만, 정신적 만족
은 절대적(絶對的)인 가치를 내포(內包)하고 있기 때문에 정신적 만족 없이 물질적 만
족만으로는 결코 인간이 추구하는 행복에 도달할 수 없을 것이다. 그렇다면 정신적
만족은 무엇을 통해 얻을 수 있는 것일까?

그것은 바로 도(道)에 있다. 도(道)는 우주 삼라만상(森羅萬象)의 변화 과정을 깨닫는
것이다. 또한 이 깨달음은 동양철학에서는 우주변화의 원리에 근본을 두고 있는 역
(易)과 그 맥(脈)이 상통(相通)하고 있음을 보여준다. 역(易)은 음양오행(陰陽五行)의 상생

(相生)과 상극(相剋)의 조화(調和) 관계에서 우주변화의 진리(眞理)를 찾는 학문이기 때문이다.

생명(生命)이 탄생한다는 의미는 육체(肉體)와 정신(精神)의 결합이고, 생명이 소멸(消滅)한다는 의미는 육체와 정신의 분리(分離)라고 말할 수 있다. 이는 포괄적(包括的) 의미로 볼 때 탄생은 음양(陰陽)의 결합이고, 소멸은 음양의 분리라고 말할 수 있다. 이 말을 장자는 기(氣)의 취산(聚散)이라고 하였다. 즉 생명은 음양 이기(二氣)의 결합이고, 죽음은 결합된 음양 이기의 흩어짐이라고 하였다. 만물(萬物)의 영장(靈長)이라는 인간도 대자연의 섭리(攝理)를 거스를 수 없으며 대자연의 순환 과정에 순응(順應)할 수밖에 없는 작은 존재에 불과하다. 음양오행은 상생과 상극의 변화과정을 거쳐 또 다른 음양오행과 결합하면서 순행(巡行)을 반복해 나가는 것이다. 이것이 음양오행(陰陽五行) 사상(思想)이다. 역(易)이라는 학문으로 점(占)을 본다는 것은 미래(未來)를 예측(豫測)한다는 것이고, 미래를 예측한다는 것은 현재 우리 인간이 살고 있는 3차원이라는 우주공간(宇宙空間)에다 미래(未來)의 시간(時間)을 앞당겨서 더한 것이다. 이것이 곧 4차원이다. 우리가 흔히 4차원하면 공상과학 영화의 소재로 자주 등장하는 외계인, UFO·타임머신을 떠올리게 된다. 이것들은 우주라는 시간과 공간을 자유롭게 넘나드는 능력을 지닌 외계생명체와 초과학적 비행물체라고 한다. 그러나 아인슈타인의 상대성(相對性) 원리에 의하면 타임머신을 만들기 위해서는 빛보다 빠른 물체를 만들어야 가능하다. 상대성원리의 결론은 빛보다 빠른 물체는 존재할 수 없다는 것이므로 결국 4차원의 공간은 물질적 과학으로는 접근할 수 없는 영역인 것이다. 하지만 물질적 과학으로는 불가능한 4차원의 공간도 역(易)이나 도(道)의 관점에서 본다면 불가능한 영역만은 아니다. 앞에서 언급했듯이 역(易)이나 도력(道力)으로 미래를 예측하는 것은 현재 우리가 살고 있는 3차원이라는 공간에다 미래(未來)의 시간(時間)을 끌어옴으로써 시공(時空)적 영역에서 4차원의 세계를 실현할 수 있는 것이다. 더 나아가서 4차원이라는 공간에 정신(精神)을 더한다면 그것이 5차원 또는 6차원의 세계도 구현(具現)할 수 있다는 결론을 얻을 수 있다. 현대문명의 관점에서 보아도 물리학적(物理學的)으로는 4차원의 공간이 불가능하지만 수학적(數學的) 이론(理論) 개념(概念)으로는 10차원 이상도 나아갈 수 있다고 한다.

3) 역경(易經)의 형성

역경(易經)은 원래 점(占)을 치는 데 사용하기 위하여 편찬된 전적(典籍)이다. 인류의 사유(思惟) 발달과정을 볼 때, 동서양을 막론하고 원시적 상태에서는 점(占)을 치는 경우가 많았다. 점(占)이라는 용어는 '卜'과 '口'의 합성어로서 '卜'은 점복자로 원시인간이 자신들이 판단하기 어려운 문제가 있을 때, 하늘에 그 문제를 묻는 데, 짐승의 뼈를 불에 구워 그 뼈가 갈라지는 모습을 보고 이를 하늘의 뜻이라고 하여 결정하는 방법을 취하였을 것이라고 추측된다. 즉 뼈가 'l' 모양으로 반듯하게 갈라졌으면 하늘의 뜻이 긍정적(肯定的)인 것이라고 판단하였고, 뼈의 갈라진 모양이 '卜'처럼 반듯하지 못하고 갈라졌으면 하늘의 뜻이 부정적(否定的)이라고 판단한다는 뜻에서 인간이 하늘에게 뜻을 물은 그 결과가 점 '卜'자의 유래이며 '占'자는 그 하늘의 뜻을 인간의 말로 표현한다는 의미에서 하늘의 뜻인 '卜'자와 말을 의미하는 '口' 자가 합쳐진 것이다. 역경의 기본 부호인 두 개의 효(爻), 즉 양(陽)을 뜻하는 '一', 음(陰)을 뜻하는 '--'의 유래도 여기서 비롯되었다고 유추할 수 있을 것이다.

하늘의 뜻을 해석하여 말로 전하는 사람이 제사장 등으로 원시 고대사회에서는 인간사회에서 매우 높은 지위를 누렸을 것이라는 것을 쉽게 추측할 수 있는 것이다. 따라서 본래 점의 의미는 요즈음의 잘못 알려진 요행을 바라거나 인간이 노력하지 않고 위기를 해결하려는 것이 아니고 인간이 결정할 수 없는 문제를 하늘에 의지한 것이다. 성경(聖經)에도 여러 곳에서 하나님의 의견을 묻는 방법으로 제비뽑기를 하였다는 기록이 나타난다.

이렇게 본래는 인간과 하늘의 대화의 한 방법으로 출발한 것이 문왕과 공자를 거치면서 음양(陰陽)의 원리로 천지만물의 변화하는 현상을 설명하고 있는 동양의 심오한 철학이 된 것이다.

4) 역경의 역사와 유래

(1) 복희(伏羲) 씨가 창안한 팔괘(八卦)

① 물질과 현상의 생성과 변화의 처음인 두 가지 부호 음양(陰陽)과 태극(太極)

　먼저 설명한 역경(易經)의 형성과정에서 인간이 하늘에 묻는 방법으로 행한 동물의 뼈를 불에 구워 갈라진 모습을 중국의 최초의 왕이라 하는 복희 씨가 이것을 부호(符號)화하여 인류 최초의 디지털 기호인 '—'과 '--'으로 표시한 것이라고 추측된다. 이는 실로 인간이 문자를 만들기 이전에 만물의 생성변화의 불변의 원리인 음양(陰陽)을 디지털 부호로 표시한 것이다. 또한 '—'는 양적(陽的) 동물의 성기(性器)를, '--'는 음적(陰的) 동물의 성기(性器)를 표시하고, 또는 하나로 둥근 모양의 하늘과 바다와 육지로 갈라진 땅을 표시하기도 한다. 한편 음양(陰陽)의 두 가지로 변화되기 전의 상태를 태극(太極)이라 하는데 태극은 변화가 없는 고요한 모습이지만 그 속에는 아직 분화(分化)되지 않은 음양의 두 가지의 형태가 들어 있는 것이다. 물리학에서 말하는 태초 우주의 빅뱅의 직전 상태를 태극이라고 설명할 수 있을 것이다.

② 음양(陰陽)에서 사상(四象)으로의 변화

　인간의 생활이 다양화되고 사고의 영역이 넓어져서 세상의 모든 물질과 현상을 음양의 두 부호로 표시하기에는 부족하였을 것이다. 우선 인간의 생활과 밀접한 현상인 사시(四時), 즉 사계절의 변화를 표시하는데도 음양의 두 가지 현상만으로는 사 계절의 변별이 명확하지 않았을 것이다. 그리하여 양(陽 —)을 태양(太陽 ⚌)과 소음(少陰 ⚍)으로, 음(陰)을 소양(少陽 ⚎)과 태음(太陰 ⚏)으로 세분화하여 우주의 물질과 현상이 보다 자세하게 설명이 되었다. 양(陽)이 양(陽)으로 분화된 것을 태양(太陽)이라 하고, 양(陽)이 음(陰)으로 분화된 것이 소음(少陰), 음(陰)이 음(陰)으로 분화된 것을 태음(太陰), 음(陰)이 양(陽)으로 분화된 것이 소양(少陽)이다. 이렇게 처음의 음양을 양의(兩儀:

두 가지의 모습이라는 뜻)라 하고, 네 가지로 변화된 것을 사상(四象)이라고 한 것이다.

③ 팔괘(八卦)로의 변화

태극(太極)에서 음양(陰陽)이 나오는 것을 '일생이법(一生二法)', 즉 하나에서 둘이 나오는 법칙인데, 성경에서도 하나님이 사람과 만물을 낼 때에도 역시 남녀음양을 동시에 내었다. 일생이법의 분열법칙이 온 우주만물의 존재의 원인이라는 것은 동서가 부정할 수 없는 불변의 법칙인 것이다. 먼저 설명했듯이 복희 씨는 만물의 생성과 변화를 '━'과 '━ ━'이라는 두 개의 디지털 부호로 표시하고 최초의 팔괘를 만들었는데, 그 팔괘의 모습은 '☰ ☱ ☲ ☳ ☴ ☵ ☶ ☷'의 여덟 개다. 이 디지털 부호화한 괘(卦)가 가지고 있는 내면(內面)의 모습을 '상(象)'이라 한다. 여기서 팔괘(八卦)의 모습은 왜 3개의 효(爻)로 구성되었는지에 대하여 의문을 가져보자. 우리는 태극(太極)에서 음양(陰陽)이 나오고 다시 변화하여 온 우주의 만물과 현상이 생성되었음을 이미 알아보았다. 음양(陰陽)이 사상(四象)으로 변화되고 팔괘(八卦)로 다시 변화되는 것은 일생이법(一生二法)의 법칙에 따른 것이라고 할 수 있겠다. 따라서 우리의 견해는 팔괘(八卦)를 구성하는 괘(卦)의 모양도 사상(思想)의 효가 2개로 이루어져 있음에 다음에 변화하는 8괘의 모습은 당연히 3개의 효(爻)가 아닌 4개의 효(爻)로 이루어져야 마땅하지 않은가라는 의문을 갖게 되는 것이 당연할 것이다. 그러나 팔괘가 4개의 효로 구성되어 있지 않고, 3개의 효로 구성되어 있는 것이, 역경(易經)이 우주만물의 생성과 변화의 원리를 설명하고, 만물과 모든 현상을 설명할 수 있는 학문으로서, 동양의 모든 학문 위에 우뚝 설 수 있는 비결이 있는 것이다.

첫째는, 3개의 효로 홀수로 구성하여 짝을 맞추지 않은 것은 '역(易)'은 변화를 의미하기 때문이다. 홀수는 짝수에 비해서 안정성이 없고 변화하기가 쉽다. 괘의 효가 3개로 구성되어진 것은 우주만물과 모든 현상의 끊임없는 변화를 예시하고 가리킨 것이다. 팔괘의 첫 번째인 '☰'는 모두 양(陽)의 효로만 구성되어 있어 안정감(安定感)이 없어 보이고, 따라서 안정하기 위하여 상대를 그리워하며 찾게 되어 '☱'로 변하고 다시

'☳'변하고 …… 이는 마치 인생의 생노병사, 사 계절의 변화 등 항상 그 자리에 있지 아니하고 끊임없이 변화하는 우주의 법칙에 부합한다고 할 것이다.

둘째는, 동양의 '삼재(三才)' 사상을 표현한 것이다. 인간의 삶과 밀접한 위로는 하늘(天), 아래로는 땅(地), 그리고 그 사이에서 살아가는 사람(人)을 표현한 것이다. 그래서 괘를 구성하는 효는 3개인 것이다. 한편 팔괘(八卦)를 소성괘(小成卦)라 하고 소성괘를 중첩한 것이 대성괘(大成卦)라 하여 대성괘는 64개의 괘로 이루어지며, 각 6개의 효(爻)로 구성된다.

〈표〉 팔괘의 괘명, 괘상, 괘덕

괘의 형상	괘의 구성	차례 및 괘명과 괘상	괘의 덕성 (德性)	자연/가족	동물/신체	오행/방위
	건삼련 乾三連	일건천 一乾天	健(굳건함)	하늘/부친	말/머리	陽金(剛金) 서북
	태상절 兌上絕	이태택 二兌澤	說(기뻐함)	연못/소녀	양/입	陰金(柔金) 정서
	이허중 離虛中	삼리화 三離火	麗(걸림)	불/중녀	꿩/눈	陰火 정남
	진하련 震下連	사진뢰 四震雷	動(움직임)	우레/장남	용/발	陽木(剛木) 정동
	손하절 巽下絕	오손풍 五巽風	入(들어감)	바람/장녀	닭/넙적다리	陰木(柔木) 동남
	감중련 坎中連	육감수 六坎水	陷(빠짐)	물/중남	돼지/귀	陽水 정북
	간상련 艮上連	칠간산 七艮山	止(그침)	산/소남	개/손	陽土(언덕) 동북
	곤삼절 坤三絕	팔곤지 八坤地	順(유순함)	땅/모친	소/배	陰土(평지) 서남

(2) 64괘로 변화

복희 씨 이후 2,000여 년이 지난 주(周)나라 때에는 복희 씨의 상고시대보다 인간의 사고 및 문화, 생활 등이 훨씬 다양해지고 복잡해졌을 것이다. 팔괘로는 복잡한 세상의 이치를 표현하기에 너무 간단하여 문왕이 팔괘의 소성괘를 중첩하여 대성괘를 만들어 64개의 괘(卦)로 늘어난 것이다. 64괘 중의 전반의 30개의 괘를 상경(上經)이라 하고, 후반의 34개의 괘를 하경(下經)이라고 한다.

건(乾)과 곤(坤)의 두 괘는 음양의 본시(本始)이고, 만물의 조종(祖宗)이므로 상경의 시초로 삼았다. 이(離)는 태양이고 감(坎)은 달이니, 태양과 달의 도(道)는 음양의 상도(常道)로서 그에 의하여 만물이 시작되고 끝마무리 된다. 그러므로 감괘(坎卦)와 이괘(離卦)가 상경의 끝이다. 함(咸)과 항(恒)은 남녀의 시초로서 부부(夫婦)의 도(道)이다. 인도(人道)는 부부로부터 시작하므로 하경의 시초로 삼았다. 기제(旣濟)와 미제(未濟)를 가장 끝에 둔 것은 그로써 계신(戒愼)하고 왕도(王道)를 온전히 하기 위해서이다.

(3) 대성괘의 구성

① 효의 종류와 부호

효의 종류는 음, 양의 2가지이며, 그 부호는 양을 '━'로 표시하고 음을 '--'로 표시한다.

② 대성괘의 구성

대성괘는 8괘를 상하로 중첩하여 배치한 것으로 아래의 괘를 내괘(內卦)라 하고 위의 괘를 외괘(外卦)라 한다. 주역에서 대성괘를 구성하는 2개의 팔괘를 '소성괘'라고 하며 소성괘 하나가 각기 하나의 8괘를 만나서 대성괘를 이루는 것을 '일정팔회(一貞八悔)'라고 하는데, 이는 안에 처한 내괘(內卦)는 바른 본체로서 움직이지 않으므로 '貞(곧을 정)'이라 하고 밖에서 오는 외괘(外卦)는 움직여오기 때문에 움직인다(매양 마음이 움직이며 뉘우친다)라는 뜻에서 '悔(뉘우칠 회)'라고 한다. 따라서 내괘의 소성괘 여덟(貞)에 각기 여덟 회(悔)씩이 오므로 대성괘는 모두 8×8은 64개의 괘가 되는 것이다.

가. 육효(六爻)의 위(位)

대성괘를 구성하는 2개의 소성괘는 각각 3효(爻)로 이루어져 있으므로 대성괘는 6개의 효(爻)를 갖게 되며 64개의 대성괘의 효(爻)는 모두 384개이다. 6효(爻)의 자리는 아래로부터 초위(初位), 이위(二位), 삼위(三位), 사위(四位), 오위(五位), 상위(上位)의 순서로 배열되며 이를 6위(位)라고 한다. 첫 번째 효위를 일위(一位)라 하지 않고 초위(初位)로 표현한 까닭은 옷감을 마름질하여 처음으로 옷을 만들듯이 괘의 시초(始初)가 된다는 의미이고, 여섯 번째 효위를 상위(上位)로 표현하는 것은 6획괘의 가장 윗자리이기 때문이다. 역(易)은 6개의 위(位)에 바탕 해서 종즉유시(終則有始)하고 순환반복(循環反復)하는 역(易)의 이치를 나타낸다고 하겠다. 육위(六位) 가운데 初, 三, 五를 양위(陽位)라고 하고, 二, 四, 上을 음위(陰位)라고 한다. 양위에 양효(陽爻), 즉 '一'이 오면 바른 자리에 왔다고 하여 정위(正位)라 하고, 반대로 다른 효가 오면 바르게 자리 잡지 못한 상태이므로 부정위(不正位)라고 한다. 대개 상응하는 효(爻)들 간에 바르게 음양배합이 되면 서로 협조하므로 길(吉)하다고 보는 것이다. 반면 상응하는 효위(爻位) 간에 음양상응(陰陽相應)을 이루고 있지 못한 것을 상충(相沖)이라고 하는데 모두의 효(爻)가 양(陽)인 건괘(乾卦)는 육효(六爻)가 다 충(沖)하므로 육충괘(六沖卦)라고 한다. 괘(卦)를 다 이룬 후에 위에서 아래로 내려다보면 음양(陰陽)의 순으로 상하배열되므로 양음(陽陰)이라 하지 않고 음양(陰陽)이라고 하는 것이다. 이는 하늘의 양기(陽氣)는 아래로 내리고, 땅의 음기(陰氣)는 위로 올라가 천지(天地)의 음양교합(陰陽交合)이 이루어지는 것이 자연의 순리이기도 하기 때문이다.

〈표〉 육위의 배속

六位	사 회	인 간	동 물	가 족	연령
上	上王·國師	머리	머리	조부	60
五	天子(왕)	어깨	앞발	부	50
四	公卿(재상, 대신)	몸통	몸의 앞부분	형(자)	40
三	大夫(지방장관)	넓적다리	몸의 뒷부분	제(매)	30
二	士(하급관리)	정강이	뒷발	모	20
初	民(백성)	발	꼬리, 엉덩이	손자	10

나. 효의 음양(九, 六)

6효의 자리에 양효(陽爻)가 올 경우에는 九라 하고 음효(陰爻)가 올 경우에는 六이라 하는데, 사상(四象)의 수로 보면 九는 늙은 양(老陽)이고, 六은 늙은 음(老陰)이 된다. 이는 성숙한 부모에 해당하는 태양수(노양수) 九와 태음수(노음수) 六에 해당하는, 즉 음양(陰陽)의 대표(代表)수를 사용하여 九는 양(陽)을 나타내고 六은 음(陰)을 나타내는 것이다.

〈표〉 대성괘의 효위의 명칭과 상징

① 중천건(重天乾)

위(位)	부 호	명 칭	정위(正位)	삼재(三才)	기 타
上	―	상구(上九)	음(陰)	천(天)	외괘, 오후(後天)
五	―	구오(九五)	양(陽)		
四	―	구사(九四)	음(陰)	인(人)	
三	―	구삼(九三)	양(陽)		내괘, 오전(先天)
二	―	구이(九二)	음(陰)	지(地)	
初	―	초구(初九)	양(陽)		

② 중지곤(重地坤)

위(位)	부 호	명 칭	정위(正位)	삼재(三才)	기 타
上	--	상육(上六)	음(陰)	천(天)	외괘, 오후(後天)
五	--	육오(六五)	양(陽)		
四	--	육사(六四)	음(陰)	인(人)	
三	--	육삼(六三)	양(陽)		내괘, 오전(先天)
二	--	육이(六二)	음(陰)	지(地)	
初	--	초육(初六)	양(陽)		

③ 수뢰둔(水雷屯)

위(位)	부 호	명 칭	정위(正位)	삼재(三才)	기 타
上	--	상육(上六)	음(陰)	천(天)	외괘, 오후(후천)
五	—	구오(九五)	양(陽)		
四	--	육사(六四)	음(陰)	인(人)	
三	--	육삼(六三)	양(陽)		
二	--	육이(六二)	음(陰)	지(地)	내괘, 오전(선천)
初	—	초구(初九)	양(陽)		

5) 삼분법에 따른 역의 정의

역(易)을 분류하고 정의하는 데에는 역에 내포(內包)된 기본이치, 역(易)이 지칭하는
대상(對象)과 범주(範疇), 시대변천에 따른 역(易)의 명칭(名稱), 성인(聖人)들에 의한 주
역(周易)의 완성과정 등에 따라 개략적으로 세 가지씩 나눈다.

(1) 변역(變易), 불역(不易), 간이(簡易)

'바꿀 역(易)'자는 '날 일(日)'과 '달 월(月)'의 합성자로 보기도 하는데, 해와 달(日月)
은 계속 바뀐다. 그렇기 때문에 변하면서 계속 바뀌어 마침내 변혁한다는 의미에서
'변역(變易)'이라고 한다. 한편 변역(變易) 속에는 바뀌지 않는 일정불변의 원리가 있는
데, 예를 들어 하늘이 위에 있고 땅이 아래에 있다는 것이나 부모와 자식 간에 지켜야
할 기본적인 윤리도덕은 불변하는 원리이다. 만고불역(萬古不易)인 것으로 이를 '불역
(不易)'이라고 한다.

'바꿀 역'자를 '쉬울 이'라고도 하는데, 천지자연의 이치는 간략하고 쉽다는 뜻으로
'간이(簡易)'라고 한다. 광대하고 복잡할 것 같은 우주의 존재론과 생성과 질서유지의
원리를 지극히 간단하고 극명한 음양(陰陽)의 원리 하나로 설명할 수 있다. 천지자연
이 복잡했다면 자연(自然)이라고 하지 않았을 것이다. 그래서 자연(自然)의 이치는 간
단하고 쉬운 것이다. 주역(周易)은 자연의 이치를 설명한 것이기 때문에 '간이(簡易)'로
보아야 한다고 한다.

(2) 천역(天易), 서역(書易), 인역(人易)

역(易)은 바로 자연(自然)이고, 자연이 바로 역이기 때문에 역은 자연과 함께 시작하고 존재하므로 '천역(天易)'이라고 한다. 서역(書易)은 복희 씨로부터 공자에 이르기까지 성인(聖人)들이 자연의 이치를 알아내어 책으로 엮은 주역을 말한다. 곧, 천역(天易)을 책으로 엮은 것이기 때문에 서역 속에 천역이 들어 있는 셈이다. 인역(人易)은 성인들이 지은 서역을 공부한 일반사람들이 그 속에 들어 있는 천역의 이치를 깨달아 세상에 내놓고 일상생활에 유익하게 사용하는 것을 말한다. 그러므로 예법이나 제도뿐만 아니라 정치, 경제, 사회, 문화, 학문 등 모든 분야에 적용되는 것이 곧 인역(人易)이다.

(3) 연산(連山), 귀장(歸藏), 주역(周易)

역(易)은 상고(上古)시대인 하나라의 연산(連山), 중고(中古)시대인 은나라의 귀장(歸藏), 하고(下古)시대인 주나라의 주역(周易), 이 세 단계를 거쳐 왔다. 연산(連山)은 땅 위에 있는 산이 모두 연했다고 해서 산괘(艮: ☶)를 맨 처음 놓았다고 하며, 귀장(歸藏)은 만물은 모두 땅속으로 돌아가 감춰진다고 해서 땅괘(坤: ☷)를 맨 처음에 놓았다고 한다. 주역은 만물이 모두 하늘에서 나온다고 해서 하늘괘(乾: ☰)를 맨 먼저 놓았다. 오늘날에는 연산이나 귀장은 찾아 볼 수 없고, 주역만 전해져 역이라 하면 주역을 일컫는 것이다.

(4) 획역(畫易), 작역(作易), 찬역(贊易)

역(易)은 맨 처음 문자도 없고 의사소통도 안 되었을 때 괘(卦)를 그린 복희 씨의 획역(畫易), 문자가 생긴 이후 주나라 때 괘(卦)에 글을 단 문왕과 효(爻)에다 글을 붙인 주공(周公)의 작역(作易), 그리고 여기에 열 가지 해설 전(傳)을 덧붙여 주역을 집대성한 공자의 찬역(贊易)의 세 단계로 이루어졌다고 하여 "時歷三古하고 人經三聖이라"라고 했는데, 즉 상고(上古) 때의 복희 씨와 중고(中古) 때의 문왕, 주공과 하고(下古) 때의 공자로서 시대로는 상고, 중고, 하고를 거치고 성인(聖人)으로서는 세 분의 손을 거쳐 이루어진 것이다.

6) 역전(易傳)

역(易)을 완성할 당시가 주(周)나라 때였으므로 '주나라 주'를 따서 주역(周易)이라한 것이다. 주역(周易)은 철학(哲學)이기 때문에 '두루 주(周)', '바꿀 역(易)' 곧 두루 바꾼다는 의미이다. 그리고 주(周)는 '주위(周圍)', 즉 상하사방의 공간적 주위에 해당하고 역(易)은 '往古來今', 즉 계속 바뀌고 변하는 시간적 변혁을 말한다. '周'도 여덟 획, '易'도 여덟 획 해서 '팔팔 육십사(64괘)'로도 의미를 찾을 수 있어 주역(周易)이라는 두 글자 속에는 시대적 명칭을 따다가 붙였으면서도 다분히 철학적인 의미까지 들어있는 것이다.

역전(易傳)은 대체로 전국(戰國) 이래로 주역 경문을 체계적으로 해석한 논문인데, 공자에 의해서 마무리되었다는 보는 것이 정설이다. 공자가 시경, 서경을 모두 정리하고 주역도 그와 함께 정리하려고 살펴본 결과, 공자가 주역의 그 깊고 오묘함에 놀라 "주역은 복희씨가 천지 이치에 맞게 그린 괘, 문왕과 주공이 이치에 맞도록 설명한 성인(聖人)의 글이다. 후세인이 알기 쉽게 전술(傳述)은 할지언정 내가 창작은 하지 못한다(述而不作)"하고 후세 사람들이 알기 쉽도록 해설(解說) 전(傳) 열 가지를 주역(周易)에 붙여 주역을 사람들이 알기 쉽게 설명한 것이 역전(易傳)이며 십익(十翼)이라고도 부른다. 공자가 십익(十翼)을 완성함으로써 역경(易經)이 비로소 학문적인 체계가 완성되었다고 볼 수 있는 것이다.

대개 성경현전(聖經賢傳)이라고 하여, 성인(聖人)이 지은 글을 경(經)이라 하고, 현인(賢人)이 지은 글을 전(傳)이라 한다. 우리가 성인이라고 하는 공자가 지은 글은 마땅히 경(經)이라고 해야 하나, 유독 주역만은 공자가 지은 글임에도 불구하고 전(傳)이라 하는 것이다. 그만큼 주역이 큰 글이란 뜻이다.

(1) 단전(彖傳) 상·하

단(彖)은 '끊을 단'으로 문왕이 괘(卦)를 판단 분석한 괘사(卦辭)를 가리키는 것이고, 단전(彖傳)은 이에 대해 공자가 다시 부연 설명한 것을 말한다. 본래 단(彖)은 돼지의 어금니를 뜻하는데, 단단한 것도 잘 끊는다고 해서 '끊을 단'이다. 주역(周易)은 끊음을 잘해야 하는 것을 나타낸, 즉 좋다, 나쁘다, 옳다, 그르다 등의 판단을 확실하게 해야 하기 때문이다. 괘를 분명하게 판단한 글이 곧 단전(彖傳)이다.

(2) 상전(象傳) 상·하

괘(卦)의 전체 형상(괘상)과 그 안의 효(爻)의 형상(효상)을 보고 설명한 것이다. 괘상(卦象)과 효상(爻象)을 한데 묶어 상전(象傳)이라고 하며, 64개의 괘상(卦象)을 해석한 것을 대상(大象)이라 하고, 384개의 효상(爻象)을 해석한 것을 소상(小象)이라고 한다.

(3) 문언전(文言傳)

64괘 중의 건괘(乾卦: ☰)와 곤괘(坤卦: ☷)를 종합적으로 풀이한 것으로 문언전(文言傳)이라고 한 것은 괘효(卦爻)를 문장(文章)적으로 덧붙여 부연 설명한 것으로, '건괘(乾卦) 문언전'과 '곤괘(坤卦) 문언전'을 별도로 붙인 것은 천지(天地)의 이치를 설명한 건괘(乾卦)와 곤괘(坤卦)가 워낙 설명할 부분이 많고, 모든 괘(卦)를 대표하는 부모(父母)괘 이므로 별도의 설명을 붙인 것이다.

(4) 계사전(繫辭傳) 상·하

계사(繫辭)는 '맬 괘'와 '말씀 사', 즉 말로 다시 풀었다는 뜻이다. 계사전(繫辭傳)은 역경(易經)과 서법(筮法)의 대의(大義)를 통론(通論)하고 역경(易經)의 중요한 개념과 효사(爻辭)를 중점적으로 주석(註釋)하고 있다. 문왕의 괘(卦)에 대한 계사(繫辭)와 주공의 효(爻)에 대한 계사(繫辭)를 공자가 총체적으로 해설한 것이다. '계사상전'이 주역(周易)에 대한 총론(總論)이고, '계사하전'은 주역(周易)에 대한 각론(各論)이라고 할 수 있다.

(5) 설괘전(說卦傳)

팔괘(八卦)의 선후배열의 원리와 괘(卦) 하나하나에 대하여 구체적으로 설명한 것이다. 또 팔괘(八卦)의 성질과 기능을 해석한 것으로 역상(易象)의 기원(起源)과 전개(展開)에 대하여 논한 중요한 자료이다. 역경(易經)의 의리(義理)를 이해하는 데 도움이 된다.

(6) 서괘전(序卦傳)

주역의 상경(上經) 30괘의 괘(卦) 순서를 풀이하고 이어서 하경(下經)의 34개의 괘(卦) 순서를 풀이하고 이어서 괘(卦)들이 서로 이어진 뜻을 밝히고 있다.

(7) 잡괘전(雜卦傳)

괘(卦)를 섞어 놓고 괘상(卦象)을 대조적으로 들어서 그 뜻을 드러내는 형식으로 64괘의 괘상(卦象)을 설명한 것이다. 모든 만물이 서로 뒤섞여 있는 이치를 그대로 '서괘전(序卦傳)'의 순서와 상관없이 괘(卦)들을 섞어놓고 주역(周易)을 설명한 것이다.

7) 역학(易學)

역(易)이란 우주만물의 생성과 그 변화를 논하는 것이기 때문에 공자에 의하여 역경(易經)이 완성되었다고 하지만 역(易)이라는 것이 문자가 생기기 이전부터 시작되었고 인간의 관계가 가족, 부족, 국가의 형태로 발전되어 나가고 과학과 문명의 발달로 인하여 역(易)의 체계가 복잡해지고 그 해석도 어려워져서 그 인식 방법론에도 발전과 더불어 여러 의견이 제시되어 어떤 체계와 원칙을 가지고 역(易)을 해석할까? 하는 문제가 등장하게 됨은 필연적인 과정이라고 보아야 할 것이다. 그리하여 역(易)을 '상수(象數)'로써 해역(解易)하는 상수학파와 의리(義理)로써 해역하려는 의리학파가 역학(易學)의 양대 산맥을 형성하여 역학(易學)의 학문적 발전에 기여하게 된다.

(1) 상수역학(象數易學)

상수역학(象數易學)이라 하면 한 마디로 역경(易經) 64괘·효사(爻辭)를 괘·효의 상(象)과 기(奇)·우(偶)의 수(數)로서 해석하는 방법론을 말한다. 역(易)은 세계의 변화를 괘(卦)와 효(爻)로 상징하고 괘사(卦辭)와 효사(爻辭)는 그 상징을 말로 풀이하고 있고, 또한 역(易)의 괘(卦)가 이루어지는 원리와 괘효(卦爻)의 변화에는 일정한 수리(數理) 법칙이 있고, 그에 따라 해석하면 지금 벌어지고 있는 일과 사물의 미래를 알 수 있다는 것이 상수(象數)학파의 논리이다. 또 상수역학(象數易學)은 음양오행 사상과 함께 어울려 음양의 소장(消長)·왕래(往來)와 오행의 순환(循環)을 한데 엮는 체계를 구축하게 된다. 그래서 상수역학(象數易學)은 천리(天理)와 인간사(人間事)를 관통하여 해명할 수 있는 것으로서 신비(神秘)하고 심오(深奧)한 쪽으로 유도하여 역경(易經)의 미신적(迷信的)인 오해(誤解)도 발생시켰다. 이렇게 상수역학(象數易學)은 인간을 미신적 질곡(桎梏)으로 몰고 가면서도, 다른 한편으로는 동양의 역사에서 과학(科學)의 발달을 유도한 공로가 있는 것이다. 대표적인 학자로는 송(宋)대의 소강절(邵康節: 1011~1077)[86]이 있다.

(2) 의리역학(義理易學)

역경(易經)은 점치는 책이 아니라 그 안에 들어 있는 도덕적(道德的), 철학적(哲學的) 가르침을 받아들여 덕성(德性)을 수양하는 책으로 인정받게 된다. 그 대표적인 사람이 공자(孔子)이다. 이와 같은 경향으로 역경(易經)을 연구하는 것을 "의리역학(義理易學)"이라 한다.

---

86) 중국 북송(北宋)의 유학자 소옹(邵雍)의 시호(諡號). 소옹은 주돈이(周敦頤)가 이기론(理氣論)을 세운 때에 상수론(象數論)을 제창하였음. 저서로는 ≪관물편(觀物篇)≫·≪황극경세서(皇極經世書)≫·≪이천격양집(伊川擊壤集)≫ 등이 있으며, 이정(二程)과 주자(朱子)에 큰 영향을 미쳤음.

의리역학(義理易學)은 상수역학이 수동적·소극적·운명 순응적인 특징을 갖는 데 비하여 능동적(能動的)이며 적극적(積極的)인 특징을 가진다. 역(易)의 점을 쳐서 얻은 해당 점사(占辭: 卦·爻辭)를 인간 중심으로 다시 처리하는 것이다. 그래서 역(易)의 교훈적인 의미를 발견하며 인위적인 노력을 들여 그 운명을 개변하고 극복하려고 하는 것이 의리학파(義理易學)이다. 아울러 상수역학이 구체적 상징체계로부터 다시 구체적 물사(物事)를 해석하던 것에 비하여 고도의 추상성과 철리성(哲理性)을 띤다. 의리역학(義理易學)은 역경(易經)을 동양의 최고의 학문의 자리에 있게 하였으며 현대의 역학(易學)의 주된 개념을 의리학파의 개념으로 자리 잡게 하였으며 왕필이 의리학파의 선두 주자이다.

4. 성리학(性理學)

중국 송(宋)·명(明)나라 때 학자들에 의하여 성립된 학설로서 도학(道學)·이학(理學)·성명학(性命學) 또는 이것을 대성시킨 이의 이름을 따서 정주학(程朱學)[87]이라고도 한다. 유학(儒學)은 중국 사상의 주류(主流)를 이루는 것으로, 그것이 성립되던 상대(上代)에는 종교나 철학 등으로 분리되지 않은 단순한 도덕(道德)사상이었으며, 그 대표적 인물에 공자(孔子)와 맹자(孟子)가 있다. 공자는 춘추시대(春秋時代)의 어지러운 사회를 바로잡으려고 천하를 주유(周遊)하면서 인(仁)과 예(禮)를 설하였으나 뜻대로 되지 않아 고향에 돌아와 육경(六經: 詩·書·禮·樂·易·春秋)을 제자에게 가르치며 도리(道理)를 후세에 전하였다.

선진시대(先秦時代)에 이르러 유학은 도덕 실천의 학으로서 크게 일어났으나, 시황제(始皇帝)의 분서갱유(焚書坑儒)로 큰 시련을 겪은 다음 한·당대(漢唐代)에는 경전(經典)을 수집·정리하고, 그 자구(字句)에 대한 주(注)와 해석을 주로 하는 소위 훈고학(訓學)이 이루어졌다. 그러나 송·명 시대에 이르러 유학은 정치적 또는 종교적 사회체제의 변화에 따라 노불(老佛) 사상을 가미하면서 이론적으로 심화되고 철학적(哲學的)인

---

87) 정이천, 정명도 형제와 주자(朱子)를 이른다.

체제를 갖추게 되었다. 즉, 북송(北宋)의 정호(程顥)는 천리(天理)를 논하였고 그 아우 정이(程)는 '성즉리(性卽理)'의 학설을 폈으며, 그 밖에 주돈이(周敦)·장재(張載)·소옹(邵雍) 등이 여러 학설을 편 것을 남송(南宋)의 주희(朱熹: 朱子)가 집성(集成)·정리하여 철학의 체계를 세운 것이 성리학(性理學)으로, 일명 주자학(朱子學)이라고도 한다. 한편, 이와는 달리 육상산(陸象山)은 '심즉리(心卽理)'를 주장하였는데, 이것을 왕양명(王陽明)이 계승하여 육왕학(陸王學)을 정립, 이것 역시 성리학이라 하나 대개의 경우는 성리학이라 하면 주자학(朱子學)을 가리킨다.

성리학은 이(理)·기(氣)의 개념을 구사하면서 우주(宇宙)의 생성(生成)과 구조(構造), 인간 심성(心性)의 구조, 사회에서의 인간의 자세(姿勢) 등에 관하여 깊이 사색함으로써 한·당의 훈고학(訓詁學)이 다루지 못하였던 형이상학적(形而上學的)·내성적(內省的)·실천철학(實踐哲學)적인 여러 분야에서 새로운 유학사상을 수립하였다. 그 내용은 크게 나누어 태극설(太極說)·이기설(理氣說)·심성론(心性論)·성경론(誠敬論)으로 구별할 수 있다.

1) 성리학의 태극설

태극(太極)이라는 말은 성리학 이전에도 ≪주역(周易)≫ <계사전(繫辭傳)>에 나오는데, 그것에 의하면 태극(太極)을 만물(萬物)의 근원(根源), 우주(宇宙)의 본체(本體)로 보고 "태극은 양의(兩儀: 음양)를 낳고, 양의는 사상(四象)을 낳고, 사상은 팔괘(八卦)를 낳고 팔괘에서 만물이 생긴다"라고 하였다. 이 우주관을 계승하고 여기에 오행설(五行說)을 가하여 새로운 우주관을 수립한 것이 북송(北宋)의 유학자 주돈이의 ≪태극도설(太極圖說)≫이다. ≪태극도설≫은 만물 생성의 과정을 '태극—음양—오행—만물'로 보고 또 태극의 본체를 '무극이태극(無極而太極)'이란 말로 표현하였다. 그 본체는 무성무취(無聲無臭)한 것이므로 이를 무극(無極)이라 하는 동시에 우주 만물이 이에 조화(造化)하는 근원이므로 태극(太極)이라 한다고 하였다. 그러나 주자(朱子)는 이것을 해석하여 태극(太極) 외에 무극(無極)이 따로 있는 것이 아니라 하여, 만일 무극을 빼놓고 태극만을 논한다면 태극이 마치 한 물체처럼 되어서 조화의 근원이 될 수 없고, 반대로 태극을 빼놓고 무극만을 논한다면 무극이 공허(空虛)가 되어 역시 조화의 근원이 될 수 없다고 하였다. 이같이 무극과 태극은 떼어 생각할 수 없는 것으로, 유(有)가 즉 무(無)이며, 절대적 무는 절대적 유와 동일하다는 것이다.

소옹은 태극이 곧 도(道)라 하였다. 만물의 근원적 이치가 도 또는 도리(道理)라 한다면 태극은 곧 태초(太初)부터 영원(永遠)까지, 극소(極小)에서 극대(極大)까지 어디에나 존재하는 이치라 하였으니, 다시 말하면 공간적으로 대·소가 있을 수 없고, 시간적으로 장(長)·단(短)이 있을 수 없다는 것이다. 여기서 주자는 천지(天地)도 하나의 태극(太極)이요 만물 하나하나가 모두 태극(太極)이라 하였고, 이 태극에서 음양으로의 이행(移行)은 태극의 동정(動靜)에 의하는 것이며 동정(動靜)은 곧 음양의 두 기운을 내포하고 있어, 만물의 근원적인 생성(生成)이 전개된다고 하였다.

2) 성리학(性理學)의 이기(理氣)설

성리학(性理學)의 이기(理氣)설은 우주·인간의 성립·구성을 이(理)와 기(氣)의 두 원칙에서 통일적으로 설명하는 이론이다. 이 이(理)·기(氣)라는 말은 성리학이 성립되기 이전에도 있었으니, 《역경(易經)》에서는 천지만물을 음양 2기(氣)의 활동에서 성립된 것이라 하여 이(理)·기(氣)의 개념을 말하였다. 송대에 이르러 주돈이는 그의 《태극도설》에서 모든 근원인 태극이 2기를 낳고, 2기에서 수·화·목·금·토의 5행을 낳고, 5행에서 남(男)·녀(女)가 생겨 거기에서 만물이 화생(化生)하였다고 논하였다.

장재(張載)는 우주의 본체를 태허(太虛)라 하였고 그 작용으로서 음양의 2기가 있어 여기에서 천지만물이 만들어졌다는 기일원론(氣一元論)을 폈으며, 정호(程顥)도 기의 통일체로서의 건원(乾元)을 내세웠으나 그의 아우 정이(程伊)는 기(氣)의 세계에서 출발하면서도 기(氣)와는 별도로 이(理)의 세계를 생각하여 이(理)와 기(氣)를 확실히 구별함으로써 이기이원론(理氣二元論)의 단서를 열었다.

《역경》에 "일음일양(一陰一陽)을 도(道)라 한다"라는 구절이 있는데, 정이(程伊)는 이 도(道)를 '음양(陰陽)의 원인이 되는 것이 도(道)'라고 보았다. 즉, 형이상(形而上)의 도(道)를 형이하(形而下)의 기(氣)에서 구별하여 도(道)를 기(氣)의 현상(現象) 속에 존재하는 원리로 하여 새로운 우주관을 세운 것이다. 이 도(道)가 곧 이(理)이다. 그러나 이(理)와 기(氣)는 서로 밀접한 관계에 있어, 그 어느 것이 빠져도 존재할 수 없다. 이런 의미에서 이(理)·기(氣) 양자(兩者)는 동시 존재이며 다만 그 질(質)을 달리할 뿐, 경중(輕重)의 차는 없는 것이나, 기(氣)는 항상 변화하는 데 대하여 이(理)는 법칙성을 지니고 부동(不動)한 것이기 때문에 거기에 자연히 경중이 부여된다. 특히 그것이 윤리(倫理)에 관련될 경우 이러한 경향이 더욱 뚜렷하다.

'천(天)은 이(理)이다', '마음은 이(理)이다'라고 하는 이면(裏面)에는 이(理)가 법칙적 성격이 부여된 데 대하여 기(氣)는 항상 물적(物的)인 것, 그리고 자칫하면 이(理)의 발현(發現)을 방해하는 것이라는 해석이 내재(內在)하게 된다. 이것을 일방적으로 말하자면 종래의 성선설(性善說)에 명확한 설명을 붙이는 결과가 되었으니, 즉 '성(性)은 이이다(性卽理)'라는 입장이 그것이다.

이와 같은 정이(程伊)의 이기(理氣) 철학은 주자(朱子)에게로 계승되어 이(理)·기(氣)의 성격은 더욱 확연하게 구별되었다. 주자는 이에 '소이연(所以然: 존재론적 의미를 가진다)'과 '소당연(所當然: 법칙론적 의미를 가진다)'이라는 두 가지 성격을 부여하는 동시에 그것은 기(氣)의 내부에 항상 존재하는 것으로 보았다. 기(氣)가 형질(形質)을 지니고 운동하는 것에 대하여, 이(理)는 형질도 없고 운동도 하지 않고, 그 실재는 기(氣)를 통하여 관념적으로 파악되는 것이라 하였다. 즉, 기(氣)가 형질을 갖고자 할 때, 또는 운동을 일으키려 할 때, 이(理)가 거기에 존재하지 않는다면 기(氣)의 이러한 작용은 전혀 불가능하며, 기(氣)의 존재 자체도 불가능해질 수밖에 없다. 그리고 주자(朱子)는 이것을 윤리에 적용시켰을 때, 이(理)·기(氣)에 경중을 두면서도 기(氣)를 악(惡)으로만 단정하지 않고, 기(氣)의 청탁(淸濁)에 의한 결과에서 선악(善惡)을 인정하려 하였다. 인간의 신체나 희노애락(喜怒哀樂)의 정(情)은 기(氣)에서 성립되고, 그것이 도덕적으로 선(善)한 성(性)은 이(理)가 마음에 내재화(內在化)된 것으로 보았다. 이 이기설은 그 후 오랫동안 철학자들에게 계승되어 윤리적 입장에서 기(氣)에 중점을 두느냐, 이(理)에 중점을 두느냐의 차이일 뿐, 우주관 자체는 부동의 것이 되었다.

3) 한국의 성리학

한국에 성리학(性理學)이 들어온 것은 고려 말기, 충렬왕을 호종하여 원(元)나라에 갔던 안향(安珦)이 《주자전서(朱子全書)》를 가져와 연구하기 시작한 데서 비롯되었다. 그 후 성균관의 유학자들에게 수용되어 합리적이고 윤리적인 사상으로서 새로운 학풍을 이루게 되었으며, 그 대표적 인물로서 이색(李穡)·정몽주(鄭夢周)·길재(吉再)·정도전(鄭道傳) 등을 들 수 있다. 이색·정몽주·길재 등은 불교의 폐단을 지적하고 유교를 숭상할 것을 주장하는 데 그쳤고, 또 신왕조에 협력하지도 않았으나 정도전·하륜(河崙)·권근(權近) 등의 성리학자는 불교의 폐단뿐만 아니라 교리(敎理) 자체를 논리적으로 변척(辨斥)하는 동시에 이태조를 도와 법전(法典)의 제정과 기본정책의 결정을 통하여 유교를 국시(國是)로 삼는 조선조가 성립하는 원동력이 되었다. 한편 정몽주의 학풍을 이은 길재는 의리학(義理學)의 학통을 세웠고, 그 학통은 김숙자(金叔滋)·김종직(金宗直)·김굉필(金宏弼) 그리고 조광조(趙光祖)로 이어지면서 기묘사화·을사사화 등의 희생을 겪었으나 도학(道學)의 의리(義理)정신은 면면히 계승되었다. 그러나 성리학이 전성기를 맞이한 것은 16세기에 들어서였으며, 송대의 성리학이 이 땅에 전래된 지 300년 가까이 되어서였다. 즉, 이때 한국 유학의 쌍벽인 이퇴계(李退溪)와 이율곡(李栗谷)이 태어났으며, 서화담(徐花潭)·이항(李恒)·김인후(金麟厚)·기대승(奇大升), 그리고 성혼(成渾) 등도 모두 같은 시대의 성리학자들이다. 그들은 성리학을 우리의 것으로 소화함에 있어 자연이나 우주의 문제보다 인간 내면의 성정(性情)과 도덕적 가치의 문제를 더 추구하였으니, 이퇴계와 기대승 및 이율곡과 성혼의 사단 칠정(四端七情)에 관한 논변(論辨)이 바로 그것이며, 그들은 이 논변을 통하여 '이기성정론(理氣性情論)'을 활발히 전개시켰다. 한편, 내면적 도덕원리인 인성론(人性論)은 송익필(宋翼弼)·김장생(金長生) 등에 의하여 유교의 행동규범인 예설(禮說)로 발전하였다. 이퇴계와 이율곡에 앞선 서화담은 그 이론이 송나라 장재(張載)와 같은 기일원론(氣一元論)이라 할 수 있으니, 곧 "태허(太虛)는 맑고 무형(無形)이나 이름 하여 선천(先天)이라 한다. 그 크기가 바깥이 없으며, 거슬러 올라가도 시작이 없다"라고 하며 기(氣)의 본체를 말하였다. 그러나 동시에 화담은 이러한 기(氣) 가운데 "갑자기 뛰고 홀연히 열림이 있으니 이것은 누가 시키는 것인가? 저절로 그렇게 되며 또한 그렇게 되지 않을 수 없는 것이 있으니 이것이 곧 이치(理致)가 시간으로 나타남인 것이다"라고 기(氣)의 작용을 말하였다. 그리하여 화담은 기(氣)라는 것이 모든 존재의 근원이며, 현상으로 존재하는 것은 오직 기(氣)만 있을 뿐이라고 보았던 것이다.

이에 반하여 퇴계는 이(理)를 절대적인 것으로 본 학자였다. 그는 정통 정주학의 계통을 따라서 항상 이우위설(理優位說)의 입장을 강력하게 견지하였으며, 이(理)의 구극성(究極性)을 다음과 같이 표현하였다.

> "무릇 옛날이나 오늘날의 학문과 도술(道術)이 다른 까닭은 오직 이 이(理)를 알기 어렵기 때문이다. …… 이것은 지극히 허(虛)하지만 지극히 실(實)하고 지극히 없는 것(無) 같지만 지극하게 있는 것(有)이다. …… 능히 음양·오행·만물·만사(萬事)의 근본이 되는 것이지만 그 속에 갇혀 있는 것이 아니다. 어찌 기(氣)와 섞어서 하나가 될 수 있겠는가?", "이것은 만유(萬有)를 명령하는 자리요, 어느 것에서 명령을 받는 것이 아니다."

퇴계는 이(理)와 기(氣)를 엄격히 구별하여 그 혼동을 용납하지 않았다. 그는 태극(太極) 또는 이(理)로 표현되는 것을 다름 아닌 인간의 선한 본성의 궁극적 근원으로 보았던 것이다. 성리(性理)란 곧 인간의 본성(本性)을 이루는 것이며, 인간은 그것을 확충하고 발휘함으로써 인간이 인간된 소임을 다하게 되는 것이라 하였다. 그러므로 그것은 신체적·물질적 조건에서 유래하는 것과는 엄격히 구별하여야 한다고 보았다. 퇴계는 당시에 사화(士禍)가 연달아 일어나서 올바른 선비들이 죽임을 당하는 부조리한 사회현실에서 진실로 선악과 정사(正邪)를 밝히고 올바른 진리를 천명함으로써 사람들이 나아갈 바 표준과 방향을 제시하고자 하였다. 퇴계의 이 같은 성리학설은 후세에 깊은 영향을 주었고, 일본으로 전해져 일본 유학에 큰 영향을 끼쳤다.

퇴계보다 35년 후에 태어난 이율곡도 퇴계와 마찬가지로 정통 성리학파의 입장을 견지하였다. 그러나 그는 단순히 성리학만을 고수한 것이 아니라 불교와 노장철학(老莊哲學)을 위시한 제자(諸子)의 학설과 양명학(陽明學) 등 여러 학파의 사상도 깊이 연구하였다. 그러면서도 율곡은 유학의 본령(本領)을 들어 그 기본정신에 투철하였으며, 이를 철학적으로 전개하였을 뿐만 아니라 실제적인 현실문제에까지 연결시켰던 것이다. 그는 논하기를 "성리학은 형이상학적 성격을 지녔다 하더라도 공자가 가르친 효제충신(孝悌忠信)이라든지 인의(仁義)와 같은 일상적으로 인간이 행할 도리를 떠나서 설명하는 것이 아니다. 개별적인 규범(規範: 所當然)만을 알고 근본원리[所以然]를 알지 못하면 그 행위가 결과적으로 선행(善行)에 합치한다 하더라도 도학(道學)이라 말할 수 없는 것이다"라고 하여, 자애(慈愛)와 효도와 충성과 우애라 하더라도 그것을 행하는 이유를 추구하는 의미에서 형이상학이라 할 수 있다고 하였다. 즉, 율곡 성리학의 요령은 현실적(現實的)이고 구체적인 사실(경험성)에 근거하여 그 까닭을 추구함(논리성)에 있어 논리적인 모순이나 비약을 배제하고 그 본원성(本源性)을 체계적으로 나타내는 철학사상이라 할 수 있다. 율곡은 진정한 학문이란 내적(內的)으로 반드시 인륜(人倫)에 바탕을 둔 덕성(德性)의 함양과 외적으로 물리(物理)에 밝은 경제의 부강(富强)을 겸해야 한다고 하였다. 그는 당시의 피폐한 현실을 역사적 갱장기(更張期)로 파악하고 국방력의 강화, 경제적 부강, 사회정의의 확립 등을 주장하는 동시에 이러한 실리를 주장하다 보면 의리(義理)에 어긋나고 의리를 추궁하다 보면 실리를 망각하기 쉬우므로 이러한 모순을 원만히 타결해 나갈 수 있어야 한다고 하였다. 즉, 권능(權能)과 의리가 상황에 따라서 창의적으로 그 마땅함[宜]과 알맞음[中]을 얻는다면 의(義)와 이(利)는 그 가운데 융화된다고 하였다.

이상과 같은 퇴계·율곡의 성리학은 인간성의 문제를 매우 높은 철학적 수준에서 구명하였을 뿐만 아니라, 그것이 공허한 관념을 벗어나 역사적·사회적인 현실과 연관을 가지고 영향을 주었으며, 후세에 실학사상(實學思想)으로 전개되는 하나의 계기를 만들었다고 할 수 있다.

4) 조선의 성리학

조선(朝鮮) 유학(儒學)의 특징은 성리학(性理學)의 발달에 있다. 성리학은 송(宋)나라 주희(朱熹)가 집대성한 것으로서 자구(字句) 해석에 치중하던 종래의 유학과는 달리, 우주와 인간의 근본문제를 탐구하는 철학적인 유학인데, 고려 말에 한국에 전래되었다. 조선을 세운 신진사대부들은 숭유배불주의(崇儒排佛主義)를 내세워 유학 중에서도,

특히 성리학을 정치지도 이념으로 정착시키는 동시에 사회개혁과 국가운영의 기본이념으로 삼았다.

이러한 문화정책은 특히 세종·세조에 의해 주도되어 개성이 강한 관학의 학풍을 이룩하였다. 관학파는 훈구파(勳舊派)라고도 하는데, 국가창업 과정에 기여한 정도전·하륜(河崙)·권근(權近) 등과 그의 제자들로서, 집현전·홍문관을 중심으로 관찬사업에 적극 참여하여 학문을 크게 진작시켰으며, 특히 사장(詞章)에 능하였다. 정인지(鄭麟趾)·최항(崔恒)·신숙주(申叔舟)·양성지(梁誠之)·서거정 등이 많은 업적을 남겼다.

한편, 조선의 개창을 둘러싸고 길재와 같은 일부 학자들은 왕조 교체가 유교적 윤리와 의리에 어긋난다고 생각하여 역성혁명에 참가하기를 거부하고 향촌에 내려가 학문과 교육에 주력하였다. 그들은 김종직에 이르러 그 수가 크게 늘어 영남을 중심으로 이른바 사림파를 형성하였는데 사장 중심의 훈구파와 달리 경학(經學)에 치중하고 인간의 심성을 연구하는 데 주력하였다. 사림파는 김종직과 그의 제자들인 김굉필(金宏弼)·정여창(鄭汝昌)·김일손(金馹孫) 등으로서 훈구파의 일방적 비대를 막으려는 성종의 발탁으로 중앙 정계에 진출하지만, 훈구파와 정치적 갈등이 불가피하였고, 그러한 갈등 속에서 사림들은 치명적 타격을 받았다. 이에 사림들은 초야에 은거하여 서원을 중심으로 학문에만 힘쓰고자 하는 기풍이 일어나고, 그리하여 16세기 이후 심오한 철학적 논쟁이 피어나는 발판이 되었다. 당시의 철학적 조류는 크게 경험적 세계를 중요시하는 주기파(主氣派)와 원리적 문제를 중요시하는 주리파(主理派)의 두 계통으로 발전하였다. 주기파는 서경덕(徐敬德)에서 비롯되어 이이(李珥)에 의해 대성되었는데, 경험적 현실세계를 존중하여 정치·경제·국방 등 현실문제에 대한 여러 개혁론을 제시하였다. 주기파는 이이의 벗인 성혼(成渾)·송익필(宋翼弼)과 그의 제자인 김장생(金長生)·송시열(宋時烈) 등 이른바 기호학파(畿湖學派)에 의하여 계승되었다.

한편, 주리파는 이언적(李彦迪)에게서 비롯되어 이황(李滉)에 의해 대성되었는데, 도덕적 원리에 대한 인식과 그 실천을 중요시하여 신분질서를 유지하는 도덕규범의 확립에 크게 기여하였다. 주리파는 이황·조식(曺植) 이후 김성일(金誠一)·정구(鄭逑)·허목(許穆) 등 영남학파에 의해 계통이 이어졌다. 이와 같은 성리학은 17세기에 이르러 신분질서의 안정에 필요한 의례를 중요시하여 상장제례(喪葬祭禮)에 관한 예학(禮

學)으로 발전하였는데, 기호학파에서는 김장생·송시열이, 영남학파에서는 정구·허목이 이를 하나의 학문으로 정립시켰다.

조선 후기의 성리학은 기호학파가 정권을 주도하면서 주기설 중심으로 발달하였는데, 권상하(權尙夏)의 문하에서는 인간의 심성문제를 둘러싸고 큰 논쟁을 펴기도 하였다. 한원진(韓元震)·이간(李柬) 등이 당시 심성론(心性論)의 대가였다. 그러나 천주교를 비롯한 서양문화의 자극을 받는 과정에서 주리설이 대두되어 위정척사(衛正斥邪)운동의 철학적 기반을 부여하였다. 이항로(李恒老)·기정진(奇正鎭) 등은 19세기 중엽의 대표적 위정척사 운동가였다.

성리학의 발달과 아울러 조선 후기에는 성리학에 대한 비판운동도 일어났는데, 윤휴(尹鑴)·박세당(朴世堂)·정약용 등은 유교의 경전을 독자적으로 해석하기도 하였고, 정제두(鄭齊斗)를 중심으로 한 강화학파(江華學派)에서는 양명학(陽明學)을 연구하여 성리학의 한계를 극복하려고 하였다. 그러나 이들은 성리학자들에 의해 이단으로 몰려 조선사회에서 그 지위를 굳히지 못하였다.

5. 운기학(運氣學)

운기학(運氣學)은 글자 그대로 기(氣)의 움직임을 연구하는 분야이다. 오행(五行)이 하늘의 원리를 중심으로 우주와 인간의 존재론과 우주 창조의 선(善)한 원리에서 상대적 유기론(有機論)을 다뤘다면 운기론(運氣論)은 인간과 인간이 이 우주에서 터를 잡고 삶을 영위하는 지구를 중심으로 기(氣)의 변화를 다룬 이론이다. 운기(運氣)는 오운(五運)과 육기(六氣)를 의미하는 말이다. 운기학은 동양의학의 주요 이론이다. 사람마다 태어날 때 하늘의 기운인 오운과 땅의 기운인 육기의 다소에 따라 체질과 건강에 영향을 미친다는 이론으로 동양의학의 최고의 고전인 황제내경에 그 이론과 임상의 방법론이 기술되어 있다.

오운(五運)은 오행의 움직임에 천간(天干: 十干)을 배합(配合)하여 기(氣)의 움직임을 연구하는 것이며, 육기(六氣)는 오운(五運)이 지구(地球)의 환경과 관계되어 지구에만 있는 기(氣)로서 이것을 지지(地支: 十二支)와 배합하여 연구하는 것을 말하며, 운(運)이라는 것이 움직임, 즉 생명(生命)의 변화를 의미하는 것이기 때문에 고대 사람들은 수천 년에 걸친 기후와 인간의 관계를 살펴 이를 귀납(歸納)하고 연역(演繹)하여 여러 형태로 사유하고 인식론적인 성과를 이루었는데, 대표적인 것이 주역(周易)이고, 여기에서 파생되어 의학(醫學), 명리(命理), 사주(四柱)의 학문이 만들어졌다. 그런데 이러한 학문들의 배경에는 음양오행이라는 이론이 자리 잡고 있다. 운기학(運氣學)은 시간에 따라 변화하는 하늘과 땅의 기(氣)를 연구하는 학문이라고 할 수 있다. 오운 육기에 대한 문헌자료는 한동석의 우주변화의 원리에서 논하는 의견을 거의 수렴하였으며, 필요한 곳마다 필자의 의견을 보충하는 형태로 하여 기술하였음을 밝히는 바이다.

1) 오운론(五運論)

(1) 오운(五運)의 개념(概念)

운(運)이란 것은 운행(運行)이나 율동(律動) 등의 요인과 상(象)을 표현하는 율동(律動) 개념이다. 그러므로 운(運)자의 상(象)을 취할 때에 운(運)한 것은 군(軍)이 동(動)하는 상(象)을 구체적으로 나타내려는 의도에 있었던 것이다. 운(運)이란 것은 반드시 맹진(猛進)만을 수단이나 목적으로 하는 것이 아니다. 전진할 때와 후퇴할 때를 알고 행동하여야 가히 전략(戰略)을 아는 군(軍)이라고 할 것이다. 군(軍)은 이와 같이 함으로써만이 전세를 좌우할 수 있는 전략적 변화를 일으킬 수가 있다. 운(運)이란 것은 군(軍)의 행진에 진퇴(進退)의 조절이 필요했던 것처럼 운(運)의 율동(律動)도 반드시 일음일양(一陰一陽)하면서 진퇴하는 것을 표시하기 위한 것이다. 그러므로 이것을 운(運)이라고 하거니와 여기에다가 오자(五子)를 합하여 오운(五運)이라는 개념을 만든 것은 오행(五行) 법칙이 변화(變化)함으로써 이루어지는 통일체의 변화법칙과 상(象)이 바로 오운(五運)이기 때문에 그와 같은 개념을 설정한 것이다. 그런즉 오행(五行)이라고 하면 자연 자체의 기본법칙을 말하는 것이요, 오운(五運)이라고 하면 오행(五行)이 실현(實現)하는 자연현상의 변화 자체의 법칙과 상(象)을 말하는 것이다.

이와 같이 오행법칙이 자율적(自律的)으로 변화하는 요인을 운(運)이라고 한다면 운(運)에게 역시 다섯 개의 법칙이 있어야 할 것이다. 그러므로 그 법칙을 연구하여야 한다. 우선 그 내용을 살펴보면 갑기토운(甲己土運), 을경금운(乙庚金運), 병신수운(丙申水運), 정임목운(丁壬木運), 무계화운(戊癸火運)이라는 개념으로 성립되어 있다. 그런데 이 개념들을 살펴보면 개념의 조직 내용은 서로 다르면서도 그 본질, 즉 오행법칙으로서의 본질적인 내용에는 하등의 변화가 없다는 사실이다. 그런즉 오운(五運)이란 것은 우주의 본질적인 개념이나 법칙을 말하는 것이 아니고 다만 자율적(自律的)으로 우주(宇宙)가 변화(變化)하는 법칙과 상(象), 즉 그의 내면에서 일어나는 법칙과 상(象)을 말하는 것이다.

오운(五運)은 갑기토운(甲己土運)에서 부터 발생한다. 그러나 오행(五行)의 경우에는 갑을목(甲乙木), 병정화(丙丁火), 무기토(戊己土), 경신금(庚申金), 임계수(壬癸水)의 순서로 좌선(左旋)하면서 상생한다. 즉, 그의 생(生)에 있어서는 목화토금수의 순으로 생(生)하여 나아갔는데 오운(五運)은 토(土)에서부터 시작하여서 좌선(左旋)하면서 토금수목화의 순으로 상생(相生)하는 것이다. 즉, 갑기토(甲己土)가 생(生) 을경금(乙庚金)하고, 을경금이 생(生) 병신수(丙申水)하고 병신수(丙申水)가 생(生) 정임목(丁壬木)하고 정임목(丁壬木)이 생(生) 무계화(戊癸火)하고 무계화(戊癸火)가 다시 갑기토(甲己土)를 생(生)하면서 순환(循環)하는 것이다. 그런즉 오운(五運)과 오행(五行)은 왜 생(生)하는 기본이 (오행은 목을 기본으로 생하고 오운은 토를 기본으로 생한다.) 서로 다를까 하는 점을 연구하여야 한다.

오행(五行)이란 것은 만물이 생하는 기본법칙이다. 우주 간에 있는 모든 것이 그 시동(始動)에 있어서 목기(木氣)의 운동에 의하지 않는 것은 없다. 그런즉 이것은 만물이 생(生)한은 기본이 아닐 수가 없는 것이다. 그러나 인간(동물도 포함함)의 변화는 그 변화하는 상(象)에 있어서 다른 자연계의 상이(相異)한 점이 있으니 이것이 바로 자기(自己)가 소우주(小宇宙)를 이루면서 단독(單獨) 변화를 일으킨다는 점이다. 그러므로 이것을 신기(神機)라고 하는 것이다. 다시 말하면 천지간에서는 자기로서 독립운동을 하는 것은 천지(天地)와 인간(동물포함)밖에 없는 것인즉 운(運)이란 것은 이와 같은 우주형성을 할 수 있는 데서만이 일어나는 변화현상의 법칙을 말하는 것이다. 그러므로 천지(天地)나 인간(人間)은 갑토(甲土)의 운(運)을 생의 기본으로 하는 것이다. 그런데 비록 이와 같이 운(運)에 의하여 생성하는 것이라고 할지라도 오행법칙인 목(木)의 기본과 무관하다는 의미가 아니다. 다시 말하면 목화토금수의 운동이 행해질 때에 운(運)을 주체로 하고서 동(動)하는 물(物)은 반드시 토(土)를 기본으로 하는 것이므로 운(運)의 변화에 의해서 운동하지만 자연은 다만 목화금수의 기(氣)를 받을 뿐이고 토(土)가 주체를 이루지 못하므로 운(運)도 없고 신기(神機)도 이루지 못한다. 그런즉 한마디로 말해 운(運)이라는 것은 토(土)를 주체로 하는 우주(宇宙)나 소우주(小宇宙)의 변화현상과 법칙인 것이다. 그러므로 운(運)은 갑기토운(甲己土運)으로써 머리를 삼았던 것이다. 그렇다면 토(土)를 주체로 하는 것은, 즉 소우주(小宇宙)를 이룰 수 있는가 하는 문제를 연구하여야 한다. 그러나 이것은 오운(五運)과 물(物)에서 살펴볼 것이다.

이와 같은 운(運)은 그의 생화(生化)하는 면에서 보면 갑기화토(甲己化土), 을경화금(乙庚化金), 병신화수(丙申化水), 정임화목(丁壬化木), 무계화화(戊癸化火)의 작용을 하면서 만물을 화생시키는 것이지만, 반면 변성하는 면에서 보면 기갑토(己甲土), 경을금(庚乙金), 신병수(申丙水), 임정목(壬丁木), 계무화(癸戊火)는 만물을 제화(制化)하는 작용을 하는 것이다. 오행이 이와 같은 순서로 생(生)하며 변화하는 것은 주로 자기의 소우주에서 형체와 기가 서로 감응하는 조건을 만들기 위함이다. 그것을 좀 더 자세히 말하면 갑토(甲土)는 갑목(甲木)의 형상을 만들기 위함이요, 을금(乙金)은 을목(乙木)의 형상을 만들기 위함이요, 병수(丙水)는 병화(丙火)의 형상을 만들기 위함이요, 정목(丁木)은 정화(丁火)의 형상을 만들기 위함이요, 무화(戊火)는 무토(戊土)의 형상을 만들기 위함이다. 이와 같이 함으로써 오운(五運)은 자기 우주를 형성하는 바의 형상을 만드는 것이다. 그러나 다른 자연계의 운(運)이 작용하지 못하므로 다만 우주에 있는 기(氣)의 분산(分散)과 통일(統一) 작용에 의해서 형상이 이루어지므로 그의 운동은 자율적(自律的)이 못 되고 타율적(他律的)인 것이다. 자율(自律)이란 개념은 토기(土氣)가 주체로서 운동하는 것을 의미하는 것이다.

(2) 오운(五運)의 방위(方位)

오행(五行)에서는 갑을동방목(甲乙東方木), 병정남방화(丙丁南方火), 무기중앙토(戊己中央土), 경신서방금(庚申西方金), 임계북방수(壬癸北方水)와 같이 오행의 개념과 방위(方位)의 관계가 엄격하다. 그러나 오운(五運)에 있어서는 방위의 규정도 필요가 없고 또는 규정하여 낼 수도 없다. 왜 그런가? 오행이란 것은 오원질(五原質)의 기본법칙이 있었지만 오운(五運)이라는 것은 우주가 자율(自律)운동을 하는 변화현상으로서의 법칙이므로 방위(方位)와 같은 고정적인 규정을 할 수가 없다.

자율적인 현상의 변화는 타율적인 세계의 변화와 달라서 언제나 자율적인 유동을 하는 것이므로 비록 동일한 원질인 오행의 운동원리가 적용된다고 할지라도 토(土)로서 머리를 삼고 동정(動靜)하는 한 그 본질이 토화(土化)작용으로 인하여 변모되어 가지고 운동하는 것인즉 그것은 항상 변화된 상태로서 운행되는 것이다. 그러므로 이것을 자율운동의 변화현상의 법칙이라고 한다. 그러나 오행(五行)은 다만 시간(時間)의 동정(動靜)에 의한 변화를 일으킬 뿐이므로 방위나 장소와 같은 고정적인 것 외에는 관여하지 못한다. 다시 말하면 방위나 장소의 고정성은 변화를 거부할 뿐만 아니라 비록 변화를 인정한다고 할지라도 국소적인 변화밖에 있을 수가 없으므로 이것은 오운(五運)의 변화대상으로는 될 수가 없는 것이다. 그러므로 오행의 갑을목(甲乙木), 병정화(丙丁火)와 같은 것은 방위중심의 법칙이었지만 갑기토(甲己土), 을경금(乙庚金)과 같은 것은 변화 중심의 법칙인 것이다. 또한 운(運)은 그 변화에 있어서도 타율적인 변화가 아니고 자율적인 변화인 것이다. 그러나 변화란 것은 환상(幻想)이고 실체(實體)가 아니다. 그런즉 변화는 실체인 오행을 기본으로 하고 일어나는 것인 한 오행법칙과 오운법칙은 주객(主客) 관계에 있다는 것을 유의하지 않을 수가 없는 것이다. 그런즉 오운(五運)은 방위의 구속을 받지 않으므로 변화하는 데에 장점이 있고 오행은 변화의 상(象)을 나타내는 바의 장점은 부족하다고 할지라도 기본을 확장하는 데에 장점이 있는 것이다.

(3) 오운(五運)과 물(物)

운(運)을 자율적(自律的)인 변화현상과 법칙이라고 하는 것은 위에서 말한 바와 같다. 그런즉 운은 변화하는 환상(幻想)이므로 오행(五行)은 주체(主體)이고 운(運)은 객체(客體)인 것이다. 그러나 오행의 법칙이 지구(地球)에서 행해질 때에는 오행(五行)은 반드시 육기(六氣)로 변화하여 주체(主體)의 역할을 행하게 되는 것이다. 그런즉 결국 우주의 운동에 있어서 자율적 변화를 일으키는 운(運)은 객체(客體)가 되고 육기(六氣)가 주체(主體)가 된다는 결론이 되는 것이다. 그러므로 모든 물(物)은 육기(六氣)의 영향하에서 생성(生成)하는 것이다. 이것이 때로는 만물의 생성에 좋은 영향도 주고 때로는 악영향(惡影響)을 주기도 한다. 그러나 자율적(自律的)인 운(運)을 가진 것(인간이나 동물)은 타율적(他律的)인 초목과 같은 것에 비하면 그 영향이 지극히 적은 것이다. 그러므로 운(運)의 변화로서 생성하는 것에 있어서는 운(運)이 강하면 강할수록 그 영향을 적게 받는 것이다. 그러나 이것이 만물의 임의에 속하는 문제가 될 수 없다. 왜 그러냐 하면 천생만물(天生萬物)할 때에 각기 주는 바의 운(運)이 다르기 때문이다. 운(運)이란 것은 자율적(自律的)으로 동(動)하는 형신지물(形神之物)의 운동법칙을 말하는 것인즉 그 운(運)이 강하다는 말은 바로 생명력이 강하다는 말이고, 생명력이 강하다는 말은, 형체(形體)의 내부에 양(陽)을 많이 함축하고 있다는 말인 것이다. 우주에서 생성하는 만물이 형체의 내부에 많은 생명력을 함축하고 있는 것을 신기지물(神氣之物)이라고 한다. 그러므로 인간은 만물 중에서 가장 양(陽)을 많이 포장하고 있는 것이므로 신기(神氣) 중에서도 대표적인 것이고 그다음이 원숭이나 말 같은 것일 것이다. 그런즉 인간이 제일 강한 운(運)을 타고난 것임은 이상의 소론에서 분명해진다.

그렇다면 반면으로 초목(草木)은 어떠한가 하는 것을 연구해 볼 필요가 있다. 초목(草木)은 본래 기립지물(氣立之物)이다. 기립(氣立)이라는 말은 형체의 내부에 양(陽)을 축적하여서 그것으로서 생명력을 삼는 것이 아니고 다만 외부에서 주는 육기(六氣)의 영향에 의해서 생(生)을 의존하는 것인즉 초목(草木)과 같은 물질에는 소위 인간이나 동물이 가진 바와 같은 자체의 율동(律動)력, 즉 자기의 생명력(生命力)이 없는 것이다. 그러므로 이것을 기립(氣立)이라고 하는 것인즉 그것은 바로 자기의 운(運)이 없이 생존하는 물인 것이다. 이와 같이 우주에 있는 만물은 운(運)이라고 하는 자기 저항력(抵抗力)과 생성(生成)력을 가진 것도 있고 가지지 못한 것도 있는 것이다. 그런즉 자기(自己) 운(運)이 없는 초목(草木) 같은 것은 육기(六氣)가 자유로이 순식간에 생살을 좌우할 수 있지만 인간과 같이 강한 자기 운(運)을 가진 것은 육기(六氣)가 임의로 지배할 수 없는 것이다. 왜 그런가 하면 자기의 소우주(小宇宙)인 신체(身體)가 자기(自己)의 생명력(生命力)이 있어서 자기 심신(心身)을 영위하고 있을 뿐만 아니라 자기를 호위(護衛)하며 또는 독존(獨存)하게 할 수 있는 능력이 있기 때문이다. 그러나 인신(人身)이나 동물 등도 지구를 중심으로 하는 우주에서만이 자기호위나 독존이 가능한 것뿐이고 만일 우주조건이 달라지면 인간에 대한 위에서 말한 바와 같은 보증도 달라질 것은 물론이다. 그러므로 이것은 문제 외다. 다만 여기에서 가장 중요한 것은 인간이 비록 소우주(小宇宙)라고 할지라도 육기(六氣)가 인간에게 미치는 영향(影響) 여하에 따라서 안부(安否)와 생사(生死)가 결정되는 것이다. 왜 그런가 하면 인간과 상극(相剋)되는 기운, 즉 인간에게 해(害)를 끼치는 기(육기 중 어느 하나)가 들어올 때에는 건강에는 물론 생명에까지 영향을 미치기 때문이다. 그렇기 때문에 생명력이 강하면 강할수록 육기(六氣)에 대한 저항력이 강하다고 말했던 것이다.

그러면 생명력인 양(陽)을 많이 가진 사람이나 동물은 어떻게 하여서 그것을 많이 가졌을까? 또 이것들은 어찌하여 토(土)를 주체로 하는 자율적(自律的)인 소우주(小宇宙)로서 태어나게 되었는가? 하는 것을 연구함으로써 위에서 말한바 소위 생명력이 강한 것이란 무엇인지를 알 수 있게 될 것이다. 우주 간에 있는 모든 물(物)은 오행(五行) 기(氣) 중에서 어느 한 개의 기운을 대표적으로 타고나게 마련인 것이다. 그런데 인간은 그중에서도 토기(土氣)를 주체(主體)로써 타고났다. 토(土)라는 것은 분산(分散)된 양(陽)을 통일하여서 정신(精神)을 만드는 중매자인 것이다.

그러므로 토(土)를 주체(主體)로 하지 못한 물(物)은 자기의 정신을 만들 수가 없으므로 다만 외기(外氣)에다가 생명을 의존하는 것이다. 그런데 인간이나 동물은 토(土)를 주체(主體)로 하고 탄생했기 때문에 정신만 있는 것이 아니라 종합과 분산인 오행운동을 독립적으로 행할 수 있는 요건이 구비되었은즉 이것은 바로 대우주(大宇宙)의 요건과 동일한 것이다. 그러므로 인간의 소우주(小宇宙)라고 하거니와 여기에서 또한 강한 생명력도 생기게 되는 것이다. 그런즉 강한 생명력을 가지려면 토(土)의 작용이 적당하여서 양(陽)을 많이 수렴(收斂)할수록 생명력은 보증되는 것이다.

토(土)의 작용은 이와 같이 소우주(小宇宙)의 자율(自律)운동인 운(運)을 조절하며 또 생명을 보호하는 것뿐만이 아니라 우주와 인물의 창조자이기도 한 것이다. 그러므로 우주나 사람처럼 자율적인 토(土)를 머리로 하고 동(動)하는 것만이 운(運)인 바의 생명력(生命力)과 정신(精神)이 있는 것이다. 그런즉 타율적인 물(物)과 자율적인 인간과의 사이에는 이와 같은 현격한 차이가 있다. 그러므로 人物(인간과 만물)은 오운(五運) 소속과 육기(六氣) 소속으로써 구별되는 것이다.

(4) 운(運)의 대화작용(對化作用)

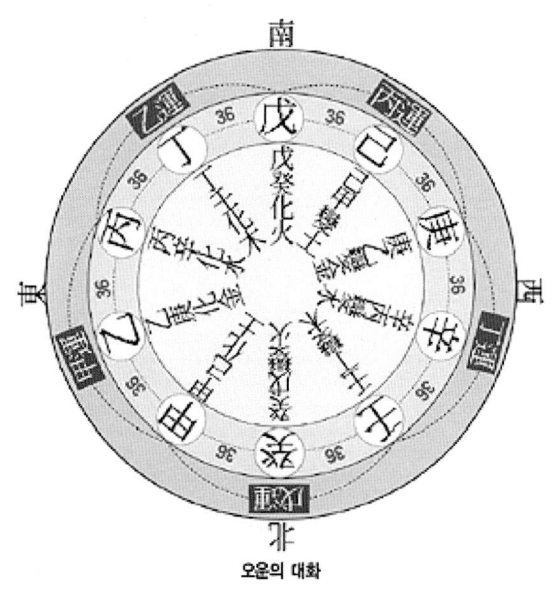

오운의 대화

운(運)은 오행의 기본법칙을 기반으로 하고 거기에 의하여 자율운동을 하는 것인즉 오운(五運)이란 것은 오행이 우주나 신기(神機)에서 발전하는 변화의 파동(波動)인 것이다. 그런데 그것이 운동하는 바의 상태는 절대적(絶對的)이 아니고 상대적(相對的)이기 때문에 이것을 오운(五運)의 대화작용(對化作用)이라고 한다. 다시 말하면 오운(五運)은 육기(六氣)의 견제도 받으며 또한 자체의 본말(本末) 간에서 미치는 대대적인 견제도 받으면서 동정(動靜)하는 것이므로 그것은 절대적이 될 수 없고 상대이기 때문에 이것을 오운(五運)의 대화작용(對化作用)이라고 한다.

갑(甲)에서 기(己)에 이르는 운(運)을 갑토운(甲土運)이라고 한다. 즉 갑(甲)에서부터 을병정무에까지 이르는 사이는 갑토운(甲土運)이 지배하에 있으므로 따라서 모든 변화는 갑운(甲運)이 주재한다. 그러나 갑(甲)이 다하게 될 무렵에는 기운(己運)이 계승한다. 그러므로 갑(甲)에서 기(己)에 이르는 운(運)을 갑운(甲運)이라고 하는 것인데 이것을 알기 쉽게 하기 위하여 갑기운(甲己運)이라고도 한다. 그런즉 기(氣)에서 갑(甲) 사이에 일어나는 운(運)을 기갑운(己甲運)이라고 하는 것은 두말할 것도 없다.

그런데 위에서 갑기운(甲己運)이 운행하는 180도 사이는 모든 변화가 갑운(甲運)의 지배하에 놓이게 되고 기토운(己土運)이 운행하는 180도 사이는 모든 변화가 기운(己運)에 종속된다는 것을 말하였거니와 이것은 갑기운(甲己運)이나 기갑운(己甲運)의 경우만 아니고 을경(경을), 병신(신병), 정임(임정), 무계(계무) 등 운(運)이 운행하는 경우도 일반이다. 그러면 우리는 여기에서 토운(즉, 갑운과 기운)이 어떻게 대화작용(對化作用)을 하는가 하는 문제부터 연구하여야 한다.

갑(甲)은 오행(五行)으로 보면 갑을목의 목(木), 즉 삼목(三木)이다. 그러나 갑이란 삼목(陽木)이 어떻게 갑토(甲土)라는 전혀 이질적인 성격으로 변하는가 하는 것이 문제의 초점이다. 이것을 설명하려면 우선 기토운(己土運)의 변화고정부터 설명하여야 한다. 기(己)는 십토(十土)인데 기토(己土) 이전까지는 사물의 생장과정이다. 그러나 기토(己土)에 이르게 되면 경신임계(庚申壬癸)를 거치는 동안 사물은 완전히 성숙하여서 감위수(坎爲水)로 귀결된다. 이것이 바로 일수(一水)인즉 사물(인간의 사와 만물)은 여기에서 생장의 뜻만 내포한 채로 때만 기다리는 것이다. 그런데 이와 같이 기토운(己土運)이 기갑운동(己甲運動)을 하는 사이에는 기토운(己土運)은 점점 변질되어서 갑(甲)에 이른다. 그런데 이때에 갑(甲)은 기(己)에서 보면 기(己)의 종점인 것인데 그 종점이 바로 갑토운(甲土運)을 성립시켰던 것이다. 이와 같이 생한 갑토운(甲土運)은 그 성격을 따져 보면, 즉 기토운(己土運)과 비교하여 보면 수렴(收斂)하는 면에서는 기운에 비하여서 반분의 능력밖에 없는 것이다. 그러나 반대로 확장하는 면에서 보면 도리어 배의 능력을 가지고 있다. 그러므로 기(己)를 십토(十土: 陰土)로 명명했고 갑을 오토(五土: 陽土)로 명명했다.

(5) 수화일체론(水火一體論)과 탈레스의 사상(思想)

탈레스(B.C. 640~530)는 희랍 철학의 창시자였다. 그의 사상은 철학계에서 차츰 부정하는 경향으로 흘렀지만 그것은 아마도 그의 사상적 진수를 이해하지 못하는 데서 일어난 불행일지도 모른다. 그러므로 여기에서 그것을 고찰하면서 동양철학과 비교 연구하여 보려는 것이다. 그는 우주(宇宙)의 본질(本質)을 물(水)이라고 하였다. 물은 물질적인 실체(實體)이면서 운동(運動)하는 힘이 있으며 또한 물질적(物質的)이면서도 정신적(精神的)인 것이라고 하였다. 따라서 물은 만물(萬物)의 실체(實體)이며 원리이므로 또한 만물을 육성하는 것인즉 인간생활에 있어서 불가결(不可缺)의 가치가 있는 것이라고 하였다. 즉, 이러한 물은 변화성과 자동성과 무한성을 가지고 있기 때문에 운동하는 만물의 근원이 된다고 하였던 것이다. 이상에 논한 바는 그의 사상의 개요인바 그가 물을 물질적이면서도 정신적이므로 변화성과 자동성과 무한성을 가진 운동의 본체라고 한 점은 실로 중요한 가치가 있는 것이다. 그러나 이것은 이 정도로 하여 두고 다음은 우선 상수(象數)학의 수화일체론(水火一體論)을 소개하기로 하겠다.

우리가 물을 한마디로 말한다면 목화토금수 5원질의 근본이 바로 물이라고 규정하는 것이다. 그런데 물에는 응고(凝固)성과 자율성(自律性)과 조화(調和)성이 있기 때문에 거기에서 영원하고도 항구적인 변화를 일으키는 것이다. 다시 말하면 水[물]는 그의 본질이 되는 삼대요소를 지니고 있는 것이다. 그것은 바로 응고성과 자율성(자동성)과 조화성의 세 가지를 말하는 것이다. 동(動)하는 모든 원인으로서의 응고(凝固)성이 없다면 통일(統一)할 수가 없고 자율성(自律性)이 없다면 변화(變化)할 수가 없고 조화(調和)성이 없다면 모순대립(矛盾對立)을 조화해낼 수가 없는 것이다.

수(水)는 본래 해자축(亥子丑)의 삼근(三根), 즉 응고성과 자동성과 조화성에 의해서 이루어졌기 때문에 영원성과 자동성과 변화성이 있는 것인즉 이것은 탈레스의 사상과 동일한 것이다. 그런데 상수(象數)학은 여기에 대해 행과 운의 운동법칙을 세웠고 또한 운동하는 목적으로 수화일원(水火一元)운동의 산합(散合) 법칙을 세워놓은 것이니 이것을 수화일체론(水火一體論)이라고 하는 것이다. 그러므로 우주의 변화는 기(氣)가 화(化)하면 무(無)가 되고 기(氣)가 변(變)하면 유(有)가 되는 것이니 이것이 바로 수화(水

火)작용인 것이다. 그런즉 수화(水火)작용이란 것은 기화(氣化), 기변(氣變) 작용의 반복인즉 이것은 물질현상인 바의 물과 불은 아니다. 탈레스가 우주의 본체를 물이라고 본 것은 그가 비록 구체적이며 법칙적인 말을 하지 않았다고 할지라도 물에는 무한성과 변화성과 자율성이 있다고 했고, 또한 물은 정신적이며 물질적인 실체라고 한 것을 생각해 보면 그가 제창한 바의 물은 물질적인 물만을 말한 것이 아니고 물의 기화(氣化)작용에 대한 현묘(玄妙)한 오의(奧義)까지도 알고 있었다고 생각하지 않을 수 없는 것이다. 그러므로 우리는 상수(象數)학의 수화(水火) 운동현상과 그의 변화하는 바를 좀 더 자세히 말하면 소위 오행운동의 과정에 있어서 수기(水氣)의 발산(發散)이 끝나는 때가 수(水)의 종점인 동시에 화(火)의 위(位)요, 수기(水氣)의 종합(綜合)이 시작하는 때가 수(水)의 시점(始點)인 동시에 토(土)의 위(位)인 것이다. 그러므로 여기에서 토화(土化)작용을 일으키서 분산(分散)된 바의 화(火)를 다시 수 본연의 자세로 돌려보내려는 것이다.

이와 같이 보면 수(水)가 발산하면 화(火)의 상(象)이 되고 화(火)가 종합하면 그 상(象)이 바로 수(水)인 것이다. 그런즉 수(水)와 화(火)라는 개념은 변화(變化)사상으로서의 구별일 뿐이고 그 실상을 따져보면 화(火)란 것은 수(水)의 기화(氣化)작용에서 이루어진 물의 변형인 것이다. 다시 말하면 화(火)란 것은 현상계에 나타난 다(多)의 실체인 것이고 결코 만물의 본체는 아니다. 그러므로 화(火)는 주관적 실체인 일수(一水)의 영자(影子: 그림자)에 불과한 것이다. 그런즉 수(水)는 화(火)를 산합(散合)하기 위해서 응고성과 자율성과 조화성을 가지고 있는 기본적 존재인 것이다. 그러므로 만일 이와 같은 수(水)가 없다고 하면 우주에는 생명도 변화도 없을 것이다. 그렇기 때문에 수(水)를 우주운동의 본체(本體)라고 하는 것이며 또한 이것을 수화일체론(水火一體論)이라고 말한다.

2) 육기론(六氣論)

(1) 육기의 개념

① 육기론(六氣論)

육기(六氣)란 것은 지구의 운동과정에서 오행(五行)의 질(質)에 변화를 일으켜서 운행지기(運行之氣)가 하나 더 불어나게 됨으로써 육종(六種)의 기(氣)가 된 것인데 이것은 지구(地球)에만 있는 기(氣)이다. 다시 말하면 오행이란 것은 허공에 있는 오행 성단이 각각 자기의 광을 발사하는바 이 광들은 그들이 지니고 있는 성질 그대로의 광인 것이다. 우주 간에는 이 기운들이 미만하고 있는데 이 기운이 운동을 시작하면 오운(五運)으로 변화하는 것이다. 그러나 오운(五運)의 기화(氣化)작용이 지구 주위에 집중하게 되면 지구에서는 이것이 육기(六氣)로 변화하는 것이다.

그렇다면 무엇 때문에 원천지기(源泉之氣)가 지구 주위에 집중되는 것일까? 또는 그것이 어떻게 변화하여서 육기(六氣)가 되는가 하는 문제를 연구하지 않으면 안 된다. 이것은 과학의 발전으로 인하여 '지구에는 자장(磁場)이 있고 자석(磁石)은 인력(引力)이 있기 때문에 물질인 공기는 그 인력에 의해서 집중된다'라고 하는 것을 알게 되었다. 그런즉 이것은 틀림없는 사실이다. 그러나 이것을 철학적인 시야에서 볼 때는 그것이 바로 과학적이니만큼 미비점이 있다. 지구에 자장이 있다는 사실이나 그보다도 더욱 중요한 것은 지구는 왜 자장 중심으로 성립되었는가, 또는 그 자기란 것은 어떠한 것인가 하는 것을 연구하지 않으면 안 된다.

지구는 자장 중심으로 이루어진 것은 사실이나 그렇다고 그것이 바로 지구 자체는 아니라는 것을 말하려는 것이다. 다시 말하면 인력은 자장이 단독으로 이루는 것이 아니고 자장을 포함한 전체의 지구에서 이루어진다는 것을 말하려는 것이다. 그러므로 '易'은 이 상(象)을 '坤'이라고 하였다. 자석만의 힘은 그 인력이 광물질에만 미치는 것이지만 지구의 인력은 오원질 전부에 미치는 것이다. 그런즉 자장의 인력만으로써 이질적인 물상을 유루 없이 흡인한다고 볼 수 있는 근거를 과학적 방법에서 찾을 수는 없는 것이다. 그러므로 동양철학은 지구의 인력을 곤(坤)의 상(象)에서 파악하려는 것이다. 왜 그런가 하면 곤(坤)은 그 상(象)이 삼음(三陰)의 연립(聯立)으로써 이루어지는 것이나 중(中)이 허하기 때문에 만물을 전부 포용할 수 있는 덕(德)을 가지고 있다. 따라서 광물성 이외의 모든 원질을 전부 흡인할 수 있는 것은 곤(坤)의 상대로 생긴 지구 전체의 인력 때문에 공기를 집중시킬 수가 있다. 그런데 '坤'은 분열의 극에서 이루어진 통일의 시초이기 때문에 여기서 오행질인 대기를 전부 집합하려면 반드시 모순이 생기는 것이나 이것을 능히 조화시켜서 통일할 수 있는 것은 지구가 포함하고 또 자장(磁場)은 토성(土性)으로서 이것을 포위하고 있기 때문일 것이다. 만일 지구에 자장(磁場)만 있고 토성(土性)이 없다면, 공중에 있는 광물성분만은 흡수한다고 하더라도 기타의 사성(四性)과 생명이나 또는 만물을 창조하며 변화시킬 수가 없을 것이다. 다시 말하면 인력이란 수축력인즉 그것이 바로 자력이다. 그런데 자력이 목화지기까지 흡수할 수가 있는 것은 곤이 목화(木火)를 금수(金水)로 변질시켜 주기 때문이다. 물론 이것은 상화가 생겨서 육기를 이루기 때문에 생기는 지구의 운동현상인 것이다. 그런즉 오운(五運)과 육기(六氣)가 만물을 변화 생성하는 것도 실은 인력의 주체를 이루는 곤의 인력 때문에 오육(五六)의 운기(運氣)운동을 하게 되는 것이다. 그런즉 우주의 변화는 이렇게 하여서 일어나는바 오운(五運)은 천기(天氣)로서 이루어지고 육기(六氣)는 지기(地氣)로서 이루어지는 것이므로 이것을 천지(天地)운동이라고 한다. 그러므로 육기(六氣)의 연구도 오운(五運)과 함께 중대한 것임은 말할 것도 없다.

② 육기(六氣)의 일반적 개념(槪念)

육기(六氣)도 오행(五行)의 경우와 같이 그 기본은 목화토금수에 있다. 그러므로 그 성질에 있어서 기본적으로는 아무런 차이도 없다. 그러나 육기(六氣)와 오운(五運)은 변화하는 면에서 차이를 나타내고 있다. 그렇다면 그것은 무엇 때문일까 하는 것을 연구하여야 한다. 지구(地球)는 그 축이 23도 7분가량 경사(傾斜)져 있기 때문에 여기서 인신(寅申) 상화(相火)라는 새로운 불이 하나 더 불어나게 되어서 "오운(五運)+상화(相火)=육기(六氣)"로서 나타난 것이다.

이와 같이 인신상화(寅申相火)가 불어남으로써 우주운동에 있어서 지지(地支)에서는 두 개의 불이 작용하게 되었다. 이 결과로써 인간인 소우주(小宇宙)와 천지(天地)인 대우주(大宇宙)와의 사이에는 수명(壽命)과 정신(精神)의 차이가 생겨나게 되었다. 다시 말하면 대우주(大宇宙)는 천지(天地)소생이므로 음양(陰陽)이 균등(均等)하게 작용하여서 수명(壽命)과 정신(精神)은 만전(萬全)을 기할 수 있는 데 반하여 소우주(小宇宙)인 인간(人間)은 지기(地氣) 위주의 소생이므로 항상 형(形)에 대한 저항력(抵抗力)이 부족하여서 정신(精神)과 수명(壽命)에 차질이 생기게 되는 것이다. 좀 더 자세히 말하면 인간은 형(形)인 육체(肉體)가 정신(精神)과 생명(生命)을 보호함으로써 생(生)을 영위하는 것인데 사람은 천지(天地)소생이 못 되고 지기(地氣)소생이므로 음양(陰陽)이 균형(均衡)되지 못하여서 이러한 결과가 생기게 되는 것이다. 왜냐하면 지기에는 인신상화(寅申相火)가 하나 더 있음으로써 양(陽)의 과항(過亢)을 초래하기 때문이다. 즉, 육기(六氣)는 목(木), 화(火), 상화(相火)의 세 개의 양(陽)과 금(金), 수(水)의 두 개의 음(陰)과 중(中)인 토(土)로 성립되었으므로 양(陽)의 과항(過亢)을 면할 수 없게 구성되어 있는 것이다.

이러한 바탕인 지기(地氣)에서 소생한 것이 인간이므로 언제나 형(形)인 육체(肉體: 陰)가 견디어내지 못하여서 죽게 되는 것이며 따라서 정신(精神)의 명암(明暗)도 여기에 연유하여서 일어나게 되는 것이다. 인묘(寅卯)는 목(木)이요, 사오(巳午)는 화(火)요, 신유(辛酉)는 금(金)이요, 해자(亥子)는 수(水)요, 진술축미(辰戌丑未)는 토(土)다. 그러므로 여기에서 다만 오행(五行)과 다른 점은 토(土)가 배로 불어났다는 사실뿐이고 위에서 말한 인신상화(寅申相火)가 불어난 것은 아니다. 그러므로 이것을 육기방위도(六氣方位圖)라고 한다. 그러면 육기(六氣)의 방위(方位)란 무엇을 말하는 것인가? 방위(方位)란 것은 오행(五行)의 경우에 있어서와 같이 인묘목(寅卯木) 동방(東方)에, 사오화(巳午火)는 남방(南方)에, 신유금(辛酉金)은 서방(西方)에, 해자수(亥子水)는 북방(北方)에, 진술축미(辰戌丑未)는 사유(四維) 방(方)에 자리 잡고 있는 것이니, 이것이 육기(六氣)의 방위표시이다. 그러므로 법칙인 바의 방위적인 육기(六氣)는 그 자체로서는 아무런 변화(變化)작용도 하지 못한다. 그런데 이것은 육기(六氣)의 성립의 기본법칙인 것이니 바로 오행(五行)의 경우와 꼭 같다. 그러면 다음에 육기의 운행도를 표시하고 설명함으로써 실지로 변화작용에 참여하는 육기(六氣)란 것은 어떠한 것인가 하는 것을 연구해

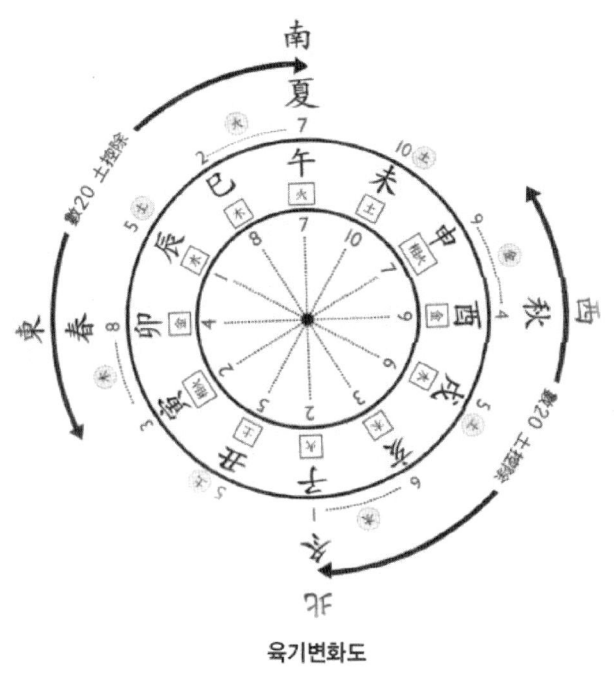

육기변화도

보기로 하겠다.

그림에서 표시한 바와 같이 여기서는 상화(相火)가 늘고 방위도의 토는 하나 줄었다. 다시 말하면 전에 표시한 방위도는 목화금수와 二位의 토(土)를 합하여서 방위를 대표하는 기본법칙으로서의 육기(六氣)를 표시하였지만 여기에서는 목화토금수와 상화(相火)를 합하여 육기(六氣)가 성립된다는 것을 표시한 것이다. 그런즉 이것은 실지로 변화하고 운행하는 바의 육기(六氣)인즉 바로 천간에 있어서 오운(五運)과 같은 것이다. 그러므로 운(運)에도 '+'와 '-'의 운동이 있었듯이 기(氣)에도 변화하는 기가 있는 한 역시 진퇴가 있는 것이다. 그런데 운(運)과 기(氣)는 서로 자타 간에 배타적인 관계가 있다. 이와 같이 배타적인 운(運)과 기(氣)는 함께 살면서 변화작용을 하는바 운은 항상 만물의 본질(생명과 정신)을 이루고자 하며 기는 언제나 그 본질의 조성에 도움을 주려고 하는 것이다. 그러므로 '기(氣)'자는 구름기운이다. 구름기운이란 말은 아직 구름으로 엉키기 전의 상(象)을 의미하는 것이다. 米자는 뜻은 사통팔달(四通八達)을 의미하는 것인즉 '氣'자는 이 두 자를 합한 것이므로 여기에는 종합의 시초(始初)를 이루는 미토(未土)의 의미가 있는 것이다.

그런즉 기(氣)에는 운(運)을 통일하려는 목적이 있는데, 그것이 바로 '氣'자의 상(象)에 나타나 있는 것이다. 그런데 기(氣)가 보호하려고 운(運)이 율동(律動)하는 그 현상적 과정은 반드시 순탄하지만은 않다. 왜냐하면 오운(五運)과 육기(六氣)는 그 가운데서 토(土)만을 제외하고는 전부 그 성질들이 편벽(偏僻)되어 있기 때문에 반드시 승부

(勝負)작용을 일으키는 것이므로 여기에서 모순(矛盾)과 대립(對立)이 나타나는 것이다. 이것을 운기(運氣)의 승부(勝負)작용이라고 한다. 육기(六氣)는 이와 같이 오운(五運)과 합하여서 변화(變化)작용을 일으키는 것이다. 그렇다면 육기(六氣)가 변화작용을 하는 그 기본은 무엇인가를 연구해 보기로 하자.

③ 육기(六氣)의 생극(生克)

육기(六氣)에도 상생(相生)관계와 상극(相剋)관계가 있는 것은 오행(五行)과 오운(五運)의 경우와 같다. 다만 육기(六氣)의 경우에 있어서 오행(五行)과 다른 것은 방위로서 볼 때에 육기에는 토(진술)가 하나 더 있다는 사실과 변화(變化) 면으로 볼 때에 화(상화)가 하나 더 있다는 사실이다. 그러나 진술은 순수한 토(土)가 아니고 인신(寅申)은 진화(眞火)가 아니므로 이것을 없는 것으로 하고 생각하여 보면 (오행에 연유하지 않는 것이므로) 그다음에는 아무런 차이점도 발견할 수가 없는 것이다. 그러므로 육기(六氣)의 상생(相生)과 상극(相剋)관계는 오행(五行)과 오운(五運)을 연구하면 되는 것이다. 다만 문제가 되는 것은 진술토(辰戌土)와 인신상화(寅申相火)를 연구하여야 하는 것이다.

④ 개념(槪念)의 변화(變化)

천간(天干)인 오행(五行)이 그의 개념을 변화함으로써 오운(五運)이란 새로운 개념의 운동이 생긴 것과 같이 지지(地支)인 육기(六氣)도 그 기본개념이 변화함으로써 새로운 개념의 변화를 일으켰던 것이다. 우주의 운동은 물론 오육(간지)의 변화운동이지만 사실상 그 변화하는 내용을 검사하여 보면 간지(干支)가 개념을 변화함으로써 일어나는 운동인 것이다. 그러므로 다음에 그것을 연구하기로 하겠다. 오운은 갑기토, 을경금과 같은 자체의 변화개념만 설정하였지만 육기(六氣)의 경우에는 상기한 바와 같이 특수한 명칭을 붙인 것이다. 그 이유는 오운의 천간(天干)의 변화이기 때문이다. 다시 말하면 천간(天干)이란 개념은 천간(天斡)이라는 뜻이니 간자의 뜻은 줄거리[斡]이다. 즉, 천간(天干)이란 것은 천기(天氣)가 운행하는 줄거리란 말이다. 또한 간(干)자를 취상할 때에 '十' 자와 '一' 자가 합하여서 간자를 만든 것이다. 그 이유는 십토(十土) 위에 일수(一水)가 가해짐으로써 간(干)이 된다는 말이다.

<표> 육기 총괄표

사해(巳亥)	궐음(厥陰)	풍목(風木)	2, 6
자오(子午)	소음(少陰)	군화(君火)	1, 7
축미(丑未)	태음(太陰)	습토(濕土)	5, 10
인신(寅申)	소양(少陽)	상화(相火)	3, 9
묘유(卯酉)	양명(陽明)	조금(燥金)	8, 4
진술(辰戌)	태양(太陽)	한수(寒水)	5, 5

이와 같이 천간(天干)은 간(幹)에 불과한즉 그것은 만물화생의 기간일 뿐이고 아직 행동할만한 조건이 성숙되지 못한 것이므로 사물화생의 명칭인 삼음(三陰) 삼양(三陽)의 개념을 부여할 수가 없는 것이다. 그뿐만 아니라 우주의 운동은 삼음삼양의 운동인즉 육기(六氣)가 화생하기 전에 있어서의 오(五)의 운동이라는 것은 아직 상징적인 관념에 불과한 것이다. 왜 그런가 하면 오운(五運)이란 것은 육기(六氣)에 비하면 아직까지 일기(一氣)가 부족한 기(氣)이기 때문이다. 그러므로 여기서는 완전한 음양이 없다(완전한 음양이란 것은 삼양삼음 운동이 성립된 후에라야 있는 것이다). 그러나 지지(地支)의 변화인 육기(六氣)가 성립되면서부터 우주의 변화(變化)요인이 갖추어지게 되는 것이다.

지지(地支)라는 '支'자는 '枝'자와 뜻이 동일하다. 천간(天干)을 간[幹]이라고 한다면 이것은 지엽(枝葉)에 불과하다는 뜻이다. 반면 '支'자의 상(象)을 보면 간지(干支)의 작용이란 것은 수화(水火)의 변화작용인 것이다. 그런즉 간지(干支)가 완전한 조건을 갖추지 못하면 현실적인 변화운동이란 있을 수가 없는 것이다. 그러므로 변화란 것은 지지(地支)의 운동인 육기(六氣)에 이름으로써 비로소 완전을 기할 수 있게 된다. 그런즉 삼음삼양(三陰三陽)이라는 (오운에는 없었던) 개념을 설정한 것은 실로 이 때문인 것이다. 그러면 다음은 삼음삼양이라는 본중말(本中末)과 시중종(始中終)을 구비한 육기(六氣)운동에 대한 개념을 연구함으로써 육기의 변화(變化)현상을 살펴보기로 하겠다.

(2) 육기의 변화

① 육기(六氣)의 대화작용(運動原理)과 구궁팔풍운동(九宮八風運動)

오행(五行)이 오운(五運)으로 변화할 때에 대화(大化) 작용을 하면서 이루어졌던 것처럼 방위로서의 육기(六氣)가 자기변화를 일으킬 때에도 대화(大化)작용을 하면서 변화하는 것인즉 이것은 전혀 오운(五運)의 대화(大化)작용과 같다. 그러므로 그것은 오운(五運)의 대화(大化)를 참고하면 될 것이므로 여기서는 약한다. 그러나 다만 여기서 말하여 둘 것은 인신상화(寅申相火)가 붙어남으로써 이루어지는 하나의 새로운 사실이 있다는 점이다. 오행(五行)의 경우에서는 다섯 단계를 경과하면 한 개의 대화(大化)과정이 끝났는데 육기(六氣)의 경우에는 육단계가 경과할 때마다 한 개의 대화(大化)과정이 끝나게 되는 것이다. 얼른 보면 여기에는 큰 의미가 없는 것같이 보일지 모르나 사실은 여기에 중대한 의의가 있는 것이다.

모든 변화의 본중말(本中末) 운동을 할 수 있는 기반 위에서 발전하게 된다. 그런즉 만일 그러한 기반이 이루어지지 못하고 일어나는 변화가 있다고 하면 그것은 절름발이 변화일 것이다. 좀 더 자세히 말하면 오행(五行)과 오운(五運)은 그러한 조건을 구비하지 못했다는 사실이다. 가령 갑을목(甲乙木), 병정화(丙丁火), 무기토(戊己土), 경신금(庚申金), 임계수(壬癸水)에 있어서 또는 갑기토(甲己土), 을경금(乙庚金), 병신수(丙申水), 무계화(戊癸火) 등은 모두 본말로써 구성되어 있는 것이다. 그런즉 여기에는 중(中)이 없기 때문에 모순대립을 조절할 능력이 없다. 물론 무기토(戊己土)가 중앙에 있어서 조절의 기본을 이루고 있지만 이것은 다만 기본을 이루고 있다는 것뿐이고 구체적인 변화현상은 아니다.

그러나 육기(六氣)에 있어서는 자축인(子丑寅)이 목(木)을 생(生)하고, 묘진사(卯辰巳)가 화(火)를 생(生)하고 오미신(午未申)이 금(金)을 생(生)하고, 유술해(酉戌亥)가 수(水)를 생(生)하는 것이다. 그런즉 이것은 곧 자인(子寅)이 본말이 되고 묘사(卯巳)가 본말이 되고 오신(午申)이 본말이 되고 유해(酉亥)가 본말이 되어서 각각 축진미술(丑辰未戌)의 사정을 중(中)으로 함으로써 본중말(本中末) 운동을 하고 있는 것이다. 그런데 이와 같이 본중말(本中末) 운동을 함으로써만이 정상적인 변화운동이 될 수 있다는 말은 바로 이질적인 성질을 가진 목화금수가 각각 조절자인 토(土)를 얻었기 때문에 정상운동이 된다는 의미인 것이다.

위에서 말한바 사물의 완전한 변화는 육기(六氣)의 변화조건이 구비된 다음에라야 이루어진다고 한 것도 바로 여기에 있는 것이다. 그러나 다만 여기서 하나 의문이 될 수 있는 것은 다음과 같은 점일 것이다. 육기(六氣) 중에서 어느 것보다도 중(中)의 성질을 가진 것은 진술축미(辰戌丑未)일 것인데도 불구하고 사실상 자오묘유(子午卯酉)가 중위(中位)에 있는 점은 이상하지 않을 수가 없다. 물론 그렇다. 그러나 이것이 바로 지축(地軸)의 경사(傾斜) 때문에 진술축미(辰戌丑未)가 사정(四正)을 이루어서 중위(中位) 하지 못하고 유위(維位)에서 중의 작용을 할 수밖에 없게 되니 현실조건의 소산인 것이다. 각설하고 이와 같이 육기가 본중말(本中末) 운동을 할 수 있게 되면 그것이 오운(五運)과 합하여서 소위 천지(天地)운동을 하는 것인즉 이것을 가리켜 우주(宇宙)운동이라고 하거니와 이제 여기서 그 운동하는 상(象)을 상찰하여 보면 그것이 곧 구궁팔풍(九宮八風)운동이라고 하는 것이다. 구궁팔풍의 설명은 내경(內經)에서 연유한다.

그리고 거기에는 어려운 개념들이 나열되어 있다. 그러므로 여기서는 그와 같은 어려운 개념은 전부 략(略)하고 다만 쉬운 말과 방법으로 설명하겠다. 이제 구궁팔풍(九宮八風)도를 중심으로 하고 연구해 보기로 하자. 변화하는 면에서 보면 그림과 같이 육궁(六宮)이 된다. 그러나 그것은 변화의 입장이기 때문에 궁의 규정은 필요가 없다.

궁(宮)이라는 것은 변화하는 위(자리)를 규정하는 것인즉 이것은 방위의 규정이다. 그림을 보면 원의 주위에는 목화금수의 팔풍(八風)이 있고 중앙에 토궁(土宮)이 있으므로 이것을 합하여서 구궁(九宮)이 된다. 다시 말하면 팔궁(八宮)은 주위에 위(位)를 가지고 있으면서 서로 음양의 승부, 즉 대립상태에 있는 것이다. 寅木과 卯木의 대립, 巳火와 午火의 대립, 申金과 酉金의 대립, 亥水와 子水의 대립상태로서 팔위를 차지하고 있다. 그런즉 이와 같은 팔위는 서로 다른 투쟁성질을 가지고 있기 때문에 이것을 팔풍(八風)이라고 한다. 그러나 이와 같은 대립을 조절하는 토(土)는 중앙에만 위(位)가 있고 주위에는 위(位)가 없다. 다만 중앙의 위(位)에서 주위의 목화금수의 위(謂)에 나와서 작용만 하는 것인즉 우주운동의 방위는 팔 개소뿐이다.

그런즉 중앙 토(土) 위까지 합하여서 구궁(九宮)인 것이나 실지로 운동하는 궁은 팔궁(八宮)인 것이다. 그러므로 구궁팔풍(九宮八風) 작용이라고 한다. 그런즉 우리는 여기에서 우주운동의 본질은 아무리 부연한다고 할지라도 이상에서 말한바, 팔족군(八族群) 이외에는 더 있을 수가 없다는 것을 알 수 있다. 그러므로 복희가 우주운동의 상(象)을 괘(卦)로서 그릴 때에 그 기본을 팔괘(八卦)로 표시했던 것이다. 그런즉 구궁팔풍(九宮八風)이란 것은 팔괘(八卦)운동의 내용을 표시한 것이며 또한 육기(六氣)의 대화(大化) 작용이란 것은 구궁팔풍(九宮八風)운동의 변화인 것이다. 다시 말하면 구궁팔풍(九宮八風)운동은 육기의 대화(大化)작용의 도움을 얻음으로써 이루어지는 것인즉슨 한마디로 말해서 우주의 변화란 구궁팔풍(九宮八風)운동인데 그것은 대화(大化)작용과 자화(自化)작용에 의하여 이루어진다는 것을 의미하는 것이다. 그런즉 그것은 바로 오운(五運)의 55수와 육기(六氣)의 64수가 변화함으로써 구궁팔풍(九宮八風)운동을 하게 되는 것인즉 구궁팔풍(九宮八風)이란 것은 우주(宇宙)변화의 구체적인 상태인 것이다.

② 육기(六氣)의 자화작용(自化原理)

육기(六氣)가 변화하는 것은 오운(五運)의 경우와 같다. 다만 다른 점은 오운(五運)은 그의 변화에 있어서 대화(大化) 작용의 도움을 받으면서 변화하였던 것이다. 그런데 육기의 대화(大化) 작용과 자화(自化)작용의 두 가지로 변화한다는 점이 다른 것이다. 오운(五運)은 위에서 말한 바와 같이 본중말(本中末) 운동이 완전하지 못하므로 자화(自化)할 수가 없는 것이다. 자화(自化)작용은 반드시 토(土)의 작용과 합하여서 이루어지는 것이다. 모든 오운(五運)의 경우에 있어서처럼 사원질(四原質)이 모두 토화(土化)작용의 도움을 받지 못하는 경우에는 목화금수는 자화(自化)할 수가 없다. 다시 말하면 오운(五運)은 다만 갑기토(甲己土)의 변화(變化)작용에만 의존하는 것인즉 방위는 네 개처인데 토(土)는 두 개가 부족하여서 방위가 각각 자기의 토(土)를 가지고 있지 못하므로 자화(自化)작용을 못하는 것이다. 그러나 육기(六氣)에는 토(土)가 네 개가 있으므로 자화(自化)할 수 있는 것이다. 그런즉 육기(六氣)는 오운(五運)처럼 대화(大化)도하며 또한 자화(自化)도 하는 것이므로 여기에 이르러서 완전한 변화가 일어나는 것이다.

6. 상수학(象數學)

우주의 모든 변화는 운(運)과 기(氣)의 승부(勝負) 작용에 의해서 이루어지는 것이다. 그렇지만 변화현상의 승부(勝負) 작용이란 것은 다만 관념적인 인식에 그치는 것이 아니라 이것을 현실적인 사(事)와 물(物)에서 포착할 수가 있어야만 하는 것이다. 만일 그렇지 못한다면 이것은 다만 관념적인 공상에 지나지 않을 것이고 실학이 될 수는 없는 것이다. 그러므로 우주의 변화현상을 실학적으로 연구하고 또 이것을 실용화하려면 사물의 변화와 꼭 부합되는 기본법칙을 연구하여야 할 것이며, 또는 그것을 활용하는 방법을 배워야 할 것이다. 그런데 그것이 바로 운(運)과 기(氣)의 운행법칙이므로 그것은 사물을 탐색하는 방법인 상(象)과 수(數)에서 배워야 하는 것이다. 현실세계에서 동정(動靜)하고 있는 모든 사물은 그 변화상태가 측량할 수 없을 정도로 잡다하다 할지라도 상(象)의 기미(機微)를 잘 관찰할 줄 아는 사람에게는 장중지물에 불과할 것이다.

이것을 신비로 생각하는 것은 총명과 관찰력이 불급한 사람에게만 있을 수 있는 환상일 것이다. 그런데 만일 우주의 사물들이 단순히 상(象)만 나타낸다고 하면 상(象)의 가부판단에 있어서 많은 혼란이 일어날 것이다. 그러므로 자연의 조화는 이와 같은 폐단을 방지할 수 있는 자연수(自然數)가 상(象)과 함께 흐르게 하고 있는 것이다. 그러므로 이것을 상수(象數)라고 하는 바 수(數)는 상(象)의 의미를 밝혀 주며 또 그의 내용을 증명해 주기도 한다.

1) 상(象)

(1) 상(象)의 개념과 성립

상(象)이라는 개념은 형(形)과는 반대되는 개념이다. 만일 형(形)을 인간의 감각에 쉽게 느껴질 수 있는 것이라고 한다면 상(象)은 일반적인 인간, 즉 명(明)을 잃은 인간이나 또는 자연법칙을 관찰할 줄 모르는 사람에게 인식되기 어려운 무형(無形)을 말하는 것이다. 그렇다면 상(象)은 사실상 무형(無形)인가 하면 반드시 그런 것은 아니다. 다만 세속적인 사회생활과 거기에서 오는 사욕 때문에 어두워진 근시안적인 사람의 이목에만 무형으로 나타나는 것뿐이다. 예를 들면 원자(原子) 세계와 같은 것은 물론이고 공기나 색소(色素) 같은 것도 또한 상(象)이다. 그러므로 오행(五行)의 목화토금수라는 것도 그의 본질은 다섯 가지의 상(象)인데 다만 그것이 응결(凝結)하여서 형체(形體)를 이루게 되면 물체(物體)가 되고 분열(分列)하여서 기화(氣化)하게 되면 그것을 상(象)이라고 한다. 그런즉 형(形)과 상(象)이란 것은 현실적으로는 이질적(異質的)인 음성(陰性)과 양성(陽性)의 두 가지로 나누는 것이나 그 본질을 따져보면 일본체(一本體)의 양면성에 불과하다.

형(形)과 상(象)은 이와 같은 관계에 있는데도 불구하고 인간은 형(形)은 볼 수 있지만 상(象)을 관찰하지 못하는 것이다. 왜 그런가 하면 상(象)이 비록 무형(無形)이라고 할지라도 그것이 바로 형(形) 이전의 기본이라는 원리를 모르기 때문에 모든 형(形)은 반드시 기미(機微)를 나타내고 있다는 사실에 몽매하게 됨으로 인하여 형(形)에서 상(象)을 찾으려고 하지도 못하며 또는 그 법칙을 공부하려고도 하지 않는 것이다. 예를 들면 인간이 분노(忿怒)할 때에는 반드시 그 분노의 주체인 간기(肝氣)가 흥분하고 있는 상(象)이 오행의 생극(生剋) 원리대로 안면에 나타난다. 그러므로 사람이 만일 내심으로 그의 노기를 감추려고 아무리 노력한다고 할지라도 반드시 그 상(象)이 얼굴에 나타나게 된다. 이때에 있어서 일반 사람은 그러한 상(象)을 보지 못할지 모르나 총명한 사람은 속일 수가 없는 것이다. 이와 같이 상(象)과 철학(哲學)은 불가분의 양자인 것이다. 그러므로 사물의 상(象)을 연구하는 목적은 철학적 진리를 탐색하며 또는 바르게 알고자 함에 있는 것이다.

그러나 상(象)을 연구하기는 쉬운 일이 아니므로 우리는 이것을 연구하기 위하여서는 먼저 수(數)와 괘(卦)에서 상(象)을 관찰하는 방법을 공부하여야 한다. 왜 그런가 하면 수식(數式)이나 수열(數列)에도 자기 자체의 상(象)이 있고 팔괘(八卦)에는 만물이 변화하는 상(象)이 망라되어 있다. 그러므로 선현들은 하도(河圖)와 낙서(洛書)에서 수상(數象)을 연구했으며 또는 그것을 계발하여서 괘상(卦象)으로 발전시켜 놓았던 것이다. 이와 같이 수상(數象)과 괘상(卦象)을 연구한 다음에는 물상(物象)을 연구하여야 한다.

다시 말하면 수상(數象)과 괘상(卦象)에서 그의 기본과 법칙을 연구하는 것은 물(物)에서 상(象)을 파악하려는 기초 공작이다. 그러므로 그다음에라야 물상(物象)을 연구할 수 있게 되는 것이다.

(2) 수상(數象)-하도(河圖)와 낙서(洛書)

수(數)는 계산(計算)을 위하여 인간이 임의로 만든 것이 아니고 수(數) 자체가 진리(眞理)이며 철학(哲學)이다. 그러므로 수(數)가 나타내는 모든 상(象)은 허상이 아니고 실상이다. 다시 말하면 만물은 그의 본질대로 상(象)이 나타나고 상(象)에는 반드시 그 상(象)의 내용인 바의 수(數)가 있다는 것을 의미하는 것이다. 그렇다면 만물의 본질은 과연 무엇이며 또한 어디서 찾아낼 것인가?

물론 이것을 탐색하는 현실적인 목표는 사물 자체의 상(象)에서 직접적으로 찾는 것이다. 그러나 그것을 연구하기 위하여서 수상(數象)에서 찾는 방법부터 공부하여야 한다. 좀 더 자세히 말하면 하도(河圖)는 자연수가 통일하는 상(象)을 표시한 것이고 낙서(洛書)는 자연수가 발전하는 상(象)을 나타내는 것이다. 그러므로 여기에서 그의 모이고 흩어지는 상(象)을 연구하면서 수상(數象)과의 관계를 연구해 보기로 하겠다.

하도(河圖)를 살펴보면 하부에 있는 六(水)은 一(水)을 내부에 안고 있는 상(象)인데 일(一)이 내부에 있고 육(六)이 외부에 있는 것을 표시한 상(象)은 바로 육(六)이라는 성수(成數)가 일(一)이라는 생수(生數)를 포위하는 상(象)이다. 그런데 이와 같은 상(象)이 북방정위(北方正位)에 있는 것은 육(六)이 결국 포위망을 이완하면서 일을 방출할 수밖에 없는 상(象)을 머금고 있는 것이다. 그러나 하도의 一(水)은 아직 그 뜻을 실현하지 못하고 있는 상(象)이다.

(3) 하도와 낙서

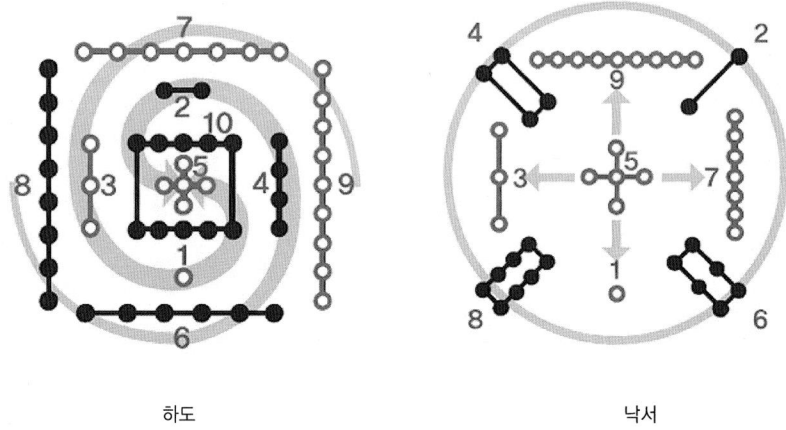

하도   낙서

그러나 반면, 낙서(洛書)를 보면 一(水)은 정북방에 놓였고 六(水)이 서북방에 있다. 낙서(洛書)에 이와 같이 표시된 것은 낙서(洛書)는 하도(河圖)와 같은 의사표시만이 아니고 이미 행동인 것을 나타내는 것이다. 좀 더 풀어서 말하면 서북(西北)은 수축(收縮)이 이르지 못한 곳이요, 정북(正北)은 통일(統一)이 완성(完成)된 곳인바 여기에서 새로운 활동이 시작되는 것이다. 그러므로 글자를 정명할 때에 육자는 'ㅗ'와 'ㅅ'하는 두 글자의 상을 합하여서 만들었던 것이다. 그렇게 만든 것은 지하에 있는 八(木)이 상향하려는 상(象)을 육자에 표시하기 위함이다. 그런즉 이러한 육(六)이 외부를 포위한 상(象)을 하도(河圖)에 표시한 것은 다만 일육(一六)이 생의(生意)만 가지고 있다는 것을 표시한 것이지만 낙서(洛書)에 육(六)을 서북(西北)에 놓고 일(一)을 정북(正北)에 놓은 것은 육(六)은 아직 완전한 통일이 아니고 정북(正北)의 일(一)에 이름으로써 완전한 통일이 되어 가지고 동북 위에서 八(生)하려는 행동과정을 표시한 것이다.

그런즉 우리는 일(一)이 다(多)로 변화하는 준비 기본은 일육팔(一六八)의 준비과정인 북방감수(北方坎水)에 있다는 것을 여기에서 알 수 있게 되는 것이며 따라서 현실적인 변화(생장)의 상(象)은 낙서(洛書)에 있고 다만 그의 기본만 하도(河圖)에 있다는 것도 알 수 있는 것이다.

이와 같이 일(一)은 육(六)에 의하여 이루어지고 육(六)은 일(一)이 완성을 도우면서 또한 형(形)의 본질(本質)로서 존재하는 것이다. 그러므로 일(一)은 생명(生命)의 본질(本質)이고 육(六)은 형체(形體)의 기본(基本)이 되는 것이다. 그다음 하(下)도는 八(木)이 외부를 포위하고 三(木)이 내부에 있다. 그런즉 이것은 분열하려는 음형(陰形)인 바 그것이 전혀 생의(生意)만 가지고 있던 육(六)에서 이만큼 발전하여서 동(東)에 와 있고 또는 생명의 본질이었던 일(一)이 삼(三)이 되어서 이미 동방(東方)의 내부에 와 있는 것이다. 그런즉 이것은 북방의 일(一)이 이 만큼 팽창한 상(象)을 표시한 것인즉 이것이 바로 천도(天道)가 생화(生化)하는 상(象)이다. 그런데 낙서(洛書)는 관찰하면 동북위에 팔(八)이 있으니 이것은 북방(北方)六,一이 발(發)하려는 뜻이다. 그런즉 삼(三)이 동방정위에 있는 것은 삼(三)이 이 동방에서 주동역할을 한다는 것을 표시한 것이다. 그런데 삼(三)의 개념은 일(一)이 자기의 기본인 음(陰)을 쓰고 발(發)한 상(象)을 표시한 것이다.[88] 그러므로 자전(字典)은 삼(三)을 정명(正名)하기를 일가어이(一加於二)라고 하였으니 실로 이것을 말하는 것이다. 동방정위에 이와 같은 삼(三)이 있어서 동북위의 팔(八)의 도움을 받으면서 팔(八)하려는 뜻을 실현한다. 그런즉 천도(天道)에 있어서 일(一)의 통일은 삼(三)의 분열로 인하여 파괴되면서 다의 세계로 향하는 것이니 이것이 바로 일(一)이 삼(三)으로 발전하고 육(六)이 팔(八)로 발전하는 수상(數象)이다. 그러나 일(一)이 사실상 화(火)를 포위하면서 일(一)을 만들었던 것인즉 삼(三)의 분열이란 것은 곧 火[불]의 발전이므로 그 다음은 화(化)의 단계로 들어가게 된다.

화(火)의 위(位)를 하도(河圖)에서 보면 七(火)은 외부에서 발(發)하고 二(火)는 내부에서 그의 발산(發散)작용을 견제하고 있다. 다시 말하면 六一水, 八三木 하던 수목(水木)작용에서는 육(六)이나 팔(八)의 음(陰)은 형(形)을 만들고 또는 양(陽)을 보호하기 위하여 표면에 있으면서 확장되는 존재였는데 二七火와 四九金의 과정에서는 이와 반대로 음(陰)이 내부에 있으면서 오히려 양(陽)의 발산을 견제하는 것이다. 왜 그런가 하면 불[火]이 만일 분열하게 되면 반드시 형(形)을 잃게 될 것인즉 이것을 미연에 방지하여야 할 것이므로 하도(河圖)의 상(象)이 이와 같이 표시된 것이다. 하도(河圖)는 다만 이와 같은 의미의 표시에 불과했지만 낙서(洛書)에 있어서는 동남방에 四(金)가 있고 정남에 九(金)가 놓여서 구금(九金)이 불을 포위하는 주동역할을 하고 사금(四金)이 구금

---

88) 일(一)은 기본 양(陽)이라고 하고 이(二)는 기본 음(陰)이라고 한다.

(九金)의 작용을 방조하고 있는 상(象)이다. 이것을 하도(河圖)에 비하면 불의 포위작용으로서는 아주 구체적이다.

이와 같이 금(金)이 들어와서 불을 포위하는 것이 바로 우주변화의 진상이다. 그렇다면 四자와 九자의 상(象)에 그러한 뜻, 즉 금(金)의 의미가 과연 있는가 하는 것을 연구하여야 한다. 四자는 囗자와 八자이다. 그런즉 四자 속에는 팔(八)이라는 쪼가리의 성질을 가진 것이 들어가서 포위당하고 있는 상(象)이 있은 즉 이것은 분명히 금(金)을 상징하는 것이다. 그다음 구(九)자는 乙, 乃인즉 乙자는 굴하는 것을 의미하는 것이요, 乃자의 뜻은 양(陽)의 발전을 의미하는 것이다. 그런즉 九자의 뜻에는 乃이라는 양(陽)이 발전하려고 하지만 乙의 굴하는 성질 때문에 발전이 정지되고 있는 상(象)이 있는 것이다. 그러므로 자전(字典)에 九자의 뜻을 합야(合也), 취야(聚也)라고 한 것은 실로 이것을 말하는 것이다. 이상에서 고찰해본 바와 같이 四九의 상(象) 속에도 역시 위와 같은 수상(數象)이 있다는 것을 알았다. 그런즉 낙서(洛書)에서 이와 같은 상(象)이 표시된 것은 우주 발전의 변화를 수상(數象)에서 나타내고 있는 것인바 이것을 금화교역(金火交易)이라고 한다. 그다음은 금(金)의 위(位)인데 하도(河圖)에서는 四(金)가 내부에 있고 九(金)가 외부에 있어서 구금(九金)의 종합작용은 내부의 사금(四金)이 도와주고 있는 것이다. 이와 같이 함으로써 구(九)가 지니고 있는 양금(陽金)의 성질이 사(辭)의 견제와 합세함으로써 양(陽)을 포위하는 데 성공하는 상(象)이 있는 것이다. 그런데 낙서(洛書)에서는 서방(西方)에 화(火)가 와 있다. 다시 말하면 이화(二火)는 서남방에 있고 칠화(七火)는 정면에 있는데 이것은 이화(二火)로서 칠화(七火)를 속에 포장하려는 의미인 것이다. 물론 화(火)를 포장하는 것은 남방에 있는 四九金이 하는 것이지만 화(火) 자체로 보더라도 이화(二火)로서는 수렴(收斂)하려고 하고 칠화(七火)는 항상 발산(發散)하려고 하기 때문에 이와 같은 음양조직으로 되어 있는 것이다. 그런데 화(火)의 수상(數象)을 살펴보면 二자는 두 개의 一자가 합하여서 二자가 된 것이다. 그런즉 二라는 것은 一이 팽창하여서 늘어난 상이므로 二가 수축되면 다시 一이 되려고 하는 상(象)이 있고 七자는 十자가 아직 미완성된 상(象)이다. 즉, 십(十)자의 종획이 곧게 내려가야만 할 것인데 곧게 못 가고 구부러진 상인즉 이것은 십(十土) 이전의 상태다. 二七火라는 것은 바로 이와 같은 수상(數象)에서 개념을 취한 것이다. 그런즉 이것도 역시 자기 자체의 수상(數象)을 가지고 화(火)의 작용을 하는 것이다. 그다음은 오(五)와 십(十)의 수상(數象)을 연구해 보기로 하겠다. 하도(河圖)에는 五(土)는 중앙에 있으니 이것은 진실로 중앙의 중앙이다.

십토(十土)는 중앙에 있기는 하지만 五의 上下에 각각 五개씩 있으니 이것은 중앙의 표면이라고 할 것이다. 이와 같이 십토(十土)가 오토(五土)를 포위하고 있는 것은 오는 십(十)에 비하여 반분(半分)밖에 늘어나지 못한 것이므로 이것은 아직 속에 있는 상(象)이 있고 십(十)은 수(水)의 최대 확장이므로 표면이 놓이는 상(象)이 있다. 그러므로 오토(五土)는 확장하려는 토(土)요 십토(十土)는 종합하려는 의미가 내포되어 있는 토(土)라고 한다. 그런데 낙서(洛書)는 중앙에 다만 오토(五土) 수(數)밖에 없다. 그런즉 여기에는 생장하는 상(象)밖에 없는 것이다. 다시 말하면 하도(河圖)처럼 15수가 있어야만 수장(收藏)하는 상(象)이 있을 터인데 五數밖에 없은즉 이것은 수장(收藏)의 상(象)이 없는 것이 분명하다. 그러므로 낙서(洛書)를 선천(先天) 상(象)이라고 한다. 그런데 오(五)와 십(十) 수(數)에는 다른 데 없는 특별한 상(象)이 있으니 그것이 바로 오(五)와 십(十)은 중수(中數)라고 하는 사실이다. 수(數)는 본래 사물의 작용가치를 규정하는 것이므로 모든 상(象)에서 그림자처럼 따라다니는 것이지만 그 자체가 중수(中數)라는 특수한 성질을 지닌 것은 토(土) 이외에는 없는 것이다. 그러므로 만물의 상(象)이 토(土)의 조화(調和)에 의하여서 이루어지듯이 모든 수상(數象)도 여기에서 조절(調節)되는 것이다. 그렇다면 이와 같이 중요한 토(土)의 수상(數象)은 과연 어떠한가 하는 것을 생각해 보기로 하자.

십(十)자에는 일(一)이라는 음(陰)과 ㅣ이라는 양(陽)이 중심점에서 교차하는 상(象)을 이루고 있다. 그런즉 십(十)이란 것은 음(陰)과 양(陽)이 절대 동일치로서 교회(交會)하고 있는 것이므로 이것은 음(陰)과 양(陽)의 중화(中和)된 성질일 수밖에 없다. 그러므로 이것을 중(中)이라고 한다. 그런데 십(十)이 비록 이와 같은 중(中)이라고 할지라도 만일 자오(子午)의 정중선(正中線) 서쪽에 조금만 치우치게 되면 절대중(絶對中)으로서의 임무를 다하지 못한다. 그러나 십(十)은 본성이 절대중이기 때문에 그런 경우라 할지라도 중작용의 최대역할을 한다. 각설하고 십(十)자가 이와 같이 취상되었다고 하는 것을 말한 것은 십(十)의 성질이 중(中)이란 것을 표시하기 위한 것이다. 또 五자는 전자(篆字)로서 X로 쓴다. 왜 그와 같은 취상을 하였는가 하면 오(五)는 그 작용가치가 십(十)에 비하면 반밖에 못 되기 때문이다. 五자의 복판에 있는 X자는 십(十)자로 볼 때 그것이 정중(正中)을 유지하지 못하고 유위(維位)로 경도(傾倒)되고 있는 상(象)에 불과한즉 이것만으로도 벌써 십(十)자에 비하면 가치타락이다. 그 위에 아직 二의 속에서 활동하고 있으므로 五자의 상(象)을 이와 같이 취한 것인즉 오(五)의 작용가치는 십(十)의 절반일 수밖에 없다. 이것을 이해하기 위해서는 진술축미(辰戌丑未)의 사토(四土) 가운데서 未土(십)를 제해 놓은 진술축(辰戌丑) 토(土)의 활동양상을 생각해 보면 오(五)의 수상(數象)을 이와 같이 취한 선현의 조자(造字)의 도(道)를 알 수 있는 것이다. 이제 여기에서 이상 소론을 생각해 보면 모든 수(數)는 우주가 발전하는 상(象)의 활동하는 모습대로 표시된 청사진인즉 이것은 계수상의 기호만이 아니라는 것을 알 수 있는 것이다. 그런즉 자연수(自然數) 자체가 바로 철학(哲學)이라고 하는 것은 진실로 여기에 그 근거가 있는 것이다. 이상에서 수상(數象)을 약론하였거니와 수상(數象)의 연구는 반드시 수의 변화와 중(中)을 참조하면서 연구하여야 한다는 것을 부언하는 바이다. 다음에는 괘상(卦象)을 연구해 보기로 하겠다.

(4) **괘상**(掛象)

괘상(卦象) 역시 수상(數象)과 같이 그 연원(淵源)을 하락(河洛: 하도와 낙서)에 두고 있다. 그런데 만일 만물에 어떠한 징조가 없다면 수(數)도 자기의 가치를 발휘할 수가 없을 것이다. 그러므로 우주를 정관하여 보면 수(數)에 바탕을 둔 만물은 물(物)로서 형상(形象)을 나타내기 이전에 반드시 먼저 어떠한 징조를 나타내고야 마는 것이다. 가령 만물이 생(生)하려고 할 때에는 그 생(生)하기 전에 벌써 기미(機微)가 나타나는 것이요, 죽으려고 할 때에는 미리 그와 같은 징조가 나타난다.

우주 간의 모든 상(象)은 이와 같은 징조(徵兆)와 기미(機微)에서 나타나므로 그 기미나 징조를 포착하는 방법, 즉 상(象)을 제시한 것이 바로 괘(卦)다. 괘(卦)자에는 징조(徵兆)라는 뜻이 있다. 그런즉 괘상(卦象)이란 것은 모든 사물은 그것이 발생하거나 소멸하기 이전에 징조(徵兆)가 상(象)으로써 나타난다는 것을 의미하는 것이다. 그러므로 그 징조인 상(象)을 포착하는 것이 바로 사물을 미연(未然)에 선지(先知) 선득(先得)하는 방법이며 또한 혜지(慧智)인 것이다. 그렇다면 괘상(卦象)의 연구는 철학(哲學)에 있어서 가장 중요한 연구방향이며 수단인 것이다. 그러므로 다음에 괘상(卦象)을 연구하여 보기로 하겠다.

역(易) 64괘(卦) 중에 기본이 되는 괘(卦), 여덟 개가 있는데 그것을 기본 팔괘(八卦)라고 한즉 이것이 곧 기본 괘상(卦象)이다. 즉, 모든 괘상(卦象)은 그 기본 괘상(卦象)이 섞여서 이루어지는 것이다. 그러므로 기본 괘의 상(象)만 완전히 터득하게 되면 여타 56괘의 상(象)은 이 가운데 있다는 결론이 되는 것이다. 기본 괘(卦)에는 건괘(乾卦: ☰), 곤괘(坤卦: ☷), 리괘(離卦: ☲), 감괘(坎卦: ☵), 진괘(辰卦: ☳), 손괘(巽卦: ☴), 간괘(艮卦: ☶), 태괘(兌卦: ☱)라는 개념을 가진 여덟 개의 형식이 있다. 그런데 이와 같은 팔괘(八卦)의 개념은 고정적인 것이 아니고 그 위치에 따라서 개념이 변한다는 사실이다. 좀 더 구체적으로 말한다면 괘(卦)는 그 배속되는 방위여하에 의하여 작용하는 성질이 달라진다. 즉, 복희 괘도의 경우와 문왕괘도의 경우는 각각 괘상(卦象)이 서로 다르므로 측량할 수 없는 변화가 상(象)으로서 나타나는 것인즉 이것을 연구하는 것이 바로 역(易) 연구의 중심이다. 그런데 여기서는 그 분야의 변화하는 상(象)까지를 설명할 수 없고 다만 팔괘(八卦) 자체가 지닌 바의 상(象)만을 약술하여서 상(象)의 기본인 수상(數象)은 괘상(卦象)으로 변화하고 또 그것이 장차 연구하게 될 물상(物象) 연구의 교량이 된다는 것만을 말하기로 하겠다.

건(乾: ☰)의 상(象)은 세 개의 양(陽)이 합하면 일양(一陽)이 되고 분하면 삼양(三陽)의 형태로 나타나지만 이것은 다만 양(陽)의 질량(質量)에 대해서 일양(一陽)이 분화한 것을 표시한 것이다. 즉, 건(乾)의 상(象)은 일양(一陽)의 본중말(本中末)의 상(象)을 나타냄으로써 양(陽)의 변화작용이 가능하게 된다는 것을 표시하는 것이다. 그런데 건(乾)의 상(象)은 순양(純陽)이다. 즉, 일반적으로 음양학에서 말하는 혼잡한 양(陽)을 말하는 것이 아니다. 다시 말하면 이와 같은 팔괘(八卦)의 음양(陰陽)은 순양(純陽)과 순음(純陰)인바 이것이 다시 혼합하여서 오행(五行)의 음양(陰陽)을 이루는 것이다.

곤(坤: ☷)의 상은 음(陰)의 셋이 본중말(本中末)을 이루어서 한 개의 상(象)을 형성한 것이다. 그런데 이 상(象)은 건(乾)의 상(象)과는 정반대다. 양(陽)의 상(象: ─)은 중심부위가 충실하고 있으나 곤의 상(象: --)은 중심이 비어 있다. 다시 말하면 건(乾)은 내용이 차 있는데 곤(坤)은 내용이 비어 있는 상(象)이다. 그러므로 건(乾)은 양(陽)을 발(發)하려고 하지만 곤(坤)은 양(陽)을 포장하려고 한다. 그런즉 이것이 바로 영즉측(盈則仄) 허즉수(虛則受)[89]라고 하는 상(象)을 의미하는 것이다.

리(離: ☲)의 상(象)은 양(陽)이 상하(上下)에 있고 그 중심에 음(陰)이 있어서 상하의 양(陽)을 견제하고 있는 상(象)이다. 그런데 이 괘(卦)의 특징은 상하에 있는 양(陽)이 허(虛)한 중에 걸려서 광선을 발하고 있는 상(象)인즉 이와 같은 허(虛)는 상하에 있는 양(陽)의 생명력이다. 그러므로 만일 중심에 있는 허(虛)가 그 성질이 변해서 양(陽)과 동화된다고 하면 이것은 건(乾)으로 변해 버리고 말 것이요, 반대로 중심에 있는 허(虛)가 상하에 있는 양(陽)을 동화시킨다면 곤(坤)으로 변하고 말 것이다. 그런즉 리괘(離卦)는 건곤(乾坤)으로 변할 수 있는 상(象)을 지니고 있으나 결국은 곤(坤)으로 변하고 마는 것이니 이것을 화(火)의 중도(中道)적 작용이라고 한다.

그다음 감(坎: ☵)의 상(象)을 살펴보면 리괘(離卦)와는 바로 반대다. 이것은 상하에 있는 음(陰)이 중정(中正)에 있는 양(陽)을 포위하고 있으므로 중심의 양(陽)이 그 성질을 발휘해 낼 수가 없다. 그러므로 중심의 양(陽)이 만일 상하의 음(陰)을 동화시켜 낸다면 건(乾)이 될 것이고 음(陰)한테 동화시켜서 곤(坤)을 만들고야 마는 것이니 이것이 바로 수(水)의 중도(中道)적 작용인 것이다.

이와 같이 리감(離坎) 두 괘(卦)의 상(象)을 고찰해 볼 때 중심에 있는 효(爻)가 건곤(乾坤)으로 변할 수가 있다는 말은 그것이 바로 건곤(乾坤)을 대행할 수 있다는 말과 같다. 그러므로 역(易)은 이것을 중남(中男), 중녀(中女)라고 하여서 대단히 소중히 여기는 바 그것은 바로 괘(卦)의 주효(主爻)가 중위에 있어서 중용적(中庸的)인 작용을 하기 때문이다. 그런데 팔괘(八卦) 중에서 오직 리감(離坎)의 두 괘(卦)가 중위(中位)로서 주효(主爻)를 구성하고 있으므로 능히 건곤(乾坤)의 임무를 대행할 자격이 있고 기타의 진(辰), 손(巽), 간(艮), 태(兌) 등은 주효(主爻)를 상하의 변방에 두었으므로 건곤(乾坤)을 대행할 자격이 없는 것이다. 그러므로 리감(離坎)은 유일한 건곤(乾坤)의 대행자가 되는 것이다.

---

89) 차면 기울고, 비면 받아들인다는 의미로 역의 변화원리를 의미한다.

그다음 진(震: ☳)의 괘(卦)를 연구해 보기로 하자. 진(辰)은 주효(主爻)가 초효(初爻)에만 있을 뿐만 아니라 또한 그것이 양효(陽爻)이므로 위에 있는 두 개의 음(陰)을 확장하면서 용출(湧出)하려는 상(象)을 가지고 있다. 그런데 음양운동의 이치는 억압하려는 음(陰)의 세력이 강하면 강할수록 양(陽)의 반발력이 많으므로 진괘와 같이 주효(主爻)인 양(陽)이 초효(初爻)에 위하였을 때에는 그 힘이 가장 강하게 된다. 그러므로 이 괘(卦)를 목(木)이라고 하며 또는 뇌(雷)라고도 하며 장남(長男)이라고 하는 것인즉 실로 오행지종(五行之宗)이며 육종지장(六宗之長)인 것이다.

손(巽: ☴)괘는 진괘와 그 상(象)이 반대인즉 그 성질이 반대인 것은 말할 것도 없다. 이 괘(卦)는 초효(初爻)의 음(陰)이 주효(主爻)로 되어 있어서 위에 있는 두 개의 양효(陽爻)를 견제하고 있다. 그런데 이 괘(卦)의 상(象)을 상고하여 보면 다음과 같은 상(象)이 있다. 음양의 이치는 본래 서로 부합하려는 성질이 있는데 이 괘의 경우는 초효(初爻)와 이효(二爻)는 서로 밀비(密比)하여 있으므로 이효(二爻)와 초효(初爻)가 比(친하다는 뜻)하면서 주효(主爻)인 초효(初爻)의 견제를 받고 있지만 삼효(三爻)는 초효(初爻)와 比하지 못하므로 유리(遊離)되고 있는 것이다. 그러므로 이 괘(卦)의 상(象)을 풍(風)이라고 하거니와 이것은 바로 진괘의 경우에 초효(初爻)의 반발력이 이효(二爻)보다 삼효(三爻)에 이르러서 심한 것과는 반대이다. 손(巽)을 장녀(長女)라고 하는 것도 정반대로 생각해 보면 쉽게 이해된다. 이와 같이 진(辰), 손(巽) 두 괘는 음양작용이 작각 시종(始終)의 기본을 이루고 있기 때문에 장남(長男) 장녀(長女)라고 하는바, 우주의 음양작용은 실로 여기에서 시작하는 것이다.

그다음은 간(艮: ☶)괘를 연구해 보기로 하자. 이 괘(卦)는 진괘의 초효(初爻)에 있던 양(陽)이 삼효(三爻)에 까지 올라간 상(象)을 말하는 것이다. 그렇게 되면 진(辰)의 강하던 양(陽)도 힘이 쇠약해져서 더 이상 향상할 수가 없게 된다. 왜 그런가 하면 양(陽)은 음(陰)의 압력에 의해서 힘이 생기는 것인데 이 괘는 양(陽)이 삼위(三位)에 까지 올라가 있으므로 그 힘이 정지되고 있다. 이것을 진(辰)의 상(象)과 비교해 보면 진(辰)보다는 그 힘이 약한 것은 물론이다. 그러므로 그것을 간위산(艮爲山)이라고 하는 바 산(産)이라는 것은 화력의 분출이 정지되어서 확장할 수 없는 상(象)을 말하는 것이다.

태(兌: ☱)괘는 간괘 때에 향상하던 양(陽)이 방향을 전환한 것인즉 그것은 바로 손괘 초효(初爻)의 음(陰)이 양(陽)에게 밀려서 괘극(卦極)에까지 올라와서 그와 같이 변한 것이다. 그러므로 손(巽)과 같이 강력한 제어력은 없고 다만 양(陽) 위에서 종시이수지(從時而隨之)하는 상(象)이므로 이 상(象)을 택(澤)이라고도 하고 소녀(小女)라고도 한다. 왜 그런가 하면 이것은 삼효(三爻)인 음(陰)이 양(陽)을 포위하려고 하지만 아직 속에 포위된 양(陽)의 힘이 너무 크기 때문에 '물'이 땅속에 잦아들지 못하고 오히려 만물의 표면에서 약동하고 있는 것과 같은 상(象)이므로 이것을 택(澤)이라고도 하고 소녀(小女)라고도 하는 것이다.

역(易)은 이와 같이 간태(艮兌)가 진(辰), 손(巽)의 종말을 이루면서 중인 감리(坎離)의 작용을 도와서 우주의 육대변화를 이루는 것이므로 역(易)은 괘(卦)의 효(爻)를 육효(六爻)로서 정한 것이다. 그러나 이것은 인간의 임의소작이 아니고 천수상(天垂象)하는 그대로 표시한 것이다. 이상에서 괘(卦)의 기본 상(象)을 약술하였거니와 방위의 변화와 아울러 64괘의 무궁한 변화는 역의 연구 분야이므로 약하기로 하고 여기서는 다만 수상(數象)을 근저로 한 괘상(卦象)만을 관찰함으로써 물상(物象)을 관찰하는 데 이바지할 수 있는 실용(實用) 철학의 기본은 바로 이와 같은 개념에서부터 시작한다는 것을 논하려는 데 있는 것이다.

(5) 물상(物象)

우주에 미만(彌滿: 기득 찬)한 만상(萬象)은 각각 자기 자체의 상(象)을 가지고 있다. 다시 말하면 동식물이 모두 형(形)으로서 체(體)를 이루고 있는데 그 체(體)는 형(形)에 속하므로 십목소시(十目所視)[90]에 나타나지 않음이 없지만 상(象)은 형(形) 속에 숨어 있는 것이므로 그것을 파악하기는 용이한 일이 아니다. 상(象)이라는 것은 징조(徵兆)나 기미(幾微)다. 가령 이것을 인간에게서 찾아보면 어떠한 좋은 일이 생겼을 때에 그것을 아무리 표현하지 않도록 노력한다고 할지라도 얼굴에는 반드시 흔연히 기미(幾微)가 나타나는 것이다. 그런즉 이것은 바로 그 사람이 지금 기분이 좋다는 것을 나타내는 징조다.

---

90) 열 사람의 눈이 보고 있다는 뜻으로서, 많은 사람의 눈은 속이지 못함을 비유하는 말이다.

그런데 이런 정도의 징조나 기미는 누구나 다 살필 수가 있다. 그러나 이것은 왜 그런 징조로 나타나는가 하는 것을 잘 알지 못한다. 물론, 인간이 유쾌할 때에는 심장의 열량이 먼저 움직이기 시작한다. 그런데 열의 성질은 동하면 위로 올라가서 안면 피부에 까지 이르러서 작용하므로 얼굴에는 징조가 나타나서 이른바 태괘(兌卦: ☱)의 상을 띠게 된다. 가령 이것을 소녀(小女)의 경우에서 찾아보면 소녀 방년에 안색은 피어오를 대로 오르고 희소(喜笑)를 참지 못하는데 이것은 바로 방년기의 소녀는 태괘(兌卦)의 상(象)을 나타내면서 발육하는 것인바, 이와 같이 태괘(兌卦)의 상(象)을 나타내면서 발육하는 것은 심장의 열이 가장 활발하게 염상(炎上: 불꽃이 활활 올라가는 모습)하고 있다는 증거다. 그러므로 이것을 하도(河圖)에서 보면 이칠화(二七火)의 작용이요, 낙서(洛書)에서 보면 사구금(四九金)의 작용인 것을 알 수가 있는 것이다.

그런즉 우리는 여기에서 한 개의 물상(物象)을 관찰함으로써 그 수상(數象)까지 파악할 수 있으며 따라서 그 물(物)의 운동 원리를 찾을 수 있는 것이다. 이것을 다시 한 번 추려보면 인간이 유쾌할 때에 나타나는 상(象)을 관찰하면 우선 무엇 때문에 얼굴에 그런 상(象)이 나타났는가 하는 것을 찾아야 하고 그것을 찾기 위해서는 먼저 이것을 괘상(卦象)에 비쳐 보아야 할 것이며 괘상(卦象)에서 그것을 찾게 되면 따라서 그 원리에 의하여 유쾌한 물상(物象)이 생겨났다는 것을 알 수 있게 될 것이다. 그런즉 그다음에는 그 '兌' 상(象)이 연유한 바의 수상(數象)을 찾아야 한다. 이와 같은 순서에 의하여 수상(數象)까지 찾아내게 되면 인간이 유쾌(愉快)할 때에는 왜 그런 상(象)이 나타나는가 하는 이론적 근거를 일일이 찾아낼 수가 있게 된다.

위에서는 인체에서 일어나는 상(象)의 한 예를 들었거니와 우리가 만일 인체를 이와 같은 방법으로 관찰한다면 칠정육욕(七情肉慾) 때문에 변화하는 상(象)은 물론 형체 구조에서 나타나는 모든 상(象)까지도 일일이 찾아냄으로써 그 상(象)이 지난 바의 원인과 결과를 알 수 있게 되는 것이다. 예컨대 만일 어떤 사람이 손톱이 연령에 비해서 너무 두껍다고 한다면 그것은 바로 비폐지기(脾肺之氣)가 너무 왕성하여 금극목(金克木)과 토모목(土侮木)을 하고 있다는 것이 상(象)으로 나타난 것이요, 반대로 너무 엷다고 한다면 그것은 간(木)기(氣)가 너무 강하여 목극토(木剋土), 목모금(木侮金)을 하고 있다는 것을 상(象)으로 나타난 것을 의미하는 것이다. 이와 같은 예는 인체 전부를 망라하고 있다. 왜 그런가 하면 만물은 수(數)와 상(象)으로써 구성되어 있기 때문에 상(象) 없는 형(形)이란 있을 수가 없는 것이다. 그러므로 인간은 말 없는 형체와 능히 의사를 소통할 수 있는 것이다. 예를 한두 개만 더 들면 눈이 철출(凸出)하고 겸하여 큰 사람은 단정하지 못하고 눈이 크더라도 푹 박힌 사람은 행동의 폭이 넓고 결심도 비교적 강하다. 이와 같은 것은 우리의 경험에서 잘 알고 있는 것이지만 그것이 왜 그러한가 하는 것은 알기 어렵다. 그런즉 단순히 이러한 현상을 알 수 있다는 것은 경험적 소산일 뿐이며 그 경험적 인식의 근본 바탕을 알아내는 것이 철학(哲學)과 이성(理性)의 임무인 것이다. 즉, 눈이 크다는 것은 木火(肝心)之氣가 너무 과항(過亢)하기 때문에 눈이 장부지정을 잘 포장하고 있지 못하는 상(象)이다. 게다가 눈이 철출(凸出)하기까지 했다면 그것은 목화(木火)의 과항(過亢)이 눈의 부위까지 움직여 놓았다는 상(象)이 된다. 그런즉 이러한 사람은 눈이 규괘(睽卦)의 상(象)을 나타내는 것이다. (火澤睽를 ≡≡≡≡ 말함) 그러므로 이러한 상(象)을 소유하게 되면 그 성품이나 행동은 자연히 부동하게 됨으로써 단정을 기하기 어렵고 또한 수명에도 지대한 영향을 미치게 되는 것이니 이것이 결과적으로 화모수(火侮水)로 변하여서 신명(神明)의 본원까지 흔들어 놓게 된다. 그렇지만 이러한 사람이라고 할지라도 눈이 적당히 들어가게 되면 이것은 가인괘(家人卦: ≡≡≡≡)의 상(象)으로 변함으로써 차츰 정중을 얻게 되는 것이다. 그런데 만일 눈이 작고 푹 박혀 있다고 하면 전자와는 바로 반대가 될 것이다. 왜 그런가 하면 이런 사람은 폐신지기(肺腎之氣)가 과도하기 때문에 대단하고 단정하기는 하지만 반면으로 융통성이 적다. 그러므로 이것은 항상 수극화(水剋火)나 금극목(金克木)의 제압을 받게 되므로 이러한 경우에는 수산건(水山蹇: ≡≡≡≡)의 상(象)을 나타내게 되는 것이다. 그러나 비록 이러한 상(象)이라고 할지라도 눈이 적당히 누출하기만 했다면 그 성품도 비교적 너그러울 것이고 따라서 목화지기(木火之氣)도 적당하게 발휘될 것이므로 의학에서 말하는 기하함(氣下陷)하는 병에도 걸리지 않을 것이다. 이렇게 되면 건(蹇)의 상(象)은 곧 뇌수해(雷水解: ≡≡≡≡)의 상(象)으로 변하게 됨으로써 알맞게 조절되어지는 것이다.

이상은 인체에서 한둘의 예를 들었지만 기타의 동식물에 있어서도 반드시 형(形)이 있는 곳에는 상(象)이 있고 상(象)이 있으면 수(數)가 있게 마련이다. 그러므로 철학(哲學)의 연구에 있어서 물(物), 상(象), 수(數)와 수(數), 상(象), 물(物)의 위치는 대단히 중요한 것이다. 그렇다면 철학의 방법은 연역적(演繹的) 방법이냐 혹은 귀납적(歸納的) 방법이냐 하는 것이 문제가 될 것이 아니며, 또는 경험적 방법이냐 관념적 방법이냐 하는 것도 문제가 될 수는 없다. 오직 정당한 방법은 물(物), 상(象), 수(數)의 관찰에 정통할 수 있는 방법만이 참된 방법일 것이다. 그다음에 동식물계를 살펴보면 鱗(어류), 毛(털짐승), 羽(조류), 裸(영장류), 介甲(갑각류) 등이 각각 그의 형체(形體)에 오행(五行)의 상(象)을 띠고 생(生)한다던가 또는 모든 식물들이 각각 오행적인 특징을 띠고 생화(生化)하는 것들을 연구해 보면 흥미도 진진하지만 그것들이 자연법칙인 오행원리대로 변하고 있는 것을 생각하여 보면 변화의 판도가 점점 좁아지는 것 같은 것을 느끼지 않을 수가 없는 것이다.

2) 수(數)

(1) 수(數)의 개념

수(數)라는 것은 일반적인 의미에서 보면 사물의 질량(質量)을 계산(計算)하며 측정(測定)하는 수단과 방법일 것이다. 그러나 이것을 철학적(哲學的)으로 고찰해 보면 수(數)는 사물의 기미(機微)이며 또한 유(有)와 무(無)의 변화하는 상(象)이며 단(單)과 다(多)의 운동현상인 것이다. 다시 말하면 우리가 우주 간에서 변화하는 사물의 상(象)을 살펴보면 그의 변화원리가 미묘막측(微妙莫測)하여서 그의 유서(由緒)를 찾아낼 수가 없는 것이다. 그러나 상세하게 고찰하면 여기에는 우리가 알아낼 수 있는 기미(機微)가 반드시 잠복하고 있는 것인즉, 이것이 바로 수(數)의 본원, 즉 수(數)의 창조점이며, 또한 만물의 창조점인 것이다. 그러므로 수(數)를 사물의 기미(機微)라고 하는 것이다. 진실로 우주변화의 주체인 유(有)와 무(無)의 분합(分合)이나 단(單)과 다(多)의 투쟁은 모두 수(數)의 본원인 기미(機微)에서 일어나는 조화다.

그러므로 우주 간에 존재하는 모든 사물의 변화하는 그 상(象)을 살펴보면 어느 하나 할 것 없이 形(有)과 象(無)의 분합이 아닌 것이 없고 단(丹)과 다(多)의 투쟁이 아닌 것이 없다. 그러나 이것이 한번 형화(形化)하여서 현상계에 현실적인 존재로서 등장하게 되면 무(無)는 벌써 한 개 관념의 미신적 혹은 공상적 대상으로 몰리게 되고 유(有) 만이 실존하는 철학의 대상인 줄 알게 되는 것이다. 이러한 근거에서 대두하기 시작한 것이 단다론(單多論)이다. 그런데 서양에 있어서의 단다론(單多論)은 상(象)을 무시하고 형(形)에서만 단다(單多)의 현상을 보려고 하였기 때문에 단(單)과 다(多)의 사이에서 일어나는 모순을 조절하지 못하고 또는 단다(單多)의 통일을 설명할 수 없었던 것이다. 그러나 동양철학은 단(單)의 기원을 무(無)에 두고 있기 때문에 거기서 물질의 형성을 설명할 수 있으며 또한 물질이 아닌 정신(精神)이나 생명을 말할 수 있는 것이다. 따라서 단다(單多) 작용의 현상을 물질로서만 설명대상으로 하는 것이 아니라 무(無)에서 일어나는 단다(單多)의 상(象)도 아울러 설명하는 것이다. 그런즉 상수(象數)학은 '水'를 일이라고 하고 목화토금을 수의 분산과 통일의 계기라고 하는바 만일 이것을 서양철학의 개념을 빌어서 말하면 바로 단다론(單多論)인 것이다. 그러므로 오행설은 바로 동양의 단다론(單多論)이라고 할 수 있다.

수(數)라는 것은 위에서 말한 바와 같은 사물의 기미(機微)가 유(有)와 무(無), 단(單)과 다(多)의 운동하는 모습 자체인 것이다. 그러므로 자전(字典)에서 '數'자의 의미를 살펴보면 수(數)자에는 기미(機微)라는 의미와 계산(計算)이라는 의미와 또는 세밀(細密)이라는 뜻이 있은즉슨 이것은 모두 징조(徵兆)의 계수(計數)를 말하는 것이다. 다시 말하면 징조(徵兆)라는 것은 있는 것 같기는 하나 알 수 없는 것을 말하는 것인즉 이것이 바로 기미(機微)이며 또한 세밀(細密)인 것이다. 즉, 그 기미(機微)를 알 수 없는 것은 사물의 내용을 너무 세분(細分)하였기 때문이므로 너무 세분된 곳, 즉 기미(機微)에서는 실상을 파악하기 어렵다.

그다음으로 '計'자의 의미를 살펴보면 계(計)라는 것은 발전과 통일의 종합(綜合) 점을 말하는 것이다. 다시 말하면 '言'자의 뜻은 생장의 발전을 의미하는 것이고, '十'자의 뜻은 통일의 시초, 즉 미토(未土)의 상(象)인즉 計라는 것은 발전에서 통일로 반복하는 단계를 말하는 것이니 이것이 바로 계수(計數)인 것이다. 그 다음으로 세밀(細密)이란 의미를 생각해 보면 일점수(一點數)가 세분화될 때에 나중에는 그의 형(形)마저 상실하게 되어서 유형(有形)이 무형(無形)으로 비약되는 그 상이 바로 세밀(細密)의 종점이다. 우리가 무(無)라고 하는 것은 바로 이것을 말하는 것이니 곧 통일을 시작하는 점이며 또한 수가 나타나는 본원을 의미하는 것이다.

이상에 논한 바와 같이 수(數)는 사물의 기미(機微)이며 또한 유무(有無)와 단다(單多)가 작용하는 상(象)인 것이 틀림없다. 뿐만 아니라 수(數)는 이와 같은 기미(機微)에서부터 시작하여서 상(象)을 파악할 수 있는 기본이 되는가 하면 상(象)은 무(無)이므로 알기 어렵다고 할지라도 수(數)는 자연의 변화 자체이므로 그 법칙이 명확하고 정직하여서 거짓이 없기 때문이다. 자연수(自然數)가 이와 같이 철학(哲學)의 기본을 이루는 것은 사물은 그의 창조점인 시공간의 일점(一點) 기미(機微)인 무(無)에서부터 발했기 때문인 것이다.

다시 말하면 시공간(時空間)이란 의미는 시(時)의 조절과 공(空)의 수장(收藏) 작용이 간(間)이라는 십자(十字)의 교차점의 작용에 의하여 비약할 수도 있으며 또는 변화할 수도 있는 것을 말하는 것이다. 이와 같이 사물의 상(象)과 수(數)는 동일점에서 출발한 것이므로 수(數)의 정직성과 명확성은 사물의 상(象)을 발굴하며 또한 증명하는 데 충분한 것은 말할 것도 없다. 그러므로 수(數)의 본원인 기미(機微)에서 출발한 역상수(歷象數)와 물상수(物象數)는 변화의 현상과 또는 미래까지도 말할 수 있는 것이니 이것은 실로 수(數)가 자연법칙과 함께 운행하고 있기 때문이다.

(2) 수(數)의 성립(成立)

수(數)라는 것은 물(物)이 자체의 내용을 기미(幾微)로써 표현하는 것이요, 수(數)란 것은 상(象)의 내용을 표현하며 또는 증명하는 것이다. 이와 같이 수(數)는 상(象)의 거울이므로 상(象)이 비록 우리의 감관(感官)에 잘 영사되지 않는다고 할지라도 그 상(象)의 근저에 흐르는 수(數)로 인하여 그것을 능히 포착할 수가 있는 것이다. 좀 더 자세히 말하면 자연수(自然數)의 수열(數列)은 일이삼사오육칠팔구십으로 구성되는 것인바 그것은 인위적(人爲的)인 구성이 아니고 자연 질서 자체의 표현이기 때문에 여기에 거짓이란 있을 수가 없는 것이다. 가령 하나 둘 셋 하는 수(數)는 옛적부터 그렇게 정한 것이기 때문에 인간은 그러한 관례에 의하여서 이것을 계산의 표준으로 하는 것은 아니다. 만일 그렇다고 한다면, 즉 옛적부터 하나 셋 다섯 하고 계수하였다고 하면 우리는 습관상의 수(數)를 정당한 수(數)의 개념으로 인정할 수도 있다는 말이 되는 것이다. 그러나 그것은 진리(眞理)가 아니므로 그렇게 될 수도 없거니와 또한 수열(數列)이 그와 같이 임의로 성립될 수도 없는 것이다. 그런즉 자연수(自然數)는 자연법칙이 움직이는 그대로 성립(成立)된 것이므로 자연의 분합과 동정(動靜)하는 상(象)이 수(數) 속에 흐르고 있는 것이다. 그렇다면 수(數)는 어떠한 상(象)에 의하여 표시하게 되었는가 하는 것을 연구하여야 할 것이다. 그것은 하도(河圖)에 의하여 연구하여야 한다.

위에서 말한 바와 같이 수(數)는 하도(河圖)가 내포(內包)하고 있는 바의 상(象)에서 그 상(象) 자체가 발전과 통일을 반복하는 모습의 반증으로써 나타났던 것이다. 다시 말하면 복희 때에 용마(龍馬) 등에 지고 나온 그림의 상(象)을 상찰한 결과 그 그림의 뜻을 알아내고 또 정리해 놓은 것이 바로 하도(河圖)이다. 그렇다면 수(數)의 상(象)이 하도(河圖)에는 어떻게 나타나 있는가 하는 것을 연구하여야 한다.

하도(河圖)를 잘 살펴보면 첫째로 눈에 띄는 것이 일이삼사오라고 하는 생수(生數)가 전부 속에 내포(內包)되어 있고 육칠팔구십 이라는 성수(成數)가 전부 표면에 생수(生數)를 포위하고 있은즉 이것이 바로 우주를 생성하는 생성작용이 수(數)의 생성수(生成數)로써 그의 저의를 표현하고 있는 상(象)이다. 좀 더 자세히 말하면 우주의 목적은 목적적인 목적이다. 무목적적인 목적이란 말은 공욕(公慾)이 있을 뿐이고 사욕(私慾)이 없는 것을 말하는 것이다. 그것은 바로 일수(一水)가 이화(二火)로 발전하였다가는 다시 일수(一水)로 귀장(歸藏)하고 일수(一水)는 또다시 이화(二火)로 발전하는 일을 반복하는 지공무사(至公無私)한 자연의 목적을 말하는 것이다.

우주는 이와 같은 목적을 수행함에 있어서 일(一)과 이(理)로써 주체를 이루는 것이니 이것이 바로 水와 火의 주체를 이룬다는 말과 동일하다. 그러므로 여기서 수(數)의 성립이란 것은 바로 수화(水火) 운동의 성립과 동일하다는 결론이 되는 것이다. 이와 같이 일(一)과 이(理)의 반복운동이란 것은 바로 水와 火의 반복운동이므로 수화(水火)의 상(象)과 일이(一二)의 수(數)는 동일치로서 평가되는 것이다. 그러므로 數의 연구란 것은 바로 오행의 연구이며 오행의 연구란 것은 또한 하락(河洛)의 연구인 것이다. 그런즉 수(數)의 성립을 연구한다는 것은 곧 하도의 성립을 연구하는 것과 같은 것이다. 그러므로 하도(河圖)란 것은 일수(一水)의 통일과 이화(二火)의 분열을 연구하는 것이라고 할 수 있는 것이다. 그렇기 때문에 이와 같은 근거에서 수(數)가 성립하는 모습을 연구해 보기로 하겠다.

일(一)은 양(陽)이고 양(陽)은 일(一)이다. 그런데 그 일(一)이라는 것은 전체를 의미하며 또한 통일을 뜻하는 것이다. 다시 말하면 통일의 본체(本體)가 바로 일(一)이다. 이(二)란 것은 통일의 방조자이며 또한 분산(分散)의 주체(主體)인데 이것은 그의 작용 하는 면으로 볼 때에는 전체의 반면(半面)에 불과하다. 그러나 일(一)과 이(二)라는 것은 다만 동일한 주체의 양면(兩面)이므로 본질적으로는 하등의 차이가 없다. 그런즉 이(二)라는 것은 다만 통일의 본체인 일(一)이 분열하여서 이(二)가 되고 이(二)가 통일하면 일(一)이 되는 중간과정인즉 일(一)은 이(二)의 목적이고 이(二)는 일(一)의 목적인 것뿐이다. 그러므로 일(一)과 이(二)는 우주조화의 공동주체인즉 주체가 아닌 여하한 것도 일(一)의 차위에 올 수 있는 자격이 없는 것이다. 이것이 바로 이화(二火)가 일수(一水)를 만드는 작용의 본원이므로 자연수(自然數)의 서열은 일(一) 다음에 이(二)가 놓이게 되는 것이니 일이(一二)를 우주작용의 부모라고 하는 것도 이 때문이다.

그러나 일(一)이 이(二)로 발전하려면 삼(三)의 협조가 절대로 필요하다. 왜 그런가 하면 삼(三)이란 것은 일(一)과 이(二)의 합성체이기 때문이다. 다시 말하면 일(一)은 순수한 양(陽)이지만 삼(三)은 일(一)에다가 이(二)를 가한 것이므로 이것은 일(一)과는 달라서 음양(陰陽)의 혼성체(混成體)다. 그러므로 그 내용을 잘 검사해 보면 삼(三)이란 것은 음(陰)으로써 동(動)하는 일(一)을 유폐(幽閉)한 수(數)이다. 그런즉 일(一)과 삼(三)의 차이를 말한다면 일(一)은 순수(純粹)한 면인 반면에 삼(三)은 음양(陰陽)의 혼성(混成)으로써 이루어진 양(陽)이라는 점이 다른 것이다.

그런데 삼(三)을 가리켜 일(一)이 이(二)를 생하는 방조(傍助)자가 된다고 하는 것은 무슨 까닭일까? 일(一)이 순수하다고 하는 것은 독양(獨陽)이라는 뜻이다. 독양(獨陽)은 그 작용면에서 보면 음(陰)을 얻지 못하는 양(陽)이므로 발전할 수가 없다. 다시 말해서 양(陽)의 분열이란 것은 절대적으로 음(陰)의 통일적인 압력 아래에서만이 자기의 성질을 발휘할 수 있는 것이다. 그런데 우주발전, 즉 일(一)이 발전이란 것은 $1+2=3$ 이라는 음양(陰陽) 합성(合成)으로써 이루어지는 것이다. 그런즉 음양합성을 이루지 못하는 독양(獨陽)은 반드시 혼성체(混成體)인 삼(三)을 얻음으로써만이 우주변화의 목적을 달성할 수가 있는 것이다. 그러므로 삼(三)은 일(一)이 이(二)로 발전하는 데 있어서의 방조자가 되는 것이다. 그런 까닭에 자연수(自然數)는 이(二)의 차위(次位)에 삼(三)이 오게 마련이다.

이와 같이 이(二)의 작용을 협조한 것은 삼(三)이었던바 이것은 분산작용을 돕기 위한 것이었다. 자연운동에서 분산작용이 끝나면 그다음에는 통일작용이 시작되는 것인데 통일이란 것은 일(一)로 돌아가는 작용이다. 그러나 일(一)도 역시 이(二)에서와같이 어떠한 방조를 필요로 한다. 그러므로 그때에 일(一)이 통일작용을 도와서 통일을 완성시키는 것이 四다. 사(四)는 오행의 금(金)이므로 당연히 수(水)로 통일하게 하는 의무가 있는 것이다. 이와 같이 이(二)는 삼(三)의 방조를 얻고 일(一)은 사(四)의 방조를 얻음으로써 순환(循環) 작용이 이루어지므로 일이삼사의 서열(序列)이 결정된 것인즉 이것이 바로 水(一), 火(二), 木(三), 金(四)의 서열이다. 여기서 우주의 목적은 수화(水火)의 반복인데 이것을 방조하는 것이 木金(三四)이라는 원리가 성립되는 것이다. 그러므로 자연수(自然數)는 이러한 순서로 배열되지 않을 수가 없다는 것을 알 수 있게 되는 것이다.

그런즉 하도(河圖)가 동서남북의 내부에 이러한 수(數)를 내포하고 있는 것은 우주운동의 사대원질(四大原質)의 기본인 생수(生數)의 발전순서가 이러하다는 것을 계시하기 위함이다. 그렇다면 오(五)는 어떻게 하여서 오위(五位)에 놓이게 되었는가 하는 것을 연구하여야 할 것이니 그것은 오(五)가 토화(土化) 작용을 하는 중성적(中性的) 존재이기 때문이다. 위에서 일이삼사의 발전을 설명하였지만 그것만으로써 변화가 이루어지는 것은 아니다. 우주운동의 실질적인 변화는 발전과 통일작용에서 일어나는 모순을 조절하는 작용이 절대로 필요한 것이므로 土(五)가 들어오는 것이다. 토(土)는 그밖에 직접 통일도 매개하는데 그것은 土(五)가 아니고 十(土)인 바 그러한 십토(十土)는 여기에서 오(五)가 자화(自化)된 것이다. 그런데 토(土)는 위에 말한바의 사원질(四原質)처럼 독립된 것이 아니고 다만 일이삼사의 심수(十數) 자체에서 일어나는 순수정기(純粹精氣)이다. 그러므로 이것을 일부(一夫)는 무무위(無無位)라고 하였다. 다시 말하면 '무무위(無無位) 60數는 九九中에서 배열(配列)'이라고 한바 그것이 바로 토화(土化) 작용의 60數 九九中, 즉 자연수가 一에서 九까지 운행하는 사이에서 생겨난 것이라는 의미인 것이다.

오(五)라는 것은 이와 같이 생겨난 것이므로 하도(河圖) 자체에도 그와 같은 상(象)이 잠복하고 있다. 만일 이것을 생수(生數)에서 보면 또한 이(二)와 그것을 방조하는 삼(三)을 합하면 오(五)가 되고 일(一)을 방조하는 사(四)를 합하여도 오(五)가 된다. 또 성수(成數)에 있어서는 칠(七)과 칠(七)을 방조하는 팔(八)을 합하면 십오(十五)가 되고 또는 육(六)과 육(六)을 방조하는 구(九)를 합하면 15가 되는 것이니 이것은 모두 생성(生成)수(數)의 사원질(四原質) 속에 각각 토(土)의 의미를 내포(內包)하고 있기 때문이다. 그런즉 토(土)라는 것은 바로 사원질(四原質)의 순수정기(純粹精氣)로써 이루어진다는 것을 알 수 있는 것이다. 이와 같은 하도(河圖) 자체의 상(象)에 의해서 볼 때에 일이삼사의 다음에 오(五)가 올 것은 명약관화한 것이다.

이와 같이 구성된 생수(生數)는 만물의 명수(命數)이다. 그러나 만물의 명수(命數)란 것은 만물이 생(生)할 수 있는 기본, 즉 핵(核)이나 정(精)의 명수(命數)인 것뿐이고 그것만으로써 만물 자체가 될 수는 없으므로 자연(自然)은 이와 같은 생수(生數)가 생기게 한 다음에 물수(物數)가 거기에서 자화(自化)하도록 되어 있는 것이다. 그런즉 다음에는 물수(物數), 즉 육칠팔구십의 성수(成數)가 어떻게 성립되는가 하는 것을 연구하기로 하자.

모든 물(物)은 생수(生數)와 성수(成數), 즉 명수(命數)와 형수(形數)가 합하여서 이루어지는 것이다. 그러므로 위에서 말한 바와 같이 생수(生數)가 성립되면 거기에서 형수(形數)가 자화(自化)되기 마련이다. 이것을 바꿔서 말하면 모든 생명력은 형(形)을 이룰 수 있는 조건에서 생기는 것이므로 그 생명력의 화생(化生)은 바로 형(形)의 화생(化生)과 함께 이루어진다는 것을 의미한다. 그러므로 발전에 있어서도 각각 형(形)을 생화(生化)할 수 있는 조건을 갖추고 이루어졌던 것이다. 다시 말하면 생수(生數)가 一三(陽), 二四(陰)의 이질적이 성질로 이루어진 것은 바로 이 때문이다. 그러므로 생수(生數)는 성수(成數)로 발전하는 것인바 그 발전의 기본은 이질적인 목화금수의 수(數)에 있는 것이 아니고 순수정기인 오토(五土)에 있는 것이다. 그런즉 오(五)는 생수(生數)의 종점인 동시에 성수(成數)의 시점이며 또한 만물의 중(中)인 것이다. 그러므로 중(中)의 개념을 만물이 종시(終始)하는 절대경계의 일점(一點)이라고 하는 것도 바로 여기에 있는 것이다. 그렇다면 만물의 형(形)을 상징하는 성수(成數)는 五(土)에서 어떻게 자화(自化)되는 것일까? 오(五)는 모든 생수(生數)의 순수정기다. 정기(精氣)라는 개념은 생명(生命)과 정신(精神)을 얽어매는 요인을 말하는 것이다.

그러므로 모든 생수(生數)는 또다시 오(五)에 얽어맬 수밖에 없다. 그런즉 소위 성수(成數)라는 것은 생수(生數)의 대표에 의해서 유폐(幽閉) 당한 생수(生數)의 상태다. 그렇기 때문에 성수(成數)의 구성은 5+1=6, 5+2=7, 5+3=8, 5+4=9, 5+5=10의 순서로 이루어지는 것이다. 그러므로 만물의 정신은 여기에서 생기는 것이거니와 진실로 모든 변화는 이와 같은 생성수의 변화 자체에 있는 것이다. 그런즉 수(數)가 성립된 이유에 밝으면 밝을수록 그의 변화에 밝을 것이고 또한 만물의 변화를 잘 알게 될 것이다. 그런즉 상수(象數)원리가 바로 변화(變化)원리라고 하는 것도 역시 저변(這邊)의 소식(消息)을 말하는 것이다.

(3) 수(數)의 변화(變化)와 중(中)

數의 변화란 말은, 즉 물상(物象)의 변화라는 말과 같다. 왜 그런가 하면 물상(物象)이 변화하면 數는 따라서 변화하기 때문이다. 우리는 이것을 物이 변화하는 과정에서 엿볼 수 있는 것이다. 만물이 생장하는 춘하(春夏)에 物이 역향(逆向)하면서 자라기 때문에 數도 역수(逆數)를 하면서 자라고 만물이 수장(收藏)하면서 추동(秋冬)에는 物이 순행하기 때문에 數도 역순(逆順)이라고 하거니와 이것을 좀 더 풀어 말하면 만물이 생장한다는 말은 속에 있는 양(陽)이 표면에 있는 음형(陰形)을 확장하면서 자라는 것이다. 그런즉 이것은 서로 투쟁 상태하에서 생장하는 것이므로 物의 역향(逆向)이라고 한다. 그러므로 이것을 數의 발전 상태에서 보면 만물의 발전이 바로 數의 발전, 즉 일이삼사오육칠팔구가 역향(늘어가는 것)하는 것과 동일한 것이다. 반면으로 物이 순향한다는 것은 物이 생장과정에 있어서처럼 투쟁 상태로 발전하는 것이 아니라 양(陽)의 수축작용에 순응하면서 여물기 때문에 이것을 物의 순행이라고 하는바 數도 역시 이 과정에서는 만물이 순행하는 모습을 따라서 구팔칠육오사삼이일 의 순(順)으로 압축되는바 이것이 순수(順數)라고 한다.

그런즉 數는 만물이 생장(生長) 수장(收藏)하는 상(象) 그대로 변화하는 것이므로 數의 운동 상태를 파악하게 되면 그것으로써 만물의 변화 상태를 알 수가 있으며 또한 이성적으로 인식한 변화이론을 검증할 수도 있는 것이다. 그러므로 변화원리를 연구함에 있어서 상수(象數)의 역순을 연구하는 것은 실로 중요한 기초를 이루는 것이다. 그런즉 그다음은 數와 中의 관계를 연구하여야 한다. 즉, 數가 中에서 이루어지며 또는 中을 얻음으로써 변화할 수 있다는 것을 연구하는 것은 더욱 중요한 일이다. 그러면 中이란 것은 어떠한 것일까? 中에 있어서 본중말(本中末)의 중(中)은 어디에 있을까? 그러나 여기에서 논하려는 바의 중(中)은 천하지중(天下之中)을 말하려는 것이다. 다시 말하면 만물을 생하는 중(中)과 만물을 통일하는 중(中)이 바로 천하지중(天下之中)이다. 그것을 가리켜서 오(五)와 십(十)이라고 하는바 오(五)는 物을 생하는 中이고 十은 物을 통일하는 中이다. 그러므로 五(土)를 一의 원1시점인 中이라고 하고 십을 다(多)의 요종점(要終點)인 중(中)이라고 하는 것이니 이것을 역에서는 원시요종(原始要(反)終)이라고 한 것이다.

　다시 말하면 우주의 변화작용에 있어서 오(五)를 중(中)으로 한 1234⑤6789의 수상(數象)은 변화의 생장(生長) 면을 나타내는 것이므로 여기에 있는 바의 성수(成數)는 생장과정에서 형(形)을 조성하려는 목적으로 존재하는 것이다. 그러나 1 2 3 4 5 6 8 9 ⑩ 11 12 13 14 15 16 17 18 19의 中인 십(十)을 중(中)으로 하는 것은 상수(象數) 변화의 수장(收藏)을 나타내는 것이므로 여기에 있는 십(十) 이상의 수(數)는 수장(收藏) 과정에 있어서 형기(形氣)를 통일하려는 존재인 것이다. 그런즉 우주의 변화는 이 두 개 中 어느 하나를 결여하여도 안 되는 것이다. 五와 十을 천하지중이라고 하는 것은 실로 이 때문이다.

제3절 기(氣)의 가치(價値)와 가치론(價値論)

가치론(價値論)에서 중요하게 다루는 두 분야는 윤리학(倫理學)과 미학(美學)이다. 윤리학(倫理學: ethics)은 윤리적 가치(價値), 곧 선(善)의 의미와 원천을 밝히고, 선(善)이 표현된 윤리적 규범들, 곧 도덕(道德) 법칙들을 찾아내고, 그것들 위에 서 있는 '도덕 나라'를 추구하는 철학의 한 분야이다. '도덕 철학(Philosophia Moralis)'이라고 일컬어지는 데서도 알 수 있듯이 윤리학이 철학의 한 분야인 것은, 밝히고자 하는 '선(善)'의 가치가 인간 행위 규범들의 뿌리라고 생각되면서도, 윤리적 가치의 규범들은 여전히 이른바 '과학적(科學的)'인 방법으로는 해명될 수 없는 성질의 것이기 때문이다. 윤리학은 또한 '덕이론(德理論: Tugendlehre)'이라고 일컬어지는데, 그 바탕에는 윤리(倫理)란 실천(實踐)하는 힘(Virtus), 곧 실천하는 덕(德)으로 인해 현실 세계에서 비로소 실현될 수 있는 것이라는 이해가 놓여 있다. 윤리학의 소재인 도덕 이론은 사람들 사이의 이해 다툼을 조정하는 이론도 아니고, 행복이나 쾌락에 대한 이론이 아니라, 사람들의 인격적(人格的) 가치(價値)에 대한 이론이다. 윤리는 다름 아닌 인간 삶의 질서(Ordo Vivendi)이고, 윤리학은 "인간적인 것에 관한 철학"이기 때문이다. 한편 미학(美學: aesthetics)은 미(美)의 본질을 추구하는 형이상학이며, 플라톤의 경우와 같이 영원히 변하지 않는 초감각적 존재로서의 미의 이념을 추구하였다. 이에 반하여 근대미학에서는 감성적 인식에 의해 파악되는 현상으로서의 미, 즉 <미적인 것(das Ästhetische)>이 대상이 된다. 이 <미적인 것>은 이념으로서 추구되는 미 그 자체는 아니며 어디까지나 우리의 의식에 비치는 미이다. 미(美: Beauty)는 진(眞)·선(善)과 더불어 사람이 동경하며 추구하는 가치의 하나이다. 미(美)는 선(善)과 진(眞)의 가치를 갖고 있을 때 진정한 아름다움이라고 할 수 있는 것이다.

1. 중(中)의 원리

致中和天地位焉萬物育焉(中庸)
중화(中和)를 이루면 하늘과 땅이 제자리에 있게 되고, 만물이 자라게 된다.

위의 글은 중용(中庸)에 나오는 말이다. 지나침과 모자람이 없는 관계가 이루어지면 하늘과 땅이 제자리에서 자기의 할 바를 다하므로 만물이 자라게 된다고 하는 것은 이 역시 중(中)의 원리가 지켜진 것이라고 할 수 있다.

이처럼 질서와 규율을 지키며, 만물을 화생(化生)하고 화육(化育)하는 것이 우주변화의 원리이며, 근원적인 존재자, 즉 우리가 신(神: Theos)이라 부르는 창조주의 창조원리일 것이다.

1) 우주(宇宙)의 존재(存在) 법칙

우주 만물의 생성과 변화, 발전은 태극에서 분화된 음양(陰陽) 이기(二氣)의 대대성(對待性)과 상보성(相補性)의 원리에 의하여 이루어 졌다. 이 두 원리는 대립(對立)하면서도 서로 끌어당기는 관계로 상대(相對)가 존재(存在)함에 의하여 비로소 자기가 존재하게 되는 관계, 즉 상호(相互) 대립하면서도 상호 의존(依存)하는 관계를 말한다. 존재한다는 것은 그 자체로 완전하지 않다. 그것을 존재하게 하는 그 무엇인가에 의해 상보(相補) 돼야 한다. 다른 존재는 어떤 존재를 위한 필수적인 조건이면서 보편적인 특성이 된다.

이러한 음양이기(陰陽二氣)의 승부(勝負) 작용과 상보(相補) 작용은 근원적인 존재자의 의지에 따라 이루어진다고 한다면, 최초의 두 기운에서 만물이 생성되어 수많은 생성과 소멸을 거치면서 우주는 마치 하나의 거대한 생명체처럼 지금도 존재하며, 질서를 유지하고 있는 것은 그 작용에는 지남침과 모자람이 없는 적절한, 아주 적절(適切)한 원리(原理)에 따라 이루어진 것이라는 추론(推論)을 하기에 그다지 어려운 사고의 과정을 거치지 않아도 발견할 수 있는 것이다. 왜냐하면 이 거대한 생명체와 같은 우주는 과거에도, 현재도 또 미래도 계속하여 변화 발전하고 근원적(根源的)인 파괴(破壞)가 없이 그 질서를 유지(維持)하여 왔고, 하고 있으며, 할 것이기 때문이다.

만물을 포함하는 모든 형상(形象)이 반드시 음양(陰陽)으로 연역(演繹)된다는 것은 음양의 이기(二氣)가 조화(調和)와 평형을 이루고 있기 때문이다. 이것이 바로 중(中)의 원리이다.

기독교의 우주 창조론에서 최초의 창조 역사는 어둠과 밝음, 하늘과 땅, 물과 땅, 여자와 남자 등 균형과 조화를 이루고 있다. 중(中)의 원리는 곧 평화(平和)의 원리이며, 인류가 추구하는 최고의 가치(價値)라고 할 수 있다.

2) 관계적(關係的)이라는 필수 요건을 가진 음양오행론(陰陽五行論)

만물은 태극(太極)의 원기(元氣)에서 나누어진 음양(陰陽)의 이기(二氣)에 의해 이루어지고 있고, 변화 발전하고 있다. 그 만물은 다시 유기적(有機的)인 관계성(關係性)인 오행(五行)에 의하여 그 질서를 유지하고 있다. 태극(太極)을 달리 도(道)라고 하는데, 도(道)는 만물의 근원적인 존재(存在)라고 할 수 있다. 또 이를 하늘이라고도 하며, 유교에서는 상제(上帝), 기독교(基督教)에서는 하나님이라고 한다. 어쨌든 현대의 발달된 과학이 근원적인 존재자를 발견하지 못하고 있고, 창조론과 우연 또는 자연(自然: 원래부터 그렇게 스스로 있었다는 설)이라는 여러 제설(諸說) 중에서 확정을 짓지 못하고 있다. 다시 말하면 어느 것 한 가지도 과학적으로 증명되지 않았다는 말이다. 서양은 종교적인 사상을 바탕으로 하여 과학이 발전해 왔고, 그 과학은 그들의 방법을 통하여 증명되지 않은 종교적 전제(前提)에 대하여 증명해 나가는 과정을 통하여 발전해 왔고, 아직 궁극적인 증명에는 이르지 못하고 있는 실정이다. 반면 동양은 처음부터 그들의 종교관이나 과학적인 사유(思惟)가 같은 근원적인 존재자를 갖고 출발하였다. 이른바 태극(太極), 도(道)이다. 도(道)의 인격적 행위자로서 신(神)이 선(善)한 의도를 가지고 출발하였다. 그런데 이 출발에 대하여 서양의 물리학이나 우주론이 뒤집지 못하고 오히려 이미 수 천 년 전에 수립된 동양에 근접하고 있는 인상을 풍기고 있다. 음양(陰陽), 오행(五行)의 존재론적(存在論的) 특징은 서양(西洋)의 그것과 같이 존재(存在)가 무엇(What?)에 그치는 것이 아니라 상대적(相對的) 관계성(關係性), 다시 말하면 생생(生生)하는 운동성을 갖는다는 것이다. 그 운동성의 가치(價値)는 선(善)함에 있다. 선(善)함이란 상대적인 관계에 있어서 지나침이나 모자람이 없는 것, 즉 상대(相對)의 존재(存在)를 인정하는 것이며, 또 상대가 존재(存在)할 수 있도록 대립(對立)하고 의존(依存)하고, 때로는 전화(轉化), 소장(消長)하되 그것이 지나치고 모자람이 없어 결국 공존(共存)하게 되는 것이다. 것이다. 상대(相對)를 살리는 것은 사랑(仁)이다. 이것은 음양과 오행의 존재원칙으로 중(中)의 원리, 즉 사랑의 원리가 적용되기 때문이다.

3) 중용(中庸)

天命之謂性率性之謂道修道之謂敎道也者不可須臾離也可離非道也是故君子戒愼乎
其所不睹恐懼乎其所不聞莫見乎隱莫顯乎微故君子愼其獨也喜怒哀樂之未發謂之中發而
皆　中節謂之和中也者天下之大本也和也者天下之達道也致中和天地位焉萬物育焉(中庸
第一章).

하늘이 命(명)한 것을 性(성)이라 하고. 성에 따름을 道(도)하고, 道(도)를 닦는 것을 敎(교).라 한다. 道(도)라는 것은 잠시 도 떠날 수가 없는 것이니. 떠날 수 있다면 道(도)가 아닌 것이다. 그러므로 군자는 그가 보여 지지 않는 바를 삼가며. 그가 들려지지 않는 바를 두려워하는 것이다.
숨은 것보다 더 잘 드러남이 없으며. 微細(미세)한 것보다 더 잘 나타나는 것은 없다. 그러므로 군자는 그가 홀로 있음을 삼가는 것이다. 喜怒哀樂(희로애락)이 아직 나타나지 않는 것을 中(중)이라 하고, 나타나 모두 節(절도)에 맞는 것을 和(화)라고 한다. 中(중)이라는 것은 천하의 大本(대본)이고. 和(화)라는 것은 천하의 達道(달도)인 것이

다. 中(중)과 和(화)에 이르게 하면 천지가 자리 잡히며 만물이 化育(화육)되는 것이다
(중용 제1장).

중용은 사서(四書)의 하나이다. 주희(朱熹)가 ≪예기(禮記)≫ 총 49편 가운데 31편
<중용>과 42편 <대학(大學)>을 떼어 내어 ≪논어(論語)≫, ≪맹자(孟子)≫와 함께
<사서>라 이름 붙임으로써 독립된 경전이 되었다. 이와 같이 ≪예기≫ 가운데 한
편이지만 일찍이 학자들의 주목을 받았고 송(宋)나라 때 정호(程顥)·정이(程伊)가 33장
이었던 것을 37장으로 나누어 주석을 붙이기도 하였다. 이것을 다시 33장으로 주희(朱
熹)가 총정리한 것이 ≪중용장구(中庸章句)≫이다. ≪중용≫의 작자에 대하여는 공자
(孔子)의 손자인 자사(子思)라는 설이 있으나 확실하지 않다. 구성은 전체 33장이며 1장
은 전편(全篇)의 요체로 천명(天命)·성(性)·도(道)·교(敎)로써 중용의 철학적 근거를
밝힌 뒤 '致中和天地位焉萬物育焉: 중화를 이루면 하늘과 땅이 제자리에 있게 되고 만
물이 자라게 된다'라는 중용(中庸) 최고의 경지를 밝혔다. 2~11장은 공자의 말을 인용
하여 중용(中庸)의 도(道)를 이루는, 즉 치중화(致中和)하는 방법을 논함으로써 1장의 뜻
을 완결시켰고, 12~20장은 공자의 말과 ≪시경(詩經)≫을 인용하여 중용지도(中庸之道)
의 원리와 작용을 밝히고, 중용(中庸)과 중화(中和)의 관계를 체(體)와 용(用)으로 설명
하였다. 21~26장은 ≪중용≫에서 가장 중요하게 다루어지는 성(誠)을 설명하여 '성
(誠)은 하늘의 도(道)요, 성(誠) 되려는 것은 사람의 도(道)'라 하고, 수양을 통하여 성(誠)
을 이루면 천성(天性)을 터득하여 행할 수 있다고 하였으며, 27~33장은 지성(至誠)을
체득한 성인의 도(道)·덕(德)·교화(敎化)에 대하여 설명하였다. 주희(朱熹)의 설명에
따르면 중(中)이란 한쪽으로 치우치지도 기울지도 않으며, 지나침도 못 미침도 없는
것을 일컫고, 용(庸)이란 떳떳함(平常)을 뜻함으로써 인간 성품(性品)의 이치를 담고 있
다. 그러므로 중용이란 말뜻 자체가 인간 본성에 대한 학문인 성리학의 핵심을 표현
한다. 또한 1장 처음의 '天命之謂性率性之謂道修道之謂敎천: 하늘이 명(命)한 것을 성(性)
이라 하고, 성(性)을 따르는 것을 도(道)라 하며, 도(道)를 닦는 것을 교(敎)라 한다'라는
구절에서 유교철학의 출발점·지향점을 제시함으로써 중용(中庸)은 흔히 유교의 철학
개론서라 불린다. 한국에서도 고려 말 정주학을 수용하여 조선의 국시(國是)가 된 이

래 ≪중용≫은 사서(四書)의 하나로 존중되었고 성리학자들도 연구에 심혈을 기울임으로써 민족문화에 큰 영향을 주었다.

중용(中庸)의 요지는 요순 임금의 천하 통치의 정신이 도통(道通)인데, 이 도통(道通)의 요체는 중용(中庸)에 있으므로 이를 터득하고 실천해야 한다는 것이다. 사람은 누구에게나 인간적 욕심과 도덕적 본성이 함께 내재되어 있어, 가장 지혜로운 사람이라도 인간적 욕심이 없을 수 없으며 가장 어리석은 사람이라도 도덕적 본성이 없을 수 있는데, 두 마음을 다스리는 이치가 중용(中庸)이다. 도덕적 본성이 항상 자기 자신의 주체가 되고 하고 인간적 욕심이 매번 도덕적 본성의 명(命)을 듣게 하는 것이 중용(中庸)의 도(道)를 실천하는 길이다. 이를 위하여 성(性), 도(道), 교(敎)라는 개념으로 천도(天道)와 인도(人道)와의 관계를 설명한다. 성(性)은 하늘이 준 사람 속에 있는 하늘의 속성(屬性)이다. 도(道)는 하늘이 부여한 본연(本然)의 성(性)을 따르는 것이다. 효도와 자식 사랑, 형제간의 우애, 가정의 화목, 이웃 사랑이 도(道)이다. 교(敎)는 도(道)를 마름질하는 것인데, 도(道)를 구체화한 교훈, 예절, 법칙, 제도 등으로 구체화된 것을 말한다.

중용(中庸)의 주요 내용은 성(誠), 중용(中庸), 중화(中和)이다. 성(誠)은 진실무망(眞實無妄)이고, 중용(中庸)은 치우치거나 기대지 않고 지나침도 모자람도 없는 평상의 이치다. 중화(中和)는 실천적 측면에서 중(中)을 설명한 것이다. 희로애락(喜怒哀樂)이 일어나지 않는 상태를 중(中)이라고 하며, 일어나고 모두 절도(節度)에 맞는 것을 화(和)라고 한다.

4) 아리스토텔레스의 중용론(中庸論)

아리스토텔레스[91] 윤리학(倫理學)의 중심적인 사상의 하나로서 덕(德)은 과잉(過剩)과 과소(過少)의 어느 쪽에도 치우치지 않는 '중간'에 존재한다는 설을 말한다. 예를 들면, 쾌락에 관한 과잉과 과소는 방탕과 무감각이지만 그 중간에는 절제(節制)의 덕

---

91) 고대 그리스의 철학자. 플라톤의 제자이다. 플라톤이 초감각적인 이데아의 세계를 존중한 것에 대해, 아리스토텔레스는 인간에게 가까운, 감각되는 자연물을 존중하고 이를 지배하는 원인들의 인식을 구하는 현실주의 입장을 취하였다.

(德)이 있다. 또한 금전의 수수(授受)에 관한 과잉과 과소는 낭비와 인색에 있지만 그 중간에는 대도(大度)의 덕이 있다. 여러 가지 덕목(德目) 중에서 그 중간이 어디에 있는 가 하는 것은 양 극단을 기준으로 하여 양적(量的)으로 잴 수 있는 것이 아니라, 오히 려 양 극단은 '적당한 정도(程度)'로서의 중간을 기준으로 하여 그곳으로부터의 일탈 (逸脫)로서 잴 수 있는 것이다. 그리고 이 적당한 정도는 행위자인 인간의 존재에 의거 하여 규정되는 것이므로 중용론은 아리스토텔레스의 윤리학에 있어 한층 원리적인 존재론(存在論)에 의거하여 이해되어야 한다. 아리스토텔레스는 중용의 개념을 초과와 부족에 대한 균제(均齊)라 하고 또 산술적인 비례중항(比例中項)으로 대표되는 것과 같 은 사항 그 자체에서의 중용과, '우리들(지식층)에게서의 중용'으로 구별하여 후자를 윤리적인 덕의 본질적 속성이라 하였다. 따라서 중용을 본성(本性)으로 하고 최선(最善)으로 하는 덕(진실)에 대하여는 초과(진실에 대한 虛飾)도 부족(卑下)도 악덕(惡德)이 된다.

2. 성명론(性命論)

성명(性命)은 살아 있는 몸을 말한다. 성(性)은 성품(性稟)을 의미하는데 이것은 스스 로 또는 경험을 통하여 얻어지는 것이 아니고 하늘로부터 주어진 것이라는 뜻이다. 명(命)은 목숨을 말하는데 성이 정신적이라면 명은 물질적인 생명을 의미한다. 달리 말하면 성은 우주의 근본적인 본체적 이치인 이(理)가 사람에게 내재된 것이고, 명은 기(氣)를 의미한다.

1) 성(性)

(1) 본성(本性)의 체(體)는 선(善)이고 용(用)은 사랑(仁)이다

주역(周易)의 계사전(繫辭傳)에 "一陰一陽之謂道, 繼之者善 成之者性", 즉 "음양(陰陽) 이

기(二氣)의 운동 변화 법칙에 의해 만물이 생성(生成)되는 것이 도(道), 우주가 만들어진 이치(理致)이자 존재의 근원적 원인이라고 하는 것이다. 이를 이어받은 것이 '선(善)'이고 이를 완성한 것이 '성(性)'이다"라는 의미이다. 이 구절이 유명한 맹자(孟子)가 주장한 성선설(性善說)의 근거이기도 한다. 이는 음양(陰陽)의 변화 법칙에 의해서 만들어진 우주(宇宙)가 변화 발전하고 그 질서를 유지하는 근본이 선(善)이라는 것이다. 다시 말하면 음양의 대립적(對立的)인 운동법칙이 서로 균형을 이루고, 오행(五行)의 상생(相生) 상극(相剋)의 운동법칙이 넘치거나 모자람이 없어야 태양과 지구가 상호(相互) 존재를 유지하여 생명력을 이어가는 것처럼, 우주가 영원성(永遠性)을 가지고 존재할 수 있는 것이다. 이것이 곧 선(善)이다. 선(善)은 마땅해야 하며, 지나치거나 모자람이 없어야 하는 것이다. 이것이 행함으로 나타날 때가 곧 인(仁), 즉 사랑이다. 결국 지나침과 모자람이 없이 거대한 우주의 질서가 유지되는 것은 우주의 근원적인 존재자의 선(善)의 실천력인 사랑이 있기 때문이라고 할 수 있다.

한편 중용(中庸)의 서문(序文)이라고 할 수 있는 1장의 천(天)과 인(人)에서 '天命之謂性, 率性之謂道, 修道之謂教'라는 구절은 동양(東洋)의 철학적(哲學的) 사상(思想)을 가장 함축성(含蓄性) 있게 잘 나타내고 있다. 이 구절에는 동양(東洋)의 대표적 종교(宗教)인 유불선(儒佛仙)의 사상(思想)이 녹아 있다. 인간의 본성(本性)인 성(性)을 강조하는 것이 불교(佛教)이고, 도(道)는 선(仙)을 추구하는 도교(道教)가 강조하는 것이고, 인간의 참된 가르침, 곧 교(教)를 강조하는 것이 유교(儒教)이다. 이 구절의 뜻은 '하늘의 명(命: 빛, 말씀)을 받는 것을 성(性)이라 하고, 성(性)을 실천(實踐: 率)하는 것을 도(道)라 하고, 도(道)를 닦는(修: 완성, 돌아감) 것을 교(教)라 한다'이다.

천명(天命)은 '말씀'이자 생명(生命)이다. 요한복음은 "태초(太初)에 말씀이 계시니라, 이 말씀은 곧 하나님이시다"로 시작되는데, 말씀은 곧 하나님이라고 하였다. 우주(宇宙)의 본원적(本源的)인 존재자(存在者)의 본질을 나타내는 것이라고 할 수 있다. 하나님이 창조한 인간의 본성(本性)은 완벽한 것이고, 성경은 그 본성(本性)을 회복(回復)시키는 길, 즉 도(道)이다. 이는 "나는 길(道)이요 진리(眞理)요 생명(生命)이다"(요14:6)라는 예수의 선언(宣言)은 곧 중용(中庸)의 이 의미와 같은 것이다.

(2) 인간의 본성(本性)

본성(本性)이란 곧 이치(理致)이다. 그러나 왜 이치라고 말하지 않고 성(性)이라 말했을까? 이(理)란 범칭(汎稱)으로서, 천지 사이에 존재하는 인간과 만물의 공공적(公共的)인 것을 말하지만, 성(性)은 인간에게, 본성(本性)은 나에게만 있는 이치(理致)이니, 이 이치는 하늘에서 받은 것으로 나의 소유(所有)이기 때문이다. 그러므로 이를 본성(本性)이라고 하는 것이다. '성(性)' 자는 '생(生)'과 '심(心)'이 합쳐진 것으로 사람이 태어나면서부터 이 이치를 마음에 갖추고 있기 때문에 이를 '성(性)'이라 이름 하는 것이다. 본성의 큰 조목으로는 인의예지(仁義禮智)가 있을 뿐이다. 천명(天命)의 원(元)을 얻어 나의 인(仁)이 되고, 천명의 형(亨)을 얻어 나의 예(禮)가 되고, 천명의 이(利)를 얻어 나의 의(義)가 되고, 천명의 정(貞)을 얻어 나의 지(智)가 된다. 이 네 가지 중에는 모두 신(信)이 관계하는데 인의예지(仁義禮智) 모두는 신(信)이 있어야 비로소 가치(價値)가 있는 것이다. 이는 마치 서울의 사대문(四大門)이 오행의 속성과 운동 규칙에 따라, 각각의 이름에 '仁', '義', '禮', '智'가 들어가 있고, 오행의 운동 방향에 따라 '東西南北'에 각각 위치하고 이 사대문(四大門)의 열고 닫힘은 오행의 원리에 따라 중앙(中央) '土'에 해당하는 보신각(普信閣)의 종소리에 의하여 통제되고 있는 것과 같다. 이 오행적(五行的)인 다섯 가지의 인간 본성을 오성(五性), 또는 오상(五常)이라고 한다.

성(性)은 인간의 마음속에 내재(內在)된 이치라고 한다면, 이것이 움직여 밖으로 표출된 것이 정(情)이다. 성(性)을 체(體)라고 하고, 정(情)은 용(用)이다. 또 성(性)은 이(理)고, 정(情)은 기(氣)다. 사단(四端)은 네 가지의 성(性)이 이와 관련된 정(情)의 단서(端緖)라는 의미이다. 즉 인(仁)이라는 본성(本性)은 '측은지심(惻隱之心)의 단(端)'이라고 하는 것은 인(仁)은 이웃을 불쌍히 여기는 마음의 뿌리, 곧 단서라는 의미이다. 또 '의(義)는 수오(羞惡之心)의 단(端)', 즉 악을 부끄럽게 여기는 마음의 뿌리이고, '예(禮)는 사양지심(辭讓之心)의 단(端)', 즉 예(禮)는 사양(辭讓)하는 마음의 뿌리이고, '지(智)는 시비(是非之心)의 단(端)', 즉 지(智)는 옳고 그름을 분별하는 마음의 뿌리라는 것이다. 오성(五性)을 오행론적으로 연역(演繹)하면 인(仁)은 목(木), 의(義)는 금(金), 예(禮)는 화(火), 지(智)는 수(水), 그리고 신(信)은 중앙 토(土)로서 사단(四端)을 조정하고 거느린다.

① 인(仁)은 사단(四端)을 총괄 한다(論仁充四端)

나누어 보면 인(仁)은 사랑의 이치, 의(義)는 마땅케 하는 이치, 예(禮)는 공경하는 이치, 지(智)는 앎의 이치이다. 밖으로 나타나는 사랑과 사물에 마땅케 하는 것과, 공경과 시비를 아는 것은 내재적(內在的)인 이치의 용(用)이다. 이 네 가지를 수평(水平)으로 본다면 모두 대등한 도리이지만, 오로지 인(仁)이 다른 것에 비해서 큰 것으로 이 네 가지를 총괄한다. 이 때문에 인(仁)은 마음의 큰 덕(德)이라 한다. 이는 마음에 갖추어진 천리(天理)의 전체가 모두 인(仁)이다.

인(仁)이란 털끝만큼이라도 사사로운 인욕(人欲)이 끼게 되면, 천리는 곧 저해 받고 없어지니, 이를 인(仁)이라 말할 수 없다. 반드시 지극한 공부로 마음이 순수(純粹) 온전하여 천리(天理)의 공정함으로 인욕의 사사로움을 없애면, 전체에 천리가 두루 유행하여 쉼이 없고, 틈이 없으며 부족함이 없게 되니, 바야흐로 이럴 때 인(仁)이라 말할 수 있다. 그러므로 인(仁)에는 사소한 인(仁)이란 있을 수 없는 것이다.

② 의(義)란 재제(裁制)와 결단이다(論義是載制決斷)

의(義)란 용(用)으로 밖에 나타나는 모습이 참연(嶄然)[92]하여 남들이 본받을 수 있다는 뜻이고, 의(義)가 마음으로 나타나는 것이 수오(羞惡)인데 행함에 미쳐서 바야흐로 마땅함을 볼 수 있다. 그러므로 의(義)를 '마땅함의 이치'라 말한다.

③ 예(禮)는 천리의 절문이다(論禮是天理節文)

절(節)은 지나침이 없는 것이며, 문(文)은 미치지 못함이 없는 것이다. 천리(天理)의 절문(節文)이란 가장 적절한 것이다. 바로 그것이 이치상 마땅한 바이기 때문에 너무 지나침도 없고, 또 미치지 못함도 없는 당연히 그렇게 해야 할 도리가 바로 중(中)이다. 그러므로 주렴계[93]는 태극도설(太極圖說)에서 '仁義中正'이라 하여 중(中)자로서 예

---

92) 높이 뛰어나고 우뚝함

(禮)를 대신하였는데 여기에서 더욱 더 친절함을 찾아볼 수 있다.

④ 지혜(智慧)는 지각이다(論智是知覺)

지혜(智慧)는 마음에 하나의 지각이 있는 곳이다. 시시비비를 알아서 확고히 정하는 것이 지혜이다. 맹자(孟子)는 '지혜의 실상은 두 가지[愛親・敬長]를 알고서 버리지 않는 것이 바로 그것이다'라고 하였다. '…알고서'라는 것은 아는 것[知識]이며, '버리지 않는다'라는 것은 확정하여 바뀌지 않는다는 뜻이다.

지혜란 알고서 확정짓는 것인데, 무엇 때문에 오행의 수(水)에 속하는 것일까? 물이란 맑아서 사물을 비춰볼 수 있기에 지혜와 같으며, 또한 조화의 근본이기도 하다. 천지의 만물은 모두 물을 얻어야 살아갈 수 있다. 지하의 물줄기에 의해 만물이 윤택해지는 것을 본다면, 어느 물건이든 물에 의해서 살아감을 알 수 있다. 이는 모든 일에 지혜가 아니고서는 이룰 수 없는 것과 같은 것이니 확실하게 알았을 때 비로소 이룰 수 있다. 물은 만물의 처음과 끝을 이뤄주며, 지혜 또한 모든 일의 처음과 끝을 이뤄주는 것이다.

2) 명(命)

(1) 명(命)이란 명령이다(論命猶令)

명(命)이란 명령(命令)이라는 말과 같으니, 존명(尊命)이니 대명(台命)이니 하는 유(類)와 같다. 하지만 하늘이란 말이 없는데, 어떻게 명(命)할 수 있을까? 이는 대화(大化: 大

---

93) 중국 송나라의 유학자. 도가사상의 영향을 받고 새로운 유교이론을 창시하였다. 세계는 태극-)음양-)오행-)남녀-)만물의 순서로 구성된다고 하였다. 또, 도덕과 윤리를 강조하고 우주생성 원리와 인간의 도덕원리는 같다고 하였다. 자 무숙(茂叔), 호 염계(濂溪). 도주(道州: 湖南省 道營縣) 출생. 지방관으로서 각지에서 공적을 세운 후 만년에는 루산[廬山] 기슭의 염계서당(濂溪書堂)에 은퇴하였기 때문에 문인들이 염계선생이라 불렀다. 북송의 사마광(司馬光)・왕안석(王安石)과 동시대의 인물이다. 그는 도가사상(道家思想)의 영향을 받고 새로운 유교이론을 창시하였다. 즉, 우주의 근원인 태극(太極: 無極)으로부터 만물이 생성하는 과정을 도해(圖解)하여 '태극도(太極圖)'를 그리고 태극→음양(陰陽)의 이기(二氣)→오행(五行: 金・木・水・火・土의 五元素)→남녀→만물의 순서로 세계가 구성되었다고 논하고, 인간만이 가장 우수한 존재이기 때문에, 중정(中正) 인의(仁義)의 도를 지키고 마음을 성실하게 하여 성인(聖人)이 되어야 한다는 도덕과 윤리를 강조하고, 우주생성의 원리와 인간의 도덕원리는 본래 하나라는 이론을 제시하였다. 저서에는 《태극도설(太極圖說)》, 《통서(通書)》가 있으며, 수필 《애련설(愛蓮說)》에는 그의 고아한 인품이 표현되었다. 남송의 주자(朱子)는 염계가 정호(程顥)・정이(程頤) 형제를 가르쳤기 때문에 도학(道學: 宋代의 新儒敎)의 개조라고 칭하였다.

氣)가 유행하다가 그 기운이 이 물건에 이르면 곧 이 물건이 발생하고, 저 물건에 이르면 곧 저 물건이 발생하여, 마치 분부하고 명령(命令)하는 것처럼 보이기 때문이다.

(2) 명(命)에는 이(理)와 기(氣)가 있다(論命有理有氣)

명(命)에는 이(理)와 기(氣)의 두 가지 뜻이 담겨져 있다. 이기(二氣)의 기운으로 만고(萬古)에 생생(生生) 작용이 그치지 아니하여 지금의 우주(宇宙)가 존재(存在)하는 것이지만 여기에는 반드시 그것을 주재(主宰)하는 그 어떤 것이 있다. 그것이 이(理)이다. 이(理)는 기(氣)의 중추(中樞)이며 기(氣)를 떠나 홀로 존재(存在)하지 않는다. 다만 기(氣) 속에 있으면서도 기(氣)와 뒤섞이지 않는다. 예를 들면 "하늘이 명(命)한 것을 성(性)이라 한다(天命之謂性)", "50세에 천명(天命)을 안다", "이치를 궁구하고 본성(本性)을 다하여 명(命)에 이른다"에서의 명(命)은 모두 이(理)를 가리킨 것이다. 천명(天命)이란 천도(天道)가 유행(流行)하면서 만물에 부여(賦與)하는 것이다. 기(氣)는 두 가지가 있다. 하나는 일반적인 빈부(貧富), 귀천(貴賤), 수요(壽夭), 화복(禍福) 따위로 이른바 "죽고 사는 것은 명(命)에 있다"에서의 명(命)을 말한다. 이는 기(氣)를 받음에 있어서 장단(長短), 후박(厚薄)의 제각기 다른 점을 말한다. 이는 명분(命分)의 명(命)이다.

또 하나는 맹자(孟子)의 "인(仁)이란 부자에게 있어서, 의(義)란 군신에게 있어서 명(命)이다"의 경우이다. 하늘로부터 받아온 기품(氣稟)의 청탁(淸濁)을 말한다. 이는 곧 사람의 지혜로움과 어리석음, 어진 이(賢)와 어질지 못한 자(不肖)와 같은 경우이다.

(3) 사람과 만물은 모두 한가운데 근본하고 있다(論人物皆本乎一氣)

인간과 만물의 발생은 음양(陰陽)과 오행(五行)의 기운에서 벗어나지 않는다. 본디 하나의 기운(一氣)이 나뉘어 음양(陰陽)이 되고, 음양이 또 다시 오행(五行)으로 나누어진 것이다. 음양과 오행이 끊임없이 운행하면서 분산되고 융합되는 과정에서 갖가지로 다르게 되고, 청탁(淸濁)과 후박(厚薄)이 생기게 된다. 또한 사람과 만물을 합하여 말하면 모두 한 기운이지만, 사람은 바른 기운[氣之正]을, 만물은 편벽된 기운[氣之偏]

을, 사람은 통하는 기운[氣之通]을, 만물은 막힌 기운[氣之塞]을 얻었다. 인간의 형체는 천지와 상응(相應)한다. 원형(圓形)의 머리는 위에 있어서 둥근 하늘을 닮고, 방형(方形)의 발은 아래 있어서 땅을 상징한다. 만물 가운데 짐승의 머리는 옆으로 비켜 있고, 식물은 아래로 머리를 향하고 가지와 잎은 위에 있다. 이는 동물과 식물이 모두 편벽된 기운을 받았기 때문이다.

(4) 사람이 받은 기품(氣稟)에는 청탁(淸濁)이 있다(論人稟氣淸濁)

인품(人稟)의 유(類)를 논한다면 하늘이 사람에게 부여해 줄 때는 모두 한 가지이지만, 사람이 그것을 받은 데 따라서 또한 각기 다른 청탁(淸濁) 후박(厚薄)의 차이가 생기게 된다.

(5) 천명(天命)이란 원형리정일 뿐이다(論天命只元亨利貞)

천지의 조화로 말하면 천명(天命)의 큰 조목으로는 원형리정(元亨利貞)의 네 가지가 있을 뿐이다. 이는 기운(氣運)으로 말할 수 있고, 또한 이치(理致)로도 말할 수 있다. 기운으로 말하면 만물이 처음 태어난 곳은 원(元)이니 계절로는 봄, 만물이 성장하는 것은 형(亨)이니 계절로는 여름, 만물이 성숙한 것은 이(利)이니 계절로는 가을, 만물이 수렴 저장된 것은 정(貞)이니 계절로는 겨울이다.

정(貞)이란 올바르고 견고함이니, 생기(生氣)가 이미 확정된 것으로 말하면 올바름[正]이요, 수렴(收斂)과 저장(貯藏)으로 말하면 견고함[固]이다. 이치(理致)로 말하면, 원(元)이란 생리(生理)의 시초, 형(亨)이란 생리의 통달(通達), 이(利)란 생리의 성숙(成熟), 정(貞)이란 생리의 견고함이다.

(6) 하늘이 명하여 분부한 곳에 대하여(論天之所命分付處)

질곡(桎梏)에 의해 죽임을 당하거나, 바위와 담장에 깔려 죽는 것은 정명(正命)이 아니며, 스스로가 그와 같은 죽음을 불러들인 것이다. 그러나 해야 할 도리를 다했음에도 도리어 목숨을 잃는 것은 정명(正命)이라 한다. 이는 사람으로서의 일을 다 했음에도 불구하고 겪게 되는 길흉화복(吉凶禍福)을 말한다. 종합하면 불러들이지도 않았는데도 이른 까닭에 정명(正命)이라 말하여, 인력으로 취한 바 아님을 밝히고 있다.

(7) 천(天)과 명(命)의 차이점(論天與命之分)

그와 같은 일을 범하지 않았는데도 그처럼 되는 것은 하늘[天]이요, 스스로 불러들이지 않았는데도 스스로 이르러 오는 것은 명(命)이라 한다. 이에 대한 주자(朱子)의 견해는 "이치로 말하면 이를 하늘이라고 하고, 사람으로 말하면 이를 명(命)이라 말하는데, 그 실상은 하나이다." 천과 명이란 다만 한 이치이다. 그러나 그 사이에는 조그마한 차이가 없지 않다. 한다[爲]는 것은 그런 일을 하는 것으로 말한다. 그런 일을 한다는 것은 바로 사람이 그런 일을 그처럼 했는데도 이에 반대되는 결과가 나온 것으로서, 인간의 작위(作爲)에 의하여 불러들인 것이 아닌, 그것이 곧 명(命)이다.

길흉화복(吉凶禍福)을 예를 들면 그럴 만한 원인이 있어 그와 같은 일을 불러들인 것은 인력(人力)에 의한 것이지만, 이에 반대되는 결과를 불러들인 것은 인력에 의한 바가 아니기 때문에 이를 명(命)이라 한다. 천(天)이란 전체로 말하고, 명(命)이란 그 사이의 묘용(妙用)으로 말한다.

(8) 하늘이란 이치일 뿐이다(論 天者理而已矣)

"하늘이란 전체적인 면으로 말하면 도(道)라 한다. 이는 '하늘 또한 이에 위배되지 않는다(天且不違)'라는 바로 이것이다."(程子)

(9) 사람마다 받은 바의 차이점(論人所受之異)

하늘이 명(命)한 바는 하나이지만 사람이 이를 받아온 데에는 왜 똑같지 않은가? 비유하면 하늘에 뭉게구름이 피어올라 세찬 비를 내릴 때, 빗줄기는 한 가지이지만, 큰 강물에 내리면 도도히 흐르는 물결이 더하지도 줄어들지도 않은 채 아랑곳하지 않지만, 작은 시내에 내리면 큰 물결이 갑자기 불어나게 되고, 들녘의 좁은 개울에 내리면 아침에 가득 찼다가도 저녁이면 언제 그랬냐는 듯이 마르게 되며, 연못, 웅덩이, 동이, 옹기, 술잔, 조개껍데기 따위에 들어가면 혹 한 섬, 한 말의 물이 저장되기도 하고, 혹 한 방울의 물이 저장되기도 하며, 어떤 것은 물이 맑으면서 달기도 하며, 어떤 것은 더럽고 혼탁하기도 하며, 혹 악취가 나기도 한다. 이로써 하늘이 명(命)한 것은 하나이지만, 사람이 이를 받아가는 데는 똑같을 수 없다. 이것이 자연의 이치이다.

3. 수련론(修煉論)

도교의 수련의 이론체계를 완성했다고 평가받는 북송(北宋)의 장백단(張伯端)의 오진편(悟眞篇)에는 인간은 기론적(氣論的) 존재(存在)로서 요소(要素) 또는 삼보(三寶)라고 일컫는 정기신(精氣神)의 삼자(三者)는 마땅히 수련해야 한다고 하였다. 수련은 살아 있는 인간을 기론(氣論)적 존재로 인식하고 생리현상에 따라 정(精)·기(氣)·신(神)의 세 가지 기(氣)로 나누어 이를 단련하고, 개선하는 노력이라고 할 수 있다. 인간이 하늘로부터 품부(稟賦)한 살아 있는 주체(主體)로서의 몸은 완전한데, 그것이 삶을 살아가면서 틀어지고 쏠리고, 더러움에 물들어 본성(本性)이 더러워지기 때문에 이를 처음으로 되돌릴 필요가 있다고 하는 것이다. 이것이 수련(修煉)에 대한 당위성이다. 그러기 때문에 동양의 수련(修煉)은 닦는다[修]고 인식하는 것이다.

수련의 가치(價値)는 당연히 하늘로부터 품부(稟賦)한 완전함에 두어야 하는데, 살펴본 바와 같이 하늘로부터 받은 본성(本性)은 선(善)한 것이다. 그러기 때문에 수련의 끝은 물과 같이 겸손(謙遜)해 지는 것이고, 익은 벼와 같이 고개를 숙이는 것이다. 만약에 수련의 가치를 선(善)의 회복에 두지 않는다면 세상의 질서는 문란(紊亂)해질 것이 자명하다.

1) 수련(修鍊, 修練, 修煉)의 의미

(1) 닦음(修)의 의미

서양에서 몸을 단련하고 기능을 향상시키는 용어인 training은 훈련, 연습, 단련을 뜻한다. 또 다른 말인 exercises도 연습, 실습, 운동을 뜻하는데 이는 되풀이하여 반복함으로 구조와 기능을 향상시키는 것을 의미하고, 배움을 익히는 뜻과 함께 기술의 숙달과 기능의 향상이 전제된, 물리력의 향상을 의미한다. 동양에서는 훈련이나 연습이라는 용어와는 달리 수련(修煉)이라는 용어를 사용하는데, 이는 서양의 훈련이나 연습을 통하여 물리력을 향상시키는 것과는 근본적으로 다르다. 동서양의 수련이나 훈련을 동양의 기론(氣論)적인 입장에서 보면, 서양의 훈련이나 연습은 근육을 강화하고 더 멀리, 더 빨리, 더 높이, 더 많이 하기 위한 후천(後天)의 기(氣)를 강화하는 것이고, 동양의 수련은 선천(先天)으로의 돌아감, 다시 말해서 원래의 완벽함의 회복을 의미한다. 동양에서 선천(先天)의 기(氣)는 완벽함을 의미하는데, 후천(後天)의 삶을 통하여 바로 살지 못하고 욕심(慾心) 등의 칠정(七情)이 관여하여 원래의 완벽함이 어긋남과 쏠림의 현상으로 인하여 약해지고, 병들고 하는 고통을 겪는 것이다. 이러한 것을 바로 하기 위한 것이 수련인데, 수련의 '修'는 닦는다는 뜻과 잘 가다듬고 고친다는 의미이다. 동양 수련의 의미는 현재, 즉 후천(後天)의 것을 강화하는 것이 아니고 원래의 완벽하고 강함을 회복하기 위하여 더러워지고, 어긋나고, 쏠린 것을 닦아내고 바로 하는 것이다. 그래서 북송(北宋)의 장백단은 오진편(悟眞篇)에서 선도수련의 완성을 환단(還丹)이라고 하였다. 즉 원래로의 되돌아감을 수련의 목적으로 설정하였다.

참된 수련은 자기(自己) 정화(淨化) 작업이므로 빼기(−)여서 하면 할수록 욕망도 아집도 줄어들어 점점 더 할 일이 없어진다. 줄어들고 또 줄어들어 마침내는 아무런 할 일도 없고, 무엇을 하고 싶은 마음도 없어서, 텅 비고 고요한 의식상태가 된다. 다시 말하면 수련이란 에고(Ego)의 껍질이 점점 얇아져 마침내 그 경계마저 사라져 버리는 과정이다. 그러므로 아무리 오랜 세월 수련을 하였다 하더라도 버리는 공부가 아닌 쌓는 공부를 해왔다면 그것은 수련이 아니다. 아집(我執)이 꺾이고 가치관(價値觀)이 무너지며 자아의 존재 기반마저 흔들리는 그런 덜어지는 과정이 없다면 수련이라고 할 수 없다. 진정한 수련은 이렇게 무너지는 과정이다.

수련은 빨래하기와 같다. 때 묻은 하얀 천을 깨끗한 물로 빠는 것이다. 때가 많이 묻어 있는 천일수록 구정물이 많이 나오는 법이다. 구정물이 보기 흉해도 그것은 내 안에서 나오는 것이다. 시커먼 구정물이 빠져나오지 않는다면 그것은 수행이 아니다. 구정물은 쏠림이고 틀어짐이며 욕심이며, 마음의 상처이다. 빨래를 하면 할수록 구정물이 줄어들어 마침내 더 이상 구정물이 나오지 않는다. 구정물이 다 나오면 맑은 물이 나오게 된다. 수련의 완성, 즉 연신환허(煉神還虛)의 경지에 이른 것이며, 원래로 돌아간 것이다.

(2) 수련(修煉)

동양의 수련의 대상은 원래 완전한 신체활동의 에너지인 선천(先天)의 기(氣) 회복하는 데 있다. 선도의 수련은 '修煉'을 의미하는데 煉은 불에 달구어 단련한다는 뜻이다. 기(氣)는 몸, 즉 정(精)에 대하여 양(陽)적이며, 에너지를 의미하기 때문에 인체 내의 기를 단련하는 것을 수련(修煉)이라 하고, 다른 말로 연단(煉丹)이라고 한다. 후한(後漢)의 위백양은 그의 선도수련서인 참동계(參同契)에서 인체 내의 기(氣)의 단련, 즉 내단(內丹)의 방법으로 노정(爐鼎)론을 주장하였는데, 기(氣)의 단련을 마치 금속을 제련하는 연금술에 빗대어 설명하고 있다. 곧 머리의 백회(百會)를 용광로인 정(鼎)으로 삼고, 하단전을 불을 일으키는 노(爐)로 삼아 기운의 정화(精華)인 단(丹)을 단련한다는 이론이다. 따라서 수련은 불을 일으켜, 즉 기(氣)를 활성화하여 단(丹)을 단련하는 수련이기 때문에 '修煉'이라고 하는 것이다. 우리가 일상 사용하는 수련(修鍊)이나 수련(修練)은 수련(修煉)의 질적(質的), 양적(量的) 방법론을 말하는 것이다.

(3) 수련(修練)

'練'은 익힌다는 의미이다. 닦음을 계속하여 행하는 것이다. 수련은 계속하여야 한다는 것을 의미하는 것이다. 한 번에 이루어지는 것은 수련이 아니고 기적(奇蹟)이다. 국어사전에서 수련(修練)은 "① 수도회(修道會)에 입회(入會)하여, 착의식(着衣式)을 거쳐 수도(修道) 서원을 할 때까지의 몇 년간의 훈련(訓鍊) ② 도가(道家)에서 계속하여 선술(仙術)을 닦는 일"이라고 되어 있어 수련(修練)은 계속하여 목적을 위해 익히는(熟) 것을 말한다.

(4) 수련(修鍊)

'鍊'은 쇠붙이를 불에 달구어 단련한다는 뜻과 불로 단련되어진 쇠붙이를 뜻한다. 글자의 의미가 내포하듯이 수련(修鍊)은 강하게 단련해야 한다는 것을 의미한다. 선도(仙道)의 수련은 양(陽)적인 에너지인 기(氣)를 단련하는 수련(修煉)이며, 강하게 단련하는 수련(修鍊)이며, 계속하여 단련해야 하는 수련(修練)인 것이다.

2) 수련의 방법론

(1) 도인(導引)론

도인(導引)의 사전적 의미는 호흡의 능력을 높이고, 기(氣)와 혈(血)의 순환을 촉진하고 근육과 뼈를 튼튼하게 하며 피로를 풀고 장수하게 하는 몸의 조정과 움직임이라고 하였다. 모든 기공공법이 이에 속한다고 할 수 있다.

현대체육과 다른 점은 몸의 움직임에 호흡(呼吸)과 의식(意識)을 병행하여 몸의 기능 향상과 틀어짐과 쏠림을 교정(矯正)하여 기혈의 흐름을 바르게 하여 생명력을 높이는 것이며, 고대로부터 행한 동양의 체육이라고 할 수 있다. 도인은 경락학의 원리에 따라 행공(行功)하고, 음양과 오행의 원리에 근거를 두고, 정기신을 고루, 체계적으로 수련하는 동양 양생(養生)의 방법론이며, 크게 정공(靜功)과 동공(動功)으로 나누며, 목적에 따라 무술공, 보건공, 치료공 등으로 나눈다.

(2) 화후(火侯)론

화후(火侯)의 본래 의미는 용광로에서 철물을 제련할 때 가장 중요한 작용인 불의 조정을 말한다. 기공에서 가장 중요한 것은 호흡(呼吸)이다. 화후(火侯)는 기공수련이 원만한 목표에 이르기 위해 호흡의 강도(强度)와 장단(長短)과 의념의 강약(强弱)과 그 장소의 조정을 말한다. 단경(丹經)의 왕이라고 일컫는 참동계(參同契)는 역(易)의 사상을 수련 원리에 도입하고 수련을 연금술에 비유하였는데, 수련 시의 호흡조절을 화후(火候)라는 연금술 용어를 사용한 것이 그 시작이다. 또 호흡의 강도에 따른 문화(文火)[94]와 무화(武火)라는 용어도 처음 사용하였다. 내단(內丹)[95] 이론을 완성한 북송(北宋)의 장백단(張伯端)은 그가 지은 오진편(悟眞篇)에서 대개 금단(金丹: 내단의 완성단계)은 전혀 화후(火候)를 힘입어 닦아 가느니라. 불[火]이란 닦아나가는 공(功)이요, 후(候)란 닦아나가는 차서(次序)니라. 고 하여 화후(火候)를 정의하고 기공수련에서 호흡의 중요성을 강조하였다. 호흡의 강도와 함께 의식(意識)의 강도를 조절하는 것도 화후(火候)다. 원래 의식의 기적(氣的)인 인식(認識)인 신(神)이 양(陽)인 화(火)이다. 기공(氣功)은 몸과 마음, 그리고 숨이 결합하여 생명력을 높이는 수련법이다. 호흡(呼吸)과 의식(意識)의 조절을 통한 기공수련은 생명의 질을 높이는 데 매우 중요하다.

(3) 운기(運氣)론

운기(運氣)란 문자의 의미대로 기의 움직임을 말한다. 기론(氣論)적인 입장에서 인체는 기(氣)이고 그 임무와 작용별로 분류한 것이 정(精)·기(氣)·신(神)이다. 앞의 정기신 론에서 살펴본 바와 같이 기(氣)는 생명유지와 생명활동을 위한 생리적 작용이자 활동의 에너지이다. 따라서 기(氣)는 항상 움직인다. 기의 작용으로 혈액이 순환하고 소화가 이루어지며, 인체의 70%를 차지하는 물의 흐름에 관여하며, 적정의 체온을 유지하며, 외사(外邪)를 방어하는 임무도 기의 소관이다. 기는 움직여서 생명의 유지와

---

94) 문화(文火)~내단 수련 시 의념의 강도를 낮추고 평안하게 하는 호흡을 말하며, 무화(武火)는 강하게 하는 것을 말한다.
95) 인체 내의 근원적인 생명력, 즉 호흡과 의념을 중심으로 정·기·신을 단련하는 것. 단(丹)이라는 것은 기운이 둥글게 뭉쳤다는 의미로 수련을 통하여 형성된 기(氣)의 덩어리를 말하며 의지(意志)에 의하여 운기(運氣)가 가능한 상태를 단(丹)이라 한다.

활동하게 한다. 이러한 움직임은 인체의 자율신경계의 조정에 의하여 이루어지는 것이기 때문에 여기서 논하는 운기와는 구별된다. 운기(運氣)란 수련에 의해서 축적된 기(氣), 즉 연정화기(煉精化氣)에 의하여 이루어진 기를 의념(意念)의 작용에 따라 움직여서 인체의 생명능력을 능동적으로 향상시키는 것을 의미한다. 동양의 수련에서 운기(運氣)는 매우 중요하다. 소주천(小周天),[96] 대주천(大周天)[97]은 운기(運氣)의 깊은 경지를 말한다.

운기(運氣)의 조건은 수련에 의해서 형성된 기(氣)의 충만함을 전제로 한다. 마음[神]이 기(氣)를 통제하여 마음으로 기(氣)를 움직일 수는 있지만 축적된 기(氣)가 부족할 경우에는 기능향상의 효과는 없고 의식이 종료하면 기(氣)는 다시 돌아오게 되어 있다. 기(氣)의 수련에 의하여 기(氣)가 충만한 상태가 되면 그 기(氣)는 넘쳐서 스스로 움직이는데, 이러한 상태를 단(丹)이 형성된 상태라고 하고, 단(丹)이란 기운의 덩어리이고 그것은 스스로 또는 의식에 의하여 움직일 수 있다. 조선 중기의 내단(內丹)가인 북창(北窓) 정렴(鄭磏) 선생은 그가 지은 용호비결에서

> 따뜻한 기운이 미미한 상태에서 차츰 뚜렷해지고 아래에서 위로 올라가는 것이(열기가 이르는 곳이 점점 환하게 열리면서 올라간다.) 마치 꽃봉오리가 점점 피어나는 것 같아서 소위 빛나는 연못에 연꽃이 피어난다고 하는 것이다.(신수화라고 하는 것은 마음을 비워 아무것도 없는 고요한 경지를 돈독히 유지할 때에 쓰는 말이니 바로 이것이 무엇보다도 가장 중요한 것이라고 할 수 있다.)[98]

수련에 의하여 충만해진 기(氣)의 움직이기 시작함을 말하고 있다. 기공수련의 삼조(三調)의 하나인 조심(調心)은 운기(運氣)와 깊은 관련이 있다. 신(神)은 정(精)과 기(氣)를 통솔하기 때문이다.

---

96) 소주천(小周天)~기공의 수련에서 기의 운기(運氣)단계가 양(陽)기의 통솔경락인 독맥(督脈)과 음(陰)기의 통솔경락인 임맥(任脈)의 두 경락에 이른 상태이며 음양의 조화가 이루어져서 소화와 기혈의 순환상태가 원활해져서 질병으로부터 벗어난 생명력에 문제가 없는 상태의 경지라고 할 수 있다.

97) 대주천(大周天)~운기의 단계가 전신에 이른 경지로서 인간의 본래 초능력이 발휘되는 단계이며, 소주천이 신체의 소화 순환 생식계 기능의 완성이라고 한다면 대주천은 신경을 포함한 인체의 생명력과 관련된 전 기능이 완성된 단계이며, 특히 신(神)이 밝아져 신명(神明)의 상태에 이른다고 한다.

98) 則溫溫之氣 從微至著 自下達上(熱氣所至 漸漸開豁上達) 如花至漸開 所謂華池生蓮花也(神水華 池云者 致虛極 守靜篤之時也 此最緊要處也)

3) 수련의 요소(要素)

육체(肉體)와 마음을 함께 단련하는 심신일여(心身一如), 성명쌍수(性命雙修)의 수련이므로 먼저 정(精)과 기(氣)가 조화되어야 하고 신체의 움직임, 즉 동작이 생명활동이 원활히 이루어지도록 막힘이 없고 미치지 못함이 없어야 한다. 마음 또한 육체의 움직임을 이끌어 나가며, 몸의 상태에 맞지 않는 욕심이 앞서거나 조급하지 않으며 몸에 집중해야 하며, 이러한 육체와 마음의 효과 있는 수련을 위해서는 반드시 호흡이 조화롭게 이루어져야 한다. 몸의 움직임에 따라 호(呼), 흡(吸)이 되며 필요할 때에 그 길이가 길고 짧아야 하고, 동작의 특징에 따라 내쉼과 들숨의 경중을 달리해야 할 경우를 잘 헤아리며, 내쉼을 통하여 탁기가 완전히 배출되어야 하며 들숨을 통하여 필요한 천기(天氣)가 보충되며, 마음의 흔들림이 있을 때, 숨을 통하여 안정이 이루어지는 등, 육신(肉身)을 바르게 하는 '조신(調身)', 마음을 바르게 고르는 '조심(調心)', 숨을 바르게 쉬는 '조식(調息)' 이 세 가지를 기공수련의 삼조(三調)라 한다. 기공의 특징은 이 세 가지가 서로 불가분의 관계로 각기 홀로 이루어지는 것이 아니고 어떤 유파의 어떤 공법을 수련하든지 기공 삼조는 같이 이루어지는 것이다. 호흡과 조화되지 않은 몸의 동작은 기공이라 할 수 없으며, 의수(意守) 단전 등 의념(意念)이 없는 동작이나 호흡 또한 기공이라 할 수 없는 것이다. 수련은 육체의 움직임이 없는 정공(靜功)이라 할지라도 자세(姿勢), 호흡(呼吸), 의념(意念)의 세 가지의 조화(調和)가 없이는 수련의 효과를 얻을 수는 없다.

4) 성명쌍수(性命雙修)

수련의 목적은 인간의 완성에 있다. 여기서 완성이란 의미는 성장을 통한 완성이 아니라 원래의 것으로 되돌아가려는 노력을 통해서의 완성을 말한다. 그 방법론이 수련이다. 완전한 인간은 살아 있는 몸이 완전하다는 것이고 이는 구조적인 육체의 강건함과 함께 전신적으로도 완전해지는 것을 말한다. 성명쌍수라 함은 이러한 완전한 인간이 되기 위한 수련방법을 말하는데 구조적인 육체의 수련에만 치중하지 말고 정신적인 부분도 수련으로 완전하게 하라는 것이다. 성명쌍수는 동양수련의 이론체계를 세운 도교 수련의 특색 있는 수련 방법이기도 하다.

동양의 내단 수련의 이론을 완성한 장백단은 기론(氣論)적 몸의 구성요소인 정기신 삼자는 수련해야 함이 마땅하다고 하였는데 방법론은 성명쌍수이다. 그리고 수련의 방법론적인 요소(要素)는 조신(調身), 조식(調息), 조심(調心)이라 하였는데 동양수련이 서양 체육보다 뚜렷하게 뛰어난 방법론이다. 즉 모든 수련은 구조적인 육신과 생명의 원천인 호흡과 살아 있는 몸을 대표하고 통제하는 마음의 세 요소를 결합하여 수련하라는 것이다. 흔히들 명(命)의 수련에 비해서 성(性)의 수련이 어렵다고 하는데 이는 동양 수련의 진정한 방법론을 몰라서 하는 말이다. 매 수련마다 수련의 삼 요소를 결합하여 수련하면 그것이 곧 성명쌍수이다. 성(性)의 수련은 당연히 선(善)을 지향해야 하는데 수련의 삼 요소 결합으로 어찌 선(善)함이 수련되어 쌓이겠느냐고 할 수 있지만 살펴본 바와 같이 선(善)의 의미는 바른 것에서부터 출발하는 것이다. 수련을 하면서 수련하는 몸의 부위에 마음을 집중하되, 얼굴은 미소를 잃지 않으며 수련이 아무리 힘들고 괴로워도 마음은 긍정적이어야 하며, 힘들고 괴로운 것은 이제까지의 삶이 제대로 되지 못했기 때문이라는 자각적 반성을 통하여 그 고통은 잘못된 삶의 교정이라는 깨달음이 있을 때, 오히려 마음이 즐거워지고, 이러한 수련을 통해서 인내와 포용심이 생기고 넓은 이해의 마음이 형성되는 것이다. 따라서 이러한 수련을 쌓은 사람은 불의(不義)에 가까이할 수 없는 것이다.

수련을 통하여 삶의 가치가 높아지고 인격이 본래로 돌아가는 것이다. 바른 성명쌍수의 수련을 위해서는 성(性)과 명(命)에 대한 바른 이해와 그 관계를 연구해야 할 것이기 때문에 위에서 성명에 대하여 살펴본 것이다.

제3장

기(氣)와 우주론(宇宙論)

현대 이론 물리학이 밝힌 우주는 마치 거대한 하나의 유기적(有機的)인 구조를 가진 생명체와 같다고 한다. 동양에서는 이미 수천 년 전부터 우주는 하나의 살아 숨 쉬는 생명체로 인식하고 있다. 그래서 인간은 우주를 닮은 소우주(小宇宙)라고 해온 것이다. 우주는 태양과 같은 항성이 1,000개가 모여 이루어진 은하(銀河)가 다시 1,000억 개가 모인 거대한 조직이다. 이 우주에는 하루에도 수억에 이르는 무수히 많은 별들이 그 목숨을 다하여 소멸하고, 또 무수히 많은 별들이 새로이 탄생한다고 한다. 이는 마치 60조 개 이상의 세포(細胞)로 구성된 우리 몸에서 하루에 수많은 세포가 그 수명을 다하고, 또 새로이 수많은 세포가 탄생하는 것과 같다.

　현대 물리학에서 최근에 밝혀낸 우주의 시작과 이미 수 천 년 전에 밝혀낸 동양에서 우주의 시작은 같다. 우주는 끊임없는 기(氣)의 활동이다. 같은 우주에 대한 동서양의 인식론적 비교를 통하여 동양에서 우주의 원질(原質)이라고 주장하는 기(氣)가 비과학적이거나 미신적이 아니고 서양의 반물질, 쿼크, 양자, 전자, 원자 분자 등의 동양적 인식론임을 바로 알아야 한다.

1. 우주(宇宙: cosmos)의 개념

우주는 천문학(天文學)의 입장에서는 모든 천체(天體), 또는 모든 물질(物質)·복사(輻射)가 존재할 수 있는 한의 전 공간을 말한다. 원래 그리스어 kosmos는 질서를 뜻하는 말로, 혼돈(渾沌)을 뜻하는 kaos에 대립하는 것이다. 동양에서는 사방상하(四方上下)를 우(宇)라 하고, 고왕금래(古往今來)를 주(宙)라고 하여, 천지(天地)를 가리키는 말이라고 하였는데, 이것이 우리의 소박한 생각인 우주의 뜻, 즉 공간(空間)과 시간(時間)을 망라한 총체와 상통한다. 그러나 실제로 우주를 어떻게 구체적으로 인식하는가는 시대에 따라, 또 과학의 발달에 따라 변천해 왔다. 예를 들면, 지구가 둥근 것을 몰랐던 고대 그리스 사람들은, 그리스를 중심으로 지중해와 그 연안지방과 동쪽으로는 히말라야 산맥의 기슭까지밖에 몰랐기 때문에, 지구는 평탄하고 그 둘레는 큰 강으로 둘러싸인 것으로 믿고 있었다. 즉 저녁에 서쪽에 졌던 태양은 밤사이에 강을 헤엄쳐서 다음 날 아침에 동쪽 하늘에 다시 나타난다고 생각했다. 또 하늘은 둥근 천장과 같은 것이며 항성(별)은 여기에 붙어 있는 것으로 생각하여 별자리와 이에 얽힌 신화(神話)나 전설이 만들어지게 되었다.

2. 물리학(物理學)으로 보는 우주와 지구

1) 우주(宇宙)와 우리 은하(銀河)

우리 은하의 상상도

하늘에서 스스로 빛을 생성하는 천체를 별 또는 항성(恒星)이라 하는데, 우리 인간에게는 너무도 소중한 천체인 태양 역시도 우주에서 너무도 평범한 별들 중의 하나일 뿐이다. 우주를 동양학적인 관점에서 볼 때는 '과거와 현재 그리고 미래에 존재하는 모든 것'이라고 말할 수 있지만 서양 철학적 관점에서 볼 때는 '모든 물질과 빛을 일정한 규칙 안에 담고 있는 시공간(時空間)'이라고 말할 수 있다. 따라서 동서양적 관점을 토대로 우주를 정의한다면 "시공간에 존재하는 모든 삼라만상에 대한 현상"이라고 말할 수 있다. 우주에 존재하는 수많은 별들의 집단을 은하(銀河)라고 하는데 우주에는 이런 은하들이 수없이 많이 존재하고 있으며, 태양계가 속하는 우리 은하를 천문학자들은 '우리 은하'라고 부른다. 또한 우리 은하를 제외한 나머지 은하를 '외부 은하'라고 부른다.

모든 은하는 기본적으로 나선형(螺旋形)의 모양으로 이루어져 있는데, 이는 은하의 생성시간에 따라 나선형, 타원형, 막대 나선, 불규칙 등으로 분류한다. 우리 은하는 소용돌이치는 나선형 모양인데, 중심 부근에는 나이든 별들이 자리 잡고 있으며 가장자리는 주로 새로운 별들이 생성되고 있다.

우리가 밤하늘에 보는 은하수(銀河水)는 우리 은하의 소용돌이치는 나선형 팔의 하나를 보고 있는 것이다. 우리 은하의 지름은 약 10만 광년(약 95×1016Km) 정도이고, 높이는 약 1.5만 광년 정도가 되는데 중심에서 약 3만 광년쯤 떨어진 곳에 태양계가 존재한다. 우리 은하에는 약 2천억 개의 항성이 존재하며, 그 중에도 태양과 같은 별들은 약 1,000억 개 정도가 있다고 하니 가히 상상하기 힘든 정도의 크기이다. 그러나 더 놀라운 것은 우주에는 이러한 은하가 1,000억 개 정도가 존재하고 있다는 것이다. 이것이 우주이다.

가령 지구에서 볼 때 북쪽 하늘에서 자리 잡고 있는 북극성(北極星)은 우리 은하에 속해 있는 별이다. 그 북극성도 지구에서 400광년이 떨어진 곳에 있다고 한다. 즉 우리가 보고 있는 북극성은 400년 전에 출발한 것을 보고 있는 것이다. 또한 지구로부터 워낙 멀리 떨어져 있어서 그렇지 실제로는 태양보다 훨씬 밝은 별이다. 또한 지구에서 140억 광년이나 떨어져 있는 별도 있는가 하면 은하의 초기 단계에서 거대한 블랙홀[99]을 가지고 은하의 중심핵으로 형성된 별이 있는데 천문학자들은 그 별을 퀘이사(Quasar)[100]라고 부르며, 초기 우주를 연구하는데 중요한 천체로 보고 있다. 만약에 우

---

99) 검은 구멍이라고도 한다. 블랙홀은 A.아인슈타인의 일반상대성이론에 근거를 둔 것으로, 물질이 극단적인 수축을 일으키면 그 안의 중력은 무한대가 되어 그 속에서는 빛·에너지·물질·입자의 어느 것도 탈출하지 못한다. 일반상대성이론에서 예측된 천체로 별이 폭발할 때 반지름이 슈바르츠실트의 반지름 이하로 극단적인 수축을 일으킬 때 밀도가 매우 증가하여 중력이 굉장히 커진 천체를 말한다. 이때의 중력을 벗어날 때 필요한 탈출속력은 빛의 속력보다 커서 빛도 빠져나오지 못한다. 반면 우주가 대폭발로 창조될 때 물질이 덩어리로 뭉쳐서 블랙홀이 무수히 생겼다는 설도 있다.

주의 크기를 1광년(9조 5천억Km)이라고 가정한다면, 지구에서 태양까지의 거리는 15m에 해당되고, 지구에서 달까지의 거리는 3.84cm에 해당된다고 한다. 그리고 태양의 직경은 14cm, 지구의 직경은 1.28mm, 달의 직경은 0.35mm에 해당된다.

1929년 미국의 천문학자 허블은 먼 별일수록 그 거리에 비례하여 빠르게 멀어져간다는 사실을 발견했다. 1백만 광년의 거리를 두고 있는 별끼리는 매초에 15Km의 속도로 멀어져 가고 있는데 이를 운하의 후퇴 속도라 한다. 이 발견으로 우주의 탄생설인 빅뱅이론은 그 힘을 얻었다. 왜냐하면 빅뱅으로 계속해서 팽창하고 있다는 가설을 뒷받침하기 때문이다.

우주는 팽창과 수축작용을 한다는 것이 현대과학의 정설이다. 이는 우주를 하나의 거대한 생명체로 인식하는 동양의 인식론을 뒷받침한다. 우주의 팽창과 수축의 경계를 임계밀도(臨界密度)라고 하는데 1cm3의 공간에 수소원자가 세 개 정도가 존재하는 희박한 공간을 말한다. 즉 우주의 밀도가 $5 \times 10-30g/cm^3$보다 작으면 우주는 팽창하고 크면 수축한다. 참고로 지구상의 공기에는 $1cm^3$당 1천조의 3만 배(3×1019)의 원자가 존재하며 현재의 우주는 밀도가 $10 \sim 30g/cm^3$이므로 계속해서 팽창하고 있다고 한다. 또한 이 우주에는 태양과 같은 별들이 1초에 수천 개가 탄생하기도 하고 소멸되기도 하는데, 마치 우리 몸속의 세포가 소멸되고 새로 생성되는 것처럼 어떻게 보면 이 우주는 우리가 상상조차 할 수 없을 정도의 거대한 생명체와 같다고 할 수 있다.

2) 우주는 물질의 근원

우주의 나이를 135억 년 전후로 보는데 그동안 무수히 많은 별들이 생성되어 빛을 내다가 초신성(超新星: Supernova)[101]으로 폭발하여 사라졌다. 별이 터지는 과정에서 천

---

100) 준성(準星)이라고도 한다. 극단적으로 밝고, 멀리 떨어져 있는 천체이다. 그 정체는 은하의 핵이지만, 항성 모양의 천체여서 이러한 이름이 붙여졌다. QSO(QUASi-stellAR Object: 준성체)에 속하는 천체 중 전파원인 것을 말한다. 준성의 크기는 태양계와 비슷할 것으로 보이나 밝기는 태양보다 수조 배나 밝다. 처음에 이들은 별처럼 점으로 보이며, 그 스펙트럼에 높은 적색편이를 일으키는 라디오 전파와 가시광선을 포함한 전자기 에너지의 근원으로서 알려졌다. 우주에서 발견된 천체 가운데서 가장 멀리 있을 것으로 여겨지는 이 천체의 빛이 지구까지 오는 데는 아주 오랜 시간이 걸리므로, 오늘날 보는 빛은 실제로 수십억 년 전에 방출된 것이다. 따라서 퀘이사를 연구하면 초기 우주에 대한 정보를 얻을 수 있다. 아직도 퀘이사가 어떻게 엄청난 양의 복사 에너지를 방출하는지는 확실하게 알지 못한다. 처음에는 이들 천체의 성질에 약간의 모순이 있었지만, 현재는 퀘이사는 젊은 은하계 중앙의 매우 무거운 블랙홀을 둘러싸는 물질의 조밀한 헤일로(halo)라는 것이 일반적인 생각이다.
101) 항성진화의 마지막 단계에 이른 별이 폭발하면서 생기는 엄청난 에너지를 순간적으로 방출하여 그 밝기가 평소의 수억 배에 이르렀다가 서서히 낮아지는 현상을 말한다. 별의 일생 가운데 갑작스러운 죽음의 단계를 일컫는 초신성은 별의 형성, 은하의 형성.

문학자들이 중원소(重元素)[102]라고 불리는 물질뿐만 아니라 철을 비롯해서 새로운 많은 물질들이 만들어진다. 가령 수소가 합쳐서 헬륨이 되듯이 소멸과정에서 폭발할 때 원소들은 서로 부딪쳐 이전까지는 없었던 새로운 원소들을 만들어 내기도 한다. 즉 천체를 구성하는 물질들은 별들이 생성과 소멸을 반복적으로 순환하면서 만들어낸 원소들로 구성되어 있다. 지구도 우주를 구성하고 있는 천체 중의 아주 미소한 하나에 불과하며, 그 구성 성분 역시 우주의 천체들과 비슷하다. 지구상에는 수많은 물질들이 존재하지만 그 물질들을 구성하고 있는 원소들은 90여 종류에 불과하며, 그중에서도 10여 종의 원소가 전체 질량비의 98% 이상을 차지하고 있다. 생물과 무생물 역시 그 물질을 구성하고 있는 원소의 비율만 다를 뿐 구성성분은 거의 비슷하며 산소의 질량비가 가장 높다. 인체는 산소(65%), 탄소(18%), 수소(10%), 질소(3%), 칼슘(1.5%), 인(1%) 등 6가지 원소가 98.5%를 차지하고 있다. 결국 인간을 구성하는 성분물질들은 우주를 이루는 물질들과 같을 수밖에 없다. 이는 인간을 소우주로 보는 기론(氣論)적인 동양의 우주관과 같다.

흔히들 위의 몸은 자연(우주)에서 왔다가 자연으로 돌아간다는 말이 있는데 이는 우주의 순환법칙을 두고 하는 말이다. 우주에는 지구와 비슷한 원소(元素)로 이루어진 수많은 행성들이 존재하지만 현재까지 생명체가 살고 있다는 행성은 지구밖에 없다. 그런데 최근 들어 지구의 온난화현상으로 인하여 이상기후현상이 급격히 가속화됨으로 생태계의 환경이 파괴되고 있다. 따라서 온난화 현상은 최근 인류사회의 최대의 관심사 중 하나이며, 인류의 생존과 직결되어 있다. 다시 말해 이상기후현상은 물질의 순환과정에 필연적으로 변화를 가져오게 되어 있다. 과거 빙하기 시대의 지구와 지금의 지구를 우주적 관점으로 보았을 때 지구를 이루고 있는 원소에는 커다란 변화가 없을지 모르나 생명체적 관점에서는 유(有)와 무(無)라는 엄청난 가치의 차이가 있다. 따라서 우리 인간에게는 '지구의 원소가 무엇으로 되어 있느냐'보다 '그 원소들이 생명체들을 계속해서 순환시킬 수 있느냐'가 더 중요한 관점인 것이다. 지금 우리 인류사회는 하나의 현상을 바라보는 시각에서도 경제 우선의 가치와 환경(생명) 우선의

더 나아가 우주형성 과정의 실마리를 제공하는 '탄생의 비밀', '진화의 비밀'을 간직하고 있다.
102) 원자량이 큰 원소. 라듐·악티늄·톨륨·우라늄 따위가 있으며, 일정한 조건에서 그 핵이 비교적 쉽게 분열될 수 있다.

가치가 대립되고 있는 양상을 띠고 있다. 그러나 분명한 것은 경제적 가치는 인간이 만들어낸 인위적 가치라는 것이다.

3) 우주 속의 지구(地球)

(1) 지구의 나이

1901년 영국의 화학자 F.소디가 자연에서 원자 번호는 같지만 질량수가 다른 원소를 동위원소(同位元素)라 명칭을 붙이고 그 개념을 확립시켰는데, 이런 동위원소 중에는 원자상태가 불안해서 방사선(放射線)을 방출하면서 다른 원소(元素)로 변하는 것들이 있는데 이를 방사선 동위원소라 한다. 방사선 동위원소들이 붕괴되면서 다른 원소로 변하는 시간은 제각기 다른데, 방사선 동위원소의 양(量)이 처음의 절반으로 줄어드는 데 걸리는 시간을 반감기(半減期)라 한다. 방사선 동위원소의 반감기를 이용하여 우주 천체들의 나이를 측정할 수 있다. 예를 들면, 운모나 암석에 포함되어 있는 칼륨은 약 13억 년이 지난 후에는 처음 양(量)의 절반이 아르곤으로 변한다. 여기에서 다시 13억 년 후에는 칼륨은 반의반만(1/4) 남는다. 다시 설명하자면, 칼륨이 아르곤으로 변하는 과정에서 약 13억 년 후에는 칼륨과 아르곤의 비율이 50 : 50이고, 약 26억 년 후에는 칼륨과 아르곤의 비율이 25 : 75로 되는 것이다. 지구 상에서 가장 오래된 암석을 방사선 동위원소의 반감기를 이용하여 측정한 결과 지구의 나이는 40~50억 년 정도로 추정이 된다. 그런데 1969년 달에 착륙했던 아폴로 11호가 가지고 온 암석을 측정한 결과 달의 나이는 약 46억 년 정도로 추정된다. 따라서 지구와 거의 같은 시기에 생성된 것으로 추정되는 태양계의 천체들 나이는 지구를 비롯해서 대략 46억 년 정도로 보는 것이다.

(2) 지구의 공전(公轉: Revolution)

지구는 태양을 중심으로 공전(公轉)한다. 지구의 공전궤도는 10만 년을 주기로 원에서 타원으로, 타원에서 원으로 궤도가 변화하는데 이를 지구공전궤도의 이심률(異心率: Eccentricity)이라 한다. 이심률 때문에 지구는 빙하기(氷河期)가 형성되는 것이다. 지구의 공전주기는 365.25일이다. 따라서 공전 속도는 '거리(2πr)/시간'이므로

2πr÷(365.25일×24시간)=2×3.14×1억 5천만km÷(365.25일×24시간≒107,460.6km)
*** r: 지구에서 태양까지의 거리

지구는 시간당 107,460km의 속도로 태양의 둘레를 도는 것이다.

(3) 지구의 자전(自轉: Rotation)

지구는 하루에 한 바퀴씩 자전을 한다. 북반구에서 볼 때는 시계 반대 방향으로 남반구에서 볼 때는 시계방향으로 자전을 한다. 욕조나 싱크대의 배수구에서 물이 빠질 때 시계 반대 방향으로 소용돌이치면서 내려가는 것을 볼 수가 있는데, 이는 지구가 북반구에서는 반시계 방향으로 자전하고 있기 때문에 일어나는 현상이다. 그러나 남반구에서는 반대의 현상이 일어난다. 만약에 지구가 자전을 하지 않는다면 태양이 비치는 쪽은 엄청나게 온도가 올라가고, 반대편은 엄청나게 온도가 내려갈 것이다. 지구는 하루에 한 바퀴씩 자전함으로써 낮과 밤을 만들고 지표면에 태양에너지를 고르게 전달한다. 지구의 자전 속도는 역시 '거리(2πr)/시간'이므로

2πr÷24시간=2×3.14×6,400km÷24시간≒1,674.7km
*** r: 지구의 반지름

따라서 지구는 시간당 1,674.km의 속도로 자전을 한다.

(4) 지구는 자전축이 기울어져 있다

지구는 23.5°가 기울어진 상태에서 자전운동을 하고 있는데, 이 자전축(自轉軸)은 4

만 2천 년을 주기로 21.5°~24.5°사이에서 변하고 있다. 지구의 자전축은 3만 년 전에 가장 많은 24.5°가 기울어 있었으나 지금은 세워지고 있는 단계이다. 지구의 자전축이 기울어져 자전을 함으로써, 세차(歲差)와 장동(章動)이라는 두 가지의 비틀거림이 있다. 세차운동이란 회전체의 회전축이 움직이지 않는 어떤 축을 중심으로 그 둘레를 도는 현상을 말한다. 예를 들면 팽이가 똑바로 서서 돌 때는 팽이의 축이 수직을 이루지만 팽이의 속도가 느려지면 팽이는 비스듬하게 기울어져 돌기 시작하는데 이때 팽이의 축은 수직축을 중심으로 원운동을 하게 된다. 지구의 자전축 역시 황도면(태양이 지나가는 면)과 수직을 이루는 중심으로 원운동을 하는데 그것을 지구의 세차(歲差) 운동이라고 하며 그 주기는 대략 2만 5,800년이다. 4계절이 발생하는 이유는 지구의 자전축이 기울어져 공전하기 때문인데, 지구의 자전축은 현재 북극성을 가리키고 있지만 1만 1천 년 뒤에는 직녀성을 가리키게 되며 계절 역시 뒤바뀌게 된다. 그리고 세차(歲差) 운동을 하는 과정에서 태양과 달의 중력(만유인력: 萬有引力)에 의해 떨림 현상이 미미하게 일어나는데 이것을 장동(章動) 운동이라고 한다. 국제천문연맹에서는 통일된 별자리를 만들기 위하여 1928년 하늘을 88개의 구역으로 나누고 별자리를 정리하였다. 그 결과 황도(黃道) 상에 12개, 북반구의 하늘에 28개, 남반구의 하늘에 48개의 별자리가 결정되어 현재에 이르고 있다. 우리나라에서는 대략 50여 개의 별자리를 볼 수 있다. 중국에 이어 세계에서 두 번째로 오래된 것으로 알려진 조선시대 태조 때 돌에 새겨 만든 천상열차분야지도가 있는데, 이는 하늘을 12개로 나눈 후 그 안에 별자리를 그려 넣은 천문도를 말한다. 76cm의 원에 그려져 있고 가운데에는 서울을 중심으로 우리나라에서 보이는 중요한 별 1,464개가 그려져 있는데, 모든 별자리를 북극성을 중심으로 28개 구역으로 나눈 별자리 28수(宿)가 나타나 있다.

(5) 지구 표면의 70%는 물이다

지구의 겉 표면적의 70%가 바닷물로 채워져 있다. 만약에 겉 표면적에 물이 없다고 가정하면 태양열을 받는 낮에는 온도가 사막보다 훨씬 더 올라가고, 밤에는 온도가 급격히 떨어지는 현상이 발생하게 될 것이다. 즉 밤과 낮의 온도 편차가 너무 커진다는 것이다. 따라서 비중이 높은 물은 낮에는 태양열을 흡수했다가 밤에는 열을 방출해서 밤과 낮의 기온 차를 줄여 줌으로써 지구에서 생물이 살 수 있는 환경을 만들어 주는 것이다.

물은 생명의 바탕이다. 동양의 존재론 음양론이 음(陰)으로부터 시작하는 것도 음이 생명의 바탕이기 때문이다. 모든 행성에서 생명체의 존재 여부는 물의 존재 여부가 기준이 되고 있다. 그래서 과학자들은 지구 밖의 다른 행성에도 생명체가 존재하는지를 탐사할 때 가장 우선적으로 조사하는 것이 바로 물의 존재 여부이다. 그런데 미항공우주국(NASA)은 탐사로봇 피닉스호가 화성에서 채취한 토양을 가열한 결과 수증기가 검출되었다고 2008년 7월 31일 발표하였다. 따라서 화성에도 물이 존재하고 있을 가능성이 한층 높아졌다고 볼 수 있다. 동서양을 통해서 물은 생명이 탄생한 원천이라는 견해는 다르지 않다. 지구의 표면적에 물이 70%이듯이 인간도 70%는 물로 구성되어 있다. 노자(老子)는 물의 본성을 일컬어 '上善若水'라고 하였는데, 이는 최고로 善한 것은 물과 같다고 한 말이다. 물은 곧 생명이다. 그리고 지구에 있는 인간에게 무한한 축복이다.

(6) 지구는 태양으로부터 막대한 에너지를 받는다

태양은 막대한 에너지를 우주로 분출시키지만 지구에 도달하는 에너지는 20억 분의 1이라고 한다. 태양으로부터 지구가 공급받는 에너지는 1cm^2 당 매분 2cal의 열을 받는다. 이것이 태양상수이다. 이를 지구 전체 면적으로 보았을 때, 매 초에 700만 톤의 석탄을 태울 때 나오는 에너지양과 맞먹는 에너지를 태양으로부터 공급받고 있는 셈이다. 다시 말해 태양은 인류가 수백 년간 쓸 수 있는 에너지를 매초 당 우주(宇宙)에 방출하고 있는 셈이다.

3. 동양(東洋)의 우주론(宇宙論)

1) 우주의 생성과 과정

열자(列子)가 말하길 우주는 태역(太易)~태초(太初)~태시(太始)~태소(太素)의 과정을 거쳐 형성되었다고 한다. 결론적으로 말해서 이러한 태역~태초 ~태시~태소의 과정은 무극(無極)이 태극(太極)으로 구체화되는 과정이라고 할 수 있다.

태역(太易)의 과정은 만물이 아직 분화(分化)가 이루어지기 전 곧 분화가 이루어지려는 준비과정에 있는 시점이다. 그러나 아직은 분화가 구체화되거나 조짐(兆朕)을 드러내 보이기 전이다. 곧 이 태역(太易)의 과정은 마치 수증기가 산화되어 올라가는 과정을 생각하는 것이 좋을 듯하다. 물론 이러한 예는 전반적으로는 유사하지만, 반드시 같지는 않다. 우주적인 차원에서 부연하자면, 우주를 구성하고 있는 물질들이 운집하고 있는 상태와 유사하다. 곧 우주상에 가득 찬 기운(氣運)이 뭉쳐지는 과정이라고 할 수 있다. 빅뱅의 직전의 상태이다.

태초(太初)의 과정은 우주의 모습이 구체화되어 가는 찰나적 장면이다. 무슨 말인가 하면 빅뱅의 개념을 생각해 보면 좋을 듯하다. 말하자면 우주가 열리는 그 순간을 언어로 잡은 개념이 바로 태초다. 달리 말하자면 수증기가 구름으로 형성되는 과정과 상통하는 바가 있다. 말하자면 뭉쳐진 기(氣)가 한꺼번에 터져 나가는 순간을 뜻하는 것이라 보면 크게 대과(大過)는 없다. 이는 우주의 시작이자 시간의 시작점인 빅뱅의 순간이다. 빅뱅이 거대한 폭발과 함께 시작되었다면 동양에서는 태초의 순간을 '陽鼓陰聚'라고 표현하는데(서경덕의 原理氣), 마치 북을 치듯이 쿵 소리와 함께 우주가 시작되고(陽鼓), 이로 인하여 만물이 생성되었다고(陰聚)하는 것이다. 빅뱅보다 더 구체적인 우주 시작의 표현이다. 동양의 우주와 서양의 우주가 별개로 존재하지 않고 같은 것이기 때문에 동양의 우주론도 그 시작을 빅뱅과 같은 '陽鼓陰聚'라고 한 것이다.

태시(太始)는 변화가 그 모습을 완전히 드러내지는 않았지만, 인식할 수 있게끔 된 상태를 말한다. 이에 대한 좀 더 철학적 개념은 변화가 급격히 이뤄지는 모습 또는 분열이 급격히 이뤄져 나가는 시간을 뜻한다. 이 또한 그리 긴 시간 개념은 아니다.

곧 구름이 형성된 것과 유사한 상태다. 이는 빅뱅 이후 급격히 24방으로 터져 나가는 물질의 응집군을 생각하면 대체로 유사하다고 생각된다. 곧 응집되었던 기운들이 강력히 흩어져 나가는 과정을 뜻한다.

태소(太素) 태소라는 것은 그 변화가 완연히 그 모습을 드러낸 상태라고 할 수도 있고 다른 측면에서 보면 변(變)의 과정을 거친 화(化)가 그 모습을 드러낸 것이라 할 수 있다. 곧 사물이 자신이 위치해야 할 자리에 머물게 된 것을 뜻한다. 이는 곧 구름이 비로 화(化)하여 자신의 모습을 세상에 완연히 드러내는 것과 같다. 우주상으로 보았을 때, 별이 각자의 위치에 머물러 운행하는 것과 동일한 개념이라 할 수 있다. 이 태소(太素)의 과정은 다른 과정과는 달리 비교적 긴 기간을 내포한 개념이다. 곧 우주의 탄생이라는 사건이 대체로 끝나고 현재의 질서대로 우주가 운행해 가는 과정을 포함한다.

동양에서는 수 천 년 전부터 우주의 시작은 대체로 이러한 과정을 거쳐 왔다는 것이 널리 인정되어 왔다. 오늘날 현대 과학도 우주가 탄생한 것이 이러해 왔을 것이라고 증명하고 있다. 물론 우주라는 광대한 영역에 대한 관찰 사진도 장비도 비교적 열악했다고 추정되는 시기여서 고전적인 동양의 우주에 대한 설명은 우주에 대한 명확한 모습을 보여 주기는 어려웠으리라 생각한다. 오늘날처럼 이런 자세한 설명이 가능한 것은 서구의 물질문명에 근거하여 우주에 대한 외면적인 모습의 관찰이 가능해졌기 때문이기도 하다. 곧 우주에 대해 이론적으로 말해져 왔다고 생각되는 것들이 오늘날 서구과학에 의해 검증받게 되었다는 것을 의미한다.

2) 우주의 본체운동

동서고금의 성자들은 우주를 구성하고 있는 중심 물체 또는 근원 물질에 대해서 추적해 왔다. 이에 대해서 알려진 바는 우주의 변화라는 것은 곧 우주의 본체 운동이라는 것이며 이것이 곧 동서고금의 성현 군자들이 찾아왔던 것이다. 이 우주의 본체가 변(變)하여 화(化)해 가는 모습 곧 우주 본체의 운동이야말로 이 세상의 실상을 파악해 가는 가장 근본이 되는 동시에 사물이 존재하는 목적 그 자체를 파악하는 데 있어서 핵심인 것이다. 이제 이것을 탐구해 보기로 하자.

우주의 운동성이라는 것은 곧 우주의 질서에 따른 변화이다. 이렇게 말하면 과연 우주에는 일정한 운동법칙이 있는가 하는 의문이 든다. 그러나 분명 있다. 곧 태역−태초−태시−태소의 과정에서 나타난 우주 운동이 그것이다. 이를 좀 더 알기 쉽게 살펴보면, 곧 우주가 하나에서 분열되어 나가는 과정이다. 그리고 그 과정이 끝인 것이 아니라, 그 우주 분열이 일정한 단계에서 접어들고 난 다음에 우주를 구성하는 것들은 곧 일정한 체계에 따라 움직이게 되었다는 것을 의미한다.

이를 달리 말하면 변화무쌍한 우주를 변화를 파악한다는 것은 곧 우주의 본체를 파악하는 것이며, 우주의 본체를 알기 위해서는 우주가 운동하고 있는 모습을 추적하지 않을 수 없다는 말이다. 그것은 곧 하나에서 둘이 기원 되어 두 가지 성질 곧, 차가운 기운과 뜨거운 기운으로 나누어진 것이다. 차가운 것과 뜨거운 것이 뒤섞여 조화를 이끌어 낸다. 조화로 이끌어져 나온 것은 그 이전의 단계에 있었던 것을 뛰어넘은 새로운 것을 도출해 내게 된다. 이것을 좀 더 알기 쉽게 도식화하면 다음과 같다. 곧 무극(無極)−반극(班極)−태극(太極)−황극(皇極)의 과정이 그것이다. 이는 한민족의 경전인 천부경(天符經)은 이에 대해서 첫 구절인 '一始無始一析三無極本'에서 곧 없었던 것에서 하나가 나와 셋이 근본이 된다는 것은 곧 이를 두고 한 말이다.

위에서는 우주가 운동하는 모습을 도식화해서 네 가지를 들었지만, 이를 좀 더 정확히 살펴본다면, 반극(半極)은 곧 무극(無極)이 둘로 나뉘기는 하였으나 그 성질이 섞인 것이 아니라 뚜렷이 반으로 나뉘어 구분된 것으로, 아직 조화가 일어날 수 있는 단계가 아니다. 그러나 반극(半極)이 우주의 율려(律呂) 작용에 의해 음양의 성질을 띠게 되면 곧 태극(太極)으로 변화하게 된다. 곧 반극(半極)은 결국 태극(太極)의 운동성을 준비하는 단계이고 이는 태극을 드러내기 위한 과정이므로 태극에 포함되는 것이다. 곧 우주의 본체는 무극(無極)−태극(太極)−황극(皇極)인 것이다. 우주는 태역(太易)의 과정에서는 무극(無極)으로 존재하다가 이것이 분열의 단계로 점차 나아가 만물이 화생(化生)되는 단계에 이르게 된다. 이것은 현재 서구의 과학이 밝혀낸 바이기도 하다. 그런데 문제는 우주는 단지 무한 분열운동만을 하는 것이 아니다. 곧 사람에게 일생이 있듯이 별에게도 일생이 있다. 단지 사람에게 있어서는 그 시간이 무한하게 느껴지긴 하지만 말이다. 그러하듯, 분열되어 나간 것은 언젠가는 다시 그 분열을 멈추기 시작한다. 분열의 끝점과 통일이 시작되는 지점에 분열과 통일을 중개해주는 중개자가 필요하게 된다. 그것이 황극(皇極)이다.

곧 우주의 변화의 실상이란 것은 곧 우주가 무한 분열되어 나갔다가 다시 이 분열을 마치고 통일되어 나가는 운동이 영원히 반복되는 것이다. 곧 우주의 변화 실상은 우주 본체인 무극(無極)이 태극(太極)으로 분열되어 나갔다가 다시 황극(皇極)의 중개를 받아 다시 무극(無極)으로 돌아오는 과정이다. 이를 도식화 하면, 우주 운동은 무극(無極) → 태극(太極) → 무극(無極) → 태극(太極) → … 운동의 영원한 반복이다. 이러한 우주 본체가 운동하는 방향이 바로 오행(五行)이다. 오행(五行)은 다섯 가지 길을 말한다. 곧 다섯 가지 움직임에 따라 우주의 본체가 변화해 가는 움직임을 법칙적으로 포착한 것이 오행이다. 이 오행의 움직임을 알기 쉽도록 다시 정명(正名)한 것이 있는데 곧 달력에서 많이 보았던 木 - 火 - 土 - 金 - 水 이다. 달력에 요일을 표시하는 란에는 火 - 水 - 木 - 金 - 土로 배치되어 있다. 앞서 배치했던 오행과 달력에 배치되어 있는 것은 우주 본체 중 어떤 것을 관측하였는가에 따른 관점이 다른 데서 나타나는 차이다.

앞서 말한 바 있듯이 우주의 본체는 무극(無極) - 태극(太極) - 황극(皇極)이다. 곧 우주의 본체에 있어서 그 작용하는 모습에 따라 오행의 배치는 달라진다. 우주 본체의 운동을 말하기 전에 오행에 대해서 알아보기로 하자. 앞서 말했듯 오행은 사물이 작용하는 다섯 가지 움직임이다. 원래 오행은 음양이 다시 태극(太極)운동을 통해 음양으로 분화된 것이다. 이를 사상(四象)이라 하는데 여기에 본래 중용(中庸)인 土가 더해져 오행(五行)이라고 한다.

음양(陰陽)이 다시 음양(陰陽)으로 분화되었다는 것은 곧 음음 양음 음양 양양으로 나누어졌다는 것을 의미한다. 음음(陰陰)은 수(水)고, 양음(陽陰)은 그 성질상 목(木)이며, 음양(陰陽)은 금(金)이고, 양양(陽陽)은 화(火)다. 이에 중용(中庸)의 덕(德)을 가진 토(土)가 더해져 오행을 형성한다. 파도를 생각해 보자. 이를 가장 잘 보여주는 것이 태극(太極)이다. 이 태극의 물결치는 부분을 율려(律呂)라 한다. 결국 삼오분기(三五分氣)도 한번은 음(陰)이 다음번에는 양(陽)이 운동하는 것에서 벗어나지 않는다. 모든 운동은 결국 태극(太極) 곧 구체적으로 말해 율려(律呂)다. 율려(律呂)의 구체적인 모습이 바로 일음일양지위도(一陰一陽之謂道)이다.

인생에 있어서 항상 좋은 일만 생기는 것이 아니라, 좋은 일이 생기고 나면 다음에는 좋지 않은 일들이 연속적으로 생기곤 한다. 그것은 우주 운동의 파도(웨이브) 곧 율려(律呂)가 우리 삶에 작용한 것이다. 곧 우주의 탄생이 무극(無極)-태역(太易)-태초(太初)-태시(太始)-태소(太素)-반극(半極)-태극(太極)-음양(陰陽)-양의(兩儀)-사상(四象)-팔괘(八卦)-64괘(卦)-만물화생(萬物化生)으로 분화(分化) 발전(發展)된 뒤 다시 통일 순환의 시기인 「元始反本」을 거쳐 무극(無極)으로 돌아갈 때 황극의 중재를 받게 된다. 이를 간단히 요약하여 생장염장(生長斂藏)이라 한다. 생장염장(生長斂藏)은 간단히 태어나서 자라고 성숙하고 쉬는 과정이다. 우리가 흔히 자연의 섭리라고 일컫는 것은 곧 생장염장(生長斂藏)의 과정이다. 우주의 모든 운동이란 한번은 양(陽) 운동, 한번은 음(陰) 운동을 하는 것이다. 파도가 올라갔다 내려갔다, 들어 왔다 나갔다 하는 것을 생각해 보라. 그것을 태극(太極)으로 보든, 율려(律呂)로 보든, 일음일양지위도(一陰一陽之謂道)로 보든, 음양으로 보든, 중력(重力) 작용으로 보든, 만유인력(萬有引力) 법칙으로 보든 간에 그 법칙의 근본은 곧 일정한 주기(週期)가 있다는 것이다. 그런데 문제는 그 주기 곧 우주 운동이 어떻게 지속되느냐에 있다. 이를 다른 각도에서 바라본다면, 양(陽)의 방향으로 운동하고 있는 본체를 어떻게 음(陰)의 방향으로 돌려놓는가 하는 것이다. 곧 우주 운동 지속의 문제는 곧 운동을 계속하도록 하는 매개체를 해명하는 것이다. 이 매개를 규명하는 작업이야 말로 동서고금의 철학, 과학, 문학예술이 지향해 왔던 바인 것이다. 이를 유가(儒家)에서는 중용(中庸)이라 하였고, 불가(佛家)에서는 자비(慈悲), 기독사회에서는 사랑이라 불러 왔다. 말하자면 우주 운동을 지속시킬 수 있는 힘이야 말로 동서고금의 종교, 철학, 과학, 문학예술이 밝히고자 하였던 것이다.

만물은 도(道)에서 시작했다. 천부경(天符經)에서는 '一始無始一'로, 도덕경(道德經)에서는 '道生一'로, 성경(聖經) 창세기편에서는 "태초에 Logos가 있었다"라고 하고, 현대 자연과학은 태초에 "Big Bang"이 있었다 한다. 하나는 둘을 낳고 둘은 셋을 낳고 셋에서 만물이 화생(化生)되기 시작한다. 셋은 五行에서 木으로 木은 金의 대화(大化) 작용을 받아 표면이 형성되고(넷), 이로 인하여 5, 6운동을 시작한다. 음양(陰陽)의 분화(分化)로 사상(四象)의 기(氣)가 나타나고, 사상(四象)의 대립(對立)에서 이를 중재(仲裁)하는 土

가 모습을 드러내게 된다. 이 사상(四象)과 土를 五行이라 하며, 이 오행은 하늘과 땅 그리고 사람에게 작용한다.

　오행이 하늘에서 작용하게 될 때 오운(五運: 곧 다섯 가지 氣의 흐름)으로 나타나게 된다. 앞의 글에서 밝혔듯, 이 오운(五運)이 땅에서 작용하게 될 때, 지축(地軸)의 경사(傾斜)로 인하여, 상화(相火)라는 가짜 불기운이 나타나게 되고, 이로서 하늘의 오운(五運)은 땅에서 육기(六氣)가 된다. 법칙상으로 보면 우주상의 변화 운동 바로 이 오륙(五六) 운동이며, 지축(地軸)의 경사(傾斜)로 인하여 이 오륙(五六) 운동은 남방 7火의 뜨거운 불기운을 받고 이를 제압하기 위해 상화(相火)라는 가짜 불이 나타나게 된 것이다.

　오륙(五六) 운동은 다시 음양(陰陽)의 분화(分化)운동 곧 태극(太極) 운동으로 인하여 하늘의 오운(五運)은 십간(十干)으로 땅의 육기(六氣)는 십이지(十二支)로 분화(分化)하게 된다. 이를 두고 천간지지(天干地支)라고 하는 것이다. 이 천간(하늘 기둥)과 지지(땅의 가지)가 맞물려 60甲子의 變化가 나타나게 된다. 십이지(十二支)는 곧 목화토금수의 기운을 받은 것인데 亥子는 水氣로 水宮이 되고, 寅卯는 木氣로 木宮이 되고, 巳午는 火氣로 火宮이 되며, 申酉는 金氣로 金宮을 이루며, 相火로 인하여 土는 四位가 되어 辰戌丑未가 土氣가 된다. 그런데 土位는 직접 드러나지 않고 사상(四象)의 변화에 은연중 모습을 드러내게 된다. 따라서 土는 변화에 직접 영향을 미치나 현실상으로 드러나지 않기 때문에 하나로 보는 것이다. 木火金水의 8宮과 土宮이 8宮에 중앙 土宮에서 출장 나가 8宮에 영향을 미치는 것을 9宮8風운동이라 한다.

　천지의 이치는 삼변(三變)하는데 한 예로 1과 2는 고대 동서(東西)에서 숫자로 보지 않았다. 수(數)는 3에서부터 시작한다고 본 것은 1은 하늘 2는 땅을 나타낸다고 보았기 때문이다. 이 3변(變)에서 사물의 본성이 드러나는 이치(理致)로 60甲子는 上元甲子 中元甲子 下元甲子로 3변하게 되고 다시 음양의 변화가 나타나 360의 변화가 나타난다.

　한편 천간(天干)은 다시 음양(陰陽)으로 분화하여 20數의 모습을 드러내게 된다. 그러나 하늘에서 20은 7火의 불기운에 의해서 분열의 최극수로 나타날 것이나, 만약 20으로 분화되어 버린다면, 모든 생물종은 水氣가 고갈되어 사멸하고 말 것이다. 곧 변화의 원리상 20이란 숫자는 있을 수 없는 수(數)다. 곧 하늘운동은 19가 분열의 최대수가 된다. 곧 1부터 시작된 분열은 19를 기점으로 하여 다시 1로 돌아가는 운동을 하게 된다. 이것을 1元 變化數 360이 생성되어 나오는 이치다. 곧 1부터 시작된 분열이 19까지 가서 다시 1로 돌아오는 과정을 모두 더하면 360이 된다.

한편 지지(地支)의 경우 음양(陰陽)으로 분화되어 24數의 모습을 드러내게 되는데 이것이 곧 24절후다. 이 24절후는 앞서 설명한 삼오분기(三五分氣)의 작용으로 인하여, 1절후마다 15가지의 변화가 나타나게 된다. 곧 24절후는 최대 360의 변화가 나타나게 된다. 곧 360을 1易수라 하며, 이는 우주 운동의 한 주기가 마무리되는 시점에 있는 것이다. 그런데 易은 해와 달의 움직임을 연구한 것이다. 이 360은 1易이긴 하나, 완전한 1역은 아니며, 지상에서의 1易인 것이다. 곧 하늘과 땅에서의 변화를 함께 계산한 것이 아니라 땅에서의 최대 변화수를 계산한 것이다. 앞서 살펴보았듯이 천간(天干)의 최대 변화 수는 360이고, 지지(地支)의 최대 변화 수 또한 360이다. 곧 하늘과 땅의 최대 변화 수는 이 양자의 변화(變化)가 맞물려 나타나게 되는 것이다. 곧 천간(天干)과 지지(地支)에서 각각의 최대변화수를 계산하여 易이 완성되는 것이다. 곧 360×360의 계산으로 大一元數인 129,600度가 나오게 된다.

아래에서는 그간 우주가 변화하는 원리의 과정을 정리한 것이다.

1. 우주의 생성 발전과정~오행(五行)은 음양(陰陽)에서 나타났고, 음양은 무극→태역→태초→태시→태소→태극→황극→음양→양의 →사상→팔괘→64괘→만물화생으로 나타난다.
2. 우주의 본체: 무극(無極)-태극(太極)-황극(皇極)
3. 우주의 운동: 일음일양지위도(一陰一陽之謂道), 율려(律呂), 태극운동
4. 우주의 본체의 변화: 무극(無極)-태역(太易)-태초(太初)-태시(太始)-태소(太素)-반극(半極)-태극(太極)-황극(皇極)-음양(陰陽)-양의(兩儀)-사상(四象)-팔괘(八卦)-64괘(卦)-만물화생
5. 우주 운동법칙: 생장염장(生長斂藏)
6. 우주 운동의 모습: 대화(大化) 작용, 자화(自化) 작용, 토화(土化) 작용
7. 우주 변화 법칙: 상극(相克), 상모(相母), 상모(相侮), 상생(相生), 조화
8. 오행: 음양(陰陽)의 음양(陰陽)으로의 분화 → 사상, 中인 토가 첨가된 것

9. 오운: 오행의 기가 하늘에서 승부(勝負)작용으로 나타난 것

10. 육기(六氣): 지축(地軸)이 기울어진 탓에 가짜 불인 相火가 나타나서 더해진 것으로 땅에서의 승부(勝負)작용

11. 천간지지(天干地支): 오운 육기가 음양으로 분화되어 하늘과 땅의 모습과 법칙이 구체적으로 나타난 것

12. 24절후: 지지가 음양으로 분화되어 더 구체화된 것

13. 360 1易數: 24절후가 오행의 삼오분기에 따라 더 구체적으로 세분화된 것

14. 129600度: 日月의 최대변화수를 계산한 것(360×360)

우주변화원리의 핵심은 129,600의 1元운동 중에 중재(仲裁) 작용을 하는 토(土)가 어떻게 토화(土化) 작용을 하는지 깨닫는 것이다. 곧 우주 운동은 음양(陰陽) 운동인데, 그 속에서 조화(調和)를 일으키는 토(土)가 어떻게 나타나게 되었으며, 이것이 음양 운동에 어떤 영향을 미치는가가 바로 우주변화의 핵심이다.

4. 서양(西洋)의 우주론(宇宙論)

1) 우주론의 기본 원리

1. 일반성의 원리: 우리 근방의 우주 모습이 보다 멀리 있는 우주의 여타 부분과 다를 바가 없다는 원리를 말한다.

2. 우주론 원리: 균질성, 등방성 우주는 국부적인 비 균질성을 제외한다면 우주는 어느 위치에서 보든지 동일하다는 원리를 말한다.

2) 우주의 역사

고대는 농경 생활을 중심으로 생활했다. 그러므로 종교적으로도(앞날을 예언하기

위해) 경제적으로도(농경 위주) 달과 태양 그리고 그밖의 천체들에도 관심을 가지지 않을 수 없었다. 이리하여 고대에는 천문학이 (고대인들 자신은 모르겠지만) 잘 발달하게 되었다.

고대 천문학에 대해 더 자세히 알려면 그들의 유적이나 유물, 문자들을 관찰하면 되는데 그중에서도 특히 천문대로 사용되어진 이집트의 피라미드를 보면 천문학이 얼마나 잘 발달했는지를 알 수 있다. 피라미드는 고대 이집트 왕가의 무덤으로 잘 알려졌다. 그런 피라미드가 건조되는 중에는 천문대로 사용되었다. 피라미드가 천문대로 사용할 수 없게 되기까지는 10년은 걸리고 천체를 관측하는 신관들이 10년이라는 세월 동안, 별의 정확한 운행표나 천체도를 만드는 시간으로는 충분하다. 이렇게 정확한 관측 자료를 가지고 있었음에도 불구하고 그들은 모든 것을 과학적으로 논리적으로 생각하지 않고 신과 결부시키는 데 그쳤다.

그러나 이집트인들처럼 모든 것을 신과 결부시키지 않고 과학적으로 사색하는 학자들이 있었는데 바로 그리스인들이었다. 이들이 고대의 우주론을 이끌었다고 볼 수 있다. 피타고라스를 시작으로 플라톤을 거쳐 아리스타르쿠스(태양 중심 체계: 자전하는 지구와 행성들이 중앙에 있는 태양 주위를 공전)의 우주론에서 과학이 최고점에 이르렀다가 프톨레마이오스(지구중심체계: 주전원 이론)로 인해 천문학의 흐름이 역행하기 시작하여 중세 시대에서는 프톨레마이오스의 이론이 천문학을 이끌었다.

이후 중세 시대에는 모든 것이 성경(聖經)을 중심으로 흘러갔고 이에 반하는 것은 모두 금기시되어 '자연과학의 암흑기'라고 불린다. 중세 시대는 천문학을 포함한 모든 과학을 일 천여 년 이상 후퇴하게 만들었다. 그러나 13세기에 들어와서 새로운 이론이 개발되고 코페르니쿠스에 의해 태양 중심 체계가 제창되어 대부분의 행성 운동 체계를 깨끗이 설명할 수 있게 되었으나 그는 행성은 원궤도를 그린다는 개념을 고수하여 행성의 불규칙성을 다 설명할 수 없었다. 이것은 케플러에 의해 해결되어졌다. 케플러는 당시 덴마크의 천문학자 튀코 브라헤의 정확한 관측 자료로 행성의 궤도가 원이 아니라 타원이라는 것을 발견하고 더 나아가 면적 일정의 법칙(행성과 태양을 잇는 선분이 단위 시간에 휩쓰는 면적은 늘 일정하다)과 조화의 법칙(행성의 공전 주기의 제곱이 궤도 장반경의 세제곱에 비례한다)을 남겼다.

그러나 이 시대에는 태양 중심(中心)론은 하나의 모형에 불과했고 아직도 지구 중심 체계가 지배적이었다. 여기서 갈릴레이가 체계적인 관측과 실험을 통해 태양중심설(지동설)을 주장하였으나 '행성을 움직이는 원인'에 대해 알아내지 못해 사람들을 납득시키지 못하고, 종교와 대립하게 된다. 갈릴레이가 생각해 내지 못한 행성을 움직이는 원인인 '만유인력'을 발견한 사람이 바로 아이작 뉴턴이다. 만유인력은 케플러의 행성 운동에 관한 법칙을 설명해 줄 뿐만 아니라 우주의 그 어느 두 입자 사이에도 성립하는 힘이다.

중력 법칙이 범우주적으로 적용되고 있다는 사실이 윌리엄 허셜(천왕성 발견)에 의해 실증되었다. 허셜 뒤에 아인슈타인(상대성 이론)이나 허블과 같은 과학자들이 탄생했고 이들에 의해 천문학은 더 많은 발전을 이룩하였다.

(1) 빅뱅(Big Bang: 대폭발)의 증거

대폭발설은 아주 중요한 두 개의 결과를 예측하고 있다. 그 하나는 우주에 존재하는 헬륨양에 대한 설명이며 나머지 하나는 우주배경복사의 존재에 대한 예측이다. 이 두 가지 모두가 과학적 관측에 의해서 확증되었다.

(2) 우주 배경 복사

우주배경복사는 우주의 모든 방향에서 지구로 동일한 강도로 들어오고 있는 전파이며, 이는 2.7K의 흑체와 같은 온도의 스펙트럼을 나타낸다. 현재 팽창하고 있는 우주는 과거 매우 뜨거운 상태에서 열적 평형 상태에 있었으리라 예측되며, 이 경우 우주배경복사의 에너지 스펙트럼은 흑체의 것과 같아야 한다. 이 사실이 빅뱅이 일어났을 것이라 예측 가능하게 하고 있는 것이다.

2.7K 복사는 1965년 전파 천문학자 펜지아스와 윌슨에 의해 발견되었다. 이들은 초저잡음 안테나를 만지던 도중 하늘의 모든 방향으로부터 같은 강도로 들어오는 잡음 전파 등을 발견하였는데 이것이 바로 우주배경복사였다. 이 복사의 존재는 1940년대

가모프에 의해 5K를 가진 복사로 예언된 바 있었다. 우주배경복사 자체는 빅뱅 이후 100만 년쯤 지나 우주가 약 3,000K로 냉각되었을 때 방출되었다. 이 빛이 공간 여행을 하는 동안 적색편이(赤色偏移: Red Shift)[103]를 계속해 옴과 동시에 에너지를 잃고 스펙트럼의 전파 부분만 관측할 수 있는 것으로 남게 되었고 온 하늘을 통해 균일하게 들어온다. 이는 우주가 큰 규모에 있어서 상당히 균질함을 보여준다.

(3) 헬륨 및 경원소(輕元素)의 양

열복사의 온도를 알면, 탄생 1초 후쯤의 우주는 전체적으로 1백억도 정도의 온도 상태라는 것을 계산할 수 있다. 이때의 온도(溫度)는 복합적인 원자핵이 존재하기에는 너무 높아서 기본 입자들이 섞여 있는 상태일 것이다. 그러나 이것이 냉각됨에 따라 핵반응이 가능해지고 중성자와 양성자가 짝을 이루어 자유롭게 달라붙고 이들 짝은 교대로 헬륨 원소의 핵을 형성하며 결합했다.

계산에 의하면 이 핵 활동은 약 3분간 지속되었으며, 그동안 물질 질량의 약 4분의 1이 헬륨으로 합성되었다. 이 과정에서 이용 가능한 모든 중성자들이 다 사용되었고 남은 양성자들은 수소의 핵이 될 수밖에 없었다. 이론에 따르면 우주는 약 75%의 수소와 25%의 헬륨으로 구성되어 있다. 그런데 화학적 구성을 알고 있는 천체의 대부분은 그 구성물질의 23~27%가 헬륨으로 구성되어 있으므로 우주의 약 25%가 헬륨으로 되어 있음을 추정할 수 있다. 나머지는 대부분 수소이며 다른 무거운 원소는 아주 적다. 헬륨은 별을 활동시키고 있는 핵융합에 의해서도 만들어지지만 그것은 우주의 2~3%밖에 차지하지 못하므로 우주의 4분의 1을 채울 만큼 많은 양이 아니다. 이것으로 이론과 실제로 측정한 수치가 잘 일치함을 보여주며, 헬륨이 빅뱅에 의해서 만들어졌음을 말해 준다.

---

103) 먼 곳에 있는 성운의 스펙트럼선이 파장이 약간 긴 쪽으로 몰려 있는 현상으로 적방편이라고도 한다. 일반상대성이론에 의하면 매우 중력이 큰 별에서 나오는 스펙트럼선은 약간 긴 파장쪽으로 몰리게 되는데 이와 같은 현상도 적색편이라고 한다. 또 적방(赤方)편이라고도 한다. 이것은 우주팽창에 의한 도플러효과로 파장이 몰리기 때문이라고 생각된다. 일반상대성이론에 의하면 매우 중력이 큰 별에서 나오는 스펙트럼선은 약간 긴 파장쪽으로 몰리게 된다. 이와 같은 현상도 적색편이라고 한다. 메이저를 인공위성에 실어 지구중력에 의한 마이크로파 영역의 스펙트럼선의 적색편이를 측정하고, 일반상대성이론을 증명하려는 시도도 기획되었다.

(4) 우주의 진화(빅뱅 우주론)

① 0초~우주는 고온, 고밀도의 특이점에서 탄생했다.

② 10-43초~자연계의 네 가지 힘(강한 상호 작용, 전자기력, 약한 상호 작용, 중력)에서 중력이 분리되었다.

③ 10-35초~우주의 온도는 1,027K로 떨어졌고, 강한 상호 작용이 분리되어 나왔다. 상전이로 인해 쿼크와 렙톤 그리고 각각의 반입자들이 급속히 생성되었다. 그리고 우주는 엄청난 압력(척력)으로 인해 1,050배 커지게 되었다. 이것이 인플레이션이다.

④ 10-11초~온도는 1,015K로 떨어졌으며, 마지막 남은 전자기력과 약한 상호작용마저 분리되어 자연계의 네 가지 힘은 서로 독립되었다. 인플레이션은 끝이 났지만, 그때 생긴 관성력으로 우주는 팽창을 계속하게 됐다. 하지만, 물질 사이의 중력에 의해 균형이 잡혀 졌다. 렙톤과 반렙톤들이 쌍소멸 한 뒤 근소한 차이로 남은 렙톤들이 결합하여 전자와 뉴트리노가 생성되었다.

⑤ 10-6초~쿼크와 반 쿼크들이 쌍소멸 한 뒤 근소한 차이로 남은 쿼크들이 결합하여 양성자와 중성자가 생기게 되었다.

⑥ 1초~우주의 온도는 1,010K로 떨어졌고, 뉴트리노의 에너지를 감소시키고 그 상호 작용의 성질을 변화시켜 뉴트리노는 다른 입자들과 거의 작용하지 않게 되었다.

⑦ 3분~양성자와 중성자가 결합하여 중수소의 원자핵, 헬륨의 원자핵이 생겼다.

⑧ 102만 년~온도는 3,000K로 떨어졌으며, 수소와 헬륨의 원자핵에 전자가 결합하여 원자가 생겼다. 이대부터 우주는 빛에 대해 투명하게 되었다. 오늘날 우리가 우주 배경복사에서 보는 광자들은 바로 이 시기에 여행을 시작한 광자들이다.

⑨ 10억 년~우주의 밀도 요동으로 은하와 별이 생성되었다. 우주에 별이 생기면서 중심부의 핵융합 반응으로 탄소, 질소, 산소 등의 무거운 원소가 만들어졌다.

3) 대통일 이론(Grand Unified Theory)

1970년대에 셸던 글래쇼와 하워드 조지가 제창하였다. 1014GeV[104] 이상의 에너지에서는 강한 상호 작용, 약한 상호 작용, 전자기력이 통일된다. 또 많은 학자들은 1019GeV 이상의 에너지에서는 네 가지 힘이 모두 통일되지 않을까 하고 생각하는데 아직까지 이론으로는 정립되지 못했다.

한편 같은 이론인 통일장이론(Unified Theory of Field)은 입자물리학에서 기본입자 사이에 작용하는 힘의 형태와 상호관계를 하나의 통일된 이론으로 설명하고자 하는 장(Field)의 이론이다. 좁은 의미로는 중력과 전자기력을 결합시키기 위한 1920~1930년대의 노력을 지칭하며, 1970년대 중반의 게이지 이론에 의해 다시 관심을 끌게 되었다. 현재 알려진 힘의 종류는 4가지로 만유인력(萬有引力), 전기(電氣)력, 자기력(磁氣力), 강한 핵력, 약한 핵력이 있다. 과학자들은 이 힘들을 통일장 이론을 통해 입자들 사이에 작용하는 힘의 형태와 상호관계를 하나의 통일된 개념으로 기술하고자 한다.

이러한 통일적 해석은 이미 뉴턴의 시기부터 있었다. 뉴턴(Isaac Newton)은 태양계의 운동과 지상에서의 물체의 운동을 하나의 통합된 관점에서 설명하기 위하여 중력(만유인력)을 만들었다. 뉴턴 이후 1870년대에 맥스웰(James Clerk Maxwell, 1831~1879)은 '맥스웰 방정식'을 통해 자기현상과 전기현상을 전자기장 텐서(Tensor)라는 하나의 이론으로 설명하였다. 1915년 아인슈타인(Albert Einstein)이 일반상대성이론을 통해 뉴턴 이론의 등가원리를 바탕으로 중력을 기하학으로 설명한 이후 아인슈타인을 포함한 과학자들은 전자기 현상과 중력 현상을 포괄하는 새로운 이론인 통일장이론을 연구하였다. 1918년 수학자인 헤르만 바일(Hermann Weyl, 1885~1955)은 처음으로 일반상대성이론과 전자기 현상을 통일하려는 시도를 하였는데, 바일은 이 통일장이론에서 전자를 공간에 연속적으로 분포되어 있는 물질로 파악하고 현재 게이지변환(Gauge Transformation)[105]으로 불리는 방법을 활용한 리만기하학이나 4차원 공간 등의 다차원 공간으로의 확장을 통해 중력과 전자기력을 통일하려고 하였다. 아인슈타인은 바일의 연구를 부정하고 자신의 방법으로 통일장이론을 연구하였지만 문제를 해결하지는 못하였다.

---

104) GeV~gigaelectron volt 1Giga는 10^9볼트이다.
105) 전기를 띈 입자와 전자기장 사이에서 일어나는 상호작용에서 사용되는 변환의 종류이다. 이 변환에 대해 불변인 성질을 게이지불변성이라 하는데 이는 전자기학의 기본적인 원리이다. 일반적으로 게이지변환에 대해서 불변인 양을 게이지불변양이라 한다. 게이지불변이 성립되지 않으면 전하보존법칙이 성립되지 않으므로, 게이지불변성은 전자기학의 기본적 원리의 하나이다. 제2종 게이지불변성은 전자기장처럼 장에 따르는 입자의 질량이 0이고, 또한 중성인 장에 대해서만 성립한다.

아인슈타인의 통일장이론에 대한 연구는 광양자 가설의 통계적 성격을 극복하려는 노력으로도 알 수 있다. 1917년 아인슈타인은 자연복사와 유도복사에 대한 논의를 전개하는 과정에서 광양자의 방출이 통계적으로만 이해됨을 알아냈다. 당시 아인슈타인은 광양자에 대한 논의가 불완전하기 때문에 양자론에 내재되어 있는 비결정론(非決定論: Indeterminism)[106]적 성격에 대한 문제가 해결되지 않는다고 생각하였다. 이를 극복하기 위하여 1923년 상대론적인 장방정식을 바탕으로 연속체 가설과 결정론적 기술이 포함된 하나의 상위 결정된(überbestimmten) 미분방정식 체계를 유도해보려고 노력했다.

1930년대 빠르게 발전한 원자핵과 소립자 현상의 연구는 중력과 전자기력이라는 고전적 힘 이외에 기본입자와 같은 미시적 크기에서만 작용하는 약한 상호작용과 강한 상호작용을 새로운 힘으로 인식하게 하였다. 이로써 자연계에 4가지 힘이 존재한다는 것을 발견하였다. 약한 상호작용은 원자핵의 붕괴를 통해서, 강한 상호작용은 유카와 히데키에 의한 핵력의 중간자론을 통해 발견되었다.

와인버그(Steven Weinberg, 1933~)와 살럼(Abdus Salam, 1926~)은 전자기상호작용과 약한 상호작용의 통일적 기술을 제안하였다. '전자기약력이론'이라고 불리는 이 이론은 아주 가까운 거리에서는 두 힘이 같은 힘이지만, 거리가 멀어지면서 대칭성이 깨지며 전자기 힘과 약한 힘으로 나뉨을 보였다. 이는 1984년 가속기 실험을 통해 증명되었다. 와인버그와 살람은 이 이론으로 1979년 노벨상을 수상하였다. 계속하여 강력, 약력, 전자기력을 하나로 묶는 '대통일장이론(Grand Unification Theory)'의 수학적 기술이 가능하게 되었다. 이를 게이지이론이라고 한다. 게이지이론은 어떤 종류의 전

---

106) 상태나 결과의 인과론적 결정을 인정하지 않는 태도에 대한 이론으로서 신(神) 또는 인간이 의지의 자유를 가진다고 생각하는 신학상 ·철학상의 학설이며 결정론(決定論)과 대립된다. (1) 신의 자유의 설은 토마스 아퀴나스의 주지주의(主知主義)에 대한 J.둔스 스코투스나 W.오컴의 반론으로 대두되었다. 신의 의지는 오성(悟性)보다 우위에 있기 때문에 신의 오성의 내용을 이루는 영원진리도 신의 의지의 자유로운 결의에 의하여 성립된다고 생각한다. 이 사고방식은 근세의 철학자로서는 R.데카르트에서 현저하며 만년의 F.셸링도 같은 견해를 보인다. (2) 인간에서 의지의 자유는 본래 신의 예정의 필연성과 대립하여 주장된 것이다. 현저한 예로서는 M.루터의 예정설(豫定說)에 반대하여 인간의 자유를 옹호한 D.에라스뮈스의 경우가 있다. 근세철학에서 의지의 자유는 자연법칙의 필연성에 대립하는 것으로 다루어진다. 그것은 다음 두 입장에서 주장한다. ① 자연현상이 필연적 인과성(因果性)에 의한 지배를 승인해야 감성계(感性界)를 초월한 가상계(可想界)에서 인간의 자유가 발동한다고 생각하는 것이며, I.칸트가 주장한 선험적(先驗的) 자유에서 전형적인 형태로 나타난다.

② 자연법칙 자체에 우연성을 승인하고 그것을 토대로 의지의 자유를 긍정하는 입장이 있다. 유심론(唯心論) 철학이 대체로 이런 사고방식이다. 특히 프랑스의 신유심론(新唯心論) 철학자들(부트루, 베르그송)은 이 입장을 대표하는 사상가들이다. 이 밖에 심리학적 비결정론으로서 인간행위의 자유, 외적 조건의 제약을 받지 않는 의지의 자기 결정력을 인정하며 W.제임스, F.실러, E.부트루 등이 대표적인 인물이다. 또 양자역학(量子力學)에서의 불확정성 원리가 있다.

하를 띠고 있는 입자 사이에 게이지입자들이 매개하여 상호작용하는 것으로 설명한다. 대통일장이론은 입자들이 일정 거리 이하로 가까워지면 전자기력, 약력, 강력 등 세 힘이 하나의 힘으로 기술됨을 보여준다. 그러나 이 이론은 몇 가지 문제점을 안고 있다. 이 문제점을 해결하기 위해 초대칭 이론은 사용하였으나, 현재까지 초대칭 입자는 발견되지 않았다.

대통일장이론에 의해 전자기력, 약력, 강력은 통일되었으나 아인슈타인이 시도하였던 중력과의 통일은 아직 이루어지지 않았다. 즉, 중력을 양자화하는 일에 성공하면 통일장이론을 거의 이루는 것이 된다. 그러나 중력은 거대 규모의 물리학에서 나타나는 물리학이고, 양자론은 미시세계에 적합한 이론이기 때문에 이 두 힘을 합치는 것은 쉬운 일은 아니다.

물리학자들은 이를 해결하기 위하여 '끈(String)'이론과 '막(Membrane)'이론[107]을 도입하고 있다. 기본입자들을 끈의 진동이나 막으로 바라보는 시각이다. 이는 고차원에서 중력과 양자론을 결합하려는 시도로 '만물의 이론(TOE: Theory of Everything)'[108]라고도 불린다.

초기의 초끈이론은 광자와 중력자 등을 끈의 진동으로 설명하기 위하여 자연계를 무려 26차원으로 기술하였다. 그러나 1995년 이후 프린스턴 고등연구원의 위튼(Edward Witten) 박사가 기존의 다섯 가지 이론이 근본적인 차이가 없음을 밝히고 이들을 통합시킬 수 있는 단일한 이론체계인 'M이론'을 제시하면서 새로운 도약의 계기를 맞고 있다. 이 초끈이론의 발전에는 우리나라의 물리학자들도 활발한 연구를 하

---

107) 스티븐 호킹은 새 책 '호두껍질 속의 우주'에서 '브레인 세계' 개념을 설명하고 있다. 브레인(Brane 또는 Membrane)이란 (동·식물 조직의) 막, 얇은 막을 뜻하는 개념이다. 그의 이론에 따르면 우주는 10차원이나 11차원으로 이뤄져 있고, 우리가 경험하는 공간의 3차원과 시간의 1차원을 뺀 나머지 6~7차원은 극히 작은 크기로 말려 있어 알아챌 수 없다고 한다.

108) 모든 것의 이론(Theory of Everything, TOE)이란, 자연계의 네 가지 힘인 전자기력, 강력, 약력, 중력을 하나로 통합하는 가상의 이론이다. 모든 것의 이론(만물 이론)은 알려진 모든 물리적인 현상과 그 사이의 관계들을 완벽히 설명하기 위한 이론 물리학의 한 가설이다. 초기에는, 모든 것의 이론이라는 용어는 수많은 지나치게 일반화된 이론들이 이를 비꼬기 위한 함축적인 표현으로 해석이 되곤 했다. (예를 들면, Stanisﬀaw Lem의 1960년대 공상 과학 소설에 등장하는 한 인물은 "일반적 만물 이론"에 대한 연구를 한다.) 물리학자 John Ellis는 1986년 네이처의 기사를 통해, 만물의 이론이라는 용어가 기술적인 용어(Technical Literature)로서 소개되어야 한다고 주장했다. 시간이 흐르고, 만물 이론이라는 용어는 양자물리학의 대중화로 인해, 하나의 이론으로 모든 자연의 법칙을 설명하거나 통합하는 내용을 설명하는 이론으로 자리매김했다. 지난 세기 동안, 이론 물리학을 바탕으로 제안된 만물이론에 대한 많은 이론들이 있었지만, 여태껏 실험적으로 입증된 것은 없었다. 만물이론을 입증하는 데 있어서의 주된 문제는, 양자역학 중 받아들여진 이론들과 일반 상대성이론을 조합하기가 대단히 어렵다는 점이다. 1990년대의 이론적인 홀로그래프 원리(Holographic Principle) 논쟁에 따르면, 많은 물리학자들은 11차원의 M 이론, 즉 Matrix 끈 이론으로 설명할 수 있는 많은 부분들을 믿었다. 혼란스러운 끈 이론으로 설명할 수 있는 많은 분야들은 비록 널리 합의되지는 않았지만, 모든 것에 관한 완벽한 이론이다.

면서 큰 기여를 하였다.

그러나 자연과 우주의 근원이 물질과 힘이 아닌, 끈과 막에 의해 설명될 수 있다고 믿는 초끈이론도 수학적으로 완벽할지 몰라도 실험을 통한 실제적인 끈의 존재를 입증할 수 없다면 수학적 이론에 머물거나 과학이라기보다는 철학적 차원으로 볼 수밖에 없다는 문제를 가진다.

4) 우주의 공간 구조

먼저, 우주의 공간 구조를 이야기하기 전에 우주가 어떻게 진화하여 왔는지를 간략하게 알아보자. 우주는 밀도가 무한대이고 부피가 0인 영역인 특이점(特異點, singularity)에서 시작한다. 그러나 요즘 영국의 호킹과 미국의 비렝킨이 양자 우주론을 내세워 우주는 물질도 에너지도 그리고 시간도 공간도 없는 무(無)의 상태에서 어떤 크기로 갑자기 태어난다는 주장을 폈다. 여기에서 양자론이 밝힌 무의 상태는 에너지며 시간과 공간의 수차가 부단히 요동하는 세계를 말하며 이 요동하는 무에서 반지름이 대략 10~33cm(플랑크 길이)[109]인 초 극미(極微) 우주가 탄생하였다는 것이 대두되고 있다. 이 시작에서부터 초 팽창, 즉 인플레이션을 거치면서 우주는 대폭발(Big Bang)이 일어나 현재까지 우주는 팽창하고 있다. 그러면 이 팽창이 계속될지 안 될지에 관하여 이야기해 보자. 우주는 먼저 균일, 등방하다는 가정하에서 닫힌 우주, 열린 우주, 평탄한 우주로 구분된다.

평탄한 우주는 현재의 우주 밀도가 임계(臨界密度)[110] $2 \times 10^{-29} g/cm^3$와 같고 곡률이 영인 유클리드 공간으로서 끝이 없는 무한히 넓은 우주이며 계속 팽창하여 나간다. 현재 우주의 나이는 2/3 HO이고 삼각형의 내각의 합은 180°이다. 3차원 공간을 2차원 면으로 대용하면 평면으로 표시할 수 있다.

닫힌 우주는 현재의 우주 밀도가 임계밀도보다 큰 경우이며 곡률이 플러스인 리만

---

109) 플랑크 길이(Planck length, lp) 플랑크 단위로 알려진 기본 단위 중 하나로, 우리가 보통 알고 있는 공간이 더이상 존재하지 않게 되는 크기를 말한다. 대략적으로 말하자면, 플랑크 길이는 플랑크 질량을 갖는 블랙홀의 사건의 지평선 반경와 비슷하다.
110) 우주론에서 열린 우주에서 닫힌 우주로 넘어가는 밀도의 경계값을 말하며, 임계밀도는 우주가 무한히 팽창하는 것을 막을 만큼의 중력이 나타난다. 따라서 우주가 팽창하다 멈추는 평탄한 우주가 되는 밀도를 임계밀도라 한다.

공간으로서 크기는 유한하고 끝이 없는 우주이며 계속 팽창하다가 어느 한도가 되면 다시 수축하는 우주이다. 그러나 사실은 이 우주에는 보이지 않는 물질, 즉 암흑물질이 존재한다. 그 양은 적어도 보이는 물질의 10~100배나 된다고 한다. 100배 이상의 암흑 물질이 있다면 우주는 닫힌 우주가 되고, 언젠가는 수축하게 된다. 결국 암흑 물질이 우주의 미래를 결정한다.

끝으로, 우주는 코페르니쿠스 원리에 따르고 있다는 것이다. 이 코페르니쿠스 원리는 우주에는 특별한 장소도 없고 이 장소도 저장소도 같다는 것이다. 중심도 없고 표면도 없다. 여기까지가 우주이고 여기서부터 앞은 우주가 아니라는 경계도 없다. 탄탄하게 어디까지나 계속되는 공간에 천체가 산재하고 있다는 것이다. 이것은 코페르니쿠스가 태양중심설을 주장한데서 인류를 상대화하는 생각과 같다. 모든 장소가 대등하다는 생각은 인류를 특수화하지 않은 생각으로 발전한 것이다.

제4장

기(氣)와 인간(人間)

장자의 기론(氣論)적 사상에서 인간은 우주에서 가장 우수하고 순수한 기(氣)가 모인(聚) 존재이다. 우주를 이기(理氣)라는 두 개념으로 해석하는데 인간은 이기대신에 성명(性命)으로 해석한다. 성은 인간에게 내재되어 있는 이(理)이고 명(命)은 목숨, 생명, 즉 기(氣)가 모여 유기적 체재를 갖춤으로 살아 있는 몸으로 활동하는 것이다. 반대로 죽음은 유기적으로 모여 있던 기(氣)가 흩어지는 것으로 인식한다. 인간은 대우주를 닮은 소우주로서 천인상응(天人相應)과 기론적인 생리와 생체를 살펴본다.

1. 천인상응론(天人相應論)

인간은 넓게는 우주의 한 부분이고 작게는 지구상의 한 위치에서 그 생명을 영위하고 있는 존재로서 자연은 대우주(大宇宙)이고 인간은 소우주(小宇宙)로서 인간의 생성변화를 잘 알아 양생을 잘하려면 자연에 관한 법칙을 먼저 알고 잘 적용하여야 할 것이다. 양생(養生)의 원리는 소우주(小宇宙)로서의 인간이 양생(養生)을 위하여 지켜야 할 자연의 운행법칙과 인체의 생명에 관한 것을 동양적인 관점에서 살펴보고자 한다.

내경(內經)에서는 인간과 자연에는 하나의 통일적 정체(整體)가 있다고 보고 양생방병(養生防病), 거노연년(祛老延年)을 강조하는데 이는 모두 자연계의 음양(陰陽)의 변화규율과 반상기후(反常氣候)의 방어에서 취법해야 한다고 천인상응적 정체관을 제시하고 있다. 또한 영추(靈樞) 사객(邪客)에서도 다음과 같이 인간의 신체적 구조와 천지의 구조가 상응(相應)함을 밝히고 있다.

> '하늘은 둥글고 땅은 네모지듯이 사람의 머리는 둥글고 발은 네모짐으로써 그것에 응한다. 하늘에는 일월(日月)이 있듯이 사람에는 양 눈이 있고 땅에 구주(九州)가 있듯이 사람에게는 구규(九竅)가 있고 하늘에 풍우(風雨)가 있듯이 사람에게는 희노(喜怒)가 있고 하늘에 뇌전(雷電)이 있듯이 사람에게는 음성(音聲)이 있고 하늘에 사시(四時)가 있듯이 사람에게는 사지(四肢)가 있고 하늘에 오음(五音)이 있듯이 사람에게는 오장(五臟)이 있고 하늘에 육률(六律)이 있듯이 사람에게는 육부(六腑)가 있고 하늘에 동하(冬夏)가 있듯이 사람에게는 한열(寒熱)이 있다.'

인간은 소천지(小天地)로서 천지(天地)의 공간적 구조와 상응(相應)하며 시간적으로도 인간의 생명리듬이 자연계의 리듬과 상응한다 할 것이므로 소우주로서의 인간은 대우주와 상응하는 것이 올바른 양생이라 할 것이다. 한편 의학(醫學) 분야에서 세계 최초로 인류의 문화유산에 지정된 동의보감의 견해(見解)도 가장 기본적인 것은 인간은 소우주(小宇宙)이므로 우주(宇宙)와 상응(相應)함으로 건강을 지킬 수 있다고 하며, 사시(四時)의 계절의 변화와 순응하여 섭생하고 북방 또는 남방의 거주의 위치에 따라 순응하는 섭생을 하고 하루의 생활에도 규칙적인 알맞은 식사와 노동과 휴식과 수면을 취하는 것이 천지와 상응한 올바른 양생이라 하였다.

사시양생이란 일 년 사계의 기후변화규율과 특점을 고려하여 인체를 조절하고 건신방병(健身防病)케 하여 건강장수의 목적에 도달하고자 하는 것이다. 영추 본신편에 '智者之養生也 必順四時而適寒暑'라 하여 인체는 모름지기 사시의 자연변화에 순응(順應)해야 함을 강조하고 있는데 그 목적은 모름지기 인체가 자연에 적응하는 능력을 배양시키고 제고시켜 자연변화 과정 중에 유리한 요소는 이용하고 불리한 요소는 저항케하여 인체의 건강장수를 보장하려는 데 있다. 동의보감(東醫寶鑑)에 내경에 근거하여 다음과 같이 사시양생을 주장하였다.

봄 석 달은 발진(發陣)이라 하며 천지가 생동하고 만물이 영화(榮華)한다. 늦게 잠자고 일찍 일어나서 정원을 산보하고 피발완형(被髮緩形)하여 志로 하여금 생동의 기분이 흐뭇하도록 하여 봄의 기미와 같이 生하게 하고 죽이지 말며, 주기는 하되 빼앗지 말며, 賞할지언정 罰하지 않으면 이것이 春氣가 應함이요 春生의 道가 된다. 이를 逆하면 肝이 傷하여 여름에 한변(寒變)이 생겨 봉장(奉長)함이 적고, 여름 석 달은 번수(番秀)라 하니 천지의 氣가 서로 사귀고 만물이 화실(華實)하는 계절이다. 늦게 잠자고 일찍 일어남으로써 심지를 성내지 말며 화영(華英)하고 성수(成秀)하게 하며 氣를 泄하되 마치 친애하는 물건이 밖에 있어서 저절로 따라가는 법과 같이 할지니 이것이 夏期에 應한 양장(養長)의 道니 이것을 逆하면 心이 傷하고 가을에 학질에 걸리고 봉수(奉收)함이 적어서 겨울에 중병을 앓을 염려가 있는 것이다.

가을 석 달은 용평(容平)이라고 하는데 천기가 急하고 지기가 밝으니 早臥 早起하되 닭이 울 무렵 일어나서 志를 안정하며 추간(秋刊)을 완화하고 神氣를 수렴(收斂)하여 秋氣로 하여금 평화케 하며 그 志를 떠나지 않게 함으로서 肺氣를 맑게 하니 이것이 秋氣에 應하는 양수(養收)의 道이다. 이것을 逆하면 肺가 상하고 겨울에 손설(殖泄~먹은 음식이 소화되지 않은 채로 나오는 설사)이 있으니 봉장(奉藏)하는 법이 적다. 겨울 석 달은 폐장(閉藏)이라고 하는데 물이 얼고 땅이 터진다. 陽을 동요하지 말고 일찍 자고 늦게 일광이 퍼진 뒤에 일어나고 心志로 하여금 칩복(蟄伏)하고 은익(隱匿)하듯이 하고 사의(私意)가 있는 듯하고 무엇을 소득할 듯한 기미로서 寒을 피하고 溫을 취해서 피부를 泄함으로서 탈기(奪氣)가 되지 않도록 할 것이니 이것이 冬期에 應하는 양장(養藏)의 道이다. 이것을 逆하면 腎을 상하고 봄에 위궐(痿厥~손발이 여위고 힘이 없으며 싸늘해지는 증상)이 되어 봉생(奉生)이 적게 되는 법이다. 라고 하였다.

계속해서 황제내경에 나타난 천지상응론(天地相應論)에 대한 견해를 보자.

양기는 낮에는 체외를 주로 행하는데 평단이 되면 양기가 시생하고, 태양(日)이 중천(中天)에 있으면 양기가 융성해지고, 태양(日)이 서쪽으로 지면 양기가 이미 허해져서 氣門(땀구멍)이 곧 닫히게 된다. ≪素問·生氣通天論≫

봄에는 생하고 여름에는 장(長)하고 가을에는 수렴하고 겨울에는 장(藏)하는 것이 기의 정상적인 활동인데 사람도 또한 이에 상응한다. 하루를 사시로 나누면 아침은 봄(春)이 되고 일중(日中)은 하(夏)가 되고 태양이 서산으로 넘어갈 때는 가을이 되고 한밤에는 동(冬)이 된다.

아침에는 사람의 양기가 시생(始生)해 병의 사기가 쇠퇴해지므로 병자의 상태가 좀 좋아지고 일중에는 양기가 크게 자라기 때문에 병사를 이기므로 편안해지고 저녁에는 사기가 시생하므로 병세가 점점 심해지고 한밤중에는 양기가 안으로 들어가고 사기만 홀로 몸 밖을 거처하므로 병세가 더욱 심해진다. ≪靈樞·順氣一日分爲四時篇≫

봄에는 기가 經脈에 왕성하고 여름에는 기가 孫絡에 왕성하고 한여름(長夏)에는 기가 기육(肌肉)에 왕성하고 가을(秋)에는 기가 피부에 왕성하고 冬에는 기가 골수에 왕성하다. … 봄은 천기가 처음 열리고 지기 또한 발설하기 시작하여 얼음이 풀리고 水가 길을 따라 통하게 되므로 인기가 경맥에 있게 되는 것이요, 여름에는 경기가 만일(滿溢)하여 손락으로 넘쳐 들어가고 손락이 피를 받으니 피부가 충실하게 된다.

한여름(長夏)은 경락이 모두 왕성하여 내부의 肌肉111)으로 넘치게 된다. 가을에는 천기가 수렴하기 시작하여 주리(주理)가 닫혀 피부가 인급(引急: 수축)하게 된다. 겨울에는 기가 개장(蓋藏)하여 혈기 가운데 존재하므로 안으로 골수에 이르고 오장에 通한다. 이런 까닭으로 사기(邪氣)는 항상 사시(四時) 기혈(氣血)의 위치에 따라 침입하게 된다. ≪素問·四時刺逆從論≫

천기(天氣)가 온난하고 날이 맑으면 인혈(人血)이 활발하게 움직여 위기(衛氣)가 천부(淺部)에 있으니 그러므로 혈(血)을 사(瀉)하기 쉽고 기(氣)를 행하기 쉽다. 天氣가 한랭하고 날이 흐리면 인혈(人血)도 응체(凝滯)하고 위기(衛氣)가 침잠(沈潛)하게 된다. 달이 초승달이 되면 혈기(血氣)는 精해지고 위기(衛氣)는 차츰 움직이기 시작한다. 달이 보름이 되면 혈기(血氣)는 충실하고 기육(肌肉)은 견고해진다. 달이 그믐이 되면 기육(肌肉)은 감(減)하고 경락(經絡)도 허(虛)해지고 위기(衛氣)의 활동도 거의 없어져 형체만 홀로 남는다.

이 때문에 천시(天時)의 변화에 따라서 기혈(氣血)을 조절해야 한다. 따라서 천기가 한랭하면 자침(刺針)하지 말고 천기가 온난하면 자침(刺針)하기를 망설이지 마라. 달이 처음 생할 때 사(瀉)하지 말고 달이 찰 때 보(補)하지 마라. 달이 비워 그믐이 될 때는 치료하지 마라. 이것이 시기에 맞추어서 병(病)을 치료해야 됨을 말한 것이다. ≪素問·八正神明論≫

천지 기후가 온화하면 경수(經水) 또한 안정하고, 천지 기후가 한랭하면 經水 또한 응결(凝結)하고, 천지 기후가 서열(暑熱)하면 經水 또한 비일(沸溢)하고, 풍기(風氣)가 졸폭(卒暴)하게 일어나면 經水 또한 파용(波涌)하여 융성하게 일어난다. 대저 사기가 경맥에 침입하는데 천기가 한랭하면 혈이 응체하고 서열(暑熱)하면 기가 요택(요澤)하게 된다. ≪素問·離合眞邪論≫

우리의 현실에서 천지(天地)의 상응(相應)하는 모습을 살펴보자. 우리나라의 상급학교 진학을 위한 입시제도는 세계적으로 유명하다. 모든 교육이 오로지 입시에 직결되어 있으며, 학교의 교과(教科)도 입시 위주로 되어 있어서 기적(氣的)인 인간으로서 마땅히 삶의 가치를 선(善)에 두어야 하고, 살아 있는 존재(存在)인 생명체로서의 특징으

---

111) 肌肉은 한의학 용어로 근육(筋肉)을 말한다.

로서 스스로 움직여야 하는데, 입시 중심의 교육은 이에 대한 교육과목인 도덕(道德)과 체육(體育)이 입시에 의하여 거의 사라지고 있는 실정이다. 현재 사회문제가 되고 있는 인터넷의 악플[112]에 대한 문제가 이와 무관치 않다. 하여간 입시를 치르는 날의 일기(日氣)는 교육청에서 아무리 택일(擇日)을 잘해도, 입시 날은 춥고 건조한 것이 보편적인 현상이다. 이는 입시를 치르는 수험생과 모든 것을 그것에 걸고 최선을 다하는 학부모, 가르친 선생님들, 그리고 나라의 앞날을 걱정하는 국민 모두의 마음이 떨리고 메마른 것이다. 이 범국가적인 입시의 기운(起運)과 하늘이 감응(感應)하여 그날의 일기(日氣)가 그런 것이라는 것을 우리는 귀납적(歸納的) 추리(推理)에 의하여 추론(推論)할 수 있는 것이다.

2. 기론적(氣論的) 생체생리(生體生理)론

1) 정기신론(精氣神論)

인체는 하나의 기(氣)이다. 우주가 하나의 거대한 생명체인 기(氣)인 것처럼 인간도 살아 있는 기(氣)이다. 인체를 구성하고 생명을 유지시키고 활동하는 것의 근본이 되는 것이 기(氣)이다. 이것을 인간을 구성하는 요소와 역할에 따라 나눈 것이 정(精)·기(氣)·신(神)이며 모두 광의(廣義)의 기(氣)의 범주에 속한다. 양생(養生)을 목적으로 하는 도가(道家)는 이것을 인체의 삼보(三寶)라 했다. '정·기·신'은 인간, 즉 살아 있는 생명을 구성하는 3요소이며, 정(精)이란 생명의 원질이고, 기(氣)란 생명을 유지·활동케 하는 근원(根源)이다. 그리고 신(神)은 정과 기를 바탕으로 나타나는 정신작용이다.

---

112) 사이버공간을 통해 회원들 또는 불특정 다수의 사용자들 사이에 각종 정보를 주고받을 수 있는 인터넷 게시판이 활성화되면서 나타난 말 중 하나이다. 댓글은 한 게시물 바로 밑에 즉시 남길 수 있는 짧은 글이다. 덧글, 코멘트(Comment), 리플(←Reply)이라고도 한다.
댓글은 많은 사람들이 자신의 의견이나 주장을 마음껏 펼 수 있다는 긍정적인 측면이 있는 반면, 인터넷 게시판의 익명성을 악용하여 악의적으로 남을 공격하고 상습적으로 남을 헐뜯거나 허위 사실을 퍼뜨리는 댓글을 악플이라고 한다. 인터넷은 세계적인 수많은 다양한 사람들이 사용하는 곳이기 때문에 기본적으로 최소의 윤리가 깔려 있어야 한다. 표현은 자유지만 근거가 없는 표현으로 선의의 피해자가 발생할 수 있다. 인터넷은 악플문화가 발전하는 부정적인 측면도 있다. 참고로 악플은 '악성 리플'의 줄임말로 악성 댓글이라고도 한다.

정기신의 관계를 촛불에 비하면 초의 몸체는 정(精)이라 할 수 있겠고, 정을 태워서 일어나는 촛불은 기(氣)라 할 수 있고, 촛불에서 나오는 광채는 신(神)이라 할 수 있겠다. 또 컴퓨터에 비하면 정은 하드웨어, 신은 소프트웨어, 기는 퍼워, 즉 전기라고 할 수 있다. 오진편(悟眞篇)[113]에 '생명활동은 정·기·신에 의해 발현되는 것으로 신(神)은 기(氣)의 전환(轉換)으로 생기며, 기(氣)는 정(精)을 기초로 해서 발생되므로 정·기·신 삼자는 항상 수련(修煉)하는 것이 마땅하다' 하여 심신수련의 근거와 필요성을 주장하였다.

1-1) 정(精) - 생명(生命)의 원천(源泉)

정(精)은 좁게는 부모의 정보(情報), 즉 유전인자(遺傳因子)를 간직한 정자(精子)와 난자(卵子)를 뜻하지만, 넓게는 생식활동과 생명활동을 가능하게 하는 기본 물질을 뜻한다.

한의학에서 '정'은 단순히 분자식으로 환원되는 물질이 아니라, 자체 생명력을 지닌 포괄적인 생명의 기본 물질로 간주된다. 정(精)은 생명활동의 근원이 되는 기(氣)를 생성한다. 부모로부터 품수(稟受)한 것을 선천지정(先天之精)이라 하고, 땅의 기(氣)인 수곡지기(水穀之氣)와 하늘의 기(氣)인 호흡지기(呼吸之氣)를 통하여 출생 후의 생명을 유지하는데, 이렇게 생성된 것을 후천지정(後天之精)이라 한다.

동양의학의 전통적인 사상은 정(精)의 간직은 생명력의 충만(充滿)으로, 그것의 소모는 생명력의 쇠퇴(衰退)로 이해한다. 때문에 정은 특별히 남자의 정액이라는 의미로 쓰이는 경우도 있지만, 대체로 인간 생명의 원천이라는 의미한다. 그렇다면 늙어가면서 정이 약해지면 어떤 증상이 나타나는가? 그것은 정과 혈의 허약으로 나타난다. 정(精)이 약해지면 몸에 있는 일곱 구멍[七竅], 곧 두 눈, 두 귀, 두 콧구멍, 입 등이 제구실을 하지 못한다. 울 때는 눈물이 나지 않고 오히려 웃을 때 눈물이 흐른다. 늘 걸쭉한 콧물이 많이 나오고 귀에서는 늘 매미 우는 소리가 들린다. 음식을 먹을 때 입이

---

113) 오진편(悟眞篇)~북송(北宋) 장백단(張伯端)의 기공수련서 이며 호흡을 중심으로 인체 내의 기를 수련하는 것을 내단(內丹)이라 하는데 장백단은 오진편을 통하여 내단사상과 수련방법론을 정립하였다는 평가를 받고 있다.

마르며, 잘 때에 침을 흘린다. 자기도 모르게 오줌을 찔끔거리며 매우 굳거나 설사하는 똥을 싼다. 낮에는 졸음이 많고 밤에는 누워도 정신이 또렷하여 잠이 오지 않는다.

허준은 동의보감에서 인간은 일정한 수량의 정을 갖는데 이를 모두 소모하면 생명이 다하는 것이라고 하였다. 따라서 인간이 건강하고 오래 살려면 필요 없는 정의 소모를 막아야 한다고 하였다.

1-2) 기(氣)-몸의 지킴이

동의보감에서는 기(氣)가 몸의 구성과 활동의 가장 근본이며 목숨을 늘려 주는 약(藥)이라고 강조한다. 기(氣)도 부모로부터 품수(稟受)된 선천(先天)의 기와 음식과 호흡을 통하여 생성된 정(精)이 생성한 후천(後天)의 기로 분류할 수 있는데, 기(氣)는 마땅히 수련하여야 생명력을 높여 신명(神明) 나는 삶을 살 수 있다고 한다. 이것은 기는 수련할 수 있고 수련을 통하여 질병을 막고 수명을 늘일 수 있음을 뜻한다.

(1) 기(氣)의 발생(發生)에 따른 종류

① 선천지기(先天之氣)

부모로부터 품수(稟受)한 것을 말하며, 원기(元氣) 또는 정기(正氣)라고도 한다.

② 후천지기(後天之氣)

태어난 후에 호흡(呼吸)과 음식(飮食)을 통하여 생성된 정(精)의 작용에 의해 생성된 기(氣)를 말하며, 진기(眞氣)라고도 한다.

(2) 기(氣)의 분포에 따른 종류

① 원기(原氣)

원기는 인체 내에서 가장 기본적인 것이고, 중요한 기이며, 인체 생명활동의 원동력이 된다. 원기는 주로 신(腎)이 저장한 정기(精氣)가 위주이며 신정(腎精)에 의해 화생(化生)된다. 원기는 삼초(三焦)를 통하여 전신에 분포된다.

② 종기(宗氣)

종기는 흉중(胸中)에 있는 기로서 종기가 있는 곳을 기해(氣海)라고 한다. 종기는 자연계의 청기(清氣)와 비위(脾胃)가 운화(運化)한 수곡정기(水穀精氣)가 결합하여 형성된다. 종기는 주로 흉중에 있으면서 폐의 호흡활동과 심의 혈액운행을 촉진하는 역할을 한다.

③ 영기(營氣)

영기는 맥(脈) 중에서 혈(血)과 함께 순행하는 기(氣)로서 영양이 풍부하다 하여 이름한 것이다. 또 혈과의 관계가 깊으므로 영혈(營血) 이라고 하며 위기(衛氣)와 상대적으로 음에 속하므로 영음(營陰)이라고 한다. 영기의 중요한 생리기능은 혈액을 통하여 전신에 영양을 공급하고 화생(化生)하는 것이다.

④ 위기(衛氣)

위기는 맥(脈) 외(外)에 흐르는 기(氣)이며 영기와 상대적으로 양에 속하므로 위양(衛陽)이라고 한다. 위기의 중요한 생리기능은 첫째, 체표를 보호하여 사기(邪氣)의 침입을 막는다.

둘째, 장부, 근육, 피부 등을 온양(溫養)한다.

셋째, 땀 배설을 조절하여 체온을 유지한다.

(3) 기(氣)의 생리작용

① 추동작용(推動作用)

기는 활력이 매우 강한 정미(精微)물질로서 인체의 생장, 발육, 장부, 경락 등 조직 기관의 생리활동, 혈액의 생성과 운행, 진액(津液)의 생성 분포와 배설 등에 대하여 추동작용이 있다. 만약 기가 쇠약하여 기의 추동작용이 감퇴되면 인체의 생장 발육에 영향을 주며 혹은 빨리 쇠퇴되거나 장부의 기능이 감퇴되고, 혈과 진액의 생성부족, 혹은 운행이 지연되어 혈허(血虛), 혈액의 운행 장애와 수액(水液)이 머무르는 등 병리 변화가 발생한다.

② 온후작용(溫煦作用)

기는 에너지의 내원(來源)이다. 사람의 체온은 주로 기의 온후작용에 의해 유지되며, 각 장부, 조직기관의 생리활동도 온후작용으로 인하여 진행된다. 특히 혈과 진액 등 액체상태의 물질은 기의 온후작용에 의존해야만 응결(凝結)되지 않고 정상적으로 순행할 수 있다. 만일 기의 온후작용이 감퇴되면 추워하고 더운 것을 즐기며 사지가 싸늘하고 체온이 떨어지며 혈과 진액의 흐름이 늦어지는 등 한상(寒象)이 나타난다. 또 일부 원인에 의해 기가 흩어지지 못하면 열을 발생하여 찬 것을 좋아하고 더운 것을 싫어하며 방열(放熱)하는 등 열상(熱象)이 나타난다.

③ 방어작용(防禦作用)

인체의 방어작용은 매우 복잡하여 기혈, 진액, 장부, 경락 등 조직기관의 각종 종합작용을 포함한다. 그중에서 기는 매우 중요한 작용을 일으킨다. 기의 방어작용은 주로 전신의 피부를 보호하여 육음(六淫)[114] 등 사기(邪氣)의 침입을 방지하는 것이다. 기의 방어기능이 감퇴되면 질병에 대한 저항력이 떨어지며 쉽게 병에 걸린다. 기의 방어작용을 현대 생리학적인 측면에서 보면 인체의 면역시스템을 말한다.

④ 고섭작용(固攝作用)

기의 고섭작용이란 주로 기가 혈액, 진액 등 액체상태의 물질이 유실(流失)되는 것을 방지하는 것이다. 구체적으로는 혈액을 통섭하여 혈맥 속에서만 순행하고 맥 외로 넘치지 못하게 하고 한액(汗液: 땀), 뇨액(尿液: 오줌), 타액(唾液), 위액(胃液), 정액(精液) 등의 분비와 배설량을 통제하여 유실되는 것을 방지한다. 만약 기의 고섭작용이 감퇴되면 체내의 액체상태 물질이 대량으로 유실될 위험이 있다. 예를 들어 혈액을 통섭하지 못하면 각종 출혈이 생기고 진액을 통섭하지 못하면 땀이 저절로 나고 다뇨, 소변실금, 설사 등이 나타나며 정을 통섭하지 못하면 정이 새고 소실되는 등의 현상이 생긴다.

⑤ 기화작용(氣化作用)

기화란 기의 운동(運動)을 통하여 생성되는 각종 변화이다. 구체적으로는 정(精), 기(氣), 혈(血), 진액(津液) 등 각자의 신진대사(新陳代謝)와 상호 전화(轉化)이다. 기, 혈, 진액의 생성에서 음식물이 수곡정기(水穀精氣)로 전화하는 것, 수곡정기가 다시 기, 혈, 진액으로 화생(化生)하는 것, 진액이 대사를 거쳐 땀과 오줌으로 변화되는 것, 음식물

---

114) 풍(風), 한(寒), 서(暑), 습(濕), 조(燥), 화(火)의 六氣가 태과(太過)하거나 부족할 때, 또는 제철이 아닐 때 나타나서 인체에 침범하여 질병의 원인 되는데, 이를 육음(六淫)이라 한다.

이 소화 흡수를 거쳐 찌꺼기가 분변으로 되는 과정 등은 모두 기화작용의 구체적 표현이다. 그러므로 기화작용은 실제로 체내의 물질대사 과정이며 물질의 전화와 에너지 전화(轉化)의 과정이다. 기화작용이 멎으면 생명활동도 멎게 된다.

1-3) 신(神)-정신(精神) 활동의 주체

신(神)이라는 말에서도 알 수 있는 것처럼 신(神)은 물질적 요소가 아니라 보다 추상적이고 고차적인 '무엇'을 의미한다. 신은 인간의 정신적 활동을 제어하는 원리가 된다. 동의보감에서는 신을 관장하는 기관을 심장(心臟)으로 보는데, 심장은 마음이 깃든 중심기관이며, 다른 장기에도 신이 깃들어 있다고 말한다. 만일 오장에 공급되는 기가 끊어지면, 오장에 속한 신(神)이 겉으로 드러나서 죽게 된다. 즉, 신은 안에 깃들어서 드러나지 않게 생명활동을 영위토록 하는 것인데, 그 활동이 정지될 경우에는 그것이 곧 죽음이다. 육(肉)과 마음을 분리된 존재로 보지 않고 하나의 통일된 존재로 본다. 인간의 감정이 모두 오장과 신체 부위에 관련된다고 보는 점에서 동양(東洋)의 인체관은 심신일원론(心身一元論)이라 할 수 있다.

앞서 서술한 정(精)과 기(氣) 중에서 정은 인간의 가장 기본이 되는 물질적 측면이며 개체 보존을 위한 생식활동에 관여한다. 이에 비한다면 기는 정보다도 고차적이며 몸의 생리적인 운용(運用)을 담당하는 요소이다. 신은 정보다도 더욱 고차적인 것으로 인간의 감정과 심리를 담당한다. 인간을 정(精)과 기(氣)와 신(神)이라는 세 가지 측면에서 바라본 것은 심신(心身)의 이원론으로 보는 사양의 사상과는 달리 인체를 하나의 통일된 심신일원론의 사상에서 나왔다고 할 것이다.

(1) 신(神)의 생성

영추(靈樞) 본신편에 '故生之來謂之精 兩精相搏謂之神'이라고 하여 신의 근원은 생명과 같아서 부모쌍방의 정기가 교합되어 이루어진다고 하였다. 배태(胚胎)가 형성되면 생명의 신도 동시에 육성되고 출생 후에는 수곡과 호흡에 의하여 신도 계속 자양을 받아 사용하여도 소진되지 않은 상태를 계속 보존할 수 있게 된다. 때문에 영추 평인 절곡편에 '신은 수곡(水穀)의 정기이다' 하였으며 소문 육절장상론에도 '오미는 입을 통하여 위장에 저장된다. 오미가 저장되면 오기를 양(養)하고, 기(氣)는 화(和)하여 진액을 화생하며, 신은 거기서 자연히 생긴다'라고 하였다. 이상의 내용에 의하여 신(神) 도 일정한 물질적인 기초 위에서 생성되는 것임을 알 수 있다.

(2) 오장과 신

동의보감에는 모든 장기에 각자의 신이 존재한다고 하였다. '심장은 신(神)을 간직 하고, 폐는 백(魄)을 간직하며, 간은 혼(魂)을 간직하고, 비는 의(意)를 간직하며, 신은 지(志)를 간직한다.' 심장의 신(神)은 정기(精氣)가 화해서 생긴 것이며, 폐의 백(魄)은 정기를 바로잡도록 도와주며, 간의 혼은 신기(神氣)를 도와준다. 의(意)란 기억하여 잊 지 않는 것이며, 지(志)란 마음을 온전히 하여 변하지 않는 것을 말한다. 따라서 마음 의 상태가 오장의 상태에 영향을 미칠 수 있기 때문에 마음이 편하고 고요하여 변하 지 않는 것이 건강한 삶이다.

(3) 원신(元神)과 식신(識神)

원신은 부모로부터 받아 태아 때부터 이미 지니고 있는 것을 말하며, 선천(先天)의 신(神)이 라고도 한다. 식신은 세상에 태어나서 학습과 경험, 기억에 의해서 생겨난 것 으로 대뇌의 작용과 밀접한 관계가 있다. 식신은 사람의 대뇌활동, 의식의 사유 활동 대부분을 가리킨다.

원신은 정신, 의식 사유 활동의 지배를 받지 않고 사람의 생명활동을 주재한다. 그 러나 식신은 주로 사람의 정신과 의식, 사유 활동의 영향을 받으며 생명 과정에 관여 한다. 이 두 가지가 통일성을 가지고 상호 작용할 때 사람은 정상적인 생명활동을 유 지할 수 있게 된다.

2) 경락론(經絡論)

경락(經絡)은 동양의 의학과 기공에서 인체를 통일된 하나의 유기체(有機體)로서 설명하는 요체이다. 경(經)은 머리에서 발까지 인체의 종적(縱的)인 흐름을 의미하고 락(洛)은 횡적(橫的)으로의 흐름을 의미한다. 경락(經絡)은 인체 내의 전신의 기혈을 운행하고 장부와 사지, 관절을 연락하고 상하 내외를 연계시키는 통로이다. 이 경락(經絡)의 체내에서의 주요 연결기능은

첫째, 체내의 각 장부 사이의 기능적인 연관관계이다.
둘째, 체내의 각 장부와 체표와의 연결 관계이다.
셋째, 좌우, 상하의 기능적인 연결 관계이다.

경락(經絡)은 인체의 생명을 유지시켜주는 영양의 공급과 대사(代謝)찌꺼기의 회수, 외사(外邪)의 방어 등에 필요한 기혈 등의 운행통로가 되므로 인체의 각 경락의 유통이 원활히 이루어져야 양생(養生)을 할 수 있는 것이다.

2-1) 경락의 기능

(1) 생리적 기능

첫째, 기혈운행, 주신영양(周身榮養), 항어병사(抗禦病邪), 보위기체(保衛機體)의 기능~출생 이후에 섭취된 음식물이 비위(脾胃)의 소화흡수작용을 거치며, 그 중 정미(精微)로운 것은 위기(衛氣), 영혈(營血)로 변화하게 된다. 태생(胎生)기에 형성된 경락에 영혈은 맥 중으로 들어가고, 위기는 맥 외로 순행하여 혈기운행의 작용을 시작하게 된다. 이것으로 전신에 영양을 공급하고 병사를 방어함으로써 보위기체의 기능을 가지게 된다.

둘째, 인체의 내외, 표리, 상하를 구통(溝通)하며 일개(一個) 통일정체적 작용 ~ 12경맥을 주체로 12경별, 기경팔맥, 전신경락을 배합하여 일개 순환적 정체를 조성하여 내로는 오장육부에 연락을 갖고, 외로는 사지백해, 경근(經筋), 피부, 사지와 구간(軀幹)이 긴밀한 연계로서 인체활동과 통일의 유기체를 구성하고 있다.

셋째, 경락과 자연환경의 상관관계~인간이 대자연에서 생활하면서 자연환경의 변화, 즉 인체와 자연계와의 기후, 시간 등과 서로 유관하며, 특히 경락의 흐름과 시간과는 서로 일정한 관계가 있음을 설명하고 있다.

(2) 병리적 기능

경락은 병사(病邪)를 안으로 전파하고, 인체 내부의 병변(病變)을 외부로 반영하는 통로가 된다. 따라서 질병의 발생과 전변(轉變)에 간여한다. 내외의 원인에 의하여 경락에 이상이 생기면, 경락은 기혈을 운행하고, 영양을 전신에 공급하며, 외사(外邪)에 대항하는 등의 기능을 적절히 발휘하지 못하므로 병리작용이 발생하여 내장, 오관, 사지, 근골 등에 병변이 발생하게 된다. 이를 정리하면 다음과 같다.

첫째, 경락과 내장과의 병리관계~외사의 침입에 의하여 발생되는 내장의 병변은 경락을 통하여 전도된다.

둘째, 경락과 오관(五官)의 병리관계~오관과 내장의 관계는 경락이 통과하므로 연계적 발생이 일어난다. 즉 경락에 병이 있으면 그 소속 경락이 주(主)하는 기관(器官)에 병태(病態)가 발생하게 된다.

셋째, 경락과 사지근골의 병리관계~사지절(四肢節), 골(骨), 피(皮), 육(肉), 혈(血)은 다 반드시 경기(經氣)를 받아서 영양(營養)하므로 경락이 수병(受病)하면 그 소속 경락이 통과하는 사지절, 골, 피, 육, 혈에 반드시 필연적으로 병태(病態)가 출현한다.

2-2) 경락의 작용

(1) **생리적 작용**

경락은 기혈을 운행하고, 신체를 자양(滋養)하는데 이것은 체표(體表)는 위기(衛氣)에 의해서, 체내(體內)는 영혈(營血)에 의해서 기혈운행이 이루어짐으로써 수족이 따뜻해지고 전신에 영양이 공급되는 것을 의미한다.

(2) **병리적 작용**

경락은 인체의 이상을 반영하는 작용을 의미한다. 즉 장부(臟腑)의 정상기능이 손상되어 질병이 발생한 경우, 경락이 연계된 체표의 유관 부위에서 질병적 소견(所見)이 나타나는 현상으로 설명된다.

(3) **치료적 작용**

경락은 침습병사에 대하여 침구자극 등을 전도하는 작용을 가짐으로써 침구자극에 대한 치료효과를 거둘 수 있다.

2-3) 12 경맥

각 장부는 하나의 경맥(經脈)에 연계되며 몸의 좌우로 나뉘어 머리와 얼굴 및 몸통과 팔다리를 도는데, 전신상하를 세로(縱)로 뚫는 경락(經絡) 계통의 주체이다. 경락의 명칭은 간, 심, 비, 폐, 신 등의 오행(五行)적 개념과 궐음, 소음, 태음 등의 육기(六氣)적 요소가 결합된 것이다. 한 가지 예로 족궐음간경을 보면 족(足)은 발이라는 경락(經絡)의 위치를, 궐음(厥陰)은 육기(六氣)적 의미를, 간(肝)은 오행(五行)적 해당 장부(臟腑)를 나타내고 있다. 오행, 즉 오운(五運)의 기본 개념이 계절이라면, 육기(六氣)는 같은 여름

철이라도 맑은 날이나 비 오는 날, 아주 더운 날이나, 덜 더운 날, 이런 내용에 비유된다. 오운(五運)이 물질에 가깝다면 육기(六氣)는 에너지에 가깝다. 오행(五行)이 오장육부(五臟六腑)라는 물질적인 존재의 껍데기라면, 육기(六氣)는 그 속에 담기는 내용물이란 뜻이다. 그러나 작금에는 오행(五行), 즉 오운(五運)만을 강조하고 육기(六氣)의 개념을 경시하여 경락(經絡)의 개념이 원래 경락의 이론에 벗어난 것이어서 육기의 개념의 복원이 필요한 실정이다.

12경락은 수태음폐경에서 시작하여 전신을 유주(流周)하여 족궐음간경에서 끝나고 여기서 다시 수태음폐경으로 다시 유주한다. 장부 중에서 장(臟)은 음경(陰經)에 속하고 몸통에서 팔 안쪽으로 흐르는 수삼음경이 있고 몸통에서 다리 안쪽으로 흐르는 족삼음경이 있다. 부(腑)는 양경(陽經)에 속하고 팔의 바깥쪽에서 머리로 흐르는 수삼양경이 있으며, 다리 바깥쪽에서 몸통으로 흐르는 족삼양경이 있다.

삼양의 명칭은 태양, 양명, 소양이며 수태양소장경, 수양명대장경, 수소양삼초경이 수삼양경이고, 족태양방광경, 족양명위경, 족소양담경이 족삼양경이다.

삼음의 명칭은 태음, 소음, 궐음이고, 수태음폐경, 수소음심경, 수궐음심포경이 수삼음경이고, 족태음비경, 족소음신경, 족궐음간경이 족삼음경이다.

2-4) 기경팔맥

기경팔맥(奇經八脈)은 12경맥 이외의 별도를 기행(奇行)하는 경맥으로서 그 작용은 12경맥의 부족을 보충하는 것이고 다른 방면으로 12경맥의 기혈성허(氣血盈虛)에 협조하여 기체 조절의 평형을 유지한다.

기경팔맥의 위치와 기능을 살펴보면, 독맥(督脈)은 포중(胞中: 아랫배를 의미함)에서 시작하여 등 한가운데를 지나며, 양경을 총감독하는 양맥의 바다이다. 임맥(任脈)은 포중에서 시작하여 흉복부를 지나며, 음경을 총괄하므로 음맥의 바다라 한다. 충맥(衝脈)은 포중에서 일어나 위로 머리에 이르고, 아래로 발에 다다라 족소음과 나란히 가며, 12경의 기혈을 조절하므로 12경의 바다라 한다. 대맥(帶脈)은 계륵(季肋)에서 시작하여 허리를 한 바퀴 도는 것이 허리띠와 같으며 음양의 모든 경이 이에 속한다. 교맥

(蹻脈)은 음양의 2개의 맥이 있으며, 각각 발뒤꿈치의 안팎에서 시작하여 복숭아뼈 가장자리를 지나 각각 다리 안팎으로 올라가 몸통을 지나 눈 안쪽 모서리에 이르며, 음교와 양교는 몸의 양측의 음양을 주관하고 눈을 적셔주며, 열리고 닫힘을 다스리고 다리 운동과 함께 잠자는 것을 주관한다. 유맥(維脈)은 음양 각 2개의 맥이 있으며, 각각 다리에서 시작하여 머리에 이르러 음유맥은 임맥과 서로 합쳐 모든 음경에 연계되며, 양유맥은 뒷목에서 독맥과 회합하여 모든 양경과 연계된다.

2-5) 12 경락과 그 특징

(1) 경락은 인체를 유기적인 통일체로 인식하는 체계이다.

(2) 경락은 인체 내의 생명활동의 근원적인 일을 담당하는 12개의 장부(臟腑)와 연결되어 연결된 장부의 기능이 원활하도록 하며 이웃 장부와 연락을 담당한다.

(3) 경락은 폐경에서 시작하여 간경(肝經)까지 그리고 다시 폐경으로 생명이 있는 동안 쉬지 않고 서로 활동한다.

(4) 6장(臟)의 경락과 6부(腑)의 경락은 표리(表裏)의 관계를 가지며, 6장(臟)의 경락은 음경(陰經)이며, 6부(腑)의 경락은 양경(陽經)이다.

(5) 음경은 다리에서 가슴으로 가슴에서 손끝으로 흐르며, 양경은 손끝에서 머리로, 머리에서 발끝으로 흐른다. 손을 위로 뻗어 올려 서 있을 경우 음경은 아래서 위로, 양경은 위에서 아래로 흐른다.

〈표〉 12경락의 3개조 분류표

구 분	調의 구성
태음 양명 組	手太陰肺經 → 手陽明大腸經 → 足陽明胃經 → 足太陰脾經
소음 태양 組	手少陰心經 → 手太陽小腸經 → 足太陽膀胱經 → 足少陰腎經
궐음 소양 組	手厥陰心包經 → 手少陽三焦經 → 足少陽膽經 → 足厥陰肝經

(6) 각 경락은 6기(氣)로 분화된 음양의 특성을 가지며, 3개의 조(組)를 구성하는데 1개 조는 4개의 경락으로 구성되며, 두 음경 사이에 두 양경이 위치하는 형태이다. 그

내용은 다음 표와 같다.

(7) 경락 흐름의 순서는 육기(六氣)의 큰 음양에서 작은 음양의 순서로 흐른다. 즉 경락이 처음 시작하는 태음 양명 조는 각각 가장 기운이 강한 음양이며, 다음조인 소음, 태양의 조는 중간 세기의 음양이며, 궐음, 소양의 조는 가장 약한 음양이다. 이어서 가장 센 태음, 양명의 조로 연결되어 계속 전신을 유주(流周)한다. 이 흐름의 순서는 오행의 상생(相生) 순서와 맞지 않는데, 그 이유는 오행은 우주(宇宙)의 기(氣)이고, 인간이 살고 있는 지구의 기는 지구 자전축의 기울기로 인하여 음양의 균형이 맞지 않는 육기(六氣)로 변화되었는데, 장부(臟腑)경락의 흐름은 육기의 음양 세기에 따른다. 이러한 이유에서 영원함의 상징인 우주와는 달리 지구상의 모든 생물체는 수명을 갖게 되는 근거로 본다.

(8) 경락의 명칭은 경락 흐름의 시작 또는 끝이 나는 손발(手足)과 그 경락이 소속하는 육기(六氣)와 해당 장부(臟腑)의 명칭을 이어서 정했다. 그래서 경락의 명칭을 보면 그 경락에 대한 모든 것을 알 수 있도록 되어 있다. 첫 시작의 경락인 '手太陰肺經'은 폐경이 엄지손가락의 소상(少商) 혈에서 끝나기 때문에 '手'이고 다음은 폐경은 가장 강한 음(陰)인 태음(太陰)의 경혈이며, 그 장부(臟腑)의 이름이 폐(肺)이기 때문에 '수태음폐경'으로 부른다.

3) 장부론(臟腑論)

(1) 장부의 음, 양-표리 관계

동양의학에서는 인체의 구성장기를 5장과 6부로 나누어서 생각한다. 5장이란 폐(肺), 간(肝), 심장(心臟), 비장(脾臟), 신장(腎臟) 이고 6부는 대장(大腸), 소장(小腸), 담(膽), 위장(胃腸), 방광(膀胱), 삼초(三焦) 이다. 이 5장 6부는 오행 속에서 음양의 이치에 따라서 상호 연관된 유기적(有機的)인 관계를 가진다. 예를 들어 폐(肺)와 대장(大腸)은 오행(五行)으로는 같은 금(金)이면서 음양(陰陽)이 다른 표리(表裏)의 관계를 갖고 있다. 표리

(表裏)의 관계란 따로 떼어서 생각할 수 없고 그 작용력이 시소와 같아서 폐(肺)의 이상은 곧 대장(大腸)의 이상으로 나타난다는 것이다. 다른 장부의 관계 역시 이와 같다. 간(肝)과 담(膽)은 목(木), 심장(心腸)과 소장(小腸)은 화(火), 비장(脾臟)과 위장(胃腸)은 토(土), 신장(腎臟)과 방광(膀胱)은 수(水)이면서 각각 음양이 다른 표리의 관계를 가지고 있다.

　5장 6부 상호 간은 오행의 관계에 따라 서로 기능을 돕는 상생(相生)의 관계나 서로 기능을 제약(制約)하는 상극(相剋)의 관계를 맺는다. 간(肝)의 기능이 활발하면 심장(心臟)의 기능이 원활해지고(목생화), 심장(心臟)의 기능이 활발하면 비장(脾臟)의 기능이 원활해지고(화생토), 비장(脾臟)의 기능이 활발하면 폐장(肺臟)의 기능이 원활해지고(토생금), 폐장(肺臟)의 기능이 활발하면 신장(腎臟)의 기능이 원활해지고(금생수), 신장의 기능이 활발하면 간의 기능이 원활해진다(수생목). 간(肝)에 병사가 왕성하면 비장(脾臟)의 기능이 떨어지고(목제토), 비장(脾臟)에 병사가 왕성하면 신장(腎臟)의 기능이 떨어지고(토제수), 신장(腎臟)에 병사가 왕성하면 심장(心臟)의 기능이 떨어지고(수제화), 심장(心臟)에 병사가 왕성하면 폐장(肺臟)의 기능이 떨어지고(화제금), 폐장(肺臟)에 병사가 왕성하면 간장(肝臟)의 기능이 떨어지고(금제목), 대우주(大宇宙)가 음양오행으로 운행하듯이 소우주(小宇宙)인 인체 역시 5장 6부로 구성되어 있다.

　5장(臟)은 음(-)이고, 6부(腑)는 양(+)이다. 또 5장 6부를 오행(五行)으로 구분하면, 간(肝)·담(膽)은 목(木)이고, 심(心)·소장(小腸)은 화(火)이고, 비(脾)·위장(胃腸)은 토(土)이고, 폐(肺)·대장(大腸)은 금(金)이고, 신(腎)·방광(膀胱)은 수(水)이다. 여기에 심포(心包)와 삼초(三焦)를 화(火)로 보고 모두 합해 5장 6부(실제로는 6장 6부)가 된다. 심포(心包)라 함은 심장(心臟)을 둘러싸고 보호하는 관문을 일컫는 기능상의 개념인데 마음(心)의 개념을 포괄하고 있어 소위 심보라고 일컫는 말이기도 하다. 그리고 삼초(三焦)는 머리에서 가슴까지 부분인 상초(上焦), 가슴에서 배꼽 부위에 이르는 부분인 중초(中焦), 배꼽 아래에서 발까지 해당되는 부분인 하초(下焦)를 합해 이르는 말이다.

(2) 오장 육부의 기능

한의학에서 말하는 5장 6부는 서양의학에서 해부학적으로 인체장기를 구분 짓는 것과 흡사하지만 그대로 일치하지는 않는다. 한의학에서의 5장 6부는 해부학적인 장기에 초점이 있는 것이 아니라 그 유기적(有機的)인 기능(機能)에 초점이 있다. 예를 들어 한의학에서 폐(肺)라고 하면 단순히 가슴 양쪽에 해부학적으로 위치하는 폐(肺)만을 가리키는 것이 아니라, 호흡(呼吸)을 담당하는 호흡기관 전체와 그 기능을 통틀어 말하는 것이다.

장(臟)과 부(腑)는 어느 편이나 다 인체(人體)의 내장(內臟)이지만 거기에는 일정한 구별이 있다. 「소문(素問)의 오장별론(五臟別論)」에서는 이른바 오장(五臟)이란 정기(精氣)를 저장하며 이것을 체외(體外)로 배설(排泄)시키는 기능은 하지 않는다. 고로 만(滿)하긴 하여도 실(實)한 것이 못된다.

"육부(六腑)란 물질(物質)을 이동(移動)하고 소화(消化)시키지만 저장(貯藏)하지 않는다. 고로 실(實)하긴 해도 만(滿)한 것이 못된다"라고 기록되어 있다.

다시 구체적(具體的)으로 말하면 모든 음식물(飮食物)을 출입이동(出入移動)시키고, 소화(消化)시키는 기능(機能)이 있는 기관(器官)은 부(腑)의 부류(部類)에 속(屬)하고, 정기(精氣)를 저장(貯藏)하는 기능(機能)을 갖춘 기관(器官)은 장(臟)의 부류(部類)에 귀속(歸屬)된다.

사람은 음(-)과 양(+)의 두 가지 기운과 영양소를 받으며 생명활동을 유지한다. 양(陽)의 기운과 영양소는 천(天)의 기(氣)라고 하며 폐(廢)의 호흡(呼吸)을 통해 흡수되고, 음(陰)의 기운과 영양소는 지(地)의 기(氣)라고 하며 음식물을 통해 흡수된다. 지(地)의 기(-)인 음식물은 위로 보내진다.

여기에서 음식물이 소화되어 소장(小腸)으로 보내진다. 위와 소장은 음식물을 소화하여 영양소의 엑기스인 정미한 물질인 정(精)을 추출해낸다. 가스와 변은 대장으로, 수분은 방광으로 보내지고, 정은 비에 보내며, 그 통제를 받으며 전신에 보급된다. 정의 일부가 영(榮)이 되어 맥 속에 들어가 혈(血)이 되는데 간이 혈을 저장하고 심은 혈을 인체 각처에 순환시켜 영양소를 공급한다. 천(天)의 기(+)는 폐의 호흡을 통해 체내에 들어와 신에 저장된 정과 단전에서 합체하여(天氣+地氣: 음양 합일) 생명활동의 원천인 진기(眞氣)가 된다. 단전에서 생성 축적된 진기는 경락을 따라 5장 6부와 전신에 흘러 생명활동의 근원이 된다. 한의학에서는 각 장부의 고유파동을 맥이라는 진단법을 이용하여 감지하고 혼란된 맥파를 파악하여 질병의 유무 빛 오장육부를 어느 곳에 병적인 파동이 감지되는가를 판독하게 된다.

(3) 장부(臟腑)와 경락(經絡)

경락(經絡)은 기혈(氣血)의 유통(流通)로로서 오장육부(五臟六腑)를 얽고 전신(全身)에 뻗어 있어 오장육부(五臟六腑)의 기능을 주관하고 상호(相互) 유기적(有機的)인 작용(作用)을 하도록 한다. 만일 기혈(氣穴)의 유통(流通)로인 경락(經絡)이 없다면 오장육부(五臟六腑)가 유기적(有機的)인 상호작용(相互作用)을 한다는 것은 불가능(不可能)하게 될 것이다(혈관(血管)을 통(通)한 혈(血)의 순환(循環) 역시 경락(經絡)을 통한 기(氣)의 운행(運行)에 따른다).

인체(人體)의 오장육부(五臟六腑)를 각각 주관하는 12경락이 있고 이들이 서로 연결되어 있어 인체(人體)를 순행(循行)하여 생명력(生命力)을 유지하는 것이다. 경락(經絡)은 오장육부(五臟六腑)를 얽고 있기도 하고 신경계(神經系)와 호르몬 분비 조절대사 기능과도 밀접(密接)한 관계를 맺는다. 척추(脊椎)를 따라 있는 척수신경(脊髓神經)은 각각 오관과 오장육부(五臟六腑) 기능과 직접적인 관계를 맺는데, 이러한 척수신경(脊髓神經)을 주관하고 있는 것이 인체(人體)의 등줄기를 따라 흐르는 경락이다.

(4) 동서 철학에서 본 오장

오장을 오행에 맞춘 것은 동양 의학뿐만 아니고, 서양의 한 철학적 의학도 장기를 천체에 견준 일이 있으니, 그것을 대조하면 다음과 같다.

첫째로 동양에서는 심을 불(火)-으뜸 되는 불(君火)-이라고 하고 서양에서는 태양에 견준 것이 비슷하다.

둘째로 서양에서는 뇌를 태음(太陰), 달에 견주었다. 영어로 정신병을 '루너시'(Lunacy)라고 하는데 이것은 뇌 신경병이 달에 관계된 병이라는 뜻이다(루나(Luna)는 라틴어로 달(月)이라는 말임). 동양에서는 정신 작용을 심(心)의 무형적 현상으로 본다.

동양 의학에서 파악하는 생명 현상을 도표로 나타내면 다음과 같이 그릴 수 있다.

생(生)	생리 작용(양)	신(神)(양)	감정(양)-오장
			정신(음)-심(心)
	신령 작용(음)	령(靈)(음)	혼(魂)(양)-간
			백(魄)(음)-폐

백(魄)은 최후에 목숨이 끊어질 때까지 있는 극히 혼미하고 약한 뇌 정신 작용을 가리키는 말이다. 호흡이 끊어지는 것과 백이 흩어지는 것과 죽는 것이 같은 순간에 일어나므로 폐는 백(魄)을 감추고 있다고 한다. 사람이 건강에서 죽음으로 이르는 경로를 보면, 몸이 튼튼할 때는 감정 활동이 균형을 유지하지만 쇠약해지면 감정이 한쪽으로 쏠리고, 몸이 아주 쇠약해지면 희로애락의 감정이 별로 작용하지 않고 다만 냉정한 정신 작용만 있다. 정신 작용을 상실한 뒤에도 뇌신경이 작용한다는 것을 알 수 있는데, 잠꼬대나 꿈속의 감정 활동 등이 그것이다. 이것을 혼(魂)이라고 한다. '혼은 떠돌고 백은 자리를 지킨다(魂遊而魄守)'라고 해서 혼은 백에 대해서 양이요, 동적(動的)이다. 숨이 넘어가기 직전에는 헛소리 같은 것도 없고 그저 혼수상태에서 숨을 모으는데 이때는 혼의 작용도 없고 백(魄)만 남아 있다고 한다. 숨이 넘어감과 동시에 맥도 없어지고, 이 순간에 죽는 것이니, 삶과 죽음이 바로 여기에서 갈린다. 그러나 엄격한 의미에서 인체의 전 조직이 죽을 때까지는 그 뒤로도 시간이 걸린다.

셋째로 담을 서양에서는 화성에 견주었는데, 동양에서는 담에서도 불(火)을 보고 으뜸이 되는 심(心)의 불에 대해 보조하는 불(相火)이라고 했으므로 동양과 서양이 크게 다르지 않다.

넷째로 폐(金)와 신(水)이 서양에서는 수성(水星-폐)과 금성(金星-신)으로 바뀌었으나, 금과 수가 상생(相生) 관계에 있으니, 이것이 바뀌어도 신과 폐의 관계에는 별 문제가 없다.

제5장

기(氣)와 과학(科學)

과학(科學)은 자연 및 사회에서의 사물과 과정의 구조와 성질 등을 조사하여 그 객관적 법칙을 탐구하는 인간의 이론적 인식활동과 그 소산인 체계적·이론적 지식, 즉 개념·가설·법칙명제·이론의 총체를 말한다. 서양의 과학은 모든 탐구 대상에 대하여 분석적(分析的)이며, 미시적(微視的)이고 경험적(經驗的)에 의하여 발달하여 왔다면, 동양의 과학은 통일적(統一的)이고 유기적(有機的)인 관점(觀點)에서 거시적(巨視的)으로 발전해 왔다고 할 수 있다. 여기에서 탐구하려는 것은 서양의 과학이다. 기(氣)는 동양의 과학적인 측면에서 보면, 물질적(物質的)인 관념에서 보면 시원(始原)이라 할 수 있고, 관념적(觀念的)인 면에서 보면, 우주(宇宙)가 존재(存在)하는 근원적(根源的)인 형(形)과 상(象)이라고 할 수 있다. 따라서 동양은 현상계에 존재하는 모든 것이 기(氣)이고, 시공간(時空間)을 가능케 하는 근원적인 작용(作用)이다. 그래서 동양은 근원적 존재자로서 태극(太極: 道)~음양(陰陽)~사상(四象)~팔괘(八卦)~만물(萬物)의 전개과정을 통하여 우주론이 발전되어 왔다.

　여기에서 다루는 고전물리학, 상대성이론, 양자이론, 초끈이론, 카오스이론은 서양의 근대로부터 지금까지 물리학(物理學)이 발전하여온 과정이라고 할 수 있고, 최근에 대두되는 과학이론인 양자이론에서부터 동양의 기(氣)와 비교하고 같은 것이라는 가설(假說)들이 등장하고 있다.

　동양이나 서양의 과학의 대상이 되는 대상 세계는 동일한 것이다. 다만 동·서양의 문화와 언어가 달라 그 인식체계를 달리할 뿐이지, 양자(兩者)에 시비(是非)나 우열(愚劣)이 있을 수는 없는 것이다. 우리가 기(氣)를 통하여 우주론을 탐구하고, 인간을 탐구한 것과 같이 여기에 거론된 서양의 과학은 그들의 인식에 의하여 언표(言表)된 우리의 기(氣)에 대한 탐구이다. 지금 세계는 전체가 하루 생활권으로 되었고, 예를 들어 아침을 동양에서 먹고, 점심을 서양에서 먹고, 다시 동양으로 돌아와 저녁 식사를 할 수 있는 시대이다. 동양에서 서양을 알기 위하여 유학(遊學)을 간다는 것은 이미 옛말이다. 전 세계의 지식이 인터넷이라는 그물망에 다 포섭되어 그야말로 지식의 수평(水平)화가 이루어 진지 오래되었다고 할 수 있다. 집에서 컴퓨터를 통하여 동·서양을 망라하는 실시간적 지식을 서로 공유하고 있는 실정이다. 다른 것은 틀린 것이 아니고 다만 다를 뿐이다. 서양의 분석적(分析的)이고 미시적(微視的)인 과학(科學)을 통하여 우리의 통일적(統一的)이고 거시적(巨視的)인 기(氣)를 바라보아야 하며, 반대로 동양의 통일적이고, 거시적으로 그리고 상대적인 안목으로 서양의 과학을 해석해야 할 것이다. 그래야만 인류의 역사가 변증법(辨證法)의 원리에 의하여 발전하여 왔듯이 동·서의 과학이 서로를 새로이 인식(認識)함으로 새로운 발전을 할 수 있을 것이다.

1. 고전물리학(古典物理學: Classical Physics)

고전물리학(古典物理學)은 특수 상대성 이론을 포함한 양자론이 탄생한 20세기 이전의 물리학(物理學)이다. 원자 내부의 운동에 비해 공간적으로나 시간적으로 훨씬 커다란 스케일로 일어나는 현상을 다루는 물리학이다. 원자 내부의 운동에 비해 공간적으로나 시간적으로 훨씬 커다란 스케일로 일어나는 현상을 다루는 물리학. 그 영역은 브라운관 속에서의 전자(電子)의 운동에서부터 천체(天體)의 운동에 이르기까지이며, 또한 물질 중 광선의 진로에서 안테나에 의한 전파의 발사 등에 이른다. 원리적으로는 원자의 내부까지 포함해서 다룰 수 있는 양자물리학(量子物理學)으로부터 대상(對象)의 작용량(作用量)이 플랑크의 정수[115]보다 훨씬 커질 때 점근적(漸近的)으로 얻을

---

115) 열복사 이론에서 독일의 플랑크가 도입한 정수. 양자 역학에서 기본적인 구실을 하는 중요한 정수이다.

수 있는 것이라고 생각된다(對應原理). 고전물리학의 중심이 되는 것은 I. 뉴턴의 역학(力學)과 J.C. 맥스웰의 전자기학(電磁氣學)의 2가지로, 엄밀한 인과율(因果律, Causality)이 성립되는 결정론(決定論: Determinism)[116]이 특질이다. 이것의 큰 줄기는 19세기 말까지 완성되었으나, 응용면의 연구는 오늘날에도 활발하게 이루어져 새로운 발견이 계속되고 있다. 뉴턴 역학은 질점(質點: 량을 갖지만 크기가 없는 점)에 대한 뉴턴의 운동의 3법칙(1685~87년의 저서 ≪자연철학의 수학적 원리≫에 서술됨)과 만유인력(萬有引力: Universal Gravitation)[117]의 법칙을 비롯한 힘의 여러 법칙을 기초로 한다. 크기가 있는 물체는, 이것을 세분하고 각 세편(細片)을 질점으로 간주하여 취급한다. 이들 질점은 서로 힘(內力)을 미치고 또한 밖으로부터 중력과 같은 힘(外力)을 받아서 운동한다. 그 총합이 물체의 운동이 된다. 한 시각에서의 모든 질점의 위치와 속도의 총체를 그 시각에서의 당해 물체의 상태(state)라고 한다. 질점에 작용하는 내력·외력의 법칙을 알고 있으면 물체에 임의의 한 시각의 상태(初期條件)가 주어졌을 경우, 이후의 각 시각의 상태는 운동방정식으로 완전히 결정된다. 이것이 역학에서의 인과율이다. 유체(流體)나 탄성체(彈性體)에서는, 질점이 서로 미치는 내력의 법칙은 각 물질특유의 상수(밀도·점성계수·탄성상수 등)를 포함한다. 이것은 고전물리학에서는 하나하나

---

116) 결정론(決定論, Determinism)은 이 세상의 모든 사건은 이미 정해진 곳에서 정해진 때에 이루어지게 되어 있었다는 이론이다. 결정론에 따르면 우주에서 일어나는 모든 사건과 운동은 이미 그 전부터 결정되어 있으며, 어떤 법칙에 따라 합리적으로 움직인다. 만유인력의 법칙을 발견한 뉴턴과 라플라스 등은 결정론을 지지했다. 특히, 라플라스는 우주의 모든 입자의 위치와 속도를 가르쳐준다면 우주의 미래를 예측할 수 있다는 주장했으며, 초기 결정론의 모태를 만들었다. 흔히 결정론은 라플라스 주의라고도 한다. 숙명론과 자주 혼동하지만, 결정론은 인과관계로 인하여 필연으로 사건이 일어난다는 점에서 숙명론과는 다르다.
결정론에서 자주 거론되는 것으로 자유의지가 있는데, 자유 의지란 어떤 이가 선택할 수 있는 대안이 있을 때, 신이나 자연 따위에서 벗어나 행동할 수 있는 의지를 뜻하는 낱말로, 결정론은 참이라는 입장에서도 자유의지가 있다는 의견과 없다는 의견으로 나뉜다. 자유의지는 없다는 의견은 심지어 인간의 의지마저 결정되어 있다고 주장하고, 자유의지는 있다는 의견은 인간의 의지가 존재함을 주장한다. 이 문제에 대해 대부분 실존주의 철학자는 모든 상황이 결정되어 있더라도 인간은 영속하고도 자유로운 선택을 할 수 있다고 주장한다.
19세기 물리학은 결정론에 들어맞았기 때문에 크게 유행했다. 그러나 20세기에 접어들면서 양자역학이 생겨나게 되자, 모든 것이 미리 정해져 있었다는 결정론이 그 타당성을 잃어갔다. 따라서 모든 일은 그 사건이 일어날 확률만이 정해졌다는 확률론적 결정론(確率論的決定論)이 유행했다. 20세기에 프랙탈과 나비효과, 카오스 이론의 등장과 단순하고 예외적인 선형 운동은 과학적으로 증명할 수 있었으나, 복잡하고 예측하기 힘든 비선형 운동은 과학적으로 알아내는 데 실패한 것이 알려져 결정론은 많은 비판을 받았다. 그러나 오늘날까지도 결정론이 참인지, 거짓인지는 알 수 없으며, 자유의지의 존재도 알 수 없다.
117) 우주상의 모든 물체 사이에 작용하는 서로 끌어당기는 힘을 말한다. 세상의 모든 물체는 서로 끌어당기고 있다. 책상 위 연필과 지우개, 책과 컴퓨터, 핸드폰과 선풍기, 심지어 당신과 먼 나라의 이름 모를 누군가 사이에도 인력이 작용하고 있다. 그러나 힘의 크기가 매우 작기 때문에 우리는 이 힘을 느낄 수 없다. 연필과 지우개 사이에도 당기는 힘이 존재하지만 그 크기가 다른 힘들에 비해 무시할 수 있을 정도로 작기 때문에 서로 가까워지거나 붙어버리지 않는다. 뉴턴은 만유인력이 거리에 상관없이 모든 물체들 사이에서 작용한다고 생각했을 뿐, 그 힘이 생기는 원인에 대해서는 설명하지 못했다. 1915년 A.아인슈타인이 발표한 일반상대성이론에 따르면 질량을 가진 물체 주위의 공간은 구부러지는데, 이것으로 만유인력의 원인을 설명할 수 있게 되었다. 아인슈타인의 이론은 수성의 근일점(近日點) 이동, 태양에 의한 별빛의 휨 등 몇 가지 천문학상의 관측 사실을 해명함으로써 가장 믿을 만한 이론으로 인정받고 있다.

실측(實測)하여 정하는 수밖에 없기 때문에 이론적 도출은 양자물리학으로 미루는 것이다. 맥스웰의 전자기학(1864~71)의 대상은 전기장(電氣場) E와 자기력선속밀도(磁氣力線束密度)의 장(場) B이며, 이것은 전하(電荷) q를 갖는 입자(粒子)가 시각 t에서 공간점 r를 속도 v로 통과하는 순간에 작용하는 힘의 법칙 $f = q[E(r,t) + v \times B(r,t)]$에 따라 정의된다. 이 E나 B와 같이 한 시각 에서 공간의 각 점에 물리량이 분포하고 있을 때, 그곳에 장(場)이 있다고 한다. 고전물리학은 입자와 장의 이원론(二元論)이며, 그 대립은 양자물리학에서 지양된다. 공간에서의 전하와 전류의 분포법칙과 유전율(誘電率)·대자율(帶磁率)이라는 물질상수를 알면, 임의의 한 시각에서의 전자기장 E, B로부터 이후의 각 시각의 전자기장이 맥스웰의 방정식에 따라 완전히 결정된다. 이것이 전자기학에서의 인과율이다. 일반적으로 전하와 전류의 분포는 하전입자의 운동으로 결정되고 그 운동은 장 E와 B로부터 결정되는 힘에 의한 것이므로, 한 시각의 상태에서 미래를 예언할 때는 뉴턴의 운동방정식과 맥스웰의 전자기장의 방정식을 연립(聯立)하여 푼다. 20세기에 들어서서 고전물리학은 열복사(熱輻射)나 물질의 비열(比熱) 문제에 적용하였으나 실패하고, 더욱이 원자의 선(線)스펙트럼뿐만 아니라 원자의 안정성 그 자체조차 설명할 수 없는 것으로 인식되어, 원자 내의 현상에 대해서는 양자역학으로 대신하게 되었다. 한편, 광속(光速)에 가까운 고속도를 가지지만 속도의 변화가 급격하지 않은 운동 영역에서는 A. 아인슈타인의 상대성이론(相對性理論)에 의한 수정이 있었다. 다만, 이 수정을 받아들여 변형된 이론임에도 고전물리학에 포함되는 경우도 많다.

1) 고전역학

고전역학(古典力學: Classical Mechanics)은 물체에 작용하는 힘과 운동의 관계를 설명하는 물리학이다. 뉴턴의 운동법칙을 만든 뉴턴의 이름을 따 "뉴턴 역학"이라고 부르기도 한다. 고전역학은 다시 크게 두 분야로 나눠진다. 하나는 힘이 균형을 이루어 움직이지 않는 물체들을 다루는 정역학(靜力學)이며 다른 하나는 운동하는 물체를 다루는 동역학(動力學)이다.

고전역학은 일상생활에서 일어나는 현상들을 매우 정확하게 설명하고 예측할 수 있다. 그러나 매우 빠른 속도로 움직이는 계에서는 상대성 이론, 원자단위와 같은 극히 미세한 스케일의 계에서는 양자 역학에 자리를 내주었으며, 그리고 그 두 가지 조건을 동시에 만족하는 계에서는 양자 마당 이론이 그 역할을 대신하고 있다. 그렇지만, 고전역학은 다음과 같은 이유로 여전히 아주 유용하다. 첫째, 다른 이론들에 비해 비교적 수학적(數學的)으로 간단하여 쉽게 사용할 수 있으며 둘째, 대략적으로 옳은 결과를 주는 범위가 아주 넓다. 실제로 고전 역학은 다음과 같은 물체들의 운동들을 잘 설명하고 있다.

(1) 일상생활에서 보는 물체(팽이나 야구공)
(2) 천체와 같은 극히 거시적인 물체(행성이나 은하)
(3) 극미한 영역의 물체(유기분자)

고전역학은 따로 발전된 고전 전자기학, 그리고 고전 열역학과 거의 모순되지 않는 것처럼 보였으나, 19세기에 들어서 더 심각한 모순점들이 드러나 현대 물리학이 필요하게 되었다. 특별히, 고전 비상대론 전기역학은 에테르매질(ether medium)[118]에 대해 광속이 일정하리라고 예측하였다. 이 예측은 고전 역학과 융화될 수 없었고 그러한 사실이 특수상대론의 성장으로 이어졌다. 그리고 고전 열역학과는 엔트로피[119]가 잘 정의될 수 없는 양이 되는 깁스 역설과 우주흑체복사(宇宙黑體輻射)[120]의 자외선 영역

---

118) 물리적 작용을 한 곳에서 다른 곳으로 전하는 물질. 음파는 공기나 물을 통해서, 지진파는 지각을 통해서 전달된다. 이와 같이 파동이 전달되어 가는 공간이나 물질을 일반적으로 매질이라 한다. 진공 속의 빛에 관해서는 그 매질로 에테르라는 탄성을 가진 물질이 상상되었으나, 마이컬슨-몰리의 실험과 A. 아인슈타인의 특수상대성이론에 의해 그 존재가 부정되었으며 공간 자체가 매질로 생각되고 있다.

119) 열역학 · 통계역학 분야의 용어. 열 현상 등 열역학적 현상의 비가역성(非可逆性)을 수량적으로 나타내기 위해 도입된 상태량의 하나로, 분자의 열운동 등 입자의 미시적(微視的: Microscopic)인 운동 상태의 무질서한 정도(Disorder)를 나타내는 양이다. 엔트로피라는 명칭은 1865년 독일 물리학자 R.J.E. 클라우지우스가 처음으로 사용한 것이며, 변화라는 뜻의 그리스어 <$\tau\rho o\pi\eta$>에서 유래한 것이다. 물체를 가열하면 분자의 열운동이 더욱 활발해지므로 미시적 운동 상태의 무질서도, 즉 엔트로피는 증가한다. 열역학에서는 절대온도 T의 물체가 천천히 가열되어 열량 Q를 받게 되면 엔트로피는 Q/T만큼 증가하고, 반대로 천천히 방열되어서 열량 Q'을 잃었을 때 엔트로피는 Q'/T만큼 감소된다고 정의한다. 또 열평형상태 A로부터 다른 열평형상태 B로 바뀐 경우 물체의 엔트로피의 변화는, A로부터 B로 극히 천천히 변화시켜 가는 과정에서, 각 시각마다 출입하는 열량을 그 시각마다의 온도로 나눈 것의 대수합으로서 계산한다. 이 경우에 A로부터 B로의 상태변화는 천천히 진행시켜야 하는데, 이같이 등온변화로 진행시키지 않으면 물체의 온도가 부분적으로 달라지게 되어 물체의 온도를 정할 수 없게 되기 때문이다.

120) 우주를 균등 · 등방향(等方向)으로 채우고 있는 복사. 우주흑체복사 · 우주배경전파라고도 한다. 스펙트럼이 절대온도 3K의 흑체복사로 주어지므로 3K복사라고도 한다. 우주배경복사는 1965년 미국 벨전화연구소의 A.A. 펜지아스와 R.W. 윌슨에 의한 위성통신용 뿔형 안테나의 잡음측정 실험중에 발견되었으나 그 존재는 이미 1948년 G. 가모프에 의해 예언되었다. 가모프는 <대폭발(빅

에서의 무한한 에너지의 예측 등의 모순을 빚었다. 이러한 문제들을 해결하기 위한 노력으로 인해 양자역학이 성장하게 되었다.

2) 뉴턴의 운동 법칙

라틴어로 된 1687년판 '자연철학의 수학적 원리'에서 제1법칙 관성의 법칙, 제2법칙 가속도의 법칙, 제3법칙 작용과 반작용의 법칙은 아이작 뉴턴이 만든 세 개의 물리 법칙으로, 물체의 운동을 다루고 있다. 이 법칙들은 고전 역학의 기본이 된다. 처음에 뉴턴은 이 법칙들을 ≪자연철학의 수학적 원리≫(1687년)에 써서 출판했고, 이 법칙들을 사용해서 수많은 고전 역학적 운동들의 결과를 증명해낼 수 있었다. 그는 이 책의 제3권에서 만유인력의 법칙과 이 법칙들을 결합시켜 케플러 법칙을 증명하였다.

만유인력의 법칙 및 미적분학과 함께, 뉴턴의 운동법칙은 처음으로 회전체의 운동, 유체 안에서의 운동, 발사체의 운동, 빗면에서의 운동, 진자의 운동, 조석, 달과 천체의 궤도와 같은 물리학적 현상들에 대한 광범위한 설명을 가능하게 해주었다. 또한 뉴턴이 제2법칙과 제3법칙의 따름정리로 유도한 운동량 보존법칙은 최초의 보존법칙이었다. 뉴턴의 법칙들은 200년이 넘게 실험과 관측을 통해 입증되어 왔다. 이 법칙들은 인류의 척도($10-6$~104m의 길이에서 0~108m/s의 속도를 갖는 척도)에서 일어나는 운동학을, 관측 결과보다 더욱 정확하게 설명해 주고 있다.

경험적으로, 뉴턴의 법칙은 광속의 1/3 정도의 속도 이내에서는 그 오차를 무시할 수 있는 정도로 정확하다.

뱅)우주론>을 제창하였는데, 그는 이 우주론에서 우주는 약 100억 년 전 고온의 불덩어리로 시작되었으나 우주의 팽창과 함께 냉각되어 현재 약 3K의 흑체복사가 남아 있다고 하였다. 펜지어스 등의 발견은 가모프의 우주기원론에 있어 강력한 증거가 되었으며, 그 뒤의 우주론연구발전에 공헌하여 펜지어스와 윌슨은 1978년 노벨물리학상을 받았다. 우주배경복사는 우주를 거의 완전하게 균등·등방향으로 가득 채우고 있으므로 일종의 에테르 역할을 하게 된다. 실제로 우주배경복사에는 근소한 쌍극자형비등방성이 존재하는데, 이것은 우리은하가 우주배경복사에 대해 약 500km/s의 속도로 처녀자리은하군 방향으로 이동하고 있기 때문이라고 추측된다. 우주배경복사의 보다 작은 각도의 비등방성이나 스펙트럼의 흑체에서의 근소한 어긋남은 우주의 열사(熱史), 은하나 은하군 형성에 관해 유익한 정보를 주게 되는데, 1989년 발사된 우주배경복사탐사위성 코비(COBE)에 의해 대폭발 직후 미세한 밀도 차에 따른 물질의 요동(fluctuation)이 밝혀짐으로써 <대폭발이론>과 우주진화의 해명에 큰 단서를 제공할 것으로 보인다.

(1) 제1법칙

제1법칙은 관성(慣性)의 법칙이나 갈릴레이의 법칙으로도 불린다. 모든 물체의 질량 중심은 그 상태를 바꿀만한 힘이 강제로 주어지지 않는 한, 정지 상태를 유지하거나 일정한 운동을 하여 진행 방향으로 계속 움직이는 상태를 유지하려는 성질이 있다. 물체의 질량중심은 외부력이 작용하지 않는 한, 정지해 있거나, 진행 방향을 따라 일정한 속도 v로 계속 움직이려는 성질이 있다.

미적분학의 표현을 빌리자면, 이것은 $\frac{d}{dt}v = 0$와 같이 표현할 수 있다.

제1법칙이 제2법칙의 특수한 상황에 지나지 않음에도 불구하고, 제1법칙은 다른 두 법칙이 유효할 수 있도록 해주는 기준틀의 개념을 정의하고 있다. 이러한 기준틀은 관성기준틀 또는 갈릴레이 기준틀이라고 불리며, 가속도가 0인 상태로 등속운동을 하는 기준틀을 가리킨다(참조: 어떤 물체가 등속원운동을 하고 있는 경우에는, 등속운동을 하더라도 가속도는 0이 아니다. 이것은 지구가 지축을 따라 자전하고 태양을 중심으로 공전하기 때문에, 지구의 표면이 관성기준틀이 될 수 없다는 것을 의미한다. 하지만 많은 실험에서, 지구의 표면은 거의 관성기준틀로 가정할 수 있다는 것이 확인되었다. 지구 표면의 가속도로 인한 오차는 무시할 수 있는 수준이다).

조금 덜 형식적인 표현을 빌리자면, 아리스토텔레스는 물체를 가만히 놓는다면 그 물체가 가만히 있는 것은 자연스러운 현상이며, 물체가 움직이려면 어떤 원인이 필요하다고 생각했다. 움직이던 물체가 마찰력 때문에 정지하는 것(천체의 경우 마찰력이 거의 없다고 볼 수 있으므로 제외한다.)은 흔히 볼 수 있는 현상이다. 하지만 갈릴레오의 실험에서 빗면을 따라 공을 굴리면 모든 물체는 그대로 놔두면 일정한 속도(0일 수도 있고 0이 아닐 수도 있다.)로 움직인다는 것을 발견할 수 있다.

아리스토텔레스가 생각한 "물체의 가장 자연스러운 상태는 정지해 있는 것이다"로부터 갈릴레이의 발견(뉴턴의 제1법칙)으로 생각이 전환된 것은 물리학의 역사에 있어서 가장 심오하고 중요한 발견이라 할 수 있다. 우리의 일상에서, 마찰력은 모든 움직이는 물체에 작용하여 물체를 느리게 하고 결국엔 정지하게 만든다. 뉴턴은 모든 물체의 운동을 이끌어내는 원인을 힘으로 보고, 수학적 모델을 제시하였다.

(2) 제2법칙: 동역학(動力學)의 기본법칙

운동량의 변화율은 물체에 작용하는 알짜 힘[121])에 비례하고, 알짜 힘의 방향을 따른다.

일정한 질량을 가진 물체의 가속도는 알짜 힘에 비례한다.

이 표현들을 수학적으로 표현하면 다음과 같다.

$$\mathbf{F} \propto \frac{d}{dt}\mathbf{p} = \frac{d}{dt}m\mathbf{v}$$

또는

$$\mathbf{F} = m\frac{d\mathbf{v}}{dt} = m\mathbf{a} \text{ (m은 상수)}.$$

여기서

$\mathbf{F}$는 물체에 작용하는 힘이고,

m은 물체의 질량이며,

$\mathbf{a}$는 물체의 가속도이고,

$\mathbf{v}$는 물체의 속도이며,

$\mathbf{p} = m\mathbf{v}$은 물체의 운동량으로 정의된 물리량이다.

이 방정식은 **물체에 더 큰 알짜 힘이 가해질수록, 운동량의 변화는 커진다**는 것을 나타내 주고 있다. 위의 방정식에서 물체의 질량 m은 물체의 특성으로 볼 수 있다. 일정한 질량 m을 가진 물체에 대해서만, 그 물체에 더 큰 알짜힘을 가할수록 운동량의 변화가 커진다. 그러므로 이 방정식은 간접적으로 질량의 개념을 정의하고 있기도

---

121) 알짜 힘이란 힘의 합력이라고 한다. 알짜 힘의 정의를 내려 보면 한 물체에 작용하는 두 개 이상의 힘을 합성하여 얻은 하나의 힘을 알짜 힘 또는 합력이라고 한다. 즉, 여러 방향의 힘이 한 물체에 작용하게 된다면 단지 하나의 힘으로만 작용된다고 생각할 수 있다는 것이다. 예를 들어 운동회 때 자주 하는 커다란 천으로 된 공을 다섯 학생이 밀어 한 방향으로 굴러간다고 가정할 때, 그 옆에 다섯 사람의 힘을 합친 정도의 똑같은 힘을 가진 천하장사 한명이 같은 방향으로 그 공을 굴린다고 하면 공은(공의 입장에서) 같은 방향으로 똑같은 힘의 크기를 받을 것이다(단 모두 동일한 조건일 경우).

하다.

또한 F = ma에서, a는 직접 측정이 가능하지만 F는 측정할 수 있는 물리량이 아니다. 제2법칙은 단지 우리가 F의 값을 계산할 수 있다는 것만을 의미할 뿐이다. 이러한 힘의 계산법은 뉴턴의 <u>만유인력의 법칙</u> 또한 포함하고 있다. 하지만 $\mathbf{F} = m\mathbf{a}$가 언제나 성립하는 것은 아니다. 일반적으로 물체의 질량과 속도는 둘 다 변수가 될 수 있다.

$$\mathbf{F} = \frac{d}{dt}(m\mathbf{v}) = m\frac{d\mathbf{v}}{dt} + \mathbf{v}\frac{dm}{dt} = m\mathbf{a} + \mathbf{v}\frac{dm}{dt}$$

이 방정식은 질량 또한 변화하는 경우이다. 운동량을 $\mathbf{p} = \gamma m \mathbf{v}$와 같이 표현하는 경우(γ는 $\frac{1}{\sqrt{1-\frac{v^2}{c^2}}}$ 이다.) 이 방정식은 특수 상대성 이론에 적용될 수 있다.

이 방정식의 중요한 물리학적 의미는 <u>물체가 힘을 통해 운동량을 교환한다</u>는 의미가 함축되어 있다는 것이다. 뉴턴의 제3법칙과 함께, 제2법칙은 운동량 보존법칙을 포함하고 있다.

(3) 제3법칙: 작용과 반작용의 법칙

물체 A가 다른 물체 B에 힘을 가하면, 물체 B는 물체 A에 크기는 같고 방향은 반대인 힘을 동시에 작용한다. 운동량은 보존된다.

"모든 작용에 대해 크기는 같고 방향은 반대인 반작용이 존재한다"라는 일반적인 설명은 애매하고 혼란스럽기 때문에 피하는 것이 좋다. "물체 A에 의한, 물체 B에 대한 힘이 존재할 때, 물체 B에 의한, 물체 A의 역힘이 존재한다"라는 설명이 더 나을 것이다.

이 설명들은, 누군가가 물체를 200N의 힘으로 때리면 그 물체 또한 같은 힘으로 그 사람을 때린다는 결과를 내포하고 있다. 예를 들어, 행성만 항성에 이끌리는 것이 아니라 항성 또한 행성에 이끌리고 있다. 반작용력은 작용의 반대 방향을 가지고, 그 크기는 동일하다. 하지만 작용력과 반작용력이 항상 일직선상에 위치할 필요는 없다. 두 쌍극자가 점전하와 쌍극자를 잇는 선에 수직하게 위치한 경우, 점전하에 의한, 전기쌍극자에 대한 힘을 예로 들 수 있다. 그 힘이 점전하와 쌍극자를 잇는 선에 수직인 경우 점전하게 대한 반작용력은 반대 방향을 취하겠지만, 작용력과 반작용력이 서로 평행한 경우에는 공간 내에서 서로 겹쳐지지 않게 된다.

때때로 제3법칙은 전자기력을 포함한 상황에서는 옳지 않은 경우도 있다. 물체 A가 물체 B에 대해 힘을 작용할 경우, 일반적으로 물체 B는 물체 A에 대해 조금 다른 힘을 작용한다(이 힘은 전기장과 자기장에 의해 생성된 로렌츠 힘으로 생각할 수 있다). 하지만 현대물리학은 전자기장이 전자기 복사를 통한 운동량 교환과 같은 상호작용에 의해 생성된다고 설명하고 있고, 장의 운동량이 이러한 계산을 포함하는 경우 뉴턴의 제3법칙 또한 성립한다고 보고 있다.

(4) 제3법칙의 약한 형태와 강한 형태

제3법칙의 "약한 형태"는 고전역학에 적용된다(Marion and Thorton, 1995, pp.333~337). 입자들의 계에서, $\mathbf{F}_{ab}$ 가 입자 b에 의한 입자 a에 대한 힘이라고 보면, 약한 형태는 다음 필요조건을 가진다.

$$\mathbf{F}_{ab} = -\mathbf{F}_{ba}$$

모든 고전 역학적 힘은 이 조건을 만족한다.

제3법칙의 "강한 형태"는 힘이 크기가 같고 방향이 반대여야 할 뿐만 아니라, 두 힘이 두 입자를 잇는 직선상에 위치해야 한다는 조건까지 가진다. 중력은 이러한 강한 형태를 만족하지만, 전자기력은 약한 형태만을 만족한다. 정전기학에서 강한 형태는 적용되지 않는데, 점전하와 쌍극자를 잇는 직선에 수직으로 위치한 점전하와 완전쌍극자 사이의 상호작용을 생각해보면 알 수 있다. 임의의 힘이 존재할 때 질량중심과 같은 개념을 연구할 수 있다는 점에서 약한 형태는 수학적 추상성(抽象性: abstractness)을 가지고 있다.

1916년에 알베르트 아인슈타인의 일반 상대성 이론은 인류가 이때까지 해왔던 모든 예상 척도를 뛰어넘는 설명을 가능하게 해주었다. 하지만 비상대적인(저에너지의) 속도에서는 아인슈타인의 상대론적 모델이 고전역학으로 귀결된다.

$$\lim_{v \to 0} \sqrt{1 - \frac{v^2}{c^2}} = 1$$

즉, 속도가 광속의 1/3 이하에서는 γ가 1에 가까워지게 된다.

2. 상대성이론(相對性理論: Theory of Relativity)

상대성 이론은 1905년 아인슈타인에 의해서 발표된 우주를 규명하는 과학사의 실로 한 획을 그을 수 있는 업적이라고 할 수 있다. 상대성 이론의 동양적 인식론은 음양론(陰陽論)이다. 음양론은 모든 존재에 대하여 변증적인 운동성을 갖는 두 상대적 개념이다. 이 이론은 이미 5천 년 전에 탄생하고, 이 음양론을 바탕으로 동양의 철학과 과학이 발전해 왔다. 아인슈타인의 방정식이라고 말하는 $E=MC^2$은 핵폭탄을 만들게 된 이론으로 존재하는 물질이 완전한 에너지로 전환될 경우 엄청난 파워를 갖는다고 해석할 수도 있다. 이것을 동양의 음양론으로 해석할 때 상대되는 음양의 관계가 상호 대립적으로 평형을 유지하고 있는 상황이 깨져 소멸함을 뜻 한다. 아인슈타인 방정식은 모든 물체는 에너지로 전환될 수 있음을 증명한 것이다. 우주의 시작이 고밀도의 초 집약적인 존재가 어느 한 순간에 폭발해서 일시에 에너지로 바뀌어 135억 년이라는 시간이 경과 하면서 에너지의 열기가 식으면서 다시 물질로 뭉쳐 우주 만물로 전환되었다고 하는 이론으로 해석할 수 있다. 이처럼 한 물질이 내재적인 균형을 잃어 그것이 모두 에너지로 전환될 때의 위력이 핵폭발이다. 다시 말해서 우주의 종말을 가져올 수도 있다는 것이다.

또 다른 예를 들어보자. 아인슈타인 이전에는 움직이는 물체의 움직이는 속도는 속도에 영향을 미치는 원인에 변함이 없는 한 일정하다는 것이 절대적 이론이었는데, 아인슈타인에 의해서 움직이는 물체의 속도는 관측자에 따라 달라질 수 있다고 하는 것이 상대성 이론의 관점이다. 시속 100km로 달리는 자동차의 속도는 움직임이 없는 자동차 밖에 위치한 관측자에 의해서 측정된 속도이고, 만일 자동차와 반대로 움직이는 관측자가 측정한 속도는 더 빠를 것이고, 자동차와 같은 방향으로 움직이는 관측자가 측정한 속도는 현저하게 느리게 측정된 것이기 때문이다. 동양의 음양론은 이러한 상대적 입장에서 모든 것을 바라보는 관점이다. 남자는 여자에 대하여 양(陽)이라는 개념을 갖지만, 자신보다 활동적인 다른 남자에 비하면 양이 아닌 음(陰)이 되는 것이다. 이것이 음양론이다. 5천 년 전 동양의 이론을 서양에서 20세기에 들어서 비로소 하나의 이론으로 정립되었다는 동서양의 우월적 사상을 따지는 것이 아니다. 서양이나 동양의 대상 세계, 즉 우주는 같다는 것을 우리는 깨달아야 할 것이다. 우리는 아인슈타인이 우주 정체성의 규명을 위한 업적인 상대성 이론을 동양의 인식론적으로 해석할 수 있어야 한다.

1) 특수상대성 이론(Special Theory of Relativity)

1905년 A.아인슈타인에 의하여 제창된 이론으로 당시 혼미한 상태에 있던 뉴턴역학과 맥스웰의 전자기이론 사이의 모순을 근본적으로 해결하기 위해 제창되었다. 이론의 구성으로서는 '모든 관측자에 대하여 빛이 일정한 속력으로 진행한다는 광속도 불변의 원리와, 자연법칙은 일정한 상대속도를 가지는 모든 관측자에 대하여 불변인 형식을 가진다'라는 상대성원리를 기본가정으로 하고, 4차원 쌍곡선 공간의 기하학을 수학적 조작으로 전개하였다.

그 특징은 뉴턴역학 이래 물리학의 대전제였던 시간·공간의 절대성을 부정한 데 있었고, 시공의 상대성을 적극적으로 밝힘으로써 서로 등속도로 운동하는 좌표계에 대하여, 모든 물리법칙이 불변인 형식을 가지도록 정식화(定式化)하는 데 성공하였다.

광속도의 극한적인 성격, 동시각(同時刻)의 상대성, 운동체의 운동방향에 대한 길이의 단축, 시간의 지연, 질량과 에너지의 등가성(等價性) 등이 논리적 귀결로서 유도되었는데, 이들의 상대론적 효과는 그 후 소립자 세계의 여러 현상이 밝혀짐에 따라 이 이론의 정당성(正當性)이 실증되었다. 아인슈타인은 이 특수상대성이론을 발전시켜 1916년 일반상대성이론을 발표하였다.

2) 일반상대성이론(General Theory of Relativity)

　1916년 A.아인슈타인이 특수상대성이론(1905년 발표)을 확장하여 가속도(加速度)를 가진 임의(任意)의 좌표계에서도 상대성이 성립하도록 체계화한 이론이다. 특수상대성이론의 두 개의 기본원리인 상대성원리와 광속도불변의 원리에, 관성질량(慣性質量)과 중력질량(重力質量)이 같다는 원리, 즉 등가원리(等價原理)를 합치고, 구부러진 공간(리만공간: Riemann 空間)[122]의 기하학적 구조에 대한 중력이론을 더하여 전개하였다.

　특수상대성이론에서 밝힌 자연법칙의 절대성과 시간·공간의 상대성이라는 개념을 강화함과 동시에, 시간과 공간 자체가 물질의 존재와 밀접한 관련을 맺고 있음을 밝혔다는 데 중요한 의의가 있고, 물체는 그 둘레의 공간을 변형시켜 만유인력의 장(場)을 형성한다는 결론을 내렸다. 그때까지 뉴턴역학으로 설명이 되지 않았던 수성(水星)의 근일점이동(近日點移動) 현상이 설명되었을 뿐 아니라, 별빛이 태양 부근에서 굴절한다는 것과 별빛의 스펙트럼의 적색이동(赤色移動)이 실측됨으로써 이론의 정당성이 확증되었다. 중력이론으로서는 현재까지 가장 성공적인 이론이며, 천체관측기술의 진보와 더불어 우주론의 형성에도 큰 기여를 하였다.

　일반 상대성 이론은 중력 효과와 가속 효과가 동등하다고 말한다. 그렇게 되기 위해서는 공간과 시간이 뉴턴 역학에서 가정하는 것처럼 평평하여서는 (또는 균일하여서는) 안 된다. 그래서 질량 부근에서는 공간과 시간이 휜다. 이것을 공간과 시간의 구조가 바뀐다고도 말한다. 이런 말이 무슨 의미인지 설명해보자. 질량의 주위에서 시간과 공간의 구조가 바뀐다고 하지만 그 효과가 측정될 정도이려면 질량이 매우 커야 한다. 그렇게 큰 질량으로 우리에게 가장 가까운 것으로 태양을 들 수 있다. 실제로 태양의 질량이 태양계 전체 질량의 99.99% 이상을 차지한다고 한다. 그래서 태양 주위를 통과해 온 별빛이라든가 태양에서 가장 가까운 공전궤도를 회전하는 수성의 세차운동 등이 일반상대성 이론이 옳음을 밝혀주는 증거로 이용되었다.

　그런데 원자시계가 만들어지면서 이야기가 바뀌었다. 원자시계를 이용하여 100억 분의 1초까지 정확하게 시간 간격을 측정할 수 있게 되었으며 그래서 지구 질량에 의

---

122) 매 점(點)의 작은 공간에서는 비슷하지만 공간 전체를 놓고 보면 휘어져 있는 공간.

한 시간과 공간의 구조 변화를 측정해 낼 수 있게 된 것이다. 원자시계도 아인슈타인 때문에 나왔다. 아인슈타인이 원자시계의 원리를 발견하였다. 그러나 원자시계가 실용화된 것은 아인슈타인이 사망한 이후이었다. 시계란 일정한 시간간격을 두고 반복하는 현상을 이용하여 만든다. 종전에는 지구가 공전궤도를 한 바퀴 도는 시간이 일정하다고 생각하고 (태양일) 이것을 이용하여 시간의 기준을 삼았다. 그리고 진자가 진동하는 시간이 일정한 것을 이용하여 (진자의 등시성) 시계를 만들기도 하였다. 좀 더 발전하여 결정체의 빛이 진동하는 등시성을 이용하여 요즈음 시계의 대부분이 쿼르츠(결정체)시계이다.

현재는 세슘 원자에서 나오는 특정한 두 에너지 준위에서 방출되는 빛의 진동수(振動數)를 시간의 기준으로 삼는다. 이 빛은 1초에 9,192,631,770번 진동한다. 따라서 1초의 100억분의 1까지 정확하게 측정할 수 있게 된 것이다. 또 이렇게 원자에서 나오는 특정한 빛의 진동수를 이용하여 만든 시계를 원자시계라 한다. 원자시계가 나오면서 우리 생활이 많이 바뀌었다. 원자시계의 활용사례로 대표적인 것이 Global Positioning System(GPS: 위성 위치 확인 시스템)이다. 원자시계를 실은 인공위성이 지구 주위를 계속 선회하면서 지상을 관찰한다. 인공위성 1대에 4개의 원자시계를 싣고 모두 6개의 인공위성이 회전하고 있다. 레이저 빛이 이 인공위성을 왕복하는 시간을 측정하여 지상의 거리를 수십 센티미터 이내로 정확히 알 수 있게 하는 시스템이다. 종전에는 미국에서 군사용으로만 이용하였지만 KAL기가 소련의 요격으로 추락한 뒤 미국 레이건 대통령이 이 시스템을 민간에서도 이용할 수 있도록 명령하였다고 한다.

원자시계가 출현함으로써 중력이 시간에 영향을 준다는 일반상대성 이론의 예언을 지상에서 직접 측정해볼 수가 있게 되었다. 그래서 시간에 대한 의미가 예전과는 아주 달라 지게 된 것이다. 우리 조상들은 운명이 천상의 명부에 기록되어 있다고 생각하였다. 그래서 몇 년, 몇 월, 며칠, 몇 시에 태어났느냐가 (사주) 인간의 일생을 결정한다고 보지 않았는가? 그런데 이제 시간에 대한 개념을 바꾸어야 하게 되었다. 시간이 누구에게나 동일하게 가는 것이 아니다. 사주에 이용할 시간이 어떤 시간일지도 잘 모르게 되었다.

중력과 속도가 시간에 미치는 영향을 알아보기 위하여 원자시계를 제트 비행기에

신고 한대는 왼쪽으로 다른 한대는 오른쪽으로 지구를 회전하는 실험을 하였다. 하루가 지난 뒤 비행기에 실은 시계와 지상의 시계를 비교한 결과 동쪽으로 회전한 시계는 59나노초(10~9초) 더 빨리 가고 있었고 서쪽으로 회전한 시계는 273초 더 느리게 가고 있었다. 뉴턴 역학에 의하면 이 두 시계가 지상의 시계와 차이가 날 이유가 없었다. 상대론을 적용하여 계산하면 동쪽으로 회전한 시계는 40나노초 더 빨리 가고 서쪽으로 회전한 시계는 265 나노초 더 느리게 가게 나왔다. 측정한 결과가 상대론으로 계산한 결과와 경이롭게 일치하지 않는가?

특수 상대성 이론은 서로 등속도 운동하는 두 관찰자가 관찰하는 시공간에 대한 이론이었고 등속도 운동이라는 제한에서 일반화시킨 것이 일반 상대성 이론이라고 하였다. 아인슈타인은 서로 가속도 운동하는 두 관찰자에게 시공간에 대한 관찰이 논리적이기 위해서는 가속도 현상과 중력 현상이 동등하여야 한다는 결론에 도달하였다. 그래서 일반 상대성 이론을 중력 이론이라고도 말한다.

뉴턴 역학에서 중력은 질량과 질량 사이에 작용하는 만유인력(萬有引力)이다. 거시 세계에서 물체는 이 중력을 받고 뉴턴의 운동 방정식이 정하는 바에 따라 운동한다고 뉴턴 역학에서는 말한다. 케플러의 행성에 관한 법칙, 즉 행성은 태양 주위를 타원궤도를 그리며 움직인다는 것도 뉴턴 역학에 의해 태양이 행성을 잡아끄는 중력을 받고 뉴턴의 운동방정식을 적용하면 잘 설명할 수 있음을 이미 공부하였다.

그런데 거시세계에서 움직이는 물체의 운동에 대해 일반 상대성 이론에서는 뉴턴 역학과 전혀 다르게 설명한다. 예를 들어 지상에서 자유 낙하하는 사과를 보자. (떨어지는 사과를 보고 뉴턴이 만유인력 법칙을 발견했다는 이야기가 전해져 내려온다.) 뉴턴 역학에서는 이 사과가 지구가 잡아당기는 중력을 받고 점점 더 빨리 떨어진다고 말한다. 그런데 일반 상대성 이론에서는 자유 낙하하는 물체에는 아무런 힘도 작용하지 않는다고 말한다. 즉 지상에서 떨어지는 물체에 중력이 작용하는 것이 아니다. 그래서 뉴턴 역학이 설명하는 것과는 상당히 다르다.

뉴턴 역학이 기술하는 물체의 운동은 실제로 매우 복잡해 보인다. 공간에 몇 개의 물체가 있다고 하자. 한 물체에 다른 물체들이 작용하는 만유인력(중력)의 합에 의해 그 물체의 운동이 결정된다. 그러나 이 물체들이 모두 함께 움직이고 있기 때문에 어떤 물체가 조금 움직이면 모든 물체에 작용하는 중력을 다시 계산하여야 한다. 그래서 실제로 세 개보다 더 많은 물체가 함께 힘을 주고받으며 움직이고 있으면 해석적으로 계산하는 것이 불가능하다. 수퍼 컴퓨터가 동원되어 수치 계산을 하여야 할 형편이다.

그런데 아인슈타인의 일반 상대성 이론은 이 물체들에 아무런 힘도 작용하지 않는다고 말한다. 그러면 물체들이 어떻게 움직이는가? 일반 상대성 이론은 질량들이 주위의 시공간의 구조를 바꾸며 이 시공간의 길을 따라 아무런 힘도 받지 않고 움직인다고 말한다. 보통의 경우에는 이 두 방법이 동일한 결과를 준다. 그러나 극단적인 경우에는 두 이론으로 계산한 결과가 같지 않다. 두 이론 중 어느 것이 정말로 옳은 이론인지는 이 극단적인 경우에 행한 실험으로 판가름이 날 수 있다.

그러면 사과가 떨어지면서 왜 점점 더 빨리 떨어질까? 뉴턴 역학에서는 중력이 작용하여 가속도가 생기기 때문이라고 말한다. 일반 상대성 이론에서는 중력이란 없다고 본다면 어떻게 빨라지는 것일까? 지구는 주위 공간의 시공간 구조를 바꾸어 놓는다. 그래서 위에서 본 것처럼 지구에 가까이 올수록 시간이 느려진다(극단적인 경우인 블랙홀에서는 시간이 정지한다). 시간이 느려진다는 것은 사과의 진동수가 작아진다는 것을 의미한다. 진동수가 작아지면 $E=hf$로 주어지는 사과의 에너지가 감소한다. 그런데 사과는 힘을 받지 않음으로 사과의 총에너지가 일정하게 유지되어야 한다. 총에너지를 일정하게 유지시켜 주기 위하여 사과의 속도가 빨라진다. 일반 상대성 이론에 의해 지구 주위 공간의 시간 변화를 정확히 계산하여 사과의 속도가 증가하는 비율(가속도)을 계산하면 우리가 관찰하는 자유 낙하하는 물체의 중력 가속도와 일치한다. 그러면 지구 주위를 선회하는 인공위성의 경우에는 어떠한가? 뉴턴 역학은 지구가 인공위성을 잡아당기는 중력이 구심력으로 작용하여 인공위성이 원운동을 한다. 일반 상대성 이론에서는 공간 구조상의 궤도를 따라 그대로 움직이지만 시간 구조가 일정하기 때문에 빠르기가 바뀌지 않고 원운동을 한다.

일반 상대성 이론이 1916년에 발표된 후 태양 주위를 지나는 빛이 휘는 현상을 관찰하여 공간의 구조가 휜다는 점은 증명되었지만 오랫동안 중력이 시간 구조도 바꾸리라는 예언에 대해 확신을 가질 수가 없었다. 그러나 원자시계가 출현함으로써 중력이 시간에 미치는 영향을 직접 측정할 수 있게 되었다. 1975년에서 1976년에 걸쳐 미국에서는 해군 비행기를 이용하여 원자시계를 싣고 평균 고도 10km를 유지하면서 지상의 원자시계와 3분마다 비교하였다. 그 결과 비행기의 시계가 1시간마다 10억분의 1초씩 더 빨리 감을 확인할 수 있었다. 이것은 아인슈타인의 일반 상대성 이론과 1%밖에는 차이가 나지 않는 결과이었다. 이 실험은 갈릴레오의 피사의 사탑 실험과 비견될 만큼 중요한 실험이었다.

공간이 휘었다는 것을 어떻게 이해하여야 할까? 일반 상대성 이론이 나오기 전까지 공간이란 빛이 직진하는 틀로 보았다. 그래서 공간에서 직선은 빛이 진행하는 경로와 같았다. 그런데 빛이 휘어져 진행한다면 어떻게 이해할까? 빛이 어떤 힘을 받고 직선에서 벗어나는 곡선을 그리며 진행하였다고 이해하기보다는 공간 자체가 휘어져 있다고 이해하는 것이 옳다. 즉 빛은 최대한 똑바로 진행한 것이다. 빛이 진행한 경로가 두 점을 잇는 최단 거리이기도 하다.

다른 방법으로 공간이 휘어 있는 것을 이해하여 보자. 한동안 사람들은 지구 표면이 평평한 것으로 믿었다. 그래서 바다에서 멀리 항해하여 지구의 끝에 이르면 지옥으로 향하는 절벽으로 떨어질 것으로 생각하였다. 그렇지만 알고 보니 지구 표면이 평평하지 않고 둥글다는 것을 알게 되었다. 그렇지만 우리 운동장 표면이 평평하지 않고 둥근 구 표면이라는 것을 어떻게 알 수 있을까? 운동장에 원을 그리고 그 원의 둘레를 정확히 측정한 다음에 원의 중심에서 둘레까지의 거리인 원의 반지름을 가지고 비교하여보면 알 수 있다. 만일 운동장 표면이 평평하다면 원의 둘레 l과 반지름 R 사이에는 $l=2\times3.14\times R$이라는 등식이 성립한다. 그런데 오른쪽 그림에서 볼 수 있는 것처럼 만일 운동장 표면이 구의 일부와 같다면 원둘레 l이 반지름 R에 2×3.14를 곱한 것보다 더 짧다. 측정한 원둘레를 2×3.14로 나누어 구한 반지름과 측정한 반지름 사이의 차이를 굽은 표면의 잉여반경이라고 부른다.

3차원 공간의 경우에는 공간이 휘었는지 안 휘었는지 구분하기 어렵지만 위와 비슷한 측정을 해보면 쉽게 알 수 있다. 이번에는 공간에 구를 그린다. 그리고 그 구 표면의 넓이를 측정한다. 그리고 그 구의 중심에서 구 표면까지의 거리인 반지름을 측정한다. 만일 공간이 평평하다면 반지름에 4×3.142를 곱한 것이 측정한 구 표면 넓이와 같을 것이다. 만일 측정한 구 표면 넓이가 이보다 더 작다면 공간이 휘어 있는 것을 나타낸다.

실제로 지구 표면의 넓이를 계산하면 지구 반지름을 가지고 계산한 넓이보다 약 7만 평 정도가 더 작다고 한다. 일반 상대성 이론에 의해 중력이 공간을 휘게 하여 보통 대학교 운동장 몇 배 정도의 넓이가 손실되었다. 태양의 표면 넓이는 미국의 전체 넓이만큼 줄어져 있다고 한다.

3) 아인슈타인의 상대성이론과 여러 물리적 현상

(1) 중력(重力)과 시공(時空)

상대성 이론에서는 중력이 시공의 변형으로서 표시된다. 어느 날 컴퓨터가 별의 분포에 이상이 있음을 발견하였다. 중력 렌즈 효과의 해석에 따르면, 아마 그것은 우주 공간을 떠도는 블랙홀(black hole)이 원인인 것 같다. 블랙홀은 빛조차 탈출할 수 없는 천체이다. 만일 블랙홀 주변에 가스 등이 있다면, 그 존재를 검출할 수 있다. 그러나 단독으로 우주 공간을 떠돌고 있는 경우, 그 존재를 탐지하는 것은 매우 어려운 일로 여겨지고 있었다.

그런데 별빛이 블랙홀 주위에서 약간 구부러져 관측자에게 도달하는 중력 렌즈 효과는 현상을 사용하면, 단독의 블랙홀도 검출할 수 있다. 한결같이 흩어져 있는 별을 배경으로 바로 앞에 블랙홀이 있으면, 별의 분포가 블랙홀에서 바깥쪽으로 밀려 확대 것처럼 변형된다. 그래서 별의 위치를 0.1초각 정도의 정확도로 측정할 수 있다면 (현재의 기술), 수십 광년 앞의 블랙홀을 검출할 수 있는 것이다. 그런데 아인슈타인은 특수 상대성 이론에서, 시간과 공간이 관측자에 의하여 변화하는 것을 유도하고, 더욱이 시간과 공간을 시공(時空)으로 통일해 버렸다. 시간과 공간은 반드시 절대적인 것은 아니었다. 그러나 특수 상대성 이론에서는 중력은 다루어지지 않았다. 뉴턴의 운동 법칙은 특수 상대성 이론의 테두리 안에 들어갔지만, 만유인력의 법칙은 특수 상대성 이론에서는 다루어지지 않았다.

시간과 공간을 시공으로 통일한 아인슈타인은 다음 단계로서, 시공을 장소에 따라 변화시킴으로써 만유인력의 법칙을 도입하여 시공과 중력의 이론을 이끌어 냈다. 그 것이 바로 '일반 상대성 이론'이다. 일반 상대성 이론에서 시공은 더욱 탄력성을 가지고, 질량과 상호 작용을 하여 변형하는 것으로서 다뤄지고 있다. 즉 물질의 존재가 시공을 변형시키고, 시공의 변형이 물질에 힘(중력 작용)을 미치는 것이다. 드디어 시공과 물질이, 구부러진 시공의 기하학인 일반 상대성 이론에서 통일된 것이다.

(2) 중력과 가속도는 같은 것이었다~등가원리(等價原理)

아인슈타인이 일반 상대성 이론을 만들어 내는 기초로 삼은 원리 가운데 하나가 '등가원리(等價原理)'이다. 지상에서 정지한 엘리베이터 안에서는 지구의 중력에 의한 '무게'를 느낀다. 한편 엘리베이터를 실은 우주선이 우주 공간에서 가속하고 있을 때 에도 '무게'를 느낀다. 그 '무게'의 감각만으로는 엘리베이터가 지상에 있는지, 우주선 안에 있는지를 구별할 수는 없다. 그래서 천체의 중력에 의하여 생기는 힘과 가속에 의하여 생기는 힘을 관측으로 구별할 수 없다면, 그들을 완전히 같은 것이라고 간주 하려는 것이 등가원리의 기본 생각이다.

(3) 블랙홀과 시공(時空)

블랙홀의 주변에서는 공간이 일그러지고, 시간이 늦어진다. 인류가 탐사한 최초의 블랙홀은 'BH-1'이라고 이름 붙여졌다. 질량은 태양의 10배 정도인 것 같다. 그런데 천체의 질량을 고정시켰을 때, 반지름을 작게 하면 공간의 구부러짐이 점점 커진다. 그리고 마지막에는 탈출 속도가 광속이 되어 빛조차도 공간의 변형 안에서 탈출할 수 없어진다. 일반 상대성 이론이 그리는 블랙홀은, 이러한 시공의 곡률이 커져 빛조차 탈출할 수 없게 된 천체이다.
가장 단순한 블랙홀(Black Hole)은 구대칭(球對稱)인 '슈바르츠실트 블랙홀(Schwarzschild's Black Hole)'이다. 슈바르츠실트 블랙홀은 '사상의 지평면'이라고 불리는 구면으로 둘러싸여 있다. 사상의 지평면 바깥쪽에서는 물질이나 빛은 들어갈 수 있으나, 안쪽에서는 빛조차 밖으로 빠져나올 수 없다. 결국 사상의 지평면이란 저쪽의 사건(사상)이 보이지 않게 되는 경계(지평면)이다. 슈바르츠실트 블랙홀에서 사상의 지평면의 반지름은 '슈바르츠실트 반지름'이라 불리고 있다. 태양과 같은 질량을 가진 블랙홀의 슈바르츠실트 반지름은 약 3km이다.

블랙홀을 향해 규칙적으로 깜박거리며 빛나는 공(구)을 떨어뜨려 보자. 빛나는 공은 떨어짐에 따라 블랙홀에 의한 시공의 변형(시간의 늦음과 공간의 구부러짐) 효과를 받는다. 또 낙하 속도가 고속이 됨에 따라 시간의 늦음의 효과는 더욱 커진다. 이들 결과로 빛나는 공이 깜박거리는 간격은 차츰 느리게 된다. 또 빛의 파장이 늘어나므로 밝기도 붉은 쪽으로 이동하여 어두워진다. 그리고 마지막에는 시계(視界)에서 완전히 사라지고 말 것이다.

원리적으로 빛나는 공은 무한의 시간에 걸쳐 사상의 지평면에 접근하고, 사상의 지평에 정지하여 얼어붙은 것처럼 보인다. 현실적으로는 급격히 밝기가 적색 쪽으로 옮겼기 때문에, 아차 하는 순간에, 관측할 수 없게 된다. 태양의 10배의 질량을 가진 블랙홀에, 슈바르츠실트 반지름의 10배 거리에서 떨어뜨렸을 때는 공은 0.002초 만에 시계에서 사라질 것이다.

(4) 빛의 궤적은 구부러진 공간의 직선이다

질량이 없으면 시공은 평탄하다. 공간은 평탄하고 '직선', 즉 최단 거리의 코스로 이은 삼각형의 내각의 합은 꼭 180°가 된다. 이와 같은 공간은 '유클리드 공간'이라 불린다. 질량이 없는 공간에서는 시계(時計)가 운동을 하고 있지 않는 한, 모든 장소에서 시계의 진행은 한결같다. 그러나 질량이 존재하면 시공은 구부러진다. 공간은 '리만 공간'이라 불리는 구부러진 공간이 되고, 삼각형의 내각의 합은 180°를 넘는다. 또 시간의 진행도 질량(중력원)에 가까울수록 늦어진다. 그 극단적인 예가 블랙홀이다.

(5) 에너지와 질량

상대성 이론은 에너지와 질량이 변환된다는 것을 예상하였다. 이번에 탐사하는 X선원 '1E1740-2942'는 태양의 10배 정도의 질량을 가진 블랙홀이다. 이 블랙홀은 주변에서 성간 가스를 빨아들이고, 주위에 빛나는 가스의 소용돌이 '강착 원반(降着圓盤)'을 형성하고 있다. 그리고 강착 원반에서 수직 방향으로 고속의 플라스마제트를 분출하고 있다. 이 제트는 전자와 그 반입자(反粒子)인 양전자로 이루어진 것 같다. 반입자란 그 성질은 쌍이 되는 입자와 거의 같지만, 전하(電荷)의 부호가 다른 입자이다.

그런데 전자와 양전자가 만나면, 소멸되어 2개의 감마(γ)선 광자로 변해 버린다. 아인슈타인의 식에 의하여 원래의 질량(과 운동 에너지)이 모두 에너지(빛)로 바뀐다는 것이다. 아인슈타인의 식은 에너지와 질량의 관계를 나타내고 있는데 E를 에너지, m을 질량, c를 광속도라고 하면 '$E=mc^2$'이 성립한다. 아인슈타인의 식은 질량이 에너지로, 또는 에너지가 질량으로 바뀔 수 있음을 의미하고 있다.

아인슈타인 이전에는 '질량'과 '에너지'는 다른 형태로 존재한다고 생각하였다. 시간과 공간을 '시공'으로 통일한 아인슈타인은 더 나아가 물질(질량)과 빛(에너지)까지도 통합한 것이다. X선원 '1E1740-2942'의 본체인 블랙홀은, 아마도 주위의 분자운에서 가스가 내리쏟아지고 있으며, 블랙홀 주변에서 에너지에서 질량으로의 변환이 일어나고, 폭발적으로 전자와 양전자가 생성되는 것 같다. 생성된 고에너지의 전자와 양전자는 제트의 형태로 분자운 안으로 발사된다. 전자와 양전자는 거의 광속으로 약 3년 동안 달린 다음에 감속되고, 고밀도이면서 저온의 성간 가스 안에서 쌍소멸(질량에서 에너지로 변환)하는 것이다.

(6) 우주에서는 질량과 에너지 변환이 자주 일어난다.

아인슈타인의 식은, 물체가 질량에 광속의 제곱을 곱한 것만큼의 에너지를 가지고 있음을 의미하고 있다. 질량에서 에너지로의 변환은 우주 곳곳에서 발견되고 있다. 은하계 중심의 X선원 1E1740-2942도 그 가운데 하나이다. 주위 공간에서 블랙홀로

쏟아지는 가스는, 블랙홀 부근에서는 고온의 플라스마 상태가 되어 양성자나 전자 그리고 광자가 자주 충돌하고 있다. 플라스마의 온도가 약 60억 K(절대 온도)를 넘으면, 충돌에 의하여 전자와 양전자가 생성된다. 전자와 양전자는 반드시 쌍으로 생성되므로, '전자·양전자 쌍생성'이라 불린다. 반대로 전자와 양전자가 쌍소멸하면 감마선이 생기는 것이다.

(7) 속도와 거리

첫째, 은하계 중심에 20년 만에 도달. 우주선은 초 광속으로 비행하였는가?

지구를 떠난 지 약 20년, 아인슈타인 호는 마침내 목적지인 은하계 중심에 도달하였다. 지구촌에서는 이미 2만 8,000년이 지났을 것이다. 상대론적인 시차(時差) 때문에, 지구시간과 우주선 안의 시간이 크게 어긋났을 것이다. 20세기 말부터 알려져 있었지만, 은하계 중심에는 거대한 블랙홀이 있다. 그 주위를 빛나는 가스 원반이 둘러싸고 있으며, 더욱이 가스 원반의 수직 방향에서는 고온 플라스마의 제트가 분출되고 있다.

태양계에서 은하계 중심까지의 거리는 약 2만 8,000광년이다. 아인슈타인 호와 같은 성간 램제트(星間 ramjet) 추진 형 우주선은, 이론적으로는 일정한 가속도를 계속 낼 수 있다. 예컨대 1G의 가속으로 수 광 년 정도 나아가면, 우주선의 속도는 거의 광속이 되므로, 우주선은 태양계에서 은하계 중심까지의 전체 구간을 거의 광속으로 이동한다고 생각해도 좋다. 따라서 우주선이 은하계 중심에 도달할 때까지 지구에서는(2만 8,000광년을 광년으로 나눠서) 약 2만 8,000년 경과하는 것이 된다. 한편 우주선 내부에서는 상대론적인 시간의 늦어짐 때문에 약 20년밖에 경과하지 않았다.

그렇다면 이 경우 우주선 안에 있는 사람이 보았을 때에는 2만 8,000광년을 (선내 시간의) 20년으로 주파하는 것이 되므로, 광속의 1,400배나 되는 초 광속으로 날아간 것인가?

속도는 진행한 거리를, 걸린 시간으로 나누면 된다. 이것은 당연한 것처럼 보이지만, 상대성 이론에서는 시간과 공간이 연동(連動)하여 변화하므로 주의해야 한다. 즉 우주선 안에서 생각할 때는 태양계에서 은하계 중심까지의 거리도, 우주선 안에 있는 기준을 사용하여 측정하여야 한다. 그리고 고속으로 비행하고 있는 우주선 안에서 지구와 은하계 중심의 거리를 측정하면, 2만 8,000광년보다도 훨씬 짧게 보이는 것이다.

고속으로 비행하는 우주선 안에서는 선내 시간도 짧아지지만, 주파하는 거리도 짧게 관측된다. 그래서 결과적으로는 우주선 안에서 잰 우주선의 빠르기는 광속을 넘을 수 없다.

둘째, 속도가 빠를수록 거리는 짧아 보인다

광속에 가까운 속도로 날고 있는 우주선의 시공 변화를, 민코프스키 다이어그램으로 생각해 보자. 지구(정지한 관측자)의 시간(지구 시간)을 t, 거리를 x로 하고, 우주선(운동하고 있는 관측자)의 시간(선내 시간)을 T, 거리를 X라고 한다. 이미 본 것처럼 가로축이 x이고 세로축이 시간 t인 지구에서 잰 민코프스키 다이어그램 (t, x)에서는 장소가 일정한 선은 시간 축 t에 평행한 연직의 직선 군으로 표시되고, 시각이 일정한 선은 공간 축 x에 평행한 수평의 직선 군으로 표시된다. 그러면 이 다이어그램 위에서 우주선의 시공 좌표(T, X)는 어떻게 될 것인가?

셋째, 쌍둥이 패러독스

가. 우주선과 지구, 어느 쪽의 시간이 늦어지고 있는가?

은하계 중심의 탐사를 끝낸 아인슈타인 호가 지구로 귀환하는 날이 왔다. 아인슈타인 호가 출발하고 나서 지구에서는 5만 6,000년이 경과하였을 것이다. 지구 사람들은 별에서 날아온 귀환자를 기억하고 있을 것인가? 과연 인류는 남아 있을 것인가?

지구에서 보았을 때 광속에 가까운 속도를 항행하고 있는 우주선의 선내 시간은 지구 간보다도 늦다. 이것은 실험적으로도 실증되고 있다. 이를테면 쌍둥이의 한 사람은 정지자(停止子)로 지구에 남고, 또 한 사람은 운동자(運動子)로 광속에 가까운 속도로 우주를 여행하고 돌아오면, 여행을 끝낸 운동자 쪽이 정지자보다 젊을 것이다. 그러나 운동은 상대적인 것이므로 우주선에서 보면 지구가 운동했다고 생각되는 것은 아닐까? 즉, 우주선의 운동자가 보면, 정지자의 시간 쪽이 천천히 가는 것처럼 보여 젊은 것은 정지자 쪽이 아닐까? 도대체 나이를 먹지 않은 것은 정지자와 운동자 가운데 어느 쪽이란 말인가? 이것이 유명한 '쌍둥이 패러독스'이다.

확실히 우주선이 일정한 속도로 비행하고 있는 동안은, 지구와 우주선은 서로 완전히 동등한 관성계이다. 그때는 어느 쪽에서 봐도 상대방의 시계가 천천히 가고 있는 것처럼 보인다. 그러나 목적지에서 우주선이 방향을 바꿀 때에는 반드시 감속과 가속이라는 단계를 거치게 된다. 지구에서 출발할 때나 귀환할 때도 마찬가지이다. 이 가속(감속)으로 우주선은 지구와 동등한 관성계가 되지 못한다. 이 효과를 생각하면, 나이를 먹지 않은 것은 결국 우주선을 타고 있던 운동자 쪽인 것이다.

아주 먼 천체로 우주선이 왕복했을 때, 우주선에서는 10년 정도밖에 지나지 않아도 지구에서는 몇 천 년, 몇 만 년이 지났을 것이다. 마치 립 밴 윙클(Rip van Winkle)이 산속에서 20년 동안 자고 일어나 동네에 내려와 보니 세상이 완전히 바뀌었다는 것처럼, 광속에 가까운 속도로 우주여행을 하고 온 '별로부터의 귀환자'인 운동자가 맞게 될 비극적인 상황은 '립 밴 윙클 효과'라고 할 수 있을 것이다.

나. 특수 상대성 이론으로 쌍둥이 패러독스를 생각한다

가속(감속)하고 있는 우주선은 문자 그대로 등속 직선 운동을 하고 있는 관성계는 아니다. 그래서 지구와는 동등하지 않으며, 지구 시간보다도 선내 시간 쪽이 천천히 간다. 관성계가 아니면 특수 상대성 이론의 대상 밖(일반 상대성 이론이 필요)인가 하면, 반드시 그런 것은 아니다. 즉 시공 그 자체는 평탄하므로 잘 연구하면, 일정 가속도로 가속하거나 감속하는 우주선을 특수 상대성 이론으로 다룰 수 있다. 속도가 변화하는 경우가 가속도이므로 특수 상대성 이론으로 다룰 수 있다. 즉 등속으로 움직이는 우주선의 속도를 조금씩 변화시켜 나가는 것이다. 그 방법으로 쌍둥이 패러독스를 생각해 보자.

다. 은하계 중심을 향한 여행 플랜

마지막으로 은하계 중심을 향한 시공 여행의, 여러 가지 여행 플랜을 정리해 두자. 가속이나 감속 기간, 또 등속으로 운동하는 기간에 따라 목적지까지 가는 데 걸리는 시간이 달라진다. 몇 가지 경우를 생각해 두자.

a. 표준 플랜

일반인에게는 앞에서 설명한 중간점까지는 1G로 가속. 그 후 1G로 감속하여 은하계 중심에 도달하는 방식을 추천한다. 은하계 중심에 도착할 때까지는 지구 시간으로 2만 8,000년이 걸리지만, 선내 시간으로는 약 19.78년으로 족하다. 사람의 일생 동안에는 그럭저럭 왕복할 수 있다.

b. 편도 플랜

은하계 중심에서 정지하지 않고 줄곧 1G로 일정 가속을 해 나가, 은하계 중심을 통과한다. 은하계 중심을 통과하는 시점에서 지구 시간은 2만 8,000년이지만, 선내 시간은 10.64년이 경과한다. 선내 시간으로 한정하면, 표준 플랜의 절반 간으로 가능하다.

c. 안전 쾌적 플랜

우주선의 속도가 광속에 가까워질수록 미립자 충돌 등에 의한 위험성이 급격히 높아지므로, 일정한 속도로 비행하는 순항 구간을 사이에 둔다. 예를 들어 순항 속도를 광속의 90%라고 하자. 가속이 1G인 경우, 지구 시간으로 2년(선내 시간으로 1.43년) 가속하면 광속의 90%에 도달한다. 이때 거리는 아직 1.26광년밖에 나아가지 않았다 (같은 정도의 감속 구간이 필요하다). 이 가속·감속 구간의 거리는 2만 8,000광년에 비하면 짧으므로, 순항 구간은 대개 2만 8,000광년이 된다. 그것을 광속의 90%로 주파하기 위해서는 지구 시간도 선내 시간도 모두 약 3만 1,000년이 걸린다. 승무원은 인공 동면을 하지 않으면 안 될 것이다. 그 옛날 호화 여객선을 이용한 세계 일주처럼 호화스럽지만 지루한 여행이 될 것 같다.

d. 초특급 플랜

아주 서두르는 사람을 위해서는 약간 어려운 10G로 가속하는 여행 플랜도 있다. 가속 이외에는 표준 플랜 방식으로 생각하면, 선내 시간으로는 약 2.4년이면 은하계 중심에 도달할 수 있다.

이처럼 여행 플랜을 정리한 시점에서 시공에 대해서도 간단히 정리해 두자. 물리학의 발전은 다종다양한 법칙을 통일하는 과정이었다고 할 수 있다. 아인슈타인은 물체의 운동과 빛의 전파(傳播)를 통일하여 특수 상대성 이론을 완성하고, 동시에 시간과 공간을 시공으로 통일하였다. 더욱이 만유인력의 법칙을 시공의 기하학에 넣어 일반 상대성 이론으로 한데 모아 시공과 물질을 통일하였다. 이런 물리적 세계의 통일은, 물리적인 세계를 지배하는 법칙의 공통화·단순화 바로 그것이다. 결국 최소의 법칙으로 모든 사상을 설명할 수 있도록 하는 것이다. 우리는 태어났을 때부터 강제적으로 이 물리적 세계의 일원이 되었다. 그 세계(우주=시공)를 해석하고 이해한다는 것은, 물리적 세계에 자주적이고 그리고 적극적으로 참가하는 일로 이어지는 것이다.

3. 양자론(量子論: Quantum Theory)

빛은 파동(波動)인 동시에 입자(粒子)이기도 하다는 것이 양자론의 가장 기본적인 현상이다. 파동은 음양(陰陽)의 대립하는 운동법칙이라고 해석할 수 있다. 직진하는 빛을 두 개의 슬릿을 통해서 뒤쪽의 스크린에 비추면 간섭한다. 다만 두 개의 구멍의 간격은 빛의 파장이나 파장의 수배 정도이어야 한다. 간섭무늬가 보이는 것은 빛이 파동이라는 증거이다. 빛이라는 입자가 지나간 흔적으로 비행기구름과도 비슷한 비적을 만들어 본다. 이 경우는 빛을 입자로서 관찰한 것이고 간섭무늬는 생기지 않는다.

양자론은 양자역학을 기초로 하여 전개된 물리학이론의 총칭이다. 1900년 M.플랑크의 양자가설을 시초로 하여 시작되었으며 고전물리학과 대조적으로 사용된다. 그 발단이 된 플랑크의 이론은 열복사의 과정에 플랑크상수 h를 매개로 하는 에너지의 불연속성을 도입하여 열복사에 대한 분포식을 전개하였다. 그 후 1905년 A.아인슈타인이 빛에 에너지 소량(素量)을 부여한 광양자설(光量子說)을 내놓았으며, 1913년 N.H.D.보어에 의해 원자 내에서 전자가 비연속적인 정상상태를 택한다는 조건으로서 원자이론에 도입되어 원자구조나 스펙트럼의 해명에 훌륭한 성과를 얻었다. 그러나 이 단계에서의 이론은 서로 모순되는 고전물리학의 개념과 양자가설이 조화를 이루지 못하고 혼합되어 있어서 실험사실을 설명할 수 없었다.

이것을 타개하고 통일적인 체계성을 갖춘 이론으로서 탄생한 것이 양자역학으로서, K.슈뢰딩거에 의한 파동역학(波動力學), W.R.하이젠베르크에 의한 행렬역학(行列力學)이라는 2개의 표현형식이 주어졌다. 따라서 보통 양자론이라고 하면 양자역학을 기초로 하는 이론체계를 뜻하지만, 넓은 뜻으로는 양자역학이 나타나기 이전의 고전 양자론을 포함한다. 양자역학 중 비상대론적(非相對論的) 이론은 완전한 성공을 거두었으며, 물리학 이외에도 화학·공학의 각 방면뿐만 아니라, 나아가서 생리학 등에도 영향을 주었다. 또 양자역학은 상대론적 이론으로 진출하여, 장(場)의 양자론으로서 특히 소립자론(素粒子論) 분야에서 많은 성과를 얻었다.

1) 양자가설(量子假說: Quantum Hypothesis)

물질에 의한 열복사의 방출 또는 흡수는 연속적으로 일어나는 것이 아니라 각각에 대응하는 진동수에 비례하는 불연속적인 단위(에너지量子)의 정수배(整數倍)의 형식으로 일어난다고 하는 가설로서 1900년 M.플랑크가 주장하였다. 열복사의 강도(强度) 스펙트럼은 에너지량의 연속성과 등분배법칙에 입각한 고전역학의 이론에 따르면 진동수가 높은 영역에서는 실험결과를 이론적으로 설명하는 것이 불가능하지만, 이 가설을 적용하면 진동수가 높은 영역에서는 에너지양자의 존재가 크게 영향을 미쳐 실험 결과를 정확하게 설명할 수 있다. 즉 고전이론의 곤란을 회피하여 열복사현상에 유효한 계산 방법을 주기 위해 등장한 것이지만, 그 밑바닥에 있는 양이나 과정의 비연속성의 개념은 그 후 A.아인슈타인의 광양자설을 거쳐 N.H.D.보어에 의해 원자구조라고 하는 물질의 기본원리에 적용되었고, 1925년 양자역학이라는 새로운 자연인식 위에 선 이론적 건설을 가져오게 되었다. 이러한 뜻에서 양자가설의 제출은 물리학이 고전물리학으로부터 탈피하는 근대적 자연파악의 양식을 구하는 계기가 된 것으로서 물리학사에서 획기적 사건이었다.

2) 광양자설(光量子說: Light Quantum Theory)

아인슈타인이 1905년에 광전효과를 설명하기 위해 만든 가설이다. 빛은 파동이 아닌 입자로 이루어져 있으며 불연속적인 에너지 분포를 갖기 때문에 높은 진동수의 약한 빛과 낮은 진동수의 센 빛은 총 에너지양은 같지만 두 번째 빛은 광전효과를 일으킬 수 없다는 것을 뒷받침한 가설이다.

빛을 금속에 조사(照射)하면 광전효과의 현상으로 전자가 튀어나오는데, 이 튀어나오는 전자의 운동에너지는 빛의 세기에는 관계하지 않고, 다만 빛의 파장만으로 그 최댓값이 결정되며, 빛의 파장이 짧을수록 전자의 에너지가 크다는 것 등이 관측되었다. 이것은 전자기파로서의 빛에너지를 전자가 연속적으로 흡수하는 것으로 생각되었던 그때까지의 이론에서는 이해할 수 없는 수수께끼였다. 아인슈타인은 에너지가 연속적인 값이 아니라, 불연속적인 값을 가지고 존재한다는 플랑크의 양자가설(1900)을 빛에 대하여 적용하였다. 따라서 빛은 그 진동수에 비례하는 특정 에너지를 가진 에너지의 덩어리(에너지원자)라 생각하면 쉽게 그 관측사실을 통일적으로 설명할 수 있음을 보여주었다.

전자기파로서의 빛과 광양자로서의 빛이라는 2개의 대립되는 성질은 뒤에 일반적으로 인정된 물질의 이중성(파동과 입자)의 최초의 발견이었다. 1923년 콤프턴에 의한 콤프턴효과의 발견과 그 이론적 해명에 의해서 이 가설의 타당성이 입증되고, 또한 광화학반응의 해명에 위력을 발휘하였는데, 특히 광양자가 가지는 입자성은 빛의 파동성과 크게 대립되어 뒷날 양자역학 성립을 위한 본질적 계기를 이루었다. 광양자는 소립자의 일종으로 현재 광자라고 한다.

3) 고전물리학(古典物理學: Classical Physics)

상대성이론·양자역학이 나타나기 이전인 20세기 초까지의 물리학을 가리킨다. 뉴턴역학과 전자기학을 근간으로 하며 공간과 시간이 절대화되어 있으며 거시적인 성질만을 다룬다.

G.갈릴레이의 물체운동론의 맥락을 이은 뉴턴역학과 J.C.맥스웰의 전자기학을 근간으로 한 이론체계이다. 공간·시간을 절대화해서 관측자와는 독립하여 객관적으로 존재하는 범주로 보고, 그 전제 아래 모든 물리현상을 거시적으로 다룬 학문이다. 이는 관측자에 대한 공간·시간의 상대화를 주장한 상대성이론이 나타남으로써 그 전제가 무너졌고, 이어 양자역학에 의해 모든 물리현상이 확률적·통계적·미시적으로 다루어짐에 따라 그 거시적 입장이 부정되기에 이르렀다.

고전물리학에서는 자연법칙이 물리계의 초기 상태와 최종 상태를 일의적으로 연결해 주는 데 비하여 양자역학에 의하면 자연법칙은 물리계가 어느 주어진 초기 상태로부터 여러 다른 최종상태로 진화해 가는 확률적인 가능성만을 결정해 준다. 고전물리학과 상대성이론이 근원적으로 다른 부분은 시간과 공간에 대한 해석이라고 할 수 있다. 고전물리학에서의 시간과 공간은 서로 독립적이며 물질의 존재로부터 아무 영향을 받지 않는 존재로서 이를 '절대공간', '절대시간'이라고 한다. 구체적으로, 공간은 유클리드 기하로 기술할 수 있는 연속적이고 균질적·등방적인 무한대 3차원 공간이고, 시간은 모든 관측자에게 똑같이 나타나는 무한히 연속되는 시간으로 본다. 이러한 시간과 공간 개념은 가장 간단명료할 뿐만 아니라 인간의 상식적인 감각과도 잘 부합되는 것이다.

원자 차원의 미시세계나 광속(光速)과 비교될 만큼 빠른 속도가 문제되는 사상(事象)을 제외한 일상적으로 일어나는 물리현상에 대해서는 아직도 충분한 타당성을 지니고 있으며, 학문적으로 체계화되어 있다. 한편, 20세기 이후의 물리학은 물질을 그 구성입자를 기준으로 해서 다루기 때문에 원자물리학이라 부르기도 하는데, 이와는 대조적으로 구성입자를 염두에 두지 않고 거시적인 성질만을 다룬 물리학을 고전물리학이라고도 한다.

4) 원자구조(原子構造: Atomic Structure)

보통은 원자핵을 $+Ze$(Z는 원자번호, e는 전기소량)의 전하를 가지는 점전하(點電荷)로 보고, 이것이 만든 정전기장 속에 Z개의 핵외전자가 운동한다고 본다. 따라서 원자구조는 핵외전자의 양자역학적 상태, 즉 파동함수 또는 오비탈함수로 주어진다.

간단하게는 각각의 전자가 핵과 다른 전자들이 만들어내는 평균적인 중심력장(中心力場) 안을 독립적으로 운동한다는 근사 개념을 써서, 이와 같은 1전자준위로서 가능한 준위(원자오비탈함수)를 에너지적으로 낮은 준위로부터 차례로 차지해나간 경우의 Z개인 전자의 상태배치의 전체로서 구조를 나타내는 방법이다. 따라서 보통 표시되는 원자구조는 그 원자의 바닥상태에 대응하는 전자배치로 되어 있다.

원자 내와 같은 중심력장 안에서의 전자의 양자역학적 상태는 정수값을 취하는 3종류의 양자수(量子數), 즉 주(主)양자수 n, 방위(方位)양자수 l, 자기(磁氣)양자수 m과 반정수(半整數)인 스핀양자수 s의 조합으로 결정된다. 단, n은 1, 2, 3,…인 자연수이며, 이 n에 대하여 다른 양자수가 취할 수 있는 양·음의 정수값의 범위는 각각 $0 \leq l \leq n-1$, $-l \leq m \leq l$, $s = \pm 1/2$이다.

이들 전자의 에너지는 대체로 n과 l만으로 결정된다. n과 l이 결정된 상태, 즉 동일에너지 준위에 있으면서 m과 s가 다른 상태의 수는 $2(2l+1)$개 있으며, 이들을 (n, l)각이라 한다. (n, l)각에 속하는 모든 상태, 즉 $2(2l+1)$개의 상태에 전자가 1개씩 다 들어간 상태를, 전자가 폐각을 이룬다고 한다. (n, l)각의 표시는 관습에 의해 n은 1, 2, 3,…으로 l은 0, 1, 2, 3, …에 대해 s, p, d7 f7 …로 쓰는 것이 보통이다. 따라서 (1, 0)각은 1s로, (2, 0)각은 2s, (2, 1)각은 2p, (3, 0)각은 3s, (3, 1)각은 3p, (3, 2)각은 3d, (4, 0)각은 4s 등으로 표시한다. 원자의 바닥상태는 4개의 양자수, n, l, m, s에 의하여 정해진다.

그리고 한 양자상태에는 1개의 전자만이 들어갈 수 있다는 파울리의 배타원리에 의해 가장 낮은 에너지준위부터 차례로 1개씩의 전자를 넣어 줌으로써 얻어진다. 따라서 일반적으로 원자구조는 몇 개의 폐각구조와 미완성인 전자각에 의해 구성되어 있다. 그 기법으로는 순서대로 한 줄로 늘어놓은 전자각의 어깨에 그 각 속에 들어 있는 전자수를 작게 쓰고 있다.

11개의 핵외전자를 가지는 나트륨원자의 구조는 $(1s) 2 (2s) 2 (2p) 6 (3s) 1$ 로 쓰게 된다. 실제로 원자스펙트럼의 연구에서 추측되는 전자의 에너지준위를 채우는 방법에는 이와 같은 순서가 맞지 않을 때가 있다. 예컨대, 4s각에 3d각보다 전자가 먼저 들어간다거나 5s각에 4f각보다 먼저 들어간다든지 한다.

이것을 고전적인 전자오비탈의 모형으로 설명한다면, n이 같으나 l이 큰 오비탈은 오비탈의 장축이 같으나 이심률(離心率)이 커져서 다른 전자오비탈을 관통하여 핵에 접근하기 때문에, 핵의 강한 인력을 받게 되어 낮은 에너지가 된다는 것이다.

5) 장의 양자론(場—量子論: Quantum Theory of Fields)

모든 소립자의 성질이나, 그들 사이의 상호작용을 장의 이론으로 통일적으로 기술한 이론체계로서 양자역학(量子力學)을 빛에 적용하는 데는, 빛을 기술하는 전자기장의 양을 연산자(演算子)로 생각하는 장의 양자화(또는 제2의 양자화) 방법을 사용한다. 운동량이나 좌표를 연산자로서 생각하는 양자론과 대비된다. 1929년 W.하이젠베르크와 W.파울리가 정식화한 양자역학의 한 방법이고, 고에너지물리학뿐 아니라 다체문제(多體問題)의 취급에도 유효하다.

이 방법에서는 입자에 번호를 붙여서 시간적으로 운동을 추적하는 대신 공간의 각 점에서 어떤 시간에 입자가 몇 개 존재하는지를 살핀다. 따라서 무한자유도(無限自由度)의 역학계의 문제로 귀착되고, 발산의 곤란 등이 생기나 입자의 생성·소멸이 관여하는 현상의 기술에 적합하다.

6) 양자론적 전자론

1925년 양자역학이 형성되어, 전자의 거동도 슈뢰딩거의 파동함수(波動函數)에 의한 수학적 형식에 의해 모순 없이 기술되게 되었다. 이 전자의 양자역학에 의해 전자는 입자·파동의 이중성을 가짐과 동시에, 스핀이라고 하는 고전론에는 없는 새로운 성질이 부여되었다. 이 이론에 의해서 고전론으로는 설명할 수 없었던 원자의 힘의 장(場) 안에서의 전자궤도의 안정성이나 원자로부터의 스펙트럼 등의 현상이 설명되었으며, 원자·분자 간의 결합력에도 합리적인 설명이 주어졌다. 양자역학을 고려한 통계역학을 기체·액체·고체의 각종 응집계에 적용하여, 물질의 여러 성질을 설명하는 데 성공하였다.

초전도(超傳導)·초유동(超流動) 등 몇 개의 현상을 제외하고 원자·분자에 관한 현상은 모두 이 종류의 이론에 의해서 원리적으로 완전한 기술이 주어지는 것으로 생각되고 있다. 원자구조로부터 물질의 거시적 성질을 설명하는 양자역학적 물성론은 그런 뜻에서 로렌츠 이래의 전통적 전자론의 프로그램을 달성한 근대적 전자론으로 간주될 수 있다.

(1) 전자의 양자론적 전개

1929년 P.A.M.디랙에 의해 전자의 상대론적 운동방정식이 만들어졌다. 이것은 지금까지의 전자의 양자역학의 단순한 형식적 확장에 그치지 않고, 전자스핀의 본질적인 설명이 주어졌다. 그리고 전자의 디랙이론에 의해 전자의 반입자(反粒子)로서 양전자(陽電子)가 존재하는 일 및 양·음의 전자쌍의 생성·소멸의 과정이 설명되었다. 전자의 이론은 양전자론에 의해 일체문제(一體問題)의 이론으로부터 본래 다체문제(多體問題)의 이론으로 성격이 일변되고, 보다 일반적으로는 양자화된 장의 이론에 의해 기술되었다.

전자 이외의 각종 소립자도 이 양자화 된 장에 의해 기술되며, 서로 복잡한 전화과정(轉化過程)으로 결합되어 있다. 따라서 현대적 전자론은 소립자론의 일환으로서 이해되어야 할 것이다. 그러나 소립자론은 현재 아직도 만족할 만한 이론으로 만들어지지 않았다. 다만 전자·전자기장에 관해서는 양자전기역학으로서 비교적 정리된 형태의 이론이 주어져 있다. 그리고 이 이론은 마이크로파분광학 실험, 고(高)에너지 발생장치에 의한 실험, 우주선(宇宙線) 현상에 의해 실증되고 있다.

(2) 고전적 전자론

전자가 발견되어, 물질의 원자가 음전기를 띤 몇 개의 전자와 무거운 양(陽)의 하전입자(荷電粒子)로 구성되어 있다고 하는 생각에서, 그때까지 관계가 없던 빛·전자기·열 등의 현상을 이 보편적인 구성요소인 전자의 행동으로써 설명하고자 하는 시도가 있었다. 19세기 말부터 양자역학이 형성된 1920년대에 걸치는 동안에 있었던 이런 종류의 시도를 고전적 전자론이라고 한다. 이 시도 중에서 가장 통일적인 이론은 H.A. 로렌츠에 의한 것이다.

로렌츠는 전자기장의 전자에 대한 작용으로서 로렌츠의 힘이라는 것을 가정하고, 이 힘 아래에서 전자는 고전론의 운동방정식에 따르는 것이라고 했다. 그리고 이 전자기장은 전자의 분포 및 운동(하전밀도 및 전류밀도)을 바탕으로 하는 맥스웰방정식에 따라 변화한다고 하였다. 또한 물질 내의 전자에는 자유롭게 운동할 수 있는 것과, 어떤 평형점 주위에 속박되어 단진동을 하고 있는 것의 2종류가 있다고 하여, 물질의 광학적·전자기적·열적인 성질을 대부분 설명하는 데 성공했을 뿐만 아니라, 당시 발견된 제만효과를 설명하였다(1898). 그러나 자유전자나 속박전자의 모형을 원자구조로부터 어떻게 설명하는가는 문제로 남았다. 이에 대해서는 양자역학의 등장을 기다려야만 했다. 로렌츠의 전자론은 물질의 미시적 구조·운동에서 거시적 성질을 설명하는 근대 물성론의 목표를 당시의 한계 내에서 가능한 한 달성한 것으로 높이 평가된다.

(3) **전자론**(電子論: Electron Theory)

전자의 본성(本性) 또는 물질(物質) 내에 있어서의 전자의 행동을 설명하는 이론체계로서 오늘날에는 오히려 역사적인 용어로서 남아 있고, 실질적으로는 소립자론(素粒子論) 및 물성론(物性論) 속에 포괄되었다고 할 수 있다.

① **소립자론**(素粒子論: Theory of Elementary Particles)

물질의 기본적인 요소로서의 소립자의 성질·행동을 지배하는 법칙을 확립하고, 그것에 기초를 두고 자연현상을 통일적으로 이해할 것을 목적으로 하는 물리학의 한 분야이다. 소립자물리학, 고에너지물리학의 이론을 소립자론이라고 하는 경우도 있다.

미시적(微視的) 세계는 현미경으로 볼 수 있는 대상에서부터 분자·원자, 그것을 구성하는 전자(電子)와 원자핵(原子核) 등으로 확대되고 있다. 이것들을 지배하는 기본법칙은 우리가 익숙한 법칙과는 대단히 다르다. 거기서 통용되는 법칙체계로서 양자역학(量子力學)이 1920년대에 완성되었다. 미지의 새 세계에는 지금까지와는 전혀 다른 새로운 법칙체계가 있다는 사실을 20세기 사람들은 체험하였다. 원자의 행동이 주가 되는 현상의 열쇠를 쥐고 있는 것은 전자와 빛이다. 그것들은 양자역학에 의하여 완전히 지배된다. 그런데 현상에 관계하는 에너지가 화학반응인 경우에 비하여 훨씬 크고 원자핵이 주역을 담당하는 현상이 되면, 원자핵의 변환이라든지 새로운 입자의 출현이라든지 하는 지금까지와는 전혀 다른 상황이 생긴다.

거기에서는 원자는 전자와 원자핵으로, 원자핵은 양성자(陽性子)와 중성자(中性子)로 이루어진다는 생각을 고정시켜 놓고는 논의를 앞으로 진행시킬 수 없다. 모든 것이 변화하는 세계가 열리기 때문이다. 이 세계의 특징을 파악하기 위해서 물질의 기본요소로서의 소립자에 관한 이론이 도입되었다. 소립자는 새로운 법칙에 따라 행동한다. 그것은 양자역학과도 다른 것이라고 생각되고 있다. 소립자를 지배하는 법칙체계가 있다고 하면 그것이 바로 소립자론이다.

② **양성자**(陽性子: Proton)

　핵자(核子)의 하나로서 프로톤이라고도 하며, 보통 p 또는 H+으로 표시한다. 수소의 원자핵으로서 전하는 양(陽)이며, 크기는 기본전하량(基本電荷量)과 같고(q=1.6021×10−19 C), 질량 938.256MeV인 페르미온이다. 소립자 중 전자 다음으로 가장 오래전부터 알려졌던 것으로, 20세기 초 진공방전 때 발생하는 양극선의 실체를 이루는 입자로서 발견되었다. 일반적으로 수소 이외의 원소의 원자핵은 양성자와 중성자의 견고한 결합체로서 이루어져 있으며, 그 속의 양성자의 수가 그 원소의 원자번호가 되고 화학적 성질을 결정한다. 질량은 중성자보다 약간 작으며 전자질량의 1836.12배이다. 중성자와는 달리 원자핵 밖에서 자유로운 상태로 있을 때에는 안정하지만, 불안정한 원자핵이나 핵반응이 일어날 때에는 핵 내의 양성자가 중성자로 바뀌면서 양전자와 중성미자(中性微子)를 핵 밖으로 방출하는 과정이 나타난다(p → n+e++ν). 중성자와 함께 원자핵을 구성하고 있는 강한 결합력은 양쪽이 서로 π중간자를 흡수·방출하면서 변환하여 합쳐지는 교환력의 일종으로서 이해되는데, 이 견해로부터 양성자와 중성자는 서로 다른 입자가 아니라 핵자라고 하는 한 종류의 입자가 취하는 두 가지 상태(양성자 상태와 중성자 상태)라고 하여 다루는 방법도 있다.

　양자역학적으로는 양성자의 기본적 성질을 결정하는 스핀양자수가 전자와 마찬가지로 h/2π의 단위로 1/2의 크기를 가지며(h는 플랑크상수), 페르미−디랙통계에 따르는 입자로서 이해되므로 그 반입자(反粒子)의 존재가 기대되는데, 1955년 그 존재가 확인되었다. 이것은 양성자가 전자와 마찬가지로 디랙방정식에 의해서 기술될 수 있는 입자라는 것을 나타내는 것으로서 이론적으로 중요한 점이다. 또 양성자의 자기모멘트는 핵마그네톤[核磁子]의 2.7928배라고 하는 이론상의 추정값보다 훨씬 큰 값을 가지므로, 양성자 내부의 질량 및 전하의 분포는 일정하지 않고 복잡한 전자기구조(電磁氣構造)를 가질 것이 예상되는데, 1953년 R.호프스태터 등에 의해서 행해진 고속전자선과 양성자의 충돌실험 분석에서 양성자의 전자기적인 다층구조(多層構造)가 밝혀지기 시작해서 그 이론적 해명은 소립자물리학에서 중요한 문제점이 되었다. 가속기에 의해 높은 에너지를 가진 양성자빔을 만들어, 이것을 사용하여 원자핵이나 소립자

반응 또는 구조의 연구가 매우 활발하게 이루어지고 있다.

③ 중성자(中性子: Neutron)

소립자의 하나로서 뉴트론이라고도 한다. 원자핵의 구성요소의 하나이며, 정지질량은 양성자(陽性子)보다 약간 크고 전자(電子)의 약 1,838배이다. 전기적으로는 중성이며, 스핀은 1/2이다. 1931년경 졸리오 퀴리 부부는 베릴륨을 표적으로 하여 i선을 조사(照射)할 때 투과력이 강한 방사선이 발생하는 것을 발견하였고, 1932년 채드윅은 이 방사선이 양성자와 거의 같은 질량을 가지는 전기적으로 중성인 입자임을 발견하였다. 그 당시 원자핵은 양성자와 전자로 구성된다는 생각이 지배적이었으나, 이 생각은 여러 가지 난점을 지니고 있었다. 이와 관련하여 러더퍼드는 중성입자의 존재를 예상하고 있었고, 따라서 중성자가 발견됨으로써 원자핵에 합리적인 모형이 부여되었다.

오늘날 중성자는 대체로 같은 수의 양성자와 함께 원자핵을 구성하며, 중성자와 양성자는 핵력(核力)에 의해서 굳게 결합되어 있다. 원자핵 내의 양성자수는 원자의 원자번호와 같으므로 원자의 질량수에서 원자번호를 뺀 것이 그 원자핵 내에 있는 중성자의 수가 된다. 중성자는 정지질량이 양성자보다 약간 크므로 $1.01 \times 103s$의 수명으로 양성자와 전자 및 반중성미자(反中性微子)로 붕괴한다. 이것은 원자핵에서 전자가 방출되는 기본적 과정이다. 또 π중간자가 중개하여 양성자와 강하게 상호작용하여 원자핵을 구성하는 핵력을 형성한다. 이 경우 중성자는 π중간자를 방출·재흡수함으로써 양성자와 서로 전화(轉化)한다. 이런 뜻에서 중성자와 양성자는 하전(荷電)상태가 다른 하나의 입자로서 핵자(核子)라고 총칭된다. 중성자는 하전을 가지지 않으므로 물질 속을 통과할 때 이온화[電離] 등의 전자기적 작용에 의해서 에너지를 잃는 일이 없으며, 이런 뜻에서 투과력이 강한 방사선이다. 한편, 원자핵과의 하전에 의한 척력(斥力)에 의해서도 방해를 받지 않으므로 강력한 핵반응을 일으키는 수단으로 사용할 수 있다. 따라서 핵물리학 초기에는 핵을 충격·파괴하는 강력한 입자로서 중요한 구실을 했다. 중성자에 의한 무거운 원자핵의 분열반응은 원자력을 해방시키는 기본적 반응으로서 유명하다.

저(低)에너지인 중성자는 공명흡수에 의해서 어떤 종류의 원자핵에는 특히 강하게 흡수된다. 이런 종류의 공명흡수가 일어나지 않는 물질 속에서도 중성자는 원자핵과의 탄성충돌(彈性衝突)에 의해서 에너지를 서서히 잃는다. 한번 충돌할 때마다 잃는 에너지는 표적인 핵의 질량이 작을수록 크다. 이와 같이 능률적으로 중성자를 감속(減速)하는 물질은 원자력공학에서 중요한 존재이며, 이것을 감속재(moderator)라고 한다. 이런 종류의 감속재에 의해 열중성자(熱中性子)가 만들어진다. 보통의 원자핵실험에서는 파라핀 등이 사용되지만, 원자력공학에서는 중수소(重水素)・탄소 등이 사용된다. 중성자는 자기모멘트를 지니므로 자성체 내에서는 자기적 작용에 의해 산란된다. 저에너지인 중성자가 물질파(物質波)로서 지니는 파장은 정확히 X선 정도가 되므로, 이와 같은 중성자회절법은 자성체의 원자구조를 연구하는 유력한 수단이다. 또 전기적으로 중성인 중성자가 자기모멘트를 가지는 데서, 중성자가 평균적으로는 전기적으로 중성이며, 중성자 내에서는 양전하와 음전하 중 그 어느 것이 분포해 있을 것이 예상되는데, 이것을 증명하고자 하는 실험이 진행되고 있다. 중성자는 반입자(반중성자)를 가진다는 것이 1955년 반양성자의 발견에 이어 1956년 확인되었다.

4. 초끈이론(Superstring Theory: 超絃理論)

1) 초끈이론이란 무엇인가?

학계에서 논의되어지는 이론은 어떠한 형태로든 사람들의 주목을 받기 마련이다. 하지만 이러한 주목과 관심에는 큰 차이가 있다. 진화론에 쏟아지는 관심과 마가복음의 저자에 관한 학설에 대해 쏟아지는 관심에는 분명한 차이가 있는 것이다. 이러한 수많은 학설 중 가장 많은 흥미를 불러일으키고 있는 것 중 하나는 바로 '모든 것에 관한 이론(Theory of Everything)'[123]이다. 노벨물리학상을 수상한 스티븐 와인버그의

---

123) 부르기에 따라서 여러 가지의 이름으로 불리어 지기도 한다. Final Theory, Ultimate Theory, Unified Theory.. 등등이 그 예이다.

표현에 의하면 이 모든 것에 관한 이론은 환원주의, 그러니까 삼라만상의 모든 것을 하나의 단순한 원리 내에서 이해하고자 하는 시도이다. 어떻게 보면 이것은 종교적인 추구 그러니까 '神 God'을 발견하려는 시도와도 관련이 있어 보인다. 물론 두 가지는 틀린 것이다. 하나는 직관과 감성에 다른 하나는 엄밀하고 조직적인 논리에 의존한다. 과연 이러한 이론이 발견되어질 수 있을까? 인류가 그러한 것을 발견할 수 있다고 생각하는 것은 오만일지도 모르지만 만약 그것이 가능하다면 150억 년에 이르는 우주의 역사에서 인류가 행한 '가장 의미 있는 일'일 것이며 인류라는 생명체의 수준에 대한 하나의 지표가 되어 질 것이다. 즉 원리상 우리는 모든 것을 이해할 수 있게 될 것이다.

그렇다면 그러한 이론이 있는가? 원리상으로 모든 것을 이해할 수 있는 하나의 이론이 존재하는가? 비록 완성에 이르지는 못했지만 그러할 가능성을 지니고 있다고 수많은 위대한 학자들이 인정하는 이론이 있다. 그것은 바로 끈(또는 초끈) 이론(String Theory, Superstring Theory)이다. 이 이론은 수많은 격론을 거치면서 학계의 주류로 자리 잡게 되었으며 수많은 천재들을 양산하였다. 또한 물리는 물론 수학, 현상학 그리고 철학에 이르기까지 우리의 지식을 근본적으로 뒤흔들어 놓고 있다.

2) 중력을 양자(量子)화하라(Quantum Gravity: Unstable Theory)

자연계에는 약력, 강력, 전자기력 그리고 중력, 4가지의 힘이 존재한다. 우리가 이 힘들을 정확하게 설명하려면 이 힘들을 양자화(量子化)하여야만 하는데 1940~1970년대 후반에 이르기까지 입자물리학자들은 바로 이 일을 수행하여왔다. 물리학자들은 이 힘들을 양자화하는 데 성공하였으며 또한 이 힘들이 사실상 '같은 힘'이라는 것을 밝혀냈다. 하지만 한 가지의 힘 '중력'에 있어서 그것은 성공적이지 못하였다. 중력은 저 힘들과 비교할 때 매우 적다. 하지만 우리가 느끼는 가장 강력한 힘이다. 지금 필자가 우주로 날아가지 않고 이 글을 쓸 수 있는 것도 지구의 중력 때문인 것이다. 또한 중력은 매우 아름답게 기술되어지는 힘이다. 약-강-전자기력은 수학적으로 볼 때 다소 깔끔하지 못한 형태로 기술되어지는 힘이지만 중력은 이미 양자화되지 못한 고전이론의 한계 내에서 극단적으로 아름답고 정확한 일반상대론이라는 이론에 의하여서 설명되어지기 때문이다.

하지만 중력은 양자화되지 못한다. 만약 우리가 중력을 양자화하게, 즉 보다 정확하게 기술하려고 시도를 하면 우리는 무한대의 중력이 계산되어진다는 것을 알게 된다. 끈 이론은 바로 이것을 해결하기 위한 시도이다.

3) 모든 것은 끈이다(Everything is just string!)

많은 예술작품은 은연중에 환원주의형태의 사고를 보이곤 한다. 인생은 구름이다, 모든 것은 거품이다 등등의 표현이 그 좋은 예이다. 하지만 보다 엄밀히 볼 때 모든 것은 끈과 끈의 진동에 불과하다. 모든 물리이론에서 입자는 점으로 정의되어진다. 점은 아무런 수학적인 특성도 없다. 하지만 끈은 수학적인 특성 그리고 물리적인 특성을 가진다. 극미한 크기의 끈(우리가 상상할 수 있는 가장 작은 크기인 플랑크 크기 Planck Length: 10^{-33}cm)을 가정한 후, 모든 입자를 끈의 진동(vibration)으로 이해할 때 우리는 중력을 양자화할 수 있다. 보다 정확히 말하면 모든 입자는 중력을 포함하여야만 한다.[124]

4) 초끈이론의 약점

하지만 일이 끝까지 잘 되어 지지는 않았다. 끈 이론에는 두 가지의 치명적인 약점이 있다. 그중 하나는 먼저 끈 이론이 정의되어지는 차원이 10차원(1개는 시간을 표시하는 차원이다)이라는 것이다. 이것은 현 세계와 맞지 않는데 왜냐하면 우리가 사는 세계는 4차원이기 때문이다(1개의 시간을 표시하는 차원을 포함한 값이다). 즉 우리가 어떤 입자의 운동을 표시하기 위해서는 4차원만이 필요하다. 이것은 분명한 모순이다. 또한 다른 문제가 있다. 끈 이론은 한 개가 아니며, 다음과 같은 다섯 개의 이론이

---

124) 이것은 끈 이론의 기묘한 특성 중 하나인데 약간의 이해를 필요로 한다. 입자물리학의 관점에 의하면 중력은 스핀 2, 질량 0의 중력자라는 가설적인 입자의 교환에 의해 설명되어지는데, 끈 진동은 필수적으로 이러한 형태의 입자가 있어야 한다고 설명한다.

있다.

5) 최근 끈 이론의 동향

어떤 초 대칭에서 이론을 정의하느냐에 따라 여러 끈이 유도되어진다. N=1의 초 대칭을 기반으로 얻을 수 있는 이론은 TYPE IIA, TYPE IIB 그리고 다른 이론은 N=2의 초 대칭을 기반으로 한다.

우리가 사는 세상은 단 한 개이며 따라서 한 개의 이론만이 필요한데 끈 이론은 이것을 설명할 수 없다.

6) 새로운 가능성

그러나 위에서 지적되어진 문제는 이중성/차원압축이라는 두 가지의 기법에 의해서 해결되어지기 시작한다. 차원압축이라는 idea는 매우 오래된 역사를 지니고 있다. Kaluza와 Klein은 이러한 기법을 전자기력—중력을 보다 간단하게 설명하기 위한 시도로 벌써 1920년대에 개발하여 놓았던 것이다. 차원압축의 개념은 매우 간단하다. 물뿌리는 호수를 생각해보자. 호수는 3차원이다(즉 길이 넓이 높이를 가지고 있다). 그런데 이 호수를 아주 멀리에서 본다거나 매우 크기가 작다고 가정하자. 그 경우 호수는 1차원의 선처럼 보일 것이다. 바로 이것이 압축화의 기법이다. 10차원의 끈 이론을 압축할 때 이런 방법으로 나머지 6차원은 매우 작아서 그 차원으로 인한 효과가 매우 에너지가 큰 영역에서만 나타난다고 볼 수 있는 것이다. 이렇게 압축되어진 차원은 매우 많은 위상학적 모습을 지닐 수 있는데, 가장 널리 쓰이고 주목받는 압축 기법은 캘러비—야우 다양체(특이점이 없는 연속체)를 이용하는 것이다(이 다양체를 만든 수학자 싱 통 야우는 필즈메달 수상자이다). 하지만 이런 식으로 10차원 이론들을 4차원으로 압축하면 아무런 물리적인 의미를 지니지 않는 이상한 세계에서부터 현재의 세계와 매우 닮아 보이는 세계에서부터 여러 가지의 해석이 가능해진다.

다섯 개나 되는 끈 이론이 존재한다는 문제는 이중성(duality)이라는 개념을 이용한다. 이중성은 다양한 여러 개의 끈을 묶어주는 역할을 수행한다. 수많은 수학적인 작업의 결과로 TYPEIIA 이론과 TYPEIIB 이론은 9차원으로 압축을 할 경우 저에너지에서 같은 모습을 보인다는 점과 Heterotic E_8*E_8 − Heterotic SO(32)이 역시 비슷한 방법으로 같은 모습으로 보일 수 있다는 점 그리고 Heterotic SO(32)와 TYPE I이론역시 10차원에서 비슷한 모습을 보인다는 점 등이 밝혀졌다.

7) 통일장 이론(unified field theory)과 초끈 이론

한편 아인슈타인의 일반 상대론이 나온 뒤 4차원을 넘어선 5차원 시공 세계 좌표를 사용해서 물리학을 통일하려는 시도가 다각도로 행해졌다. 1921년에는 쾨니히스베르크의 테오도르 칼루차(Theodor Franz Eduard Kaluza, 1885~1954)는 5차원 좌표를 이용해서 전자기 현상과 중력 현상을 통일하려고 했었다. 1926년에는 코펜하겐에 있던 오스카 클라인(Oskar Benjamin Klein, 1894~1977)이 칼루차의 5차원 상대성 이론을 도입해서 당시에 새롭게 형성된 양자역학을 설명하려는 시도를 했었다. 이들의 시도는 칼루차−클라인 이론이라는 이름으로 학계에 알려졌다. 이런 다차원의 통일 이론은 1970년대에 초끈 이론(Superstring Theory)으로 구체화되면서 우주의 모든 힘과 입자를 통일시키려는 이론으로 발전했다. 초끈 이론이란 1974년 프랑스의 세르크(J. Scherk)와 칼텍의 존 슈바르츠(John Schwarz)에 의해서 제안되어 1984년을 전후해서 존 슈바르츠와 런던 대학 퀸 메어리 칼리지의 마이클 그린(Michael Green)에 의해서 골격이 마련된 이론이다. 이 이론에서는 우주에 존재하는 4가지 종류의 힘과 수많은 입자들의 구조를 통일시키기 위해서 10차원의 시공구조를 가진 초끈의 존재를 제안했다. 중력, 전자기력, 강력, 약력 등 우주에 존재하는 모든 힘을 통일적으로 이해하려는 이론들을 확인하는 실험 장치를 만드는 것은 지구상에서는 당분간 어려워 보인다. 이 분야의 연구는 주로 태초의 우주에 대한 연구나 혹은 수학적 아름다움과 정합성에 의존하는 경향을 띠고 있다. 따라서 "실험적인 뒷받침이 없는 상태에서 이 분야가 계속 발전할 수 있겠느냐?"에 대해서도 많은 논란이 제기되고 있다. 아무튼 과학자들은 자연의 모든 힘과 상호작용을 통일적으로 이해하는 통일이론을 계속 추구하고 있다.

5. 카오스(chaos) 이론

'캄캄한 텅 빈 공간' 또는 '혼돈'의 뜻을 가진 '카오스(*Khaos*, 그리스어)'는 사전적으로 만물 발생 이전의 원초적인 상태를 의미한다. 그리고 자연과학에서의 '카오스 이론 *Chaos Theory*'은 어떠한 계(*System*, 系)가 확고한 규칙에 따라 변화하면서도 먼 미래의 상태를 예측할 수 없는 현상을 뜻한다. 또한 카오스와 밀접한 관계가 있는 '프랙탈 *Fractal*'은 만델브로트 *Benoit Mandelbrot*가 자연계의 자기 유사성을 설명하기 위하여 만든 과학적 신조어이다.

카오스는 1963년 매사추세츠 공과대학(MIT)의 기상학자 에드워드 로렌츠*Edward N. Lorenz*가 "결정론적인 비주기적 유동 *Deterministic Nonperiodic Flow*"이라는 논문을 미국의 기상학 잡지 『Journal of the Atmospheric Science(1963년 3월호)』에 발표하면서 소개된 새로운 유형의 과학 이론이다.

로렌츠는 일기예보의 연구를 위해 온도, 기압, 풍속 등에 관한 12개의 방정식을 컴퓨터에 입력하고 그 결과를 관찰하였다. 여기서 로렌츠는 이해하기 어려운 결과를 발견하였다. 컴퓨터에 입력하는 값 중 여섯 자리의 데이터인 0.506127과 세 자리의 데이터 0.506을 입력하였을 때 출력된 그래프가 시간이 지날수록 크게 달라졌던 것이다. 일반적으로 소수점 4자리 이하를 단순화해서 계산할 때는 0.1퍼센트가량의 오차가 생기는 것으로 알려져 있었으며, 로렌츠 자신도 그 정도의 오차를 기대하고 있었다. 그러나 반복 방정식에서 소수점 이하 6자리와 3자리가 나타내는 결과는 엄청난 차이를 보였던 것이다. 로렌츠는 초기 조건의 미세한 차이가 시간이 흐름에 따라 점점 커져서, 결과적인 부분에서는 엄청나게 커진다는 것을 이 실험을 통해 발견했다. 이러한 현상은 '나비의 날갯짓이 폭풍으로 발전할 수 있다'라는 '나비효과 *Butterfly Effect*'로 잘 알려져 있다. 그렇다면 카오스를 발생시키는 요소는 무엇일까? 그것은 우리 자연계가 '결과'가 '원인'에 비례하지 않는, 즉 비선형계(非線型系, *Nonlinear System*)적인 요소가 많기 때문이다.

$f(x)=x+1$이라는 함수식에서 x에 1, 2, 3...을 입력하면 오른쪽의 그래프처럼 f(x)의 값이 2, 3, 4...와 같은 비례적인 값을 나타난다. 이러한 시스템을 '선형 *Linear*'이라고 하

며 그 나머지를 '비선형 *Nonlinear*'이라고 한다. 예를 들어 x에 1, 2, 3...을 넣으면, $f(x)$의 값이 5, 2, 100...처럼 불규칙한 결과 값을 나타낸다는 것이다. 현실세계에서 관찰할 수 있는 거의 모든 계는 비선형인 것이다.

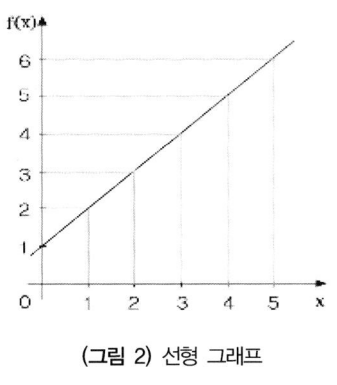

(그림 2) 선형 그래프

'초기 조건에의 민감한 의존성'이라는 이 개념은 이미 19세기 말 프랑스의 과학자 푸앵카레 *Henri Poincare*에 의해 논의된 바 있다. 푸앵카레는 서로 영향을 주고받는 운동체가 2개인 경우에는 역학관계를 수학적으로 풀 수가 있지만, 2개 이상의 행성의 인력 관계가 서로 얽혀 있을 때의 궤도(위치)는 계산할 수 없음을 증명하였다. 태양과 지구, 태양과 달의 관계에서는 다른 천체로부터의 인력이 거의 0에 가까울 정도로 작기 때문에 두 행성 간의 운동체로 보아도 계산 결과에 오류가 거의 없었다. 2층에서 떨어뜨린 돌멩이가 직선으로 떨어지는 것도 돌멩이와 지구의 인력 외에 다른 영향은 무시할 수 있을 정도로 약하기 때문이다. 그러나 영향을 주고받는 요소가 3개 이상일 경우에는 걷잡을 수 없이 복잡해지기 때문에 계산이 불가능하다. 즉 이러한 현상은 단순계, 결정론적이 아닌 카오스이며 그 운동을 설명하기 위해서는 비선형적인 방법론이 필요하다. 뉴턴 역학 법칙의 발견이후 우주의 마스터 방정식을 알면 초기 조건에 의해 우주의 무한한 미래를 예측할 수 있다는 결정론적 학설이 라플라스 *P.S. Laplace*(1749~1827) 등에 의해 주장되기에 이르렀다. 그러나 이러한 결정론은 확률론에 바탕을 둔 양자역학의 세계관에 거센 도전을 받아 왔고, 이에 대해 결정론자들은 "신은 주사위로 세상을 창조하지 않았다"라며 확률론적 세계관을 비판해 왔다. 하지만 카오스의 등장은 이렇듯 전혀 달라 보이는 결정론적 세계관과 확률론적 세계관을 연결시켜 상호 양립을 가능하게 하였다.

푸앵카레는 그의 저서 『과학과 방법 *Science and Method*』(1908)에서 다음과 같이 밝혔다.

우리 눈에 거의 띄지 않을 정도의 작은 원인이 도저히 무시할 수 없을 만큼의 중대한 결과를 야기시킬 때가 있다. 이런 경우 우리는 흔히 그 결과가 우연히 일어난 것으로 생각한다. 처음에 가볍게 여긴 작은 오차가 후에 중대한 오차로 나타나는 것이다. 그리하여 예언은 불가능하게 되고, 우연의 현상이 얻어지는 것이다(Poincare, J. Henri, Science and Method, Dover, N.Y., 1952).

푸앵카레는 결정론적 법칙에 따르면서도 복잡하게 움직이고, 나비 효과에 의해 장기 예측이 불가능한 현상, 즉 카오스 현상을 이야기하려고 한 것이다.

우리나라의 혼돈에 대한 사상은 북애노인(北崖老人)의 저서인 『규원사화(揆園史話)』에 나타나 있다.

太古 陰陽未分 洪濛久閉 天地混沌 神鬼愁慘 日月星辰 堆雜無倫 壤海渾瀜 群生無跡 宇宙 只是黑暗大塊 水火相盪 不留刹那 如是者 已數百萬年矣 上界 却有一大主神 曰 桓因

태초에 음양이 갈라지지 아니하고 홍몽한 채 오래 닫혀 있었다. 천지는 혼돈하고 귀신도 매우 슬퍼하고 해와 달과 별들도 잡것에 싸여 질서가 없고, 바다는 흐리고 깊어 뭇 생물은 자취를 찾을 길 없고, 우주는 다만 암흑의 큰 덩어리일 뿐이었다. 물과 불은 잠시도 쉬지 않고 서로 밀치기 수백만 년이었다. 상계에는 마침 한 큰 주신이 있었으니 환인이라 하였다.

일연이 삼국유사에서 '옛날에 환인이 있었다'라고 시작함으로써 높은 정신적 가치를 지닌 인격신이 있었다고 쓴 데 반하여, 도가의 영향을 받은 북애노인은 인격신 이전에 혼돈이 있었다고 하였다. 또한 이승휴의 『제왕운기(帝王韻紀)』의 첫머리에 '혼돈은 그 모양이 달걀인데, 반고는 그 속에서 태어났다.(混沌形狀如雞子 盤古生於混沌裒 혼돈상여계자 반고생어혼돈부)'라고 하여 혼돈의 형상까지 언급하고 있다.

중국의 혼돈에 대한 사상은 도가(道家)의 대표적인 사상가인 장자(莊子)의 『응제왕(應帝王)편』에 잘 나타나 있다.

南海之帝爲儵. 北海之帝爲忽. 中央之帝爲渾沌.
與忽. 時相與遇於渾沌之地. 渾沌待之甚善.
與忽謀報渾沌之德. 曰. 人皆有七竅.

以視聽食息. 此獨無有. 嘗試之鑿.

日鑿一竅. 七日而渾沌死

남해에 왕이 있는데 그의 이름은 숙(儵)이라 하고

북해의 왕은 홀(忽)이라고 하고 중앙의 왕은 혼돈(渾沌)이라고 하였다.

어느 날 숙과 홀이 혼돈을 찾아가 극진한 접대를 받았다.

숙과 홀은 혼돈에게서 받은 접대에 감격하여 진심으로 그 은혜를

갚고자 했다. 두 제왕이 의논하기로, 사람은 누구나 일곱 구멍을

가지고 있어 보고 듣고 먹고 숨을 쉬는데 이 혼돈에게는 그게 없음을

생각하여 혼돈에게 인간들처럼 7개의 구멍을 뚫어 주기로 했다.

그래서 매일 한 개씩의 구멍을 뚫어 주었다.

하지만 7일째 마지막 구멍을 뚫어 주자 혼돈은 죽고 말았다.

이 이야기는 혼돈 왕이 어떻게 죽음에 이르게 되었는가를 우의적으로 다루고 있다. 남해의 왕과 북해의 왕이 과분한 접대에 대한 보답으로 얼굴이 없는 혼돈 왕에게 얼굴을 빚어 주었는데, 말하자면 착한 마음으로 한 행위가 오히려 행위의 대상을 죽게 했다는 역설적인 이야기이다. 또한 주목할 만한 것은 7개의 구멍이다. 물론 이 구멍은 인간의 안면에 뚫린 구멍을 말한다. 그러나 이 구멍들은 그 이상의 의미가 있다. 구멍들은 세계의 질서를 표상한다. 혼돈 왕이 안면이 없다는 것, 그리고 안면이 없는 상태를 그 이름대로 '혼돈'으로 인식하고 있다는 점이 바로 그것을 증거 한다. 혼돈에 인위(人爲)를 가하는 것은 혼돈을 뒤집는 일, 다시 말해 혼돈의 저편을 건드리는 행위이다. 혼돈의 저편에 혼돈의 대립쌍으로 존재하는 것이 바로 질서가 아니던가. 이 혼돈의 죽음은 바로 『노자 제1장』의 핵심적 논지, 즉 '도란 무엇인가?'의 문제와 연결된다.

도가도 비상도 명가명 비상명(道可道 非常道 名可名 非常名)

무명 천지지시 유명 만물지모(無名 天地之始 有名 萬物之母)

가히 말하여 지는 도는 참도가 아니다.

가히 이름으로 불려지는 이름은 참이름이 아니다.

없음을 천지의 시원이라고 이름지을 수 있고,

있음을 만물의 근원이라 이름지을 수 있다.

-「노자 제1장」

노자의 도는 '도(道)를 도(道)라 하면 참된 도(道)가 아니요, 이름을 이름이라 하면 참된 이름이 아니다'라고 하였는데 무엇인가를 언어를 통해 규정하는 순간, 그리고 고정시키는 순간, 그것은 진정한 도, 즉 상도가 아니라는 것이다. 여기서 상도가 불변성, 절대성의 의미가 아니라 오히려 불변성과 절대성을 인정하지 않는, 변화의 지속(常)을 의미한다는 점을 상기할 필요가 있다. 사물은 영원히 지속되는 변화인데 사물을 무엇이라고 규정하여 말하는 순간, 다시 말해 '이름을 이름 짓는' 순간 이미 그 사물의 의미는 고정되어 버리므로, 노자에 따르면 '그것은 항상 된 이름이 아니'라고, 장자의 『응제왕편』에서처럼 혼돈의 죽음과 마찬가지의 상태가 된다는 것이다.

카오스를 파악하기 위해서는 새로운 관점의 변화가 요구된다는 것이다. 그것은 곧 카오스와 하나가 되는 득도의 길이기도 한데, 동양에서는 이러한 카오스를 너무 철학적으로 생각했었다. 그것이 동양인이 수학으로서의 카오스를 수립하지 못한 중요한 이유이기도 하다.

바빌로니아의 창조 설화에 의하면 태초에 티아마트 *Tiamat*라는 혼돈이 있었다고 한다. 그녀와 다른 작은 신들은 혼돈의 갖가지 얼굴을 형상화하였다. 무형의 혼돈이 실제 수없이 많은 다른 얼굴들을 가지고 있다는 것은, 어떤 내재적인 질서가 혼돈 속에 있다는 것인데, 바빌로니아인들의 직관이 현대 과학에 의해 발견되기까지는 수천 년을 기다려 왔다. 혼돈을 연구하는 학자들이 발견했다고 하는 질서나 혼돈 사이의 상호관계도 역시 아주 오래된 관념에서 시작된다. 바빌로니아의 전설에서, 혼돈으로부터 형상을 창조하는 이가 빠져나와 무형의 우주에 틀을 짜기 시작하자 티아마트가 노했다고 한다. 그녀는 지극히 어지러운 세계가 차츰 비좁아지는 것을 알고 이 세계를 다시 넓히기 위해 그녀가 낳은 모든 질서를 소멸시킬 계획을 세운다. 그녀는 무형의 괴물들을 풀어 모든 것들을 공포에 떨게 하는 데 성공했으나, 끝내는 그녀의 후손인 마르두크 *Marduk*가 이들을 물리치고 새로운 질서를 이루어 낸다.

서양의 혼돈 사상은 기원전 8세기 고대 그리스의 시인 헤시오도스 *Hesiodos*의 신통기 *Theogoneia*에 최초로 나타나 있다. 질서 정연한 우주가 생기기 이전에 큰 혼돈상태인 카오스 *Khaos*가 있었는데 여기서 카오스는 '망망한 허공'이란 뜻으로 쓰여 지고 있다. 신통기에 의하면 카오스로부터 '닉스 *Nyx*(밤)'와 '에레보스 *Erebos*(어둠)'가 태어났는데

'닉스'는 밤하늘의 맑은 어둠이고 '에레보스'는 땅속의 칠흑 같은 어둠이었다. 이 둘은 서로 어울려 맑은 대기인 '아이테르 *Aither*(창공)'와 '헤메라 *Hemera*(낮)'를 낳는다.

이렇게 카오스로부터 모든 천체가 운행할 우주의 드넓은 어둠과 낮과 밤의 세계가 생겨났으며, 형태와 모양이 갖춰진 질서정연한 우주의 모습을 코스모스 *Cosmos*라고 신통기는 적고 있다. 그리스 신화에 있어 혼돈은 비밀에 싸인 어떤 것으로서, 질서 있는 세계에 앞서 있는 우주의 최초 원인으로 묘사되고 있다.

동양의 혼돈은 분석적 지식에 대비되는 무위자연(無爲自然)의 의미로 나타나고 있는데 이 세상의 가장 근원적이며 우주의 질서적인 것으로 여겼다. 장자의 『응제왕편』에서처럼 혼돈과 애매성은 그 자체로 내버려둬야지 그것에 인위적인 작위성을 가하면 생명력을 잃어버리는 것이다. 반면 서양의 혼돈은 코스모스의 창조를 위한 수단으로 생각했다. 즉, 그들은 철학과 과학을 질서와 합리성 위에 발전시켰던 것이다. 질서와 법칙에 대한 연구는 서양의 과학을 크게 발전시켰으며 오늘날 동양보다 서양의 과학이 발전한 요인이기도 하다.

카오스란 혼돈, 무질서를 뜻하는 말이기도 하지만 그 속에는 무질서의 정반대인 질서가 필연적으로 관계되어 있다는 것이다. 그래서 카오스에서는 이러한 인과관계를 파헤치고 전혀 예측할 수 없는 것으로 보이는 현상의 전개 양식을 관찰한다. 카오스는 질서를 내포하고 있으며, 풍부한 새로운 구조를 자유롭고 역동적으로 자기 조직하는 능력을 가지고 있고 또한 그 속에 무한한 창조성을 지니고 있다.

참고문헌

김국성(1999), 『한국기공의 이론과 실재』, 서울: 도서출판 단

김동현(2008), 『易으로 보는 시간과 공간』, 서울: 한솜미디어

김석진(2004), 『대산 주역강의』 1, 2, 3, 경기 파주: 한길사

김용옥(2001), 『도올논문집』, 서울: 통나무

김익수, 최병철(1997), 『동양철학 개론』, 서울: 도서출판 수덕문화사

김정명(2005), 『체육철학연습』, 서울: 명지대학교 출판부

문성학(1991), 『인식과 존재』, 서울: 서광사

박기진(2002), 「황제내경의 정기신연구」, 원광대학교 동양대학원 석사학위 논문

박병운, 정재서(1999), 『氣와 21세기』, 서울: 도서출판 양문

방건웅

백종현(2007), 『철학의 개념과 주요문제』, 서울: 철학과 현실사

송재국(1997), 「역학에 있어서의 음양론과 오행론」, 인문과학논집 제16호 pp.5~30, 청주대학교
　　　　　인문대학

신동원, 김남일, 여인석(1999), 『동의보감』, 서울: 도서출판 들녘

심규하(2007), 「송대 이기론의 물리학적 탐구」, 성균관대학교 대학원 박사학위 논문

유명종(1986), 「般山 王夫之의 氣 哲學」, 『석당논총』, 제11집, pp.129~142

이남구 외 1인(1994), 「양생에 과한 문헌적 고찰」, 대한한의학원전학회지 8권, pp.46~113

이명복(2003), 「기공이란 무엇인가?」, 서울: 도서출판 장수

이명숙(2006), 「퇴계의 양생사상과 수련방법론 연구」, 명지대학교 사회교육대학원 석사학위 논문

이부영(1978), 「동양의학의 氣 개념에 관한 고찰」, 『신경정신의학학회지』, Vol. 17, No. 1, pp.40~
　　　　　52

이성환, 김기현(2002), 『주역의 과학과 道』, 서울: 정신세계사

이현구(1997), 「기(氣)에 대한 과학적 고찰」, 과학사상(학술지)-1997, pp.87~101

이현수(2004), 「성경의 양생학적 문헌연구」, 명지대학교 사회교육대학원, 석사 학위 논문

이현수, 허일웅(2006), 『기공학 개론』, 서울: 명지대학교 출판부

장기근(1988), 「주자의 본체론과 이기설」, 성심여자대학교 논문집 NO. 20, pp.5~19

정용하(2010), 「참장수련에 내재된 천인상응관」, 명지대학교 대학원 박사 학위 논문

정해왕(1991), 「장재의 '氣' 철학」, 부산대 Journal of Humanities Vol. 28, pp.155~176

정행규(1995), 「양생에 관한 문헌 연구」, 경희대학교 대학원 박사논문

채우석(1997), 『한의학 개론』, 서울: 대성문화사

한동석(2005), 『우주변화의 원리』, 서울: 대원출판

黒田源次(1987), 『氣의 硏究』, 김경진 번역, 전북: 원광대학교 출판국

小野澤精一 외 19(1993), 『氣의 思想』, 김경진 번역, 전북: 원광대학교 출판국

楊 力(2000), 『中醫運氣學』, 박현국, 김기욱, 문재곤 번역, 서울: 법인문화사

高懷民(2004), 『周易哲學의 理解』, 정병석 번역, 서울: 문예출판사

南懷瑾(1997), 『周易講義』, 신원봉 번역, 서울: 문예출판사

Stephen Hawking(2007), The Illustrted a Brief History of Time, 김동광 번역, 서울: 까치글방

민중서림 편집국(2001), 『에센스 한자사전』, 서울: 민중서림

www.yahoo.co.kr, 인터넷 백과사전

www.naver.com, 인터넷 지식in 백과사전

www.wikipedia.org, 인터넷 위키 백과사전

색인

기철학(氣哲學) 연구
Studies in Ki-Philosophy

초판인쇄 | 2012년 1월 11일
초판발행 | 2012년 1월 11일

지 은 이 | 이현수
펴 낸 이 | 채종준
펴 낸 곳 | 한국학술정보㈜
주   소 | 경기도 파주시 문발동 파주출판문화정보산업단지 513-5
전   화 | 031) 908-3181(대표)
팩   스 | 031) 908-3189
홈페이지 | http://ebook.kstudy.com
E-mail | 출판사업부 publish@kstudy.com
등   록 | 제일산-115호(2000. 6. 19)

ISBN   978-89-268-2953-0 93150 (Paper Book)
        978-89-268-2954-7 98150 (e-Book)